Den Feind beschreiben

D1720404

Campus Historische Studien
Band 35

Herausgegeben von Rebekka Habermas, Heinz-Gerhard Haupt, Frank Rexroth,
Michael Wildt und Aloys Winterling

Wissenschaftlicher Beirat
Ludolf Kuchenbuch, Jochen Martin, Heide Wunder

Almut Höfert, Dr. phil., studierte Geschichte und Islamwissenschaft und promovierte
am Europäischen Hochschulinstitut Florenz. Zurzeit ist sie Wissenschaftliche
Assistentin am Historischen Seminar der Universität Basel.

Almut Höfert

Den Feind beschreiben

»Türkengefahr« und europäisches Wissen
über das Osmanische Reich 1450–1600

Campus Verlag
Frankfurt/New York

Gedruckt mit Hilfe der Geschwister Boehringer Ingelheim Stiftung für Geisteswissenschaften in Ingelheim am Rhein

Diese Arbeit wurde unter dem Titel »Wissen und *Türkengefahr*. Die Formierung des ethnographischen Wissenskorpus über die Osmanen in Europa (15.–16. Jahrhundert)« am Europäischen Hochschulinstitut in Florenz als Doktorarbeit angenommen und am 22. Oktober 2001 verteidigt (Mitglieder der Kommission: Prof. Dr. Ute Daniel, Prof. Dr. Miroslav Hroch, Prof. Dr. Dieter Mertens, Prof. Dr. Bo Stråth).

Bibliographische Informationen der Deutschen Bibliothek
Die Deutsche Bibliothek verzeichnet diese Publikation in der Deutschen Nationalbibliographie.
Detaillierte bibliografische Daten sind im Internet über http://dnb.ddb.de abrufbar.
ISBN 3-593-37482-X

Besuchen Sie uns im Internet: www.campus.de

Inhaltsverzeichnis

Fünftes Kapitel:
Die Formierung des ethnographischen Wissenskorpus außerhalb der diplomatischen Informationserhebung

Sechstes Kapitel: Die virtuelle Episteme

Siebtes Kapitel: Die Ordnung der Dinge

Danksagung

Die Arbeit an meinem Dissertationsprojekt war in eine Vielzahl von Gesprächen und Diskussionen eingebettet, ohne die dieses Projekt nicht möglich gewesen wäre.

Dieter Mertens schlug mir die Bearbeitung spätmittelalterlicher Reiseberichte über das Osmanische Reich als das Thema meiner Magistraarbeit vor und hat die zeitliche Ausdehnung dieses Projektes im Rahmen der Doktorarbeit als externer Betreuer und Experte für das 15. und 16. Jahrhundert von Freiburg aus begleitet. Miroslav Hroch hat diese Arbeit in meinem ersten Jahr am Europäischen Hochschulinstitut in Florenz betreut und ihr auch nach seinem Weggang aus Florenz entscheidende Impulse gegeben. Bo Stråth hat im zweiten Jahr meiner Promotion die Betreuung vor Ort übernommen und mich auf vielfältige Weise ermutigt, mein Thema über seinen zeitlichen Rahmen hinaus in die derzeitigen Diskussionen über Religion und Moderne zu verorten. Die Arbeit an einem Buch, das aus einem von ihm organisierten Workshop hervorgegangen ist – zunächst in Zusammenarbeit mit ihm, dann mit Armando Salvatore – hat mir wichtige Horizonte erschlossen.

Sven Lembke hat dieses Projekt seit seinem Anfang begleitet und mich immer wieder zu einer kohärenten theoretischen Durchdringung meiner Methodik und Argumentation aufgefordert. Während meiner Tätigkeit als research assistant haben mir die Diskussionen mit Regina Schulte einen neuen, respektvollen Blick auf meine Quellen eröffnet und mir die Grenzen streng diskursanalytischer Ansätze verdeutlicht.

Darüber hinaus möchte ich jene nennen, die mir in einzelnen oder mehrfachen Gesprächen wichtige Impulse gegeben haben: Peter Becker, Hans Bödeker, Peter J. Burgess, Susanna Burghartz, Ute Daniel und das Braunschweiger Kolloquium zur Neueren Geschichte, Shmuel Eisenstadt, Cornell Fleischer, Plinio Freire Gomes, Laurence Fontaine, Bernd Giesen, Valentin Groebner, Anja Hänsch, Tamar Herzog, Matthias König, Reinhart Koselleck, Frank Lestringant, Jitka Maleckova, Knut Mittendorfer (†), Anthony Molho, Jürgen Osterhammel, Jacques Paviot, Arpad Szakolczai, Peter Wagner, Christian Wieland, Susanne Winter und Stéphane Yerasimos. Mein verstorbener Lehrer der Islamwissenschaften, Ulrich Haarmann, hat mich während meiner Magistraarbeit stets ermutigt, über das christliche Europa hinauszublicken – ich vermisse schmerzlich die Möglichkeit, mit ihm über die Ergebnisse des Dissertationsprojektes zu diskutieren. Marianne Koos, Ingrid Jehne, Gregor Spuhler und Christian Wieland haben einzelne Kapitel dieser Arbeit Korrektur gelesen. Xenia von Tippelskirch hat mir von den Tücken der Datenbankerstellung bis zum Schreiben der letzten drei Kapitel mit kundigem Rat beigestanden und die Arbeit des letzten Jahres leichter gemacht.

Ohne den einmaligen und wunderbaren intellektuellen wie logistischen Rahmen des Europäischen Hochschulinstitutes wäre es mir nicht möglich gewesen, diese Arbeit komparativ anzudenken und auszuführen. Der DAAD und das Europäische Hochschulinstitut haben diese Arbeit mit Stipendien ermöglicht; darüber hinaus haben mir das Deutsche Studienzentrum Venedig und das Deutsche Historische Institut in Paris Stipendien für Forschungsaufenthalte gewährt. Die Mitarbeiter und Mitarbeiterinnen zahlreicher Bibliotheken und Archive in Florenz, Venedig, Freiburg, Berlin, Wien und Paris haben mir fachkundig und zuvorkommend den Zugang zu Quellen und Sekundärliteratur eröffnet. Die Veröffentlichung der Arbeit wurde schließlich durch Druckkostenzuschüsse der Max-Geldner-Stiftung, der Boehringer Ingelheim Stiftung für Geisteswissenschaften, der Christine-Bonjour-Stiftung und des Europäischen Hochschulinstituts in Florenz ermöglicht. Für die Betreuung vom Campus-Verlag war Tanja Hommen zuständig.

Über den wissenschaftlichen Rahmen hinaus habe ich vielfältige Ermutigung erfahren von Gudrun Altfeld, Emmanuel Betta, Enrica Capussotti, Isabelle Engelhardt, Martina Heidkötter, Doris Hellmuth, Barbara und Gisela Höfert, Simona Sansonetti und Katharina Spieß.

Ihnen allen sei an dieser Stelle gedankt.

Ohne die Unterstützung meiner Familie, Alfred und Gisela, Barbara und Dietrich Höfert, hätte ich diese Studie weder beginnen noch zu Ende führen können. Ihnen ist diese Arbeit daher in Dankbarkeit und Liebe gewidmet.

Basel, im Oktober 2003
Almut Höfert

Einleitung

1. Thema und Aufbau der Arbeit

In dieser Arbeit analysiere ich anhand repräsentativer Quellen die Formierung des ethnographischen Wissenskorpus über die Osmanen im Europa des 15. und 16. Jahrhunderts und versuche, es einerseits in die politisch-wirtschaftlichen Beziehungen zwischen den Osmanen und ausgewählten europäischen Mächten einzubetten sowie es andererseits in Bezug zum europäischen ethnographischen Schrifttum insgesamt zu setzen. Diese Untersuchung schließt sich der Auffassung an, nach der im 15. und 16. Jahrhundert die Grundlagen der okzidentalen Anthropologie gelegt worden sind, das heißt das europäische Grundmuster zur Klassifizierung und Beschreibung von Gesellschaften entworfen wurde, welches in einigen grundlegenden formalen Strukturen trotz inhaltlich bedeutender Transformierungen bis ins 21. Jahrhundert gültig ist. Im Laufe dieser Arbeit habe ich die These entwickelt, daß die Entstehung dieser epistemologischen Konfiguration einen ihrer entscheidenden Impulse durch die europäischen – ideologischen wie militärischen – Auseinandersetzungen mit den Osmanen erhalten hat.

Die Arbeit ist in sieben Kapitel gegliedert. Die Einleitung stellt den Forschungsgegenstand in den Kontext der *critical anthropology* und der *postcolonial studies*, in denen darüber diskutiert wird, wie im Zeitalter der Globalisierung, der transnationalen und transkulturellen Verflechtungen multipler Modernitäten ein Analyseinstrumentarium erstellt werden kann, das die Dichotomie zwischen aktivem, forschendem westlichem Subjekt einerseits und schweigendem, nichtwestlichem Objekt andererseits aufzuheben vermag. Im ersten Kapitel wird dann der Bogen zum 15. und 16. Jahrhundert geschlagen, jener Zeit, in der sich durch ein Zusammenspiel vielfältiger Faktoren und Traditionen eine neue epistemologische Konfiguration herausbildete, mittels derer Wissen über Gesellschaft generiert und klassifiziert wurde. Die Gesamtheit dieser Informationen bezeichne ich als ethnographisches Wissen. Mit diesem Begriff möchte ich auf die grundsätzliche Kontinuität von einigen wesentlichen formalen Merkmalen in den Beschreibungsmustern gesellschaftlicher Strukturen zwischen dem 16. und dem 21. Jahrhundert hinweisen. Der Anspruch auf diese Kontinuität bezieht sich jedoch nur auf bestimmte äußere Merkmale dieser Wissensform und soll keinesfalls negieren, daß diese Kategorien im Laufe der Zeit sehr verschieden gehandhabt wurden und sich ihr Bedeutungsinhalt grundlegend wandelte.

Das zweite Kapitel ist dem Diskurs der *Türkengefahr* gewidmet, der die Entstehung des ethnographischen Wissenskorpus über die Osmanen im 15. und 16. Jahrhundert maßgeblich beeinflußte. Das dritte Kapitel ist als Pendant zu dieser Darstellung konzipiert und fragt nach den Akteuren und den Machtverhältnissen, die dem Diskurs seine Durchschlagkraft verliehen, ihn in unterschiedlichen Kontexten verschieden artikulierten und damit unterschiedlichen Einfluß auf die Gestaltung des ethnographischen Wissenkorpus nahmen. Dabei konzentriere ich mich vor allem auf die Positionen von drei Mächten: Venedig, Frankreich und die österreichischen Habsburger. Aus arbeitsökonomischen Gründen und aufgrund begrenzter Sprachkenntnisse habe ich von einer systematischen Einbeziehung Osteuropas und der iberischen Halbinsel absehen müssen. Ich bin mir daher bewußt, daß das Adjektiv »europäisch« im Titel dieser Studie vor allem von Osteuropahistorikerinnen und -historikern zu Recht kritisch betrachtet werden wird. Da ich jedoch nicht nur westeuropäische Territorien behandle und überdies der Europabegriff in der lateinischen Christenheit in entscheidendem Ausmaß von der *Türkengefahr* geprägt wurde, habe ich dieses Attribut beibehalten.

Im vierten Kapitel analysiere ich mit dem Wissen der Diplomaten den Anteil der politisch motivierten Informationserhebung über das Osmanische Reich am ethnographischen Wissenskorpus, die im 15. Jahrhundert einsetzte. Das fünfte Kapitel geht der Frage nach, inwiefern das ethnographische Wissen aus antiken und mittelalterlichen Traditionen hervorging, und beschreibt die Gruppe jener zwölf Reiseberichte, die ich zur repräsentativen Quellenanalyse herangezogen habe. Anschließend stelle ich im sechsten Kapitel die »Bausteinanalyse« vor, jene Methode, mit der ich mir den Zugriff auf die Quellen erschlossen habe, und präsentiere ihr Ergebnis, das Konstrukt einer »virtuellen Episteme«. Im siebten Kapitel versuche ich schließlich, die epistemologische Konfiguration des ethnographischen Wissens zu umreißen und diese in die vorangegangenen Darstellungen einzuordnen.

Für historische Studien über Reiseberichte gilt in besonderem Maße, daß ihr Quellenmaterial eine Vielfalt von Aspekten für eine geschichtswissenschaftliche Untersuchung anbietet. Aufgrund der bisherigen Ergebnisse einschlägiger Studien konnte ich mich – neben der Einbettung meines Materials in einen bestimmten politischen und kulturellen Kontext – auf die Frage nach dem gemeinsamen Organisationsprinzip, das in den Texten der Darstellung des präsentierten Wissens zugrunde lag, konzentrieren. Dieses Organisationsprinzip bezeichne ich generell als epistemologische Konfiguration, verwende jedoch je nach Zusammenhang zwei weitere, spezifischere Begriffe. Der Begriff der »Episteme« bezieht die epistemologische Konfiguration auf den Diskurs der *Türkengefahr* und fragt nach ihren allgemeinen Merkmalen. Im letzten Kapitel analysiere ich hingegen unter der Bezeichnung der »Ordnungsmuster« konkrete Manifestationen dieser Episteme in einzelnen Texten.

Für die Publikation zwei Jahre nach Abschluß der Doktorarbeit habe ich mich bemüht, einschlägige Neuerscheinungen zur Kenntnis zu nehmen; es war mir jedoch nur bis zu einem begrenzten Umfang möglich, die entsprechenden Ergebnisse in meinen Argumentationsausgang einzuarbeiten.

2. Fragestellung

Diese Studie steht im Kontext jener historischen und anthropologiegeschichtlichen Arbeiten, die sich mit der Geschichte der – zumeist okzidentalen – Beschreibungsformen gesellschaftlicher Organisation befassen, mit anderen Worten jenem Feld, mit dem sich im heutigen wissenschaftlichen Rahmen vor allem Soziologie und Anthropologie beschäftigen.

Zusammen mit dem politischen Rückzug der europäischen Mächte aus ihren Kolonien wurde im 20. Jahrhundert der Kulturrelativismus als der kategoriale Rahmen etabliert, in dem sich die meisten anthropologischen Arbeiten verorteten. Die Prämisse westlicher Anthropologinnen und Soziologen, andere Kulturen in ihren eigenen Normen und Glaubensvorstellungen zu messen und zu beschreiben und sich dabei jeder Wertung zu enthalten, grenzte sich explizit von einer akademischen Tradition ab, die von der Überlegenheit der westlich-europäischen Kultur ausgegangen war und damit die politisch-wirtschaftliche Vorrangstellung europäischer Kolonialmächte unterstützt hatte.[1] Während diese Tradition nun als ethno- und eurozentristisch gebranntmarkt wurde, schien der kulturrelativistische Ansatz die Vielfalt gesellschaftlicher und kultureller Organisationsformen angemessen und frei von westlichen Wertvorstellungen zu beschreiben, die epistemologischen Implikationen des okzidentalen Imperialismus galten als gebannt, und die akademische Welt konnte sich wieder politisch korrekt ihren Forschungsobjekten *sine ira et studio* zuwenden.

Vor allem seit Saids Studie über *Orientalism* sind jedoch die okzidentalen Muster, mit denen Gesellschaften des Nahen Ostens beschrieben und klassifiziert wurden, selbst zum Forschungsobjekt geworden.[2] Dabei wurden nicht nur die orientalistische Tradition, sondern die epistemologischen Konstruktionen westlicher Anthropologie und Soziologie im allgemeinen sowie in ihren spezifischen Entstehungsbedingungen und epistemologischen wie machtpolitischen Implikationen im Globalisierungsprozeß der Moderne untersucht.

Johannes Fabians Studie *Time and the Other. How Anthropology makes its Object* wies auf einer noch tiefer liegenden begrifflichen Ebene darauf hin, daß das

---

1 Siehe beispielsweise Garrett, *Cultural Relativity vs. Ethnocentrism*, S. 283: »Cultural relativism refers both to an attitude that one should avoid judging the ways of other people without first understanding their culture and to a doctrine that prohibits the judging of another culture under any cirumstances. Ethnocentrism is an attitude that the values, beliefs, and norms of one's own culture are superior to those of other cultures and can be used to evaluate cultures and behaviors of other peoples.«

2 Said, *Orientalism*.

Vorhaben des Kulturrelativismus, anthropologische Studien nicht mehr von der Warte westlichen Superioritätsbewußtseins zu betreiben, weiter reichende und komplexere Folgen hatte als zuvor angenommen. Fabian kritisierte, daß Anthropologen in der Niederschrift ihrer Forschungsergebnisse andere zeitliche Kategorien als während ihrer Feldarbeit zugrunde legten und damit die Gleichzeitigkeit der teilnehmenden Beobachtung nachträglich verweigerten. In diesem »Allochronismus« der Anthropologie sah Fabian die Fortschreibung der überwunden geglaubten Dichotomie von westlichem, forschendem Subjekt und nichtwestlichem, erforschtem Objekt.[3] Fabians profunde Argumentation hatte vor allem im anglo-amerikanischen Raum entscheidend zum Aufkommen der *critical anthropology* beigetragen, die versuchte, Fabians Kritik in der Entwicklung neuer Herangehensweisen umzusetzen.

Die weitreichenden Diskussionen, in denen Anthropologinnen wie Anthropologen um eine neue Epistemologie ringen, die die tiefverwurzelte Beziehung zwischen aktivem, forschendem Subjekt und passivem, erforschtem Objekt abzulösen vermag, sollen hier nicht in all ihren Verzweigungen verfolgt werden. Ich möchte hier nur kurz jene Diskussionslinie skizzieren, die für meinen Untersuchungsgegenstand relevant ist. Denn obgleich sich diese Arbeit in ihren Methoden und ihrer Fragestellung der Geschichtswissenschaft verpflichtet sieht, versteht sie sich doch auch als ein historischer Beitrag zur sozialwissenschaftlichen Debatte über den analytischen Begriffsapparat einer Anthropologie – oder mehrerer Anthropologien – im Zeitalter der globalen Modernisierung und transnationaler Politik.

Einer der Brennpunkte, um den diese Diskussion kreist, ist die Definition von Moderne und ihres Gegenbegriffs, der Religion. Das westliche Projekt der Moderne, wie es im 18. Jahrhundert formuliert wurde, deklarierte sich selbst als Gegenpol zur Religion. Dieses Selbstbild von westlicher Moderne als säkularem Diskurs behielt trotz oder vielmehr aufgrund der einflußreichen Arbeiten wie etwa Max Webers *Die protestantische Ethik* und anderer, die in der Moderne transformierte christliche Elemente ausmachten, eine erstaunlich lange akzeptierte Gültigkeit. In der westlichen Wahrnehmung diente dieses Selbstbild zur Abgrenzung gegen andere, nichtwestliche Gesellschaften, die die Bühne der Globalisierung betraten. Soziologinnen und Soziologen gingen lange davon aus, daß nichtwestliche Gesellschaften mit der Übernahme westlich-moderner Technologien zwangsläufig auch die kulturellen Implikationen von Moderne adaptieren müßten. Dabei wurde – und wird – an nichtwestliche Gesellschaften der Maßstab von vollzogener Säkularisierung angelegt, um das Prädikat von Moderne zu vergeben oder zu verweigern. Der vermeintliche Antagonismus von säkularer Moderne und religiöser Tradition ist ein noch weitgehend unangefochtener Allgemeinplatz politischer Analysen in heutigen Zeitungen: Ein Land wie der Iran gilt damit als Inbegriff der Antimoderne.

Die Forschungen Shmuel Eisenstadts gehen hingegen von einem dynamischeren Begriff von Moderne aus. Er sieht in der modernen Ideologie von Beginn an grund-

---

3 Fabian, *Time and the Other*.

legende Widersprüche angelegt.[4] Laut Eisenstadt ist es mitnichten unerläßlich, daß nichtwestliche Gesellschaften zusammen mit moderner Technologie auch die Ideologie übernehmen müßten, daß aber darüber hinaus im Falle einer (wie auch immer graduell gewichteten) Übernahme kultureller Implikationen von Moderne sich das Potential der in ihr eingeschriebenen Widersprüche auf sehr unterschiedliche Weise entfalten kann. Dementsprechend haben wir von *multiplen Modernitäten* auszugehen, in denen das Verhältnis vom Religiösen zum Säkularen unterschiedlich gestaltet sein kann, ja nicht einmal als Dichotomie empfunden werden muß. Mit einer Begrifflichkeit jenseits der starren Pole von Moderne und Religion kann Eisenstadt damit protestantische wie islamische Fundamentalismen als zwar antiaufklärerische, jedoch genuin moderne soziale Bewegungen beschreiben. Es ist nicht zuletzt dieser Erkenntnis zu verdanken, daß mit der Analyse multipler Modernitäten auch das Selbstbild der westlichen Moderne als durch und durch säkularem Bezugsrahmen, welches von Anwälten wie Hans Blumenberg vertreten wurde,[5] ins Wanken geraten ist.[6]

Mit der Vorstellung von einer Vielfalt multipler Modernitäten hat die westliche Moderne ihren Status als absolute, isolierte Bezugsgröße verloren und erweist sich vielmehr selbst als ein *global player*, der wie die anderen Modernitäten Impulse aus einer Art transkultureller Drehscheibe erhält. Die Idee, daß westliche wie nichtwestliche Gesellschaften aktiv ihre Modernitäten modulieren, neue Elemente von anderen aufnehmen, transformieren und mit der vormaligen Tradition verschmelzen, hat die vormals fest geschriebenen Grenzen zwischen den »Kulturen« als statisch voneinander getrennten Einheiten brüchig werden lassen und stellt die Geschichte ihrer Grenzziehungen in ein anderes Licht. Obgleich dieses Spiel internationaler Beziehungen mitnichten in einem machtfreien Raum stattfindet, erweist sich das Bild eines Kampfes der Kulturen als eine krude Simplifizierung komplexer, dynamischer Geflechte auf sieben voneinander abgeschottete Weltkulturen, die auf die vermeintliche Essenz ihrer Religionen reduziert werden.[7] Neben politikwissenschaftlichen und anthropologischen Studien ist auch die historische Perspektive erforderlich, um hier zu einer angemesseneren Betrachtungsweise zu gelangen.

Für die Untersuchung des europäischen Wissens über das Osmanische Reich im 15. und 16. Jahrhundert kann Saids Studie und die von ihm ausgelöste Diskussion über die epistemologische Konfiguration der europäischen Orientalistik und deren Einbettung innerhalb der machtpolitischen Konstellationen im 19. und 20. Jahrhundert nicht ignoriert werden.[8] Es ist kein Zufall, daß die Studie, die diese Fragestellung auf das ethnographische Wissen anwandte und damit als Initialzündung für die

---

4 Eisenstadt, *Antinomien der Moderne*. Siehe auch ders.: *Die Vielfalt der Moderne*; ders.: *Multiple Modernities*.
5 Blumenberg, *Die Legitimität der Neuzeit*.
6 Siehe in diesem Zusammenhang beispielsweise die Studie von Matthias König: *Religion and the Nation-State in South-Korea*.
7 Huntington, *Kampf der Kulturen*.
8 Said, *Orientalism*.

postcolonial studies wirkte, das okzidentale Wissen über jene Territorien, die lange unter dem Begriff des Orients zusammengefaßt wurden, untersuchte: Die arabisch-türkisch-persischen und europäischen Länder waren in ihrer Geschichte stärker voneinander abhängig, als es die starre Gegenüberstellung von Islam versus Europa suggeriert. Die vorliegende Studie untersucht die Rolle des Islams und des Osmanischen Reiches für die Herausbildung der epistemologischen Konfiguration okzidentaler Anthropologie im 15. und 16. Jahrhundert als einen Abschnitt dieser Geschichte, einer Geschichte, die für spätere Jahrhunderte fortgeschrieben werden kann.[9]

Im Frankreich des 18. Jahrhunderts bezogen die Diskussionen über eine angemessene Herrschaftsform ihr Profil nicht zuletzt aus der Gegenschablone des orientalischen Despotismus, wie sie Montesquieu 1748 im *De l'esprit des lois* darstellte.[10] Untersuchungen, wie jene über den Religionsbegriff Max Webers, der von orientalistischen Forschungen geprägt wurde,[11] sind ein weiteres Beispiel dafür, wie okzidentale politische und soziologische Vorstellungen und Begriffe – und nicht zuletzt das Paar von Moderne und Religion – in einem Wechselspiel mit dem Islam formiert wurden. Umgekehrt hatte das westliche Modell im Modernisierungsprozeß der arabischen Länder, der Türkei und des Iran größere Auswirkungen als in anderen nichtwestlichen Gesellschaften, die ihre multiplen Modernitäten in weniger engen Auseinandersetzungen mit dem kulturellen Projekt der Moderne ausbildeten.

Das – vorwiegend – christliche Europa und der – größtenteils – islamische Nahe Osten erweisen sich damit enger miteinander verflochten als andere, heute als Modernitäten zu bezeichnende zivilisatorische Einheiten. Das Programm der Moderne wurde nicht in einer europäischen *splendid isolation* abgefaßt, sondern – nicht zuletzt mit seinen universalistischen Ansprüchen – in einem Gefüge internationaler Machtkonstellationen. Die Entwicklung der westlichen Moderne ist zweifellos in vielerlei Aspekten zu schreiben; das Kapitel, wie die den universalistischen Begriffen zugrunde liegende Matrix in der Abgrenzung zu anderen Kulturen entworfen wurde, ist jedoch in den klassischen Modernisierungstheorien vernachlässigt worden.

Ein Beispiel für die Notwendigkeit, sich die Entstehungsgeschichte der westlichen universalistischen Begriffe und die mit ihnen verbundenen epistemologischen Rahmenbedingungen zu vergegenwärtigen, ist die Kritik Talal Asads an der universalen Definition von Religion als kulturellem System von Clifford Geertz.[12] Asad vertritt die Auffassung, daß erstens das Vorhaben, Religion universal zu definieren, schon prinzipiell nichts anderes sein kann als das historische Produkt der von Geertz analysierten diskursiven Prozesse. Dies würde sich dann zweitens in der Art und

---

9 Siehe als Beispiel für die Verbindung von Kolonialismus und europäischem Wissen: Kalpagam, *The Colonial State and Statistical Knowledge.*

10 Koebner, *Despot and Despotism.*

11 Stauth, *Islam und westlicher Rationalismus.*

12 Geertz, *Religion as a Cultural System.*

Weise, wie Geertz Religion definiert (vor allem mit der Annahme, daß Glaube ein distinktiver mentaler Status sei, der alle Religionen charakterisiere), auch manifestieren, da Geertz mit dieser Definition nichts anderes als die spezifisch westliche Entwicklung nachzeichne.[13] Diese Kritik zeigt ebenso wie Fabians Studie, wie tief die analytischen Begriffe der westlichen Anthropologie in ihrer Entstehungsgeschichte verwurzelt sind und wieviel Irritationen und Störungen auf diesem Feld noch nötig sind, bis ihr Fundament so erschüttert ist, daß aus seinen Steinen ein begrifflicher Apparat konstruiert werden kann, der der Realität der aktiv an den Globalisierungsprozessen beteiligten multiplen Modernitäten Rechnung trägt. Wir werden sehen, daß in dieser Untersuchung der Begriff und die Positionierung von Religion von zentraler Bedeutung sein werden.

Dabei bedeutet Asads Beobachtung, daß die einmal erfolgte, weitreichende Etablierung westlicher universalistischer Begriffe ein *point of no return* sei, auf den alle künftigen Begriffsdefinitionen Bezug nehmen müssen, nicht notwendigerweise deren vollständige Diskreditierung. Es geht vielmehr darum, wie Asad es selbst formuliert, die Implikationen, die der Westen mit der Moderne verbunden hat, zu verstehen, das heißt, daß zentrale, universalistisch gebrauchte Begriffe in ihrer historischen Entstehung nachgezeichnet werden müssen. Dementsprechend geht Asad der Genealogie von Religion nach und macht ihren Ursprung als Oberbegriff für rituelle Praktiken und Glauben an einen oder mehrere Götter in der Renaissance aus. Roger Johnson hat indes beanstandet, daß Asad dabei nicht differenziert genug vorgegangen sei und das 16.-18. Jahrhundert statisch behandle, dabei aber fast ausschließlich auf Quellen des 18. Jahrhunderts rekurriere, ohne zu erkennen, daß einige Bedeutungen des modernen Religionsbegriffes erst im 18. Jahrhundert aufkamen.[14] Auch Edward Said setzt seine Untersuchung erst ab 1798, mit der französischen Besetzung Ägyptens, an. Das 18. und 19. Jahrhundert fungieren in diesen beiden Studien als Hauptzeugen der historischen Entwicklung.

Gleichwohl entstand der Orientalismus des ausgehenden 18. Jahrhunderts nicht auf einem unbeschriebenen Tableau, sondern schloß sich einer mehrere Jahrhunderte alten Tradition europäischer Beschreibungen arabischer, türkischer und persischer Länder und Regionen an. Vor allem für die zahlenmäßig am meisten vertretenen Schriften über das Osmanische Reich ist es dabei gerade für Saids Argumentation von Bedeutung, daß diese nicht im Kontext europäischer politischer Hegemonie, sondern – ganz im Gegenteil – im Angesicht einer tatsächlichen (wie vermeintlichen) militärischen Bedrohung europäischer Territorien durch die Osmanen entstanden. Die okzidentale Anthropologie wie Orientalistik sind in der hier skizzierten Diskussion jedoch stets als Wissenskonfigurationen kritisiert worden, die Ausdruck einer

---

13 Asad, *Religion as an Anthropological Category.*
14 Johnson, *The Origins of Religion.*

europäisch-westlichen politischen und wirtschaftlichen Hegemonie seien. Wenn jedoch von einer gewissen formalen Kontinuität des Klassifizierungsmusters okzidentaler Anthropologie ausgegangen werden kann; wenn weiterhin in dieser Untersuchung mit Erfolg nachgewiesen werden könnte, daß der Kontext der *Türkengefahr* für die Entstehung und Ausformung dieser epistemologischen Konfiguration im 15. und 16. Jahrhundert von entscheidender Bedeutung gewesen ist, dann muß die Prämisse, daß die okzidentale Anthropologie im Zuge einer europäischen machtpolitischen Überlegenheit entstanden sei und nur in diesem Zusammenhang funktioniere, revidiert werden. Die Frage nach dem Zusammenhang von Wissen und Macht muß in diesem Falle unter umgekehrten Vorzeichen gestellt werden, indem nach den Bedingungen gefragt wird und Kontexte analysiert werden, in denen in Europa[15] Informationen über den militärischen Feind gesammelt und zu einem Wissenskorpus modelliert wurden.

Aus dem bisher Gesagten ergibt sich als der analytische Rahmen dieser Arbeit, von einem zumindest im Groben abgrenzbaren Wissenskorpus auszugehen, die diesem zugrunde liegende epistemologische Konfiguration herauszuarbeiten und nach seiner Einbettung in machtpolitische Zusammenhänge zu fragen. Daß eine derartige Fragestellung nicht nur aus der aktuellen Diskussion über die epistemologischen und machtpolitischen Implikationen der westlichen Anthropologie abgeleitet werden kann, sondern sich auch als ein Desiderat aus ethnologiegeschichtlichen Arbeiten sowie der geschichts- und literaturwissenschaftlichen Forschungen zu Reiseberichten und ethnographischen Kompendien ergibt, soll im folgenden Abschnitt gezeigt werden.

3. Forschungsstand

Ethnologiegeschichte

In den westlichen Ländern hat sich bis heute keine einheitliche Bezeichnung für die akademische Beschäftigung mit fremden Völkern durchgesetzt. Im angelsächsischen und französischen Sprachgebrauch werden unter Anthropologie zumeist die großen Teildisziplinen biologische Anthropologie, Ärchäologie, Lingustik, *cultural* und *social anthropology* gefaßt. Die Ausführungen über *cultural* und *social anthropology* variieren in den einschlägigen Lehr- und Wörterbüchern die Definition vom »Studium der kulturellen und sozialen Struktur einer Gemeinschaft oder Gesellschaft«, die sowohl die eigene wie fremde Gesellschaften zum Gegenstand haben kann. In Deutschland ist es dagegen eine Frage der Verortung im akademischen Disziplinenkanon, ob man als Soziologe oder Volkskundler die Strukturen und Entwicklungen

---

15 Über die Berechtigung, hier den Begriff »Europa« zu verwenden, siehe Kapitel 2 dieser Arbeit.

der eigenen Gesellschaft erforscht oder sich als Ethnologin zumeist nichteuropäischen Gesellschaften zuwendet. Die akademische Erforschung fremder Kulturen ist also international in verschiedene Disziplinen eingefaßt: eine Diversität, die sich von den international ungleich einheitlicher definierten Disziplinen wie Geschichtswissenschaft, Theologie und Sprachwissenschaften, ganz zu schweigen von den Naturwissenschaften, deutlich absetzt und einmal mehr zeigt, wie eng die Wahrnehmung einer fremden Gesellschaft an das Verständnis der eigenen gebunden ist. Wenn in dieser Arbeit von okzidentaler *Anthropologie* die Rede ist, orientiert sich dieser Begriff am angelsächsischen Sprachgebrauch, da dieser die Behandlung westlicher wie nichtwestlicher Gesellschaften umfaßt.

Als monographische Überblicksdarstellungen über die Geschichte der Anthropologie und Ethnologie aus der Feder von Ethnologen sind die Arbeiten von James Sydney Slotkin, Wilhelm E. Mühlmann, Paul Mercier, Fred W. Voget, Jurray J. Leaf und Pierre-Jean Simon zu nennen.[16] Die Bibliographie von Robert Kemper und John Phinney macht weitere Forschungen bis zum Jahr 1976 zugänglich.[17] Alle genannten Arbeiten stimmen darin überein, daß man erst im 19. Jahrhundert von einer Anthropologie/Ethnologie als akademischer Disziplin sprechen könne. Ein Teil dieser Arbeiten betont allerdings, daß das menschliche Interesse für die verschiedenen Lebensformen der eigenen Gattung prinzipiell ebenso lang sei wie die Menschheitsgeschichte selbst, so daß einschlägige Berichterstatter, zumeist mit Herodot an der Spitze, genannt werden.[18] Je nach dem Raum, der Antike, Mittelalter und Renaissance gewidmet ist, wird eine mehr oder weniger ausführliche Liste von Autoren präsentiert, die ethnographisches Wissen wiedergegeben haben.[19] Diese Aufzählungen stellen ohne Zweifel für sich genommen einen ersten gewinnbringenden Überblick dar. Dennoch gilt für alle diese Arbeiten in mehr oder minder großem Ausmaß, daß die Aufführung einschlägiger Autoren eine quantitative Reihung bleibt, die, von einem historischen Standpunkt, nicht angemessen in den zeitlichen Rahmen eingeordnet wird. Dementsprechend wird das Mittelalter in einem zuweilen fast schon

---

16 Slotkin, *Readings in early anthropology*; Mühlmann, *Geschichte der Anthropologie*; Mercier, *Histoire de l'anthropologie*; Leaf, *Man, Mind, and Science*; Voget, *A history of ethnology*. Als weitere Literatur ist zu nennen: Baker, *The Image of Man*; Bastian, *Die Vorgeschichte der Ethnologie*; Bendyshe, *The history of anthropology*; Bianchi, *Storia dell'etnologia*; Boas, *The history of anthropology*; Borst, *Der Turmbau von Babel*; Broce, *History of Anthropology*; De Waal Malefijt, *Images of Man*; Fischer, *'Völkerkunde'. 'Ethnographie'. 'Ethnologie'*; Haddon, *History of anthropology*; Kroeber, *History of anthropological thought*; Lowie, *The history of ethnologial theory*; Metraux, *Les précurseurs de l'ethnologie en France du XVIe au XVIIIe siècle*; Rowe, *The renaissance foundations of anthropology*; Rupp-Eisenreich, *Histoires de l'anthropologie*; Seznec, *Ethnological legends at the Burgundian court, in France, in Italy*; Shapiro, *Anthropology and the age of discovery*.
17 Kemper/Phinney, *The history of anthropology*.
18 Mercier, *Histoire de l'anthropologie*.
19 Siehe dazu vor allem die Kompilation Slotkins.

empörten Ton als eine Epoche angeprangert, der es auf dem Gebiet der Ethnographie »nicht auf Richtigkeit« ankam[20]. Auch ein instruktiver Aufsatz wie John Rowes Artikel über *Ethnography and Ethnology in the sixteenth century*[21] beklagt den für das 20. Jahrhundert enttäuschenden Stand einer amateurhaften Ethnographie des 16. Jahrhunderts: »Ethnographic observers were made by amateurs, usually inexperienced ones. [...] There were no learned societies to provide audiences with technical knowledge and interests.«[22]

Die wissenschaftsgeschichtlichen Arbeiten aus der Feder von Anthropologen setzen also in der Regel die Standards und Kategorien der Ethnologie des 20. Jahrhunderts voraus, an deren Meßlatte die Leistungen vergangener Zeiten dann gemessen werden. Das ist zweifellos legitim, aber für eine historische Fragestellung, die aus der spezifischen Formierung ethnographischen Wissens allgemeine Rückschlüsse auf die jeweilige Zeit schließen möchte, ohne Wert.

Innerhalb dieser Tradition ist allerdings noch die ausführliche Abhandlung Margaret Hodgens, *Early Anthropology in the Sixteenth and Seventeenth Centuries* (Philadelphia 1964), zu nennen. Diese Studie bietet eine breite Materialgrundlage und bedenkenswerte Vorschläge, unter welchen Aspekten das ethnographische Wissen in der Renaissance betrachtet werden kann und verdient ihre überaus hohe Zitierquote völlig zu Recht. Ein entscheidender Nachteil dieser Arbeit liegt jedoch in Hodgens allzu linearer Darstellungsweise, die die verschiedenen Seiten eines Phänomens (zum Beispiel die Tatsache, daß in der anthropologischen Literatur versucht wurde, die Wilden sowohl als ähnlich als auch als gänzlich fremd darzustellen) streng getrennt nacheinander abhandelt (hier in Kapitel 8 sowie Kapitel 9/10), ohne zu einer befriedigenden Synthese zu kommen, die der ambivalenten Komplexität ihres Untersuchungsgegenstandes gerecht würde. An einer anderen Stelle führt Hodgen kurz einen vermeintlichen anthropologischen Gemeinplatz (»It is usually agreed that man has resisted innovations in thought«) an, den sie ohne weitere Diskussion als Beleg für ihre Folgerungen für das 16. Jahrhundert anwendet.[23] Die mittelalterlichen Autoren müssen sich zudem durchgängig die übliche polemische Verurteilung durch heutige Anthropologen gefallen lassen. Insgesamt ist diese Arbeit eine materialreiche, aber etwas schiefe Darstellung, die den wesentlichen Problemen ihres Gegenstandes nicht gerecht zu werden scheint. Zudem ist diese Arbeit weitgehend an den Darstellungen der Neuen Welt orientiert und vernachlässigt ethnographische Beschreibungen europäischer Völker, jene muslimischer Länder fast gänzlich.

Diese Ausführungen sollen die zitierte Literatur nicht diskreditieren, ihr ethnohistorischer Standpunkt soll hier nicht bestritten und mitnichten ihr Urteil in Frage gestellt werden, daß das Schrifttum des 15. und 16. Jahrhunderts über gesellschaftli-

---

20 Mühlmann, *Geschichte der Anthropologie.*
21 Rowe, *Ethnography and Anthropology.*
22 Ebd., S. 2.
23 Hodgen, *Early Anthropology,* S. 387f.

che Lebensformen nicht den akademischen Standards des 19. und 20. Jahrhunderts entspricht. Für die Fragestellung dieser Arbeit sind ihre Erkenntnisse jedoch nur sehr begrenzt relevant.

Sobald jedoch die Geschichte der okzidentalen Anthropologie historisierend, das heißt unter der Berücksichtigung des jeweiligen zeitlichen Bezugrahmens, behandelt wird, werden die Ergebnisse für unseren Kontext aussagekräftiger. Ein Beispiel dafür ist das Buch Bernard McGranes *Beyond Anthropology,* welches der *critical anthropology* zuzurechnen ist. McGrane zeichnet eine Entwicklung nach, in der das nicht-europäische Andere in der Renaissance als dämonisch-teuflisch, in der Aufklärung als unwissend und abergläubisch und im 19. Jahrhundert als noch nicht entwickelt aufgefaßt wurde. Die Originalität von McGranes Analyse liegt schließlich in der konsequenten Fortführung für das 20. Jahrhundert, indem er unsere derzeitige Auffassung des nichteuropäischen beziehungsweise nichtwestlichen Anderen ebenfalls als historisches Phänomen reflektiert. Historische wie anthropologische Forschungen sind nicht denkbar, ohne daß Anthropologen wie Historikerinnen die zeitgenössischen Auffassungen von Gesellschaft (und damit dem Anderen) als Bezugssystem gebrauchen. In den meisten Fällen wird diese unvermeidliche Selbstverständlichkeit jedoch nicht reflektiert und damit implizit in Zeit und Raum absolut gesetzt, ein Vorgang, der die polemische Arroganz dem Mittelalter gegenüber erklärt. McGrane benennt dagegen das derzeitige europäische Konzept von Alterität: Das andere werde nun als *kulturell verschieden* beschrieben. Die zeitgenössische Anthropologie gehe vom Konzept der Relativität der verschiedenen Kulturen aus, ein Konzept, das auf den ersten Blick eine Gleichwertung von westlichen wie nichtwestlichen Kulturen zu implizieren scheint. McGrane weist dagegen darauf hin, daß auch in diesem vermeintlich egalitären Konzept die Tradition eines europäischen Überlegenheitsgefühles fortgeschrieben wird, das in dem Bewußtsein bestehe, sich im Westen der Relativität der eigenen kulturellen Werte bewußt zu sein, während die nichteuropäischen Kulturen in einem überkommen, das Eigene absolut setzenden Weltbild gefangen seien.

Um den Verdacht zu entkräften, hier einer pauschalen Ethnologenschelte aus geschichtswissenschaftlicher Perspektive nachzugeben, sei zudem erwähnt, daß mit den unten zur Sprache kommenden Arbeiten Justin Stagls diese Untersuchung wesentliche Impulse erhalten hat.[24]

Geschichtswissenschaft: Grenzziehungen –
die Forschungstradition von Identität/Alterität

Im Gegensatz zur Ethnologiegeschichte ist das Feld geschichts- und literaturwissenschaftlicher Arbeiten zum ethnographischen Schrifttum im 15. und 16. Jahrhundert

---

24 Als weitere instruktive Studie ist zu nennen: Rubiés, *Instructions for Travellers.*

ergiebiger, auch wenn bisher hauptsächlich Reiseberichte, weniger ethnographische Kompendien in die Analyse einbezogen wurden. Die Literatur zu diesem Thema ist vor allem in den letzten zwanzig Jahren geradezu unerschöpflich geworden.[25]

Das geschichtswissenschaftliche Interesse an Reiseberichten hatte sich vor allem unter dem Einfluß der *Annales* auf die Aussagekraft dieser Texte für die Geschichte der beschriebenen Gebiete gerichtet, eine Perspektive also, die dem ethnohistorischen Standpunkt sehr nahe kommt.[26] Die Gruppe der in dieser Studie behandelten Reiseberichte über das Osmanische Reich war bereits vor der Forderung der *Annales* nach einem erweiterten Blickwinkel in den Fußnoten europäischer Klassiker über osmanische Geschichte wie beispielsweise im fünfbändigen Werk Necuales Iorgas in den Passagen über osmanische Alltagsgeschichte überaus gut vertreten gewesen.[27] Ein weiterer Forschungszweig befaßte sich mit den Reisen als Tätigkeit und steckte erste Fragestellungen ab.[28] Seit Anfang der 1980er verschob sich jedoch der Blickwinkel: Nicht zuletzt unter dem Einfluß der Mentalitätengeschichte wurden vor allem Reiseberichte als Quellen für die Wahrnehmungshorizonte der Reisenden und die europäischen Repräsentationen fremder Kulturen analysiert. In vielen dieser Arbeiten wurden dabei Begriffspaare wie *das Eigene und das Fremde, identité-alterité, self-images and images of the Other* als hauptsächliche analytische Kategorien benutzt.[29] Der Frage nach Identitäten und Alteritäten wurde parallel dazu auch in den

---

25 Detaillierte Forschungsüberblicke bieten vor allem Brenner, *Der Reisebericht in der deutschen Literatur*; Cole-Garold, *Travel Literature*; Korte, *Der Reisebericht aus anglistischer Sicht*; siehe als ältere Überblicksdarstellung auch Beckmann, *Literatur der älteren Reisebeschreibungen*.

26 Bitterli, *Der Reisebericht als Kulturdokument.*

27 Iorga, *Geschichte des Osmanischen Reiches,* Bd. 2, S. 427-453.

28 Bohlander, *World Explorers and Discoverers*; Bonnaffé, *Voyages et voyageurs de la Renaissance*; Ertzdorff/ Neukirch, *Reisen und Reiseliteratur im Mittelalter und in der Frühen Neuzeit*; Hantzsch, *Deutsche Reisende des 16. Jahrhunderts*; Macchi, *I viaggi e le scoperte dei Portoghesi*; Maczak, *Travel in Early Modern Europe*; ders., *Zu einigen vernachlässigten Fragen der Geschichtsschreibung über das Reisen in der frühen Neuzeit*; North, *Reisen und Reiseliteratur im Mittelalter und in der frühen Neuzeit*; Paravicini, *Europäische Reiseberichte des späten Mittelalters*; Penrose, *Travel and Discovery in the Renaissance 1420-1620*; Pinto, *Viaggiatori veneti in Oriente dal secolo XIII al XVI*; Schmugge, *»Pilgerfahrt macht frei.«*; Stannek, *Reisen als Modernisierungsfaktor vom Mittelalter bis ins 19. Jahrhundert*; Wunderli, *Reisen in reale und mythische Ferne*; *Voyages et voyageurs au moyen âge. XXVIè congrès de la S.H.M.E.S*; Gensini, *Viaggiare nel medioevo.*

29 Eine der ersten Arbeiten, die die Frage nach dem Anderen entwickelte, ist die Studie von François Hartog, *Le miroir d'Hérodote*. Siehe darüber hinaus: Harbsmeier, *Reisebeschreibungen als mentalitätsgeschichtliche Quellen*; Osterhammel, *Distanzerfahrung*; Brenner, *Die Erfahrung der Fremde*; Cave, *Travelers and Others*; Campbell, *The Witness and the Other World*; Classen, *Das Fremde und das Eigene*; Demel, *Als Fremde in China*; Dharampal-Frick, *Indien im Spiegel deutscher Quellen der Frühen Neuzeit (1500-1750)*; Dietzsche, *Das Erstaunen über die Fremde*; Faugère, *L'autre et l'ailleurs dans quelques récits de voyage allemands*; Frubis, *Die Wirklichkeit des Fremden*; Harbsmeier, *Wilde Völkerkunde*; Jandesek, *Das fremde China*; Kühnel, *Das Fremde und das Eigene*; Magri, *Le discours sur l'autre*; Reichert, *Erfahrung der Welt*; Erfen/

Sozialwissenschaften seit den 1980er viel Aufmerksamkeit gewidmet.[30] Wie oben bereits angedeutet, ist die Frage nach unterschiedlichen Grenzziehungen, den vielfältigen Konstruktionen von gesellschaftlichen Einheiten auch für diese Arbeit relevant und einer ihrer wichtigsten Bezugspunkte.

Die Vorrangstellung des Kategorienpaares des Eigenen und des Fremden hat sich zweifellos als erster auslotender Zugriff auf die Reiseberichte als effektiv erwiesen. Dennoch scheint mir, daß einige – nicht alle – der bisherigen Forschungen in der vorrangigen Nutzung dieses analytischen Begriffspaares sein methodisches Potential weitgehend ausgereizt haben, ohne dabei in allen Fällen seinen Fallstricken entgangen zu sein. Denn der Begriff der Identität verführt erstens dazu, sich mit der Beschreibung von Identitäten zu begnügen, ohne sie in ihren sozialen, wirtschaftlichen oder sonstigen Kontexten zu analysieren. Zweitens suggeriert der Begriff der Identität mit der ihm innewohnenden Möglichkeit der universalen Anwendung eine innere methodische Kohärenz, die er erst einmal gar nicht hat. Die Analyse der »Identität« einer spätmittelalterlichen Meisterswitwe hat mit einer Erforschung der Identität der heutigen kanadischen Inuit ebensowenig zu tun wie mit der Untersuchung über das Eigene, das Andere und das Fremde im französischen Kolonialismus. Möchte man dennoch in diesen drei Themen einen gemeinsamen Nenner sehen, so kommt man schnell zur Philosophie und auf allgemeine anthropologische Fragen und hat die Ebene einer konkreten historischen Untersuchung verlassen. Auch wenn in den Vorworten der reichhaltigen Literatur über *das Eigene und das Fremde* betont wird, daß dieses Begriffspaar nicht in einem festgefügt-statischem Sinne, sondern als dynamische Relation gebraucht würde, gelingt es nicht immer, dieses Versprechen einzulösen: Einige dieser Arbeiten nähern sich in vielen Passagen stark einem nacherzählerischen Duktus an, die Argumentation wirkt in ihrer permanenten Referenz wie Reverenz dem Thronpaar des Eigenen und des Fremden gegenüber streckenweise sehr bemüht, das analytische Profil bleibt eigentümlich vage und entzieht sich häufig einer griffigen Zusammenfassung.

Die Arbeiten von Wolfgang Neuber und Tsvetan Todorov seien dagegen als Beispiele dafür genannt, wie dieses Thema mit mehr Profil angegangen werden kann.[31] Neuber und Todorov rollen das Thema der Wahrnehmung des (kulturell) Anderen von zwei Seiten auf. Neuber beschreibt die interkulturelle Wahrnehmungsweise konsequent als Teil allgemeiner Wahrnehmungsmuster der frühen Neuzeit, wenn er die frühneuzeitlichen deutschen Reiseberichte über Amerika im Hinblick auf ihre topische Struktur beschreibt. Todorov bettet dagegen diese Wahrnehmungsmuster in den politsch-ökonomischen Zusammenhang der *Conquista* ein. Auch Mohammed

---

Spiess, *Fremdheit und Reisen im Mittelalter*; Münkler, *Erfahrung des Fremden*; Rubiés, *Travel and Ethnology in the Renaissance*; Osterhammel, *Die Entzauberung Asiens*.

30 Siehe auch den Versuch einer »Xenologie«, die den Anspruch vertritt, interdisziplinär Forschungen zur Fremde zusammenzuführen: Wierlacher, *Kulturthema Fremdheit*.

31 Neuber, *Fremde Welt*; Todorov, *Die Eroberung Amerikas*.

Rassem und Justin Stagl haben mit ihren Forschungen zur frühneuzeitlichen Staatenbeschreibung den Zusammenhang zwischen Wissensform und politischen Erforder-
nissen erhellt.[32] Ein weiterer bedeutender Beitrag kommt von der französischen Forschung – hier seien namentlich die instruktiven Arbeiten Frank Lestringants und
Frédéric Tinguelys aufgeführt.[33]

Diese Untersuchungen scheinen mir vorbildlich, sie zeigen, daß man den metho-
dischen Fallstricken des Begriffspaares Identität/Alterität dadurch entgehen kann,
daß man entweder (a) die Wahrnehmungs- und Abgrenzungsmuster als Teile allgemeiner Denkmuster begreift (daraus ergibt sich also logischerweise, daß, zumindest
am Rande, auch andere Quellen als Reiseberichte herangezogen werden sollten) oder
(b) die so konstruierte Identität im Zusammenhang mit politischen oder sozio-öko-
nomischen Strukturen sieht. Diese beiden Aspekte, das heißt die epistemologischen
wie politischen Bedingungen des ethnographischen Wissens, sind daher die Eckpfeiler, zwischen denen ich meine Untersuchung angesiedelt sehe.

Es ist auffallend, daß es vor allem Studien über das europäische Schrifttum über
die Neue Welt sind, die methodisch mit einem griffigen analytischen Profil heraus-
ragen.[34] Zum einen liegt der Grund dafür im Moment einer wahrhaft ersten Begeg-
nung, der in seiner Dramatik und Schärfe leichter zugänglich ist als die europäischen
Kontakte zu islamischen Welten, Indien und China mit ihren unterschiedlichen und
vielfach verflochtenen Vorgeschichten. Zum anderen legt dieser zeitlich in seinem
Anfang so präzise zu datierende Einschnitt mit seinen historisch weitreichenden
Folgen es nahe, hier eine neue Epoche beginnen zu lassen. Es ist dementsprechend
sehr auffällig, daß in den Arbeiten wie jener Neubers und Schültings der Epochenbegriff der Neuzeit nicht in Frage gestellt und sehr häufig als Bezugspunkt gebraucht
wird. Michel de Certeau gibt diesem Beginn in seinem Buch über *l'écriture de
l'histoire* ebenfalls eine epochale Bedeutung, wenn er das moderne okzidentale
Schreiben mit Amerigo Vespucci beginnen läßt.[35] Arbeiten zum europäischen
Schrifttum über die beiden Amerikas schließen ihren Untersuchungsgegenstand an
den Epochenbegriff der Neuzeit an, sie inskribieren sich gewissermaßen in das Projekt der Legitimierung der Neuzeit, auch wenn dies unter dem Diktum kritischer
Distanz geschehen mag, und beziehen nicht zuletzt dadurch ihr analytisches Profil.

Für die Betrachtung des 15. und 16. Jahrhunderts ist es indes wichtig, derartige
mögliche historiographische Implikationen einschlägiger Forschungen von den Sinn-
gebungen der betrachteten Zeit sauber zu trennen und sich zu vergegenwärtigen, daß
das Jahr 1492 erst ab dem 18. Jahrhundert als epochemarkierendes Datum gefeiert

---

32 Stagl, *Der wohl unterwiesene Passagier*; Rassem/ Stagl, *Geschichte der Staatsbeschreibung.
Ausgewählte Quellentexte*; Stagl, *A History of Curiosity*.

33 Tinguely, *Ecritures du Levant*; Lestringant, *L'atelier du cosmographe ou l'image du monde à la
Renaissance*; ders.: *Jean de Léry ou l'invention du sauvage*.

34 Siehe weiter dazu Schülting, *Wilde Frauen*; Hulme, *Colonial Encounters*; Greenblatt,
Marvellous Possessions.

35 de Certeau, *L'écriture de l'histoire*.

und ihm im 16. und 17. Jahrhundert keinerlei herausragende Bedeutung beigemessen wurde. Ganz im Gegensatz dazu war der 29. Mai 1453, die osmanische Eroberung Konstantinopels, ein Tag, der sich in das Bewußtsein der Zeitgenossen tief einbrannte und, wie im zweiten Kapitel dieser Arbeit ausgeführt werden wird, als Beginn des Diskurses der *Türkengefahr* angesehen werden kann. Aus beiden europäischen Begegnungen mit einem »Anderen« sind also Daten geprägt worden, die in der okzidentalen Historiographie eine zentrale epochenmarkierende Wirksamkeit erhielten; im Gegensatz zu 1492 wurde die Bedeutung von 1453 jedoch schon im 15. und 16. Jahrhundert thematisiert.

Diese Arbeit möchte versuchen, methodisch an das analytische Niveau der Studien über die Amerikareiseberichte anzuschließen, ihren Untersuchungsgegenstand vor allem zu diesen in Bezug zu setzen und ihm dabei die Würdigung zuteil werden zu lassen, die er meiner Meinung nach verdient. Dabei ist diese Untersuchung in der privilegierten Situation, auf eine reichhaltige Forschungsliteratur aufbauen zu können. Nun wäre es aufgrund dieses Forschungstandes besonders interessant, die Gruppe der Amerikareiseberichte als Vergleichsgröße zu meinem Quellenkorpus heranzuziehen, da sie epistemologisch wie politisch unter entgegengesetzten Bedingungen entstanden ist. Während die Reiseberichte über das Osmanische Reich auf mittelalterliche Schriften über den Islam und die Sarazenen zurückgreifen konnten, war die Neue Welt für Europa eine gänzlich unbekannte Größe. Auch die machtpolitischen Konstellationen erwiesen sich als einander entgegengesetzt: Während die europäischen Mächte in Amerika als Konquistadoren auftraten, waren umgekehrt die Osmanen in Europa in der Rolle des Eroberers.

Aus diesem Grund schien mir im Laufe dieser Arbeit der Vergleich der Turcica vor allem mit den Americana sehr vielversprechend zu sein. Denn es ist eine alte Streitfrage, ob für die Geschichte der europäischen Horizonterweiterung im 16. Jahrhundert die Americana oder die Turcica eine größere Bedeutung gehabt hätten. Im historischen Rückblick scheint der Schluß nahezuliegen, daß die Entdeckung der Neuen Welt weitreichendere Folgen als die Exploration der drei bekannten alten Kontinente gehabt habe. Geoffroy Atkinson hat 1935 dieser Annahme für Frankreich widersprochen und für sein Argument die quantitativen Verhältnisse angeführt: Es gebe im 16. Jahrhundert mehr als doppelt so viele Publikationen über muslimische Völker als alle Beschreibungen über Afrika und Amerika zusammengenommen.[36] Eine Überprüfung dieser These erweist sich für die verschiedenen volkssprachlichen Textkorpora als schwierig – die derzeit aktuellen Bibliographien über Americana[37] und Turcica[38] sind nach Kriterien erstellt worden, die nicht miteinander kompatibel sind. Aber auch wenn es zweifellos aufschlußreich wäre, über die quantitativen Verhältnisse besser Bescheid zu wissen, würden diese über ein qualitatives Gewicht

---

36 Atkinson, *Les nouveaux horizons de la renaissance française*, S. 10.
37 Alden/ Landis, *European Americana*.
38 Göllner, *Turcica*; Yerasimos, *Voyageurs*.

alleine noch nichts aussagen. Darüber hinaus scheint es müßig, das Kriterium der Bedeutung pauschal zu vergeben, da beide Textgruppen in unterschiedlichen Kontexten eine unterschiedliche Funktion hatten – so waren es beispielsweise vor allem die Berichte aus der Neuen Welt, die in den spanischen Diskussionen um das frühe Völkerrecht die zentrale Rolle spielten. Insgesamt erweisen sich die Americana alleine schon aufgrund der Gegebenheiten als sehr viel heterogener, decken sie doch zwei ganze Kontinente ab, während sich die Turcica überwiegend auf den Machtbereich des Osmanischen Reiches beschränkten. Auch auf der Achse der Herkunftsregionen der Reisenden sehen wir für die Americana mehr Länder vertreten als bei den vor allem im Deutschen Reich, Italien und Frankreich gedruckten Turcica, die laut Göllners Bibliographie für Spanien und Portugal in vergleichsweise nur geringem Umfang überliefert sind.[39]

Ich habe daher letztlich von einem abschließenden Vergleich zwischen Turcica und Americana (oder etwa Reiseberichten über Asien) absehen müssen, auch wenn ich diese in vereinzelten Punkten zueinander in Bezug setze.[40] Als Befunde meiner Untersuchung lassen sich die Ergebnisse festhalten, daß den Turcica durch den Kontext der europäisch-osmanischen Auseinandersetzungen quantitativ wie qualitativ eine wichtige Rolle zukam, daß die Turcica ein Wissenskorpus mit intertextuellen Beziehungen darstellen und epistemologisch auf einem so greifbaren Niveau durchstrukturiert sind, so daß sie meiner Meinung nach als einer der wichtigen Faktoren anzusehen sind, die die Ausbildung der europäischen ethnographischen »Episteme« entscheidend geprägt haben. Zudem wurde der formale Vorläufer des modernen Religionsbegriffes ebenfalls im Kontext der Turcica ausgebildet. Aufgrund der Tatsache, daß die Religion in derzeitigen Diskussionen über den Kulturbegriff und anthropologische Kategorien eine wichtige Rolle spielt, ergibt sich auch aus diesem Befund eine wichtige Bedeutung der Turcica. Zudem scheint es mir mehr als eine bloße Koinzidenz zu sein, daß die *postcolonial studies* maßgeblich von Untersuchungen über den Orientalismus geprägt worden sind. Die künftigen Forschungen werden jedoch zeigen, welche dieser Aussagen dem Blick aus anderen Perspektiven standhalten werden.

---

39 Siehe dazu Kapitel 4.

40 Als weitere Studien, die die Americana unter ähnlichen Aspekten wie diese Studie thematisieren (aber dennoch einen im Vergleich zu mir verlagerten Blickwinkel haben) seien genannt: Pieper, *Die Vermittlung einer neuen Welt*; Kienning, *Ordnung der Fremde*.

Erstes Kapitel:
Ethnographisches Wissen im
15. und 16. Jahrhundert

Mit der zunehmenden Mobilität im Spätmittelalter und der verbreiteten Alphabetisie-rung stieg die Anzahl der Reiseberichte sprunghaft an, und das traditionelle Genre der Pilgerberichte erfuhr einen allmählichen Funktions- und Formenwandel, auf den in diesem Abschnitt eingegangen werden soll.[1] Während des Mittelalters waren Informationen über die Lebensweise anderer Völker im gelehrten Wissen weitgehend auf die Überlieferung einschlägiger antiker und spätantiker Autoren wie Plinius, Solinus, Mela und andere beschränkt gewesen.[2] Die Reiseberichte über die Mongolen im 13. Jahrhundert sowie der Bericht Marco Polos gehörten zu den wenigen Neuzu-gängen, die allerdings keinen Umbruch in der epistemologischen Organisation dieser Informationen zur Folge hatten, wie er im 15. und 16. Jahrhundert zu beobachten ist, auch wenn sie diesen letztlich mit vorbereiteten.[3] Die mittelalterlichen Kosmogra-phien boten eine Exegese des biblischen Weltbildes, für die die Integrierung neuer Informationen nicht konstituierend war. Zudem war der Blick auf die Welt als Gan-zes gerichtet, es gab keine Spezialliteratur, die sich einzelnen Territorien widmete.[4]

Im 15. und 16. Jahrhundert verschob sich dieser Akzent. Informationen über ver-gangene wie zeitgenössische gesellschaftliche Lebensweisen erhielten nun einen zentralen Stellenwert. Kaufleute, Diplomaten, Pilger und andere Reisende veröffent-lichten ihr auf der Reise erworbenes Wissen in volkssprachlichen Reiseberichten vor allem über nichteuropäische Völker, während sich Humanisten in Landesbeschrei-bungen ohne Itinerarstruktur ihrer eigenen Länder annahmen. 1474 wurde die *Italia Illustrata* von Flavio Biondo veröffentlicht.[5] Konrad Celtis formulierte 1492 in seiner Antrittsrede als Professor der Universität Ingolstadt ein nationales Bildungspro-gramm, in welchem er dem Wissen über »situm, sidera, flumina, montes, antiquita-

1 Siehe dazu Harbsmeier, *Wilde Völkerkunde*, S. 35-55.
2 Hodgen, *Early Anthropology*, S. 49-77.
3 Fried, *Auf der Suche nach Wirklichkeit*; Schmieder, *Europa und die Fremden*; Bezzola, *Die Mongolen in abendländischer Sicht (1220-1270)*.
4 Mittelalterliche Pilgerberichte sind dabei keine Ausnahme, da sie sich an der theologischen Kosmologie, nicht an der sozialen Organisation der Völker, die entlang des jeweiligen Itinerars siedelten, ausrichteten. Siehe Ganz-Blättler, *Andacht und Abenteuer*. Siehe dazu auch: Moraw, *Das geographische Weltbild um 1300*.
5 Biondo, *Italia Illustrata* 1474.

tes, nationes (regionis nostrae et terrae)«[6] eine zentrale Bedeutung beimaß und sich damit Biondos Projekt anschloß. 1512 veröffentlichte Johannes Cochläus die *Brevis Germaniae Descriptio.*[7] Mit dem *Weltbuch* Sebastian Francks und der *Cosmographei* Sebastian Münsters wurde dieses Programm in der Mitte des 16. Jahrhunderts auf die Beschreibung der bekannten Welt erweitert. In Frankreich veröffentlichte Guillaume le Testu 1556 ebenfalls eine *Cosmographie universelle*, gefolgt von André Thevet 1575.[8]

Bereits ein Jahrhundert zuvor hatte sich jedoch mit Enea Silvio Piccolomini nicht nur das Haupt der Christenheit, sondern auch einer der führenden Humanisten seiner Zeit der Abfassung einer Kosmographie gewidmet.[9] Es ist bezeichnend, daß Enea sich im Vorwort ausführlich dafür rechtfertigt, daß er als Papst seine Zeit auf ein derartiges Unternehmen verwendet habe. Dabei versichert er, daß er an der *Cosmographia* nachts gearbeitet und daher sein Tageswerk als Papst nicht vernachlässigt habe. Für einen der brillantesten Rhetoriker seiner Zeit ist die Apologetik dieses Vorwortes jedoch eigentümlich blaß gehalten – ein beiläufiges, aber bezeichnendes Indiz, daß das Genre der Kosmographie sich aus seinem theologischen Bezugsrahmen herausgelöst hatte.

Die Informationen über gesellschaftliche Lebensweisen erhielten damit im 15. und 16. Jahrhundert einen neuen Stellenwert. Sie wurden literaturwürdig und in einen neuen epistemologischen Bezugsrahmen gestellt. Im Europa des 15. und 16. Jahrhunderts kam damit eine neue Wissensform auf, in der Informationen über gesellschaftliche Lebensformen auf eine andere, für jene Zeit neue Art und Weise generiert, in einem neuen Ordnungssystem organisiert wurden und innerhalb des aufkommenden Territorialstaates eine neue Funktion zugewiesen bekamen.

Wolfgang Neuber hat gezeigt, wie in der zweiten Hälfte des 16. Jahrhunderts nördlich der Alpen die volkssprachliche Tradition der Reiseberichte mit der humanistischen Gelehrsamkeit verschmolz – ein erstaunlicher Vorgang, der angesichts der damals tief empfundenen Opposition zwischen volkssprachlichen und lateinischen Texten mitnichten selbstverständlich war. Der vereinigende Brückenschlag kam von der Apodemik, jener reisetheoretischen Disziplin, die ab dieser Zeit die epistemologische Grundkonfiguration der Reiseberichte und ethnographischen Kompendien reflektierte und theoretisch explizit in die allgemeine Rahmenbedingungen frühneuzeitlicher Wissensorganisation einordnete. Die Apodemik ist ein wichtiges Indiz, daß in der zeitgenössischen Diskussion Texte mit Informationen über gesellschaftliche Lebensformen als Teile eines Wissenskorpus empfunden wurden.

---

6 Celtis, *Oratio in gymnasio in Ingelstadio publice recitat*, S. 227.
7 Hg. von Karl Langosch, Darmstadt 1976.
8 Thevet, *La Cosmographie universelle* 1575.
9 Piccolomini, *Cosmographia Pii papae in Asiae et Europae eleganti descriptione* 1509.

Die These, von einem im 15. und 16. Jahrhundert entstehenden ethnographischen Wissenskorpus zu sprechen, wird von den bisherigen Forschungen Harbsmeiers, Neubers und Stagls vorgegeben.[10] In dieser Arbeit soll diese Linie aufgenommen und weitergeführt werden, indem die besagte Wissenskonfiguration als »ethnographisches Wissen« bezeichnet und als expliziter analytischer Bezugsrahmen gesetzt wird. Diesem Begriff soll in dieser Untersuchung das Kategorienpaar des Eigenen und des Fremden ausdrücklich untergeordnet werden, da es sich im Verlauf dieser Arbeit erwiesen hat, daß mit dieser Gewichtung ein analytisch sehr viel ergiebigerer Zugriff auf die Quellen möglich und nur damit die besondere Rolle der europäischen Turcica innerhalb des ethnographischen Wissenskorpus zu erklären ist.[11]

Ethnographisches Wissen definiere ich als die Informationen über das soziale Leben einer Gesellschaft, die auf empirischem Wege gewonnen und in einem abstrahierten Beschreibungsmuster gesellschaftlicher Realität dargestellt werden, das in der Herkunftskultur des oder der Ethnographin sowohl für die eigene Gesellschaft verwandt wird, als auch als Kategorierungsraster für die betrachtete Gesellschaft fungiert. Das ethnographische Wissen erweist sich im 15. und 16. Jahrhundert als ein Wissenskorpus mit zentralen Feldern (wie vor allem die Informationen über Sitten und Gebräuche, Staatsaufbau und Regierungssystem) und am Rand angesiedelten Gebieten wie beispielsweise geschichtliche Abrisse, so daß es sich an seinen Rändern mit anderen Korpora überlagert. Diese Überlappungen sind für die damalige Wissenskonstellation charakteristisch und werden als solche in dieser Untersuchung gekennzeichnet. Zudem soll mit dem Begriff des ethnographischen Wissens versucht

---

10 Auch Frank Lestringant diskutiert diese These, spricht sich jedoch gegen sie aus. Stattdessen geht er von einem Gegensatz zwischen der auf die lokale Tradition gerichteten *Historia* einerseits und der geographischen, global ausgerichteten Kosmographie andererseits aus. Sein Hinweis auf die verschiedenen Maßstäbe, mit denen die bekannte Welt im Mittelmeerraum und die Neue Welt jeweils wahrgenommen wurden, ist zweifellos relevant. Dennoch kann ich mich Lestringants Urteil, hier zwei grundsätzlich verschiedene Wissensformen vorzufinden, nicht anschließen. Wie weiter unten gezeigt werden wird, nennt der von Lestringant zur kosmographischen Literatur gezählte Sebastian Münster ausdrücklich die Historien als das Fundament der Kosmographie. Auch das unten aufgeführte Zitat des Ptolemäus-Editors Giovanni Malombra ist ein Gegenbeweis. Zudem kann mit Lestringants Argumentation die Apodemik nicht erklärt werden. Es scheint mir vielmehr angemessen, von unterschiedlichen Ausformungen des ethnographischen Wissens zu sprechen. Siehe dazu Lestringant, *L'atelier du cosmographe.*

11 Neben den Arbeiten der Wissenssoziologie und dem Klassiker von Thomas Kuhn (*Die Struktur wissenschaftlicher Revolutionen*) seien als historische Arbeiten zur Wissensgeschichte, die sich im Sinne von Ute Daniels Auffassung von neuer Kulturgeschichte (Daniel, *Kompendium Kulturgeschichte*) mit der historischen Beschaffenheit von Wissen und seinen Entstehungsbedingungen beschäftigen, genannt: Richter Sherman, *Writing on Hands*; Poovey, *A History of Modern Fact*; Becker/ Clark, *Little Tools of Knowledge*; Roig Miranda, *La transmission du savoir dans l'Europe des XVIe et XVIIe siècles*; Campbell, *Imagining Worlds in Early Modern Europe*; Dooley, *The Social History of Skepticism*; Havens, *Commonplace Books*; Detel/ Zittel, *Wissensideale und Wissenskulturen in der frühen Neuzeit.*

werden nachzuweisen, daß Phänomene aus der politischen wie gelehrten Praxis mit Recht als Teile eines okzidentalen ethnographisch-anthropologischen Projektes angesehen werden können. Das ethnographische Wissen ist nach diesem Verständnis sowohl an die machtpolitischen Bedingungen des frühmodernen Territorialstaates wie an den allgemeinen epistemologischen Rahmen frühneuzeitlichen Wissens gebunden; diese beiden Aspekte sind die Eckpfeiler dieser Untersuchung.

Im folgenden sollen die wichtigsten Merkmale des ethnographischen Wissens dargestellt werden.

1. Die Dinge und das empirische Prinzip

Hatten die mittelalterlichen Pilgerberichte Zeugnis vom nachvollzogenen Leidensweg Christi abgelegt, so wurde der göttliche Auftrag im 15. und 16. Jahrhundert mehr und mehr neu definiert. Basierend auf dem Gedanken vom Christen als *viator mundi* konnte an die mittelalterliche Tradition angeknüpft und das Reisen als gottgewollt dargestellt werden:

»Ie laisse à penser combien iadis la Peregrinacion ha esté estimee: combien Dieu le Createur ayme les Viateurs, et comment ilz doivent estre reçùs. Cela est assez declairé tant en Genese, et Exode, qu'au Deuternome.«[12]

Dabei wurde jedoch nicht mehr die Wallfahrt ins Heilige Land oder zu anderen heiligen Stätten in den Mittelpunkt gestellt, sondern die Wahrnehmung von Gottes Wundern auf der ganzen Erde, nach deren Kenntnis der Mensch natürlicherweise strebe:

»Vuole la ragione et pare comandare la natura al huomo di ricercare, visitare, conoscere et investigare tutte le parti et mansioni della sua universale dimora.«[13]

Der Geist könne nur dann seine volle Funktion entfalten, wenn er überall mit dem Körper umhergetragen werde und mit Sinneseindrücken versorgt würde. Die Wahrnehmung durch den menschlichen Sehsinn trat damit in den Mittelpunkt:

»Car mon iugement ha esté tousjours tel, que puisque entre tous les sens de nature, le regard humein est le plus actif.«[14]

Laut Pico della Mirandola ist der *sensus* eine der vier *potestates animae*, dessen Funktion es sei, die Ähnlichkeiten gegenwärtiger Dinge aufzunehmen und festzuhalten, bevor diese mit der *imaginatio* beurteilt werden können.[15] Das menschliche

---

12 Thevet, *Cosmographie du Levant* 1556, S. 14.
13 Nicolay, *Navigationi* 1576, Fol. *a4r.
14 Thevet, *Cosmographie du Levant* 1556, S. 3.
15 Pico della Mirandola, *De imaginatione*, S. 56.

Bedürfnis nach Wissen und Gottes Auftrag an den Menschen, die wunderbare Schöpfung zu erkunden, werden idealerweise durch das Reisen erfüllt[16]:

»Or pource que les choses singulieres [...] pour la plus grande partie nous sont envoyées par le benefice des peregrinations, sans lesquelles il nous est difficile, & du tout impossible avoir part es dons & richesses des terres estranges.«[17]

Damit erlangte die sinnliche Wahrnehmung auf Reisen und ihre Niederschrift eine zentrale Stellung im frühneuzeitlichen Wissen:

»[...] nous voulant en cela designer qu'il n'y ha savoir plus certein que celui qui nous est acquis par la vuë [...].«[18]

Nur durch den Wahrnehmungssinn werde der menschliche Geist trainiert.[19] Reisen oder, ersatzweise, das Lesen von Reisebeschreibungen, galt nun als unabdingbar für wahre Gelehrsamkeit.[20] Im Gegensatz zur mittelalterlichen Tradition hatte damit das empirische Prinzip, gebunden an die sinnliche Wahrnehmung, einen zentralen Stellenwert erhalten.

Bei der Lektüre ethnographischer Kompendien und der Vorworte von Reiseberichten fällt auf, daß mit diesem Umbruch ein bestimmter Begriff ins Zentrum rückt: *das Ding – la cosa – res*. Während frühere Reiseberichte lediglich eine *peregrinatio* oder ein *itinerium* beschrieben, nehmen die Autoren des 15. und 16. Jahrhunderts auf eine charakteristische Art und Weise Bezug auf »die Dinge«: »[...] *to view the very things them selves*«;[21] »*les choses memorables [...] selon que les y ay observées et choisies ça et là*«;[22] »*varie cose Turchesche nuove*«;[23] oder nehmen diesen Begriff sogar in die exponierte Stelle der Buchtitel auf wie in *Delle cose de Turchi libri tre* des Venezianers Benedetto Ramberti.[24]

Die häufige und zentrale Verwendung des Begriffes *Ding* ist ein Phänomen, welches von der bisherigen Forschung noch nicht hinreichend berücksichtigt worden ist. Sie weist auf einen tiefgreifenden Umbruch in der Wissensorganisation hin. Dieser

---

16 Allerdings konnte dieses »menschliche Bedürfnis, das dem Auftrag Gottes folge«, auch unter dem Aspekt der *Curiositas* gesehen werden, die sehr viel ambivalenter beurteilt wurde. Siehe dazu Newhauser, *Towards a History of Human Curiosity*; Benedict, *Curiosity*; Krüger, *Curiositas*.

17 Belon, *Observations* 1554.

18 Thevet, *Cosmographie du Levant* 1556, Fol. b3r.

19 Spandugino, *I commentari* 1551, Fol. aiiv.

20 Spandugino, *I commentari* 1551, Fol. aiiv: »Et se ciò io voleßi provar con essempi, leggo che quasi tutti coloro, i quali sono mai pervenuti à qualche honorata eruditione, et scienza di molte cose, se l'hanno acquistata col vedere le nationi straniere.«

21 Nicolay, *The Navigations into Turkie* 1585. Fol. a2v.

22 Belon, *Observations* 1554, Fol. âiijv.

23 Menavino, *I cinque libri* 1548, S. 4.

24 Ramberti, *Libri tre* 1539, Fol. Aiir.

Begriff öffnet sich vor allem der empirisch generierten Information, die als *Ding* nun die Schwelle zum Wissen überschreiten kann: Die sinnliche Wahrnehmung gerinnt zum *Ding*, der menschliche (fast ausschließlich männliche) Blick auf die Welt manifestiert sich als allererstes als eine Abfolge von Dingen: Anders ist sinnliche Wahrnehmung auf Reisen nicht denkbar. Reisende richten ihren Blick nicht etwa zuerst auf Beziehungen zwischen Dingen oder auf die durch das Gesehene hervorgerufenen Affekte, noch stellen sie sich als ein Subjekt ins Zentrum, welches sich selbst unaufhörlich zur wahrgenommenen Umwelt positioniert. Die Aufgabe des Reisenden ist vielmehr, die Dinge so darzustellen, »wie er sie vorfindet«:

»narrant les choses au vray ainsi que les ay trouvées es pays estranges.«[25]

Das empirische Prinzip zur Wissensgewinnung durch den menschlichen Blick, wie es im 15. und 16. Jahrhundert verankert wurde, war daher untrennbar mit dem Primat der Dinge verbunden. Dabei wurde die Wahrheit der beschriebenen Dinge vor allem durch ihre schmucklose, einfache Darstellung verbürgt; die Worte sollten sich nun »der Matery vergleichen.«[26] Eleganz und Ästhetik wurden geradezu als ein Widerspruch zur wahrheitsgemäßen Schilderung der Dinge angesehen. Als Attribute der Wahrheit erscheinen in den Vorworten der Reiseberichte eine »einfache Sprache« oder, im expliziten Kontrast zu einer rhetorischen Ausschmückung, eine »stillose«, »zusammengewürfelte«, ja sogar »grobe« Darstellungsweise.[27]

Gleichzeitig ging in den Begriff des Dinges die *res* des überlieferten gelehrten Wissens ein[28] und verschmolz damit das neue empirische Prinzip mit dem tradierten Buchwissen. Diese Verschmelzung läßt sich zudem daran erkennen, wie in den Vorworten der Reiseberichte Position zu den reisenden Vorgängern und ihrem gesammelten Wissen bezogen wurde:

»Herodote, Diodore, Strabo, Arianus, et plusieurs autres anciens, nous ont laissé leur loingtains voyages par escript, desquels les hommes ont receu benefice inestimable, attendu que tous leurs travaux tombent au soulagement et repos de la posterité.«[29]

Die Aufwertung der aktuellen Wahrnehmung wurde daher nicht als Widerspruch zur humanistischen Hinwendung zu den antiken Schriften empfunden, die auch unter den Reiseberichterstattern und Kompilatoren hoch geschätzt wurden. Für den Venezianer Antonio Manutio, der 1543 eine der ersten Kompilationen venezianischer Reiseberichte veröffentlichte, waren die Schriften der antiken Schriftsteller immer noch unerreicht, zumal diese wie Aristoteles von höchster Stelle gefördert worden waren:

---

25 Belon, *Observations* 1554, Fol. âiijv.

26 Sattler, *Teutsche Rhetoric* 1610. Zitiert nach Neuber, *Fremde Welt*, S. 138.

27 Bassano, *I costumi* 1545. (Faksimile hg. von Franz Babinger, München 1963. Ein Exemplar dieses sehr seltenen Druckes befindet sich in Venedig, Museo Correr); Menavino, *I cinque libri* 1548.

28 Zedelmaier, *Bibliotheca universalis und Bibliotheca selecta*, S. 17.

29 Belon, *Observations* 1554, Fol. êr.

»tuttavia non per ciò siamo noi tenuti alle loro [= der antiken Schriftsteller] fatiche punto di meno, per quel tanto ch'ei n'hanno insegnato, poscia che à tempi nostri non si truova un altro Alessandro Magno che induca Aristotele à scrivere l'Istoria delle cose naturali, ne un'altro Plinio che le dechiari et ritorni alle memoria de nostri.«[30]

Gleichwohl drängte sich die Diskrepanz zwischen einer antiken und zeitgenössischen Beschreibung beispielsweise Italiens geradezu auf. Flavio Biondo bringt in seiner exemplarischen Beschreibung Italiens dieses Problem auf den Punkt: Seit dem Barbareneinfall ins Römische Reich seien die Historien nicht mehr geschrieben, Kenntnisse über die Orte Italiens nicht mehr gesammelt worden. Während man in der Antike 700 Städte in Italien gezählt habe, seien es mittlerweile nur noch 264. Aufgrund dieses Verfalles in der Geschichte müßten bei einer neuen Beschreibung Italiens antike und zeitgenössische Städte und Regionen miteinander abgeglichen werden:

»Est vero perdifficile: in tanta mutatione rerum regionumque quantam vident factam: qui romanas hystorias attente legunt modum advenire: dividendis regionibus: recensendisque ordine civitatum: oppidorum: montium: fluminumque vocabulis.«[31]

Auch Sebastian Münster stellt fest, daß Deutschland im 16. Jahrhundert eine ganz andere Gestalt als zu Zeiten Ptolemäus' hätte. Da aber Beschreibungen der damals bekannten Welt überliefert worden seien, könnten die Tafeln der Antike einfach erneuert werden: »so einer weißt neüwe namen der bergen und wässern/ auch der stett darin gelegen/ und an völcker durch sie bewonet.«[32] Münster war denn auch einer der maßgeblichen Editoren, die die Tafeln des Ptolemäus aktualisierten und neu herausgaben. Auch seine *Cosmographei* richtete Münster konsequent an der *Geographia* des Ptolemäus aus, deren Grundzüge er im ersten Buch erläuterte.

Trotz des hohen Stellenwertes, der der antiken Überlieferung eingeräumt wird, ist der Blick der Gegenwart im Zweifelsfalle für einige die ausschlaggebende Autorität, wie das obige Zitat von André Thevet über den Primat des Sehsinnes und der visuellen Erfahrung zeigt. Andere sind in dieser Gewichtung jedoch vorsichtiger und sprechen eher davon, das überlieferte Wissen mit der eigenen Anschauung abzugleichen und beides zusammen dann in einer Synthese zu veröffentlichen.[33]

Mit der Kategorie des Dinges war im 15. und 16. Jahrhundert eine atomistische Einheit des Wissens gefunden worden. Die Dinge waren die Bausteine nicht nur des ethnographischen Wissenskorpus; sie schufen erst die Voraussetzung für die neue epistemologische Konfiguration. Denn für sich genommen sagte ein Ding noch nicht aus, in welchen Zusammenhang es zu setzen war. Mit der Ansammlung und Generierung von Dingen gingen daher Diskussionen über ihre Anordnung einher, und es sind jene Ordnungsstrategien, die es möglich machten, daß bestimmte

---

30 Manutio, *Viaggi fatti da Vinetia* 1543, Fol. aiir.
31 Biondo, *Italia Illustrata* 1474, S. 39 (Bleistiftpaginierung im Exemplar der Marciana – Nationalbibliothek in Venedig –, Sign. 141 D 202).
32 Münster, *Cosmographei* 1550, Fol. aijr.
33 Belon, *Observations* 1554; Nicolay, *Navigationi* 1576.

Textpartien von Reiseberichten in ethnographische Kompendien aufgenommen wurden und damit als Dinge die vormaligen Genregrenzen zu passieren vermochten.

Der italienische Gelehrte Giovanni Malombra, der eine revidierte Fassung von Ptolemäus' *Geografia* herausgab, widmete den Ordnungsstrategien für das ethnographische Wissen in seinem ausführlichen Kommentar des ersten Kapitels mehrere Seiten, in denen er diskutierte, welche Dinge auf der Erde welchen Disziplinen – Geographie, Chorographie (Länderkunde) oder Kosmographie – zugewiesen werden sollten:

> »Et altri [...] vogliono, che Cosmografia sia quella, che senza curarsi della particolar quantità ò misura delle lontananze de'luoghi, attenda à descrivere et narrar le nature et proprietà de'paesi, et delle cose, che in esse sono, i costumi, i popoli, le cose notabili accadute di tempo in tempo [...]. Et Geografia voglion poi che s'habbia da chiamar quella particolarmente, che tratta solo della terra, ò del mondo, in quanto alla sola dispositione, alle misure, et al sito suo.«[34]

Allerdings kommt Malombra selbst zu dem Urteil:

> »Ma queste distintioni, ò differenze gia dette, [...] [sono] piu tosto argute et sofistichette, che vere.«[35]

»Piu sofistichette, che vere« – dieses Urteil weist auf zweierlei hin: daß erstens die praktizierten Ordnungs- und Klassifizierungsmuster der Dinge in den gelehrten Debatten theoretisiert wurden und daß zweitens, laut Malombra, sich keines dieser Modelle in der Praxis durchsetzen konnte.

In der Tat läßt sich für die breite Divergenz des ethnographischen Wissens im 16. Jahrhundert kein einheitliches explizites Muster finden, dem alle Reisenden und Kompilatoren gefolgt wären. Eine derartige Konfiguration ist vielmehr den ethnographischen Texten direkt zu entnehmen – eine Vorgehensweise, welche in dieser Arbeit erprobt werden soll. Dennoch sind die zeitgenössischen Reflexionen über die Form dieses Wissens, wie sie vor allem in der zweiten Hälfte des 16. Jahrhunderts auftauchen, ein wichtiger Anhaltspunkt, um seine epistemologische Konfiguration zu verstehen und damit Thema des nächsten Abschnittes.

2. Zeitgenössische Reflexionen über das ethnographische Wissen

Form

Im 16. Jahrhundert stellte sich allgemein die Frage, wie mit der Folgewirkung des Buchdruckes, der exponentiell angestiegenen Menge von Büchern und verfügbaren Wissen umgegangen werden sollte. Die Parallele zu der heutigen Situation einer von

---

34 Ptolemäus, *Geografia* 1573 (übersetzt von G. Malombra), S. 4f.
35 Ebd., S. 5.

Informationen überfluteten Internetsurferin ist augenscheinlich – Michael Giesecke hat sie in seiner Studie über den Buchdruck in der frühen Neuzeit explizit als Ausgangspunkt seiner Forschungen über den Kultur- und Medienwandel des 15. und 16. Jahrhunderts genannt. Die Menge an Wissen wurde nun zum Problem. Um es zu lösen, wurden jene Disziplinen wieder aufgewertet, die sich traditionell mit der Anordnung von Wissen befaßt hatten: Rhetorik und Dialektik. Rudolph Agricola verband diese beiden, seit der Antike getrennten Disziplinen in einer Topik, die das Schwergewicht von der Versammlung an bestimmten logischen Orten auf eine Begriffslehre verschob. Petrus Ramus führte die Topik Agricolas 1543 in den *Institutiones Dialecticae* fort. Im Prinzip ist Ramus' Werk eine Argumentationslehre, wie er es 1555 in der von ihm übersetzten französischen Ausgabe der *Dialectique* darlegt: »Dialectique est art de bien disputer.« Die vielfachen Begriffe, die Ramus für die einzelnen Elemente der Topik anführt, zeigen jedoch den fließenden Übergang zwischen der Klassifizierung von Argumenten, Begriffen und Wissen:

»[...] l'Invention traicte les parties séparés de toute sentence, qui sont nommés premièrement par les Euclidiens, puis par les autres philosophes [...] maintenant Catégorèmes, et la doctrine d'iceux Catégories, ores les préceptes d'iceux topi, c'est-à-dire lieux et notes, et la doctrine des lieux Topiques, comme qui diroit locale, pourtant que telz préceptes sont comme sièges et lieux où gissent tous Catégorèmes; quelquefois et plus clairement sont appellez principes, élémens, termes, moyens, raisons, preuves, argumens.«[36]

Ramus entscheidet sich, den Begriff *argument* zu benutzen, dem bei anderen Gelehrten der *topos* oder *locus communis* als Klassifizierungskategorie entsprechen.[37] Er geht nun wie Agricola von zwei Schritten aus: In der *inventio* werden den einzelnen Elementen die *argumens* (das heißt Topoi) zugewiesen, das heißt die Klassifizierungen vorgenommen; im *iudicium* wird dann geurteilt, in welcher Weise die invenierten Topoi in einer logischen Hierarchie zusammengefügt werden:

»toute ainsi que la première partie de Grammaire enseigne les parties d'oraison et la syntaxe en descript la construction.«[38]

Alles aktuelle wie potentielle Wissen war so in ein System von Hierarchien eingebunden, das vom besonderen letztlich auf Gott weist. Ramus war mit seinem Werk, das er bis zu seinem Tod fortlaufend überarbeitete, sehr erfolgreich. Der Ramismus hatte auf die Organisation des Wissens in fast allen Disziplinen, mit Ausnahme der Medizin, vor allem nordwärts der Alpen großen Einfluß. Daß ein als Argumentationslehre angelegtes Werk zu einem abstrakten Modell von Wissensorganisation avancieren konnte, weist auf die zentrale Stellung der Topik im frühneuzeitlichen Denken hin. Der Ramismus steht damit für vielfache Bemühungen im 16. Jahrhundert, die Flut des verfügbaren Wissens zu bewältigen. Es wurde etikettiert, geordnet,

---

36 Ebd.
37 Joachimsen, *Loci Communes.*
38 Ramée, *Dialectique*, S. 63.

gesammelt und das Fundament gelegt, auf dem Francis Bacon und Réné Descartes im 17. Jahrhundert dann qualitativ neue Schritte zu einer gedanklichen Durchdringung und Vereinheitlichung der *Historia* unternehmen konnten. Das 16. Jahrhundert war dagegen mit der quantitativen Bewältigung der *Historia* befaßt gewesen und hatte die traditionellen Kategorien des *memorabile* einstweilen aus dem Mittelalter übernommen.

Das Verzeichnis der verfügbaren Wissens nahm unterschiedliche Formen an. So listete Konrad Gessner in seiner *Bibliotheca universalis* (1545) alle ihm zugänglichen Schriften in hebräischer, griechischer und lateinischer Sprache auf, denen er Informationen über Autoren und Werk beifügte. Im Zeichen der konfessionellen Auseinandersetzungen stand dagegen die *Bibliotheca selecta* (1593) des Jesuiten Antonio Possevino, der die bei ihm präsentierten Bücher nach ihrem Verhältnis zur katholischen Lehrtradition auswählte.[39] Früchte des Sammeltriebes der Renaissance waren schließlich systematische Kompendien, die analog zu den Kuriositätensammlungen der Fürsten Kollektionen schriftlicher Informationen vereinigten. Justin Stagl unterscheidet dabei zwischen polyhistorischen und spezialisierten Kompendien.[40] Die Autoren polyhistorischer Kompendien (Theodor Zwinger, Christoph Milieu) sammelten Grundprinzipien und Hauptergebnisse aller Disziplinen. Diese Kompendien waren gelehrt-ramistisch ausgerichtet und in Latein verfaßt. Die spezialisierten Kompendien vereinigten dagegen Wissen, das für Beamte, Händler und Seeleute in den Volkssprachen zusammengetragen wurde. Darunter fallen die Reisesammlungen wie jene von Giovanni Battista Ramusio, *Navigazioni e viaggi*[41], die oben erwähnte *Cosmographei* von Sebastian Münster und *Del governo de regni et delle republiche antiche et moderne* von Francesco Sansovino.[42]

Diese spezialisierten Kompendien präsentieren fast ausschließlich ethnographisches Wissen, auch wenn dieses graduell unterschiedlich aufbereitet war. Während Ramusio sich in seiner Sammlung auf die Wiedergabe der Reiseberichte auf Italienisch, die er lediglich nach bestimmten Kriterien anordnete, beschränkte, ist die *Cosmographei* Münsters das Werk eines Kompilators, der in das ihm vorliegende Textmaterial intervenierte und die gefundenen Dinge seiner Berichterstatter in eine neue Ordnung brachte, die sich an der Topik ausrichtete.

Wolfgang Neuber hat zudem auf die Bedeutung der antiken und frühneuzeitlichen – und gleichfalls topischen – *ars memorativa* für das Verständnis des Aufbaues von zeitgenössischen Reiseberichten hingewiesen.[43] Als Memotechnik empfahlen einschlägige Handbücher ein Vorgehen in zwei Schritten: die Erstellung

---

39 Zedelmaier, *Bibliotheca universalis und Bibliotheca selecta.*
40 Stagl, *A History of Curiosity.*
41 Venedig 1550-59, hg. von Marica Milanesi, Turin 1978ff.
42 Venedig 1560. Das Werk erlebte viele Auflagen und ist bis heute in den meisten Bibliotheken mit Beständen aus dem 16. Jahrhundert zu finden.
43 Neuber, *Fremde Welt*, S. 166-214.

IN ITINERIBUS OBSERVANDUM
ΣΥΝΟΨΙΣ
INCERTO AUTORE

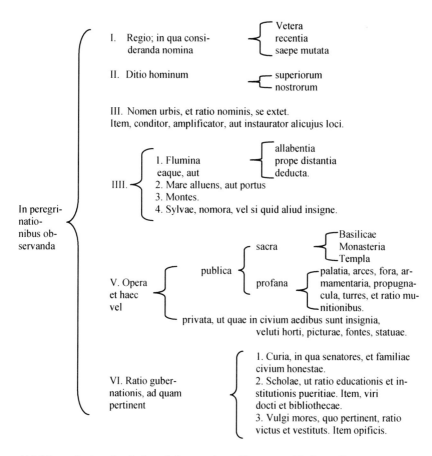

Abbildung 1: Apodemisches Schema. Aus: Chytraeus, Nathan: *Variorum in Europa Iterum Deliciae...* Herbonae Nassovium 1594. Zitiert in Stagl: *Die Apodemik oder Reisekunst als Methodik der Sozialforschung vom Humanismus bis zur Aufklärung.* In: Rassem, Mohammed/Stagl, Justin (Hgg.): *Statistik und Staatsbeschreibung in der Neuzeit.* München, Wien, Zürich 1980, S. 131-205, hier S. 191.

eines imaginären, festgelegten Gefüges von *lieux de mémoire* (ein Haus, eine Stadt, eine Landschaft – die darin festgelegte Abfolge der Örter entspricht dabei einer von vornherein fixen abstrakten Hierarchie qua *iudicium*) und die Zuweisung von »invenierten« *imagines*, die den einzelnen »merkwürdigen Dingen« zugewiesen wurden – die Nähe zwischen einer imaginären Abfolge von Merkörtern und der Darstellung eines Itinerars einer Reise liegt auf der Hand.

Ab der zweiten Hälfte des 16. Jahrhunderts wurde die Topik in Form des Ramismus auf die neu aufkommende Disziplin der *ars apodemica* (von griech. apodeméo, reisen) übertragen, wie vor allem Justin Stagl gezeigt hat.[44] Die Apodemik gab nicht nur medizinisch-praktische Anleitungen für den Reisenden, sondern lieferte vor allem Schemata, die dem Reisenden vorschrieben, welche Dinge er auf seiner Reise beobachten sollte. Das Schema aus einer Apodemik des ausgehenden 16. Jahrhunderts (Abbildung 1) illustriert den Vorgang sowohl der Systematisierung der ethnographischen Information als auch der Disziplinierung des beobachtenden Blickes, der die Reiseberichte des 16. Jahrhunderts von den Reisebüchern des Mittelalters scheidet. Damit lag ein abstrahiertes Beschreibungsmuster gesellschaftlicher Realität vor, das für die eigene wie für eine fremde Gesellschaft verwendet wurde – die reisetheoretische Literatur machte also den eingangs erwähnten Vorgang der Erstellung eines einheitlichen Beschreibungsmusters für die Erfassung unterschiedlicher gesellschaftlicher Lebensformen explizit.[45]

Im Zusammenhang mit derartigen Klassifizierungs- und Hierarchisierungsprozeduren steht die spezifisch frühneuzeitliche Verwendung des Begriffs *Historia* für das invenierte Erfahrungswissen, wie auch für die »Empirie schlechthin«.[46] Obgleich in der Renaissance *Historia* auch wie im heutigen Sinne von »Geschichte, Geschichtsschreibung« gebraucht wurde, entwickelte sich im 16. Jahrhundert als ein Nebenstrang der weitere Gebrauch dieses Begriffes für das empirisch gewonnene oder textlich überlieferte Wissen. Der Erforscher und Verwalter dieses Wissens war der Polyhistor; Wissensfortschritt bedeutete in diesem Sinn die möglichst umfassende Rekonstruktion der gelehrten Historie und des Buches der Natur. In den Historien kamen Geschichtsschreibung und ethnographische Beschreibung, gelehrte Überlieferung und empirische Beobachtung zusammen. Diese Verbindung ist charakteristisch für das 16. Jahrhundert, in dem der Unterschied zwischen Vergangenheit und Gegenwart weniger zentral war.[47]

Sebastian Münster definiert Historien als Beispiele, die uns Gottes Wirken offenbaren und uns über diese Welt Kundschaft ablegen. Neben der Bibel sei kein Lesen »lustiger und nützlicher dem Menschen dan das lesen der historien«[48]. Münster bezeichnet das von ihm gesammelte empirische Wissen (das er nicht nur durch Lektüre, sondern auch aus eigener Anschauung gewann) gleichfalls mit dem Begriff der Historia, von dem er im Zusammenhang mit den Informationen über deutsche Fehden besonders betont, daß dieses unparteilich erhoben werden müsse:

---

44 Stagl, *Der wohl unterwiesene Passagier.*
45 Neuber, *Fremde Welt,* S. 58-108; Stagl, *Der wohl unterwiesene Passagier;* Siehe dazu auch Stagl, *Apodemiken.*
46 Seifert, *Cognitio Historia,* S. 29; siehe auch Koselleck/ Meier/ Günther/ Engels, *Geschichte, Historie.*
47 Koselleck, *Vergangene Zukunft der frühen Neuzeit.*
48 Münster, *Cosmographei* 1550, Fol. aijr.

»wie das alle historien erfordern/ on verletzung einer partheien/ aber in solchen gantz on parteylich mich gehalten.«[49]

Für Sebastian Münster sind die Historien eng mit der Kosmographie verknüpft: Die Kosmographie zeigt uns alle Historien; sie ist das Fundament, ohne das die Historien nicht verstanden werden können.

Das ethnographische Wissen manifestiert sich damit vor allem in den Historien und ist an diesen Begriff eng gebunden. Die *Historia* des 15. und 16. Jahrhunderts war zentral für das damalige Wissen; auch an diesem Begriff entzündeten sich die Diskussionen über die Ordnung der Dinge. Francesco Patrizio verfaßte eine Abhandlung über die Historia,[50] Thomas Blundeville führte dieses Thema in einer kleinen Schrift über *The true order and Methode of wryting and reading Hystories*[51] noch weiter aus. Während die Reiseberichterstatter, wie oben erwähnt, betonen, daß sie die Dinge so, wie sie sie vorfanden, berichtet hätten, so spricht Blundeville auf der Ebene, die dem topischen *iudicium* entspricht, von einer gleichfalls bereits vorgegebenen Ordnung, die der Historienschreiber lediglich wahrheitsgetreu wiedergeben müsse:

»An Hystorye ought to declare the thynges in suche order, as they were done.«[52]

Blundeville, der seinen Historia-Begriff nicht nur an den Dingen, sondern auch an den *Taten* ausrichtet,[53] führt die Kategorien auf, die bei der Schilderung einer Tat erfüllt werden müssen, damit diese als wahr angesehen werden könne.[54] Wie Petrus Ramus gibt Blundeville eine strikte Hierarchie vor, nach der die in den Historien geschilderten Dinge und Taten angeordnet werden müssen, die allerdings, wie bei Ramus, auf verschiedene Arten erfüllt werden kann – Blundeville spricht von drei möglichen Ordnungen.[55] Das Oszillieren zwischen strikter Hierarchie einerseits und ihren verschiedenen Realisierungsmöglichkeiten andererseits ist charakteristisch für die Ordnungsmuster in der zweiten Hälfte des 16. Jahrhunderts, die damit abstrakte, klare Vorgaben machen, die in ihrer Konkretisierung jedoch flexibel der jeweiligen Materie angepaßt werden konnten. Dementsprechend wies Blundeville nicht nur den Historienschreiber, sondern auch den Leser an, nicht willkürlich Dinge ohne ihre hierarchische Einordnung zu memorisieren, sondern eine eigene Ordnung im Kopf zu haben, diese während des Lesens von Historien fortwäh-

---

49 Alle Zitate aus Münster, *Cosmographei* 1550. Siehe auch Enea Silvio im Vorwort seiner Cosmographie.

50 Patrizio, *Della historia dieci dialoghi* 1560.

51 Blundeville, *The true order* 1574.

52 Ebd., Fol. Aiijr.

53 »Hystories bee made of deedes.« Ebd., Fol. Aiiijv.

54 »And bycause that every deede is done by some person, for some cause, in tyme, and place, with meanes and instruments: we will therefore suppose that to be always true, as well in the principall deede, as in the meane and smallest deedes of all.« Ebd., Fol. Bijr.

55 Ebd., Fol. Giivff.

rend um wichtige *common places* zu ergänzen, wodurch zum einen die Erinnerungs-
fähigkeit erhöht werde, zum anderen der allgemeine Nutzen der Historien mit ihren
moralischen Lehren erst zum Tragen komme.[56]

Die zeitgenössischen Reflexionen über das ethnographische Wissen zeigen seine
Einbindungen in die allgemeinen frühneuzeitlichen Wissensmuster, welche eine
strikte Hierarchisierung der Dinge vorgeben, deren konkrete Realisierung jedoch
flexibel zu handhaben ist, wie die unterschiedlichen apodemischen Beschreibungsmuster zeigen. Aus diesem Befund ergibt sich die in dieser Arbeit angewandte Methode zur Analyse der Quellen, die ich weiter unten ausführe.

Funktion

Was war nun der deklarierte Zweck dieses Wissens? Johannes Boemus, der 1520
eine Kompilation mit dem Titel *Omnes gentium mores* veröffentlichte, spricht von
»wondrefull profite and pleasure«, welches ihm die Abfassung des Buches verschafft
habe und das er auch seinen Lesern wünsche.[57] Der Topos des klassischen »utile et
dulce« ist häufig in den Vorworten von Reiseberichten, fast durchgängig in den
Vorreden von Kompendien zu finden. Sebastian Münster empfiehlt die Lektüre von
Historien als »lustig und nützlich«[58], auch Francesco Sansovino benützt diesen Topos
durchgehend.[59] Daß diese beiden Attribute vor allem in den Kompendien, die häufig
von Druckerverlegern zusammengestellt wurden, fast ohne Ausnahme präsent sind,
weist auf ihre zentrale Bedeutung für eine marktstrategische Plazierung dieser Texte
hin.[60]

Es ist jedoch auffällig, daß von diesem Kategorienpaar nur die Komponente des
»utile« ausgeführt wird. Die Nützlichkeit des vermittelten Wissens wird zum einen
generell als Teil eines *bonum commune* formuliert,[61] welches, wie oben angegeben,
im göttlichen Auftrag bestehe, daß der Mensch die Schöpfung kennenlerne, indem er
seinen Wahrnehmungssinn einsetze.[62] Das *bonum commune* kann dabei in dieser
allgemein gehaltenen Form eine explizit globale Ausrichtung erhalten:

»[...] afine (come si può credere) che per tali peregrinationi e communicationi tutte le genti del
mondo si rendino domestiche ed affabili l'una con l'altra: si gastighino mutualmente i barbari difetti,
si insegnano il culto divino, le virtù et honestà morali et politiche, si compartino con mutual commer-

---

56 Ebd., Fol. Hiiijr.
57 Siehe die englische Übersetzung: Boemus, *The Fardle of Facions* 1555, Fol. Aiv.
58 Münster, *Cosmographei* 1550, Fol. aijr.
59 Sansovino, *Historia universale* 1560 Bd. 1, Fol. *3r.
60 Siehe dazu auch Neuber, *Fremde Welt,* S. 215ff.
61 Siehe beispielsweise Manutio, *Viaggi fatti da Vinetia* 1543, Vorwort; Belon, *Observations* 1554,
    Preface.
62 Siehe zur Vielschichtigkeit des Begriffes *bonum commune* Schiera, *»Bonum Commune«*
    zwischen Mittelalter und Neuzeit.

cio [...] de i loro proprij beni, metalli, legni, droghe, frutti [...] ed altre mercantie [...] talmente che ogni paese paia produrre tutto, et che l'universo con tutti i suoi beni sia visto in comuna proprietà [...] levando questa arrogante prosumtione da Greci et Romani usurpata di tenere et chiamare un altro huomo, ò natione piu barbara che sè ò la sua. Anzi piu tosto stimare come il vecchiarello Terent, il quale disse, Perch'io sono huomo, non trovo alcuna humana attione strana. Et per tal via di reciproca peregrinatione si faccia finalmente di questo universo mondo, una città commune à glie huomini, anzi una casa della quale il gran Padre di famiglia sia IDDIO, et il figlio primogenito CHRISTO GIESU.«[63]

Der lehrhafte Charakter des ethnographischen Wissens besteht hier in einem ständigen Informationsaustausch über die unterschiedlichen Lebensweisen, in dessen Verlauf sich die Völker gegenseitig erziehen, ihre »difetti barbari« ausmerzen und so ein gemeinsames Haus erbauen, in welchem die Verehrung Gottes, die *virtus* und die moralische und politische Ehrenhaftigkeit sich unter der christlichen Trinität entfalten mögen. Der hier anklingende Gedanke, daß sich ein derartiges Projekt gegenseitiger Vervollkommnung auf einen weltweiten Waren- und Güteraustausch stützen solle, ist hingegen selten zu finden. Wird das *bonum commune* konkreter gefaßt, definieren es die Autoren vielmehr als das Interesse von Staatsmännern, das für ihr Regierungsgeschäft notwendige Wissen zu erlangen, richten es aber auch an *huomini civili* im allgemeinen – zuweilen, wie es bei Celtis oben bereits anklang, mit einem expliziten Verweis auf die Nation.[64]

Der Fürst, so die Autoren, müsse seine eigene Provinz kennenlernen,[65] aber auch um die Gegebenheiten in anderen Staaten und Republiken wissen:

»Entre les moyens que les anciens ont recherché pour acquerir la science de regir et gouverner les grands estats, et republicques, celuy semble avoir esté le principal et plus certain que l'experience et la cognoissance des gouvernemens estranges apporte, pour ce que sur leur modelle on bastist [sic] telle forme qu'on veut, prenant des uns et des autres ce qui est bons et delaissant le contraire.«[66]

Ein solches Wissen wurde für das Regieren allgemein, wie auch insbesondere für eine erfolgreiche Kriegsführung für unabdingbar gehalten, und zwar sowohl die geographische Lage,[67] als auch Staats- und Regierungsaufbau, Person des Fürsten,

63 Nicolay, *Navigationi* 1574, Fol. *4v. Auch dieses Zitat ist ein Beleg gegen Lestringants These, daß man von einer klaren Grenze zwischen einer universal ausgerichteten Kosmographie, die sich vor allem an der Neuen Welt ausrichtete, und einem Wissen, welches auf den Mittelmeerraum beschränkt sei, ausgehen könne: Hier formuliert ein Reisender, der in der bekannten Welt unterwegs ist, ein global und auf die Zukunft ausgerichtetes Projekt des Wissens- und Güteraustausches zwischen allen Völkern.

64 Villamont, *Voyages* 1600; Belon, *Observations* 1554, Preface.

65 Nicolay, *Navigationi* 1574, Fol. *4r.

66 Villamont, *Voyages* 1600, Fol. aiijr.

67 Münster, *Cosmographei* 1550, Fol. aiiiv: »Wie hetten die Alten/ ja auch die so zu unserer Zeit leben/ also glückhafftige Krieg mögen führen in frembden und fernen Ländern/ da sie etwann über hohe Berg/ etwann über tieffe Wasser haben müssen reysen/ auch etwann über Meere

Militärwesen und die Bevölkerung betreffend. Für dieses Gebiet entwickelte sich in der zweiten Hälfte des 16. Jahrhunderts eine eigene Spezialliteratur: das Genre der Staatsbeschreibungen. Der Venezianer Francesco Sansovino veröffentlichte 1560 das erste, oben erwähnte Kompendium dieser Art mit dem Titel *Del Governo de regni et delle republiche antiche et moderne.* Dieses Werk präsentierte, wie Sansovino auf dem Titelblatt von *Del governo* ankündigt,»diversi ordini, magistrati, leggi, costumi, historie et cose notabile, che sono utile et necessarie ad ogni huomo civile e di stato«, versammelte also vor allem das Wissen über politische Institutionen einzelner Staaten und war explizit für den Gebrauch ausgerichtet. Sansovino stellt in seinem Kompendium zehn Königreiche (Frankreich, England etc., darunter auch muslimische Staaten wie das Osmanische Reich, Persien und das Sa'dierreich in Marokko), die Kurie und zehn Republiken (Rom, Venedig, Nürnberg; aber auch Athen, Sparta und Utopia) vor. Die Einbeziehung von Athen, Sparta und Utopia weist wiederum auf die Zweitrangigkeit chronologischer Kriterien innerhalb der Historia hin: Die von Sansovino präsentierte Historia umfaßt unterschiedslos Vergangenheit, Gegenwart und Zukunft. Die Widmung dieses Werkes an den Bürger und Staatsmann stellte das präsentierte Wissen explizit in den Dienst der Politik.

Es ist das Verdienst von Mohammed Rassem und Justin Stagl, die Wissenschaftsgeschichte der beschreibenden Staatenkunde, die sich im 17. Jahrhundert unter der Bezeichnung *Statistik* als Universitätsfach etablierte und von der nach dem Fall des Ancien Régime nur ihr quantifizierender Teil überlebte, aufgearbeitet zu haben.[68] In den Staatenbeschreibungen wie in der Statistik manifestieren sich die gesellschaftspolitischen Implikationen des ethnographischen Wissen besonders augenscheinlich. Der frühmoderne Territorialstaat war auf umfassende Kenntnis über Bevölkerung, Wirtschaft, Verwaltung und Militärausrüstung anderer Staaten wie auch seines eigenen Territoriums angewiesen. Hier fand ethnographisches Wissen im neuen Konzept der Staatsräson, die als rationale Regierungsweise um die Kapazitäten des eigenen wie der anderen Staaten wissen mußte, seinen Platz.

Auch die Eroberung der Neuen Welt war von Beginn an von einer systematischen Informationserhebung über die betreffenden Territorien begleitet, wie aus einer Denkschrift Hernan Cortés an Karl V. hervorgeht:

»Avant de conquérir une contrée il faut s'assurer si elle est habitée et par quelle sorte de gens, et quels sont leur religion ou rites, et de quoi ils vivent, et ce qui'il y a dans les terres.«[69]

Unter Philipp II. wurde diese Politik perfektioniert. 1571 wurden Juan de Ovando y Godoy und sein Sekretär Juan López de Velasco damit beauftragt, alles relevante Wissen über die Kolonialreiche zusammenzutragen. Ovando erstellte einen Fragebo-

---

schiffen/ wann sie nicht hetten gewüßt auch die Kunst gelegenheit des Erdtrichs/ weite unnd enge des Meeres/ und eygenschafft der Länder [...].«

68 Rassem/ Stagl, *Statistik und Staatsbeschreibung in der Neuzeit, vornehmlich im 16.-18. Jahrhundert*; Rassem/ Stagl, *Geschichte der Staatsbeschreibung.*

69 Zitiert nach Todorov, *Le conquête d'Amerique,* S. 179.

gen, um die Berichte der Kolonialverwalter zu standardisieren, auf dessen Grundlage de Velasco die *Geografía y descripción universal de las Indias* verfaßte.[70] Auch der Franziskaner Bernadino de Sahagún schrieb 1569 bis 1575 eine *Historia general de las cosas de Nueva España,* die bemerkenswerterweise auf standardisierten Informationen von aztekischen Interviewpartnern beruhte.[71] Die Schemata, nach denen diese Informationen erhoben wurden, waren dabei an den apodemischen Mustern ausgerichtet.[72]

Wir sehen also, daß gelehrte Tätigkeit und politische Praxis in der Informationserhebung und ihrer Anordnung nach Mustern funktionierten, die jeweils in der Apodemik theoretisch reflektiert wurden oder sich gar ausdrücklich an den apodemischen Schemata ausrichteten. Die Verbindung zwischen politischer Praxis und epistemologischer Konfiguration wird in den bisherigen Forschungen eher am Rande behandelt. Daß diese in der vorliegenden Untersuchung als systematischer Analyseansatz dient, ist nicht zuletzt aufgrund des Gegenstandes des hier behandelten ethnographischen Wissenskorpus erforderlich: Die europäischen Schriften über das Osmanische Reich waren im Kontext der militärischen wie ideologischen Auseinandersetzungen zwischen den Osmanen und verschiedenen europäischen Mächten entstanden und wurden von ihren Autoren ausdrücklich in diesem politischen Kontext verortet. Dieser Kontext wird im zweiten Kapitel dieser Arbeit in einem gesamteuropäischen Rahmen skizziert und in Bezug zum ethnographischen Wissenskorpus gesetzt. Da jedoch die *Türkengefahr* in den unterschiedlichen Kontexten von den politischen Akteuren unterschiedlich instrumentalisiert und modelliert wurde, wendet das dritte Kapitel diesen Blick auf den konkreteren Rahmen von drei politischen Mächten: Venedig, Frankreich und die österreichischen Habsburger.

Venedig war von der osmanischen Expansion unter den europäischen Mächten besonders stark betroffen, da es im Verlauf des 15. und 16. Jahrhunderts fast seine gesamten Besitzungen im Mittelmeer an die Osmanen verlor. Aufgrund der spezifischen Struktur des venezianischen Seereiches versuchte die Löwenrepublik jedoch so lange wie möglich, den Handel aufrechtzuerhalten, schloß mit den Osmanen Friedens- und Handelsverträge ab und unterhielt ein hochspezialisiertes System von diplomatischen Beziehungen und einer umfassenden Informationserhebung. Die Habsburger hingegen erhoben wie die Osmanen Anspruch auf Ungarn und deklarierten sich in den darauf folgenden Auseinandersetzungen als die christlichen Hauptfeinde der Türken. Die einschlägige habsburgische Propaganda wirkte teilweise bis heute in die deutschsprachige Geschichtsschreibung fort. Der entsprechende Abschnitt in Kapitel 3 tritt dem Mythos, daß die Habsburger die europäischen Hauptbe-

---

70 Stagl, *A History of Curiosity,* S. 127.
71 Sahagún, *Historia general de las cosas de Nueva España.* Siehe auch Todorov, *Die Eroberung Amerikas* 1985, S. 260-285.
72 Siehe zum Beispiel Rantzau, *Methodus Apodemica.*

troffenen der osmanischen Expansion gewesen seien, entgegen und versucht, die osmanisch-habsburgischen Beziehungen in einem angemesseneren Licht darzustellen. Gegenüber dem erklärten Erzfeind der Osmanen galt Frankreich als – besonders in der habsburgischen Propaganda vielgeschmähter – Bündnispartner der Pforte. Die Tragweite und die Auswirkungen dieser Allianz werden ebenfalls im dritten Kapitel analysiert.

Das vierte Kapitel leitet dann auf die jeweiligen diplomatischen Beziehungen zum Osmanischen Reich über und behandelt die Frage, von welcher Informationspolitik diese begleitet wurden. Dabei wird insbesondere der Punkt berücksichtigt, ob und inwiefern die politische Praxis Schemata zur Informationserhebung entwickelte und anwandte. Ein weiterer Abschnitt fragt danach, inwieweit das von amtlicher Seite erhobene und gesammelte Wissen über die Osmanen in das allgemein zugängliche (oder, konkreter gesagt, gedruckte) Wissenskorpus einging oder darauf strukturellen Einfluß nahm. Um für die Auswahl der Quellen den Zusammenhang mit der amtlichen Informationspolitik Venedigs, Frankreichs und der österreichischen Habsburger zu wahren, werden hier jene Reiseberichte und Kompendien herangezogen, welche auf italienisch, französisch, lateinisch oder deutsch veröffentlich wurden.

3. Quellenmethodik

Die Apodemik hatte vor allem im Reich und England eine zentrale Stellung, nicht jedoch südlich der Alpen. Zudem kam die Apodemik erst in der zweiten Hälfte des 16. Jahrhunderts auf, so daß die Reiseberichte, die vor dieser Zeit entstanden, in keinem Falle von ihr beeinflußt wurden. Daher kann nicht davon ausgegangen werden, daß mit der Analyse apodemischer Traktate die epistemologische Konfiguration des ethnographischen Wissens erfaßt wird. Um diese herauszuarbeiten, ist vielmehr die unmittelbare Einbeziehung der ethnographischen Texte an sich erforderlich, wobei die Art der Analyse ihre Impulse aus den zeitgenössischen theoretischen Diskussionen, wie sie oben skizziert worden sind, bezieht.

Die in dieser Untersuchung angewandte Quellenmethodik nimmt auf die beiden hier angesprochenen Ebenen – die Dinge und ihre Anordnung – Bezug. Dabei soll in zwei Schritten verfahren werden.

Die Dinge

Die Autoren der Reiseberichte äußern sich in den Vorworten sowohl zu den Dingen als auch zur Frage ihrer Anordnung. Wenn sie auch versichern, daß sie die Dinge, die sie selbst gesehen hätten, wahrheitsgetreu darstellen, erklären sie doch gleichzeitig, daß sie nicht alle Dinge in ihrem Bericht wiedergeben könnten:

»[...] car si i'eusse descript entierment toutes les choses que ie nommeray, i'eusse en crainte d'ennuyer le Lecteur de prolixtié.«[73]

Ein weiteres Argument ist der Verweis auf Dinge, die bereits von anderen Autoren beschrieben worden seien und deshalb nicht noch einmal wiederholt werden sollten – eine Aussage, die einmal mehr zeigt, daß die damaligen ethnographischen Texte als ein zusammengehöriges Wissenskorpus aufgefaßt wurden.[74] Als hauptsächliches Selektionskriterium wird durchgängig das Attribut des »memorabile« genannt. »Schreiben heißt Schweigen« – welches Sieb wurde mittels der Kategorie des Merkwürdigen geflochten?

In einem ersten Schritt soll herausgearbeitet werden, was wir uns unter den einzelnen Dingen vorzustellen haben. Im von mir ausgewählten, für repräsentativ erklärten Quellenkorpus wurden die einzelnen beschriebenen Sachverhalte (zum Beispiel Kleidung von Türkinnen, Ausbildung von Janitscharen etc.) von mir als »ethnographische Bausteine« definiert und als solche in eine Datenbank aufgenommen. Um auf dieser Ebene so nahe wie möglich an den Quellen zu bleiben, wurden die einzelnen Bausteine zwar in modernem Deutsch definiert, welches jedoch in der Terminologie sehr eng an den Ausdrücken der Originalsprachen ausgerichtet ist. Zu Beginn des sechsten Kapitels werde ich auf diese Art der Quellenanalyse ausführlich zu sprechen kommen.

Die in der Datenbank aufgenommenen Bausteine bilden daher den jeweiligen Wahrnehmungs- und Darstellungshorizont der einzelnen Reisenden ab und machen einen Vergleich möglich: Gibt es einen gemeinsamen Grundkanon der »cose memorabile«? Wo sind individuelle Selektionsmechanismen zu beobachten, so daß der Unterschied zwischen dem Vorgang des Beobachtens und der Niederschrift faßbar wird? Wie wird das oben zitierte Vorhaben, »die Dinge, so darzustellen, wie sie vorgefunden werden,« realisiert, das heißt was genau fällt in den Wahrnehmungshorizont des jeweiligen Reisenden und wie gleicht dieser »die Materie den Wörtern an«? Wie wir oben gesehen haben, bestand im 15. und 16. Jahrhundert die Idee einer intersubjektiv nachprüfbaren Wahrnehmung; es wurde implizit davon ausgegangen, daß jeder Reisende für dieselben Dinge auch dieselben Wörter fand. Wurde diese Erwartung tatsächlich eingelöst? Inwieweit wurde der Wahrnehmungs- und Darstellungshorizont des Reisenden von seinem sozialen Status und der Art der Reise bestimmt? Welchen Einfluß hatte die Tatsache, daß ausschließlich Männer ihren Blick in den Historien festhielten?

---

73 Belon, *Observations* 1554, Fol. eiv.
74 Siehe beispielsweise Bassano, *I costumi* 1545, S. (3): »Havreimi ancho potuto allargare facilmente ne molti altri particolari, ma per esser stati tochi d'altri, ho voluto tacitamente passarli, acciò con replicar il medesimo non fussi tenuto fastidioso.«

Die Ordnung der Dinge

In einem zweiten Analyseschritt soll dann die Ordnung der Dinge herausgearbeitet werden, indem die im Text praktizierte Ordnung mit einer heutigen Auffassung konfroniert wird, wie Gesellschaft zu beschreiben wäre. Auch hier geben die Reiseberichterstatter bereits bestimmte Kategorien vor.

»Scriveró brevemente quelle cose que mi pareno degne di memoria [...]. Io [posso render conto] [...] delli *costumi, delle forze, governo, et legge* di tal natione [...] à quelli che non l'havessero vedute.«[75]

»Hora io comincerò scrivere *gli uffici della corte, i modi della militia, l'usanze della lor' vita, i costumi de governi.«*[76]

»De Turcarum *caeremoniis, religione, natura et moribus* [...] Liber II.
Restat ut loquamur *de natura, moribus, conditione, fide, et vita ipsorum* [...]«.[77]

In diesem Schritt fasse ich die einzelnen Bausteine in ethnographischen Feldern zusammen und setze sie den im jeweiligen Text benutzten ethnographischen Kategorien gegenüber. Wie ich im sechsten Kapitel ausführlich erörtern werde, ist das Ergebnis dieser Bausteinanalyse die Erstellung einer »virtuellen Episteme«, die der Analyse der in den einzelnen Texten realisierten Ordnungsmustern dient.

Bei dieser Analyse der Reiseberichte soll auch berücksichtigt werden, welche Texte von Kompilatoren in andere Kompendien inseriert und wie sie bearbeitet wurden. Welche Dinge wurden in die Ebene der Kompendien aufgenommen, das heißt bei welchen Texten oder Textpassagen schloß sich der Kompilator dem Urteil des Reiseberichterstatters an, daß es sich hierbei um »merkwürdige Dinge« handle? Welches Ordnungsmuster erwies sich als besonders attraktiv, um die Dinge auf dieser zweiten epistemologischen Ebene zu integrieren?

Mit diesen beiden analytischen Schritten soll in den letzten beiden Kapiteln dieser Arbeit die epistemologische Konfiguration des ethnographischen Wissens über die Osmanen erfaßt, beschrieben und in ihren politischen wie gelehrten Kontext eingeordnet werden.

Die Auswahl der Quellen

Da die große Materialmenge einschlägiger Texte eine Auswahl unumgänglich macht, müssen jedoch noch – neben der Eingrenzung auf die oben erwähnten Sprachen – weitere Auswahlkriterien gefunden werden, nach welchen eine Gruppe von Reisebe-

---

75 Ramberti, *Libri tre* 1539, Fol. Aiir; Hervorhebungen von mir.
76 Spandugino, *I commentari* 1551, S. 102; Hervorhebungen von mir.
77 Geuffroy, *Aulae Turcicae descriptio* 1577. Hervorhebungen von mir.

richten als repräsentativ für das europäische Wissen über die Osmanen angesehen werden kann.

Für die europäischen Turcica liegen zwei umfassende bibliographische Arbeiten vor: Carl Göllners dreibändiges Werk, welches bis 1600 2463 Türkendrucke verschiedenen Charakters verzeichnet,[78] sowie die Bibliographie Stéphane Yerasimos' mit Angaben über ca. 450 Reiseberichte über das Osmanische Reich, welche gleichfalls bis zum Jahr 1600 reicht.[79] Göllner und Yerasimos haben in aufwendigen Bibliotheksrecherchen Quellenkorpora zusammengetragen, welche im Einzelfalle zwar der Ergänzung und Überprüfung bedürfen, insgesamt aber so breit angelegt sind, daß sie quantitativ die derzeit verfügbare Überlieferung in ihrem Umfang im Großen und Ganzen adäquat registiert haben. Damit präsentieren diese beiden Arbeiten als materielle Ausgangslage dieser Untersuchung die Gesamtheit des potentiell relevanten Quellenkorpus, welches inhaltlich durch archivalische Überlieferung (siehe Kapitel 3 und 4) ergänzt wurde. Als Enddatum übernimmt diese Studie daher das von Göllner und Yerasimos gesetzte Jahr 1600.

Im Laufe dieser Untersuchung werde ich immer wieder auf diese beiden Bibliographien zurückkommen. Vor allem die methodische Vorbemerkung zu europäischen Reiseberichten über das Osmanische Reich (Kapitel 4) soll dazu dienen, den quantitativen Rahmen abzustecken, auf den ich mich für die repräsentative Auswahl der zwölf Reiseberichte, die ich in den letzten drei Kapiteln exemplarisch analysiere, bezogen habe. Im vierten Kapitel erläutere ich daher die Kriterien, nach denen ich die besagten zwölf Reiseberichte ausgewählt habe.

Mit der Einbeziehung von Reiseberichten und Kompendien, verschiedenen Sprachen und unterschiedlichen politischen Zusammenhängen, denen eine einheitliche Methode der Quellenanalyse gegenüber gestellt wird, soll dann die epistemologische Konfiguration des ethnographischen Wissens, ihre gesellschaftliche Einbettung beschrieben werden.

Abschließend soll dann die Frage beantwortet werden, was an der ethnographischen Wissenskonfiguration des 15. und 16. Jahrhunderts tatsächlich qualitativ *neu* ist. Erschöpft sich die Neuheit darin, daß der menschliche Blick Dinge benennt und diese in eine neue Ordnung gebracht werden? Haben wir letztlich nur eine Verschiebung von Akzenten, eine andere Gewichtung von Grundelementen und ein neues System ihrer Anordnung vorliegen, von denen letztlich lediglich ihre spezifische Kombination innovativ ist? Oder gibt es auf der Ebene der Generierung der Dinge etwas Neues, welches im Mittelalter nicht nur unüblich und ungewöhnlich, sondern undenkbar gewesen wäre? Gibt es einen Hebel, an dem im 15. und 16. Jahrhundert die vormaligen Muster von Gesellschaftsbeschreibungen aus ihren Angeln gehoben wurden? Liegt hier eine grundsätzliche Diskontinuität vor (welche allerdings nicht notwendigerweise die berechtigte Kritik an einer scharfen Epochengrenze zwischen

---

78 Göllner, *Turcica* Bd. 1-2.
79 Yerasimos, *Voyageurs*.

»Mittelalter« und »früher Neuzeit« desavouieren würde), oder können wir von kontinuierlichen Linien, die sich lediglich verschieben, ausgehen?

Um die Dimension abzustecken, die sich ergibt, wenn diese Fragen an den vorliegenden Untersuchungsgegenstand gestellt werden, soll zum Abschluß kurz eine Option eines genuin neuen Elements im ethnographischen Wissen diskutiert werden: die okzidentale Idee einer homogenen menschlichen Natur.

4. Die Idee einer homogenen menschlichen Natur

In der Forschungsliteratur über frühneuzeitliche Reiseberichte wird häufig die Vorstellung, daß die Erde von einer einheitlichen Gattung von Menschen bevölkert sei, als ein neues Element gegenüber mittelalterlichen Schriften genannt. So sieht Peter Brenner in dieser Idee die Überwindung des dichotomen antiken und mittelalterlichen Weltbildes, welches die Welt in Hellenen/Barbaren und Christen/Heiden einteilte, an dessen Stelle im 18. Jahrhundert der Entwurf der Menschengattung des *homo sapiens* trat.[80] Dieser Schritt, den Hans Bödeker als »anthropologische Wende« bezeichnet,[81] und mit welchem einer der herausragendsten okzidentalen universalistischen Begriffe modelliert wurde, sei, so Brenner, durch die Reiseberichte seit dem 16. Jahrhundert mit vorbereitet worden.

Das ethnographische Wissen beschreibt gesellschaftliche Lebensformen europäischer wie nichteuropäischer Völker und tut dieses in einer Art und Weise, die, wie eben gezeigt, auf einer theoretisierenden Ebene als einheitliches Beschreibungsmuster reflektiert werden konnte. Die apodemischen Ordnungsschemata unterwarfen die Diversität des ethnographischen Materials einer vereinheitlichten Struktur, welche ein Schema für die Beschreibung aller gesellschaftlichen Organisationsformen zugrundelegte. Diesem Schema lag damit implizit die okzidentale Idee einer einheitlichen menschlichen Natur zugrunde, wie sie oben im zitierten Reisebericht Nicolas de Nicolays bereits anklang. Es ist dabei bemerkenswert, daß abgesehen von der Position de Nicolays unter den Reiseberichterstattern über das Osmanische Reich Äußerungen über eine menschliche oder unmenschliche Natur der Türken kaum zu finden sind. Eine Ausnahme ist hier der Genuese Gianantonio Menavino, der folgendes notiert:

»I Turchi si come sono, come noi siamo mortali, et d'una istessa carne, et di Dio creature, cosi vivono come noi altri delle medesime sue cose create, al sostenimento de gli humani corpi, et loro sanita necessarie. Per tanto i Turchi vivono di pane, simile al nostro. Mangiano carne d'ogni sorte [...]«[82]

---

80 Brenner, *Die Erfahrung der Fremde*. Siehe dazu auch Koselleck, *Asymmetrische Gegenbegriffe*.
81 Bödeker, *Menschheit, Humanität, Humanismus*.
82 Menavino, *I cinque libri* 1548, S. 83.

Wie oben erwähnt, beschreiben Reiseberichte das Bemerkenswerte, *le cose memorabile*, das Selbstverständliche bleibt hingegen unerwähnt. Insofern wird das allgemeine Schweigen hier beredt: Es steht für Menavino außer Frage, daß die Türken Menschen sind. Diese Selbstverständlichkeit, die mit der Schilderung des Osmanischen Reiches und seiner Organisation einher ging, stand jedoch im Widerspruch zu einem der Hauptmotive des Diskurses der Türkengefahr: daß die Türken Boten des Antichrist seien (siehe Kapitel 2). Georg von Ungarn, dessen *Tractatus de moribus, conditionibus et nequicia Turcorum*[83] ganz und gar in diesen Diskurs einzuordnen ist, beschreibt die Türken daher mit übermenschlichen Attributen. Der ausdrückliche Hinweis Menavinos ist daher als Reaktion auf das Antichristmotiv der Türkengefahr zu verstehen.

Wie in Kapitel 5 dieser Arbeit dargelegt wird, ist Georg von Ungarn jedoch als eine Ausnahme innerhalb der ethnographischen Literatur über die Osmanen anzusehen. In der Regel werden die Osmanen von den Reiseberichterstattern und Kompilatoren stillschweigend in das etablierte Schema der Gesellschaftsbeschreibung eingeordnet, so daß das Thema der menschlichen Natur der Türken überhaupt nicht zur Sprache kommt.

Ein Vergleich mit den Beschreibungen über die Neue Welt ergibt jedoch einen anderen Befund. Die Indianer werden zum einen mit Begriffen beschrieben, die sie in die Nähe zur Bestialität rücken und ihnen das Menschsein damit absprechen, worunter mit dem Kannibalenmotiv eines der Hauptthemen der frühneuzeitlichen Amerikaliteratur fällt. Auf der anderen Seite machen die Reisenden die Körper der Indianer zum Gegenstand ganzer Kapitel.[84] Das Menschsein der Indianer ist nicht selbstverständlich, es wird entweder explizit bejaht oder verneint.

Nun ist es, wir wir in Kapitel 5 bis 7 sehen werden, eine der hervorragendsten Eigenschaften der ethnographischen Wissenskonfiguration, daß sie Beschreibungskategorien und ihre hierarchische Anordnung zwar vorgibt, aber für die konkrete inhaltliche Ausfüllung eine Offenheit und Bandbreite aufweist, die das 18. Jahrhundert nicht mehr kennt. Die Beschreibungskategorie der einheitlichen menschlichen Natur wurde implizit und prinzipiell von der ethnographischen Konfiguration vorgegeben, aber diese wurde nicht dadurch zum Einsturz gebracht, daß das Attribut der Menschlichkeit den Bewohnern der beschriebenen Regionen teilweise verweigert wurde.

Der oben angeführten Argumentation Peter Brenners ist insofern zuzustimmen, als in der ethnographischen Konfiguration des 16. Jahrhunderts die Beschreibungskategorie des Menschsein bereits vorgegeben war, ohne jedoch an einen essentialistischen Begriff gebunden zu sein. Dennoch wird meiner Ansicht nach in Brenners Argumentation der Bruch zwischen der mittelalterlichen Dichotomie von Christen

---

83 Georg, *Tractatus* 1993.
84 Léry, *Histoire d'un voyage fait en la terre du Brésil* (1580), S. 37: »Chapitre VIII: Du naturel, force, stature, nudité, disposition et ornemens du corps, tant des hommes que des femmes sauvages Brésiliens habitant en l'Amérique, entre lesquels j'ai fréquenté environ un an.«

versus Heiden einerseits und einem frühneuzeitlichen einheitlichen Menschsein andererseits überschätzt. Denn obgleich diese Homogenisierung der ethnographischen Wissenskonfiguration inhärent war, stellt dieser Vorgang keinen abrupten Wechsel zur vorangegangenen Dichotomie, sondern lediglich eine Akzentverschiebung dar. Dies wird an der Diskussion um die menschliche Natur der Indianer deutlich, wie sie vor allem von Las Casas geführt worden war. Einige Passagen lesen sich in der Tat wie eine radikale Überwindung des mittelalterlichen Antagonismus zwischen Christen und Heiden:

»Die natürlichen Gesetze und Regeln und die Rechte der Menschen sind allen Völkern gemeinsam, den christlichen und heidnischen, ohne Unterschied und gleich welches ihre Sekte, ihr Gesetz, ihr Stand, ihre Hautfarbe und Herkunft sein mag.«[85]

Dieses Menschsein ist jedoch unausweichlich an eine Missionierung gebunden:

»Es gab niemals und gibt auch heute kein Geschlecht, keine Sippschaft, kein Volk und keine Sprache unter allen Menschen der Schöpfung [...], und weniger noch nach der Fleischwerdung und Passion des Erlösers, die nicht zu jener Vielzahl [...] der Prädestinierten zu rechnen wären, welche nach den Worten des heiligen Paulus den mystischen Leib Christi, die Kirche bildeten.«[86]

Dieses Zitat macht deutlich, daß hier kein grundlegender Einschnitt im Vergleich zum mittelalterlichen Heiden vorliegt, dem als gleichfalls potentieller Christ das Licht der wahren Religion bisher lediglich vorenthalten worden war. Die Bewohner der Neuen Welt wurden dementsprechend als Nachkommen Noahs in die biblische Genealogie eingeordnet, die auf ihrer langen Wanderung in die Neue Welt ihre einstige Religion vergessen hätten.[87]

Die Kategorie eines einheitlichen Menschseins scheidet als revolutionäre Neuheit im frühneuzeitlichen Wissen also aus. Dennoch weist die ethnographische Wissenskonfiguration eine genuin neue Kategorie auf, welche für den Wissensumbruch entscheidend war und, wie im siebten Kapitel nachgewiesen wird, seine Ausbildung zu einem wesentlichen Teil der Reiseliteratur über die Osmanen verdankt.

---

85 Bartholomäus de Las Casas, Brief an Prinz Philipp, 20. 4. 1544, zitiert nach Todorov, *Die Eroberung Amerikas*, S. 195.

86 Bartholomäus de Las Casas, Historia de las Indias, Prolog, zitiert nach Todorov, *Die Eroberung Amerikas*, S. 197.

87 De Acosta, *Historia natural de las Indias*, 1591.

Zweites Kapitel:
Die *Türkengefahr*

1. Die *Türkengefahr* in der europäischen Historiographie

Mit dem Begriff der *Türkengefahr* sind in der bisherigen Forschung zwei unterschiedliche Ebenen ineinander verschmolzen worden, die in dieser Arbeit begrifflich klar voneinander getrennt werden sollen. Als *Türkengefahr* bezeichne ich den Diskurs, in dem ab dem 15. Jahrhundert eine Bedrohung ganz Europas durch die Osmanen postuliert wurde. Der Begriff der Osmanischen Expansion wird von mir hingegen gebraucht, um die militärische Bedrohung einzelner europäischer Territorien und Reiche durch die Osmanen differenziert zu betrachten und damit den Blick für Beziehungen und Verflechtungen offenzuhalten, die vom propagierten Antagonismus der *Türkengefahr* nicht erfaßt werden.

Der Begriff der »Türkengefahr« kam Ende des 19. Jahrhunderts auf und wurde vor allem in der deutschsprachigen Regionalgeschichtsschreibung gelegentlich verwendet,[1] in den 1950er Jahren von der österreichischen Geschichtsforschung über die Habsburger aufgenommen und fand in dieser Zeit auch stellenweise in die angelsächsische Forschung Eingang.[2] Erst Winfried Schulze gebrauchte jedoch 1978 in seiner ausgezeichneten Studie über *Reich und Türkengefahr im späten 16. Jahrhundert* den Begriff als eine zentrale analytische Kategorie, der seitdem in der deutschsprachigen Forschung zu einem etablierten Terminus geworden ist.[3] Demgegenüber ist in der italienischen Literatur sehr viel weniger von einer *minaccia turca* die Rede, im Französischen fehlt der Ausdruck einer »ménace turque« fast gänzlich.

Obgleich Winfried Schulze in seiner Arbeit die »Türkengefahr« als einen Kommunikationsprozeß verstand, durch welchen die Bedrohung allen Bevölkerungsgruppen im Reich vermittelt wurde,[4] ist in der Literatur, die nach dieser Studie erschien, diese diskursive Ebene überraschend häufig nicht konsequent genug von einer historiographischen Bewertung der osmanischen Expansion getrennt worden. Der Begriff der »Türkengefahr« wurde seit seinem Aufkommen im ausgehenden 19. Jahrhundert

---

1 Rossbach, *Die Türkengefahr des Jahres 1541 und die Schlesier*; Thaller, *Glaubensstreit und Türkennot 1519-1648*.

2 Zudem hat Winfried Schulze diesen Begriff in den älteren Registern und Findbüchern der von ihm benutzten Archive ausfindig gemacht. Schulze, *Reich und Türkengefahr*, S. 19, Anm. 60.

3 Schulze, *Reich und Türkengefahr*.

4 Ebd., S. 10.

stets für beides, die zeitgenössische Auffassung des »Türkenproblems« wie für die Darstellung der osmanischen Expansion gebraucht, wenn auch die Diskrepanz zwischen den beiden Ebenen, die in diesem Begriff aufgingen, unterschiedlich groß gewertet wurde. Je konsequenter der Abstand zwischen diesen beiden Ebenen in den bisherigen Arbeiten implizit eingehalten wurde, umso relevanter sind die entsprechenden Ergebnisse auch für diese Studie.[5]

---

5   Als Überblicke über die osmanische Expansion sind vor allem zu nennen: Vaughan, *Europe and the Turk*; Babinger, *Mehmed der Eroberer*; Coles, *The Ottoman Impact on Europe*; sowie die materialreiche Darstellung von Setton, *The Papacy and the Levant (1204-1571)*. Einen breiteren Blickwinkel als er in dieser Studie den europäisch-osmanischen Beziehungen eingeräumt werden kann, bieten ebenfalls: Motta, *I Turchi, il Mediterraneo et l'Europa* sowie (natürlich) Braudel, *La méditerranée et le monde méditerranéen à l'époque de Philippe II*.

    Die europäischen Turcica wurden als erstes von Josef Hammer verzeichnet: *Verzeichnis der in Europa außer Konstantinopel erschienenen, die osmanische Geschichte betreffenden Werke*. Dieses Verzeichnis diente als Ausgangslage für die bis heute grundlegende Bibliographie Carl Göllners, *Turcica* Bd. 1-3. Als ältere Quellensammlungen sind zu nennen: Iorga, *Notes et extraits pour servir à une histoire des croisades*. Daneben hat Robert Schwoebel eine der ersten Überblicksdarstellungen über die *Türkengefahr* verfaßt: *The Shadow of the Crescent*. Siehe auch die beiden kürzlich erschienenen Sammelbände: Erkens, *Europa und die osmanische Expansion im ausgehenden Mittelalter*; sowie Guthmüller/ Kühlmann, *Europa und die Türken in der Renaissance*. Einen Bogen über das 15. und 16. Jahrhundert hinaus schlägt die Dissertation von Asli Cirakman, welche sich vor allem als eine Revision der Orientalismus-These Saids versteht: Cirakman, *From the »Terror of the World« to the »Sick Man of Europe«*. Die ikonographische Seite dieses Themas wird behandelt von Le Thiec, *»Et il y aura un seul troupeau...«*.

    Mit den unmittelbaren Reaktionen auf die osmanische Eroberung Konstantinopels befassen sich die Textsammlungen Agostino Pertusis: *La caduta di Costantinopoli*; sowie Pertusi, *Testi inediti e poco noti sulla caduta di Costantinopoli*; Meuthen, *Der Fall von Konstantinopel und der lateinische Westen*.

    Die Problematik von *Türkengefahr* und Reformation wurde von Stephen Fischer-Galati aufgegriffen: *Ottoman Imperialism and German Protestantism 1521-1555*. Siehe dazu auch Herrmann, *Türke und Osmanenreich in der Vorstellung der Zeitgenossen Luthers*; Setton, *Lutheranism and the turkish peril*; Göllner, *Die Türkenfrage im Spannungsfeld der Reformation*; Miller, *Holy War and Holy Terror*.

    Zu den Reiseberichten sind folgende Arbeiten zu nennen: Aichinger, *Die Darstellung außereuropäischer Landschaften und Menschen in deutschen Selbstzeugnissen des 15. und 16. Jahrhunderts*; Peschel, *Die Darstellung des osmanischen Reiches in der deutschsprachigen Reiseliteratur des 16. Jahrhunderts*; Bernard, *L'Orient du XVIe siècle à travers les récits des voyageurs français*; Matar, *Turks, Moors, and Englishmen in the Age of Discovery*; Hamilton, *Arab Culture and Ottoman Magnificence in Antwerp's Golden Age*; Wunder, *Western Travellers, Eastern Antiquities, and the Image of the Turk in Early Modern Europe*. Eine umfassende Bibliographie bietet Yerasimos, *Voyageurs*. Die Dissertation Frédéric Tinguelys verbindet angelsächsische Prägnanz mit französischer Eleganz und ist mit ihrer bestechenden und inspirierenden Argumentation in der Sekundärliteratur zu den Turcica wie auch zu den frühneuzeitlichen Reiseberichten allgemein herausragend (Tinguely, *Ecritures du Levant)*. Mit den Kenntnissen der Osmanen über Europa in der Frühen Neuzeit befaßt sich Suraiya Faroqi: *Die Osmanen und ihre Kenntnisse über Europa im ›langen‹ 17. Jahrhundert*.

Dennoch sind nicht alle bisherigen Forschungen der Gefahr entgangen, die sich aus dieser doppeldeutigen Verwendung des Begriffes der »Türkengefahr« ergibt: einer nicht ausreichend kritischen Distanz zu den Quellen. Die von der *Türkengefahr* gesponnenen Mythen weisen eine erstaunlich lange Halbwertzeit auf und zeugen damit von einem Diskurs, der bis heute Formulierungen und Wertungen in der europäischen Geschichtswissenschaft prägt und in seiner Wirkungskraft nicht zu unterschätzen ist.

Vor allem die publizistische Tätigkeit im Umkreis Maximilians I., in welcher die *Türkengefahr* rhetorisch systematisch eingesetzt wurde, kann sich einer nur teilweise gebrochenen Wirkungskraft erfreuen, da sie vor allem in den Studien Hermann Wieslsfleckers und seiner Schüler und Schülerinnen in Teilen fortgeschrieben wird.[6] Die Frage, ob Maximilian I. nun tatsächlich einen gesamtchristlichen Türkenzug als die »Erfüllung seines Lebens«[7] betrachtet habe und der Glaubenskampf gegen den Islam ihm ein ernstes Anliegen gewesen sei, soll hier nicht diskutiert werden. Aber selbst respekteinflößende detaillierte und materialreiche fünf Bände müssen sich den Vorwurf mangelnder kritischer Distanz gefallen lassen, wenn das gleiche Verfahren, mit welchem der Autor den wahren und authentischen Willen seines Helden zum Türkenzug ausmacht, dazu dient, die entsprechende französische Propaganda als den »falsche[n] Kreuzzugsrummel Karls VIII.« abzuqualifizieren.[8] Die Diskrepanz zwischen der höfischen Rhetorik und praktizierter Politik war in beiden Fällen erheblich und hätte den Nachweis erfordert, weshalb wir im französischen Falle von einer rein instrumentellen Rhetorik auszugehen haben und im Gegensatz dazu Maximilian zugestehen müssen, daß ihm in den rund 50 Jahren seiner Herrschaft lediglich die rechte Gelegenheit zur Ausführung seines Herzensanliegens gefehlt habe. Auch Wieslsfleckers Vermutung, daß gerade Maximilians »Politik der ständigen Türkenbereitschaft dazu geführt habe[n], daß der große Osmanensturm gegen Mitteleuropa erst unmittelbar nach seinem Hinscheiden losbrach«,[9] ist dem Bannkreis der maxi-

---

Venedigs Reaktionen werden umfassend behandelt von Preto, *Venezia e i Turchi;* siehe auch Soykut, *Image of the »Turk« in Italy.* Mit der französischen Türkenliteratur befaßte sich bereits früh Clarence Dana Rouillard: *The Turk in French History.* Zur Thematik der französisch-osmanischen Allianz siehe Hochedlinger, *Französisch-osmanische »Freundschaft«.* Die *Türkengefahr* in bezug auf die Habsburger und das Reich wird von den folgenden Studien untersucht: Pietsch, *Die zeitgenössische Publizistik über die Türken im 16. Jahrhundert;* Vocelka, *Die inneren Auswirkungen der Auseinandersetzung Österreichs mit den Osmanen;* Grothaus, *Studien zum Türken-Feindbild in der Kultur der Habsburger-Monarchie zwischen 16. und 18. Jahrhundert;* Kula, *Alman Kültüründe Türk Imgesi.* Argumentativ herausragend ist die bereits erwähnte Arbeit Winfried Schulzes, *Reich und Türkengefahr.*

6　Wiesflecker, *Kaiser Maximilian I.*; Heinrich, *Die Türkenzugsbestrebungen Kaiser Maximilians I. in den Jahren 1517 und 1518*; Turetschek, *Türkenpolitik Ferdinands I.*; Hönig, *Kaiser Maximilian I. als politischer Publizist.*

7　Wiesflecker, *Kaiser Maximilian* Bd. 1, S. 152.

8　Wiesflecker, *Kaiser Maximilian* Bd. 3, S. 145.

9　Wiesflecker, *Kaiser Maximilian* Bd. 1, S. 402.

milianischen Propaganda zuzurechnen, der mysteriöserweise allgemein anerkannte geschichtswissenschaftliche Grundtechniken wie das kritische Abwägen verschiedener Perspektiven außer Kraft setzt und dem Verfasser einen Blick auf die gesamtosmanische Expansionspolitik (die zu dieser Zeit der Eroberung des Mamlukenreiches gewidmet war) verwehrt – eine Einsicht, die beispielsweise dem Werk von Wiesfleckers Landsmann Joseph Hammer-Purgstall zu entnehmen gewesen wäre.

Wiesflecker bleibt jedoch nicht durchgängig auf dieser Ebene, auch die von ihm betreuten Doktorarbeiten sind nicht ganz und gar der habsburgischen Apologetik[10] zuzurechnen. Für die Zeit nach Maximilian liegen überdies Arbeiten vor, die die gebotene kritische Distanz wahren, wie vor allem von Karl Vocelka.[11]

Dennoch prägt die *Türkengefahr* bis heute das Vokabular vieler Darstellungen, in denen unmerklich die Osmanen und die Habsburger mit zweierlei Maß gemessen werden, wenn die habsburgische Propagierung einer christlichen Universalmonarchie als legitim, die osmanischen Aspirationen jedoch als Bedrohung dargestellt werden. Dank dieser Sichtweise hält sich hartnäckig die noch jüngst vertretende Auffassung, daß die »ganz Europa bedrohende osmanische Gefahr im wesentlichen auf der nach Osten ausgreifenden österreichischen Linie des Hauses Habsburg [gelastet habe]«.[12] Im Einklang mit dieser Äußerung unterstreicht der eben zitierte Autor, Klaus Malettke, mit seinem Vokabular die implizite Meinung, daß nicht die osmanischen, sondern allein die habsburgischen Ansprüche auf Ungarn legitim gewesen seien. König Ludwig II. sei demnach in seinem Abwehrkampf gegen die Osmanen »stets allein gelassen worden«[13], Ungarn wäre nach 1526 »ganz verloren gewesen, wenn nicht Aufstände in Kleinasien den Sultan zum Rückzug veranlaßt hätten.«[14] Derartige Formulierungen klingen fast selbstverständlich, sie fallen kaum auf.

Dennoch: Die europäische Geschichte der frühen Neuzeit ist eine einzige Abfolge von Kriegen, in denen europäische Mächte ihre Expansionsbestrebungen dynastisch begründeten, und es ist nicht einzusehen, weshalb die gleichfalls expansionistische Politik der Osmanen und die daraus folgenden Kriege anders bewertet werden sollten, nur weil diese sie nicht dynastisch legitimierten. Mit anderen Worten: Nach 1526 erhoben zwei auswärtige Mächte, das Osmanische Reich und die österreichischen Habsburger, Anspruch auf Ungarn, worauf ein Jahrhunderte während Konflikt zwischen den beiden Expansionsansprüchen entstand, den letztlich Habsburg für sich entscheiden konnte. Habsburg war damit von der osmanischen Expansion zweifellos betroffen, mußte jedoch letztlich von seinem österreichischen Territorium keine ein-

---

10 Turetschek *Türkenpolitik Ferdinands I.*, S. 83: »Damals liefen sich Frankreich, Venedig, Polen und Zápolyai, ja selbst der Papst, in ihren Intrigen gegen das Haus Österreich gegenseitig den Rang ab.«

11 Vocelka, *Innere Auswirkungen*; ders.: *Die Propaganda unter Rudolf II.*

12 Malettke, *Die Vorstöße der Osmanen im 16. Jahrhundert aus französischer Sicht*, S. 375.

13 Ebd., S. 374.

14 Ebd., S. 375.

zige Festung den Osmanen dauerhaft preisgeben, konnte die *Türkengefahr* für die innere Stabilisierung seiner Territorien nutzen[15] und wurde lediglich in seinen expansionistischen Ansprüchen von den Osmanen zwei Jahrhunderte lang abgehalten, seine Herrschaft nach Ungarn auszuweiten – eine Bilanz, die uns die überaus zahlreich überlieferten Druckschriften und *lamenti* der beiden erfolglosen Belagerungen Wiens vergessen machen. Wenn im europäischen Reigen, abgesehen von den Balkanländern, die Teil des Osmanischen Reiches wurden, ein Hauptgeschädigter der osmanischen Expansion ausgemacht werden soll, so ist dies zweifellos Venedig, dessen Seebesitzungen – Kreta ausgenommen – im 15. und 16. Jahrhundert von den Osmanen erobert wurden und welches damit von der führenden Seemacht im spätmittelalterlichen Mittelmeerraum zu einer zweitklassigen italienischen Landmacht degradiert wurde. Am eben zitierten Satz Malettkes (der hier lediglich als jüngstes, nicht herausragendstes Beispiel für die von ihm vertretene Position kritisiert wird) ist zudem die Fortwirkung der *Türkengefahr* zu erkennen, wenn er eine »ganz Europa bedrohende osmanische Gefahr«[16] für das 16. Jahrhundert ausmacht. Abgesehen davon, daß Malettke sich im gleichen Aufsatz selbst widerspricht, wenn er die Stationierung von verbündeten osmanischen Schiffen im französischen Hafen von Toulon schildert, ist hier wiederum zu fragen, wo im 16. Jahrhundert außer auf dem Balkan und im Mittelmeer die angeblich »ganz Europa« bedrohenden Osmanen denn zu finden sind. Wo ist die Seemacht, die England angreift und sich weiter nach Skandinavien aufmacht, wo die osmanischen Landheere, die Paris, Rom, Köln oder Prag bedrohen?

Diese Beispiele zeigen, daß vor allem die deutschsprachige Historiographie zu diesem Thema teilweise noch den Vorgaben der *Türkengefahr* vor allem habsburgischer Provenienz folgt und daß die Hartnäckigkeit, mit der sich einige Motive dieses Diskurses in heutigen geschichtswissenschaftlichen Darstellungen behaupten, eine erhöhte Aufmerksamkeit in dieser Sache erfordert – umso mehr als damit ein sehr weitreichendes Feld betroffen ist. Daher soll in dieser Arbeit zum einen begrifflich zwischen der diskursiven Ebene des 15. und 16. Jahrhunderts und einer heutigen Bewertung der jeweiligen Bedrohung durch die Osmanen unterschieden werden. Zum anderen sollen die in Kapitel 3 betreffenden Abschnitte der venezianisch-, französisch- und habsburgisch-osmanischen Beziehungen die eben dargelegte Position untermauern.

---

15 Schulze, *Reich und Türkengefahr;* Vocelka, *Innere Auswirkungen.*
16 Malettke, *Vorstöße der Osmanen,* S. 375.

Im folgenden soll ein Überblick über die wichtigsten Motive der *Türkengefahr* gegeben werden und diese in Bezug sowohl zu den Nachrichten von den Kriegshandlungen wie zum ethnographischen Wissen über die Osmanen gesetzt werden.[17]

Den Motiven der *Türkengefahr* ist gemein, daß sie in der Bewertung der osmanischen Expansion sämtlich auf traditionelle Motive des christlichen Imaginaire zurückgriffen. Sie konnten in den einzelnen Texten unterschiedlich ausgewählt und kombiniert werden – im Reich kamen andere Elemente zum Tragen als in italienischen oder französischen Schriften, Protestanten äußerten sich anders als Katholiken, Humanisten schrieben anders als die Verfasser anonym veröffentlichter Flugschriften – die Umstände, unter denen die *Türkengefahr* zum Tragen kam, sind vielfältig, komplex und bedürfen jeweils einer Analyse, die sich auf die konkrete Situation bezieht. Demgegenüber läßt sich jedoch eine einheitliche Dynamik des Diskurses ausmachen: Im Angesicht der »Türken« wird eine stets als christlich charakterisierte Gemeinschaft modelliert, welche zum Handeln – zum Kampf gegen die Türken, zum inneren Friedensschluß, zur praktizierten Buße etc. – aufgefordert wird.[18] »Türken« und »Christen« werden stets aufeinander bezogen, wobei der Diskurs gewisse inhaltliche Eckpfeiler und Argumentationsströme vorgibt, für welche bestimmte Motive des überlieferten Imaginaire neu ausgerichtet und miteinander kombiniert werden. Das Grundmuster der *Türkengefahr* besteht also in einer Gegenüberstellung von *Türken* versus *Christen* und eine in den Dienst dieser Dichotomie gestellte Transformation und Neujustierung traditioneller Motive. Die in der *Türkengefahr* *imagined non-political community* der Christenheit löste daher mit dem Gegensatzpaar Türken-Christen die mittelalterliche Dichotomie von Heiden-Christen ab.[19]

2. Im Anfang war der Fall: Der Beginn der *Türkengefahr* 1453

Wenn die Forschungen über die Americana das Jahr 1492 als ihren Anfangspunkt setzen, so können die Studien über die Turcica den 29. Mai 1453, den Tag der osmanischen Einnahme Konstantinopels, wenn auch in anderer Weise, als ein Datum

---

17 Wie eingangs erwähnt, wird dabei Osteuropa aufgrund meiner beschränkten Sprachkompetenz und arbeitsökonomischen Erwägungen außer Acht gelassen, wo die *Türkengefahr* gleichfalls weit über das 16. Jahrhundert hinaus wirksam war – die Figur Jan III. Sobieskis beispielsweise, der 1683 bei Wien auf der christlichen Seite gegen die Türken kämpfte, gilt bis heute in Polen als Europa-Verteidiger als wichtige Figur.

18 Zuweilen richtete sich der Aufruf zum Handeln auch an die Türken, wie die christlichen Aufrufe zur Bekehrung zeigen.

19 Es wäre interessant zu verfolgen, welche Auswirkungen dieser Vorgang für die Vorgeschichte der von Benedict Anderson als »imagined political communities« charakterisierte Nationen hat; siehe Anderson, *Imagined Communities*.

beanspruchen, an welchem sich traditionelle Motive der christlichen Heilsgeschichte mit den Deutungen dieses Datums vermengten und, gestützt auf das neue Medium der Druckerpresse, sich zum mächtigen Diskurs der *Türkengefahr* verdichteten.[20] Es steht außer Frage, daß einige Motive und Argumentationsformen, die in der *Türkengefahr* zum Tragen kamen, bereits schon vor 1453 existierten. Aber erst nach 1453 ist jenes charakteristische Zusammenspiel zu beobachten, welches konsequent die einzelnen Motive miteinander verbindet und auf das Gegensatzpaar der Türken-Christen ausrichtet.

Um sich die Spezifizität dieses Diskurses zu vergegenwärtigen, ist die Frage angebracht, wieso ausgerechnet die Eroberung Konstantinopels einen solchen Diskurs auszulösen vermochte. Mit der Stadt am Bosporus hatten die Osmanen zweifellos eine unter militärstrategischen Gesichtspunkten zentrale Festung erobert, aber dieser Sieg war letztlich nur einer von vielen in der osmanischen Expansion in Richtung Westen. Zudem war damit der letzte Rest des Byzantinischen Reiches ausgelöscht worden – wen also hätte es kümmern müssen, daß der letzte Rumpf eines Restreiches nun schließlich getilgt worden war, zumal jenes Reiches, gegen das der lateinische Westen eine jahrhundertelange Auseinandersetzung um das wahre Christentum geführt hatte und welches 250 Jahre zuvor von einem wild wütenden Kreuzzugsheer erobert und zeitweise in die lateinische Welt einverleibt worden war? Die 1439 in Florenz geschlossene Union zwischen West- und Ostkirche, die von weiten Teilen des orthodoxen Klerus in Konstantinopel ohnehin nicht akzeptiert worden war, hatte keine sehr weitreichende symbolische Bedeutung erlangt. Sicherlich, Nikolaus V. rief am 30. September 1453 zum Kreuzzug gegen die Türken auf, aber diese Reaktion war nichts Außergewöhnliches – Nikopolis (1396) und Varna (1444) sind nur die beiden prominentesten Beispiele spätmittelalterlicher Kreuzzugsaufrufe.[21] Diese Tatbestände erklären noch keineswegs die Geburt des Diskurses, denn nach dem Muster vormaliger Reaktionen im Abendland auf die osmanischen Eroberungen hätte man es damals dabei belassen können: Mit dem Kreuzzugsaufruf Nikolaus V. war der Eroberung einer christlichen Stadt durch die Ungläubigen symbolisch angemessen entgegen getreten worden, während es den machtpolitisch unmittelbar betroffenen Territorien und Republiken wie zuvor auch zu überlassen gewesen wäre, sich mit dem neuen Kräfteverhältnis alleine auseinanderzusetzen.

Das Aufkommen der *Türkengefahr* ist somit keineswegs selbstverständlich, sondern zwei spezifischen Umständen geschuldet, aufgrund derer die Eroberung dieser Stadt zu einem der herausragendsten diskursiven Ereignisse der frühen Neuzeit mo-

---

20 In der Wertung vom Fall Konstantinopels als ein einschneidendes und fundamentales Ereignis, durch welches die zeitgenössische Auffassung über die Osmanen entscheidend geprägt wurde, ist sich die Forschungsliteratur weitgehend einig. Siehe dazu Pertusi, *La caduta* Bd. 1, S. XXIII; Mertens, *Europäischer Friede und Türkenkrieg im Spätmittelalter*, S. 48; Helmrath, *Pius II. und die Türken*; Göllner, *Turcica* Bd. 3, S. 35ff.; Meuthen, *Der Fall von Konstantinopel*, S. 4, Anm. 9; Schwoebel, *Shadow of the Crescent*, S. 1ff.

21 Housley, *Later Crusades, 1274-1580*; Atiya, *The Crusade in the later Middle Ages*.

delliert werden konnte: die Stellung Konstantinopels als »zweites Rom« in der christlichen Heilsgeschichte sowie die Tatsache, daß Johannes Gutenberg just zu dem Zeitpunkt, an dem die Nachricht über die Eroberung an den Rhein gelangte, seine Erfindung des Buchdruckes mit beweglichen Lettern zum Durchbruch gebracht hatte.

Die Nachricht von der osmanischen Eroberung Konstantinopels verbreitete sich rasch in ganz Europa und erreichte, wie Agostino Pertusi bemerkte, »l'italiano come il greco, il russo come il serbo, il germanico come il valacco, il francese come l'armeno.«[22] Nach den ersten kurzen Nachrichten verbreiteten Flüchtlinge in den nächsten Monaten detaillierte Berichte über den Fall der Stadt. In Liedern und *lamenti* wurde die Eroberung Konstantinopels verarbeitet und verbreitet.[23] In den ersten Jahren nach 1453 war es überdies das Netzwerk der Kirche, über welches in Türkenpredigten die *Türkengefahr* vermittelt wurde; im Reich erinnerte die Türkenglocke, die Calixt III. angeordnet hatte, täglich an den Aufruf zum Kreuzzug. Volksprediger wie Johannes von Capestrano hatten vor allem in Mitteleuropa großen Zulauf.[24]

Die Verdichtung all dieser Texte zum Diskurs der *Türkengefahr* war indes nur durch die Vervielfältigungsmöglichkeiten des Buchdruckes möglich geworden, der die Textproduktion auf ein quantitativ bisher ungekanntes Niveau hob. Es ist bezeichnend, daß das erste Produkt der Druckerpresse, wie Dieter Mertens bemerkte,[25] keinesfalls die Bibel, sondern ein Turcicum war – als das früheste gesicherte Druckerzeugnis gilt ein zugunsten des Türkenkrieges gedruckter Ablaßzettel vom 22. 10. 1454, dem im Dezember des gleichen Jahres der sogenannte Türkenkalender, eine sechs Blatt umfassende Flugschrift mit dem Titel *Eyn manung der cristenheit widder die durken,* folgte.[26]

Erst durch den Buchdruck konnte jener Kommunikationsprozeß durch die *Türkengefahr* zustande kommen, den Winfried Schulze als einen der »bedeutenden Vorgänge in der Geschichte des 16. Jahrhunderts« analysiert, durch welchen sich die Gesellschaft ihres kommunikativen Zusammenhanges bewußt wurde.[27] Winfried Schulze sieht in der *Türkengefahr* für das Reich neben den Bauerkriegen und der Reformation das entscheidende Stimulans einer neuen Kategorie von Öffentlichkeit, die sich deutlich von den älteren Formen der repräsentativen Öffentlichkeit abhob, aber von dem Begriff der bürgerlichen Öffentlichkeit noch nicht erfaßt wird. Die

22 Pertusi, *La caduta* Bd. 1, S. XXVIII.

23 Özyurt, *Die Türkenlieder und das Türkenbild in der deutschen Volksüberlieferung vom 16.-20. Jahrhundert;* Pertusi, *La caduta;* Liliencron, *Die historischen Volkslieder der Deutschen vom 13. bis 16. Jahrhundert,* Bd. 1.

24 Göllner *Turcica* Bd. 3, S. 43.

25 Mertens, *»Europa id est patria, domus propria, sedes nostra...« Zu Funktionen und Überlieferung lateinischer Türkenreden im 15. Jahrhundert,* S. 42.

26 *Eyn manung der cristenheit widder die durken.* Faks. hg. von Ferdinand Geldner. Siehe auch Andermann, *Geschichtsdeutung und Prophetie,* S. 33.

27 Schulze, *Reich und Türkengefahr,* S. 25.

Bedeutung der Druckerpresse für die Schaffung von Kommunikationsgemeinschaften und ihrer symbolischen Grenzen ist in der Forschung allgemein anerkannt;[28] dennoch hat die Erkenntnis, daß einer der ersten Prozesse von Gemeinschaftsbildung durch dieses Medium in Europa in Abgrenzung zu den »Türken« stattfand, bisher abgesehen von der Spezialliteratur zu diesem Thema nur begrenzt Eingang in das historische Allgemeinwissen gefunden.

Daneben waren bei Konstantinopel nicht nur bestimmte machtpolitische, sondern vor allem diskursive Umstände gegeben, aufgrund derer dieser Stadt eine besondere symbolische Bedeutung zugemessen werden konnte. Der Fall von Konstantinopel stand für das Ende des Oströmischen Reiches und konnte damit als eine der letzten Endphasen der christlichen Heilsgeschichte gelesen werden, in der, so die mittelalterliche Vorstellung, nach den vier Weltreichen (Babylon, Persien, Griechenland und Rom) vor dem Weltengericht der Antichrist erscheinen würde, der als Verkörperung des Teufels die Taten Christi nachäffen und Gläubige zum Dämonenkult verführen werde, bevor Christus zum Sieg gelangen werde.[29] Die Gestalt des Antichrist blieb dabei unklar, ebenso wie sein zeitliches Auftreten. Diese Unschärfe führte dazu, daß historische oder zeitgenössische Personen mit dem Antichrist identifiziert werden konnten, wie beispielsweise Nero, aber auch der Stauferkaiser Friedrich II. Joachim von Fiore, einer der berühmtesten mittelalterlichen Visionäre in dieser Beziehung, sprach sogar von zwei Antichristen, analog zu den zwei Tieren der Johannesapokalypse. Während der erste Antichrist in der Zeit der frühen Christenverfolgungen im Römischen Reich die Gläubigen für alle sichtbar gepeinigt habe, werde der zweite Antichrist zunächst versteckt und mit Lügen und falschen Zeichen arbeiten – ein Thema, welches, wie wir sehen werden, von einem der prominentesten Autoren der Turcica, Georg von Ungarn, für den Kontext der *Türkengefahr* aufgenommen wurde.[30]

Das Antichristmodell vereinigte in beeindruckender Weise eine eindeutige Verankerung in der christlichen Heilsgeschichte mit einer großen Varianz an möglicher konkreter Auslegung. Die Tatsache, daß mit Mehmed II. der Eroberer Konstantinopels den Namen dessen trug, der nach christlicher Auffassung die teuflische Sekte der Türken gegründet hatte, gestaltete die Aufnahme dieses Motivs in die *Türkengefahr* noch einmal geschmeidiger. Hier ging es nicht um einen gewöhnlichen Feind, ja noch nicht einmal um einen beliebigen Glaubensfeind, dem nicht nur mit Waffen, sondern auch mit der gebotenen theologischen Haltung entgegenzutreten war: Es ging schlichtweg um die Existenz des gesamten Christentums, um die Erfüllung der gesamten christlichen Heilsgeschichte. Um die Wucht dieser eschatologischen Dy-

---

28 Siehe zum Beispiel die bereits oben zitierte Studie von Anderson, *Imagined Communities*.

29 Dervenis, *De ortu et tempore Antichristi*.

30 Pasztor, *Joachim von Fiore*; Manselli, *Antichrist*; Wendelborn, *Gott und Geschichte*; Reeves, *The Influence of Prophecy in the Later Middle Ages*; Emmerson, *Antichrist in the Middle Ages*.

namik zu verdeutlichen, sei hier der Kreuzzugsaufruf Nikolaus V. vom 30. September 1453 zitiert:

»Fuit iam olim ecclesie Christi hostis acerrimus crudelissimus persecutor Mahomet, filius sathanae, filius perditionis, filius mortis, animas simul et corpora cum patre suo diabolo cupiens devorare; Christianum sanguinem sitiens, redemptionis facte per salvatorem et redemptoren Jhesum Christum dominum nostrum atrocissimus et sanguinolentissimus inimicus, qui profecto ›draco ille rufus magnus, habens capita septem et cornua decem et in capitibus suis septem diademata‹, quem in apocalipsi Johannes vidit, fuisse putandus est, qui ›cauda sua traxit tertiam partem stellarum celi et misit eas in terram‹, cum universum fere Orientem et Egyptum atque Africam occupavit et impietatem suam compulit imitari, cum prophanavit sanctam civitatem Jerusalem, cum sanctuaria eius destruxit, cum Christifidelibus iniurias obprobria flagella carceres et mortes acerbissimas intulit, servavit tamen divina providentia eorum fidelium ecclesiam, qui sibi in suo occultissimo iudicio placuerunt, nec usque in istum diem illi hostem illum prevalere permisit.«[31]

Yoko Miyamoto hat gezeigt, wie im Antichristmotiv in seiner Ausrichtung auf die Türken bereits von den Byzantinern eine Idee aufgewertet wurde, welche im mittelalterlichen Islambild neben den beiden Hauptkomponenten – die Muslime als Heiden oder als Häretiker – eine eher marginale Rolle gespielt hatte.[32] Im mittelalterlichen Tartarenbild kam dieses Motiv jedoch stärker zum Tragen.[33] Die mittelalterliche Tradition hatte mit dem Antichrist ein flexibles Modell zur theologischen Kennzeichnung politischer oder militärischer Gegner zur Verfügung gestellt. Wie flexibel das Modell des Antichrist in der *Türkengefahr* eingesetzt werden konnte, ist zudem an der Stellungnahme Luthers ein halbes Jahrhundert später zu erkennen. Luther verknüpfte beide Positionen der mittelalterlichen Tradition – die Zuschreibung des Antichrist für einen inner- wie nichtchristlichen Feind –, indem er den Papst und den Türken in einem Atemzug disqualifizierte:

»Ego omnino puto papatum esse Antichristum, aut si quis vult addere Turcam, papa est spiritus Antichristi, et Turca est caro Antichristi. Sie helfen beyde einander wurgen, hic corpore et gladio ille doctrina et spiritu.«[34]

Es waren vor allem die Protestanten, die im 16. Jahrhundert das Antichristmotiv aufnahmen, verbunden mit der eschatologischen Vier-Reiche-Lehre, die sich am Buch Daniel orientierte – das entsprechende Standardwerk Johannes Sleidans war für

---

31 Weigel/ Grüneisen, *Deutsche Reichstagsakten unter Friedrich III.*, S. 60.

32 Miyamoto, *The Influence of Medieval Prophecies on Views of the Turks*. Zum mittelalterlichen Islambild siehe Daniel, *Islam and the West*; Southern, *Western Views of Islam in the Middle Ages*; Rotter, *Abendland und Sarazenen*. Das Antichristmotiv wurde auch in der byzantinischen Geschichtsschreibung nach 1453 propagiert, so beispielsweise von Michael Kritobulos, und wurde auch von russischen Theologen aufgenommen. Siehe dazu Andermann, *Geschichtsdeutung und Prophetie*, S. 34f.

33 Schmieder, *Europa und die Fremden*.

34 Zitiert nach Göllner, *Türkenfrage*, S. 64. Zur Bedeutung der Türken in den Schriften Luthers siehe Brecht, *Luther und die Türken*; sowie die oben aufgeführte Literatur unter Anmerkung 5.

lange Zeit Pflichtlektüre im protestantischen Bildungswesen.[35] Der mit dieser Zuschreibung zum Erzfeind erklärte »Türke« konnte jedoch auch in anderen Zusammenhängen den Rang eines Topos zur Disqualifizierung eines innerchristlichen Gegners erlangen, wie es beispielsweise in den Burgunderkriegen zu beobachten ist, in denen Karl der Kühne von Burgund von Seiten der Eidgenossenschaft als »Türke« betitelt wurde.[36]

Das Antichristmotiv gehörte zwar zu den Hauptsäulen der *Türkengefahr* und bezog seine Dramatik maßgeblich aus dem heilsgeschichtlich zu lesenden Fall von Konstantinopel. Seine Verwendung war jedoch, wie die der anderen einzelnen Motive auch, nicht obligatorisch – die Einsetzung der *Türkengefahr* in den unterschiedlichen Kontexten war nur denkbar bei einem Grundinventar an Elementen, welche flexibel der konkreten Situation angepaßt werden konnten. Dennoch erweist sich der Fall Konstantinopel auch dort als die entscheidende Initialzündung für die *Türkengefahr*, wo der Rückgriff auf das Antichristmotiv nicht erfolgte. Die Türkenreden des Enea Silvio Piccolomini sind das herausragendste Beispiel, wie die Dramatik der *Türkengefahr* auch ohne den expliziten Rückgriff auf das eschatologische Geschichtsmodell erzeugt wurde – Enea sah in Konstantinopel vielmehr den Inbegriff griechisch-römischer Größe, die in einer großartigen christlichen Tradition aufgegangen sei und deren Verlust daher alle Christen direkt betreffe.[37] Dennoch – auch wenn die osmanische Eroberung Konstantinopels nicht als die Erfüllung christlicher Heilsgeschichte, sondern in bezug auf die griechisch-römische Antike gelesen wurde (und hier galten die Klagen der Humanisten nicht zuletzt dem unwiderbringlichen Verlust griechisch-antiker Schriften: »Secunda mors Homero est, secundus Platoni obitus«[38]), blieb sie der maßgebliche Anfangspunkt für die *Türkengefahr* und der mit ihr verbunden Transformierung überlieferter Motive: Am 25. April 1452 hatte Enea noch eine Türkenrede vor Nikolaus V. und Friedrich III. in Rom gehalten, welche, wenngleich bereits auf die Türken gemünzt, das tradionelle Kreuzzugsmotiv eines bewaffneten Pilgerzuges ins Heilige Land aufnimmt und noch nicht auf die Wiedereroberung Konstantinopels ausgerichtet ist.[39] Erst in seinen Reden *nach* der osmanischen Einnahme Konstantinopels nahm Enea die Umdeutung des Kreuzzugsmotivs zum Türkenkriegsthema vor, wie im folgenden Abschnitt gezeigt wird.

---

35 Siehe dazu Andermann, *Geschichtsdeutung und Prophetie*; zur großen Bedeutung apokalyptischer Ideen im Luthertum insgesamt: Leppin, *Antichrist und Jüngster Tag*.

36 Sieber-Lehmann, *Türkischer Sultan*; ders.: *»Teutsche Nation« und Eidgenossenschaft*.

37 »Capta est nobilissima urbs regia culpa nostra, quam Pausanias primus condidit, Constantinus magnus instauravit, et in aemulationem antiquae Romae amplificavit et magnificavit.« Piccolomini, *Oratio Pii Papae II. habita in conventu Mantuano, VI. Kal. Octobr. A.D. MCCCLIX*, Sp. 211.

38 Brief Enea Silvios an Nikolaus V. vom 12. Juli 1453. Ediert in Pertusi, *La caduta di Costantinopoli* Bd. 1, S. 46.

39 Helmrath, *Pius II. und die Türken*, S. 89.

Die Erfindung des Buchdrucks und die heilsgeschichtliche Interpretation der osmanischen Eroberung Konstantinopels, die hier als Hebammen bei der Geburt des Diskurses 1453 angeführt werden, waren zugleich zwei Elemente, welche Gemeinschaft modellierten: die Druckerpresse durch die von ihr geschaffenen Kommunkationsmöglichkeiten; das chronologische Modell der christlichen Eschatologie mit seinem impliziten Verweis auf die Christenheit, eine Gemeinschaft, welche durch das eindringliche Grenzen ziehende Antichristmotiv symbolisch verstärkt wurde.

Dieses gemeinschaftsmodellierende Moment konnte entlang der Achse, die vom Gegensatzpaar Türken-Christen gebildet wurde, unterschiedlich ausgestaltet werden. Eine der folgenreichsten Entwicklungen ist in dieser Hinsicht die Neuausrichtung des Europa-Begriffes.

3. Die Wiedergeburt Europas

Der Begriff »Europa« hatte im Mittelalter als symbolische Grenzziehung keine herausragende Bedeutung, sondern wurde hauptsächlich als geographische Bezeichnung für einen der drei bekannten Kontinente neben *Africa* und *Asia* verwendet.[40] Im 14. und 15. Jahrhundert wurde der Begriff häufiger gebraucht.[41] Im Diskurs der *Türkengefahr* wurde »Europa« dann semantisch neu bestimmt und erhielt eine zentrale Stellung. Für diesen Vorgang war es erforderlich, auf bereits bestehende, wirkungsvolle Motive zurückzugreifen und diese auf den neuen Begriff hin auszurichten – ein komplexes intellektuelles Unterfangen, dem sich die damalige gelehrte Elite, die Humanisten, widmete. Es war vor allem Enea Silvio Piccolomini in seiner Funktion als Vertreter Friedrichs III. auf den Reichstagen in Regensburg und Frankfurt sowie als späterer Papst Pius II., der bereitstehende Motive aufgriff und mit rhetorischer Brillianz in seinen Türkenreden beispielhaft neu kombinierte.[42]

---

40 Im *Dictionary of the Middle Ages,* hg. von Strayer, taucht das Stichwort erst gar nicht auf; das *Lexikon des Mittelalters* verweist unter diesem Begriff auf den Eintrag »Kontinente«, unter dem sich ein weiterer Verweis auf »Weltbild, geographisches« findet. Siehe auch Hay, *Europe*, S. 37ff.

41 Hay, *Europe*, S. 73ff.

42 Auch die Türkenreden sind ein neues Genre unter den Turcica. Siehe dazu Mertens, *Europa*. Mit Enea Silvio modellierte einer der führenden Humanisten maßgeblich eine der zentralen Schnittstellen des Diskurses, wie die Rezeptionsgeschichte seiner Texte zeigt – Dieter Mertens sieht Enea »in entscheidenden Phasen der Türkendiskussion und -propaganda […] [als] Wortführer […], der ganz offenbar bestimmte Sprachregelungen teils aufnimmt, teils schafft, jedenfalls wirkungsvoll propagiert« (Mertens, *Europäischer Friede*, S. 48f, Anm. 7). Im folgenden werden daher vor allem die Argumentationen Enea Silvios als Beispiel für die Formierung des frühneuzeitlichen Europa-Begriffes zitiert, die in jüngster Zeit von Johannes Helmrath und Dieter Mertens analysiert worden sind. Siehe dazu Helmrath, *Reichstagsreden*; ders., *Pius II. und die Türken*; Mertens, *Claromontani passagii exemplum*.

Zunächst einmal wurde in dieser Diskussion der Begriff der Christenheit in der Opposition zu den Türken neu gefaßt. Gegenüber der *Türkengefahr* treten die vormaligen Feindseligkeiten und Rivalitäten zwischen lateinischem und griechischem Christentum zurück, die Eroberung Konstantinopels durch die Ungläubigen wird als das vierte von fünf Patriacharten gezählt, von denen nach Jerusalem, Alexandria, Antiochia und der Stadt am Bosporus nur noch Rom in christlicher Hand sei. Im Angesicht der Türken wachsen Ost- und Westkirche zum einen Christentum zusammen, welches mit dem Untergang des alten Ostrom nun ein Auge, eine Hand verloren habe:

»Quod ibi ex duobus imperatoribus Christianis alter occisus est, nonne ex duobus Christianitatis oculis erutum esse alterum dicere possumus, ex duabus manibus alteram amputatam?«[43]

Diese monolithische Christenheit ist nun auf das Territorium Europas, »in einen winckel der erden« zurückgedrängt worden – Mertens und Helmrath sprechen anhand des Kernbegriffes bei Flavio Biondo und Enea Silvio vom »angelus–Syndrom«.[44] Europa erhält nun in Opposition zu *Asia* und *Africa* eine neue Bedeutung:

»Neque, si verum fateri volumus, multis ante seculis maiorem ignominiam passa est quam modo Christiana societas. retroactis namque temporibus in Asia atque in Affrica, hoc est in alienis terris vulnerati fuimus; nunc vero in Europa, id est patria, in domo propria, in sede nostra percussi cesique sumus.«[45]

In diesem Zitat ist eine weitere Umdeutung des Christentums zu erkennen: Während Enea an anderer Stelle sein Argument an den verlorenen Patriarchaten im Nahen Osten ausrichtet, ist es hier auf einmal Europa, welches als genuin christliches Territorium ausgemacht wird. Die geographische Einheit Europas wird nun mit dem Christentum eng verknüpft.

Diese Neujustierung überlieferter Begriffe, die nun für den Diskurs der *Türkengefahr* neu ausgerichtet wurden, wurde, wie oben bereits angesprochen, zudem mit dem Kreuzzugsmotiv verknüpft. Die mittelalterliche Kreuzzugsidee bot mit ihrem ehrwürdigen Alter eine diskursive Realität mit einem hohen Wirkungspotential, die für die Transformierung in der *Türkengefahr* lediglich einiger Korrekturen bedurfte. Sie bot die Gelegenheit für diesen Kurswechsel, der freilich nicht ohne Motivverschiebungen, die Enea und andere mit solch hohem rhetorischem Aufwand vornah-

---

43 Piccolomini, *Constantinopolitana Clades*, hg. von Helmrath, *Reichstagsreden*, S. 360.

44 Siehe Mertens, *Europäischer Türkenkrieg*, S. 52 f. mit Belegen wie beispielsweise:»Mahumeti perfidia [...] iam nos in angulum Europe coartavit, hinc Hungaros inde Hispanos premens.« (Enea Silvio auf dem Reichstag in Regensburg 1454, Weigel/ Grüneisen, *Deutsche Reichstagsakten unter Friedrich III.*, S. 267).

45 Piccolomini: *Opera quae extant omnia*, Fol. 678 F; zitiert nach Helmrath, *Reichstagsreden*, S. 359.

men, eingeschlagen werden konnte. Am Kreuzzugsaufruf Calixt III. von 1456 lassen sich ebenfalls einige dieser Verschiebungen erkennen:

»Ich, Papst Kalixtus III., verspreche und gelobe der heiligen Dreieinigkeit, dem Vater, Sohn und Heiligen Geist, der allzeit jungfräulichen Mutter Gottes, den heiligen Aposteln Petrus und Paulus und allen himmlischen Heerscharen, daß ich, wenn es nötig sein sollte, selbst mit Aufopferung meines eigenen Blutes, nach Kräften alles aufbieten werde, um, unterstützt von dem Rate meiner ehrwürdigen Brüder, Konstantinopel wieder zu erobern, das, dem sündigen Menschengeschlecht zur Strafe, von dem Türkenfürsten erobert und zerstört worden ist, und um ferner die in der Sklaverei schmachtenden Christen zu befreien, den wahren Glauben zu heben und die teuflische Sekte des verworfenen und treulosen Mohammed im Orient auszutilgen. Denn dort ist das Licht des Glaubens fast gänzlich erloschen. Sollte ich deiner vergessen, Jerusalem, so möge meine Rechte der Vergessenheit anheimfallen; meine Zunge möge in meinem Munde gelähmt werden, wenn ich mich deiner nicht erinnere, Jerusalem, und dich nicht den Anfang meiner Freude sein lasse. So wahr mir Gott helfe und sein heiliges Evangelium. Amen.«[46]

In diesem Aufruf wird fast unmerklich die für den Kreuzzugsgedanken wichtige Umpolung von Jerusalem auf Konstantinopel vorgenommen. Jerusalem steht hier als Metapher für das Zentrum, das Herz des Christentums, welches mit dem Fall von Konstantinopel verwundet worden ist. Die Neufokussierung der überlieferten Kreuzzugsmotive auf den Türkenkrieg wurde bei Flavio Biondio exemplarisch exerziert, der die Rede, mit welcher Urban II. 1095 zum ersten Kreuzzug aufgerufen hatte, vom mittelalterlichen Aufruf zur Wieder*eroberung* Jerusalems in eine Türkenrede des 15. Jahrhunderts transformierte, die die Christen zur *Verteidigung* ihres bedrohten Territoriums bewegen wollte.[47] Dieter Mertens hat gezeigt, wie erst nach dem Fall von Konstantinopel der Kreuzzugsgedanke neu auf das Türkenkriegsmotiv ausgerichtet wurde.[48] Während zu Beginn des 15. Jahrhunderts noch davon ausgegangen worden war, daß ein gesamtchristliches Kreuzzugsunternehmen Gott versöhnen und der politisch wie religiös gespaltenen Christenheit wie von selbst den Frieden und die Einheit bescheren werde, wurde dieses Motiv nun umgekehrt: Die Christenheit müsse erst zu einer geeinten Kraft zusammengeschmiedet werden, bevor ein Krieg gegen die Türken Erfolg versprechen könne. Dieses Motiv einer *unitas christiana* machte es wiederum erforderlich, die osmanische Expansion als eine gesamtchristliche Bedrohung zu modellieren. Enea selbst war sich bewußt, daß sich eine derartige Einsicht anhand der geographischen Gegebenheiten nicht von selbst aufdrängte:

»Non timent haec [das weitere Vordringen der Türken] fortasse Hispani et Galli, neque Theutones qui Rhenum accolunt, neque Anglici oceano circumfusi.«[49]

---

46 Pastor, *Geschichte der Päpste im Zeitalter der Renaissance*. S. 678f.
47 Siehe dazu Mertens, *Claramontani passagii exemplum*.
48 Mertens, *Europäischer Türkenkrieg*.
49 Piccolomini, *Oratio Pii Papae II. habita in conventu Mantuano*, Sp. 212. Siehe auch Mertens, *Europäischer Türkenkrieg*, S. 48.

Spanier und Franzosen, Deutsche und Engländer mögen die Bedrohung durch die Türken aufgrund ihrer geographischen Lage nicht fürchten: Gegen diese partikularen Positionen setzt Enea im oben aufgeführten Zitat den Topos des Europa, welches nun mit der *christianitas* eng verwoben und überdies mit Begriffen konkreter sozialer Einheiten wie *patria, domus* und *sedes* besetzt wird, welches, einmal an seinen Grenzen bedroht, von allen »Europäern« verteidigt werden müsse.[50]

Europa als Sitz einer Christenheit, die gemeinsam gegen die Bedrohung in einem Türkenzug vorgehen müsse, wurde damit als Gegenbegriff zu den Türken entworfen und ist eines der nachhaltigsten Konstrukte der *Türkengefahr*. Wie Adriano Prosperi gezeigt hat, nahmen die Habsburger seit Karl V. die Figur der Europa, deren Wohl und Wehe mit den Zielen habsburgischer Politik identifiziert wird, in ihrer Propaganda auf.[51]

Auch die Sekundärliteratur hat die mit diesem Motiv erzeugte Spannung zwischen dem Idealzustand einer geeinten christlichen Verteidigung und der damaligen Realpolitik partikularer territorialer Interessen, wie sie bereits von Enea nach dem Kongress von Mantua ausgemacht wurde,[52] aufgenommen und zu einem guten Teil weitergesponnen, oft begleitet von einer widersprüchlichen (und bemerkenswerterweise häufig habsburgfreundlichen) Argumentation, wie sie der oben zitierte Aufsatz Klaus Malettkes aufweist. Ein Auszug aus einem anderen, der Standardliteratur zur *Türkengefahr* zuzurechnenden Essay aus der Feder Hans Joachim Kisslings liest sich geradezu als ein Echo auf die Stimme Enea Silvios:

[Die christliche Welt erkannte] »die alle gleichmäßig bedrohende Gefahr nicht als solche [...], obwohl der gesunde Menschenverstand den Betroffenen hätte sagen müssen, daß auch die Türken dem Gesetz unterlagen, wonach der Appetit mit dem Essen kommt. [...] Eines zeigte sich mit erschreckender Deutlichkeit: von einer christlich-abendländischen Solidarität in der Türkenfrage konnte keine Rede sein, und dieser Mangel an Solidarität und Koordinierung des Wollens ist letztlich die Ursache dafür gewesen, daß alle Bemühungen, wenigstens einen weiteren Vormarsch der Osmanen nach dem Westen aufzuhalten, zum Scheitern verurteilt waren. Man hatte, das läßt sich vielleicht als Fazit ziehen, übersehen oder nicht begriffen, daß in sich uneinige Mächte mit auseinanderstreben-

---

50 Mertens, *Europa id est patria*, S. 54. Siehe auch Mertens, *Europäischer Türkenkrieg*, S. 50.

51 Prosperi, *Un'Europa dal volto umano.*

52 Zitiert nach Helmrath, *Pius II. und die Türken*, S. 123: »Nos Turco multo inferiores sumus, nisi christiani reges arma coniungant. querimus hoc efficere, investigamus vias; nulla occurrit idonea. si celebrare conventum venit in mentem, docet Mantua vanam esse cogitationem; si legatos mittimus, qui regum auxilia petant, deridentur, si decimas imponimus clero, appellatur futurum concilium; si promulgamus indulgentias, [...] avaritia coarguitur; corrodendi auri causa cuncta fieri creduntur. nemo fidem habet verbis nostris. quasi negotiatores, qui respondere creditoribus desierunt, sine fide sumus. quecunque agimus in partem deteriorem accipiunt et quoniam sunt omnes reges avarissimi, omnes ecclesiarum prelati pecuniae servi, de suo ingenio metiuntur nostrum.«

den Zielsetzungen niemals einen ernst zu nehmenden Widerpart bilden konnten gegen eine geschlossene Macht.«[53]

Auch der Titel, den Kissling seinen Überlegungen vorangestellt hat, nimmt das Hauptthema aus Enea Silvios Argumentation auf: *Die Türkenfrage als europäisches Problem,* das heißt als eine ganz Europa betreffende Angelegenheit, die, laut Kissling, hauptsächlich als Bedrohung zu lesen ist.

Der Gedanke, daß die sukzessive osmanische Eroberung einzelner Festungen und Territorien in mehrheitlich christlichem Gebiet zur »Türkenfrage« deklariert und als europäisches Problem analysiert wird, ist eine Fragestellung, die in der Forschungsliteratur zum Gemeinplatz geworden ist. Aber auch wenn die entsprechenden Passagen nicht in das Gewand empörter Vorwürfe an die damalige, häufig als »Realpolitik« bezeichnete Haltung der Führungsschichten gekleidet sind, kommt keine Historikerin darum herum, die Spannung zwischen einer damals deklarierten *unitas christiana* auf einer weitgehend, wenn auch nicht ausschließlich diskursiven Ebene und einem gleichzeitigem Fortdauern partikularer politischer Interessen festzustellen.

Diese Spannung ist ein Produkt der *Türkengefahr.* Daß der Gedanke einer geschlossenen europäisch-gesamtchristlichen militärischen Reaktion auf die einzelnen osmanischen Eroberungen nicht als kontrafaktischer Unfug abgetan, sondern als seriöse historiographische Fragestellung und feststehender Problempunkt in den meisten Abhandlungen diskutiert wird, zeigt, wie sehr auch die heutige Historiographie an die weitreichende Dynamik des Diskurses gebunden ist und ihr selbst in kritischer Distanz stets verpflichtet bleibt. Die *Türkengefahr* hat diskursive Realitäten geschaffen, die auf ihrer Existenz beharren und sich nicht ohne die Strafe historischer Blindheit ignorieren lassen – die Türkendiskussion ohne den Gedanken der *unitas christiana* unter Ausblendung der Spannung zwischen den beiden Ebenen zu betrachten, wäre eine grobe Verkennung des komplexen Gefüges von Motiven und Handlungen, welches uns in den Quellen entgegentritt.[54]

Dennoch bedeutet diese Tatsache nicht, daß die *ungebrochene* Spiegelung dieser Spannung, wie sie Kissling im oben zitierten Aufsatz in unausgesprochen enger Anlehnung an Enea Silvio praktiziert, in einer historischen Analyse unvermeidlich

---

53 Kissling, *Die Türkenfrage als europäisches Problem,* S. 43 und 51. Auch Kissling bleibt den Nachweis schuldig, wo abgesehen vom Balkan und dem Mittelmeerraum die ganz Europa bedrohenden Türken zu finden sind, obgleich er wie Malettke das osmanisch-französische Bündnis erwähnt und dieses in das Vokabular der habsburgischen Apologetik kleidet (»[...] es mutet einigermaßen seltsam an, daß ausgerechnet der Herrscher, welcher den Titel eines Rex Christianissimus trug, nun zum treuesten und verläßlichsten Paktpartner der Türken, als ›Ungläubiger‹ wurde.« Ebd., S. 54.).

54 Ein gutes Beispiel, wie auf der anderen Seite auch die osmanische Politik zwischen den Aspirationen weiterer Eroberungen christlicher Territorien und anderen außen- wie innenpolitischen Faktoren ein praktikables Gleichgewicht finden mußte, wird durch die Analyse von Rhoads Murphey für die Jahre 1520-1540 gezeigt: Murphy, *Süleyman I and the Conquest of Hungary.*

ist. Eine solche Haltung ist sicherlich legitim, aber sie bringt letztlich keine grundlegende neue Erkenntnis hervor: Sie reproduziert den Diskurs und unterwirft sich seiner Logik. Wenn hingegen die Prämissen und Fragestellungen der in Kapitel 1 angesprochenen Diskussion um die epistemologischen Grundlagen der heutigen Anthropologie angewandt und aus historiographischer Perspektive gestützt werden sollen, dann ist eine bloße Eins-zu-Eins-Abbildung des Diskurses nicht hilfreich, da er gerade durch dieses Verfahren nahtlos hinter der historiographischen Darstellung verschwindet und in seinen Konturen und Funktionsweisen unsichtbar bleibt. Wenn stattdessen, wie von Talal Asad gefordert, die Entstehungsgeschichte der westlichen Begriffe und die mit ihnen verbundenen epistemologischen Rahmenbedingungen analysiert werden sollen, dann muß dieser Diskurs sichtbar gemacht, ihm »sein Ereignischarakter« zurückgegeben werden.[55]

Für den vorliegenden Fall heißt das, sich zu vergegenwärtigen, daß die »Türkenfrage als europäisches Problem« keine heutige originäre Fragestellung, sondern ein Produkt der *Türkengefahr* ist, die Europa aus dem Dasein einer neutralen geographischen Einheit in den theologischen Rang des letzten Hortes der Christenheit erhob. Zwischen 1453 und der Zeit nach 1492, als die europäische Erkundung Amerikas voranschritt und sich allmählich in den neuen Weltkarten niederschlug, lag ein gutes halbes Jahrhundert – eine beträchtliche Zeitspanne, in der der Europabegriff inhaltlich als das bedrohte, letzte Territorium der Christenheit aufgeladen wurde. In den geographischen Karten wurde parallel zur Ausrichtung des Kreuzzugsmotives auf die *Türkengefahr* Jerusalem aus dem Zentrum der mittelalterlichen *mappae mundi* gehoben. Es scheint aus heutiger Sicht, als ob mit der Etablierung des neuzeitlichen geographischen Weltbildes auf der Basis von Längen- und Breitengraden nun eine mathematische Gleichheit erreicht worden wäre. In den personifizierten Darstellungen der vier Kontinente, wie sie beispielsweise dem Kartenwerk Ortelius' beigegeben sind, wird indes deutlich, daß die vermeintlich geographisch-mathematische Gleichsetzung der vier Kontinente als eine klare Hierarchie verstanden wurde – einer Hierarchie, in welcher Europa vor allem durch die *Türkengefahr* herausgehoben war.[56] An der Wiege der neuzeitlichen Europa standen also die Türken Pate – ungeachtet dessen, daß niemand die Osmanen um ihr Einverständnis für diese spirituelle Schirmherrschaft gebeten hatte.[57]

Dennoch gilt wiederum auch für dieses Motiv, daß seine Verwendung nicht obligatorisch war – die Gemeinschaft, die im Angesicht der Türken modelliert wurde, war vor allem christlich und wurde hauptsächlich unter diesem Etikett propagiert.

---

55 Foucault, *Die Ordnung des Diskurses*, S. 33.

56 Ortelius, *Atlas de las posesiones españoles en tiempos de Felipe II según su cartógrafo* 1588.

57 Von dieser historischen Perspektive aus wäre die Türkei also gut beraten, sich bei den Beitrittsverhandlungen zur Europäischen Union auf dieses Verdienst zu berufen, auch wenn sie für ein solches Argument zugegebenermaßen noch ein gutes Stück Aufklärungsarbeit unter den europäischen Verfechtern der kulturellen Einheit des christlichen Abendlandes leisten müßte. Siehe Voglrieder, *Abkehr der Europäischen Union von der Türkei?*

Auf dem Kongreß zu Mantua 1459, den Enea Silvio als Pius II. für einen Zug gegen die Türken einberufen hatte, ließ der Senese das Europa-Argument bezeichnenderweise beiseite.[58] Der Kongreß zu Mantua ist zudem ein Beispiel dafür, wie weit die *Türkengefahr* in das politische Handeln hineinwirkte. Im folgenden Abschnitt, der weitere Beispiele dafür aufführt, wie sich das Türken-Christen-Modell konkretisierte, wird die Ebene, wie der Diskurs politisches Handeln und politische Institutionen beeinflußte, gleichfalls angesprochen werden.

4. Das Sammeln der christlichen Streitkräfte

Die höfische Publizistik Maximilians I. hatte das Thema des Türkenzuges als einen ihrer Hauptbestandteile aufgenommen, das auf Türkenzugsversammlungen diskutiert wurde. Der von den Gesandten Maximilians I. 1490 auf einem Türkenzugskongreß in Rom unterbreitete Plan sah ein europäisch-christliches Unternehmen an drei Fronten vor: Das Hauptheer des Kaisers sollte sich bei Wien versammeln und über Ungarn gegen die Türken ziehen, in der Mitte sollten die italienischen Mächte unter der Führung des Papstes sich zum Angriff auf Nordafrika bereitmachen, gestützt von einem Heer an der westlichen Flanke bestehend aus spanischen, französischen und englischen Truppen. Nach der erfolgten Unterwerfung Nordafrikas sollten die mittlere und westliche Gruppe dann über das Mittelmeer gegen Konstantinopel stoßen, um sich gemeinsam mit dem kaiserlichen Landheer zu einem Zangengriff zu formieren.[59] Dieser Türkenzugsplan wurde in der habsburgischen Publizistik immer wieder aufgenommen und variiert.[60] Dabei schloß zuweilen die entworfene Gruppe der Mitstreiter Frankreich ein,[61] während die Franzosen in anderen Zusammenhängen neben den Türken als unmittelbare Feinde in eine Reihe gestellt wurden.[62]

---

58 Piccolomini, *Oratio Pii Papae II. habita in conventu Mantuano.*

59 Wagner, *Der letzte Kreuzzugsplan Kaiser Maximilians I. 1517.* Siehe auch Zinkeisen, *Drei Denkschriften über die orientalische Frage von Papst Leo X., König Franz I. von Frankreich und Kaiser Maximilian I. aus dem Jahre 1517.*

60 Siehe zum Beispiel eine Denkschrift Maximilians zum Türkenkreuzzugsplan des Papstes von 1517 in: Wiesflecker-Friedhuber, *Quellen zur Geschichte Maximilians und seiner Zeit;* sowie Diederichs, *Kaiser Maximilian als politischer Publizist.* Nr. 8-10, 33; Wiesflecker, *Kaiser Maximilian,* Bd. 2, S. 157, 298; Bd. 4, S. 189, 230, 393, 460ff, 580 und Bd. 5 S. 460f et passim. Siehe auch die bei Göllner, *Turcica,* aufgeführten Flugschriften Nr. 93-112, 119, 121f, 124f, 128.

61 Siehe zum Beispiel eine Denkschrift Maximlians I. von 1502 im HHStA Wien Maximiliana 12,2, Fol. 9: »[...] Solche haben wir, als ain Haubt und beschirmer der cristenhait zu Herzen gevasst und aus denselben auch andere wirklichen ursachen unserem hailigen Glauben dem Reich und allenn wisen zu aufenthalt, Err nuz und gutem, mit demselben König von Franckreich ainen amthlichen Friden gemacht und Beschlossen, und darauf auch unserem lang furgesezten willen und angeborner begirde nach einen Zug wider die Turcken Zurhim furgenomen, und hat unserem hailigen Vater dem Babst auch gemelten Kunig von Franckreich desgleichen den

Diese Konstruktion von einer christlichen Gemeinschaft, die gegen den Glaubensfeind zusammenstehen müsse, nahm vor allem im Reich noch konkretere Formen an.

Winfried Schulze hat gezeigt, wie in diesem Zusammenhang der Diskurs der *Türkengefahr* zur Stabilisierung der Reichsinstitutionen beitrug. Da das von Habsburgern wie Osmanen umkämpfte Ungarn nicht zum Reich gehörte, war dieses auch nicht zur Türkenhilfe, wie die zum vermeintlichen Zweck der Türkenabwehr erhobenen Abgaben genannt wurden, verpflichtet. Da die Reichsstände damit die Türkenhilfe als freiwillig ansahen, mußte diese auf den Reichstagen stets verhandelt und beschlossen werden, der Kaiser moralisch-religiös argumentieren und beweisen, daß letztlich auch das Reich von der *Türkengefahr* betroffen sei. Die aus diesem rechtsfreien Raum entstandene, innenpolitisch tiefgreifende Diskussion etablierte letztlich die Reichsversammlung als feststehende Institution. Zudem trugen die kontinuierlichen Forderungen nach der Türkenhilfe dazu bei, diese Besteuerung als ständiges System zu etablieren. Vor allem die Territorialstaaten profitierten letztlich von dieser Entwicklung, da sie allmählich das landständische Bewilligungsrecht abzuschütteln vermochten. Die *Türkengefahr* leistete damit einen entscheidenden Beitrag für die Entwicklung zum frühmodernen Territorialstaat mit seiner charakteristischen umfassenden Disziplinierung der in ihm vereinigten sozialen Gruppen.[63]

Wie sich diese Tendenz in den Turcica widerspiegelte, ist am Türkenbüchlein Simon Wolders zu erkennen, der in dieser, 1558 erstmals veröffentlichten (und Ferdinand I. gewidmeten) Schrift die Aufforderung für einen Zug gegen die Türken mit detaillierten Berechnungen verband, wie das Reich eine Summe von 821 250 000 Taler jährlich für den Türkenkrieg aufbringen könnte.[64] Wolder nimmt das Argument auf, daß die *Türkengefahr* das gesamte Reich betreffe:

»So darff auch warlich kein Christlicher Potentat/ Fürst noch andere hohes oder niederes standes (er sitze und wone gleich wo er wolle) nit gedenken/ daß ihm oder seinen Landen die Türcken noch weit gesessen sein/ Nach dem in zehen tagen von Dantzig / Stettin / Leipzig / Nürenberg / Augspurg / etc. biß da der Türck zuschaffen / und zugebieten hat / einer Ordinarie / und mit guotem gemach auff der Post in fünff tagen reiten mag. [...] und wer nit dem Feind in frembden Landen / oder dem fewer bei seines nechsten Hauß wehret / dem wirts bei seinem eigenen Hauß / mit seiner selbst macht vil zu schwer ankommen.«[65]

Kunigen von Hispanien Hungern und darzu den wurdigen und andern Comunen sovil gehanndlt, das uns dieselbe zu solchem Zug hilf und beystand thun werden.« Wiesflecker bezieht sich auf diese Schrift unter der alten Signatur MaxAkt 7a/1, Wiesflecker, *Kaiser Maximilian* Bd. 3, S. 4f. Vgl. auch Diederichs Nr. 33 sowie Wiesflecker Bd. 5, S. 460.
62 Siehe Aufruf Maximilians I. vom 25. 3. 1493, Diederichs S. 36, Nr. 8; ebenso im Traum des Hans von Hermannsgrün von 1494, siehe dazu Wiesflecker, *Kaiser Maximilian* Bd. 2, S. 154 u. 216 sowie Wiesflecker, *Der Traum des Hans von Hermansgrün*.
63 Schulze, *Reich und Türkengefahr*.
64 Wolder, *New Türkenbüchlein* 1558, Fol. C4v.
65 Ebd., Fol. Bijv.

Im Angesicht dieser Gefahr müsse nun jeder Leistungen für den Türkenkrieg erbringen:

»Es solt ein jeder vom höchsten biß zum niddersten / all seine unbewegliche güter / als Herschafften / Schlösser / Stätt / Dörffer / Heuser und dergleichen / nach der nutzung und einkommens versteurn / nemlich wer fünffzig Gulden einkommens gülte / Zinß oder Reutten hat / der versteurt tausent gulden / und gibt darvon fünff gulden.«[66]

Wolder fügt diesen Überlegungen einen Überschlag Johannes Neudorfers an, eines Rechenmeisters in Nürnberg, der aufführt, welche Summen vor allem der Klerus des Reiches aufbringen solle:

»Der erste uberschlag / wo und wievil Leut auffzubringen sein werden
Mann acht der Minorbruder in der Christenheit vierzig tausent. (40 000 Clöster) Unnd ander drei Bettelorden auch sovil / thuot viertzigtausent. (40 000 Clöster)
Dieweil aller orden lxxiJ seind / acht man die uberigen lxviiJ Orden auch auff achtzig tausent. (80 000 Clöster)
So seind der Canoniseien / halb Canoniseien frawen und Juckfrawen stifft und Closter vierzig tausendt. (40 000 Stifft)
Es wirdt auch darfür geacht / daß gegen jeglichem Stifft und Closter / ehe mehr dann weniger / doch zehen Pfarkirchen sein / machen zwentzig hundert tausent. (2 000 000)
So nun jeglich Pfar /Stifft / und Clostr einn mann gibt, hat mann in summa von allen Cloestern / Stifften und Pfarren zwei und zwentzig hundert tausent man. (2 200 000)

Der ander uberschlag von der Barschafft / zu der besoldung
Item mann acht in eim jeden Stifft und Closter / durch ein ander 15 man / deren jeglicher ein wochen ein pfennig (welcher 208 ein taler / oder 52 ein ort eins talers thu°n) gibt / thut ein wochen 24038 1/4 taler / und 44 Pfenning / das wer ein jar zwoelffmal hunderttausent neun und viertzigtausend neun hundert neun und neuntzig taler / drei vierteil / und sechs und viertzig pfenning. (1 249 999 1/4 und 46 pf.)
[...]
Item mann rechnet auff jede Pfar 500 personen zu 10 jarn und darüber / machen 1 000 000 000 personen / gibt jeder die woch ein pfennig / macht die wochen 4 807 694 taler und 12 pfennig / trifft ein jar zwei hundert und fünfftzig tausent mal tausent taler. (250 000 000)
So gibt ein jede Pfarr zuvor am järlichen gefell bar herauß 10 taler / thu°n die 20 000 000 Pfar zwentzig tausent mal tausent taler. Item ein jede Pfar hat auffs wenigst ein Kirchendiener / der gibt ein wochen ein pfenning macht ein jar auff alle Pfar fünffhundert tausent taler. (500 000 taler)
Summa alles gelts / das die Stiffte / Orden / Clöster / und Parocien in einem Jar machen / Thu°t 273 750 000 taler zweihundert drei und sibentzig tausent mal tausent / sibenhundert / und fünfftzig tausent taler.«[67]

Derartige Taxierungen konnten natürlich auf vormalige Kalküle des Kirchenzehnten zurückgreifen, aber erst im Diskurs der *Türkengefahr* erhielten sie in der Publizistik eine zentrale Rolle. In der neu geschaffenen Öffentlichkeit wurde hier ein begrenztes

---

66 Ebd., Fol. C4v.
67 Ebd., Fol. Mijv-Miijr.

Gebiet in einem Teilbereich volkswirtschaftlich durchdrungen und taxiert. Wir werden sehen, daß dieses eines der Elemente der ethnographischen Episteme ist.

Diese Form von Berechnung war kein Einzelfall – die Flugschriften, die den Titel *Dies ist ein schlag eines Zuges wider die Türken* variieren, sind in großer Zahl überliefert.[68] Dabei ist es bemerkenswert, daß in diesen *Anschlägen* die Juden in den Kampf gegen den Glaubensfeind der Christen eingebunden werden:

»Auch soll man der Juden nit vergessen / Soll man anschlahenn nach frummer herren rat / recht ein gutte stewr.«[69]

Die Juden werden hier im Gegensatzpaar Türken-Christen also an die Seite der letzteren gestellt. Dieses ist einmal mehr ein Nachweis dafür, daß in der *Türkengefahr* bei aller Dramatik, Eindringlichkeit und Brisanz kein Motiv so dominierte, daß es notwendigerweise überall und bis ins letzte durchkonjugiert werden mußte. Theologisch gesehen wäre es ja nicht undenkbar gewesen, daß die Wucht, mit der in der *Türkengefahr* gegen den christlichen Glaubensfeind vorgegangen wurde, auch gegen Andersgläubige innerhalb Europas gerichtet wurde, wie es in der konfessionellen Auseinandersetzung dann ja auch geschah. Anders als aus der hochmittelalterlichen Kreuzzugszeit sind aber – nach meiner Kennntis – aus dem Kontext der *Türkengefahr* keine gegen Juden gerichtete Pogrome überliefert. Wie aus einem Zitat weiter unten hervorgehen wird, war bei den Juden offenbar der Tatbestand, daß sie unter Christen innerhalb der Stadtmauern wohnten, das ausschlaggebende Moment – es war auch ihre *patria,* ihre *domus et sedes,* welche von den Türken angegriffen wurden.

5. Die Nova in der *Türkengefahr*

Obgleich die *Türkengefahr* zum überwiegenden Teil die traditionellen Motive des christlichen Imaginaire neu kombinierte, bezog sie zweifellos ihren Antrieb aus der osmanischen Expansion. Die Nachrichten über die jüngsten Ereignisse auf den Schlachtfeldern oder fortwährende Informationen über diplomatische Kontakte, die militärische Stärke der Osmanen und die aktuelle Aufstellung ihrer Land- und Seemächte flossen kontinuierlich durch die verschiedenen Informationskanäle nach

---

68 Siehe zum Beispiel die Newe Zeitung Göllner *Turcica* Nr. 109 von 1518 mit dem Titel: Das ist || ein anschlag || eins zugs wid || er die Türcken || und alle die wi || der den Christlichen glau- || ben seind (Berlin Staatsbibliothek Flugschr. 1518-2). Ebenso Göllner *Turcica* Nr. 702 (Berlin Staatsbibliothek Flugschr. 1541-8); Göllner *Turcica* Nr. 770 (ÖNB Wien 8738-B) und viele weitere, bei Göllner aufgeführte Flugschriften.

69 Göllner *Turcica* Nr. 109 (Berlin Staatsbibliothek Flugschr. 1518-2) Das ist || ein anschlag [...], Fol. 2r.

Europa. Ein Avviso, welches 1571 vor der Schlacht von Lepanto gedruckt wurde, gibt wie folgt Auskunft über die Zusammensetzung der osmanischen Landmacht:

>**»Questi sono li nomi, et provincie de l'essercito Turchesco, tanto de Cavallaria come de**
>**Fantaria**
>Prima sono comandati otto millia Ianizari tutta fantaria. [...]
>Spachini de Natolia parte à cavallo è parte à piedi sette millia.
>Spachi di Caramania dodeci millia
>Spachi di Buda 8000. parte fantaria è parte cavalleria.
>Spachi di Temisuar dodeci millia. [...]
>De tutte le sorte de natione delli suoi regni sono 30. millia guastatori.«[70]

Das Medium, über welches diese Nachrichten verbreitet wurden, waren die *Avvisi* oder *Newen Zeitungen*, welche teilweise von der diplomatischen Informationserhebung – nicht nur die Großmächte, sondern auch Territorialfürsten und Reichsstädte hatten in dieser Sache eigene Agenten – profitierten oder aber auf Privatbriefe von Reisenden oder Residenten in der Levante oder auf dem Balkan zurückgriffen. Während zu Beginn die Nachrichten in den Newen Zeitungen häufig in literarischer Form zu Balladen stilisiert wurden, trat dieses Moment in der zweiten Hälfte des 16. Jahrhunderts mehr und mehr in den Hintergrund. Winfried Schulze, der diesen sich immer mehr formierenden Nachrichtenstrom als »informative Funktion« der Türkendiskussion bezeichnet, sieht in dessen Kontinuität eines der entscheidenden Momente für die auf den Vervielfältigungsmöglichkeiten der Druckerpresse beruhenden kommunikativen Auswirkungen der *Türkengefahr*.[71]

Carl Göllner führt in den Turcica eine große Anzahl dieser Avvisi und Newen Zeitungen auf. Für den in dieser Studie untersuchten Zusammenhang von *Türkengefahr* und ethnographischer Episteme ist es dabei wichtig zu fragen, wie die in den Newen Zeitungen präsentierten Informationen zu den *Dingen* der Reiseberichte und ethnographischen Kompendien stehen, handelt es sich doch in beiden Fällen um Informationen, die sich als empirisch generiert und auf der Autopsie eines Beobachters beruhend ausgeben.

Ein wichtiger, wenn auch nicht entscheidender Unterschied besteht zweifellos in der Autorschaft: Während Avvisi und Newe Zeitungen tendentiell den oder die Urheber ihrer Nachrichten in der Anonymität beließen, wurden Reiseberichte und ethnographische Kompendien meistens unter den Namen ihrer Autoren veröffentlicht, die sich mit Privileg, Widmung und Vorwort den Gesetzen des Buchmarktes gemäß im sozial-politischen Kontext damaliger Wissensproduktion verorteten.

Ein weiterer Unterschied zwischen beiden Formen empirisch gewonnener Informationen liegt in der zeitgenössischen Terminologie. Während, wie in Kapitel 1 dargestellt, in der ethnographischen Literatur der Kernbegriff der *Dinge* gebraucht wird, ist es auffallend, daß dieser Ausdruck in den Avvisi und Newen Zeitungen nur

---

70 Göllner *Turcica* Nr. 1395: *Ultimi Avisi di Costantinopoli* 1571.
71 Schulze, *Reich und Türkengefahr*, S. 22.

selten auftaucht. Auch der zweite zentrale Terminus des ethnographischen Wissens, die *Historia,* findet nur gelegentlich Eingang in die Einblattdrucke.[72] Gerade letzteres ist überraschend, da Berichte von militärischen Auseinandersetzungen ja durchaus als *Historien* Eingang in ethnographische Kompendien fanden – von Sansovinos dreibändiger *Historia universale dei Turchi* ist die Hälfte des dritten Bandes den Darstellungen einzelner Kriegsereignisse gewidmet, darunter befinden sich drei Berichte über die Einnahme Konstantinopels. Auch Sebastian Münster rechnet im Vorwort zu seiner *Cosmographei* ausdrücklich die Berichte über deutsche Fehden zu den Historien.[73]

Dieser Befund zeigt, daß die Begriffe *Dinge* und *Historien* jenen Kontexten vorbehalten waren, in denen das Ordnungsprinzip der ethnographischen Episteme zum Tragen kam. *Dinge* wie *Historien* erforderten einen Autor, eine Person, welche die merkwürdigen Dinge *auswählte* und festlegte, in welcher Ordnung diese präsentiert wurden. Im fertigen Reisebericht haben wir ein Wissensprodukt vorliegen, welches von seinem Autor einem Gestaltungsprinzip expliziter Selektion unterworfen wurde. Dabei ist in diesen Texten der Bezug auf jene Dinge, die bereits von anderen Autoren beschrieben worden sind, charakteristisch:

»Havreimi ancho potuto allargare facilmente ne molti altri particolari, ma per esser stati tocchi d'altri, ho voluto tacitamente passarli, acciò con replicar il medesimo non fussi tenuto fastidioso, et con quattro parole d'avantaggio, o vero mutate, havessi voluto parere di poter corregger altrui, o saper troppo.«[74]

Diese Aussage zeigt, daß sich die Autoren bewußt waren, mit ihrem Bericht einen Beitrag zu einem abgrenzbaren Wissenskorpus zu liefern, innerhalb dessen auf jene Dinge, die schon an anderer Stelle geschildert worden waren, verwiesen werden konnte. In dem ständigen, zumeist anonymen Nachrichtenfluß, der aus ganz unterschiedlichen Quellen gespeist wurde, waren diese Querverweise nicht möglich.

Zudem waren sowohl die Dinge wie die Historien an das Ordnungsmuster der ethnographischen Episteme gebunden, wie es in Kapitel 1 bereits angedeutet und in Kapitel 6 und 7 dargelegt werden wird: Der Historienschreiber war einem bestimmtem strukturierendem Schema verpflichtet.

Die Nachrichten in den Avvisi und Newen Zeitungen waren hingegen anderer Natur. Ihr herausragendstes Merkmal war die Neuheit, das *Novum,* wie es aus den zahlreichen Titelvarianten von *Avviso Nuovo, Newe Zeitung* etc. ersichtlich ist: Während die ethnographischen Texte an zentraler Stelle von den *Dingen* sprechen, ist das entsprechende Pendant in den Newen Zeitungen der häufige Gebrauch des Adjektives »neu«. Um die Art dieser empirischen Information von den *Dingen* klar zu unterscheiden, wird sie in dieser Studie als *Novum* bezeichnet. Unter den *Nova* verstehe

---

72 Als eines der wenigen Beispiele sei genannt: Göllner, *Turcica* Nr. 77: *Hie nach volget die grossen Krieg und Streit* 1515.

73 Münster, *Cosmographei* 1550, Vorwort. Siehe dazu auch Kapitel 1.

74 Bassano, *I costumi* 1545, S. [4].

ich die Berichte jüngeren Datums über militärische Ereignisse der osmanischen Expansion, Begebenheiten der osmanischen Politik und der diplomatischen Beziehungen zu einzelnen christlichen Mächten sowie die Türkenkriegsbestrebungen auf
christlicher Seite.

Die ethnographischen Informationen werden in den Vorworten der einschlägigen
Texte als *Dinge* einer bestimmten Reihe von Kategorien bezeichnet, finden also
einen gemeinsamen Terminus: *le cose degne di memoria*, welche beispielsweise den
Feldern *i costumi, le forze, il governo, le legge di tal natione*[75] zugeordnet sind. Anders die Nova. Sie finden keinen gemeinsamen abstrakten Terminus in den Überschriften, sondern werden im konkreten Kontext ihrer Generierung belassen:

»La guerra nova del Turcho contra la ‖ potente Cita di Rhodi principiada ‖ adi venti sei Zugno
1522.[76]

Haimliche ‖ Anschleg und fürnem- / ung des Türckschen Kaysers (wann ‖ er Rodis eroberte) ‖ wider
die Christen ‖ und Christliche Lender etc. [...] New ‖ lich bekant ‖ und ge- ‖ offenbart worden.«[77]

Das Fehlen einer abstrakten Bezeichnung führte zuweilen zu verzeichnisartigen
Aufzählungen der einzelnen *items*:

»Certaine nouulle [sic] ‖ Comment le tresnoble Fernand Duc Daustris ‖ che est esleuz Roy de Bo-
heme. Et en quelles place et pays Ma- ‖ dame Marie Royne de Hongrie est entretenue. Et coment le ‖
Turc en l'annee darainne passee a tractie au pays de Hongrie. Et ‖ ou le Roy de Hongrie fut trouve
mort. ‖ Item combien de Roya - ‖ lmes, Duchees, et pays et villes le Turc a prins et tient de la cre- ‖
tiennete. Item comment le Turc a gagnie la ville de Ofen et plui ‖ seurs aultres villes et pays au pays
de Hongrie et les a destruys ‖ comme vous verres. Et comment le conte Christofle a regagnie ‖ et
reprins Griecsveysenburch. ‖ Item une copie conseil et entre- ‖ prinse pour aller et resister contre le
Turc ennemy de nostre foys.«[78]

Werden verschiedene Nova hingegen von einem oder mehreren Bearbeitern zueinander in Beziehung gesetzt und in eine Ordnung gebracht – und sei es im Sinne eines
erzählenden Narrativs, welches die einzelnen Ereignisse miteinander verbindet –,
können sie den Status von Dingen erlangen:

»Tutte le cose passate in levante tra el Sofi el gran turcho el gran Soldano e come ‖ el turcho ha preso
Aleppo e Damascho con Hierusalem et tutto quel ‖ contado: e come el gran turcho ‖ volse aldire una
messa al san- ‖ cto Sepulchro del nostro ‖ signore Jesu Christo.«[79]

Dieser Titel weist dabei eine Zwitterform auf: Nachdem erst von den Dingen die
Rede ist, werden einige Nova doch noch detailliert aufgeführt. Dieser Befund weist
darauf hin, daß die Grenze zwischen den Nova und den Dingen fließend war. Dennoch ist dieser Titel gleichfalls ein Beleg dafür, daß von den Dingen jeweils dann die

---

75 Ramberti, *Libri tre* 1539, Fol. Aiir.
76 Göllner, *Turcica* Nr. 155.
77 Göllner, *Turcica* Nr. 192. Die Kürzel sind hier aufgelöst widergegeben.
78 Göllner, *Turcica* Nr. 284 [1527].
79 Göllner, *Turcica* Nr. 113 [1518] (siehe auch Nr. 114 und 115).

Rede ist, wenn ein ordnendes Prinzip vorliegt, wie es bei diesem Avviso der Fall ist.[80] Allerdings kann die Beziehung zwischen Nova und Dingen nicht ausschließlich als zwei Stufen einer Entwicklung beschrieben werden, das heißt: Nicht jedes Novum wurde zum Ding, nicht jedes Ding war einst ein Novum. Obwohl dieses möglich war, liegt in vielen Fällen eine unterschiedliche Generierung *von Beginn an* vor. Der Blick des Beobachters war jeweils verschieden, der Vorgang der Autopsie lief bei der Generierung von Nova und von Dingen jeweils unterschiedlich ab: Während die Nova beliebig aneinander gereiht werden konnten, war die Wahrnehmung von Dingen an die Wahrnehmung der Ordnung der Dinge gebunden – wie der Historientheoretiker Thomas Blundeville im ersten Satz seines Traktates schrieb, der hier nochmals zitiert sei:

»An Hystory ought to declare the thynges in suche order, as they were done.«[81]

Die Autopsie von Dingen impliziert also zugleich den Blick auf ihre Ordnung, jene Hierarchie, die dem Beobachter vermittelt, welche Dinge als *merkwürdig* einer schriftlichen Niederlegung wert waren, und welche hingegen im Selektionsprozeß der Niederschrift beiseite zu lassen waren. Die Dinge sind damit nicht nur in eine Ordnung eingebunden, sondern unterliegen zugleich einem Selektionsmechanismus, der den Unterschied zwischen Beobachten, Niederschreiben und Veröffentlichen abbildet.

Ein Novum hingegen wurde in einer anderen Form selektiert. Natürlich richtete der Berichterstatter seinen Blick auf jene Ereignisse, die er für relevant hielt, aber es war weder seine Aufgabe, unter den aufschreibenswerten Nova die Kategorie des Merkwürdigen zu vergeben, noch, die Nova in eine abstrakte Ordnung zu bringen. Ein Novum unterlag der Logistik der Generierung der einzelnen Nachricht, welche von sehr variablen Faktoren bestimmt wurde: der – häufig anonym bleibende – Name des oder der Berichterstatter, das Einsickern in die diversen Nachrichtenkanäle, in denen die Nachricht weiterbearbeitet werden konnte, bis sie im Druck vervielfältig wurde.

In den jeweiligen Abschnitten über die Informationspolitik Venedigs, Frankreichs und der österreichischen Habsburger in Kapitel 4 wird dem Unterschied zwischen den Nova und den Dingen weiter nachgegangen, da er für den Zusammenhang von *Türkengefahr* und ethnographischer Episteme bedeutsam ist.

---

80 Göllner, *Turcica* Bd. 1, S. 78.
81 Blundeville, *The True Order* 1574, Fol. Aiijr.

6. Greuel, Geißeln, Prophezeiungen

Die Nova wurden üblicherweise von den Schilderungen der *Türkengreuel* begleitet.[82] Die Berichte über die von den Türken verübten Grausamkeiten waren ein fester Bestandteil der Avvisi und Newen Zeitungen in den Nachrichten von den Schlachtfeldern, wie sie beispielsweise bei der osmanischen Einnahme von Pest und Ofen beschrieben wurden. Das folgende Zitat ist dabei nicht nur eine typische Illustration der Türkengreuel, sondern darüber hinaus der Nachweis, daß die Juden nicht nur als zahlkräftige Reichsangehörige, sondern auch als betroffene und zu beklagende Opfer in die der von den Türken bedrohten Schicksalsgemeinschaft angesehen wurden:

»Auch als bald Pescht in einer stund erobert verprent / und alles volck darinn gewesen und gelegen zuo tod / zerhackt / unnd erschlagen. [...] Auch als bald / nach eroberung der Stat Ofen / die Juden gassen / welche in der Stat gelegen / und mitt sondern mauren und bevestigungen fürsehen gewesen ist / geweltigklichen angegriffen / Vast lang gestürmet / unnd bey drithalb tausent man darvor verloren. Als sych aber die Juden so vast gewört / und nit sonder Kriegßleut bey inen gehabt / haben die Türcken das geschütz in der stat zuo hannden gepracht / die thor zerschossen / in die gassen gefallen / unnd was athem gehabt hat / alles zerhackt / und der massen mit inen gehandelt / das von vierthalb tausent Juden nitt meer dann zwaintzig entrunnen sein.«[83]

Johannes von Capestrano, einer der berühmtesten Türkenprediger, verband nach der Überlieferung seine Aufrufe zur Türkenabwehr mit folgenden Worten:

»Insuper informabat, ut cogitarent [Christiani] quomodo canes illi, iugiter nomen Domini blasphemantes, fidem Christi derident, ecclesias destruunt, altaria sacra profanant, non abhorrentes, virgines super altaribus, Deo dicatis, deflorare, sanguinem Christianorum truculenta rabie effundunt, eos in servitutem redigunt.«[84]

Johannes konnte dann auch einen der wenigen Erfolge auf christlicher Seite verbuchen: Er war führend an der erfolgreichen Verteidigung Belgrads gegen die Osmanen durch ein bunt zusammengewürfeltes Kreuzzfahrerheer 1456 beteiligt, ein Erfolg, der auf christlicher Seite eine ungemein große psychologische Wirkung hatte.[85]

Die *Türkengreuel* dienten also vorrangig zur Motivierung zum Kampf gegen den neuen Gegner – sie übernahmen die Funktion der Emotionalisierung der Leser- und Zuhörerschaft. Sie waren eng mit den Nova verflochten.

Eine ähnliche Zwitterform, welche ein traditionelles Motiv mit den Nova verband, war die Verbreitung von als türkisch deklarierten Prophezeiungen über das Ende des Osmanischen Reiches. Als Variante hiervon kursierten in den Flugschriften

---

82 Schwoebel, *Shadow of the Crescent,* S. 12ff; Meuthen, *Fall von Konstantinopel,* S. 4; siehe insgesamt dazu Pertusi, *La caduta di Costantinopoli* Bd. 1. und 2; Pertusi, *Testi inediti*; Göllner, *Turcica* Bd. 3, S. 36ff; Helmrath, *Pius II. und die Türken,* S. 104.

83 Göllner, *Turcica* Nr. 254 (Wien ÖNB 20.Dd.937), Fol. Aiir.

84 Zitiert nach Meuthen, *Fall von Konstantinopel,* S. 6.

85 Göllner, *Turcica* Bd. 3, S. 43.

Geschichten über Kometen begleitet von Heuschreckenschwärmen, Hagel und Erdbeben, welche den Niedergang der Türken oder ihre baldige Bekehrung zum Christentum ankündigten. In einer dieser Versionen verknüpfte der Autor damit die Fabel, daß der Sultan, beunruhigt über diese Ereignisse, seinen zwölf Astronomen bei Todesstrafe befiehlt, sie innerhalb von drei Tagen zu deuten. Als die zwölf ihm eröffnen, daß der muslimische Glaube falsch sei und sich nach sieben Jahren der christliche Glaube im Reich ausbreiten werde, verurteilt der Sultan sie erbost zum Scheiterhaufen, von welchem die zwölf Standhaften wunderbarerweise gerettet werden, worauf der Sultan schließlich zur Einsicht gelangt.[86]

Eine der prominentesten Prophezeiungen war indes eine Weissagung vermeintlich osmanischer Provenienz, nach der der türkische Sultan sieben oder zwölf Jahre nach der Einnahme Konstantinopels von den Christen vertrieben werde. Dieser Text wurde von einem der meistgelesenen Turcica-Autoren, Bartholomäus Georgejevic, unter dem Titel *Prognoma, sive praesagium mehematonorum, primum de Christianorum calamitatibus, deinde de suae gentis interitu, ex Persica lingua in Latinum sermonem conversum* 1545 in Antwerpen veröffentlicht.[87] Die türkische (nicht »persische«) Version, der Georgejevic neben seiner Übersetzung eine ausführliche linguistische Analyse beigab,[88] unterstrich den vermeintlich authentischen osmanischen Ursprung der Weissagung, der nach gängiger Forschungsauffassung jedoch in dieser Form oder aber in dieser Interpretation nicht gegeben ist.[89]

Ein weiterer zentraler Topos der *Türkengefahr*, der sich wiederum weniger auf die Türken als auf die Christen richtete, war der Gedanke, daß die Christenheit durch die Türken von Gott für ihre Sünden bestraft werde. Mit diesem Gedanken wurde, wie John Bohnstedt gezeigt hat, ein traditionelles christliches Motiv neu aufgewertet.[90] Die Interpretation der *Türkengefahr* als Geißel Gottes für vormals begangene Sünden war stets mit dem Aufruf zur Buße, die – je nach Hintergrund der Verfasser – die Form eines verbesserten moralischen Lebenswandels oder der Türkenhilfe annahm, verbunden. Wie die anderen Motive wurde auch die Idee der Geißel Gottes mit einer konkreten christlichen Gemeinschaft verknüpft, die gegen sich gegen die Türken absetzte:

---

86 Göllner, *Turcica* Nr. 787: *Warhafftige Newe Zeitung erschrecklicher dinge* [1542]. Das Bekehrungsmotiv wurde zudem von höchster Stelle geadelt, wie der Brief Pius II. an Mehmed II. zeigt.

87 Göllner, *Turcica* Nr. 853.

88 »Patissahomoz [das erste osmanische Wort der Weissagung] est nomen dignitatis, compositum cum pronomine pluralis numeri, et significat Rex noster, sive Imperator noster«; Georgejevic, *De Origine imperii Turcorum*, Fol. H4r.

89 Fischer, ›Qyzyl elma‹, die Stadt (das Land) der Sehnsucht der Osmanen; Deny, *Les pseudoprophéties concernant les turcs au XVIe siècle*; Yerasimos, *De l'arbre à la pomme*, S. 177ff; Setton, *Western Hostility to Islam and Prophecies of Turkish Doom*.

90 Bohnstedt, *The Infidel Scourge of God*.

»Daß täglicher Gottslesterung / ungehorsame / verachtnis / und unordenlichem leben / so wir sündigen menschen / zuovor / in Teütsch Land / ain lange zeit her vilfältiglich und ubermäßlich geübt / und gefürt haben / ist die verschult straff / und der grimm zorn Gottes / Oder vileicht nurt ain väterliche warnung ainer noch streflichern Gaysel unsers ubels (ob wir annderst unns darvon nit abkeren werden) laider also hefftig gevolgt [...] Auch nit ain ainige bekümmerliche betrübnis [...] in betrachtung / das der Türck / des namens Christi / und unsser aller Erbfeind / ye lenger / ye mer / des Christlichen volcks / unserer gebrüder / Land / und wonungen bekriegt / einnimpt / verprennt / verhört / verwüst / kain glauben helt / und unzeliche vil leut erbermlich ermort [...] Alsdann niemantz zweifel [...] / das ain yeder unnderthuon seiner oberkait / die jme zuogeordnet ist / zuo rettung und erhaltung sein selbs / seines unnd seiner Christenlichen gebrüder / weiber unnd kinder / Seel / Eer / leib / unnd gütter / wider sohl des Türcken erschrockenlich fürnem / sein statliche hilff mit allem vermögen ungepart leibs unnd guots / in sölher schweren und letsten not / willig / begirig / unnd one allen verdries darthuon würdt / der gestalt der Türck (Ob Gott will) wol abgetriben werden mag.«[91]

Die »tägliche Gottslestrung« besteht in diesem Fall darin, daß die in dieser *Ermanung* angesprochenen »Teutschen« über den vormaligen Aufmarsch der Türken in ihren Nachbarländern »sich nichts besorgt«, ihre christlichen Mitbrüder in Ungarn allein gelassen und somit die türkische Belagerung Wiens heraufbeschworen hätten.[92] Auch das traditionelle Motiv der Gottesgeißel wurde damit auf die *Türken* ausgerichtet und diente zur Modellierung und Motivierung einer konkreten Aktionsgemeinschaft von Christen.

7. *Türkengefahr* und ethnographische Episteme

Nachdem der Diskurs der *Türkengefahr* in seinen für diese Studie relevanten Aspekten vorgestellt wurde, soll nun das Augenmerk auf die Frage gerichtet werden, in welchem Verhältnis die *Türkengefahr* zum ethnographischen Wissen stand.

Unter den verschiedenen Genres der Turcica wird in der Forschung als eine Gattung die deskriptive Literatur hervorgehoben, welche sich mit den Interna des Osmanischen Reiches befaßt. Unter dieser werden gemeinhin Reiseberichte und auf diesen beruhende ethnographische Kompendien gefaßt, wobei Pilgerberichte zumeist ausgeschlossen werden. Zu dieser Gruppe wird ein bestimmter Kreis von Autoren gezählt, denen gemeinsam ist, daß sie sich längere Zeit im Osmanischen Reich aufgehalten haben und in ihren Schriften ihre Beobachtungen niederlegten. Bis in die Mitte des 16. Jahrhunderts zählen zu diesen Autoren fast ausschließlich Gefangene, die teils jahrzehntelang als Sklaven im Serail selbst oder an anderen Orten arbeiteten.[93] Ab

---

91 Göllner, *Turcica* Nr. 347: *Erinnerung der verschulten plagen* 1529.

92 Ebd.

93 Für den Kanon von Autoren, die in diesem Zusammenhang genannt werden, sei hier exemplarisch die Auflistung bei Göllner (*Turcica* Bd. 3, S. 11ff) aufgeführt: Hans Schiltberger, Konstantin von Ostrovica, Georg von Ungarn, Bartholomäus Georgejevic, Giovanantonio Menavino, Luigi Bassano.

den 1550er Jahren waren es dann vor allem Diplomaten, die ihre Erfahrungen schriftlich niederlegten – die Gesandtschaft des französischen Botschafters Gabriel d'Aramon 1547-1554 ist mit sieben Gelehrten im Gefolge, die nach ihrer Rückkehr sämtlich zur Feder griffen, ein Höhepunkt.[94]

In der Sekundärliteratur wird fast einhellig die Auffassung vertreten, daß diese Textgruppe in einem Gegensatz zur *Türkengefahr* zu sehen sei, da sie gegen die europäisch-christlichen Motive der *Türkengefahr* das empirisch erworbene Wissen über die osmanische Gesellschaft setze:

»In contrast with the great bulk of the crusading tracts and anti-Moslem polemics, these accounts are uncommonly sober, critical treatments by authors with a first-hand acquaintance of their subject.«[95]

Dieses Zitat steht exemplarisch für den weitgehenden Konsens, die »sachliche« Präsentation des empirisch erworbenen Wissens als Gegengewicht zur Propaganda der *Türkengefahr* zu sehen.[96] Dementsprechend stand auch die vorliegende Studie an ihrem Beginn unter der Prämisse, daß der Diskurs der *Türkengefahr* die Entwicklung des europäischen ethnographischen Wissens über die Osmanen gehemmt habe, welches sich zunächst nur in den Zwischentiefs der entsprechenden Propaganda entwickelt habe,[97] bevor sich der okzidentale Blick ungehindert zur Vogelschau für den Erwerb objektiver Erkenntnis habe emporschwingen können. Wie jedoch bereits im ersten Kapitel über die ethnographische Episteme angedeutet, läßt sich diese Annahme nicht aufrechterhalten. Die epistemologische Konfiguration des okzidentalen ethnographischen Wissens entstand aus einer spezifischen Kombination machtpolitischer und diskursiver Faktoren – eine Tatsache, die ebenso für das Zusammenspiel von osmanischer Expansion und *Türkengefahr* gilt. Angesichts dieser Parallelität drängt sich der in der Literatur angenommene Gegensatz zwischen deskriptiver Lite-

---

94 Frédéric Tinguely bezeichnet diese Textproduktion als das »corpus aramontien«. Tinguely, *Ecritures du Levant.*

95 Schwoebel, *Shadow of the Crescent,* S. 208.

96 Carl Göllner charakterisiert den *Trattato de costumi et vita de Turchi* von Giovanantonio Menavino (Florenz 1548) wie folgt: »Der geschichtliche Wert seines Werkes ist durch seinen sachlichen, von allen Phrasen freien Stil gekennzeichnet.« (Göllner *Turcica* Nr. 883, S. 413.) Vergleiche auch Schulze, *Reich und Türkengefahr,* S. 53: »[Es] ist bemerkenswert, daß spätestens seit den letzten zwei Jahrzehnten des 15. Jahrhunderts die polemische anti-muslimische Kreuzzugsliteratur korrigiert wird durch eine sich entwickelnde deskriptiv-historische Literatur, die sich mit den Türken beschäftigt.« Auch Asli Cirakman sieht in der Reiseliteratur des 16. und 17. Jahrhunderts Autoren am Werk, die weniger als ihre daheimgebliebenen Zeitgenossen in den europäischen intellektuellen Strukturen gefangen seien; siehe Cirakman, *From the Terror of the World.* Allein Tinguely und Wolfgang Neuber halten sich in ihren Studien nicht mit der traditionellen Opposition von sachlich versus propagandistisch auf, siehe Neuber, *Grade der Fremdheit.*

97 Vergleiche dazu die Graphik über die Anzahl der Turcica in einzelnen Jahren 1550-1600, welche beispielsweise nach Lepanto ein einsames Hoch erreichte. Göllner, *Turcica* Bd. 3, S. 19.

ratur einerseits und der *Türkengefahr* andererseits keineswegs als selbstverständlich auf, und ist, wie in diesem Abschnitt zu zeigen sein wird, in der Tat nicht gegeben.

Zunächst soll hier nach der Selbstetikettierung der deskriptiven Literatur gefragt werden: Wie positionieren die Autoren ihre Texte zu den Anliegen der *Türkengefahr*? Treten sie der Polemik der Kreuzzugs– und Antichristtraktate entgegen, korrigieren sie die Schilderung der Einblattdrucke über die Türkengreuel? Oder reihen sie sich in das Konzert jener ein, die die *unitas christiana* beschwören und zu den Waffen gegen den Glaubensfeind aufrufen?

Genau das letztere ist der Fall. Einer der Hauptanknüpfungspunkte an den Diskurs der *Türkengefahr* ist die von den Verfassern ausgesprochene Absicht, die in ihrem Bericht dargebotenen Informationen über das Osmanische Reich, und insbesondere seiner militärischen Organisation, mögen christliche Fürsten zu einem Sieg im Türkenkrieg befähigen. Giovanantonio Menavino, der von Göllner als einer der Hauptlieferanten »sachlicher« Informationen über das Osmanische Reich genannt wird, greift in der Widmung seiner vielfach gedruckten *I cinque libri della legge, religione, et vita de' Turchi* damit eines der Hauptmotive der *Türkengefahr* auf:

»[...] ho voluto delle piu notabili [cose] in un volume descrivere, et toccar brevemente per capi la somma, et l'ordine si della religione, come del viver, del governo, della forza, et infine della natura del dominio della corte, et del Tiranno: dedicando io il mio detto volume alla V.M. accio quella per sua lettura alquanto s'informi de'costumi di quel paese prima, che si metta à cosi glorioso passaggio.«[98]

In den Ethnographica werden diesem Vorhaben entsprechend ausführliche Beschreibungen der Pforte gegeben, in denen detailliert am Serail tätige Amtsträger, Handwerker und vor allem der Aufbau des Militärwesens beschrieben werden:

»Uno Agà, cioè capitano de i Giannizzeri, ha di soldo mille aspri et piu al di, et ducati seimila di timaro l'anno [...]
Uno Sechmenaß capo de i cani da cacciare: ha cento aspri et ha del numero de i Gainnizzeri circa due mila sotto di se.[...]
Sono i Giannizzeri circa dodici mila: i quali hanno da tre fino a otto aspri al di di soldo per uno: ogni dieci hanno il suo Odabaß: et ogni cento hanno il suo Boluchbaß: e questi capi di dieci o di cento vanno a cavallo: et hanno gli Odobaß 40. et gli Boluchbaß 60. aspri al giorno. Il resto de Giannizerri vanno a piedi. [...]«[99]

Diese Beschreibung kann als Pendant zum unter Abschnitt 5 aufgeführten Zitat über die Zusammensetzung der osmanischen Landmacht aus einem Avviso von 1571 gelesen werden – hier treffen sich Dinge und Nova von zwei verschiedenen Seiten: Während im eben zitierten Reisebericht, der aus der Feder eines Venezianers, Benedetto Ramberti, stammt, die allgemeine Struktur des osmanischen Militärs beschrie-

---

98 Menavino, *I cinque libri* 1548, S. 7.
99 Ramberti, *Libri tre* 1539, Fol. 17v.

ben wird, konkretisiert sich diese ohne jedes Hintergrundwissen in den Nova zur aktuellen Zusammensetzung eines bestimmten osmanischen Landheeres.

In diesem Zitat wird zudem stets das mit einem Militärrang verbundene Einkommen genannt – es ist damit typisch für die italienischen Beschreibungen des Serail, welche die Abbildung der weitverzweigten Hierarchie mit der jeweiligen Gehaltsstufe illustrieren. Vom obersten Wesir bis zum letzten Hilfsgärtner gehört eine kurze Charakterisierung der jeweiligen Tätigkeit mit dem Hinweis auf die damit verbundene Besoldung zu den Grundelementen einschlägiger Listen. Ramberti beschließt diese Darstellung, die bei ihm das ganze zweite Buch einnimmt, mit den folgenden Worten:

»Quante mo [sic] siano le entrate di questo Signore, si possono considerare per le spese: le quali entrate si cavano del Carazo che vien pagato da i sudditi non Turchi che è un milione et mezo di ducati, del datio de i bestiami che dan ducati ottocentomila: delle minere che danno ducati seicentomila: di infiniti altri datij, sali, comandamenti, robe de morti, doni, la entrata dell'Egitto, oltra le spese, censi, et tributi. Et sono tante che non solamente supplscono alla spesa che si fa oltra il timaro di danari contanti tratti dello Casnar piu di ducati dodicimila al giorno, ma anco gli avanza gran somma di danari, da riporsi ogni anno. Et credesi che tutta la entrata possa essere di quindici milioni di oro: cinque de i quali entrano nel Casnar, et gli altri dieci restano a i ministri della guerra.«[100]

Die feststehenden Einnahmen von Steuern und dem Ertrag der Minen beziffert Ramberti hier mit 2 900 000 Dukaten, abgesehen von »unendlichen weiteren« Einkommen, die er nicht kalkuliert. Hinzu kommen die Einnahmen aus dem Timarsystem, die er auf 12 000 Dukaten täglich festsetzt, eine Summe, die sich durch die Geldpolitik der osmanischen Staatskasse auf schließlich 15 Millionen Golddukaten summierte. Derartige Passagen sind gewissermaßen das Pendant zum oben aufgeführten Überschlag Johannes Neudorfers über das finanzielle Potential des Reiches, aufgrund dessen Simon Wolder als Gesamtsumme 821 150 000 Taler jährlich an möglichen finanziellen Mitteln für den Türkenkrieg veranschlagte.

Das Gegensatzpaar Türken-Christen wurde hier also für beide Seiten unter dem Aspekt der militärischen Auseinandersetzung in Form einer detaillierten Beschreibung konkretisiert, die das wirtschaftliche wie militärische Potential eines bestimmten Territoriums auslotete: Die ethnographische Episteme bezieht damit einen ihrer wesentlichen Impulse sowohl aus der osmanischen Expansion als auch dem Türkenkriegsmotiv, ein Impuls, dessen Dringlichkeit durch die Unterlegenheit der christlichen Seite noch verstärkt wurde.

Francesco Sansovino, der Kompilator eines der wichtigsten Sammelwerke über die Türken zog einige Jahre später die Bilanz aus der Warte eines der Experten über das ethnographische Wissen über die Türken:

»Non si puo adunque negare che per disciplina, per obedienza, et per fortuna la stirpe Turchesca non sia notabile e grande. La onde poi che si vede pur troppo manifestamente crescere ogni giorno le cose

---

100 Ebd., Fol. 25v.

loro, et sapendosi per ogniuno quanto essi procaccino di allargar l'empia setta del suo scelerato Profeta molti huomini publici et privati hanno scritto le cose loro trattando, chi le guerre, et chi le leggi e i costumi, ciascuno separatamente narrando le cose udite ò vedute per dar notitia a coloro che non hanno potuto ò saputo far l'una cosa ne l'altra, et questo a fine che gli huomini buoni e i veri christiani imparino a conoscer quella potenza con laquale essi tentano di sottometter interamente il Mondo alla lor servitù.«[101]

Die ungläubige Sekte der Türken strebt danach, sich die ganze Welt untertan zu machen: Dies ist der Anlaß, nicht nur für Staatsmänner, sondern für auch für alle anderen, die Dinge über dieses Geschlecht – hier in *guerre, leggi e costumi* klassifiziert – abzuhandeln. Als wahre Christen werden hier jene bezeichnet, welche sich der *Türkengefahr* bewußt sind und die danach streben, die Macht der Türken kennenzulernen, die auf Disziplin, Gehorsam und *fortuna* beruhe. Es ist auffällig, daß sowohl bei Sansovino wie bei Menavino in den eben zitierten Passagen die Dinge in ihrer Klassifizierung (»guerre, leggi e costumi«; »del viver, del governo, della forza, della natura del dominio della corte, et del Tiranno«) genannt werden – anders als bei den Nova wird die für die Dinge wichtige Ordnung explizit mit der *Türkengefahr* verbunden.

Die *Türkengefahr* ist zudem ein Grund, weshalb die in der theoretischen Literatur über das ethnographische Wissen nicht endgültig entschiedene Frage über die Wertung der antiken Überlieferung gegenüber dem Blick der Gegenwart in diesem Kontext zugunsten des letzteren entschieden wird:

»[...] [Stimavo] che quantunque le cose de gli antichi ne arrechino buoni ammaestramenti nelle nostre operationi rendendone accorti, nondimeno quelle de moderni et specialmente de Turchi che ne vinon su gli occhi, non siano punto per infiniti rispetti da tralasciarsi in dietro, cavando noi delle cose presenti, vie piu maggior frutto, che delle cose passate non facciamo.«[102]

Die gelehrte Diskussion darüber, ob der zeitgenössischen Autopsie oder den antiken Schriftstellern mehr Wert beizumessen sei, erledigt sich anhand der Tatsache, daß letztere unter der Bezeichnung der Türken wenig zu sagen hatten. Die im obigen Zitat von Sansovino zum guten, christlichen Wissen erklärten Dinge über die Türken überrundeten daher im Rahmen der *Türkengefahr* in ihrer Relevanz und Dringlichkeit die Ehrwürdigkeit der antiken Überlieferung.

Bezüge zur *Türkengefahr* finden sich unter den Reiseberichten in den Vorworten bei Luigi Bassano, Georg von Ungarn, Bartholomäus Georgejevic, Giovanantonio Menavino, Benedetto Ramberti, Teodoro Spandugino – nur die Texte französischer Provenienz von Pierre Belon, Nicolas de Nicolay sowie des Chevalier de Villamont bilden hier die Ausnahme, die sich aus der französischen Bündnispolitik erklärt. Auch mit Francesco Sansovino und Paolo Giovio verorten sich zwei der bekanntesten Kompilatoren ausdrücklich in der Metaphorik der *Türkengefahr*.

---

101 Sansovino, *Historia universale* 1560 Bd. 1, Fol. *2v-*3r.
102 Ebd., Fol. *3r.

Die Autoren, die die Dinge beobachtet und niedergeschrieben hatten, banden diese also ausdrücklich an die *Türkengefahr* an. Kapitel 7 wird der Frage nachgehen, welche Auswirkungen diese Anbindung auf die Konfiguration der ethnographischen Episteme gehabt hat.

Zum Schluß soll noch auf ein Element hingewiesen werden, welches den Unterschied zwischen den Dingen und den Nova noch einmal verdeutlicht: die Berichte über Situation und Leid der im Osmanischen Reich gefangenen und zur Sklavenarbeit verdammten Christen. Die *Türkengefahr* war von ihrer Struktur her zweifellos paßgenau für derartige Informationen empfänglich, aber es ist zu fragen, über welches Tor diese Berichte Eingang in den Diskurs fanden: Wurden sie, parallel zu den *Türkengreueln*, als Nova in gewisse Stereotypen gekleidet stets aufs Neue den einzelnen Nachrichten zugeordnet oder wurden sie als Dinge im Sinne der ethnographischen Episteme kategorisiert?

Wir haben von letzterem auszugehen. Die Avvisi und Newen Zeitungen berichten zwar von Gefangenen, die bei den Schlachten von den Osmanen gemacht werden, aber sie verfolgen deren Schicksal nicht weiter. Erst die Gefangenen selbst melden sich nach ihrer Rückkehr zu Wort: Es sind dieses mit Georg von Ungarn, Menavino und Georgejevic drei der meistgedruckten Autoren unter den Reiseberichten, welche damit alle zu den in dieser Studie bausteinanalysierten Texten gehören. Während Menavino jedoch nur wenig von seiner Erfahrung als Gefangene verlauten läßt, lassen Georg von Ungarn und Georgejevic diesen Aspekt an zentraler Stelle ihrer Schriften zur Sprache kommen. Die entsprechenden Passagen aus dem Traktat Georgs von Ungarn wurden, aus ihrem theologischen Kontext gelöst, als kleine Monographie veröffentlicht.[103] Bartholomäus Georgejevic hatte seine diesbezüglichen Erfahrungen direkt als eigenständiges Büchlein abgefaßt: *De afflictione tam captivorum quam etiam sub Turcae tributo viventium Christianorum.*[104] Es wurde in Kombination mit den anderen Schriften Georgejevic' in 42 Auflagen veröffentlicht[105] und war damit das Standardwerk an Sklavenliteratur. Es enthält die folgenden neunzehn Kapitel:

»1. Quomodo Christiani in bello a Turcis capti distrahantur

2. Quibus rebus Turcarum Imperator suos captivos destinet

3. Quomodo agatur cum puellis, et reliquis mulieribus

4. Quomodo reliqui Turcae cum manicipijs agant

5. Quomodo agatur cum Christianis artium Mechanicarum ignaris

6. Quomodo recenter capti in itinere tractentur

7. Quomodo venalitij tractentur

8. De illis captivis quos pastores faciunt

---

103 Göllner, *Turcica* Nr. 135: *Ein schoen new Tractetlein* 1520. Siehe auch *De captivis christianis.* Froschauer 1496. (Bayerische Staatsbibliothek 4° Inc. s.a. 1950/10, Hain *4984).

104 Georgejevic, *De afflictione* 1544.

105 Yerasimos, *Voyageurs*, S. 159ff. Siehe auch Anhang 5.

9. De fuga captivorum ex Europa
10. De fuga ex Asia minore
11. De poena fugitivorum
12. De Graecorum et Armeniorum pietate erga captivos
13. De incantatione Turcarum contra fugientes
14. Memoriam Christi paulatim in provincijs olim Christianis aboleri
15. Quae conditio debellatorum
16. De reverentia quam exhibent Christiani Turcis
17. De tributis Christianorum
18. De Sacerdotum et monarchorum sub Turcae tributo viventium conditione
19. Proclamatio captivorum et tributariorum, ad Christianorum Reges et Principes«[106]

Die Anordnung der Kapitel folgt einer chronologischen Reihenfolge: Nachdem Georgejevic zuerst berichtet, wie die Kriegsgefangenen im Osmanischen Reich verteilt und je nach Geschlecht und Fähigkeiten eingesetzt werden, folgt die Darstellung über Möglichkeiten und Umstände der Flucht. In Kapitel 14-18 widmet sich Georgejevic den Lebensbedingungen der Christen in den vormals unter christlicher Herrschaft stehenden Territorien, bevor er für beide Gruppen mit einem Aufruf zum Türkenkrieg an die christlichen Könige und Fürsten seine Abhandlung abschließt. Diese Ordnung entspricht nicht der ethnographischen Episteme, wie sie in Kapitel 7 dargestellt wird. Dennoch ist es eine Ordnung, darüber hinaus wird hier der Blick nicht auf Einzelfälle, sondern auf Strukturen gerichtet: Wir haben es demnach nicht mit Nova, sondern mit Dingen zu tun.

Das Leiden der christlichen Gefangenen und jener Christen, die als Tributpflichtige in den eroberten Territorien des Osmanischen Reiches lebten, gingen also anders als die *Türkengreuel* nicht eng mit den Nova verbunden, sondern als Dinge in die *Türkengefahr* ein. Wie bereits bei der finanziellen Taxierung der Territorien war hier die *Türkengefahr* Anlaß, den Blick auf Strukturen zu richten, diese als solche in ihrer Ordnung sichtbar zu machen und zur Bewältigung der *Türkengefahr* über das Medium des Buchdruckes in der neuen Öffentlichkeit zur Diskussion zu stellen.

Es läßt sich also das Fazit ziehen, daß wir nicht von einer Opposition zwischen der *Türkengefahr* und den Ethnographica unter den Türkendrucken auszugehen haben, sondern daß letztere sich in klarer Affirmation auf die *Türkengefahr* beziehen. Was die Selbstpositionierung der Ethnographica angeht, so ist die Annahme, daß die *Türkengefahr* ihre Niederschrift und Veröffentlichung gehemmt oder verzögert habe, durch nichts zu stützen. Das ordnende Sammeln, Niederschreiben und Drucken der Dinge geschah vielmehr im Namen der *Türkengefahr* und erhielt durch diesen Diskurs einen entscheidenden Impuls.

Aber es klang in diesem Abschnitt bereits an, daß die *Türkengefahr* auch in der Ausgestaltung der Ethnographica eine Rolle spielte. Sie bewirkte nicht nur das Sammeln von Nova, deren ständiger Strom, wie wir in Kapitel 4 noch sehen werden, die

---

106 Georgejevic, *De afflictione* 1544. Die Kapitelzahlen sind von mir hinzugefügt.

Generierung der Dinge begünstigte. Die *Türkengefahr* zwang darüber hinaus die *unitas christiana*, ihren Blick, ihre Wahrnehmung und Aufmerksamkeit auf den Hintergrund, die Gründe für den Erfolg der osmanischen Expansion zu richten. Für jene, die sich wie Enea dem Antichristmotiv nicht anschlossen, war dies der logische Schritt. Dafür war jedoch der Blick auf die Dinge erforderlich. Denn Nova erklären nicht, sie beschreiben nur. In ihrer aktuellen tagespolitischen Generierung beziehen sie sich nicht auf die Ordnung der Dinge und Historien; es ist daher nicht möglich, aus ihnen jene Lehren zu ziehen, wie sie Thomas Blundeville als Früchte des richtigen Schreibens und Lesens von Historien beschreibt: Erst durch diese Ordnung wird Wissen zum nützlichen Wissen.[107] Die Dinge der ethnographischen Episteme beziehen sich vornehmlich auf Strukturen, weniger auf Ereignisse wie die Nova. Sie implizieren einen Blick auf die Gesellschaft, der zuvor nicht der Niederschrift für würdig befunden wurde und welcher unter der *Türkengefahr* zu einer der vordringlichsten Christenpflichten wurde.

Anders als die ethnographischen Erhebungen, die wie in Kapitel 1 angesprochen, die spanische Eroberung der Neuen Welt begleiteten, betraf diese christliche Pflicht zu lesen, zu beurteilen und zu handeln, aber nicht nur die Staatsmänner, sondern prinzipiell die gesamte *unitas christiana*: Das ethnographische Wissen über die Türken war so notwendigerweise nicht auf die staatlichen Kanzleien beschränkt und als reines Herrschaftswissen konzipiert, sondern in weiten Teilen als allgemein zugängliches Wissen entworfen worden. Denn die in der *Türkengefahr* jeweils verschieden modellierten Gemeinschaften durchdrangen in ihrem Aufruf zur ideellen oder tatkräftigen Gesamtmobilisierung die ganze Gesellschaft. Das Türkenkriegsmotiv schuf hier eine Schicksalsgemeinschaft, die in allen ihren Bereichen zum gemeinschaftlichen Handeln aufgefordert wurde. Dieser Impuls ist in seiner Eindringlichkeit nur in einer Verteidigungshaltung denkbar. Mit der *Türkengefahr* wurde daher die Konstellation einer macht- und militärpolitischen Unterlegenheit mit ihren spezifischen Auswirkungen in die Formierung der ethnographischen Episteme hereingetragen.

Wir haben also von einer Wechselwirkung zwischen *Türkengefahr* und ethnographischer Episteme auszugehen – wie diese konkret vor allem im Hinblick auf die Episteme zum Tragen gekommen ist, welche entscheidenden Weichenstellungen auf sie zurückgehen, wird in Kapitel 7 noch ausführlicher zur Sprache kommen.

---

107 Blundeville, *The true order* 1574, Fol. Hiiijr-v: »So I can not tell whyther I may deryde, or rather pittie the great follic of those which having consumed all theyr lyfe tyme in hystories, doe knovv nothing in the ende, but the discents, genealoges, and petygrees, of noble men, and when such a King or Emperour raigned, and such lyke stuffe, which knovvledge though it be necessarie and meete to be observed, yet it is not to be compared to the knovvledge, that is, gotten by such observacions as vve require, and be of greater importaunce: to the obtyning vvhereof, I vvish all readers of Hystories, to employe theyr chiefest studye, care, and diligence.«

8. Ausblick

Es ist überflüssig zu betonen, daß in einer Studie nicht alles über ihren Untersuchungsgegenstand bedacht und gesagt werden kann. Dennoch sollen hier abschließend einige Bemerkungen künftige Forschungsdesiderate skizzieren, in denen die *Türkengefahr* als Diskurs weiteres Profil gewinnen könnte.

Zum einen verdienten einzelne Motive der *Türkengefahr* eine weitere, quellenvergleichende Betrachtung, die sie in ein anderes Licht stellen könnte. Bei den *Türkengreueln* könnte durch einen Vergleich der *Türkengreuel* mit innerchristlichen Konflikten und die diese begleitenden Darstellungen von Gewalt herausgearbeitet werden, ob sie spezifischen Darstellungsmustern unterlagen oder ob sie sich kaum von anderen Gewaltdarstellungen unterschieden.[108] Auch einige der bisherigen sogenannten *hard facts* könnten gewinnbringend auf eventuelle rhetorische Einflüsse geprüft werden. Stéphane Yerasimos hat sich in einer brillanten Studie, die souverän eine beeindruckende sprachliche Vielfalt von christlichen und muslimischen Quellen aus anderthalb Jahrtausenden einbezieht, mit der Genealogie des türkischen Motivs des *kızıl elma* (»roter Apfel«), der eine (unterschiedlich identifizierte) christliche Stadt symbolisierte, deren Eroberung den Türken den endgültigen Sieg über den gesamten Okzident garantieren würde, befaßt. Dabei kommt er auch auf ein Detail aus der christlichen Überlieferung über die osmanische Eroberung Konstantinopels zu sprechen. Danach hätten die Osmanen nach dem Sturmangriff in der Nacht zum 29. Mai 1453 den letzten, entscheidenden Durchbruch dadurch erlangt, daß eine kleine Gruppe von Janitscharen durch eine versehentlich offen gelassene kleine Ausfallpforte in die Stadt eindringen und ihre Banner auf einem Befestigungsturm der Stadtmauer hissen konnte, woraufhin unter den Verteidigern eine solche Verwirrung entstand, daß kurze Zeit später die Stadt erobert war.[109] Stefan Zweig hat diesen Vorgang als eine der *Sternstunden der Menschheit* literarisch als Beispiel schicksalsträchtiger Konstellationen gewertet.[110] Die vergleichende Quellenanalyse von Yerasimos weist aber nach, daß es sich bei dieser Ausfallpforte (Xylokerkos) um ein Motiv handelt, das auf die Apokalypse des ps-Methodius aus dem siebten Jahrhundert zurückgeht. Der Autor dieses Textes, ein mesopotamischer Christ, hatte offenbar nach der ersten großen arabischen Belagerung Konstantinopels 667-669 die erlebte Bedrohung in einer Apokalypse verarbeitet, nach der die »Söhne Ismaels« Konstantinopel durch eben diese Pforte einnehmen und mit großem Feuer verwüsten, bevor Gott beschließe, der christlichen Drangsal ein Ende zu setzen und einen Führer bestimme, der die Muslime in siegreichen Schlachten vertreibe und bis nach Medina verfolge. Laut Yerasimos, der sich intensiv mit der Geschichte Konstantinopels/

---

108 Siehe zur Frage der Gewaltdarstellung Groebner, *Ungestalten*.

109 Runciman, *Die Eroberung von Konstantinopel 1453*, S. 143.

110 Zweig, *Sternstunden der Menschheit*.

Istanbuls befaßt hat,[111] ist es überdies wahrscheinlich, daß diese Pforte niemals existiert hat.[112]

Neben solchen Einzelaspekten erschiene die *Türkengefahr* als Ganzes noch einmal in einem anderen Licht, würde sie unter einem gesamtmediterranen Blickwinkel, der parallele osmanische Phänomene in die Analyse mit einbezieht, betrachtet. Der Osmanist Cornell Fleischer hat die bisher in diesem Zusammenhang weniger untersuchte osmanische Apokalyptik und die damit verbundenen Prophezeiungen für das Osmanische Reich im 15. und 16. Jahrhundert analysiert. Denn im Mittelmeerraum kollidierten nun die Universalansprüche der Habsburger mit jenen der Osmanen, und auch auf der osmanischen Seite waren entsprechende apokalyptische Narrative und Prophezeiungen im Umlauf, was die Frage aufwirft, inwiefern wir hier – bis zu einem gewissen Grad – über nachweisbare Interferenzen hinaus gemeinsame Strukturen der historischen Imagination vorliegen haben.[113] Der in der *Türkengefahr* artikulierte Antagonismus zwischen Christen und Türken könnte also zumindest teilweise auf ein gemeinsames, übergeordnetes Prinzip zurückgehen, das in Teilen Europas und des Osmanischen Reiches zu strukturell ähnlichen Universalansprüchen und radikalen Alteritätskonstruktionen führte. Eine über die heutigen »Kulturgrenzen« hinausgehende komparative Perspektive könnte hier (wenigstens in der Geschichtswissenschaft) dazu führen, die letzten wirksamen Effekte der *Türkengefahr* zu eliminieren. Die *Türkengefahr* bleibt damit weiter ein Feld vieler faszinierender offener Fragen, deren Untersuchung den »Ereignischarakter« dieses Diskurses in seinen vielästigen Verzweigungen zu erhellen verspricht.

---

111 Yerasimos, *La fondation de Constantinople et de Sainte Sophie dans les traditions turques*; ders.: *Konstantinopel.*

112 Yerasimos, *De l'arbre à la pomme*, S. 157-159.

113 Fleischer, Cornell H.: *The Longest Hour: Apocalyptism, Imperialism and Prophecy in the Mediterranean, 1453-1556.* Vortrag beim 4th Mediterranean Social and Political Research Meeting, Florenz im März 2003 im Workshop von Anthony Molho und Cemal Kafadar *The Mediterranean. A Sea that Unites/ A Sea that Divides.* Fleischers einschlägige Studie, die als Monographie im Druck befindlich ist, wird bei California Press unter dem Titel *Mediterranean Apocalypse: Imperialism and Prophecy, 1450-1500*, erscheinen. Eine Veröffentlichung der Vorträge dieses instruktiven Workshops war ebenfalls geplant. Siehe zu dieser Thematik auch Lellouch/ Yerasimos, *Les traditions apocalyptiques au tournant de la chute de Constantinople* sowie Murphey, *Süleyman I. and the Conquest of Hungary*, über Süleymans Politik, die in den ersten Jahrzehnten im Gegensatz zu den Habsburgern nur Ansätze einer politischen Legitimation aufgrund einer gesamtreligiösen Führerschaft aufweist. Die Bedeutung von Prophezeiungen und chiliastischen Denkmustern in Istanbul, die 1533 die osmanische Politik gegenüber Habsburg beeinflußten, analysiert Robert Finlay: *Prophecy and Politics in Istanbul.*

Drittes Kapitel:
Die osmanische Expansion

Im vorangegangenen Kapitel war der Blick angesichts der Vielschichtigkeit des Diskurses der *Türkengefahr* hauptsächlich auf die Funktionsweisen und Elemente seiner Dynamik und weniger auf die Motive und Situationen seiner Protagonisten gerichtet. Gleichwohl es meiner Meinung nach berechtigt und für einen analytischen Zugriff auch unabdingbar ist, in diesem Diskurs gewisse einheitliche Dynamiken auszumachen, würde die Darstellung in Kapitel 2 eine falsche Monolithik suggerieren, wenn sie in einem weiteren Schritt nicht differenziert würde. In diesem Kapitel sollen daher die Akteure stärker zur Sprache kommen, indem gefragt wird, welches konkrete Umfeld Anlaß zur Artikulation des Diskurses der *Türkengefahr* gab. Mit den im folgenden Abschnitt umrissenen Beziehungen zwischen Venedig, Frankreich und den österreichischen Habsburgern einerseits und dem Osmanischen Reich andererseits soll die Spannung zwischen *Türkengefahr* und osmanischer Expansion ausgelotet werden, indem als Komplement zu Kapitel 2 die Darstellung ihren Ausgangspunkt nun nicht vom Diskurs, sondern von der konkreten machtpolitischen Situation, die mit ihm verflochten war, nimmt. Damit soll zudem der in Kapitel 1 aufgestellte Anspruch eingelöst werden, die politisch-militärischen und wirtschaftlichen Rahmenbedingungen für die Entstehung des ethnographischen Wissenskorpus über die Osmanen sichtbar zu machen. Kapitel 4 widmet sich dann der Frage, inwieweit diese Rahmenbedingungen namentlich anhand der diplomatischen Informationserhebung einen direkten Einfluß auf die Entstehung und Gestaltung des ethnographischen Wissenskorpus hatten.

Die Auswahl der drei europäischen Mächte Venedig, Frankreich und die österreichischen Habsburger, deren Einflußnahme auf das ethnographische Wissenskorpus hier betrachtet werden soll, ergab sich aus der Überlegung, der in der *Türkengefahr* propagierten *unitas christiana* die Analyse von drei Mächten gegenüberzustellen, die einerseits von der osmanischen Expansion in unterschiedlichem Ausmaß betroffen waren und andererseits die *Türkengefahr* unterschiedlich propagierten und einsetzten. Mit Venedig als Hauptgeschädigten, Frankreich als zeitweisem Bündnispartner und Habsburg als Konkurrenten in den Ansprüchen auf Ungarn wird sowohl die Lage im Mittelmeerraum wie auf dem Balkan angesprochen, und es werden unterschiedliche politisch-militärische und wirtschaftliche Konstellationen untersucht. Die mit diesen drei Mächten verbundenen vier Sprachen – Italienisch, Französisch, Deutsch und Lateinisch – sind zudem die in der Bibliographie Göllners am besten vertretenen

Sprachen unter den Turcica,[1] so daß auch auf dieser Ebene der Anspruch auf einen repräsentativen Zugriff auf das Wissenskorpus in seinen politischen wie epistemologischen Entstehungsbedingungen gewährleistet ist.

Es gilt wohl nicht nur für unser Thema, daß das Ausmaß einer Bedrohung von den Bedrohten nicht immer so eingeschätzt oder bezeichnet wird, daß Außenstehende und Nachkommende sich der Auffassung anschließen, daß die von den Betroffenen empfundene oder propagierte Bedrohung eine nachvollziehbar Eins-zu-Eins-Abbildung des faßbaren Mächteverhältnisses sei. Ginge man von dieser These aus, so ließe sich erwarten, daß die *Türkengefahr* im 15. und 16. Jahrhunderts dort am häufigsten und eindringlichsten propagiert wurde, wo die osmanische Expansion zur existentiellen Gefahr wurde: Demnach wäre es an Venedig gewesen, dem Diskurs entscheidende inhaltliche Impulse zu geben und sich mit einer herausragenden Frequenz an ihm zu beteiligen. Dies war jedoch nicht der Fall – ein Tatbestand, der in diesem Kapitel eine Erklärung erfordert und selbst einiges zu erklären vermag.

1. Das Konzert der Nationen und die Kategorie des Normalen

Bei der Analyse und Betrachtung der machtpolitischen Situation des Osmanischen Reiches und der europäischen Mächte wird in der Forschungsliteratur häufig danach gefragt, inwiefern und ab wann das Osmanische Reich in »the European state system«,[2] »das Konzert der [europäischen] Nationen«,[3] in die »völkerrechtlichen Beziehungen«[4] eingebunden gewesen sei. Dabei besteht eine weitgehende Übereinstimmung darin, daß von einer derartigen Einbindung erst ab dem 18. Jahrhundert (Selim III. ordnete 1793 die ersten ständigen Gesandtschaften in europäischen Hauptstädten an) die Rede sein könne, wie auch immer der Einfluß des Osmanischen Reiches auf den europäischen Mächtekampf des 16. Jahrhunderts und vormalige Vertragsabschlüsse wie insbesondere der Friede von Karlowitz 1699 zu gewichten seien.[5] Mit anderen Worten: Erst als das Osmanische Reich endgültig in einer unterlegenen Position war, wird es von der europäischen Historiographie als angemessen in das europäische internationale System integriert bewertet.

Die diesen Darstellungen zugrunde liegende Perspektive geht, ohne daß dieses stets explizit gemacht würde, vom Standpunkt des 19. und 20. Jahrhunderts aus, als die Siegergeschichte des europäisch geprägten internationalen Systems bereits geschrieben war. Wie die Herausgeber Hedley Bull und Adam Watson des Bandes *The*

---

1 Siehe dazu die Zusammenfassung dieses Kapitels.

2 Hurewitz, *Ottoman Diplomacy and the European State System*, S. 142.

3 Hochedlinger, *Französisch-osmanische »Freundschaft«*, S. 115.

4 Ziegler, *Völkerrechtliche Beziehungen zwischen der Habsburgermonarchie und der Hohen Pforte*.

5 Hurewitz, *Ottoman Diplomacy*, S. 142.

Expansion of International Society betonen, gab es demgegenüber im 15. und 16. Jahrhundert jedoch verschiedene regionale internationale Systeme, von denen das europäische nur eines unter mehreren gewesen sei.[6] Palmira Brummett hat diese Erkenntnis konsequent in einer Untersuchung über die im 16. Jahrhundert von den Osmanen dominierten Wirtschaftsräume und ihrer Seemacht umgesetzt und bemängelt, daß diese bisher als ein vom Islam und einem militärischen Sklavenstaat-Ethos isolierter Block betrachtet worden seien, der in der Forschung als ein zu umgehendes Hindernis für die europäische Expansion und nicht als integraler Bestandteil damaliger Handelsströme analysiert werde. In ihrer Studie weist Brummett zudem darauf hin, daß der politische und wirtschaftliche Kampf um die Vorherrschaft in der Levante mit einem muslimisch-christlichen Antagonismus nicht angemessen analytisch erfaßt werden könne, weil sich die damaligen Bündnisse und Allianzen nicht an dieser Dichotomie orientierten.[7] In diesem Sinn hatte bereits 1954 Dorothy M. Vaughan ihr Buch *Europe and the Turk* inhaltlich ausgerichtet – es mag an Vaughans Darstellungsweise liegen, die in einer hohen Faktendichte kaum Raum für eine argumentative Analyse läßt, daß ihre Studie in den Fußnoten der einschlägigen späteren Forschungen zwar unangefochten in den Kanon der Standardliteratur aufgenommen wurde, ihre Ergebnisse jedoch kaum diskutiert wurden.[8]

Für unsere Untersuchung heißt dies zum einen sich zu vergegenwärtigen, daß die europäische Diplomatie, von der dieses Kapitel handelt, im 15. und 16. Jahrhundert in einer vom osmanischen Standpunkt unterlegenen wirtschafts- und machtpolitischen Situation operierte, ohne daß ihr späterer globaler Siegeszug zu dieser Zeit bereits vorgegeben war. Zum anderen wird anhand Brummetts Studie einmal mehr deutlich, wie wichtig es ist, Positionen der *Türkengefahr* – die Annahme eines allgegenwärtig wirkenden muslimisch-christlichen Antagonismus – von der Darstellung und Wertung der osmanischen Expansion sauber zu trennen. Aus diesem Grund kann ich mich dem Urteil Michael Hochedlingers, daß die auf die Osmanen ausgerichtete französische Bündnispolitik »ganz einfach aus dem Rahmen konventioneller ›Diversionspolitik‹« fiel, nicht anschließen, da mit diesem Urteil der *Türkengefahr* eine alle Realitäten umfassende Existenz zugesprochen wird, die diese gar nicht aufwies.[9] Die *Türkengefahr* hatte sicherlich einen hemmenden Einfluß auf die französische Bündnispolitik, sowohl was deren inneren Vollzug als auch die Rücksicht anging, die man auf mögliche propagandistische Vorwürfe vor allem von habsburgischer Seite nehmen mußte. Sie war zudem ein Schritt in ein neues und unbekanntes Terrain, aber sie stand nicht jenseits der Normalität und Denkbarkeit damaliger Politik. Es sei hier nur daran erinnert, daß selbst Maximilian I., einer der professionellsten und eifrigsten Propagandisten der *Türkengefahr*, 1510 Bajezid II. zusagte, bei einer erfolgreichen

---

6 Bull/ Watson, *The Expansion of International Society.*

7 Brummett, *Ottoman Seapower and Levantine Diplomacy in the Age of Discovery.*

8 Vaughan, *Europe and the Turk.*

9 Hochedlinger, *Französisch-Osmanische »Freundschaft«,* S. 114.

habsburgisch-osmanischen militärischen Kampagne gegen Venedig der Pforte die venezianischen Gebiete Dalmatiens zuzugestehen.[10] Ebenso zeigte die Affäre Cem, in welchem Ausmaß die christlichen Mächte bereit waren, mit den Osmanen zu kooperieren. Cem war der jüngere Sohn Mehmeds II., den sich dieser als Nachfolger gewünscht hatte, der aber dann von Bajezid II. verdrängt wurde. Cem floh daraufhin über Kairo nach Rhodos und wurde in den folgenden Jahren von einer christlichen Macht zur nächsten gereicht, wobei Pläne bestanden, Cem in seinen Thronansprüchen gegen Zugeständnisse von seiner Seite an die ihn unterstützenden christlichen Mächte zu bestärken. Da sich diese Pläne als nicht durchsetzbar erwiesen, ging Innozenz VIII., in dessen Obhut sich Cem befand, auf ein Angebot Bajezids II. ein, gegen eine Geldzahlung sowie die Zusendung einer herausragenden Reliquie – der Heiligen Lanze der Passion Jesu – Cem in Schutzhaft zu halten. Alexander VI. setzte dieses Arrangement, das von regelmäßigen osmanisch-kurialen Absprachen begleitet war, fort.[11] Auch die habsburgischen Bemühungen um eine antiosmanische Zusammenarbeit mit Persien, die vor allem anhand der weiten Entfernungen scheiterten, legen Zeugnis davon ab, daß es im 15. und 16. Jahrhundert für christliche Mächte mitnichten als »ungeheuerlich«[12] galt, mit muslimischen Staaten zu kooperieren.

---

10 Babinger, *Kaiser Maximilians I. »geheime Praktiken«.*

11 Inalcik, *A Case Study in Renaissance Diplomacy.* Siehe dazu auch Vaughan, *Europe and the Turk,* S. 86ff.

12 Hochedlinger, *Französisch-Osmanische »Freundschaft«,* S. 113. Der mit diesem Zitat angesprochene Absatz bringt die teilweise Widersprüchlichkeit von Hochedlingers – gut recherchierten, materialreich unterfüttertem und insgesamt mit Gewinn zu lesendem – Aufsatz hervor: »Selbst wenn man die ›Freundschaft‹ zwischen Frankreich und der Pforte auf ihre wirklichen Proportionen zurückführt, das Ungeheuerliche einer solchen Verbindung bleibt. Sicher waren die italienischen Klein- und Mittelstaaten seit dem Ausgang des 14. Jahrhunderts nicht davor zurückgescheut, tatsächliche oder vorgeschützte Beziehungen zu den Osmanen in ihre inneren Rivalitäten einzubeziehen und als Trumpf zur Aufrechterhaltung der diffizilen ›bilancia‹ auszuspielen, und hatten so einen wesentlichen Beitrag zum Absenken der allgemeinen Hemmschwelle geleistet. Unleugbar hatte auch das Papsttum zu Ende des 15. Jahrhunderts sich in bedenkliche Türkenkontakte eingelassen [...], und ebenso unbestritten war es, daß unmittelbare Berührung mit den Osmanen ein Abgehen von kategorischer Ablehnung und behutsames Taktieren verlangte, wie es schon das untergehende Byzanz demonstriert hatte. Auch jene italienischen Kaufmannsstaaten wie Genua und besonders Venedig, die alte wirtschaftliche Interessen mit der Levante verbanden, mußten nach einem *modus vivendi* Ausschau halten, wollten sie ihrer Positionen aus byzantinischer Zeit nicht verlustig gehen.« (ebd., S. 113f.) Es erscheint mir unverständlich, zunächst die damalige Undenkbarkeit der Zusammenarbeit zwischen der Pforte und einer europäischen Macht zu betonen, und sie in den nächsten Sätzen mit einer Flut von Gegenbeispielen zu konfrontieren, die von eben einer solchen zeugen. Hochedlingers Argument, daß sich die von ihm zitierten Beispiele als rein wirtschaftliche Arrangements gewissermaßen entschuldigen ließen (die überdies »der Christenheit insgesamt keinen Schaden brachten«, ebd.), läuft angesichts der engen Verflechtung von wirtschaftlichen Interessen und politischem Hegemoniestreben im Mittelmeerraum ins Leere. Überdies war gerade auch die französische

Lassen sich selbst für den erklärten Erzfeind der Osmanen Belege finden, daß die *Türkengefahr* diplomatische und wirtschaftliche Kontakte der europäischen Mächte zu beeinflußen, aber nicht komplett zu dominieren vermochte, so gilt dies umso mehr für den Wirtschaftsraum der Levante, für den wir, wie Brummett betont, von einer Normalität christlich-muslimisch-jüdischer Handelsströme auszugehen haben. Wenn im Gegensatz dazu die *Türkengefahr* auf die Gestaltung der französisch-osmanischen militärischen Zusammenarbeit einen stärkeren Einfluß als auf die wirtschaftlichen Beziehungen hatte, so zeugen diese Ansätze militärischer Kooperation ebenso wie die habsburgischen und venezianischen Bündnisbestrebungen in Richtung Persien

---

Levantepolitik, wie wir unten sehen werden, im 16. Jahrhundert vor allem von wirtschaftlichen Interessen geprägt.

An Hochedlingers Aufsatz läßt sich einmal mehr zeigen, wie selbst kenntnisreich geschriebene Texte trotz kritischer Distanz immer wieder Elemente der *Türkengefahr* fortschreiben, und wie sehr es geboten ist, das aus diesem Erbe resultierende Vokabular – »Ungeheuerlichkeit; nicht vor Beziehungen zu den Osmanen zurückscheuen; Absenken der allgemeinen Hemmschwelle; bedenkliche Türkenkontakte« – als solches deutlich zu kennzeichnen und ansonsten in der Darstellung Begriffe aus einem neutraleren semantischen Umfeld zu wählen. Ich will Hochedlinger nicht unterstellen, daß er zu dieser kritischen Distanz nicht fähig oder willens sei; es ist auch an einigen Stellen klar erkennbar, daß er derartiges Vokabular ironisch zitiert. Aber im eben vorgebrachten Zitat wie im nachstehend zitierten Satz greift die Semantik der *Türkengefahr* unangefochten in die historiographische Wertung über: »Hier [in abendländischen Bündnissen mit nichtchristlichen Mächten] begannen Verrat und Intrige auch als Mittel der Politik verwerflich zu werden, und dies wirft ein deutliches Licht auf den prägenden Eindruck der jahrhundertelangen, geradezu traumatischen Bedrohung durch den Halbmond [...]« (ebd., S. 115). Von einer »jahrhundertelangen, geradezu traumatischen Bedrohung« zu sprechen – unabhängig davon, ob man es für sinnvoll halten mag, psychoanalytische Begriffe des ausgehenden 19. Jahrhunderts in diesem Zusammenhang anzuwenden –, bildet den Diskurs der *Türkengefahr* nahtlos ab und ignoriert jene historischen Realitäten, die jenseits oder in Spannung zu seiner Existenz standen. Stattdessen scheint es mir weitaus angemessener, das von der *Türkengefahr* beanspruchte absolute Monopol nicht ungeprüft anzuerkennen und bei der sichtlichen Evidenz einer regelmäßigen und frequenten christlich-osmanischen Kooperation dieser den Rang eines für diese Zeit *normalen* Vorganges zuzusprechen, dem erst von den – zeitgenössischen wie historiographischen – Wertungen der *Türkengefahr* das Prädikat der Ungeheuerlichkeit verliehen wurde. Die von Hochedlinger nicht genügend konsequent und eindeutig vorgenommene Kennzeichnung der Positionen der *Türkengefahr* verdeckt die Existenz normaler wirtschaftlicher und diplomatischer Beziehungen, die im Angesicht einer »traumatischen Bedrohung« kaum in dieser routinemäßigen Geschäftigkeit hätten ablaufen können, auch wenn diese Kontakte – dies sei unbestritten – stets in einem mehr oder minder großen Spannungsverhältnis zur *Türkengefahr* standen.

Allerdings ist dabei noch zu bemerken, daß die Franzosen bei Hochedlinger generell nicht gut wegkommen, da diese noch nicht einmal im eingeschlagenen Bündnis der Pforte gegenüber Loyalität bewiesen hätten: »Schon bald hatten sich also erste Bruchstellen in der jungen ›Allianz‹ gezeigt, mehr und mehr vergrößert durch die Skrupellosigkeit, mit der Frankreich den Stellenwert der ›Freundschaft‹ zum Sultan den Schwankungen der Beziehungen mit Habsburg unterordnete.« (S. 117).

dennoch davon, daß sich auf dieser Ebene eine Zusammenarbeit zwar als weniger praktikabel erwies, aber alles andere als undenkbar galt.

Im Folgenden soll angesichts des Zusammenspiels der Osmanen und der europäischen Mächte in wirtschaftlichen Kontakten und kriegerischen Auseinandersetzungen im Mittelmeerraum und auf dem Balkan von einer Normalität ausgegangen werden, die sich nicht grundsätzlich von den entsprechenden innereuropäischen Abläufen unterschied, auch wenn sie mit dem Diskurs der *Türkengefahr* verflochten war. Wenn hier mit der Skizzierung des wirtschaftlichen und machtpolitischen Hintergrundes für unser ethnographisches Wissenskorpus versucht werden soll, Positionen der *Türkengefahr* von der Darstellung der osmanischen Expansion konsequent zu trennen, so soll damit gleichzeitig die Frage angesprochen werden, in welchen Konstellationen die *Türkengefahr* von ihren Propagonisten eingesetzt wurde und weshalb sie auf der historiographischen Ebene vor allem in eine bestimmte Richtung wirkte. Mit anderen Worten: Es soll versucht werden zu erklären, warum ausgerechnet die deutschsprachige Forschung in diesem Ausmaß bis heute in Vokabular wie Wertung den Positionen der österreichisch-habsburgischen Variante der *Türkengefahr* folgt, während die entsprechenden Folgen in der italienischen und französischen Sekundärliteratur geringer sind (ganz zu schweigen von den angelsächsischen Beiträgen). Wieso hatte ausgerechnet der Mythos, daß auf den Habsburgern in Ungarn die »jahrhundertelange traumatische Bedrohung Europas durch die Türken lastete« eine solche Wirkungskraft, die sich bis in heutige seriöse geschichtswissenschaftliche Abhandlungen erstreckt?

2. Die venezianisch-osmanischen Beziehungen[13]

Venedig war im Spätmittelalter die führende Seemacht im Mittelmeerraum: Es dominierte den Levantehandel, unterhielt handelsstrategische Besitzungen und ein Kolonialreich entlang der Adriaküste. Vor der osmanischen Expansion in die byzantinischen Territorien hatte Venedig eine weitgehende Freiheit von Zöllen und Kontrollen genossen, so daß die osmanische Expansion Venedigs Position in vielerlei Hinsicht bedrohte.

In den ersten drei Jahrzehnten des 15. Jahrhunderts konnte Venedig seine vorherrschende Position in der Levante jedoch noch ausbauen. Das Osmanische Reich, das sich nach der Eroberung Timurs erst allmählich wieder formierte, erkannte diese Vorrangstellung Venedigs in zwei Verträgen von 1416 und 1426 an. Die zusehens

---

13 Siehe zum folgenden: Babinger, *Vicende*; Inalcik, *Outline*; Setton, *The Papacy and the Levant*, hier Bd. 2; Vaughan, *Europe and the Turk;* Dionisotti, *La guerra d'Oriente nella letteratura veneziana del Cinquecento*; Kissling, *Venedig und der islamische Orient;* Mantran, *L'impero ottomano*; Pirovano, *Venezia e i Turchi;* Tenenti, *Profilo di un conflitto secolare.*

erstarkenden Osmanen griffen jedoch bereits 1430 venezianische Besitzungen an, so daß Venedig nicht nur seine Vorrangstellung auf See, sondern auch sein junges Kolonialreich in Albanien gefährdet sah und nach der osmanischen Einnahme Salonikis 1430 jährlichen Tributzahlungen an die Pforte zustimmte. Nach dem osmanischen Sieg über Ungarn bei Varna 1444 schloß Venedig 1446 einen weiteren Friedensvertrag mit den Osmanen ab, den es 1451 bei dem Regierungsantritt Mehmeds II. erneuerte.

Die osmanischen Eroberungen der 1440er hatten es mit sich gebracht, daß Venedig seine Niederlassungen in Byzanz und in der Ägäis nunmehr auf beträchtlichen See-Umwegen erreichen konnte. Die osmanische Belagerung des albanischen Kruja im Jahre 1450 drohte die venezianische Verbindungsroute zwischen Skutari und Durazzo zu zerschneiden, weshalb Venedig die antiosmanische Bewegung von Georg Kastriota Skanderbeg in Albanien nachdrücklich unterstützte. Die Beschreibungen dieser Kämpfe machen einen festen Bestandteil der Turcica aus – Texte, in denen Skanderbeg als Freiheitskämpfer gegen die Türken gefeiert wird, sind in den meisten Kompendien der Turcica zu finden.

Als es sich abzeichnete, daß Mehmed II. ein weiteres Mal Konstantinopel, die verbliebene Bastion des byzantinischen Reiches, zu erobern versuchte, sandten die Venezianer eine Besatzung nach Negroponte und fünf Galeeren nach Konstantinopel, die noch 1452 am Bosporus eintrafen, den Fall der Stadt am 29. Mai 1453 jedoch nicht verhindern konnten. Girolamo Minotto, der venezianische Bailo, wurde enthauptet, 30 venezianische Adlige und 500 *popolani* verloren ihr Leben, den Verlust der Handelsgüter schätzte Marino Sanudo auf 250 000 Dukaten.[14] Diese Verluste waren ebenso Anlaß genug, um die Venezianer in die *lamenti di Costantinopoli* einstimmen zu lassen wie eine umgehende Erneuerung der privilegierten venezianischen Handelsposition am Bosporus in Angriff zu nehmen.[15] Bartolomeo Marcello handelte für Venedig im April 1454 einen Handelsvertrag mit den Osmanen aus und blieb als erster Bailo im nun osmanischen Istanbul. Im Vergleich zu den vorangegangenen Verträgen hatte Venedig zwar einige Nachteile hinnehmen müssen, konnte sich aber damit trösten, daß es dem rivalisierenden Genua trotz seiner vormals engeren Beziehungen zu den Osmanen nicht viel besser ergangen war und auch die genuesischen Besitzungen nach und nach von den Osmanen erobert wurden. Mehmed II. war andererseits daran gelegen, die bereits seit längerem entvölkerte Stadt wieder zu beleben und zu diesem Zweck auch wieder den Handel zu stärken. Der venezianische Handel versorgte zudem die osmanische Oberschicht mit Luxuswaren und anderen Handelsgütern, und der venezianische Golddukaten blieb die erste Währung im Osmanischen Reich. Die Pforte versuchte gleichwohl, diese ökonomische Abhängigkeit von Venedig zu verringern, indem sie den Handel mit Florenz und Ragusa förderte.[16]

---

14 Babinger, *Vicende*, S. 66.
15 Pertusi, *La caduta*; Pertusi, *Testimonianze*.
16 Inalcik, *Outline*.

Für Venedig waren dagegen die Getreidelieferungen aus dem Osmanischen Reich von großer Bedeutung, wenn auch die Baili stets darum bemüht waren, der Pforte gegenüber diesen Tatbestand herunterzuspielen.

Venedig verfolgte seinerseits fortan die Politik, sein Seereich gegen die expandierenden Osmanen zu halten und den Handel, der selbst in den Kriegszeiten für die Osmanen unentbehrlich war, so weit wie möglich weiter zu betreiben. Seine Haltung zum Osmanischen Reich schwankte damit zwischen offener Rivalität in den vier venezianisch-osmanischen Kriegen und dazwischen liegenden Friedensabschlüssen, die das Funktionieren des stetig schrumpfenden Handelsimperiums garantierten. Aus dieser Position ergab sich das Einsetzen der *Türkengefahr* vor allem in Kriegszeiten ebenso wie die Notwendigkeit, das aus byzantinischer Zeit bereits bestehende Informationssystem weiter zu nutzen, um so sensibel wie möglich auf veränderte Konstellationen reagieren zu können.[17]

Nachdem Venedig seinen terra-ferma-Besitz mit dem Frieden von Lodi 1454 gesichert hatte, versuchte die venezianische Flotte in zahlreichen Einzelaktionen, das Blatt im östlichen Mittelmeer wieder zu wenden. Parallel dazu verliefen Verhandlungen über ein Bündnis Venedigs mit Uzun Hassan, dessen türkmenisches Reich weite Teile Persiens sowie Teile Kleinasiens umfaßte und in fortwährender Rivalität mit den Osmanen stand.[18]

Der erste venezianisch-osmanische Krieg von 1463 bis 1479 fügte dem venezianischen Seereich jedoch gravierende Schäden zu, von denen es sich nie wieder erholen sollte. 1463 gliederten die Osmanen Bosnien und die Herzegowina in ihr Reich ein, so daß mit dem Landweg über Ragusa nach Florenz eine alternative osmanisch-italienische Handelsroute zum venezianischen Seeweg eröffnet war, was den Venezianern zunehmend Sorgen bereitete.[19] 1470 fiel mit dem venezianischen Negroponte (dem heutigen Euböa) eine der Schlüsselstellungen für die maritime Hegemonie an die Osmanen. Als gegen Ende der 1470er Jahre nach dem Verlust von Skutari und dem Einfall osmanischer Reiterscharen im Friaul die Lage für das von der Pest gebeutelte Venedig immer schwieriger wurde, entsandte Venedig den griechischen Unterhändler Giovanni Dario mit ungewöhnlich umfassenden Vollmachten für den Friedensschluß nach Istanbul, der 1479 erfolgte.[20] Venedig mußte auf sämtliche albanische Besitzungen außer Durazzo und Antivari verzichten, eine Rückgewinnung der Besitzungen in der Ägäis war gescheitert: Das venezianische Seereich hatte gravierende Einschnitte erlitten. Die Signoria erhielt im Friedensabschluß von 1479 wieder das Recht, in Istanbul ein Bailaggio zu unterhalten und leistete an die Pforte neben einer Kriegsentschädigung von 100 000 Golddukaten eine jährliche Abfindung

---

17 Preto, *Venezia e i Turchi.*

18 Kissling, *Venedig und der islamische Orient;* Palombini, *Bündniswerben abendländischer Mächte um Persien 1453-1600.*

19 Inalcik, *Outline.*

20 Babinger, *Johannes Darius.*

von 10 000 Dukaten, die den Venezianern die zollfreie Aus- und Einfuhr von Handelsgütern im gesamten Osmanischen Reich erlaubte. In der nächsten Zeit bemühte sich Venedig, die Ostadriaküste durch eine osmanenfreundliche Politik soweit wie möglich zu halten, seine Besitzungen im ionischen Meer auszubauen und verstärkt auf den Handel mit den Mamluken zu setzen.[21]

Der Krieg von 1463 bis 1479 wird gemeinhin als Wendepunkt angesehen, mit welchem die osmanische Expansion für Venedig bedrohliche Ausmaße annahm. Obgleich die venezianische Flotte bis zum Ende des 15. Jahrhundert den Osmanen unbestritten überlegen blieb, war sie durch die große Entfernung zwischen der Lagune und den jeweiligen Kriegsschauplätzen den Osmanen gegenüber im Nachteil.[22] Unter Bajezid II. wurde die osmanische Flotte, die bis zu dieser Zeit hauptsächlich für den Transport und die Unterstützung der Landtruppen gedient hatte, zudem zum schlagkräftigen Kriegsinstrument mit eigener strategischer Bedeutung umgestaltet.[23]

1489 konnte Venedig mit dem Anschluß Zyperns einen zentralen Stützpunkt für die Seeverbindung zum mamlukischen Reich, in welchem viele der venezianischen Handelsgüter produziert wurden, für sich gewinnen – eine Verschiebung der Machtverhältnisse, die die Osmanen, insbesondere nach der Umstrukturierung ihrer Flotte, nicht lange tatenlos akzeptierten. Nachdem Bajezid II. 1492 den damaligen Bailo Girolamo Marcello wegen Spionagevorwurfs entlassen hatte, verschlechterten sich die Beziehungen zwischen der Löwenrepublik und der Pforte wieder. Im zweiten venezianisch-osmanischen Krieg 1499 bis 1502 gingen der Serenissima weitere wichtige Besitzungen verloren, darunter mit Koron und Modon die »Augen Venedigs im östlichen Mittelmeer«, obgleich Venedig seinerseits Zante und Kephalonika erobern konnte.[24] Ein osmanischer Kriegszug im Friaul im Herbst 1499 – der letzte in einer langen Reihe – zerstörte zudem einhundert Dörfer und hinterließ viele Tote.[25] Nach diesem Krieg setzte wieder eine Friedensphase ein, so daß Venedig 1508 im Angesicht der antivenezianischen Liga von Cambrai mit der Pforte über ein venezianisch-osmanisches Bündnis verhandelte.

Die osmanische Eroberung Syriens und Ägyptens 1516/17 brachte schließlich alle wichtigen Levantehäfen unter die Herrschaft der Pforte, baute die Machtposition der Osmanen weiter aus und bedeutete eine weitere Schwächung Venedigs. Im dritten venezianisch-osmanischen Krieg von 1537 bis 1540 besetzte Süleyman, der die Expansionspolitik seines Großvaters wieder aufgenommen hatte, fast alle venezianischen Stützpunkte und Inseln, so daß Venedigs Vorrangstellung im östlichen Mittelmeer endgültig demontiert war. 1570/71 fiel dann Zypern. Angesichts dieses weiteren, gravierenden Verlustes schlossen sich die Venezianer mit Spanien in einer heili-

---

21 Kissling, *Venedig und der islamische Orient*.

22 Tenenti, *Profilo*, S. 27f.

23 Kissling, *Venedig und der islamische Orient*.

24 Valensi, *Venezia*, S. 33.

25 Siehe dazu Zele, *In laudem Iacoi Mamaluchi, ovvero vita di Jacopo da Malnisio detto il Mamelucco* mit weiterer Literatur; Salimeni, *I Turchi in terraferma*.

gen Allianz unter der Ägide Pius' V. zusammen, der neben Malta auch Genua, Florenz, Parma und Ferrara beitraten. Am 7. Oktober 1571 konnte diese Flotte unter dem Kommando Juan d'Austrias den Osmanen bei Lepanto eine vernichtende Niederlage zufügen.

Der Sieg dieser Allianz hatte eine Flut von Einblattdrucken, die den Triumph des Christentums über die Türken feierten, zur Folge. In den von Carl Göllner gesammelten Turcica wird für das Jahr 1571 mit fast 200 erschienenen Türkendrucken ein im 16. Jahrhundert nie wieder erreichtes Hoch verbucht.[26] In der venezianischen Malerei wurde die Schlacht von Lepanto zum festen Bestandteil der Selbstdarstellung der Serenissima.[27] Die Schlacht von Lepanto wurde damit zu einem der Eckpfeiler im Diskurs der *Türkengefahr*: Nach der erfolgreichen Abwehr der osmanischen Belagerung Belgrads 1456 war dieses Ereignis der erste herausragende Sieg, den die *unitas christiana* als gemeinsamen christlichen Erfolg der so vielfach beschworenen Kreuz- und Türkenzugsbemühungen feiern konnte.

Michel Lésure hat demgegenüber gezeigt, daß die osmanischen Quellen ein ganz anderes Bild bieten, als es die christlichen Triumphgesänge vermuten lassen: Der Sieg der Christen erwies sich keinesfalls als Zäsur im mediterranen machtpolitischen Kräfteverhältnis. Die Niederlage wurde an der Pforte vielmehr zum Anlaß genommen, um die osmanische Flotte in bemerkenswerter Schnelligkeit wieder aufzubauen, dabei umzustrukturieren und die Kriegsführung effektiver zu gestalten.[28] Venedig war gezwungen, sich diesen Veränderungen anzupassen und schloß unter spanischen und kurialen Protesten mit den Osmanen einen Separatfrieden – zumal die Spanier nicht bereit waren, weiter auf der Peloponnes zu operieren, sondern sich der Eroberung Tunesiens zuwandten. Die Bedingungen des Friedensvertrages von 1573 lesen sich so, als ob der von den Turcica gefeierte überwältigende Sieg des Christentums nie stattgefunden hätte: Venedig erkannte Zypern als osmanisch an, zahlte eine Kriegsentschädigung von 300 000 Dukaten und mußte weitere territoriale Einbußen sowie Tributerhöhungen hinnehmen.[29] Lepanto war für Venedig ein Pyrrhussieg, für die Spanier eine Befriedung der osmanisch-spanischen Auseinandersetzungen, denen nun eine Reihe von Waffenstillständen und schließlich der spanische Versuch folgte, im Levantehandel durch den Abschluß von Kapitulationen eine bessere Position zu erlangen.

Was für Venedig die endgültige Besiegelung des Verlustes seiner Vorrangstellung und für Spanien die Wende von der militärischen Konfrontation zur wirtschaftlichen Kooperation war, bedeutete für die Osmanen die letztlich unangefochtene wirtschaftliche Vorrangstellung im Levantehandel, da sie über die Kapitulationen

---

26 Göllner, *Turcica* Bd. 3, S. 19.

27 Pertusi, *Venezia e la difesa del Levante*.

28 Lésure, *Lépante, la crise de l'empire ottoman*. Siehe zu Lepanto weiterhin: Mazzoni: *La battaglia di Lepanto e la poesia politica nel secolo XVI*; Dionisotti: *Lepanto nella cultura italiana del tempo*.

29 Mantran, *L'impero ottomano*, S. 228.

den europäischen Handelsmächten die Bedingungen diktieren konnten. Die macht-politische Schwächung des Osmanischen Reiches setzte demgegenüber erst im 17. Jahrhundert ein – die Lesung von Lepanto als Anfang vom Ende der osmanischen Vorherrschaft in der europäischen Historiographie ist hingegen den diesmal nicht nur auf die deutschsprachige Tradition beschränkten Auswirkungen der *Türkengefahr* zuzurechnen.

Für die nächsten 70 Jahre waren nun die Fronten zwischen Venedig und den Osmanen geklärt, und von einigen Zwischenfällen abgesehen, begann eine lange Friedenszeit zwischen der Pforte und der Serenissima, bis die Osmanen 1669 mit Kreta die letzte Insel des venezianischen Seereiches unter ihre Herrschaft brachten.

Venedig war mit diesen Verlusten von einer führenden spätmittelalterlichen See- und Handelsmacht im Mittelmeerraum zu einem italienischen Territorium mittlerer Größe hinabgesunken. Im Levantehandel dominierten unter den europäischen Mächten nun vor allem Frankreich, England und die Niederlande. An der Pforte sollten sich diese veränderten Gegebenheiten im diplomatischen Wechselspiel nach 1570/71 zeigen, in welchem Venedig seine führende Rolle unter den Europäern aufgeben mußte.

Auch wenn für den Niedergang des venezianischen Seereiches noch weitere Faktoren eine Rolle spielten, war Venedig neben Genua zweifellos jene christliche Macht – abgesehen von den ins osmanische Reich eingegliederten südosteuropäischen Territorien –, die durch die Osmanen am meisten Einbußen hinnehmen mußte.

3. Die französisch-osmanischen Beziehungen[30]

Frankreich – oder vielmehr jene Gebiete, die bis ins 17. Jahrhundert hinein in ein vereinheitliches Territorium der französischen Krone überführt wurden – war in der

---

30 Die französisch-osmanischen Beziehungen sind bisher – abgesehen von der hauptsächlich kulturgeschichtlich ausgerichteten Arbeit Rouillards von 1940 – noch nicht Gegenstand einer monographischen Abhandlung gewesen. Grundlegend in quellenkundlicher Hinsicht ist bis heute Charrière, *Négociations*. Allgemeine Überblicke über die diplomatischen Beziehungen vor allem unter Franz I. bieten Maron, *François Ier et Soliman le Grand, premières relations de la France et de la Turquie*; Zeller, *Quae primae fuerint legationes a Francisco I in Orientem missae 1524-1538*; Ursu, *La politique orientale de François Ier (1515-1547)*. Neben den an einschlägiger Stelle weiter unten aufgeführten Studien zu einzelnen diplomatischen Missionen bietet vor allem Clarence Dana Rouillard in seiner Studie über *The Turk in French History, Thought and Literature* einen guten Überblick. Nach diesem haben sich nur wenige Arbeiten mit den größeren Linien befaßt, so vor allem Bérenger, *Les vicissitudes de l'alliance militaire franco-turque*; ders.: *La colloboration militaire franco-ottomane*; Lésure, *Les relations franco-ottomanes*; Jensen, *The Ottoman Turks in Sixteenth Century French Diplomacy*, sowie mit einer ausführlichen Bibliographie Hochedlinger, *Französisch-osmanische »Freundschaft«*; siehe auch Malettke, *Vorstöße der Osmanen*.

Mitte des 15. Jahrhunderts von den Auswirkungen des Hundertjährigen Krieges geprägt und spielte zum Zeitpunkt der osmanischen Einnahme Konstantinopels, anders als Venedig, keine herausragende Rolle im Mittelmeerraum. In der zweiten Hälfte des 15. Jahrhunderts erlangte jedoch mit einem wieder erstarkenden Wirtschaftsleben auch der auswärtige Handel in der Levante Bedeutung, zumal 1481 mit Marseille ein wichtiger Mittelmeerhafen zu Frankreich kam. Die französischen Expansionsaspirationen nach Italien ab 1494 trafen dort auf die entsprechenden Bestrebungen der Habsburger – die Eingliederung Burgunds in den habsburgischen-österreichischen Machtkomplex, der unter Karl V. zudem mit Spanien vereinigt wurde, schuf jene habsburgische »Klammer«, als deren Folge in der Literatur gemeinhin die französisch-habsburgische Rivalität angesehen wird.

Entsprechend dieser Konstellation hatte die französische Krone im 15. Jahrhundert kaum Verbindungen zur Pforte – es war vielmehr Burgund, welches sich unter Philipp dem Guten in die Kreuzzugsbewegung einreihte und damit eines der Hauptmotive der *Türkengefahr* propagierte. In der bereits oben erwähnten Affäre Cem zeigte die französische Krone kein übermäßiges Interesse, die Anwesenheit eines osmanischen Thronprätendenten auszunutzen. Dennoch war diese Angelegenheit der Anlaß für die erste osmanische Delegation an den französischen Hof, mit welcher Bajezid sich gegen Geldzahlungen gegen eine Rückkehr Cems versichern wollte. Die von Ludwig XII. in einer Antwort an den Sultan bekundete Absicht, mit der Pforte zusammenzuarbeiten, wurde jedoch einstweilen von beiden Seiten nicht weiter verfolgt.[31] Franz I. reihte sich vielmehr in das Unternehmen der europäischen Türkenzugsentwürfe, wie es von Leo X. und Maximilian I. verfolgt wurde, ein.[32] Dabei ist es bezeichnend, daß jene drei Protagonisten, die eine Führungsrolle in der Christenheit beanspruchten – der Papst, der Kaiser, der allerchristlichste König – diese Pläne entwarfen.

Während der Gefangenschaft von Franz I. in Pavia 1525 nach dessen Niederlage gegen die Habsburger sandte die Mutter von Franz, Luise von Savoyen, eine Delegation zu Süleyman, die allerdings auf ihrer Durchreise durch Bosnien getötet wurde und initiierte damit eine lockere Abfolge von französisch-osmanischen Absprachen für gemeinsame militärische Unternehmen, die zumeist antihabsburgisch ausgerichtet waren und jeweils mit unterschiedlichem Erfolg verwirklicht wurden.[33] Die damit eingeschlagene Richtung einer französisch-osmanischen Bündnispolitik verfestigte sich in den nächsten Jahren und richtete sich stets flexibel an der aktuellen Konstellation des europäischen Mächtespiels aus – 1532 hatte die Mission Antonio Rincons zum Ziel, Süleyman von weiteren Angriffen auf Ungarn abzuhalten, damit die deutschen Protestanten im Reich von den Habsburgern unter der *Türkengefahr* nicht in

---

31 Vatin, *Une tentative manquée d'ouverture diplomatique.*
32 Zinkeisen, *Drei Denkschriften über die orientalische Frage von Papst Leo X., König Franz I. von Frankreich und Kaiser Maximilian I. aus dem Jahre 1517.*
33 Bourilly, *La première ambassade d'Antonio Rincon en Orient.*

ein Bündnis eingebunden würden.[34] Nach Kontakten zum osmanischen Vasall Cheir-ed-Din Barbarossa, die vor allem der Stärkung der französischen Flotte im westlichen Mittelmeer dienten, hatte die Mission von Jean de la Forest 1535 das Ziel, diese Politik fortzuführen.[35] De la Forest handelte mit Ibrahim Pascha die ersten Kapitulationen aus, die die Pforte Frankreich zugestand, über deren Rechtscharakter in der Literatur allerdings Uneinigkeit besteht.[36] Wie auch immer dieser Punkt in der künftigen Forschung gewertet werden mag: Die in den beiden folgenden Jahrzehnten praktizierten französisch-osmanischen Militärkampagnen zur See waren ohnehin nicht Gegenstand der Vereinbarung von 1536. Die gemeinsamen Feldzüge der Jahre 1536, 1537, 1543-44, 1551, 1552, 1553, 1554 und 1558 hatten von osmanischer Seite die Plünderung der italienischen Küstenländer zum Ziel, während die Franzosen versuchten, mit Hilfe der – stets weit überlegenen – osmanischen Flotte ihre Position gegenüber der spanischen Seemacht zu verbessern. Dabei war auf beiden Seiten stets das aktuelle Machtgefüge ausschlaggebend. Die zeitweilige französisch-spanische Annäherung – Karl V. reiste 1539/40 durch Frankreich und wurde überall ehrenvoll empfangen – war nur ein Beispiel, die den Botschafter in Istanbul, Antonio Rincon, in Erklärungsnöte geraten ließ, wie er diese Politik der Pforte plausibel machen sollte und zeigt, daß sich die französischen und osmanischen Interessen nur bedingt deckten.[37]

Nach der französisch-osmanischen Belagerung von Nizza[38] gestattete Frankreich den Osmanen, im weitgehend evakuierten Toulon zu überwintern – ein Tatbestand, der von der antifranzösischen Polemik nicht unerwähnt bliebt, aber auch von französischer Seite nicht als unproblematisch angesehen wurde – die Spannung zwischen antitürkischer Haltung und französisch-osmanischer Bündnispolitik zog sich durch die französischen Türkendrucke.[39] Die Stadt wurde weitgehend evakuiert, denn, so

---

34 Bourrilly, *Les diplomates de François Ier*.

35 Hammer, *Mémoire sur les premières relations diplomatiques entre la France et la Porte*; Bourrilly, *L'ambassade de la Forest et de Marillac à Constantinople*.

36 Das Problem der Kapitulationen von 1536 wird in der Literatur widersprüchlich behandelt, so daß im Zuge einer neuen Untersuchung und Wertung der französisch-osmanischen Beziehungen auf diesen Punkt mit Gewinn eingegangen werden könnte. Während Michael Hochedlinger sich in der von Gaston Zeller, Joseph Billioud und Jean-Paul Laurent geführten Diskussion der Meinung anschließt, es handle sich bei den Kapitulationen um ein historiographisches Konstrukt, läßt Halil Inalcik die Frage offen, weist aber auf den ungewöhnlichen Charakter des Entwurfes hin, der von zwei gleichberechtigten Partnern ausging, anstatt das Handelsprivileg wie üblich exklusiv von Seiten des Sultans zu gewähren. Hochedlinger, *Französisch-osmanische »Freund-schaft«*, S. 116f und S. 147 (Lit.) sowie Inalcik, *Imtiyazat*; eine eher annalistische Übersicht bietet De Rosa, *Le capitolazioni franco-ottomane*.

37 Malettke, *Vorstöße der Osmanen*, S. 382.

38 Fighiera, *Les incursions turques dans la region niçoise en 1543*.

39 Siehe dazu auch Malettke, *Vorstöße der Osmanen*.

eine Quelle aus Toulon, »il n'estoit convenable aulx manans et habitans des Thoulon demeurer et converser ensemble la nation turquesque.«[40]

Der innerfranzösischen Kritik trat François Sagon mit einer 1544 veröffentlichten Schrift *Apologie en defense pour le roy* entgegen,[41] in welcher Sagon den französischen König mit einem kranken Mann vergleicht, der von seinen Ministern beraubt würde und im Türken seinen guten Samariter gefunden habe, der ihm auch gegen die Missetaten Karl V. zur Seite stehe.[42]

1552-1554 versuchten die Franzosen, das genuesische Korsika zu erobern – wie das Nizza-Unternehmen blieb auch hier die französisch-osmanische Kooperation letztlich ohne nennenswertes Ergebnis.[43] Die im nächsten Kapitel noch ausführlicher zur Sprache kommende diplomatische Tätigkeit Gabriel d'Aramons (1547-1553) fällt in diese Zeit. Insgesamt blieb diese militärische Zusammenarbeit, die stets den wechselnden Machtkonstellationen – die osmanischen Kräfte waren immer wieder vor allem im Konflikt mit dem safawidischen Persien gebunden, während die französischen Diplomaten in Istanbul zeitweise gegeneinander arbeiteten – unterworfen war, ohne greifbare Resultate. Der Frieden von Cateau-Cambrésis, der 1559 die habsburgische Hegemonie auf der italienischen Halbinsel besiegelte, machte den französischen Ambitionen ein Ende, die angesichts der französischen Religionskriege in der zweiten Hälfte des 16. Jahrhunderts auch nicht wiederbelebt wurden. Nach 1559 entsandte die französische Krone im folgenden Jahrzehnt keinen regulären Botschafter an die Pforte.[44]

Trotz der innenpolitisch präkären Situation der folgenden Jahrzehnte konnte Frankreich jedoch seine Position im Levantehandel entscheidend verbessern. In den von Claude du Bourg ausgehandelten Kapitulationen von 1569 wurde den Franzosen eine herausragende Stellung eingeräumt – außer Venedig mußten alle christlichen Schiffe unter französischer Flagge segeln. Mit der osmanischen Einnahme des venezianischen Zypern und dem Pyrrhussieg der Heiligen Liga bei Lepanto war Venedigs

---

40 Roulliard, *The Turk in French History*, S. 120.
41 Sagon, *Apologie en defense pour le roi.*
42 Mathorez, *Un apologiste de l'alliance franco-turque au XVIe siècle François Sagon.*
43 Bérenger, *Vicissitudes.*
44 Siehe für diese Zeit auch Skilliter, *Catherine de' Medici's Turkish Ladies-in-Waiting,* die auf den Fall zweier osmanischer Mädchen eingeht, die von den Rittern von Rhodos während einer Schlacht 1557 gefangen genommen und als Geschenk zu Katharina von Medici geschickt wurden. Süleyman protestierte vergeblich gegen diese Gefangennahme. Nicht zuletzt, weil die Mutter der beiden Mädchen am Bosporus 25 Jahre lang einen unermüdlichen Kampf um die Rückkehr ihrer Töchter führte, machte die Pforte dieses Thema immer wieder zum Gegenstand der Verhandlungen mit den französischen Diplomaten in Istanbul. Die Mutter mit Namen Humâ, die im aktenkundig gewordenen Fall auch der Pforte selbst sehr zusetzte, mußte sich schließlich mit einer Geldzahlung und einem Augenzeugnis zufrieden geben, daß es ihren Töchtern in Frankreich gut gehe.

Position im östlichen Mittelmeergebiet endgültig geschwächt – eine Situation, die der 1572 zum Botschafter bestellte François de Noailles geschickt zur weiteren Stärkung Frankreichs ausnutzte, das nun bis zum Ende des 16. Jahrhunderts die führende christliche Handelsnation in der Levante wurde.[45] Diese einmal gewonnene Vorrangstellung im Levantehandel war jedoch nicht ohne Probleme zu halten, da die französischen Thronwirren Heinrich III. nicht als verläßlichen Bündnispartner empfahlen. Zudem trat das elisabethanische England in Istanbul mit William Harebone auf den Plan, und die Pforte öffnete sich angesichts des chronischen Konfliktes mit Persien auch Spanien. In dieser prekären Situation übernahm der französische Botschafter Hurault de Maisse in Venedig zeitweise die Verantwortung und Initiative für die gesamte Levantepolitik und erreichte die Absetzung des illoyalen Savary de Lancosme vom Botschafterposten in Istanbul, an dessen Stelle er eigenmächtig François Savary de Brèves entsandte, der wenig später von Heinrich IV. auf seinem Posten bestätigt wurde. De Brèves, der des Osmanischen mächtig war, machte die unter Heinrich III. begangenen diplomatischen Affronts wieder wett und erreichte in den Kapitulationen von 1597 und 1604 weitere entscheidende Verbesserungen, die Frankreich unter anderem das Protektorat für die christlichen Pilger in Palästina zugestanden.

Während außenpolitisch das französische Verhältnis zur Pforte in der zweiten Hälfte des 16. Jahrhunderts weitgehend von wirtschaftlichen Interessen bestimmt war, kam die *Türkengefahr* vor allem in den französischen Religionskriegen zum Tragen. Wie in Kapitel 2 bereits erwähnt, ließen sich die Disqualifizierungen der Türken, die vor allem auf dem Feld der Religion vorgenommen wurden, geradezu nahtlos auf den innerchristlichen Gegner in den konfessionellen Auseinandersetzungen anwenden. Von katholischer wie protestantischer Seite wurde das Argument eingesetzt, daß die jeweilige gegnerische Auffassung der türkischen Religion ähnelte – von protestantischer Seite wurde beispielsweise darüber räsonniert, daß der Papst ebensowenig die legitime Nachfolge Christi beanspruchen könne wie die Prophetennachfolger auf muslimischer Seite; Katholiken stellten Überlegungen über die protestantische Bilderfeindlichkeit und ihre Parallele im Islam an.[46] Englische Theologen prägten am Ende des 16. Jahrhunderts sowohl für die protestantische wie katholische Version dieser Position die beiden Begriffe *calvinoturcismus* und *turcopapismus*.[47]

Während in Frankreich die *Türkengefahr* bis zum Ausbruch der Religionskriege vor allem im Vergleich zum Reich sehr viel weniger präsent gewesen war, änderte sich das mit dem Ausbruch der Auseinandersetzungen ab den 1560er, für die eine deutlich höhere Zahl an überlieferten Turcica zeigt, daß in den Polemiken die Türken

---

45 Degert, *Une ambassade périlleuse de François de Noailles en Turquie.*
46 Lésure, *Relations franco-ottomanes*, S. 40.
47 Ebd.

nun thematisiert wurden.[48] Nach den Massakern der Bartholomäusnacht warfen Hugenotten dem französischen Hof vor, sich in dieser Mordnacht an der Tyrannei des Sultans ein Beispiel genommen zu haben.[49] Der Hugenotte François de la Noue verwarf jede Allianz mit den Türken und plädierte für einen gesamtchristlichen Türkenzug.[50] Der Religionskonflikt spiegelte sich zuweilen auch in verschiedenen Fraktionen unter den französischen Diplomaten am Bosporus wider. Der französische Diplomat Guillaume de Grantrie de Grandchamp, der ab 1566 in Istanbul residierte, entwarf den Plan, Moldavien für einen Jahrestribut von 20 000 Dukaten an die Osmanen zu einer militärischen Kolonie zu machen und in dieser deutsche und französische Protestanten anzusiedeln.

Abgesehen von derartigen internen Vorkommnissen an der französischen Residenz in Istanbul haben die französischen Religionskriege jedoch kaum Einfluß auf die französisch-osmanischen Beziehungen gehabt. Die Pforte hatte kein Interesse daran, in die französischen Auseinandersetzungen zu intervenieren, um eine antihabsburgische Stoßrichtung zu intensivieren – dafür war Frankreich zu weit weg, der Konflikt mit den österreichischen Habsburgern vom osmanischen geo-politischen Standpunkt gesehen zu unwichtig, um sich die Mühe zu machen, sich über die verschiedenen protestantischen Fraktionen klar zu werden und eventuelle Ansatzpunkte für eine Intervention auszuloten. Wenn hingegen festzustellen ist, daß die *Türkengefahr* in den französischen konfessionellen Auseinandersetzungen sehr wohl zum Tragen kam, so blieben ihre Auswirkungen, anders als im Reich, im wesentlichen auf eine Argumentationshilfe zur gegenseitigen Diskriminierung beschränkt.

4. Die habsburgisch-osmanischen Beziehungen[51]

Mit dem Blick auf die habsburgisch-osmanischen Beziehungen wendet sich diese Darstellung nun von der Lage im Mittelmeerraum auf den Konflikt um Ungarn. Als die Osmanen Konstantinopel eroberten, waren die Habsburger noch ein knappes halbes Jahrhundert davon entfernt, sich in den europäischen Hegemoniekämpfen an die Spitze zu setzen oder gar Pläne für eine Universalmonarchie zu entwerfen. Es bestanden weder wirtschaftliche Beziehungen zu den Osmanen, noch eine gemeinsame Grenze, die umkämpft wurde.

---

48 Göllner, *Turcica* Bd. 2.

49 Lésure, *Relations franco-ottomanes*, S. 39.

50 Rousset, *Un Huguenot propose une croisade.*

51 Siehe neben der im folgenden genannten Spezialliteratur den Katalog *Österreich und die Osmanen*; Heppner, *Die Entwicklungspolitik der Habsburger in Südosteuropa*; Herle, *Die Türken- und Ungarneinfälle im ostniederösterreichischen Grenzgebiet*; Toifl/ Leitge, *Die Türkeneinfälle in der Steiermark und in Kärnten*; Abrahamowicz u.a., *Die Türkenkriege in der historischen Forschung*; Neck, *Österreich und die Osmanen*; Vocelka, *Innere Auswirkungen.*

Friedrich III. war von den Reichsständen 1440 in einer Situation zum König gewählt worden, in der er mittels Vormundschaften alle habsburgischen Länder vereinigte und mit der Vormundschaft über den neugeborenen Ladislaus Posthumus Ansprüche auf Ungarn und Böhmen stellen konnte. In der Verfolgung seiner Hausmachtziele hatte Friedrich III. zunächst wenig Erfolg, die Gegensätze mit den österreichischen Ständen wurden durch die Konflikte mit seinem Bruder Albrecht VI. noch verschärft. Friedrich III. hielt sich in dieser Situation mit Ansprüchen auf Böhmen und Ungarn erst einmal zurück. In Ungarn war 1440 Wladislaw III. von Polen zum König gewählt worden. Nach dessen Tod in der Schlacht gegen die Osmanen bei Varna 1444 konnte sich mit Johann Hunyadi ein ungarischer Adliger an die Spitze Ungarns setzen, dem nach seinem Tod sein jüngerer Sohn Matthias Corvinus folgte. Solange Ungarn nicht unter habsburgischer Herrschaft stand, war es hauptsächlich Sache von Matthias Corvinus, den osmanischen Vorstößen zu begegnen. Nach der Eroberung des strategisch wichtigen Jahje 1463 beschränkte sich Matthias aber auf defensive Maßnahmen gegen die Osmanen, die ohnehin unter Bajezid II. keine großen Eroberungszüge nach Ungarn führten, und schloß 1483 einen osmanisch-ungarischen Waffenstillstand.[52]

Allerdings kam es in Kärnten zu einer direkten Bedrohung habsburgischer Gebiete durch die Osmanen, die 1471 bis 1483 auf Streifzügen in das Land einfielen. Da Kärnten in dieser Zeit aber auch von Matthias Corvinus beansprucht wurde und daher Schauplatz verschiedener Kriegshandlungen und sozialer Unruhen war, war auch hier ein tiefgreifender habsburgisch-osmanischer Konflikt noch nicht gegeben – Friedrich III. reagierte daher auch nicht mit einem großangelegten Feldzug. In der Kärnter Geschichtsschreibung hielt sich über Jahrhunderte die 1955 von Wilhelm Neumann als Legende entlarvte Auffassung, daß neben den fünf historisch nachweisbaren osmanischen Streifzügen fünf weitere, darunter die plastisch ausgemalte Villacher Türkenschlacht von 1492 stattgefunden hätten. Die Konstruktion dieses Mythos ist ein Beispiel dafür, wie die *Türkengefahr* vom Adel eingesetzt wurde und wie dieser so konstruierte Mythos bis in die heutige Geschichtsschreibung nachwirkt: Da der Kärtner Adel zum großen Teil protestantisch war und im 17. Jahrhundert mit der unausweichlichen Rekatholisierung konfrontiert wurde, trugen die führenden Geschlechter Sorge, daß die konfessionell bedingten Zweifel an ihrer Loyalität den Habsburgern gegenüber durch die Darstellung ruhmvoller Verdienste ihrer Vorfahren im Kampf gegen die Türken kompensiert wurden.[53]

Friedrich III. hatte also von der Interessenlage seiner Hausmacht gesehen, keinen Anlaß, ein Heer aufzustellen, das Ungarn Matthias Corvinius' zu durchschreiten und das Osmanische Reich anzugreifen. Dennoch fanden unter seiner nominellen Ägide 1454 und 1455 drei Reichsversammlungen statt, auf denen vor den versammelten

---

52 Babinger, *Mehmed der Eroberer*, S. 245; Nehring, *Matthias Corvinus, Kaiser Friedrich III. und das Reich*; Iorga, *Geschichte des Osmanischen Reiches*, S. 262.

53 Neumann, *Die Türkeneinfälle nach Kärnten*.

Reichsständen mit außergewöhnlicher Verve die *Türkengreuel* geschildert und zum *Türkenkrieg* aufgerufen wurde. Die auch als Türkenreichstage bezeichneten Versammlungen fanden in Frankfurt, Regensburg und Wiener Neustadt statt. Obgleich sie nicht ausschließlich dem *Türkenkrieg* gewidmet waren – auch Fragen des Landfriedens aufgrund verschiedener Konflikte und Fehden im Reich standen an –, prägte das humanistische Dreiergestirn mit Giovanni da Castiglione als päpstlichem Legat, Johann Vitéz als Kanzler und Fürstengesandten König Ladislaus' von Böhmen-Ungarn und dem herausragenden Enea Silvio Piccolomini als Vertreter des Kaisers mit einer bis dahin einzigartigen Dichte niveauvoller Reden die Foren. Ihnen zur Seite trat der gleichfalls in Frankfurt weilende franziskanische Volksprediger Johannes von Capestrano. Enea Silvio beschwor auf dem Tag in Frankfurt mit der bereits in Kapitel 2 zitierten, berühmt gewordenen Rede *Constantinopolitana Clades* in einer herausragenden rhetorischen Qualität und Eindringlichkeit die *Türkengefahr*. Mit der ungewöhnlichen Teilnahme Philipps des Guten von Burgund, eines weiteren Türkenzugsprotagonisten, war hier das von Enea angesprochene »Europa« über das Reich hinaus zumindest zu einem Teil vertreten.[54] Die in Kapitel 2 beschriebenen Dynamiken der *Türkengefahr* treten in diesen Reichstagen besonders anschaulich zu Tage: Der Fall von Konstantinopel galt als Schlag gegen die gesamte Christenheit, dem Kaiser in seinem Anspruch als weltlicher Führer dieser Christenheit oblag es, die christlichen Streitkräfte gegen den Glaubensfeind zu sammeln. Es war vor allem Maximilian I., der als Nachfolger Friedrichs III. diese Position geschickt in seine Politik einband.

Mit der burgundischen Heirat Maximilians verlagerten sich die Machtbasis und die damit verbundenen Konflikte mit Frankreich in den Westen. Die Ausdehnung des habsburgischen Machtbereiches auf Burgund hatte den langjährigen Erbfolgekrieg gegen Frankreich (1477-1493) zur Folge, an dessen Ende sich Habsburg als europäische Großmacht etabliert hatte. Der Versuch Maximilians, den habsburgischen Machtbereich auch auf Italien gegen französische und venezianische Kräfte auszudehnen, war langwierig, kostspielig und weitgehend erfolglos. In dieser Expansionspolitik nutzte Maximilian, der Publizistik wie *Gedechtnus* systematisch für seine politischen Ziele einsetzte, die *Türkengefahr*, um in seiner notorischen Geldnot auf den Reichstagen finanzielle Mittel vom Reich zu erhalten. Waren es auf den drei Türkenreichstagen des 15. Jahrhunderts vor allem kirchliche Prälaten gewesen, die die *Türkengefahr* propagierten, übernahm nun der Kaiser selbst die Initiative und nutzte seine Position als römisch-deutscher König für die Akquirierung von Geldern. Dabei übernahm die maximilianische Propaganda die von Enea Silvio vorgegebene Linie, eine gesamtchristliche Gefährdung durch die Osmanen zu postulieren, aufgrund derer das Reich aufgerufen wurde, dem Kaiser in seiner gesamtchristlichen Schutzfunktion finanzielle Hilfe zu leisten:

---

54 Helmrath, *Reichstagsreden.*

»[...] Deshalben die Turcken Ir volk so sy wider die venediger gebracht widerumb abgefordert. Und ain thails gegen der Cron Hunger Irer Haptlut die yetz den obgemelten schaden und abbruch In Hunger und Crabaten gethan. Damit gesterckt und das venedisch meer allain mit hundert schiffen besetzt haben dadurch sy disen Summer mit kainer macht uff die Venediger ziehen mugen. Es wäre dann das mit der Christenlichen Hilff nötig [...] so werden die Turcken den Jeryza erobern und all ire macht allenthalben uff die Cristenhait wenden in kurzer Zitt sovil Cristenlichen lannd in Ir Regierung bringen das nit moglichen sein werdet sich in ir gewalt fern uffzuhalten dadurch mannch Christenmensch und Seel in ewyg verderben und verdampnis gesetzt werd.«[55]

Dieser Aufruf vom 20. Juli 1502 fiel in eine Zeit, in der Maximilian in einer geschwächten Position war: 1499 hatte er die Eidgenossenschaft aus dem Reichsverbund entlassen müssen, Frankreich hatte das Herzogtum Mailand besetzt und mit Spanien die Aufteilung Italiens vereinbart. 1500 hatte Maximilian in dieser Situation den Reichsständen weitgehende Zugeständnisse machen müssen, um die Bewilligung weiterer Gelder für den Kampf in Italien zu erlangen und die Errichtung des Reichsregiments in Nürnberg akzeptiert. Bis zu seinem Tod 1519 konzentrierte sich Maximilian darauf, in wechselnden Koalitionen die Vorherrschaft in Italien zu gewinnen und die von den Reichsständen bewilligte Türkensteuer dafür einzusetzen – in der maximilianischen Propaganda wurden die Aufrufe zum Türkenzug daher in großem Umfang verbreitet.[56]

Die Expansion in Richtung Osten hatte demgegenüber ein deutlich geringeres Gewicht in der maximilianischen Politik. 1490 war mit dem Tod von Matthias Corvinus zunächst eine günstige Gelegenheit entstanden, auch Ungarn in den wachsenden habsburgischen Machtbereich einzugliedern. Maximilian eroberte die 1485 an Matthias verloren gegangenen vormaligen habsburgischen Gebiete zurück, fiel in Ungarn ein und eroberte Stuhlweißenburg, ehe der Winter diesen Feldzug unterbrach. Im Frühjahr hinderte ihn jedoch das Eingreifen Frankreichs in seine Heirats- und Expansionspläne in der Bretagne daran, die ungarischen Eroberungen dauerhaft zu sichern – »der türkische Anschlag des Königs von Frankreich habe ihm das gegen die Türken bereits erhobene Schwert aus der Hand geschlagen«, wie er in einer Flugschrift wissen ließ.[57] Im Frieden von Preßburg konnte sich Maximilian nur das Recht auf die Erbfolge in Ungarn nach einem Aussterben der männlichen jagiellonischen Linie sichern. Nach Nachrichten, daß die Osmanen sich zu einem neuen Angriff in Richtung Ungarn und möglicherweise weiter westwärts sammelten, zog Maximilian im Herbst 1493 mit einem Heer an die Grenzen von Ungarn, um den Feldzug von 1490 wiederaufzunehmen, traf die Osmanen aber nicht mehr an, so daß es zu keinen Kampfhandlungen kam.[58] In den folgenden Jahren blieb Maximilian bei seinem Schwerpunkt, die habsburgische Expansion vor allem im Konflikt gegen Frankreich

---

55 HHStA Wien Maximiliana 12, 2, Konv. 2, Fol. 184. Siehe auch Diederichs, *Kaiser Maximilian als politischer Publizist*, S. 44.

56 Diederichs, *Kaiser Maximilian.*

57 Wiesflecker, *Maximilians I. Türkenzug 1493/94*, S. 155.

58 Ebd.

und Venedig zu betreiben, so daß er Ungarn einstweilen dem Jagiellonen Wladislaw III. überließ und sich 1495 dem ungarisch-osmanischen Waffenstillstand anschloß. 1498 schlossen zwei habsburgische Gesandte in Konstantinopel den ersten unmittelbaren Waffenstillstand zwischen einem osmanischen Sultan und einem habsburgischen Kaiser.[59] 1510 beauftragte Maximilian einen Agenten damit, mit den Osmanen Geheimverhandlungen über ein habsburgisch-osmanisches Bündnis gegen Venedig aufzunehmen, die jedoch nicht weiter verfolgt wurden, nachdem Venedig darüber Informationen erhalten hatte und dies offenbar verhindern konnte.[60]

Ein direkter, weitreichender Konflikt zwischen den Habsburgern und den Osmanen wurde erst 1526 akut, als ein osmanisches Heer unter Süleyman (offenbar auch im Interesse Venedigs nach dem Sieg Karls V. bei Pavia über das mit der Löwenrepublik verbündete Frankreich[61]) Ungarn angriff und Ludwig II. von Böhmen und Ungarn bei Mohács vernichtend schlug. Der größere Teil der ungarischen Stände wählte daraufhin den Woiwoden von Siebenbürgen, Johann Zápolya, zum ungarischen König. Ferdinand I., der nach dem Tod Maximilians die Herrschaft in den österreichischen Ländern angetreten hatte, beanspruchte aufgrund der Verträge, in denen die Habsburger in den letzten 60 Jahren ihren Anspruch auf Ungarn immer wieder formuliert hatten, gleichfalls die Stephanskrone und ließ sich 1526 von einer Minderheit ungarischer Adliger zum König wählen. In den nächsten 14 Jahren versuchte Ferdinand trotz anfänglicher Erfolge letztlich vergeblich, ganz Ungarn unter seine Herrschaft zu bringen. Die Auseinandersetzungen zwischen Ferdinand und Zápolya hatten einen rapiden wirtschaftlichen Niedergang Ungarns, das durch die Kämpfe mit den Osmanen bereits geschwächt worden war, zur Folge. Während Zápolya die Politik seiner Vorgänger fortführte und ein Bündnis mit den Osmanen schloß, war Ferdinand, der in das System der habsburgischen Länder eingebunden war, in einer ambivalenten Situation. Auf der einen Seite war er der antiosmanischen Politik Karls V. verpflichtet und auf internationale Unterstützung des Krieges in Ungarn angewiesen. Obgleich Karl V. die *Türkengefahr* zur Legitimierung der Machtansprüche seiner Dynastie nutzte, überließ er die konkrete Abwehr der Osmanen in Ungarn weitgehend ausschließlich Ferdinand und konzentrierte sich auf die Auseinandersetzungen mit osmanischen Streitkräften im Mittelmeer. Auf der anderen Seite nötigten die Interessen der an Ungarn angrenzenden Länder Ferdinand zu ähnlichen Kompromissen, wie sie Zápolya eingegangen war. Der Konflikt in Ungarn war zudem in gesamteuropäische Zusammenhänge eingebettet: Frankreich und die ständische Opposition im Reich ergriffen für Zápolya Partei.[62]

---

59 Wiesflecker, *Kaiser Maximilian I.*, Bd. 2, S. 156; Gröblacher, *König Maximilians I. erste Gesandtschaft zum Sultan Bajezid II.*

60 Babinger, *Kaiser Maximilians I. »geheime Praktiken«.*

61 Finlay, *Prophecy and Politics in Istanbul,* S. 9.

62 Siehe dazu Csáky, *Karl V., Ungarn, die Türkenfrage und das Reich*; Atkins, *Charles V and the Turks.*

Die Osmanen setzten ihre Expansionspolitik derweil fort und belagerten 1529 Wien, ein Ereignis, das in der zeitgenössischen Publizistik zu einem großen Thema wurde.[63] Die Kriegshandlungen von 1530 endeten mit ersten Versuchen Ferdinands, mit Süleyman über einen Waffenstillstand zu verhandeln (Mission Lamberg/Jurischitz). 1532 brachte Ferdinand eigene Truppen und ein Reichsheer unter dem Kreuzzugsbanner unter der zögernden Beteiligung Karls V. zusammen.[64] Da die osmanischen Truppen sich nach der verlustreichen Einnahme von Günz wieder zurückgezogen hatten, kam es jedoch nicht zu einem Aufeinandertreffen beider Heere. In Istanbul selbst herrschte nach diesem erfolglosen Feldzug, dem sich mit der Eroberung Korons durch die kaiserliche Flotte unter Andrea Doria ein weiterer habsburgischer Erfolg zugesellte, düstere Stimmung und Verwirrung. Die Osmanen waren daher zu einer Waffenruhe bereit; die Abmachungen wurden indes von Alvise/Ludovico Gritti – ein illegitimer Sohn des venezianischen Dogen Andrea Grittis, der unter der Gunst Ibrahim Paschas eine ebenso wichtige wie ambivalente Rolle in Istanbul spielte – zum Verdruß des habsburgischen Gesandten Cornelius Schepper wieder unterlaufen; ein formaler Vertrag kam nicht zustande.[65] 1538 schloß Ferdinand mit Johann Zápolya einen Geheimvertrag, in dem er diesen formell als König anerkannte, nach dessen Tod jedoch den alleinigen Herrschaftsanspruch in Ungarn haben sollte. Als Johann Zápolya 1540 starb, wollte Ferdinand Ungarn gewaltsam annektieren, habsburgische Truppen belagerten Buda. Die Osmanen eroberten daraufhin 1541 weite Teile Ungarns, die als eigene Provinz mit einem Beglerbeg an der Spitze direkter osmanischer Verwaltung unterstellt wurden, während Siebenbürgen als Vasallenstaat in einer gewissen Autonomie belassen wurde. Ferdinands Gesandte, Niklas von Salm und Sigismund von Herberstein, hatten im osmanischen Feldlager keinen Frieden aushandeln können. Den Habsburgern blieb vom nunmehr dreigeteilten Ungarn ein Grenzstreifen von der Adria bis zu Polen, der fortan zur Militärgrenze ausgebaut wurde. Ihr Erhalt war mit großen Kosten verbunden. Mit diesen Eroberungen hatte sich Ferdinand in direkte Nachbarschaft mit dem gleichfalls expansionsfreudigen Süleyman I. gebracht, der das Osmanische Reich während seiner Regierungszeit zu seiner maximalen Größe ausdehnte.[66]

Mit den habsburgischen Ansprüchen auf Ungarn nach dem Tod Ludwigs II. 1526 hatte sich die Situation grundlegend geändert. Zum einen waren die österreichischen Habsburger in eine direkte Rivalität mit den Osmanen getreten. Zum anderen traf

---

63 Sturminger, *Bibliographie und Ikonographie der beiden Türkenbelagerungen Wiens*; Buchmann, *Türkenlieder zu den Türkenkriegen.*.

64 Turetschek, *Türkenpolitik Ferdinands I.*

65 Finlay, *Prophecy and Politics in Istanbul*; Skakaly, *Lodovico Gritti in Hungary.*

66 Allerdings sind die ersten Regierungsjahrzehnte von Süleyman I. aus osmanischen Sicht eher als eine Konsolidierung der vormaligen Eroberungen, die durch eine Anpassung an die neuen Verhältnisse geprägt war, denn als eine weitere Expansionsphase zu betrachten. Murphey, *Süleyman I and the Conquest of Hungary*. Siehe zur einer breiteren Betrachtung dieser Thematik auch: Kunt/ Woodheard, *Süleyman the Magnificent and His Age.*

diese neue Situation zeitlich mit der Reformation zusammen – eine Koinzidenz, die aufgrund der spezifischen Struktur des Reiches für das Einsetzen der *Türkengefahr* eine besondere Situation schuf. Wir haben bereits für Frankreich gesehen, daß während der Religionskriege in den konfessionellen Auseinandersetzungen in besonders großem Maße Bezug auf die Türken genommen wurde. In Frankreich sollte sich letztlich die katholische Konfession durchgängig durchsetzen; im Reich war die Situation hingegen anders. Aufgrund der traditionell größeren Eigenständigkeit der Territorien verliefen die Machtkämpfe bald entlang der konfessionellen Linie: 1530 waren bis auf Köln waren alle größeren Städte reformatorisch, von den Territorien hatten sich unter anderem Sachsen, Hessen, Braunschweig-Lüneburg und Württemberg der neuen Konfession angeschlossen. Mit der Gründung des Schmalkaldischen Bundes traten die Protestanten den Habsburgern als mächtige Gegenspieler entgegen.

Nun gehörte Ungarn nicht zum Reich, so daß sich die Reichsstände wie schon zuvor nicht zur Türkenhilfe verpflichtet fühlten, sondern diese als freiwillig ansahen. Wie Maximilian I. mußten Ferdinand und Karl daher auf den Reichstagen moralisch-religiös argumentieren, um den Ständen die Bewilligung von Geldern abzuringen, häufig im Verbund mit Zugeständnissen an die protestantischen Stände.[67] Stephen Fisher-Galati hat 1950 die Meinung vertreten, daß die Protestanten ohne die *Türkengefahr* ein ähnliches Schicksal wie die Albigenser im 13. Jahrhundert vor sich gehabt hätten.[68] Diese Auffassung wird in ihrer Monokausalität der spezifischen Machtkonstellation im Reich und den verschiedenen Faktoren, die zur Durchsetzung und Etablierung der protestantischen Konfessionen beitrugen, sicherlich nicht gerecht. Dennoch kam insbesondere im Reich die Verflechtung von *Türkengefahr* und den konfessionellen Auseinandersetzungen zum Tragen. Winfried Schulze hat in der in Kapitel 2 bereits zitierten Studie gezeigt, wie gerade die notwendigen Verhandlungen des Kaisers mit den Reichsständen um die Türkenhilfe maßgeblich dazu beitrugen,

---

67 Klaus Malettke, dessen Aufsatz ich bereits im zweiten Kapitel kritisiert habe, faßt diesen Tatbestand so zusammen: »Auch die protestantischen Reichsfürsten widerstanden zumindest zeitweilig nicht der Versuchung, sich die ›Türkengefahr‹ zur Stabilisierung ihrer gefährdeten Position im Reich zugute zu machen.« (Malettke, *Vorstöße der Osmanen*, S. 374). Auch hier ist anhand der Formulierungen – Malettke spricht von einer Versuchung, der eigentlich Widerstand geleistet werden müßte, anstatt die Lage in einem neutraleren Vokabular etwa als eine Option der Instrumentalisierung der *Türkengefahr* für protestantische Belange zu bezeichnen – zu erkennen, wie über eine Wortwahl, die ich für ungenügend reflektiert halte, Haltungen suggeriert werden, ohne daß diese explizit gemacht werden.
Ich wiederhole, daß ich mit einer derartigen Kritik nicht unterstellen möchte, daß die jeweils von mir kritisch zitierten Autoren ideologieeifernd die Türkenzugsfahne des 15. und 16. Jahrhunderts schwingen. Mein Anliegen ist es lediglich, darauf hinzuweisen, daß wir hier ein historiographisch besonders besetztes Terrain vorliegen haben, welches erfordert, Vokabular und Darstellung ereignisgeschichtlicher Linien sorgfältig auf eine mögliche Fortwirkung der *Türkengefahr* abzuklopfen, die gebotene Distanz einzunehmen und diese eindeutig zu kennzeichnen.

68 Fisher-Galati, *Ottoman Imperialism*.

daß sich der Reichstag als feststehende Struktur etablierte. Dennoch, so Schulze, konnten die Protestanten über den Augsburger Religionsfrieden hinaus keine weiterreichenden Forderungen durchsetzen.[69] Letztlich seien es die Territorialstaaten insgesamt gewesen, die von der kontinuierlichen Besteuerung im Kontext der *Türkengefahr* profitierten.[70] So wie die Konfessionalisierung in protestantischen wie katholischen Gebieten gleichermaßen die Territorialisierung vorantrieb, hatte auch die *Türkengefahr* letztlich für beide Konfessionen den gleichen Effekt, der den Territorien zugute kam.

Für unseren Zusammenhang heißt das, daß im Angesicht der *Türkengefahr* Reich wie Territorien nun neu erfaßt wurden. Ein Mandat von Karl V., in dem dieser die Zahlung des vom Reichstag beschlossenen Gemeinen Pfennigs anmahnt, zeigt, daß er sich an alle – namentlich männlichen – Untertanen des Reiches wandte:

»Wir, Karl der Funft/ von Gots gnaden/ Romischer Kaiser / zu allen zeiten Merer des Reichs / [...] Embieten allen und jeglichen Churfursten/ Fursten/ gaistlichen und Weltlichen / Prelaten/ Graven/ Fryen/ Herrn/ Rittern/ Knechten/ Haubtleuthen/ Landtvogten/ Vitzthumben/ Vogten/ Pflegern/ Der Wesern Amptleuthen/ Schulthaissen/ Burgermaistern/ Richtern/ Rethen/ Burgern/ Gemainden/ und sonst allen andern/ unsern und des Reichs Underthanen und getrewen/ in was Wirden/ stats/ oder Wesens die sein/ die unser Brief zu sehen / oder zu lesen/ zu kompt/ oder damit vermant werden/ unser freundtschafft [...]. So werden Wir doch glaublich bericht/ Wie das der gemain pfenning/ zu solchem hochnotwendigen Werkh bewilligt [= zu der bewilligten Offensionshilff wider gemainer Christenhait Erbfeindt den Turcken]/ bey vilen Stenden/ auf obbgestimpte zeit/ und noch heutigs tags nit angelegt noch einpracht/ sonder mit solcher einforderung/ und einbringung/ bisher an mer orten stilgestanden worden seye. [...] DieWeil Wir aber/ als ain Christlicher Kaiser/ zu handthabung/ rettung/ und beschirmung unsers hailigen Christlichen glaubens und namens/ aus der gnedigen und vatterlichen lieb und naigung/ so wir zu den Stenden des hailigen Reichs/ und Teutscher Nation tragen/ solchen vorsteenden Unrath zuverhueten und zufurkomen/ [...] genaigt/ auch bis anher unser gemuet/ willen und mainung ie und alwegen dahin gestanden/ und noch steet/ wie wir den stenden des hailigen Reichs/ und gantzer Teutscher Nation/ gegen den sorglichen Vheindt/ zu ruhe, sicherhait und friden helfen mochten.«[71]

Indem sich Karl V. an alle Stände wandte, machte er die *Türkengefahr* zum Anliegen des vermeintlich bedrohten Reiches, welchem er aus väterlicher Neigung gegen den Erbfeind zu »Ruhe, Sicherheit und Frieden« zu verhelfen versprach. Vor allem in der zweiten Hälfte des 16. Jahrhunderts hatten die habsburgischen Kaiser mit dieser Argumentation Erfolg; auf den Türkenreichstagen 1576-1603 bewilligten auch die protestantischen Stände die Türkensteuer. Gegen Ende des 16. Jahrhunderts war aber nicht nur die Bewilligungsrate angestiegen, sondern der Kaiser vermochte, anders als es Karl V. im eben zitierten Mandat von 1545 noch beklagte, die Gelder auch tat-

---

69 In Innerösterreich konnten die protestantischen Landstände hingegen länger diese Position für sich nutzen: 1572 gestand Karl II. den Herren und Rittern der Steiermark das Recht auf freie Religionsausübung zu, obgleich er laut den Augsburger Bestimmungen als Landesherr dazu nicht verpflichtet gewesen wäre (Vocelka, *Innere Auswirkungen*, S. 23).

70 Schulze, *Reich und Türkengefahr*.

71 HHStA Wien, Mandate in Kriegssachen, 12. 1. 1545.

sächlich einzuziehen: 1589 bis 1604 konnte das nun fest institutionalisierte Reichspfennigmeisteramt 80 Prozent der bewilligten Steuern eintreiben.[72]

Diese Strukturen, in denen die *Türkengefahr* in der Politik des habsburgischen Kaisers als Reichsoberhaupt zum Tragen kam, sind einzigartig. Die Habsburger mußten regelrechte Überzeugungsarbeit leisten, um den Reichsständen die Notwendigkeit einer Verteidigung gegen die Osmanen nahezubringen. Wie Rosemarie Aulinger nachgewiesen hat, wurde für diesen Zweck in den Kundschafterberichten die osmanische Bedrohung in Ungarn größer dargestellt, als sie eigentlich war.[73] Auch die in Kapitel 2 zur Sprache gekommenen gesamtchristlichen Türkenzugspläne, wie sie von Leo X., Maximilian I. und Franz I. entworfen worden waren, wurden im Reich zur Mobilisierung von Geldern eingesetzt. In den Türkei-Akten des *Haus-, Hof- und Staatsarchivs* in Wien ist unter dem Titel *Ratschlag auff den Grossen gewaltigen zug wider die Türcken* eine interne ausführliche Schrift von 1527 überliefert, in welcher die habsburgischen Hofräte als Teilnehmer unter anderem den Papst, die Könige von Frankreich, England, Dänemark, Portugal und Schottland, sowie Venedig, Geldern, Lothringen, Mantua, Florenz einplanen, bevor sie zum Anschlag kommen, wieviel Gelder vom Reich zu beantragen wären.[74] Die von Maximilian etablierte Politik, die Reichsstrukturen für die Erhebung von Türkenhilfe zu nutzen, wurde von Ferdinand fortgeführt und die habsburgische Propaganda entsprechend inhaltlich gestaltet. Das in Kapitel 2 zitierte Buch Simon Wolders, das Wolder Ferdinand gewidmet hatte und in dem er die Finanzkraft der Stände kalkulierte, ist ebenfalls in diesem Zusammenhang zu sehen.

Nachdem 1542 ein nochmaliger Versuch Ferdinands, Buda zu erobern, mit einer Niederlage endete und die Osmanen 1543 weitere Städte und Festungen einnahmen, entschloß sich Ferdinand zur pragmatischen Lösung. Die habsburgischen Gesandten Nicolo Secco und Gerhard Veltwyck handelten 1547 den Frieden von Adrianopoli aus, in welchem Süleyman seine Territorialforderungen durch Tributforderungen ersetzte, Ferdinand seine Ansprüche ganz fallen ließ. Da auf der osmanischen Seite die *shariᶜa* einen Frieden zwischen der *dâr al-islâm* und der *dâr al-harb* grundsätzlich nicht gestattete, war dieser Frieden auf fünf, die späteren Friedensschlüsse auf acht Jahre begrenzt.[75]

Der geschlossene Frieden hielt nur drei Jahre, in denen habsburgische Gesandte die als »Ehrengeschenke« deklarierten Tributzahlungen an die Pforte überbrachten. Danach kam es nach habsburgischen Vorstößen in Siebenbürgen wieder zu militärischen Auseinandersetzungen, die der osmanische Gesandte Johann Maria Malvezzi in einer zweijährigen Haft in Konstantinopel büßen mußte. Sein Nachfolger, Ghiselin

---

72 Schulze, *Reich und Türkengefahr*.
73 Aulinger, *Kundschafterberichte über den Aufmarsch der Türken am Balkan*.
74 HHStA Wien, Türkei I, 1, Konv. 1, Fol. 34-51.
75 Petritsch, *Der habsburgisch-osmanische Friedensvertrag des Jahres 1547*.

Ogier Busbecq, benötigte einige Jahre, bis ein erneuter achtjähriger Frieden 1562 abgeschlossen werden konnte.

Ferdinands Sohn und Nachfolger, Maximilian II., vereinbarte mit den Osmanen zunächst, den Waffenstillstand aufrecht zu erhalten. In einem Krieg mit Johann Siegmund von Siebenbürgen, dem Sohn Johann Zápolyas, versuchte er jedoch weiterhin, die Herrschaft über Siebenbürgen zu gewinnen. Die habsburgischen Truppen nahmen Tokay und Szerencs ein, worauf Johann Siegmund sich an Süleyman wandte. Maximilian verhandelte durch seine Gesandten Albert von Wyss und Michael Čzernović weiter um den Frieden, ließ sich zugleich vom Augsburger Reichstag im April 1566 eine beträchtliche Türkenhilfe gewähren und stellte ein Heer auf. Auch auf der osmanischen Seite bereitete sich Süleyman auf den Feldzug vor, der für die Osmanen mit der Einnahme von Sziget und Gyula sehr erfolgreich verlief, während die kaiserlichen Truppen auf der Festung Raab endgültig eine rein defensive Haltung einnahmen – eine Niederlage, die von den Zeitgenossen angesichts des gut ausgestatteten Heeres, welches Maximilian II. zur Verfügung stand, sehr kritisiert wurde.[76] 1568 schloß Maximilian mit Selim II. einen erneuten Waffenstillstand, in dem weiterhin Tributzahlungen an die Pforte vereinbart wurden. In den folgenden beiden Jahrzehnten wurde dieser Waffenstillstand immer wieder erneuert. Maximilian machte auch keinen erneuten Versuch, die Osmanen über Ungarn anzugreifen, als sich 1571 die Heilige Liga unter Juan de Austria auf einen Seekrieg vorbereitete und die alten Pläne eines gesamtchristlichen Vorgehens auf See- und Landfront gegen die Osmanen im Raum standen.

Maximilian baute dagegen weiterhin die Pufferzone zwischen dem osmanischen Ungarn und den österreichischen Erbländern als Militärgrenze aus: Flüchtlingen aus dem Balkan wurde als Wehrbauern persönliche Freiheit gewährt, für die diese militärisch jederzeit einsetzbar zu sein hatten. Eine Reihe von Grenzfestungen wurde ständig besetzt gehalten. Dieses System erwies sich für die nächsten Jahre als tragfähig, allerdings war es sehr kostenintensiv und als Alternativmodell zur Grundherrschaft in den habsburgischen Ländern für die dortigen Bauern attraktiv, so daß die adlige Propaganda mit einer verschärften Darstellung der *Türkengreuel* dem entgegen zu wirken versuchte.[77]

1582 nahmen in einer erneuten Expansionsphase die osmanischen Einfälle wieder zu, in deren Verlauf vierzehn habsburgische Festungen in Ungarn erobert wurden. Obgleich 1591 der Waffenstillstand noch einmal erneuert worden war, kam es von 1593 bis 1606 zu einer Reihe von Schlachten, die als »langer Türkenkrieg« bezeichnet werden, in dem beide Seiten Niederlagen und Siege verzeichnen konnten. Im Juni 1593 konnten die kaiserlichen Truppen in der Schlacht bei Sissak in Kroatien die Truppen unter Pascha Hassan von Bosnien, der auf der osmanischen Seite zum Krieg gedrängt hatte, schlagen, den Sieg aber nicht recht ausnutzen, da die osmanischen

---

76 Wertheimer, *Zur Geschichte des Türkenkrieges Maximilians.*
77 Vocelka, *Innere Auswirkungen.*

Truppen den kaiserlichen an Mobilität überlegen waren. 1594 nahmen osmanische Truppen jedoch Raab/Györ, »aller Türcken Schlüssel, damit sie alle örter der Christenheit auffschliessen können,«[78] ein. 1595 gelang der habsburgischen Seite jedoch die Einnahme der Festung Gran/Eztergom, 1598 die Rückeroberung von Raab. Beide Siege wurden in der Propaganda Rudolfs weidlich dargestellt, vor allem die Wiedereroberung Raabs wurde zum Zentralereignis der Regierungszeit Rudolfs II. stilisiert.[79] 1600 konnten die Osmanen mit der Eroberung von Knisza/Kanischa den Habsburgern wieder einen schweren Verlust zufügen. In der Folge mündete der Krieg in die üblichen kleineren Grenzscharmützel. Rudolf wollte in dieser Situation keinen Frieden schließen, da er sich durch ein Bündnis mit Persien und einer gemeinsamen Aktion mit Polen und den Moskowitern einen Sieg erhoffte. Gegen seinen Willen schloß sein Bruder Matthias jedoch 1606 mit Ahmed I. den Frieden von Zsitvatorok, mit dem die habsburgischen jährlichen Ehrengeschenke durch eine letzte, einmalige Zahlung ersetzt wurden und die verschleierten Tribute der Habsburger an die Pforte eingestellt werden konnten.[80]

Auch dieser Krieg weist eine gewisse Internationalisierung auf. Clemens VIII., der sich um eine Wiederbelebung der Heiligen Liga von 1571 bemühte, steuerte an die drei Millionen Gulden für Rudolfs Kriegsführung bei. Auch Spanien, das ein Interesse daran hatte, daß die osmanischen Kräfte an den Krieg in Ungarn gebunden blieben und sich nicht wieder dem Mittelmeer zuwandten, zahlte fast vier Millionen Gulden, während das Reich mit 20 Millionen Gulden den Löwenanteil nichthabsburgischer Mittel stellte.[81]

Im Konflikt um Ungarn sind also von beiden Seiten Expansionsansprüche zu beobachten. Sicherlich, das Osmanische Reich bedrohte Habsburg, wie die zweifachen Belagerungen Wiens und die osmanischen Einfälle in Kärnten, der Steiermark, Krain und Görz zeigen.[82] Aber umgekehrt bedrohte Habsburg das Osmanische Reich, wobei es diese Agression aufgrund der osmanischen Überlegenheit im 16. Jahrhundert zwangsläufig mit einer Defensivhaltung verband, bevor es sich langfristig in Ungarn mit seinen Expansionsansprüchen durchsetzen konnte.

78 Vocelka, *Die politische Propaganda unter Rudolf II.*, S. 285.

79 Vocelka, *Politische Propaganda.*

80 Niederkorn, *Die europäischen Mächte und der »Lange Türkenkrieg« Kaiser Rudolfs II.*

81 Niederkorn, *Langer Türkenkrieg.* Siehe auch Schulze, *Reich und Türkengefahr.*

82 Für Innerösterreich unterlagen die Beziehungen zwischen osmanischer Expansion, *Türkengefahr* und Ständen besonderen Bedingungen, auf die hier jedoch nicht gesondert eingegangen werden soll. Siehe dazu Vocelka, *Innere Auswirkungen.*

5. Zusammenfassung

Die Kontakte zwischen Venedig, Frankreich und den Habsburgern einerseits und den Osmanen andererseits verliefen prinzipiell nach den gleichen Regeln, nach denen die europäischen Mächte untereinander ihre Expansionsansprüche und wirtschaftlichen Interessen austrugen. Die Tatsache, daß das Osmanische Reich zu einem anderen regionalen internationalen System gehörte, führte jedoch dazu, daß diese Kontakte sich in Rechtsdokumenten manifestierten, die in Form, Ausgestaltung und Inhalt von den überlegenen Osmanen diktiert wurden. Für die europäisch-osmanischen Kontakte lassen sich grundsätzlich zwei verschiedene Formen von Rechtsdokumenten unterscheiden: die Waffenstillstände und Friedensabkommen einerseits und die von der Pforte einseitig zugestandenen Handelsprivilegien (Kapitulationen, osm. *'ahdnâme*) andererseits.[83] Beim Abschluß der letzteren läßt sich davon ausgehen, daß zwischen der Nation, die von der Pforte ein solches Handelsprivileg erhielt, und dem Osmanischen Reich institutionalisierte wirtschaftliche Beziehungen etabliert oder fortgeführt wurden.

Anhand dieser Dokumente lassen sich nun zusammenfassend die Beziehungen der drei hier behandelten Mächte zu den Osmanen bewerten. Für Venedig zeigt die Reihe der wechselnd abgeschlossenen Waffenstillstände und Friedensverträge einerseits sowie die zugestandenen Handelsprivilegien andererseits, wie die Löwenrepublik eine Politik zwischen Kriegsführung in ihrem immer weiter verkleinerten Seereich und der Sicherung ihrer Handelsinteressen praktizierte. Für Frankreich ist hingegen von einem Zwei-Phasen-Modell auszugehen – unabhängig davon, wie in der künftigen Forschung der Status der Kapitulationen von 1536 bewertet werden wird: einer ersten Periode von den 1530er bis zu den 1560er, in der vor allem die militärische antihabsburgische Kooperation im Vordergrund stand, während ab 1569 die wirtschaftlichen Interessen beider Seiten im Levantehandel dominierten. Vor diesem Hintergrund ist Jensens Position, die französische Politik gegenüber der Pforte vor allem von wirtschaftlichen Interessen bestimmt zu sehen, stichhaltig, während das Urteil Hochedlingers über die vermeintliche Ungeheuerlichkeit der französisch-osmanischen Zusammenarbeit einer nicht hinreichend eingenommenen Distanz zum Diskurs der *Türkengefahr* entspringt. Für die habsburgisch-osmanischen Beziehungen zeugt die Reihe der Waffenstillstände und befristeten Friedensverträge hingegen von vornehmlich militärisch geprägten Auseinandersetzungen. Da sich die Habsburger nach 1526 in ihren Machtansprüchen auf Ungarn nicht nur auf die Verteidigung der österreichischen Erblande vor den einfallenden osmanischen Akinci-Verbänden beschränkten (eine Verteidigung, die erfolgreich war – es sei hier noch einmal betont, daß im Gegensatz zum völlig dezimierten venezianischen Seereich kein einziges österreichisches Dorf letztlich in osmanische Hände fiel), sondern ihre Expansions-

---

83 Inalcik, *Imtiyazat.*

ansprüche in Ungarn weiter verfolgten, kulminierten diese mit den entsprechenden osmanischen Aspirationen in einer langen Abfolge von Kriegen.

Wie eingangs bereits angesprochen, ist also Venedig als Hauptgeschädigter der Osmanischen Expansion, Frankreich als Bündnispartner der Pforte und das österreichische Haus Habsburg als Konkurrent zu den osmanischen Ansprüchen auf Ungarn zu sehen. Daneben unterhielten Venedig seit der Mitte des 15., Frankreich seit der zweiten Hälfte des 16. Jahrhunderts wirtschaftliche Beziehungen zum Osmanischen Reich.

Die *Türkengefahr* wurde in diesen unterschiedlichen Konstellationen jeweils spezifisch artikuliert – diese Varianz erklärt die Flexibilität, mit der in der *Türkengefahr* die verschiedenen Motive jeweils unterschiedlich kombiniert werden konnten. Die bereits herausgearbeiteten inhaltlichen Varianten lassen sich nun durch eine quantitative Analyse der bei Carl Göllner aufgeführten Turcica ergänzen. Um die von Göllner verzeichneten 2463 Drucke ihrer jeweiligen Herkunft zuzuordnen, habe ich als Ausgangspunkt die jeweiligen Druckorte genommen, die für 1788 Drucke bekannt sind. Das Ergebnis der Auszählung der 1788 Drucke ist in Tabelle 1 aufgeführt.

Dieses Ergebnis entspricht im Groben einer von Gregory Miller unter anderen Kriterien vorgenommenen quantitativen Analyse.[84] Insgesamt ist also für das 16. Jahrhundert davon auszugehen, daß rund die Hälfte aller Türkendrucke im Reich, ein Viertel in Italien und ein Achtel in Frankreich publiziert wurden.

Damit läßt sich die in Kapitel 2 vorgenommene Nachzeichnung des Diskurses der *Türkengefahr* nun weiter spezifizieren: Obgleich die *Türkengefahr* als gesamtchristlich propagiert wurde, wurde sie in den einzelnen europäischen Territorien quantitativ wie qualitativ sehr unterschiedlich eingesetzt. Die Tatsache, daß die habsburgischen Kaiser die Struktur des Reiches, die diskursiv wie machtpolitisch ein Sonderfall war, für die Finanzierung ihrer Feldzüge gegen die Osmanen nutzen konnten, schuf hier ein besonders großes Interesse, die *Türkengefahr* einzusetzen und erklärt die überaus große Zahl der im Reich veröffentlichten Türkendrucke. Meine Schlußfolgerung im zweiten Kapitel, daß die in der *Türkengefahr* modellierte christliche Gemeinschaft in ihrem Aufruf zur ideellen oder tatkräftigen Gesamtmobilisierung die

---

84 Gregory Miller, *Holy War and Holy Terror*, S. 80, führt für die Jahre 1520-1545 für die »European Türkenbüchlein« die folgende Zahlen auf:
Germany 58,03% – Italy 19,06% – France 8,19% – Netherlands 5,52% – Other 5,85% – Unknown 3,34%.
Miller führt allerdings weder eine Definition dafür auf, was er unter »European Türkenbüchlein« versteht, noch spezifiziert er die einzelnen Territorien nach Druckorten. Zudem hat Miller Göllners Bibliographie ausschließlich für die deutschen Drucke ergänzt, so daß das Ergebnis vermutlich zugunsten »Deutschlands« verzerrt ist. Dennoch kommt auch er zur identischen Rangfolge und einer ungefähren quantitativen Entsprechung zu der Statistik, die sich aus Göllners Bibliographie ergibt.

Tabelle1: Turcica aus Göllner nach Druckorten

Reich[85]	45,75%
Italien[86]	26,57% (davon Venedig: 7,94%)
Frankreich[87]	13,31%
Niederlande[88]	4,81%
Eidgenossenschaft[89]	2,74%
Spanien[90]	2,01%
Polen[91]	1,85%
England[92]	1,73%
Sonstige[93]	1,23%
Gesamt	**100,01%**

gesamte Gesellschaft durchdrang, gilt also in erster Linie und vor allem für das Reich, wo dementsprechend die Hälfte aller Turcica gedruckt wurde. Der Kaiser wandte sich, wie oben zitiert, an »alle(n) [...] unser[e] und des Reichs Underthanen

85 Insgesamt 818, die sich wie folgt aufschlüsseln: Augsburg 135, Bamberg 2, Bautzen 2, Berlin 1, Dillingen 8, Dresden 25, Erfurt, 10, Frankfurt a. M. 84, Frankfurt/Oder 6, Freiburg i. Br. 2, Görlitz 2, Graz 6, Greifswald 1, Güstrow 1, Hagenau 3, Halle 2, Hamburg 2, Heidelberg 2, Helmstedt 3, Hof 1, Ingolstadt 6, Jena 12, Koburg 5, Köln 28, Landshut 2, Leipzig 33, Lieh 2, Lübeck 2, Magdeburg 10, Marburg 1, München 10, Neuburg a. d. Donau 1, Nördlingen 1, Nürnberg 142, Passau 1, Regensburg 10, Rostock 3, Rothenburg O. T. 2, Speyer 2 , Straßburg 34, Straubing 1, Tübingen 7, Ulm 3, Ursel (Ober) 3, Wien 60, Wittenberg 51, Worms 3, Würzburg 3, Zerbst 2, Zweibrücken 1, Zwickau 1, Barth (Pommern) 1, Bratislava (Preßburg: ab 1526 habsburgisch, wenn auch nicht zum Reich zählend) 1, Freiberg 5, Jihlava, (Iglau: Böhmen) 1, Legnica (Liegnitz: Schlesien) 1, Nysa (Neisse: Schlesien) 3, Szczecin 3, Breslau 6, Prag 85.
86 Insgesamt 475: Bergamo 4, Bologna 45, Brescia 4, Cesena 2, Cremona 1, Ferrara 10, Firenze 10, Genova 3, Lucca 4, Macerata 1, Mantua 7, Medina del Campo 1, Milano 26, Modena 4, Napoli 11, Novara 1, Padova 8, Pavia 2, Perugia 3, Pesaro 2, Piacenza 2, Riva 1, Roma 158, Siena 1, Torino 2, Treviso 2, Venezia 142, Verona, 12, Vicenza 5, Viterbo 1.
87 Insgesamt 238: Brest 1, Lyon 88, Orléans 2, Paris 136, Poitiers 4, Rouen 3, Tours 1, Verdun 1, Vienne 2.
88 Insgesamt 86: Amsterdam 3, Antwerpen 65, Brügge 2, Brüssel 2, Gent 1, Leiden 2, Lüttich 2, Löwen 9.
89 Insgesamt 49: Basel 45, Genf 3, Zürich 1.
90 Insgesamt 36: Alcala de Henares 2, Barcelona 8, Burgos 3, Madrid 4, Salamanca 3, Sevilla 8, Toledo 1, Valencia 3, Valladoid 2, Zaragoza 2.
91 Insgesamt 33: Danzig 1, Krakau 32.
92 Insgesamt 31, alle London.
93 Insgesamt 22: Coimbra 3, Lissabon 2, Kopenhagen 2, Cluj 3, Debrecen 1, Brasov 1, Ljubljana 3, Caragoça 2, Nemet Uyvár 3, Olomove 1, Saona 1.

und getrewen«,[94] die in die steuerliche Erhebung des Gemeinen Pfennigs einbezogen wurden. Dieser Effekt wurde durch die konfessionellen Auseinandersetzungen, in denen die Protestanten vor allem bis 1555 finanzielle Zusagen in der Türkenhilfe von konfessionellen Zugeständnissen abhängig machten, verstärkt. Die *Türkengefahr* kam hier letztlich vor allem den Territorialstaaten zugute und wurde dementsprechend so fest in den Narrativen verankert, daß sie bis in die heutige Historiographie fortwirkt.

Für Venedig verlief die Propagierung der *Türkengefahr* hingegen deutlich linearer: Angesichts der sichtlichen existentiellen Bedrohung seines Seereiches bedurfte es keiner vertieften Konstruktionen einer gesamtchristlichen Bedrohung an erster Stelle, auch wenn der Topos vom Bollwerk der gesamten Christenheit mit Gewinn eingesetzt werden konnte. Wie die zahlreichen bildlichen Darstellungen in Venedigs profanen wie sakralen Bauten zeigen – als ein Beispiel sei hier die Darstellung der Schlacht von Lepanto an herausragender Stelle im Versammlungssaal des Großen Rats im Dogenpalast genannt – galt hier der Kampf gegen die Türken vor allem als patriotische Pflicht, und die erfolgten Siege wurden zum Ruhm der Serenissima gefeiert (umso mehr als diese nicht sonderlich zahlreich waren).

In Frankreich erklärt der Anspruch des allerchristlichen Königs auf die Führungsrolle innerhalb der lateinischen Christenheit, daß sich Franz I. den gesamtchristlichen Türkenzugsplänen Leos X. und Maximilians I. anschloß. Die französisch-osmanischen militärischen Unternehmungen schufen hier eine Spannung zur *Türkengefahr*, die letztlich nicht aufgelöst werden konnte. In den konfessionellen Auseinandersetzungen läßt sich wie im Reich eine Einbindung der *Türkengefahr*, die dafür besonders geeignet war, erkennen. Der Effekt, daß diese jedoch für die Territorialisierung in einer föderativen Struktur genutzt werden konnte, blieb hier aus, dementsprechend liegt die französische Produktion von Türkendrucken quantitativ an dritter Stelle.

Es stellt sich nun die Frage, wie diese unterschiedlichen Propagierungen der *Türkengefahr* auf die Produktion des ethnographischen Wissens wirkten. Die von mir gezogene Schlußfolgerung, daß die Ethnographica von der *Türkengefahr* ihren entscheidenen Impuls erhielten, heißt nicht von vornherein, daß diese Beziehung in einem Eins-zu-Eins Verhältnis wirkte. Wie in der Darstellung der venezianisch-osmanischen Beziehungen bereits anklang, hatte Venedig ein weniger großes Interesse, die *Türkengefahr* wie im Reich als eine gesamtchristliche Bedrohung auszumalen, sondern war vielmehr auf zuverlässige und kontinuierliche Informationen über die osmanische Politik angewiesen. Das folgende Kapitel soll daher der Frage nachgehen, wie die diplomatische Informationserhebung in Venedig, Paris und Wien betrieben wurde und inwiefern sich diese auf das gedruckte ethnographische Wissenskorpus auswirkte.

---

94 HHStA Wien, Mandate in Kriegssachen, 12. 1. 1545.

Viertes Kapitel:
Das Wissen der Diplomaten

1. Methodische Vorbemerkung: Europäische Reiseberichte über das Osmanische Reich

Da es in diesem Kapitel darum geht, die Einflußnahme der diplomatischen Informationserhebung auf das ethnographische Wissenskorpus wie es sich in den Reiseberichten und Kompendien manifestiert, zu analysieren, seien hier die Kriterien genannt, nach denen ich die Reiseberichte, die ich in den folgenden Abschnitten in einen quantitativen Bezug zur diplomatischen Berichterstattung setze, definiere.

Vom literaturwissenschaftlichen Standpunkt gibt es bisher keine zufriedenstellende Definition einer »Gattung« von Reiseberichten, so daß sich eine historische Arbeit vorerst an anderen Kriterien orientieren muß.[1] Stéphane Yerasimos bezeichnet in seiner Bibliographie alle Texte, die das Territorium des Osmanischen Reiches zum Gegenstand haben und von einer Person verfaßt wurden, die sich in diesem aufgehalten hat, als Reiseberichte.[2] Mit dieser Definition hat Yerasimos sinnvollerweise für die Erstellung einer grundlegenden Bibliographie sehr weitgefaßte Kriterien angelegt, die sich an den beiden klassischen Hauptkriterien – Inhalt des Textes und der Person des oder der Autorin – für eine Textgruppenbestimmung ausrichten. Auch Carl Göllner, dessen Arbeit den zweiten bibliographischen Ausgangspunkt für meinen Versuch darstellt, einen repräsentativen Zugriff auf das europäische ethnographische Wissenskorpus über die Osmanen zu erlangen, hat seine Definition der Türkendrucke (»die Türkei betreffenden europäischen Drucke(n)«[3]) weit angelegt.

Für meine Studie ist es jedoch erforderlich, eine enger gefaßte Definition von Reiseberichten zu treffen und die beiden Hauptkriterien Yerasimos' – Inhalt des Textes und Person des Autors – näher zu bestimmen.

---

1 Brenner, *Der Reisebericht in der deutschen Literatur.*
2 Yerasimos, *Voyageurs*, S. 6. Darüber hinaus hat Yerasimos nur diejenigen Reiseberichte in seine Bibliographie aufgenommen, in denen Orte des Osmanischen Reiches beschrieben werden. Dieser Umstand erklärt, weshalb bei Yerasimos beispielsweise einige venezianische Relationen über das Osmanische Reich nicht auftauchen.
3 Göllner, *Turcica* Bd. 1, S. 8.

Über die Person des Autors und der Autorin gibt es in der bisherigen Forschung zwei einander entgegengesetzte Auffassungen. In den meisten Studien wird es für unabdingbar gehalten, daß der Berichterstatter auch, soweit es historisch nachweisbar ist, tatsächlich selbst gereist ist. In diesem Argumentationsstrang dient der Verweis auf die hochmittelalterlichen Reiseberichte, von denen im Mittelalter die Schreibpultkompilation John Mandevilles als »authentischer« angesehen wurde als die Reise Marco Polos, zur Abgrenzung zwischen mittelalterlichem und neuzeitlichem Wahrheitsbegriff. Andere Studien halten dieses Kriterium jedoch für nicht oder zumindest für weniger entscheidend und beziehen auch Texte in ihre Analyse ein, die nach derzeitigem Forschungsstand von Daheimgebliebenen verfaßt worden sind.[4]

Ich halte das Kriterium, daß der Berichterstatter einer Reise seine eigenen Erfahrungen, die er vor Ort gemacht hat, niedergelegt hat, für grundsätzlich relevant, wenn es nicht im absoluten Sinn gebraucht wird. Der Zuwachs des ethnographischen Wissens, um den es in dieser Studie geht, läßt sich nur durch tatsächlich gemachte empirische Beobachtungen erklären. Daher lege ich in meiner Definition von Reiseberichten grundsätzlich das Kriterium eines historisch nachweisbaren Aufenthaltes im Osmanischen Reich zugrunde. Dennoch sind diese empirischen Beobachtungen untrennbar mit einem Vorwissen, einer Erwartungshaltung über die vorzufindende Ordnung der Dinge verbunden. Es mag in Einzelfällen aufschlußreich sein, nachzuweisen, in welchem Verhältnis dieses Vorwissen und die auf der Reise gemachten Erfahrungen zueinander stehen. Frédéric Tinguely hat in einer wunderbaren Detailstudie über die Anzahl der Giraffen in der Kairoer Menagerie darauf aufmerksam gemacht, wie diese in den publizierten Berichten von Pierre Belon (Besuch von Kairo 1547), Jean Chesneau (Besuch von Kairo 1549) und André Thevet (Besuch von Kairo 1551) sukzessive mit dem *Druckdatum* ansteigt (Belon 1553: 1 Giraffe; Thevet 1554: 2 Giraffen; Chesneau 1566: 3 Giraffen). Diese Abfolge legt den Schluß nahe, nicht die tatsächlich beobachtete Zahl der Giraffen, sondern das Datum der Drucklegung, bei denen spätere Reisenden ihre Vorgänger jeweils übertreffen suchten, sei hier ausschlaggebend gewesen.[5] Wie ich im ersten Kapitel dargelegt habe, gehe ich davon aus, daß die Reisenden in solche intertextuellen Abhängigkeiten in Wahrnehmung wie Niederschrift verwickelt waren, daß sie um die Ordnung der Dinge also wissen mußten, bevor sie die Dinge im einzelnen erkennen konnten. Diese Abhängigkeiten sind jedoch im allgemeinen so komplex, daß es nicht nur müßig, sondern schlichtweg unmöglich wäre, genau zwischen diesem Vorwissen und der Beobachtung zu differenzieren, also etwa ein Inventar von Texten aufzulisten, welche der Reisende mutmaßlich vor Antritt seiner Reise gelesen hatte. Ich gehe im Umgang mit meinen Quellen von einem grundsätzlichen Input empirischer Beobachtung aus, die jedoch untrennbar mit einem Vorwissen verbunden ist. Als

---

4 So beispielsweise Jandesek, *Das fremde China.*
5 Tinguely, *Ecritures du Levant*, S. 201ff.

»empirisch erworbenes Wissen« gilt daher hier jenes Wissen, welches sich als Empirie ausgab und in jener Form präsentiert wurde, die im 15. und 16. Jahrhundert damit verknüpft wurde. Sollten spätere Forschungen für einen der hier als auf einer tatsächlich stattgefundenen Reise beruhenden qualifizierten Reiseberichtes nachweisen, daß es sich stattdessen um eine Schreibtischkompilation handelt, würde dies die hier gezogenen Schlußfolgerungen lediglich in ihrer Gewichtung revidieren, jedoch nicht grundsätzlich entwerten. Aufgrund des Blickwinkels dieser Arbeit, der sich sowohl auf die Beobachtung als auch auf die davon untrennbaren Wahrnehmungsmuster richtet, habe ich daher davon abgesehen, in jedem Einzelfall zu klären, ob der fragliche Aufenthalt historisch nachweisbar ist, sondern die derzeitige Forschungsmeinung übernommen.

Ausgangspunkt für meine Definition von Reiseberichten sind daher Autoren, über die derzeitig ein Konsens darüber besteht, daß sie sich zu einem gegebenen Zeitpunkt im Osmanischen Reich aufgehalten haben. Yerasimos legt dabei fließende Maßstäbe an und geht für diese örtliche Bestimmung von den Grenzen des Osmanischen Reiches zum Zeitpunkt der fraglichen Reise aus. Da ich in dieser Studie jedoch das ethnographische Wissen über die Kernbereiche des Osmanischen Reiches und nicht die im Laufe des 16. Jahrhunderts eroberten Gebiete in Asien und Nordafrika in den Blick nehmen möchte, habe ich demgegenüber nur die Berichte von den Reisenden aufgenommen, die den Bereich bereist hatten, der den Grenzen des Osmanischen Reiches von 1481, dem Todesjahr Mehmeds II., entspricht (also grob gesagt Anatolien, Bulgarien, Griechenland, Serbien, Bosnien und Albanien).

Es bleibt nun, als zweites Kriterium die Frage des präsentierten Inhalts zu klären. Yerasimos' Definition von Reiseberichten würde theoretisch auch die Avvisi und Newen Zeitungen mit einschließen, zumindest soweit diese erkennbar von einer im Osmanischen Reich befindlichen Person verfaßt worden sind.[6] Da ich aber von einem grundlegenden Unterschied zwischen Texten, die Nova und Texten, die Dinge präsentieren, ausgehe, wäre es wenig sinnvoll, mit der unorthodoxen Entscheidung, Avvisi und Newe Zeitungen als Reiseberichte zu betrachten, in einem ersten Schritt ein immenses, zusätzliches Quellenkorpus in die systematische quantitative Analyse mit einzubeziehen, nur um es in einem zweiten Schritt aufgrund inhaltlicher Kriterien wieder auszusondern.

Daher nehme ich nur jene Texte auf, die über die Osmanen handeln, dabei aber weder ausschließlich Nova (das heißt Berichte über militärische Ereignisse der osmanischen Expansion, Begebenheiten der osmanischen Politik und der diplomatischen Beziehungen zu einzelnen christlichen Mächten, isoliert geschilderte Ereignisse des Osmanischen Lebens sowie die Türkenkriegsbestrebungen auf christlicher

---

6 Diese Textgruppe hat Yerasimos jedoch weitgehend ausgeschlossen, da er nur Reiseberichte aufgenommen hat, die Orte des Osmanischen Reiches beschrieben.

Seite) noch ausschließlich Dinge aus der Vergangenheit des Osmanischen Reiches (also in unseren Begriffen Geschichte) präsentieren.

Obgleich diese Definition von Reiseberichten, die ich dieser Studie zugrunde lege, sich in weiten Teilen mit der impliziten oder expliziten Auffassung in den vorangegangenen Forschungen deckt, erweist es sich dennoch in Einzelfällen als nicht unproblematisch, nach dem derzeitigen Forschungsstand quantitative Analysen der Reiseberichte vorzunehmen. Für die in diesem Kapitel gemachten Zahlenangaben über Reiseberichte habe ich daher im Anhang aufgeführt, welche Reisenden sich dahinter verbergen. Dennoch scheint mir der derzeitig greifbare Kenntnisstand fundiert genug, um einschlägige Statistiken aufzustellen und mit ihnen zu operieren, auch wenn sie von späteren Detailstudien im Einzelfall revidiert werden sollten.[7]

Das ethnographische Wissenskorpus, wie ich es in Kapitel 6 und 7 analysieren werde, habe ich zudem nach den Kriterien der Auflagenzahl der einzelnen Reiseberichte festgelegt (mindestens 5 Auflagen bis einschließlich 1600). Diese Trennung zwischen handschriftlicher und gedruckter Form ist für das 15. und 16. Jahrhundert nicht mit dem heutigen Gegensatz von öffentlich und privat gleichzusetzen, ist aber dennoch aussagekräftig. Das Wissenskorpus, welches den drei letzten Kapiteln dieser Studie zugrunde liegt, besteht also aus Texten, die den spezifischen Bedingungen der frühneuzeitlichen Buchproduktion unterlagen: Diese gingen bei der Herstellung durch verschiedene Hände und wurden den Prozeduren der mechanischen Vervielfältigung unterworfen. Im 16. Jahrhundert hatten sich zudem gewisse Normen in der Ausgestaltung der Texte (Titelblatt, Seitenzahl, Widmung an einen Gönner oder eine Gönnerin, Druckprivileg) durchgesetzt. Der gedruckte Text war in seiner normierten und vervielfältigten Form eine Ware, die den Regeln des Buchmarktes unterworfen war, die beim Druckerverleger das Interesse weckten, den potentiellen Absatzmarkt so groß wie möglich zu halten.

Damit verliert die handschriftliche Überlieferung, wie sie vor allem in der diplomatischen Berichterstattung zutage tritt, für unseren Gegenstand nicht an Relevanz. Das Spannungsverhältnis zwischen ihr und dem gedruckten Wissenskorpus ist Thema dieses Kapitels.

---

7 In den im Anhang dieses Kapitels aufgelisteten Reiseberichten gelten als »Manuskript« alle Texte, die bis einschließlich 1600 nicht gedruckt worden sind. Abgesehen vom Sonderfall der öffentlich verlesenen venezianischen Relationen wurden amtsinterne diplomatische Berichte nicht aufgenommen.

2. Das europäische ständige Gesandtschaftswesen: Der Wille zum Wissen[8]

Unter den »verschiedenen regionalen internationalen Systemen«[9] wies das europäisch-christliche, wie es vom Mittelmeerraum aus maßgeblich entworfen wurde, eine Eigenart auf: die Etablierung eines ständigen Gesandtschaftswesens. Wie Garrett Mattingly in seiner 1955 erschienenen Studie über *Renaissance Diplomacy* ausführte, liegen die Anfänge dieses Systems in Italien, wo im 15. Jahrhundert die führenden italienischen Mächte mittelalterliche diplomatische Institutionen erfolgreich den Bedingungen des neuen Renaissancestaates anpaßten. In diesem Prozeß spielte die Kurie mit ihrer traditionell starken europäischen Verflechtung eine führende Rolle. Um 1500 waren residierende Botschafter an italienischen Höfen und in Republiken üblich geworden. Von den anderen europäischen Mächten übernahm als erstes Spanien die Einrichtung kontinuierlicher Gesandter in Rom, Venedig, Mailand und England; Maximilian I., Frankreich und England schlossen sich bald an.[10]

Mit der Ausweitung des zuvor auf die italienische Halbinsel beschränkten ständigen Gesandtschaftswesens änderten sich, so Mattingly, die Bedingungen für die eingesetzten Diplomaten: Während sich die inneritalienische Diplomatie für ihre Amtsträger in einem relativ vertrauten Milieu abgespielt hatte, bedeutete die Einbeziehung nichtitalienischer Mächte eine Verlagerung dieses Systems auf ein unbekannteres und weniger vertrautes Terrain. Dies hatte zur Folge, daß die Residenzzeiten verlängert wurden, so daß der Botschafter sich mit Land und Sprache vertraut machen konnte. Zudem bildete sich mit der Zeit ein kleiner Kreis von professionellen Diplomaten heraus, die von ihren jeweiligen Mächten sukzessive für verschiedene Aufenthalte eingesetzt werden konnten.

Das ständige Gesandtsschaftswesen diente vor allem zwei Zielen: Repräsentation und Information. Der Botschafter sollte zum einen Bündnispartner gewinnen sowie »Freundschaften erhalten« und zum anderen Informationen über die Lage vor Ort erschließen und nach Hause senden. In der heimatlichen Kanzlei wurde von diesen beiden Funktionen die hauptsächliche Bedeutung der Informationserhebung zugemessen. Die Gewinnung von Wissen stand also im Zentrum dieser neuen Einrichtung. Da alle der drei hier behandelten Mächte im Rahmen ihrer zuvor geschilderten

---

8 Siehe zum folgenden Mattingly, *Renaissance Diplomacy*; Spuler, *Die europäische Diplomatie in Konstantinopel bis zum Frieden von Belgrad*; Lanzer, *Das Gesandtschaftswesen im Westen*; Höflechner, *Die Gesandten der europäischen Mächte*; Gollwitzer, *Zur Geschichte der Diplomatie im Zeitalter Maximilians I.*; Lazzarini, *L'informazione politico-diplomatica nell'età de pace di Lodi*; Lutter, *Politische Kommunikation an der Wende vom Mittelalter zur Neuzeit*; Frigo, *Politics and Diplomacy in Early Modern Italy*.
9 Bull/ Watson, *The Expansion of International Society*.
10 Mattingly, *Renaissance Diplomacy*.

Beziehungen diplomatische Kontakte zur Pforte unterhielten, stellt sich die Frage, wie dieses Wissen beschaffen war und welchen Einfluß es auf das gedruckte Korpus ethnographischen Wissens nahm.

Laut Mattingly bestand die diplomatische Wissensproduktion, wie sie sich in der italienischen Entwicklungsphase des ständigen Gesandtschaftswesens herausbildete, aus zwei Formen von Berichten: den aktuellen Tagesberichten, den sogenannten *dispacci* sowie zusammenfassenden Hintergrundberichten. Ein fleißiger Botschafter, so Mattingly, schrieb täglich einen Bericht nach Hause, in dem er über die aktuelle Lage berichtete, Unterhaltungen schilderte, politische Analysen einschloß, erhaltene wichtige Dokumente inserierte und auch allgemeine Gerüchte zu Papier brachte. Der venezianische Botschafter in Rom brachte es innerhalb eines Jahres auf 472 solcher Dispacci.[11] Daneben wurde der Botschafter verpflichtet – im Florentiner Fall in einem Rhythmus von zwei Monaten – weitere Berichte zu verfassen, in denen er allgemeiner über Hintergründe berichtete, Charakter und Motive wichtiger Personen und Fraktionen zu einer Analyse der jüngsten Entwicklungen zusammenfaßte und Ratschläge für weitere Handlungsstrategien gab. Wir werden im folgenden sehen, in welcher Form dieses Schema auf die diplomatische Berichterstattung über die Pforte übertragen wurde.

3. Venedig

Die diplomatischen Rahmenbedingungen

Venedig war das unbestrittene Informationszentrum über die Osmanen in Westeuropa. Kissling hat in bezug auf die Bedrohung des venezianischen Seereiches durch die Osmanen darauf hingewiesen, daß der Faktor der äußeren Bedrohung jedoch mitnichten notwendigerweise eine umfassende Erhebung von Informationen über den Gegner zur Folge gehabt habe, da beispielsweise die gleichfalls bedrohten Ungarn und österreichischen Habsburger kein vergleichbares Informationsnetz vorzuweisen gehabt hätten – ein Argument, welchem ich mich, wie bereits ausgeführt, zumindest für die Habsburger nicht anschließen kann. Die herausragende Einzigartigkeit des venezianischen Nachrichtennetzes, so Kissling weiter, sei vielmehr darauf zurückzuführen, daß Venedig als Handelsrepublik ein permanentes Netz von Kontakten und Informationen unterhielt, und zudem jeder venezianische Kaufmann einen funktionierenden Informationsfluß in seinem persönlichen Interesse gesehen habe. Venedig habe damit von vornherein – anders als Territorien mit einem feudalen Agrarsy-

---

11 Ebd., S. 110.

stem – über das Personal und die Strukturen für ein permanentes und umfassendes Informationsnetzwerk verfügt.

Im Gegensatz zu dieser These vertritt Paolo Preto in seiner Studie über die Geheimdienste Venedigs die Auffassung, daß Venedig zwar eine gewisse Vorreiterrolle auf diesem Gebiet gehabt habe, andere italienische Kommunen jedoch ähnliche Netze entwickelten und beim allmählichen Übergang zum Territorialstaat auf innenpolitische Zwecke übertrugen, wie es insbesondere im toskanischen Großherzogtum Cosimos I. zu sehen ist.[12]

Damit deutet sich bereits an, was sich im Verlaufe dieser Untersuchung noch an anderen Punkten bestätigen wird: Im venezianischen Seereich wurden parallel zu anderen italienischen Handelsrepubliken sowie der Kurie Strukturen für eine umfassende Informationserhebung entwickelt, auf einem einzigartig hohen Niveau perfektioniert und über die italienische Halbinsel hinaus nach Istanbul erweitert. Hierbei hatte die im Konsulatswesen geronnene kaufmännische Interessenvertretung vor Ort eine wichtige institutionelle Vorreiterrolle gespielt. Es sollten jedoch dann die frühmodernen Territorialstaaten sein, die diese Mechanismen erfolgreich in ihr politisches System integrierten, während Venedig selbst in seiner politischen Bedeutung von eben jenen Territorialstaaten auf den zweiten Rang verwiesen wurde.

Für das 15. und 16. Jahrhundert hatte Venedig daher eine unangefochtene Führungsstellung inne, wenn es darum ging, umfassende Informationen über das Osmanische Reich zu erhalten und zu strukturieren. Lange bevor andere Staaten ständige Botschafter an die Pforte schickten, besaß Venedig im Bailaggio von Konstantinopel eine gut eingespielte Institution und war damit seinen späteren Konkurrenten um mindestens 80 Jahre voraus. Zudem waren muslimische Einflüsse anders als in mitteleuropäischen Staaten im Stadtbild Venedigs seit langem bereits präsent.[13]

Diese Position ging letztlich auf den Beginn des 13. Jahrhunderts zurück, als sich die Markusrepublik nach der Eroberung Konstantinopels jene berühmten, in buchhalterischen Termini benannten »drei Achtel« des byzantinischen Reiches aneignete und damit die Grundlage für sein Seereich legte. 1205 wurde das Amt des *podestà*

---

12 Preto, *I servizi segreti di Venezia*, hier S. 25ff. Die gleiche Auffassung vertritt Mantran, *Venise, Centre d'information*.

13 Howard, *Venice and the East*. Ein weiteres Beispiel für Gemeinsamkeiten im östlichen Mittelmeerraum auf dem Gebiet der Architektur zeigt die eindrückliche Studie von Gulru Necipoglu-Kafadar, die eine Art von kompetitiven indirekten Dialog zwischen Sinan, dem Stararchitekten Süleymans, und Michelangelo und Leonardo da Vinci nachzeichnet, in dessen Kontext nicht zuletzt die Kuppel des Petersdoms zu sehen ist. Necipoglu-Kafadar, *Centralized Domed Spaces in Mediterranean Religious Architecture: Thoughts on Ottoman and Italian Renaissance Parallels*. Vortrag beim 4th Mediterranean Social and Political Research Meeting, Florenz im März 2003 im Workshop von Anthony Molho und Cemal Kafadar *The Mediterranean. A Sea that Unites/ A Sea that Divides*. Eine Veröffentlichung dieser Vorträge war geplant.

veneziano e despota a Costantinopoli eingerichtet, der fortan die venezianischen Interessen am Bosporus vertrat. Als 1261 die Palaiologen die byzantinische Herrschaft in Konstantinopel wieder errichteten, blieb das Amt des venezianischen *podestà* bestehen, der Titel wurde jedoch in *Bailo* umgewandelt.

Wie oben bereits erwähnt, lag es nach 1453 in osmanischem wie venezianischem Interesse, den venezianischen Levantehandel aufrecht zu erhalten. Bartolomeo Marcello eröffnete daher die Reihe der venezianischen Baili unter den Osmanen in Istanbul. Die Kapitulationen von 1454 garantierten allen venezianischen Kaufleuten den freien Zugang zum Osmanischen Reich – ein einzigartiges Privileg, da alle anderen Reisenden vom Sultan jeweils einen *aman*, einen Begleitbrief, erbitten mußten, der ihnen die Einreise gestattete.[14]

Die Lage des venezianischen Seereiches machte das Amt des Bailo zur wichtigsten und überaus prestigeträchtigen Position im venezianischen auswärtigen Dienst. Der Bailo mußte das venezianische Monopol im Levantehandel verteidigen, das Kräftegewicht zwischen Spanien und den Osmanen im Mittelmeer so geschickt wie möglich zugunsten Venedigs beeinflussen, und den Schaden durch die osmanischen Eroberungen und die weit verbreitete Piraterie so weit wie möglich zu begrenzen suchen. Die große Bedeutung, die die Serenissima diesem Amt beimaß, läßt sich auch daran erkennen, daß der Bailo nicht wie andere Botschafter vom Senat, sondern vom Großen Rat gewählt wurde. In der Regel kamen als Kandidaten nur hochkarätige Diplomaten in Frage, für die das Amt entweder den Höhepunkt ihrer Karriere darstellte oder aber, wie vor allem im Falle der späteren Dogen Andrea Gritti und Leonardo Donà, weitere hohe Positionen der Markusrepublik eröffnete.

Der Bailo hatte vor Ort vor allem zwei Funktionen zu erfüllen: Er war einerseits der diplomatische Vertreter der Serenissima an der Pforte und nahm zum anderen eine Schutzfunktion über die im Osmanischen Reich ansässigen oder durchreisenden Venezianer wahr. Generell vertrat er die Handelsinteressen Venedigs im östlichen Mittelmeerraum und ernannte die venezianischen Konsuln in der Levante. Zudem war er, zusammen mit seinem Sekretär, für die ständige Berichterstattung zuständig.

Der neu gewählte Bailo, dessen Stab einschließlich von Sekretären, Dragomanen und Ärzten aus 40 Personen bestehen konnte,[15] nahm nach seinem von Janitscharen und Spahis eskortierten und aufwendig inszenierten Einzug in die Stadt seine Residenz in den Gebäuden der venezianischen Botschaft in Pera – ein Zeremoniell, das davon zeugt, daß dieses Amt auch eine Repräsentationsfunktion im Ausland auszufüllen hatte und welches überdies zunächst nur den Venezianern vorbehalten war.[16]

---

14 Siehe Inalcik, *Imtiyazat*.
15 Dies entsprach nach europäischen Maßstäben des 16. Jahrhunderts einer lediglich mittelgroßen Mission; die Gesandtschaften von Großmächten innerhalb Europas bestanden aus bis zu 150 Personen. Siehe Picard, *Gesandtschaftswesen Ostmitteleuropas*, S. 63.
16 Luchetta, *Il mondo ottomano*, S. 44.

Nach seinem Empfang an der Pforte bekam der Bailo den Sultan selbst in der Regel im späteren diplomatischen Alltagsgeschäft nicht mehr zu Gesicht, sondern verhandelte zumeist mit dem Großwesir und anderen Amtsträgern. Je nach politischer Lage fand sich der Bailo wie andere europäische Botschafter in Arrest genommen, abgesehen vom permanenten Verdacht der Pforte, daß er sein Amt für Spionage mißbrauchte. Zieht man zudem die Gefahren in Betracht, die während der Reise selbst drohen konnten – von Vicenzo Gradenigos Gesandtschaft kamen auf der Reise nach Istanbul 18 Personen ums Leben, bevor Gradenigo selbst kurz nach seiner Ankunft seiner Krankheit erlag[17] – so wird deutlich, daß selbst der herausragende Status Venedigs an der Pforte die Diplomaten der Löwenrepublik nicht vor jenen Risiken schützte, die alle europäischen Diplomaten am Bosporus in Kauf nehmen mußten.

Neben den diplomatischen Funktionen übte der Bailo die zivile Gerichtsbarkeit für alle Venezianer im Osmanischen Reich aus und konnte gegebenenfalls den *subbashi* von Pera für die Exekution seiner Urteile heranziehen. Christiane Villain-Gandossi hat anhand von osmanischen Quellen gezeigt, daß die Osmanen die zivile Gerichtsbarkeit des Bailo über Venezianer nie anzutasten versuchten, sondern vielmehr Streitigkeiten zwischen zwei christlichen Parteien an den Bailo überwiesen.[18] Der Bailo schlichtete daher nicht nur zwischen Venezianern zivilrechtliche Konflikte, sondern wurde häufig auch von anderen Christen, die sich in Istanbul aufhielten, um Rechtsprechung gebeten.

Der Bailo führte seine Geschäfte für zwei Jahre. Während der osmanisch-venezianischen Kriege blieb das Bailaggio in der Regel vakant. Für den Abschluß von Friedensverträgen wurden außergewöhnliche Botschafter, *oratori*, an die Pforte entsandt, die auch beim Amtsantritt eines Sultans zur Erneuerung des Friedensvertrages zum Einsatz kamen oder für hohe Feierlichkeiten wie Sultanshochzeiten abgeordnet worden. Obgleich die Pforte den Bailo im Hinblick auf eine eventuelle Spionagetätigkeit sehr genau beobachtete, fand dieser doch zumeist Wege, zumindest die entsprechende Tätigkeit anderer Agenten zu koordinieren, wofür seine ständige Präsenz am Bosporus unabdingbar war.

Venedig hatte institutionell wie personell die weitaus besten Voraussetzungen, um Informationen über das Osmanische Reich zu erhalten. Keine andere europäische Macht maß dem diplomatischen Dienst an der Pforte ein solches Prestige bei und war bereit, solch hohe finanzielle Summen für diesen bereitzustellen. Die Effizienz des venezianischen Nachrichtennetzes rechtfertigte diese Investitionen ohne Zweifel. Bis heute gelten die venezianischen Dokumente als unentbehrliche Quellen für die Ge-

---

17 Brown S. 9ff. Einige der venezianischen Patrizier waren aufgrund der gesundheitlichen Risiken, die ihnen durch die Reise, aber auch durch das Amt selbst drohten, abgeneigt, zum Bailo ernannt zu werden (Dursteler, *The Bailo in Constantinople*, S. 15ff).

18 Villain-Gandossi, *Contribution*.

schichte des Osmanischen Reiches – eine Ironie des Orientalismus, wenn man be-denkt, unter welchen Umständen diese Quellen im 16. Jahrhundert entstanden.

Die Form der Berichterstattung[19]

Die Berichterstattung des Bailo an die Löwenrepublik bestand aus zwei Elementen: den wöchentlichen Depeschen (*dispacci*), die über die aktuellen Tagesgeschäfte referierten, und den Relationen. Dies entsprach im Wesentlichen der diplomatischen Wissensproduktion, wie sie von Mattingly für die italienische Entwicklungsphase des ständigen Gesandtschaftswesens geschildert worden ist. In Venedig wurden jedoch die umfassenden Hintergrund- und Endberichte einer diplomatischen Mission zu einem eigenen Genre, den sogenannten (venezianischen) Relationen, ausgebildet, die eine besondere Form annahmen. Die venezianischen Relationen wurden seit dem 16. Jahrhundert schriftlich tradiert und bildeten bis zum Ende des 18. Jahrhunderts einen festen Bestandteil des (wenn auch exklusiv adligen) politischen Lebens in der La-gune. Bei den Relationen handelt es sich um Reden, in denen der Botschafter bei seiner Rückkehr nach Venedig dem Senat einen allgemeinen Überblick über das von ihm besuchte Land präsentierte. Diese Vorträge dienten zur Information und politi-schen Allgemeinbildung der Senatsmitglieder und erneuerten fortwährend das politi-sche Selbstverständnis Venedigs. Mit diesem politischem Ritual hatte die Serenis-sima für ihre politische Führungsklasse einen *specchio del mondo* entworfen, in dem die Vielfalt der Staatssysteme letztlich nur die herausragende Einzigartigkeit der Löwenrepublik bestätigen konnte.

Im Gegensatz zur diplomatischen Informationserhebung auf der italienischen Halbinsel wurden die Dispacci in Istanbul nicht täglich verfaßt und abgesandt, son-dern aufgrund des längeren Transportweges ein bis zweimal wöchentlich verfertigt, so daß in der Regel pro Monat fünf bis sechs Dispacci aus Istanbul in Venedig eintra-fen. Für die Amtszeit von Vettore Bragadin, der vom 12. Juli 1564 bis zum 15. Juni 1566 als Bailo in Istanbul tätig war, sind im *Archivio dello Stato* 75 Dispacci und vierzehn weitere Briefe überliefert, während ein zeitgenössisches amtliches Register des Senats 141 Berichte verzeichnet.[20]

Im *Archivio dello Stato* in Venedig sind die Dispacci erst ab der Mitte des 16. Jahrhunderts in diesem Umfang überliefert.[21] Die Dispacci aus Istanbul unterlagen

---

19 Siehe zum folgenden Brown, *Venetian Diplomacy;* Antibon, *Le Relazioni;* Valensi, *Venezia;* Villain-Gandossi, *Dépêches chiffrées;* sowie Carbone, *Note introduttive di dispacci al senato dei rappresentanti diplomatici veneti;* Toscani, *Etatistisches Denken.*

20 Villain-Gandossi, *Dépêches chiffrées*, S. 65.

21 Siehe dazu die Bestände im *Archivio di Stato di Venezia: Senato, Deliberazioni Constantinopoli, Dispacci da Costantinopoli* sowie die *Relazioni degli ambasciatori in Turchia.*

wie die Depeschen anderer venezianischer Botschafter einem formalen Schema, welches aus der *salutatio*, der *datatio* (dem eigentlichen Textteil) und der *subscriptio* bestand.[22] Der eigentliche Text war ganz am Tagesgeschehen ausgerichtet, häufig war anderes Material (relevante Korrespondenzen, Memorialen, Avvisi, Vertragskopien etc) inseriert.

Am 30. November 1565 berichtete Bragadin in einer Depesche (die übrigens von der Pforte abgefangen wurde und heute in den Archiven des Topkapi Saray liegt) über sein Bemühen, die Freilassung von christlichen Gefangenen mit der Pforte auszuhandeln, wobei er es nicht versäumte, darauf hinzuweisen, daß er in dieser Sache mit der gebotenen Rührigkeit tätig gewesen sei:

»Serenissimo Principe. Il giorno che fui col Magnifico Bassà [...] feci da novo ofici con lei per la liberazione de li homeni tolti al Zante dal Magnifico Mustafa Bassà, dolendomi grandemente che sia a questo modo, operato contro la pace che ha Vostra Serenità con questo signor, tendendoli li suddíti di lei contra li eccelsi capitoli et contra ogni dover et ragione, in misera servitu et a morire de fredo et di fame. Lo era morto uno di loro il giorno avanti et moririano tutti in poco tempo. Per con tutto che io parlassi gagliardamente et mostrassi lu rissentimento non volse mai, Sua Magnifitientia dir altro se no che venissero li schiavi fugiti, che questi mi sariano consignati, ne mi volse allegar li capitoli, ne usar ragioni che mai volse dir altramente Io ho scripto per altre mie qui allegate copiosamente et particolarmente tutto quello che vogliono li travagliosi negoci che mi sono ocorsi trattar: acció Vostra Serenitá veda la diligentia che ho usata et la patientia che ho avuto di andar a tornar più volte dal Bassà.«[23]

Die Dispacci spiegelten die Amtsgeschäfte des Bailos der jeweiligen Woche wider. Die Depeschen Bragadins schildern zu Beginn den Verlauf seiner Reise und insbesondere seiner Krankheit, die ihn nach seiner Ankunft plagte. Im Laufe der folgenden zwei Jahre berichtete Bragadin über die wichtigen Ereignisse in der Levante: die Belagerung Maltas und die Repressalien durch die Osmanen, die Razzien an der neapolitanischen Küste, die Spannungen zwischen dem venezianischen Dalmatien einerseits und dem osmanischen Bosnien und der Herzegowina andererseits, die Auseinandersetzungen mit den Uskoken, die Vorbereitung des osmanischen Feldzuges und der folgende Verlauf der Belagerung von Sezget. Auch die jeweilige Konstellation des europäischen Mächteverhältnisses floß in die Schilderungen mit ein. Darüber hinaus fanden Informationen über militärische Rüstungen, den Handel, die Geldströme sowie Details aus dem täglichen Geschäftsablauf der diplomatischen Residenz Eingang in die Dispacci.[24] Zudem wurden in der Schilderung dieser Ereignisse und Begebenheiten in den Dispacci auch die Struktur der Pforte, der Regie-

---

22 *Dispacci degli Ambasciatori al Senato. Indice.* Archivio dello Stato di Venezia, Rom 1959, S. VIII.
23 Villain-Gandossi, *Dépêches chiffrées*, S. 84.
24 Ebd.

rungsorgane und der Provinzen erwähnt, wenn auch nicht in Form einer systematischen Synthese, sondern als gelegentliche Bemerkungen am Rande.

Von der Epistemologie des 16. Jahrhunderts gesehen, haben wir in den Dispacci also keine Dinge, sondern Nova vorliegen, die von konkreten, einmaligen Ereignissen aus der jüngsten Vergangenheit berichten. Die Dispacci entsprechen damit dem Genre der Avvisi und der Newen Zeitungen im gedruckten Wissenskorpus, wobei letztere in enger Abhängigkeit von der tages- oder wochenaktuellen Berichterstattung der Diplomaten entstanden.

Im Unterschied zu den Nova, die in den Avvisi und den Newen Zeitungen gedruckt wurden, waren die Nova in den Dispacci jedoch für den internen Gebrauch der Löwenrepublik bestimmt. Erst in einem weiteren Schritt wurden selektierte Informationen für den öffentlichen Nachrichtenmarkt oder für andere ausgewählte europäische Diplomaten zur Verfügung gestellt. An der Autorschaft der Dispacci gab es überdies keinen Zweifel. Ihre chiffrierte Form garantierte die unmittelbare Übertragung der Nachrichten von ihrem Verfasser zu ihrem bestimmten Adressaten, ein Vorteil der Chiffrierkunst, wie sie 1472 von einem Florentiner gerühmt wurde:

»E molto [...] utile il poter esprimere i suoi concetti à qualch'uno de suoi agenti che tia [sic] lontano, talmente che eccetto che quel tale, nessuno altro, et sia qual si voglia, possa in modo alcuno intendere o cavare construtto di quel che altri gli harrà scritto.«[25]

Neben den Informationen, die der Bailo beschaffte, verfügte Venedig über ein weitgespanntes Netz an Agenten unterschiedlicher Herkunft. Venezianische Kaufleute und Unternehmer bildeten die eigentlichen Knotenpunkte dieses Netzes. Aber auch viele Nichtvenezianer – Griechen, Juden (vor allem jüdische Ärzte, die weitgehenden Zugang zum Serail hatten, waren eine wertvolle Informationsquelle), Renegaten und Reisende jeder Art wurden flexibel in dieses Netz integriert. Die Agenten berichteten über Interna wie Waffenproduktion, Militärbewegungen, von Vorgängen zur See etc. In der venezianischen Kanzlei wurde dieses Material geordnet und ausgewertet. Für unseren Zusammenhang ist es dabei von Bedeutung, daß dieses Material in der Regel weder über das intellektuelle Leben im Osmanischen Reich berichtete, noch religiösen Praktiken oder Dogmen Beachtung schenkte.

Die Relationen hatten hingegen einen ganz anderen Charakter. In diesen Vorträgen präsentierten die Baili die Gesamtessenz ihrer Erfahrungen, verbunden mit einem Überblick über die Strukturen des Osmanischen Reiches. Die Relationen enthielten oft das Itinerar, gingen zuweilen auch auf zentrale Verhandlungsabläufe oder das Mächteverhältnis in der Levante ein, bevor oder nachdem der Bailo auf die Interna im Osmanischen Reich zu sprechen kam. Die Übergänge zwischen den einzelnen Passagen wurden dabei häufig gekennzeichnet, die Informationen über das Osmanische Reich in zusammenfassende Kategorien eingeordnet:

---

25 Alberti, *Opuscoli morali.* Zitiert nach Villain-Gandossi, *Dépêches chiffrées*, S. 56f.

»Avendo detto sin qui, se ben assai succintamente, della origine del Signor Turco, del numero e qualità dei suoi regni, delle forze così terrestri come marittime che trattiene, non solo per propria difesa, ma anco per offender altri, dell'abbondanza dei viveri che a il paese, della qualità dei popoli, della loro religione, della forma della giustizia con la quale son governati, e finalmente dell'entrate e delle spese di quel signore, parlerò ora della persona sua e del modo del governo del suo imperio, nella qual parte tocherò una parola dell'origine e successi della guerra di Persia, e di alcuni accidenti occorsi nel tempo del mio baillagio, aggiungendovi quello che per congetture si può credere dei pensieri e disegni dei Turchi e delle intelligenze loro con altri principi con che darò fin al mio discorso.«[26]

Antonio Tiepolo faßt die von ihm geschilderten Bereiche in seiner Relation wie folgt zusammen:

»Sara il mio raggionamento diviso in quattro parti più principale. Il primo discorrerà della richezza e del modo che tiene il Gran Signore nel conseguirla; il secondo dirà della militia di terra e di mare; il terzo dimostrerà la natura di quel governo, la natura di quei che governano, e la natura del Gran Signore. Il quarto ed ultimo, il modo il quale io credo esser bene tenersi dalla serenità vostra per en riuscir ne' negozij, ma quel che più importa per mantener la pace col Signor Turcho.«[27]

Hier liegt also eine Ordnung der Dinge vor, die in ihren Hauptkategorien benannt werden. Die hauptsächlichen Felder, die die Baili schildern, betreffen den Sultan und die Pascha, den Aufbau der Regierung und die Struktur der Provinzen, das Militärwesen sowie die Einkommen und Ausgaben der Pforte. Die Bereiche der Religion und der Sitten und Gebräuche werden hingegen nur gelegentlich angesprochen. Damit entsprachen die abgedeckten Felder im Großen und Ganzen den Interessengebieten der allgemeinen Informationserhebung an der Pforte: Nova wie Dinge berührten dieselben Bereiche. Wie wir in Kapitel 6 noch sehen werden, deckte allerdings die diplomatische Wissenserhebung nur einen Ausschnitt aus der Bandbreite des ethnographischen Wissens ab, wie es uns im gedruckten Wissenskorpus entgegentritt.

Die Relationen stellen ein Genre des ethnographischen Wissens dar, welches ganz und gar von den politischen Institutionen eines Staatengebildes hervorgebracht worden war. Es ist dabei für unseren Zusammenhang bemerkenswert, daß es die formalen Merkmale aufweist, die bei jenem ethnographischen Wissen auftreten, welches nicht im diplomatischen Kontext entstanden war: Die *Dinge* wurden einer Ordnung unterworfen und in Kategorien geordnet präsentiert.

Anhand des Verhältnisses von Dispacci zu Relationen läßt sich zudem erkennen, in welchem Verhältnis Nova und Dinge zueinander standen: Die tagespolitisch aktuellen Nachrichten in den Dispacci standen den Informationen über strukturelle Gegebenheiten in den Relationen gegenüber. Während erstere als Nova in ihrer Generie-

---

26 *Relation Gianfrancesco Morosino 1585*, in: Albèri, *Relazioni* III, 3, S. 279.
27 *Relation Antonio Tiepolo 1576*, in: Albèri, *Relazioni* III, 2, S. 132.

rung unmittelbar in die Tagesgeschäfte des Bailo eingebettet waren, welche die Aneinanderreihung der einzelnen Informationen vorgaben, wurden die Relationen als
Abschlußberichte abgefaßt, in denen die Dinge in gekennzeichneten Kategorien
präsentiert wurden.

Dabei steht die Einbettung dieses Wissens vor allem im Zeichen des Existenz-
kampfes des bedrohten venezianischen Seereiches. Die Baili beginnen in der Regel
ihre Vorträge mit einem Verweis auf die Größe des Osmanischen Reiches und seiner
weiten Grenzen:

»[Il Sultan Solimano] è patrone di gran parte del mondo; conciosiachè in Affrica confina con sua
cattolica maestà per Orano ed altri suoi luoghi [...].«[28]

»Dugento settanta e più anni sono, che prese nome e regnò la casa ottomana [...]. [...] nello spazio di
questi pochi anni, con la successione di dodici imperatori l'un dopo l'altro, è salito l'imperio di
questa casa a tanta grandezza che chi ha riguardo al numero degli imperii e dei regni, ed al grandis-
simo spazio di terra che tiene in Europa, Affrica et Asia, par che possa con fondamento affermare, lui
con ragione minacciar tutto il mondo.«[29]

Auch wenn die Osmanen die gesamte Welt bedrohten, sei es in erster Linie die Serenissima, welche an ihren Grenzen dieser Bedrohung ausgesetzt sei:

»Di tutte le materie che si possono trattar in questo Eccellentissimo consiglio, niuna è di tanta im-
portanza nè degna di cosi grande attenzione, come quella dove si tratta della grandezza del Gran
Turco [...]. Perchè avendo questo Serenissimo Dominio così lunghi confini con quel Signore, ed
essendo egli quel solo dal quale si possono tenere offese importanti, non si deve mai un buon sena-
tore stancare in udir ogni particolarità di quelle parti volentieri, per restar quanto più si possa del tutto
ben informato, e per poter nelle occasioni saper il modo più facile per conservarsi in pace con
quell'Imperio quanto più lungamente si potrà.«[30]

Es sind also vor allem die Größe des Osmanischen Reiches und die zu beobachtende
fortwährende weitere Expansion auf Kosten des venezianischen Seereiches, welche
hier an erster Stelle genannt werden, damit »ein guter Senator niemals müde werden
dürfe, sich so weit wie möglich zu informieren«, um die für Venedig so zerstöreri-
schen Kriege aufzuhalten. Heilsgeschichtliche Überlegungen über einen zerstöreri-
schen Antichrist oder die mögliche Verführung christlicher Seelen kommen in den
Relationen nicht vor. Auch das Konstrukt einer gesamtchristlichen Bedrohung Europas taucht nur am Rande auf, es geht hier vor allem um das Territorium der Löwenrepublik, welches bedroht wird.

Diese Darstellung der osmanischen Expansion deckt sich mit meiner Bewertung
der Bedrohung Venedigs in Kapitel 3. Wenn der Große Rat den Ausführungen des
Bailo zuhörte, so bekamen die venezianischen Patrizier nicht wie die Fürsten auf den

---

28　*Relation Daniele Barbarigo* 1564, in: Albèri, *Relazioni* III, 2, S. 1.
29　*Relation Antonio Tiepolo* 1576, in: Albèri, *Relazioni* III, 2, S. 131.
30　*Relation Gianfrancesco Morosini* 1585, in: Albèri, *Relazioni* III, 3, S. 253.

deutschen Reichsversammlungen Ausführungen über *Türkengreuel* und die Bedrohung des Seelenheils der gesamten Christenheit zu hören, sondern nur jenen Ausschnitt aus der *Türkengefahr*, der sich nach heutiger historiographischer Auffassung
mit der osmanischen Expansion deckt. Die Informationen, die der Bailo präsentierten, lagen im existentiellen Interesse Venedigs. Vom Motivpaar des *utile et dolce*
kam daher vor allem das erste Element zum Tragen, wobei der Topos der Nützlichkeit zur Notwendigkeit gesteigert wurde, die hier zum hauptsächlichen Selektionskriterium avancierte:

»In questo ragionamento tutto quello, che saprà io certo, per certo sarà anco posto da me, siccome
anco dubio quello che sarà in dubbio, procurando non lasciar cosa, che sia necessaria, ma ben fug-
gendo tutto il superfluo per non riuscirle tedioso ed ingrato.«[31]

Das in den Relationen präsentierte Wissen fand zudem in ganz Europa Verbreitung.
Denn obgleich die Relationen als Geheimsache galten und nicht zur Veröffentlichung
bestimmt waren, kursierten sie in einer großen Anzahl von (nicht immer sehr wort-
getreuen) Abschriften in ganz Europa. Die heutigen Bestände venezianischer, aber
auch kurialer Relationen in den Bibliotheken von Oxford, London, Paris, Rom und
Florenz fanden zumindest teilweise bereits im 15. und 16. Jahrhundert Eingang in die
jeweiligen Sammlungen.[32] Aus diesem Fundus veröffentlichte 1589 die *Accademia
italiana* angeblich in Köln unter dem Titel *Thesoro politico* sieben Relationen,
darunter eine aus dem Osmanischen Reich.[33] Diese Sammlung wurde in mehreren
Auflagen gedruckt (Bologna 1595, 1598, Mailand 1600), ins Französische und
Lateinische übersetzt sowie um zwei weitere Bände (Bologna 1603 und Serravalle
1605) ergänzt und mit folgendem Vorwort der Leserschaft präsentiert:

»Questo libro nel quale, benigno lettore, hai sotto una meravigliosa eloquenza l'intiera notitia degli
Affari et interessi de' Principi si era cominciato à stampare per farne parte al mondo, dandogli tutte le
materie separate: mà si è considerato che molto più grate saranno tutte insieme, ben che poco ordinate de i soliti numeri corrispondenze come ne gli altri libri.«[34]

Dem kurzen Vorwort folgt eine Abhandlung mit dem Titel *Delli fondamenti dello
Stato, et instrumenti del regnare, Discorso excellente.*[35] Der *Thesoro politico* zeigt
also, daß die Relationen über das Osmanische Reich den Relationen über europäische
Fürstenhöfe und einer darauf beruhenden allgemeinen Regierungslehre gleichgestellt

---

31 *Relation Antonio Tiepolo* 1576, in: Albèri, *Relazioni* III, 2, S. 132.
32 Antibon, *Le relazioni* S. 18.
33 Über die Entstehung und den Druckort dieses Kompendiums ist viel debattiert worden (als
   Druckort wird mit guten Gründen Paris angenommen). Siehe zur Zusammenfassung dieser Diskussion: Testa, *Alcune riflessioni sul Thesoro politico (1589).*
34 *Thesoro politico* 1589, Fol. Aiv. Siehe dazu auch Antibon, *Le relazioni*, S. 19f. und Rouillard,
   The Turk in French History, S. 360f.
35 *Thesoro politico* 1589, Fol. Aijr.

waren, auch wenn sie explizit unter dem Projekt des Türkenkrieges in das Kompendium eingereiht wurden.[36] Die von Albèri für das 16. Jahrhundert erstellten Zahlen von 39 überlieferten venezianischen Relationen über das Osmanische Reich gegenüber 27 Relationen über die Kurie, 23 über Frankreich und 18 jeweils über das Deutsche Reich und Spanien[37] zeigen darüber hinaus, daß das Wissen über die Osmanen formal wie inhaltlich nicht nur vollständig in das venezianische diplomatische Wissenskorpus integriert war, sondern zudem quantitativ an erster Stelle stand. Die im ersten Teil dieser Arbeit aufgestellte These, daß das ethnographische Wissen insgesamt einen seiner Hauptimpulse dem Kontext der osmanischen Expansion verdankt, wird durch diesen Befund bestätigt.

Auch für die Frage, wie in der Kategorisierung des Wissens die Ordnung der Dinge zum Tragen kam, finden sich erstaunliche Parallelen zur gelehrten Praxis. Denn wir haben mit der Ordnung des ethnographischen Wissens in bestimmten Kategorien in den venezianischen Relationen nicht nur den für die ethnographische Episteme charakteristischen Vorgang an sich vorliegen, sondern können auch einen Beleg für seine abstrakte Reflexion finden. In der Marciana befindet sich ein Manuskript, welches im 16. Jahrhundert vom Rat der Zehn unter dem Titel *Ricordi per ambasciatori con un epilogo breve de quelle cose che si recercano per fare una relazione* verfaßt wurde. Laut diesem Manuskript soll jede Relation folgende Bestandteile enthalten:

(1) Die Provinz
– Lage der Provinz mit antikem und modernem Namen, Lage in der Welt und im Himmel;
– in wieviel Königreiche oder kleinere Provinzen sie aufgeteilt ist;
– wichtigste Städte, berühmte Häfen, Festungen, Bischofssitze;
– wichtigste Flüsse, Berge, Wälder.

(2) Die Eigenschaften der Provinz
– Temperatur, Gewässer, Fruchtbarkeit, Erze, Tiere;
– ob das Land bergig, flach, waldig oder sumpfing ist;
– ob es einen »meraviglioso effetto della natura« gibt.

(3) Einwohner der Provinz
– ihre Sitten und Kleider;
– Farbe, Statur und »disposizione d'animo«;
– Religion;
– Ordnung des Militärs zu Wasser und zu Lande;

---

36 Ebd.: »Discorso dello stato presente del Turco, et modo di fargli una guerra Reale.«
37 Albèri, *Relationi*, Appendici. Florenz 1863.

- Künste, Handel und Reichtümer;
- Adel und Volk.

(4) Der Fürst
- Genealogie;
- seine Person, sein Leben;
- seine Sitten;
- seine Einkommen und Ausgaben;
- ob er von den Untertanen geliebt wird;
- seine Wache;
- die Größe seines Hofes;
- seine Freund- und Feindschaften.[38]

Diese Auflistung nimmt das gelehrte apodemische Schrifttum bereits vorweg. Ignazio Toscani hat darauf hingewiesen, daß dieses Kategorienschema von der *Politeia* Aristoteles' inspiriert wurde, die an der Universität von Padua, an der viele venezianische Patrizier ihre Ausbildung erhielten, unterrichtet wurde.[39]

Dieser Fund zeigt, daß gelehrte wie politische Praxis für das ethnographische Wissen parallele Ordnungsmechanismen entwickelten, ja daß angesichts der humanistischen Ausbildung der damaligen politischen Klasse die Trennung in gelehrte und politische Praxis künstlich erscheinen mag: Beide Teile waren untrennbar miteinander verflochten. Die Episteme des ethnographischen Wissens im 15. und 16. Jahrhundert war sowohl von intellektuellen Traditionen wie politischen Konstellationen geprägt: Es gab weder das reine gelehrte noch das reine politische ethnographische Wissen.

Das diplomatische Wissen in Bezug auf das gedruckte ethnographische Wissenskorpus

Reiseberichte

In der Auswertung der Bibliographie von Stéphane Yerasimos und anderer Sekundärliteratur[40] nach den eingangs erwähnten Kriterien ergaben sich die Zahlen aus den Tabellen 2 und 3 über die überlieferten venezianischen Reiseberichte aus den Gebieten des Osmanischen Reiches in den Grenzen von 1481.

---

38 Zitiert nach Antibon, *Le relazioni*, S. 16.
39 Toscani, *Etatistisches Denken*.
40 Antibon, *Le relazioni*; Valensi, *Venezia*; Luccetta, *Viaggiatori e racconti di viaggi nel cinquecento*; Lucchetta, *Il mondo ottomano*; Pinto, *Viaggiatori veneti in Oriente dal secolo XIII al XVI*.

Tabelle 2: Venezianische Reiseberichte nach Entstehungskontext aufgeschlüsselt (Manuskripte »MS« und Drucke »D«)[41]

	Relationen		Mitglieder dipl. Missionen		In engem Zus.hang mit dipl. Missionen entstanden		Pilger- berichte		Gefangenen berichte		Sonstige	
	MS	D	MS	D	MS	D	MS	D	MS	D	MS	D
a) in abs. Zahlen	46	1	2	2	10	./.	./.	./.	1	./.	6	3
Gesamt: 71	47		4		10		./.		1		9	
	MS	D	MS	D	MS	D	MS	D	MS	D	MS	D
b) in Prozent	64,8	1,4	2,8	2,8	14,1	./.	./.	./.	1,4	./.	8,4	4,3
Gesamt: 100	66,2		5,6		14,1		./.		1,4		12,7	

Tabelle 3: Anteil der Reiseberichte diplomatischer Provenienz am venezianischen Gesamtkorpus in Prozent:

	MS insgesamt	Drucke insgesamt	MS aus dipl. Kontext	Drucke aus dipl. Kontext
	91,5	8,5	81,7	4,2
Gesamt	100		85,9	

Von diesen 71 Reiseberichten wurden 61, das heißt 85,9 Prozent im unmittelbaren diplomatischen Kontext oder in enger Verbindung zu diesem verfaßt. Das venezianische Wissenskorpus beruhte damit im wesentlichen auf der diplomatischen Berichterstattung.

Die geringe Zahl der veröffentlichen Relationen überrascht nicht, zieht man das grundsätzliche Publikationsverbot in Betracht, welches den offiziellen Druck in Venedig unmöglich machte. Dagegen ist die Zahl von nur drei gedruckten Reiseberichten, die von Mitgliedern diplomatischer Gesandtschaften publiziert wurden, erstaunlich: 150 Jahre fast ununterbrochener venezianischer Präsenz im Osmanischen Reich mit der europaweit zahlenmäßig größten personellen Besetzung haben den europäischen Buchmarkt um ganze drei Druckwerke bereichert. Wir werden sehen, daß die diplomatische Tätigkeit sowohl Frankreichs wie der österreichischen Habsburger, deren informativer Gehalt unter dem des venezianischen Fundus deutlich

---

41 Für den Nachweis der einzelnen Reiseberichte siehe den Anhang dieses Kapitels.

zurückblieb, hier deutlich produktiver war, und zwar nicht nur in relativen, sondern auch absoluten Zahlen gerechnet.

Auch ein Blick auf die Liste jener Reiseberichte, die bis 1600 in mindestens fünf Auflagen erschienen sind und die Grundlage dieser Studie ausmachen (siehe Kapitel 5 sowie Anhang 5), weist einen erstaunlich niedrigen Anteil von Reiseberichten aus venezianischer Feder aus: Von den elf Autoren stammt lediglich Benedetto Ramberti aus Venedig; Luigi Bassano mag aufgrund seines Herkunftsortes Zara gleichfalls als venezianischer Untertan gezählt werden, wenngleich seine Beziehungen zur Serenissima offenbar nicht sehr ausgeprägt waren.[42]

Für das unangefochtene Informationszentrum über die Osmanen ist diese Bilanz überraschend: Obgleich die Informationspolitik Venedigs dem Osmanischen Reich aufgrund der politischen Konstellation am meisten Aufmerksamkeit schenkte, schlug sich dieses Interesse anders als in Frankreich und bei den Habsburgern nur in geringem Maße in eigenständigen Publikationen nieder. Offenbar war das Interesse durch die Relationen bereits abgedeckt, zumal ein ehemaliger Bailo, der seine Relation vor dem Senat vorgetragen hatte, nicht berechtigt war, seine Erfahrungen in anderer Form noch einmal zu Papier zu bringen. Dabei ist, wie oben erwähnt, zwischen offizieller Publikation im Druck und inoffizieller Zirkulation von Handschriften zu unterscheiden: Da die Relationen innerhalb der Patrizierfamilien Venedigs frei kursierten und von dort aus in ganz Europa in Umlauf gerieten, wurde das Geheimhaltungsgebot *de facto* umgangen. Diese Praxis erklärt auch, weshalb Rambertis Reisebericht im Kompendium Sansovinos anonym abgedruckt worden ist.

Der Beitrag, den die venezianische Diplomatie mit ihrem überaus reichem Fundus an Wissen in die Formierung eines ethnographischen Wissenkorpus über die Osmanen einbrachte, ist also weniger in gedruckten Publikationen zu suchen, als vielmehr in einem Pool von Informationen und der Vorgabe, wie diese Informationen kategorisiert werden konnten.

Kompendien

Aus der diplomatischen Tätigkeit Venedigs ist kein Kompendium über die Osmanen hervorgegangen. Der folgende Abschnitt soll dennoch kurz auf einschlägige Sammelwerke venezianischer Kompilatoren eingehen, um diese im eben skizzierten Kontext einzubetten.

Giovanni Battista Ramusio nahm in seiner Reisesammlung keine venezianischen Reiseberichte über das Osmanische Reich auf, sondern widmete seine Sammlung

---

42 Babinger, Einleitung zum Faksimile von Luigi Bassano.

ausschließlich Afrika und den beiden Indien. [43] Die Sammlung von Antonio Manutio enthält einen Reisebericht nach Tana (dem damaligen Außenposten der venezianischen Stützpunkte), zwei nach Indien und Persien, den Reisebericht Rambertis über das Osmanische Reich und schließlich den Bericht der Gefangennahme Antonio Barbarigos, [44] der Süleyman Pascha bei der Einnahme Dius in Indien begleitete.[45]

Das Genre der Reisesammlungen aus venezianischer Hand bestätigt damit den Befund, daß das Verhältnis von publizierten Reiseberichten aus dem Osmanischen Reich umgekehrt proportional zu der Reisetätigkeit der Venezianer stand. Dennoch brachte die Lagunenrepublik, die im 16. Jahrhundert den florierendsten Buchmarkt Europas beherbergte, auf dem Gebiet der Kompendien eine Innovation hervor, die sich von den Reisesammlungen unterschied.

Francesco Sansovino, einer der erfolgreichsten Druckerverleger in Venedig, veröffentlichte 1560/61 die bereits zitierte *Historia universale dell'origine et imperio de Turchi*.[46] Dieses Kompendien gehörte mit sieben weiteren Auflagen zu den erfolgreichsten Sammelwerken über die Osmanen im 16. Jahrhundert.

Sansovino war von seinem Vater Jacopo, dem Stadtarchitekten Venedigs, in ein ungeliebtes Rechtsstudium gedrängt worden. Er war Mitglied eines gelehrten Zirkels, der *Accademia degli Infiammati*. Dieser Zirkel um Pietro Bembo und Sperone Speroni hatte sich vor allem der Etablierung des Italienischen als Schriftsprache verschrieben und propagierte die Abfassung gelehrter Schriften auf Italienisch sowie die Übersetzung der antiken Klassiker aus dem Lateinischen. Als Sansovino schließlich 1560 eine der erfolgreichsten Druckerpressen Venedigs in Betrieb nahm, hatten sich seine gelehrten Neigungen durchgesetzt. Er war also eindeutig im intellektuell-unternehmerischen und nicht direkt im politischen Umfeld Venedigs verankert.

In Band 1 seiner *Historia universale* präsentierte Sansovino mit den Reiseberichten Menavinos, Georgejevic', Spanduginos und Rambertis (dem einzigen Bericht venezianischer Provenienz) den Kernbestand ethnographischen Wissens, der durch eine *Vita di Macometto,* der Epistola Pius II. (die die Aufforderung an Mehmed II. enthielt, zum Christentum überzutreten) und einem Überblick über das persische

---

43 Ramusio, *Navigazioni e viaggi.* Siehe dazu auch Milanesi, *Giovanni Battista Ramusios Sammlung von Reiseberichten des Entdeckungszeitalters, »Delle Navigazioni e Viaggi« (1550-1559) neu betrachtet.*

44 Dieser Bericht fällt jedoch nicht unter den von mir aufgestellten Kriterien (innerhalb der Grenzen des Osmanischen Reiches von 1481).

45 Manutio, *Viaggi fatti da Vinetia* 1543.

46 Siehe Bonora, *Ricerche su Francesco Sansovino;* Marazzini, *Un editore del '500 tra Bembo ed il parlar popolare;* Sforza, *F. Sansovino e le sue opere storiche;* Grendler, *Francesco Sansovino and italian popular history 1560-1600;* Luciani, *Sansovinos Concetti Politici and their Debt to Guicciardini;* Yerasimos, *De la collection de voyages à l'histoire universelle: La Historia Universale de'Turchi de Francesco Sansovino.*

Safawidenreich ergänzt wurde. Band 2 versammelte mit Cambini, Spandugino und Paolo Giovio drei häufig gedruckte Werke über die Geschichte des Osmanischen Reiches, die durch ergänzende Schriften vervollständigt wurden. Teil 3 war schließlich den Kriegsberichten gewidmet und enthielt den Reisebericht Luigi Bassanos. Sansovino plante offenbar, auch einen vierten Teil über die Religion der Türken zu veröffentlichen:

»ho pensato ancho di darvi fra poco tempo la Quarta parte, nella quale si contengono le cose della lor setta, et le confutationi della lor diabolica et perversa dottrina, con tutte le favole scritte da Maomet, per mandar in perditione i suoi seguaci [...].«[47]

Es ist aufschlußreich, daß Sansovino dieses Vorhaben trotz des großen Erfolges der drei ersten Teile seiner Historia nicht verwirklichte. Diese Absichtserklärung zeigt, daß die Informationen über religiöse Praktiken und Glaubensinhalte der Türken im Osmanischen Reiches zwar als relevant angesehen (und auch in Venedig mit abqualifizierenden Etiketten versehen wurden), aber auf Platz 4 verwiesen und letztlich offenbar als entbehrlich angesehen wurden. Wir haben also die folgenden Wissensgebiete im Kompendium Sansovinos vertreten:

- ethnographisches Wissen,
- Geschichte (durchgängig an Fürsten ausgerichtet),
- Kriegsberichte.

Der Satz, mit dem Sansovino sein Kompendium eröffnet, macht deutlich, daß die Größe des Osmanischen Reiches und die Disziplin seiner Untertanen Ausgangspunkt für die Herausgabe dieses Kompendiums waren.

»Tra i Principati del Mondo de quali noi habbiamo qualche notitia, ho sempre stimato degno di molta consideratione quello del Sig. Turco, percioche la sua infinita grandezza, la somma obedienza del popolo, e la felice fortuna di tutta la nation Turchesca è cosa mirabile a dire in che maniera et come facilmente sia venuta crescendo in poco spatio di tempo a tanta altezza di gloria et di nome.«[48]

Diese Einleitung zeigt, daß Sansovino wie die Baili in ihren Relationen zuallererst die militärischen Erfolge der Türken für bemerkenswert hielt:

»cosi è degno d'esser considerato prudentemente da ogni Principe Christiano, et specialmente da quegli che essendo potenti nelle cose della milita, hanno et sanno il modo da opporsi alle loro imprese.«[49]

In einem kurzen Kommentar zu Paolo Giovios Kompilation zur Kriegsgeschichte machte Sansovino den Nutzen der dargestellten Kenntisse noch deutlicher:

---

47 Sansovino, *Historia dei Turchi* 1561 Bd. 3, Vorwort.
48 Sansovino, *Historia dei Turchi* 1560 Bd. 1, Vorwort.
49 Sansovino, *Historia dei Turchi* 1561 Bd. 3, Vorwort.

»percioche egli accenna con quante genti per qual via, et con qual ordine si poteva passar a danni del Turco.«[50]

Nach Sansovinos eigener Definition ist hier ein Wissen versammelt worden, das für politisch-militärische Zwecke genutzt werden soll und explizit den *huomini dello stato* gewidmet ist. Sansovino wollte mit seinem Werk aber auch unterhalten. Er bezeichnet das dargebotene Wissen als »utile et dolce« – ein Topos, der sich in vielen ethnographischen Kompendien und Reiseberichten über das Osmanische Reich und über andere Länder findet. Auch in dieser Hinsicht ist das Wissen über die Osmanen epistemologisch den Nachrichten über andere Länder gleichgeordnet. Sansovino erweiterte also das in den Relationen zum *necessario* gesteigerte *utile* um das klassische Komplement des *dolce*, welches nicht zuletzt am Buchmarkt ausgerichtet war.

Wie in Kapitel 1 bereits erwähnt, gilt Sansovino auch als der Autor der ersten Staatenbeschreibung, eines Genres, das in der zweiten Hälfte des 16. Jahrhunderts aufkam. Auch die Staatenbeschreibungen stellten ihr präsentiertes Wissen in einen expliziten politischen Kontext. Die vorangegangenen Ausführungen zeigen, daß Venedig mit seinen kursierenden Relationen und Avvisi das ideale Umfeld für ein derartiges Genre bot. In besagter Staatenbeschreibung, die 1560 unter dem Titel *Del governo de regni et delle republiche antiche et moderne,* stellte Sansovino die Regierungssysteme von zehn Königreichen (Frankreich, England etc., darunter auch muslimische Staaten wie das Osmanische Reich, Persien und das Saᶜdierreich in Marokko), der Kurie und von zehn Republiken (Rom, Venedig, Nürnberg; aber auch Athen, Sparta und Utopia) vor. Das fünfte Buch, welches das Osmanische Reich beschreibt, behandelt folgende Sachverhalte und beruht im wesentlichen auf dem Reisebericht Rambertis:

– Umfang und topographische Lage von Konstantinopel und seine Gebäude,
– Ursprung der Türken und Ursprung der Ethnien *Marcalogli, Malcozogli* und *Euracasli,* sowie Sultansabfolge,
– Detaillierte Ämterliste des Serail,
– Ämterliste des *serraglio di donne* und des *serraglio di fanciulli,*
– Arsenal,
– Ämter der Provinzverwaltung (Beglerbeg und Sangiacchi).

Auch hier entspricht der Inhalt dem Profil, welches die Relationen aufweisen. Die Tatsache, daß mit Sansovino der Kompilator eines der meistverbreiteten Kompendien über das Osmanische Reich das Genre der frühneuzeitlichen Staatenbeschreibungen begründete, liegt in Sansovinos spezifischem venezianischem Hintergrund begründet. In der venezianischen Außenpolitik standen die Beziehungen zum Osmanischen Reich an erster Stelle: Unter den Ambassadoren hatte das Amt des Bailo das größte Prestige, und unter den Relationen standen die Berichte über das Osmanische

---

50 Sansovino, *Historia dei Turchi* 1560 Bd. 2, Vorwort.

Reich an erster Stelle. Insofern lag es nahe, daß ein Venezianer, der über die Art und Weise nachdachte, in welcher Form Staaten beschrieben werden könnten, das Wissen über das Osmanische Reich zum Ausgangspunkt seiner Überlegungen nahm.

Das Osmanische Reich hatte hier die Rolle eines statuierten Exempels, an welchem sich – gerade aufgrund der kulturellen Verschiedenheit, der größeren »Alterität« – aus der Distanz neue Beschreibungsmuster deutlicher formen ließen. Der indirekte Einfluß, den Venedig auf das ethnographische Wissenskorpus nahm, war daher beträchtlich, auch wenn der direkte Anteil der venezianischen diplomatischen Berichterstattung am gedruckten Wissenskorpus sehr gering war.

Schlußbemerkung

Wie Kapitel 3 gezeigt hat, war Venedig unter den europäischen Staaten, die nicht vollständig von den Osmanen erobert worden waren, von der osmanischen Expansion am meisten betroffen: Es verlor sein Seereich und wurde im 16. Jahrhundert zu einer zweitrangigen Landmacht. Venedig hatte also allen Anlaß, sein bereits zuvor hochentwickeltes Informationsnetz dieser neuen Lage anzupassen, um mit den altbewährten Mitteln zur Erlangung und Erhaltung des Handelsmonopols in der Levante den Niedergang so lange wie möglich aufzuhalten. Das Ergebnis war ein vielschichtiges Gefüge von Relationen, Dispacci und mündlichen wie schriftlichen Nachrichten von Agenten unterschiedlicher Art, die in der venezianischen Kanzlei zum Gesamtbild der aktuellen Situation zusammengesetzt und ausgewertet wurden.

In der Forschungsliteratur über die Apodemik wird die Druckerpresse als notwendige Voraussetzung für die Entwicklung des neuen epistemologischen Schemas angesehen: Erst die preiswerte und schnelle Vervielfältigungsmöglichkeit von Texten habe die neuen Wissensordnungen möglich gemacht.[51] In Venedig können wir nun gleichfalls einen Prozeß epistemologischer Kategorisierung beobachten, der – bevor die Druckerpresse erfunden war – mit der systematischen Erhebung und Auswertung von Informationen über andere Länder in Gang gesetzt wurde. Venedig hatte mit diesem Netz besondere Bedingungen geschaffen, die einen hohen Informationsumlauf garantierten, welcher seinerseits einer ständigen Bearbeitung bedurfte.

Mit dem Kategorierungsschema für die Relationen war damit aus der politischen Praxis, deren Träger zum großen Teil ihre Ausbildung an der Universität in Padua erhalten hatten, ein Ordnungsmuster ethnographischen Wissens erwachsen, welches die Apodemik später vor allem aus der gelehrten Tradition heraus formulierte. Venedig hatte damit die epistemologische Konfiguration des ethnographischen Wissens innerhalb seines diplomatischen Netzes entwickelt. In seinen beiden Kompendien übernahm Sansovino diese Wissenskonfiguration, beließ sie in ihrem politischem

---

51 Stagl, *A History of Curiosity.*

Kontext, öffnete sie jedoch gleichzeitig für andere Bedürfnisse des Buchmarktes, wie der *utile-et-dolce*-Topos zeigt.

Demgegenüber ist es erstaunlich, daß die diplomatische Tätigkeit der Löwenrepublik sehr viel weniger unmittelbare Spuren im gedruckten Wissenskorpus der Turcica hinterlassen hat, als wir es für die Habsburger und Frankreich ausmachen können: Der Gegensatz zwischen Frequenz und Qualität amtlicher Informationsgewinnung einerseits und produzierten Schriften für den Buchmarkt andererseits ist geradezu eklatant. Die Löwenrepublik hatte für den Buchmarkt strukturell wie inhaltlich den Boden für die Generierung ethnographischen Wissens über die Osmanen in Europa bereitet – bestellt wurde er hingegen nicht von ihren Amtsträgern, sondern von venezianischen wie nichtvenezianischen Gelehrten und den Diplomaten und Reisenden anderer Territorien.

4. Frankreich

Die diplomatischen Rahmenbedingungen

Im Gegensatz zu Venedig war Frankreich an der Pforte erst rund 80 Jahre später am Bosporus mit einem ständigen Gesandten vertreten. Die archivalische Überlieferung des diplomatischen Schrifttums ist für das 16. Jahrhundert anders als in Venedig und Wien, wo das *Archivio dello Stato* und das *Haus-, Hof- und Staatsarchiv* einen weitgehend in sich geschlossenen Bestand der diplomatischen Korrepondenz für die historische Forschung bereitstellen, vornehmlich in den Handschriftenfonds verschiedener Bibliotheken verstreut.[52] In den *Archives du ministère des affaires étrangères*, dessen Grundbestand erst 1680 von Charles Colbert de Croissy gelegt wurde,[53] liegen hingegen vergleichsweise wenig Quellen für das 16. Jahrhundert.[54] Eine systematische Studie, die die diplomatische Informationserhebung für Frankreich untersucht, bleibt daher ebenso wie eine noch ausstehende neue umfassende Monographie über die französisch-osmanischen Beziehungen ein Desiderat, umso mehr als die in Kapitel 3 zitierte Sekundärliteratur zu den einzelnen diplomatischen Missionen diesem Aspekt nicht viel Aufmerksamkeit widmet. Bei den nachstehenden Ausführungen stütze ich mich daher wie die anderen derzeitigen Forschungen auf die vierbän-

---

52 Das Archiv der Botschafter in Pera fiel 1709 einem Brand zum Opfer. (Charrière, *Négociations* Bd. 1, S. XVIII)

53 *Les archives du ministère des relations extérieures depuis les origines*, S. 16.

54 Einen guten Überblick über diese verstreute Überlieferung bietet ein von der Unesco initiiertes vierbändiges Verzeichnis: *Sources de l'Histoire du Proche-Orient et de l'Afrique du Nord dans les Archives et Bibliothèques françaises*, wo vor allem der vierte Band, der die Bestände der Bibliothèque nationale verzeichnet, viel Material präsentiert.

dige Quellensammlung von E. Charrière, die in ihrer Reichhaltigkeit das Feld zumindest so abgesteckt hat, daß erste allgemeinere Schlußfolgerungen möglich erscheinen.[55]

Unter den außeritalienischen Mächten übernahm Frankreich erst nach Spanien und England das System der ständigen Gesandtschaften.[56] 1520 hatte Frankreich in Rom und in Venedig residierende Botschafter. Als 1535 mit Jean de la Forest der erste ständige Botschafter an die Pforte kam, war dies zugleich die erste französische ständige Gesandtschaft außerhalb Italiens. Wie schon in Venedig, lief die Ausdehnung des internationalen diplomatischen Netzes über die italienische Halbinsel hinaus als erstes über den Bosporus. In dieser Hinsicht waren die europäisch-osmanischen Beziehungen nicht nur »einfach normal«, sondern setzten vielmehr Maßstäbe von Normalität, was die Expansion der europäischen Diplomatie über Italien hinaus betraf.

Als die französischen Diplomaten in den 1520er Jahren die Reihe der französischen Missionen nach Istanbul antraten, konnten sie nicht wie ihre venezianische Kollegen auf eine jahrhundertelange Präsenz am Bosporus aufbauen. Die französische Diplomatie machte sich daher den venezianischen Vorsprung zunutze – die Löwenrepublik stellte Auszüge der einlaufenden Nachrichten als Avvisi oder Summarien den in Venedig residierenden Botschaftern fremder Mächte zur Verfügung.[57] Venedig war zudem die letzte Station der französischen Botschafter, bevor sie sich weiter auf dem Weg nach Istanbul machten. In Venedig erhielten die Gesandten die neuesten Informationen von der Pforte in Absprache mit dem dortigen französischen Botschafter, der für die Koordinierung der gesamten französischen Levantepolitik zuständig war. Zudem lief der Postverkehr über die Lagunenstadt: Einmal am Bosporus angekommen, erhielten die Botschafter ihre Instruktionen und ihr Geld über Venedig.[58]

Die Begleitung der Botschafter stand zahlenmäßig dem Geleit der Baili in nichts nach: Jacques de Germingy wurde von einem 40köpfigen Stab begleitet, Lancosme konnte sogar auf die Unterstützung von 55 Sekretären, Dolmetschern und Dienstboten zurückgreifen, die ihm auf seiner Reise und während seines Aufenthaltes in Istanbul zur Verfügung standen.[59]

Frankreich maß der personellen Besetzung der Gesandtschaft in Istanbul einen geringeren Stellenwert als Venedig zu, das um die Existenz seines Seereiches kämpfen mußte. Die ersten Diplomaten wie der von den Habsburgern ermordete Antonio Rincon, aber auch der spätere Chevalier d'Aramon waren keine *hommes des belles*

---

55 Charrière, *Négociations*.

56 Mattinlgy, *Renaissance Diplomacy*.

57 Žontar, *Kundschafterdienst*.

58 Rigault, *Voyage d'un ambassadeur*; Lésure, *Relations franco-ottomanes*.

59 Rigault, *Voyage d'un ambassadeur*, S. 486.

lettres, hatten also im Gegensatz zu ihren venezianischen Kollegen keine humanistische Ausbildung erhalten. Erst mit Jean de la Forest wurde die Reihe von professionelleren Diplomaten eröffnet, die, wie beispielsweise François de Brèves, ein gelehrtes Interesse an Geschichte und sozialem Leben des Osmanischen Reiches mitbrachten.

Die Form der Berichterstattung

Die von Mattingly für das italienische Gesandtschaftswesen aufgestellte Typologie der Wissensproduktion auf zwei Ebenen – der täglichen Berichterstattung in den Dispacci sowie die periodische Erstellung zusammenfassender Berichte – ist auf die französische Berichterstattung aus Istanbul nicht in diesem eindeutigen Gegensatz übertragbar. Aufgrund der großen Entfernung und den besonderen Bedingungen der Nachrichtenübermittlung war eine tägliche Absendung von Dispacci nicht möglich, eine Frequenz, die selbst dem hochentwickelten venezianischen Nachrichtennetz nicht abverlangt werden konnte. Angesichts der schwierigen Überlieferungslage für die französische Korrespondenz aus Istanbul bedürfte es einer Detailstudie, um die Häufigkeit der vom französischen Botschafter entsandten Depeschen zu erschließen. Vermutlich war der zeitliche Abstand zwischen zwei Schreiben deutlich größer als im venezianischen Fall, so daß ein Zeitraum von zwei und mehr Wochen mit dem jeweiligen Schreiben abgedeckt wurde. Die bei Charrière edierten Schreiben weisen zumindest darauf hin, daß die Botschafter jeweils die Ereignisse der vergangenen Wochen zusammenfaßten. Damit war zwangsläufig eine zeitlich weitgespanntere Periode als in den venezianischen Dispacci abgedeckt. Daneben liegen wie bei den Habsburgern Endrelationen vor, in denen der Botschafter seine Mission für den König zusammenfassend schilderte. Diese Endrelationen unterlagen jedoch nicht dem Gestaltungsprinzip der venezianischen Relationen. Ein Beispiel dafür ist der Bericht von Jean de Montluc an Franz I. nach seiner Rückkehr aus Istanbul über den Verlauf seiner und d'Aramons Mission, Süleyman zu einem Waffenstillstand mit Karl V. zu bewegen, der wie folgt beginnt:

»Il plaira au roy permettre que je luy rende compte de trois choses: c'est à sçavoir de la négociation de la paix d'entre le Turc et l'empereur; puis des causes qui m'ont eu de faire le chemin d'Hongrie et des causes de la demeure que j'ay faite par les chemins.«[60]

Der verwendete Ausdruck »rendre compte de trois *choses*« deutet hier darauf hin, daß Dinge in einer gewissen Ordnung und Hierarchie präsentiert werden. Im folgen-

---

60 *Premier Rapport de Jean de Montluc sur son ambassade*. In: Charrière, *Negociations* Bd. 1, S. 596.

den Bericht faßt Montluc die einzelnen Etappen der Verhandlungen zusammen und geht auch auf die während der Mission ausgetauschten Schriftstücke ein:

»[...] Et usa le premier bassa de tel langage en nos premières audiences, qu'il sembloit que de la part du roy n'eust jamais esté parlé de paix ny de trêve, ainsi dit audit amb^r que le roy leur avoit escrit que l'empereur l'avoit instammenent prié d'escrire au G. S. que si S. H. vouloit octroier un sauf-conduit, il luy vouloit envoier un ambassadeur pour luy demander une paix pour toute la chrestienté. Et est à notter que les lettres que ledit empereur escrivoit par delá disoient que c'estoit le G. S. qui avoit fait prier par le roy ledit empereur d'envoyer un amassadeur pour conclure ladite paix. [...].[61]

Auch wenn hier *Dinge* beschrieben werden – unterschiedliche Sachverhalte und Ereignisse, die zu einem übergreifenden Narrativ zusammengefügt werden –, sind es doch nicht jene Dinge, die als Elemente ethnographischen Wissens zu bezeichnen wären und wie sie in den venezianischen Relationen zu finden sind. Denn der venezianische Blick in den Relationen richtete sich auf jene Dinge, die wir heute als gesellschaftliche Strukturen und Institutionen bezeichnen, und welche in flexiblen Kategorien klassifiziert wurden. In der bereits zitierten Relation Gianfrancesco Morosinos tauchen folgende Kategorien auf: »la qualità dei popoli, la loro religione, la forma della giustizia, le entrate e le spese, la persona del sultan e il modo del governo del suo imperio.« Dies alles war für die Diplomaten Hintergrundwissen: Wissen, welches sie für ihre Tätigkeit mitbrachten. Für die interne diplomatische Korrespondenz bestand für die französischen Diplomaten ebensowenig Anlaß, dieses Hintergrundwissen explizit zu machen, wie für ihre venezianischen Kollegen. In den venezianischen Relationen kamen derartige Dinge allerdings in einer spezifischen Form des politischen Rituals der Löwenrepublik zur Sprache, die weder für den französischen noch den habsburgischen Kontext gegeben war.

Das diplomatische Wissen in Bezug auf das gedruckte ethnographische Wissenskorpus

Dennoch bestand auch in der französischen Leserschaft ein Interesse an diesem Hintergrundwissen der Diplomaten. Die französische Diplomatie nahm dabei maßgeblichen, und in gewisser Weise viel direkteren Einfluß als die entsprechende venezianische Tätigkeit auf das ethnographische Wissenskorpus, wie die Tabelle 4 und 5 zeigen.

---

61 Ebd., S. 597.

Tabelle 4: Französische Reiseberichte nach Entstehungskontext aufgeschlüsselt (Manuskripte »MS« und Drucke »D«)

	Mitglieder dipl. Missionen		In engem Zus.hang mit dipl. Missionen entstanden		Pilger- berichte		Gefangenen- berichte		Sonstige	
	MS	D	MS	D	MS	D	MS	D	MS	D
a) in abs. Zahlen Gesamt: 21	3	5	1	3	1	1	1	./.	6	./.
	8		4		2		1		6	
	MS	D	MS	D	MS	D	MS	D	MS	D
b) in Prozent Gesamt: 100	14,3	23,8	4,8	14,3	4,7	4,7	4,8		28,6	./.
	38,1		19,1		9,4		4,8		28,6	

Tabelle 5: Anteil der Reiseberichte diplomatischer Provenienz am französischen Gesamtkorpus in Prozent:

	MS insgesamt	Drucke insge- samt	MS aus dipl. Kontext	Drucke aus dipl. Kontext
	57,1	42,9	19,1	38,1
Gesamt	100		57,2	

Von der Gesamtproduktion an französischen überlieferten Reiseberichten über das Osmanische Reich sind also 57,2 Prozent in unmittelbarem oder engem Zusammenhang mit der diplomatischen Tätigkeit entstanden. Angesichts der grundsätzlichen Unzugänglichkeit des Osmanischen Reiches für europäische Reisende, die nur bei Abschluß von Kapitulationen für die entsprechende Nation oder in Obhut einer diplomatischen Mission Zugang fanden, war es die diplomatische Tätigkeit, die das Reisen häufig erst ermöglichte und damit überhaupt erst den materiellen Rahmen für die Erstellung von Reiseberichten schuf.

Unter den französischen Gesandtschaften ist in dieser Hinsicht die Mission Gabriels d'Aramon herausragend.[62] D'Aramon trat die Nachfolge von Polin an, als dieser 1543 Chair ed-Din Barbarossa in die Provence begleitete, und befand sich in der schwierigen Situation, der Pforte den französisch-habsburgischen Vertrag von Crépy-Laonnois zu erläutern und überdies einen spanisch-osmanischen Friedensvertrag zu

---

62 Siehe dazu Tinguely, *Ecritures de Levant* sowie Paviot, *Autour de l'ambassade de d'Aramon*.

unterstützen, ein Vorhaben, das d'Aramon auf Weisung von Franz I. bei einer erneuten Mission 1547 nicht weiter verfolgte. Bei seiner zweiten Reise nach Istanbul begleiteten d'Aramon Pierre Belon und Jean Chesneau, wobei ihm letzterer als Sekretär diente und später den Verlauf der Botschaft in einem Reisebericht schilderte. Im Frühling 1548 wurde ihnen Jacques Gassot mit neuen Instruktionen Heinrichs II. nachgesandt. Gassot begleitete gemeinsam mit Chesneau d'Aramon, als sich dieser Süleyman auf dessen Feldzug nach Persien anschloß. Auf ihrer Rückkehr über Syrien trafen sie in Aleppo den Gelehrten Pierre Gilles, der sich auf der Suche nach griechischen Manuskripten aufgrund einer finanziellen Notlage im osmanischen Heer verdingt hatte und nun unter d'Aramons Fittiche genommen wurde. Die Gruppe machte sich auf eine *tour du Levant* und traf, nachdem d'Aramon das Konsulat in Alexandria besucht hatte, bei ihrer Rückkehr nach Jerusalem auf einen weiteren Gelehrten, Guillaume Postel. Wieder zurück in Istanbul, fanden sie mit André Thevet den späteren Kosmographen des Königs vor. Als d'Aramon nach einer Heimreise nach Paris zum dritten Mal wieder das Goldene Horn erblickte, machte Nicolas de Nicolay als Reisebegleiter im Auftrag Heinrichs II. – er sollte als königlicher Kartograph eine Karte mit einem Inventar aller Befestigungen des Osmanischen Reiches erstellen – die Konzentration französischer Gelehrsamkeit in der Residenz d'Aramons komplett.

Keiner der Reisenden mußte für seine Reisekosten selbst aufkommen. Chesneau, Gassot und Nicolay wurden von der französischen Krone bezahlt, Postel von seinem Verleger Bomberg, der ihm damit die nötigen Kenntnisse zur Bibelübersetzung verschaffen wollte. Belon stand im Genuß des Mäzenatentums des Cardinals von Tournon. Alle Genannten – Chesneau, Gassot, Belon, Gilles, Postel, Thevet und Nicolay – verfaßten Berichte über ihre Reise, die außer dem Text Chesnaus in den Druck gingen. Frédéric Tinguely hat die Eigenart des in diesem engen Zusammenhang entstandenen Textkorpus, welches er als *Corpus Aramontien* bezeichnet, seiner Studie über die intertextuellen Beziehungen zwischen diesen sieben Autoren zugrunde gelegt.

Die Schriften von Chesneau, Gassot, Belon, Thevet und Nicolay entsprechen dem üblichen Schema eines Reiseberichtes, der Präsentation eines Itinerars, welches sich mit topisch gestalteten chorographischen Passagen abwechselt. Postel hat hingegen den Itinerarteil ganz weggelassen. Pierre Gilles schließlich präsentiert unter dem Titel *De topographia constantinopoleos et de illius antiquitatibus libri quattuor* – dem einzigen in Latein verfaßten Bericht – ein Panorama des klassisch-antiken Konstantinopels, bei dem die Osmanen kaum erwähnt werden.[63]

Nicolas de Nicolay schließt sich in seinem Bericht ausdrücklich der venezianischen Sitte an, nach der Diplomaten nach ihrer Mission ihre Erfahrungen bündelten und einem Publikum vortrugen, die seiner Auffassung bereits im antiken Rom gepflegt wurde:

---

63 Lyon: Guillaume Rouille, 1561 (Biblioteca Nazionale Firenze Palat. 23.5.3.21).

»Et d'icy vient que les anciens Roumains avoyent de coustume, que toutes les fois qu'ilz envoyaient leurs Ambassadeurs aux nations loingtaines, et par la longeur du chemin, moins connues: outre les charges de leur Ambassade, leur donnoyent commission expresse, que pendant le temps de leur demeure aupres d'iceux Princes ou peuples, ilz fussent diligens observateurs de voir, considerer et escrire leurs ordres, coustumes, decretz, Religion et Iustice. Laquelle chose par long temps vint en tel pris et estime, qu'estans iceux Ambassadeurs de retour à Rome, telz commentaires par eux faictz au benefice et instruction de leur posterité et republique, estoyent fidelement posez et consignez au temple de Saturne. Que dirons nous des sages Venetiens? qui ne permettent iamais parvenir à la supreme dignité du gouvernement de leur Republique, sinon un viellard bien experimenté, qui ayt navigué et peregriné en divers lieux, et en plusieurs charges honorables de leurs publiques affaires: à fin que quand en leur presence on vient à disputer des choses, ilz scachent rendre raison plus asseurée à ceux qui en parlent et devisent.«[64]

Laut Nicolay ist es der höchste Ausdruck von »vertu«, das auf diplomatischen Missionen erschlossene Wissen über »ordres, coustumes, et decretz, Religion et Iustice« des bereisten Landes einer zeitgenössischen wie nachweltlichen Leser- und Hörerschaft bereitzustellen. Die diplomatische Informationserhebung wird hier ausdrücklich als eine der Hauptquellen für das ethnographische Wissen benannt, die Erwähnung Venedigs in diesem Zusammenhang verweist auf dessen diesbezügliche Vorreiterrolle.

Dieses Wissen war jedoch weniger durchgängig als in den venezianischen Relationen an eine Staatsräson gebunden, sondern konnte in einen anthropologischen Diskurs gestellt werden:

»Qu'ainsi soit, on ne peut nier que ce sens [= der Sehsinn] tant necessaire ne nous montre les differences de plusieurs choses, et que par luy nous parvenons à la comparaison de l'image quasi vive, avec la lettre demie morte. A raison dequoy l'homme ha esté des anciens Grecs nommé φως que les Latins expriment en ce mot, vir, denomination prise de la vertu, vù le grand et naturel desir qu'il ha de connoitre, et d'estre connu. [...] Dont il est facile à inserer que la Peregrinacion nous cause sagesse, acquiert un sens commun, et fait que nous ne semblions estre tousiours enfans.«[65]

Guillaume Postel hielt in *De la Republique des Turcs* hingegen das von ihm präsentierte Wissen insbesondere für den König für unabdingbar:

»Combien devons nous penser qu'il est plus impossible de regier un peuple equitablement (qui est la chose, comme la plus noble, außi la plus difficile du monde) sans avoir la Sapience, Sçavoir ou Prudence, et la Benevolence, non seulement esgalle, mais s'il estoit poßible beaucoup superieure a telle Puissance.«[66]

Postel sieht als Theologe ungeachtet der französisch-osmanischen Bündnispolitik im Türken den größten Feind Frankreichs, allerdings weniger im Hinblick auf eine dro-

---

64 Nicolay, *Les quatres premiers livres des navigations* 1568, Fol. *2r. (Diese Erstausgabe mit ihren wunderbaren Stichen ist sehr selten und in Paris, BSG, und Wien, ÖNB, vorhanden.)
65 Thevet, *Cosmographie du Levant* 1556, S. 14.
66 Postel, *De la republique des turcs* 1560, Fol. ijr.

hende Eroberung des französischen Territoriums, sondern vor allem der Religion (»vostre plus grand ennemy, quant a la religion«[67]), welche im Gegensatz zum Christentum der natürlichen Vernunft zutiefst zuwider sei und vor allem deshalb bekämpft werden müßte:

»[Il] sera de besoing mettre envers tous les peuples du monde les armes de rayson et de force en avant, contre les rebelles a icelle raison. Pour autant donc qu'on ne peut, venant a l'effet de la concorde du monde (pour la paix universelle, duquel ie me nomme Cosmopolite, desirant le voir accordé, sous la Coronne de France) aucunement parler par raison avec l'ennemy, sans congnoistre tout son estat comme luy, et que la plus grande puissance soit en Religion soit en Armes.«[68]

Der allerchristlichste König, unter dessen Schirmherrschaft ein anzustrebender Universalfriede stehen möge, habe sich also sowohl auf dem Feld der Religion wie auch der Waffen gegen seinen größten Feind zu rüsten. Nicolay geht hingegen nicht auf eine mögliche Gefahr durch die Religion der Osmanen ein, sondern spricht lediglich von einer Bestandsaufnahme im Zeichen des allgemeinen Nutzens des ethnographischen Wissens.

Abgesehen von den Ausführungen Postels inskribieren sich die französischen Autoren allenfalls am Rande in den Diskurs der *Türkengefahr* und markieren damit die französische Position, die in ihrer Politik hauptsächlich auf ein Bündnis und eine wirtschaftliche Zusammenarbeit mit dem Osmanischen Reich ausgerichtet war. Die in diesen Reiseberichten präsentierten ethnographischen Felder konzentrieren sich weit weniger als die venezianischen Relationen auf die interne Organisation der Pforte – die langen detaillierten Listen der Einkünfte und Ausgaben sowie der Ämter im Serail, wie sie sich in italienischen gedruckten Reiseberichten finden,[69] fallen im französischen Kontext weitgehend weg; auch dem Militär wird deutlich weniger Aufmerksamkeit geschenkt. Das Gebiet der Religion sowie der *moeurs et coutumes* ist hingegen deutlich aufgewertet. Zudem erweitern die französischen Reiseberichte den venezianischen Kanon der ethnographischen Felder um die Sparten der klassischen Altertümer sowie der Tiere und Pflanzen.

Neben der Einzigartigkeit des *Corpus Aramontien* ist noch eine weitere Besonderheit zu verzeichnen. François Savary de Brèves, der 1589 als Botschafter nach Istanbul kam, war des Osmanischen mächtig und brachte bei seiner Rückkehr eine osmanische Bibliothek mit. Diese Hinwendung zum osmanischen Schrifttum, die auch im habsburgischen Kontext zu beobachten sein wird, setzte allgemein in der zweiten Hälfte des 16. Jahrhunderts ein: In dieser Zeit wurden also die Historien osmanischer Provenienz gelehrter Aufmerksamkeit (und Mühe) für würdig befunden und fanden Eingang in das europäische Wissenskorpus.

---

67 Ebd., Fol. iijr.
68 Ebd., Fol. iijr-v.
69 Siehe Ramberti, *Libri tre* 1539 und Menavino, *I Cinque Libri* 1548.

Schlußbemerkung

Wie die Tabellen 4 und 5 zeigen, entstand mehr als die Hälfte der französischen Reiseberichte über das Osmanische Reich im Kontext diplomatischer Missionen. Schlüsselt man die Tabelle nach gedruckten Werken auf, so ergibt sich ein noch größerer Anteil von acht Berichten, die unter diplomatischer Schirmherrschaft entstanden, an den insgesamt zehn überlieferten Druckwerken. Im Gegensatz zu Venedig, dessen diplomatische Tätigkeit, die in einem exzellenten Nachrichtennetz verankert war, dem Buchmarkt gerade 4,2 Prozent der in diesem Zusammenhang produzierten Reiseberichte zuführte, hatte die französische Diplomatie mit 38,1 Prozent in dieser Hinsicht einen wesentlich größeren Input auf das französische ethnographische Wissenskorpus.

Inhaltlich setzte das *Corpus Aramontien* dabei in der Beschreibung des Osmanischen Reiches und der Levante vor allem für die französische Tradition maßgebliche Maßstäbe. Frédéric Tinguely hat am Beispiel der Beschreibungen Istanbuls gezeigt, wie die Autoren in diesen Texten einen Kanon an *lieux communs* und Topoi konstituieren, welcher für die nächsten Jahrhunderte bestimmend sein sollte und bis in heutige Reiseführer nachwirkt. Vor 1547 waren lediglich die Beschreibungen La Borderies (diese in Form eines Gedichtes) und Benedetto Rambertis in den Druck gegangen. Zudem setzte vor allem unter Süleyman in Istanbul eine rege Bautätigkeit ein, so daß um die Mitte des 16. Jahrhunderts die Stadt im Gegensatz zu Jerusalem ein neues Gesicht bekam, für dessen Beschreibung keine angemessene intertextuelle Tradition vorhanden gewesen war. Gassot, Belon, Thevet, Postel und Gilles entwickelten daher nun ein gedoppeltes topisches Beschreibungsmuster, welches dem Gefüge der *lieux communs* einen Mikrokosmos des Osmanischen Reiches und der Levante einschrieb.[70]

Die hohe dichte Intertextualität, die Tinguely im *Corpus Aramontien* nachgewiesen hat, ist meiner Ansicht nach ein wichtiger Grund, warum im französischen gedruckten Wissenskorpus über die Osmanen kein Kompendium überliefert ist. Die sieben Gelehrten, die in Begleitung d'Aramons 1547-1553 das Osmanische Reich bereisten, erstellten ihre Texte in enger Abhängigkeit (und einem beträchtlichen Konkurrenzverhalten) zueinander, so daß der epistemologische Zusammenhang, der in den italienischen, deutschen und lateinischen Wissenskorpora durch die Kompendien hergestellt wurde, hier in gewisser Weise auf der Ebene der Reiseberichte bereits gegeben war. Zudem mag es eine Rolle gespielt haben, daß im französischen Fall eine Bedrohung durch die osmanische Expansion nicht existierte und die Artikulation der *Türkengefahr* eine wesentlich geringere Rolle als in Venedig und im Reich spielte.

---

70 Tinguely, *Ecritures du Levant.*

5. Habsburg

Die diplomatischen Rahmenbedingungen[71]

Die ersten osmanisch-habsburgischen diplomatischen Kontakte fanden gegen Ende des 15. Jahrhunderts statt, als Maximilian 1496 in Italien und 1497 in Österreich unter großem Prunk eine osmanische Gesandtschaft empfing, welche zu Verhandlungen über ein Freundschaftsbündnisses gekommen war, das von habsburgischen Gesandten in Istanbul ein Jahr später abgeschlossen wurde.[72] 1504 und 1510/11 nahm Maximilian I. wieder Kontakt auf, wobei es sich bei der zweiten Gesandtschaft um den bereits erwähnten antivenezianischen Bündnisvorschlag handelte; von beiden Gesandtschaften sind jedoch nur indirekte Belege überliefert.[73]

Als 1526 die habsburgisch-osmanische Rivalität um Ungarn begann, sandte Ferdinand in den folgenden Jahren immer wieder Gesandtschaften zur Pforte, die vergeblich versuchten, die Osmanen zu einem Verzicht ihrer Herrschaftsansprüche zu bewegen. Als die habsburgische Seite nach dem erfolglosen Versuch, Buda zu erobern, erkannte, daß die Mächtekonstellation sich militärisch vorerst nicht ändern ließ, begann sie Friedensverhandlungen, die 1547 zum ersten osmanisch-habsburgischen Friedensvertrag führten. Damit setzte eine neue Phase der diplomatischen Beziehungen ein: die Habsburger waren fortan durch eine ständige Gesandtschaft am Bosporus vertreten – die Reihe wurde vom Italiener Johann Maria Malvezzi eröffnet –, und die folgenden diplomatischen Missionen dienten nun der Überbringung der Tributzahlungen an die Osmanen. Die Diplomaten kamen in der ersten Phase ab 1528 aus den Reihen erbländischer, später ungarischer und kroatischer Adels- und Militärpersonen. Nach den Diplomaten italienischer Herkunft von 1545-1553 dominierten mit Ogier Ghiselin de Busbecq, Albert de Wijs und Karl Rijm die Niederländer, von 1573-1587 übernahmen durchweg Lutheraner das Amt des residierenden Botschafters.[74] Da die Pforte die ständigen Gesandten in Istanbul als Bürgen für die Einhaltung der vereinbarten Waffenstillstände ansah und an der Militärgrenze Zwi-

---

71 Siehe zum folgenden Schaendlinger, *Der diplomatische Verkehr zwischen Österreich und der Hohen Pforte in der Regierungszeit Süleymans des Prächtigen*; Zum österreichisch-habsburgischen Gesandtschaftswesen insgesamt siehe Picard, *Gesandtschaftswesen Ostmitteleuropas*; Petritsch, *Die diplomatischen Beziehungen Ferdinands I. mit den Osmanen. Techniken und Probleme*; ders.: *Regesten*, darin: Einleitung S. 9-21; Žontar, *Kundschafterdienst*; weitgehend auf Auszügen aus den Berichten der habsburgischen Gesandten beruht Teply, *Kaiserliche Gesandtschaften*.

72 Gröblacher, *König Maximilians I. erste Gesandtschaft zum Sultan Bajezid*; Babinger, *Diplomatische Zwischenspiele*; Žontar, *Kundschafterdienst*. Für die freundliche und instruktive Beratung im Haus-, Hof- und Staatsarchiv danke ich herzlich Ernst Dieter Petritsch.

73 Babinger, *Kaiser Maximilians I. »geheime Praktiken«*; ders., *Diplomatische Zwischenspiele*.

74 Petritsch, *Regesten*; Teply, *Kaiserliche Gesandtschaften*.

schenfälle an der Tagesordnung waren, wurden die Botschafter häufig unter Hausar-
rest genommen oder eingekerkert. Für den diplomatischen Verkehr zwischen den
Habsburgern und den Osmanen spielte neben Venedig der Statthalter von Ungarn,
der Beylerbeyi von Bûdin, eine wichtige Rolle, der mit eigenen Kurieren den
Schriftverkehr nach Wien weiterleitete. Dort koordinierte der Hofkriegsrat die habsburgische Außenpolitik und war auch für die Auswertung der Korrespondenz sowie
die Abfassung der Instruktionen zuständig.

Im *Haus-, Hof- und Staatsarchiv* in Wien ist in den Türkei-Beständen ein, wenn
auch nicht lückenloser, so doch im Vergleich zu Frankreich sehr dichter Quellenbe-
stand überliefert, der duch Nachlässe von Staatsmännern und Aktenstücken aus dem
Gesandtschaftsarchiv in Istanbul ergänzt wurde.[75]

Im Vergleich mit den Franzosen konnten die österreichischen Habsburger in der
Anfangszeit der diplomatischen Beziehungen nach 1526 kaum von Venedigs Informationsnetz profitieren. Die Lagunenstadt, welche 1529 die Pforte zu einem Angriff
auf die habsburgischen Erbländer zu bewegen suchte, bevor Ferdinand Zápolya in
Ungarn überwältigen würde, ließ den Wiener Amtsträgern zunächst keine Avvisi zukommen. Erst 1532 erfolgte die erste Übermittlung eines Avviso, dem in den nächsten Jahrzehnten weitere Meldungen folgten. Ein Spionageskandal, die Entlarvung
von Michael Černović, dem Großdragomanen des Bailos, der von 1556-1563 für
Wien als Geheimagent tätig war, setzte dieser Bereitschaft jedoch für einige Jahre ein
Ende. Auch aus Ragusa, das aufgrund seiner Lage in der Adria in unmittelbarer
Nachbarschaft zum osmanischen Reich ein wichtiges Informationszentrum war, ka-
men geheime Nachrichten nach Wien. Diese geheime Berichterstattung trat wie in
Venedig und Frankreich an die Seite der offiziellen Depeschen der Botschafter in
Istanbul, die gegen Ende der Regierung Maximilians II. jedoch nach und nach zum
Erliegen kam.[76]

Die Form der Berichterstattung

Die diplomatische Korrespondenz der habsburgischen Gesandten kombinierte wie
die französischen Berichte die aktuelle Schilderung des Tagesgeschehen mit Zusammenfassungen der Ereignisse während eines größeren Zeitraumes oder einer Hinter-
grundanalyse der politischen Verhältnisse. Bis zur Etablierung der habsburgischen

---

75 Petritsch, *Regesten;* siehe auch Grill, *Die ältesten »Turcica« des Haus-, Hof- und Staatsarchivs.*
   Zu den überlieferten osmanischen Schriftstücken siehe Schaendlinger/ Römer, *Die Schreiben
   Süleymans des Prächtigen an Karl V., Ferdinand II. und Maximilian II.*
   Der diplomatische Schriftverkehr ist in folgenden Werken ediert: Gévay, *Legatio Ioannis
   Hoberdanacz et Sigismundi Weichselberger ad Suleimanum I. imperatorem turcarum;* ders.:
   Urkunden und Actenstücke; Nehring/ Bernath, *Austro-Turcica.*
76 Žontar, *Kundschafterdienst.*

Residenz 1547 wurden diese Zusammenfassungen stets als Endberichte der von ihren Missionen heimkehrenden Diplomaten, die zur Kenntnisnahme des Kaisers und des Hofkriegsrates zumeist nach der Rückkehr aus Istanbul verfaßt wurden, vorgelegt. Diese Berichte, die als Relationen bezeichnet wurden, unterlagen ebensowenig wie die französischen Missionsberichte dem Gestaltungsprinzip der venezianischen Relationen, die zur Unterrichtung und Erbauung der patrizialen Öffentlichkeit bestimmt waren. Die habsburgischen Relationen berichteten im wesentlichen über die Reise und den Verlauf der Verhandlungen, wie es hier anhand der ersten Mission von Johann Hoberdanesz und Sigmund Weichselberger von 1528 (als die osmanisch-habsburgische Rivalität um das Königreich Ungarn gerade begonnen hatte) als Beispiel aufgeführt sei:

»Anno a Nativitate Domini Millesimo quingentesmio vigesimo octavo die XXIX mensis Maij Egregij D. Iohannes Habardanescz de Zalathnock et Sigismundus Weixelberger Nuntij et Commissarij Serenissimi et potentissimi principis [...] Ferdinandi dei gratia Hungarie et Bohemie etc. Regis et domini nostri clementissimi ad potentem Turcarum dominatorem Selymum destinati in Civitate Constantinopolitana accesserunt Capitaneum illius supremum nomine Ibraim Bassam eique post salutationem convenientem obtulerunt munera et recesserunt ad hospitia. [...]

Interrogavit eos denuo Ibraim Bassa, quantum temporis spatium esset quo digressi essent à Rege suo. Dixerunt mensem cum dimidio elapsum esse. Idem Ibraim. Ex quo loco in turciam profecti, et ubi reliquissent Regem dominum suum. Responderunt, ex Strigonio se discessisse, inibique Regem dimisisse. Ibraim iterum interrogavit. Strigonium ne ad Germaniam vel Hungariam pertineret, moxque interrupto sermone petijt ubi nunc esset Rex eorum. Responderunt Regem suum potentissimum in Germaniam fuisse, ubi plures alias habet provintias. Inquit Ibraim. Non interrogamus de Rege Hungarie, sed de Rege Bohemie et Germanie, Nam quum Ludovicus olim Hungarie Rex potentissimi Imperatoris Turcarum armis in bello ceciderit alium qui nunc sit nescimus. Ad que nuntij regij in hec verba responderunt. Sciatis nos venisse a Rege Hungarie Bohemie Dalmatie Croatie Sclavonie Rame Servie Lodomerie Galitie Cumane etc. quibus regnis omnibus Serenissimus et potentissimus dominus Rex noster clementissimus ex nutu divino preest et imperat. [...]«[77]

Der Gebrauch der dritten Person für die beiden Gesandten kennzeichnet die Intervention des königlichen Sekretärs Johann May, der laut Gévay den wahrscheinlich nur mündlich abgestatteten Bericht zu Papier brachte und dabei auch ins Lateinische übersetzte. Der diplomatische Schriftverkehr lief grundsätzlich in vier Sprachen – lateinisch, deutsch, italienisch und französisch – ab, viele der Relationen sind sowohl auf deutsch als auch auf lateinisch überliefert.

Nach 1547 nahmen die Relationen einen anderen Charakter an. Sie standen im Gegensatz zu den in kürzeren Abständen abgefaßten Briefen, die wie im venezianischen und französischen Kontext einen sehr konkreten Tagesbezug hatten, wie der Brief Gerhard Veltwycks vom Juni 1547 zeigt:

»Hoggi hano mandato costoro *Jonus* Bey da me a comenciar a negociare – acciochè io dessi più delli vinticinque millia già offerti. Mi tengono anchor strettissimamente [i.e. in Hausarrest], mi hano non

---

77 Gévay, *Urkunden und Actenstücke* Bd. 1, S. 3f.

dimeno cambiato casa, la quale è meglio che la prima, che fu il *karavasal* de *Lasky*. Quanto al resto, non mi trattano male.

E arivato qui il frattello del re di *Persia* il qual promette assai a questo Signore contra il detto re di *Persia* – et gli sono stati donati dal Turco de'boni presenti, cioè cavali decenove – et alchuni de'questi forniti di sele d'oro con perle et giogie ala turchesca – et una semitara et centura estimata di gran precio. Se dicono cose assai del discorso di questo Turco per andare in *Persia*, ma quanto io posso comprehendere, non concluderano niente con questo *Persiano* avanti habino concluso meco.«[78]

Veltwyck verfaßte aber auch Hintergrundanalysen, wie beispielsweise einen 16seitigen Bericht aus dem Jahr 1454 über *Les raisons et signes par lesquelz l'on peult comprendre que les Turcs sont enclins plustost à faire paix que guerre.*[79]

Ein weiteres Beispiel für einen Bericht, der, obgleich er keine Endrelation war, sich von der kürzer getakteten Korrespondenz unterschied, ist die Relation Paul von Eytzings vom November 1584, die dieser wie folgt einleitet:

»Allergnedigster Kayser und Herr. Aus was Ursachen und beschwerlichen Verhinderungen auf Euer Römischen Kaiserlichen Majestät gnedigst Schreiben, und nuhn jüngst hereinkomme expedition Ich biß auf dato und ehe nicht, der notturft nach gehorsamst antworten können, das hab Zum thail derselben Ich durch Venedig unterthenigst avisiert. werdet auch neben allen Handlungen und fürlauffenhaitten, und was auch seidt meines lesten Curriers biß auf diesen Tag von ainer Zeit auf die andere sich zugetragen, und K. M. durch allerlai gelegenheit gehorsamis hinaus berichtet, aus hierbeigelegten eingeschlisten sub literis A.B.C.D.E.F.G.H. ausführlich zusehen.«[80]

Wie schon im französischen Fall boten auch die Zwischenberichte oder Endrelationen aus dem habsburgischen Kontext nicht den Blick auf jene Dinge, wie sie in den venezianischen Relationen präsentiert wurden. Es handelt sich hierbei vielmehr um einen Zusammenfassung der Nova der tages-, bzw. wochenaktuellen Berichterstattung, wobei das Hintergrundwissen nur implizit, nicht explizit einfloß.

Das diplomatische Wissen in Bezug auf das gedruckte ethnographische Wissenskorpus

Reiseberichte

Die Mitglieder oder inoffiziellen Begleiter der habsburgischen diplomatischen Missionen haben in außergewöhnlich hohem Umfang Texte neben der diplomatischen Berichterstattung verfaßt. Im Vergleich zu Venedig und Frankreich ist dabei nicht nur die Erstellungsrate von Reiseberichten, sondern auch die Abfassung von nicht-ethnographischen Türkenschriften deutlich höher.

---

78 Brief Gerhard Veltwycks an König Ferdinand vom 7. Juni 1547. Ediert in Nehring/ Bernath, *Austro-Turcica*, S. 159f.

79 Ebd., S. 86ff.

80 HHStA Wien Türkei I, 53 Konv. 1, Fol. 202, vom November 1584.

Die Mission von Joseph von Lamberg und Nicolaus Jurischitz 1530-1532[81] bot ihrem mitreisenden Übersetzer, Benedict Kuripeschitz, die Gelegenheit zur Abfassung eines Reiseberichts als auch einer Reflexion über das Osmanische Reich und die *Türkengefahr* in Form eines Gespräches, das Kuripeschitz angeblich zwischen zwei Stallburschen der Gesandtschaft belauscht habe.[82] Jurischitz selbst verfaßte einen Bericht über die Belagerung der Stadt Günz.[83] Der Mission Cornelius Scheppers 1533 schloß sich der flämische Maler Pieter Coeck van Alost an, der nach dieser Reise sechs Stiche mit Szenen aus Istanbul und dem Balkan veröffentlichte.[84] Der Begleiter des Botschafters Gerhard Veltwyck, der 1546-47 den ersten habsburgisch-osmanischen Waffenstillstand aushandelte, Hugone Favolino, verfaßte einen Reisebericht, der in die Reisesammlung Nicolas Reusners aufgenommen wurde.[85] Ogier Busbecq verfaßte neben seinen viel gedruckten *Legationis Turcicae Epistolae quatuor* ebenso wie sein französischer Kollege François de Brèves nach seiner Rückkehr eine Schrift zum Türkenkrieg, die unter dem Titel *Exclamatio sive de re militari contra Turcam instituenda Consilium* gedruckt wurde.

Die im Vergleich zu Venedig und Frankreich insgesamt höhere Rate von nicht-ethnographischen Turcica, die im diplomatischen Kontext entstanden, spiegelt dabei einen engeren Bezug zur *Türkengefahr* wider, wie er sich auch in den Vorworten der Reiseberichte selbst zeigt. Kuripeschitz nahm in seinem Reisebericht Bezug zur *Türkengefahr*, wobei er anders als die venezianischen Baili nicht nur eine konkrete militärische Bedrohung für das Reich aufführte, sondern auch das Motiv der gesamt-christlichen Bedrohung aufnahm, weshalb das Leid der christlichen Gefangenen einen jeden Christen bewegen möge, sich am Türkenkampf zu beteiligen.[86] Mit dem

---

81 Siehe dazu Turetschek, *Türkenpolitik Ferdinands I.*, S. 151.

82 Kuripeschitz, *Itinerarium 1531*. Siehe auch Kuripeschitz, *Itinerarium der Botschaftsreise des Josef von Lamberg und Niclas Jurischitz durch Bosnien, Serbien, Bulgarien nach Konstantinopel 1530*; ders., *Ein Disputation oder Gesprech zwayer Stalbuoben 1531*.

83 Jurischitz, *Des Türcken erschröckenliche Belagerung*, 1532.

84 Coeck van Alost, *Les moeurs et fachons de faire de Turcz avecq les regions y appartenens, ont esté au vif contrefaictes par Pierre Coeck d'Alost.* (Yerasimos, *Voyageurs*, S. 181).

85 Reusner, *Hodoeporicorum sive itinerum totius fere orbis 1580*. Vgl. auch Yerasimos, *Voyageurs*, S. 203. Die Tabelle im Anhang dieses Kapitels führt weitere Reiseberichte auf, die in unmittelbarem oder engem Zusammenhang mit diplomatischen Missionen entstanden.

86 Kuripeschitz, *Itinerarium 1531*, Fol. Aiv-Aijjr: »Wjewol offenlich vor augenn/ auch menigklich wissent/ welcher massen der grausam wütrich/ und erbfeind des Christlichen gelaubens/ in gar kurtzen jaren vil manig Christenliche Künigreich/ land und leut/ mit erschrockenlicher und erbärmlicher Tyranney/ under sein gewalt bracht/ und noch für und für nach eroberung der ganzen Christenheit/ und sonderlich Teutscher nation tracht/ (wie sich das bey disen nechst verruckten jaren/ auß eroberung der edlen Insel und statt Rodis und nachmaln Griechischen Weissenburg und des gantzen Ungerischenn lands/ auch belegerung der statt Wien nechst beschehen/ klärlich erscheinet) Also das sollche erschrockenliche des grymmenn wüterichs grausamkait ferner für die augen zuo legen/ unnötig geacht werden möcht. Dieweyl aber mermalenn nach menschlicher

Motiv der göttlichen Strafe der Christen durch die Türken griff Kuripeschitz eines der reichstypischen Motive der *Türkengefahr* auf.

Dennoch war das Motiv der *Türkengefahr* nicht in allen Reiseberichten präsent. Der Apotheker Reinhold Lubenau, der an der Gesandtschaft Bartholomäus Petz' 1587 beteiligt war, nahm in seiner (ungedruckt gebliebenen) Reisebeschreibung kaum Bezug zur *Türkengefahr,* sondern sprach nur allgemein vom christlichen Nutzen, zu erfahren,

»wie die Leutte in so mancherlei Religionen vom Teufel verblendet werden, wan sie nur erstlich Gottes Wortt hindansetzen und in andere Religionen gaffen, oder ihrer eigenen Vernunft volgen.«[87]

Daneben nahm Lubenau das vorwiegend protestantische Motiv der Kritik christlicher Zustände anhand der im Osmanischen Reich vorgefundenen Vorbildlichkeit auf:

»So haben mihr insonderheit [...] bei den Turcken gefallen ihre schöne Policeiordnung in Steten, in der justitia, da weder Turck, Jude noch Araber oder Christ, wehr ehr auch sein magk, angesehen wirdt, sondern in drei oder vier Tagen jedem Recht und Gerechtigkeit gepflogen, jeder sein Wort selber reden magk. O, wie wol wurde es in unserm Vaterlande stehen, wan nicht die ungerechten, verfluchten Advocaten und procuratores also uberhandt genohmen hetten und die Hendel also verwirret werden, das mancher unbilligerweise ins Recht gezogen wirdt, das ehr sein Lebtage sich nicht herauswickeln kan, daneben umb alle das Seinige komet, und reissens die procuratores und Advocaten alles an sich, Heuser, Speicher und Gertten.«[88]

Die Reiseberichte, die im diplomatischen Kontext standen, waren daher nicht durchgängig den Motiven der *Türkengefahr* unterworfen, sondern öffneten sich wie die französischen Schriften auch allgemeiner gefaßten Beweggründen: »dieweil man an einem Ohrt nicht alles lernen kan, wirdt ehr [= der Reisende] in seiner Kunst und Geschicklikeit desto erfahrener«, wie Lubenau es formulierte.[89] Die Reiseberichte deckten dementsprechend die Hauptfelder des ethnographischen Wissenskorpus ab, wie diese in Kapitel 6 umrissen werden: *Hof, Regierung und Militär – Sitten und*

Blödigkeit/ auch etwan vil mer auß göttlicher verhencknus und straff beschicht/ das wir unser selb unglück und gegenwertige gefarlicheit/ wenig acht und sorg tragen/ und des Göttlichen zorns nit ee gewar werden/ dann so die straff uns vor der thür steet/ damit ein yegklicher sein selbs gewar sey/ auch der unaußsprechlichenn tyranney des Türcken/ so vil höher betracht/ und zuo hertzen gefaßt werd/ ist dise gegenwertige wegraiß in Truck außgangen/ darinnen dann vil nutzlich erstuck/ nit unbillich zuo wisssen/ begriffen werden/ welche eim yegklichen frummen Christen/ zuo hertzlichem mitleyden/ unnd erbarmmung der ellenden gefangnen/ seiner mitbrüder des Christelichen glaubens/ auch zuo seiner selbs warnung raytzen/ unnd bewegen sollen/ und vil mer zuo behaltung und tröstlicher rettung des waren Christlichen glaubens/ beschirmung seiner weiber und kinder/ leybs und lebens/ ehr und guot/ statlich hillf ze thon/ nach allem seinem vermügen/ wider sollichs des Türcken erschrockenlich fürnemen/ willig begirig werde.«

87 Lubenau, *Beschreibung der Reisen des Reinhold Lubenau*, S. 5.
88 Ebd., S. 5f.
89 Ebd., S. 5.

Gebräuche – Religion (wobei auch hier die charakteristischen italienischen Ämter- und Gehaltslisten fehlen).

Die diplomatischen Missionen boten zudem den Rahmen für die Erforschung der griechisch-römischen Antike. Vor allem während der Amtszeit Ogier Busbecqs (ab 1554) und Paul von Eyztings (ab 1583) wurde dieser Aufgabe besondere Aufmerksamkeit gewidmet. Busbecq kehrte mit 240 griechischen Handschriften, die bis heute in der Österreichischen Nationalbibliothek sind, nach Wien zurück, welche er aus eigenem Antrieb, aber auch auf Anweisung Maximilians II. gesammelt hatte. Unter Paul von Eytzing sollte sich 30 Jahre später dann der Gelehrte Hans Löwenklau dieser Sammeltätigkeit widmen. Als Busbecq, Antonius Verantius und Franciscus Zay im März 1555 Süleyman in sein Winterlager bei Amasya nachreisten, fertigten sie eine erste Abschrift des bis dahin unter den Humanisten unbekannten Tatenberichtes des Kaisers Augustus an. Es handelt sich dabei um einen Bericht in der Ich-Form über die Taten des Augustus, der laut Augustus' Testament auf zwei ehernen Pfeilern vor seinem in Rom erbauten Mausoleum eingraviert gewesen sein sollte, dort aber nicht mehr zu finden ist.[90] Eine Kopie dieses Berichtes war in Ankara auf den gegenüberliegenden Innenseiten der Vorhalle des Augustus und Romatempels in lateinischer Sprache eingemeißelt (die griechische Übersetzung befand sich auf der Außenseite der Tempelmauer). Da für die Abschrift nur ein Tag lang Zeit war und die Inschrift überdies schwer zu entziffern war, sollte es noch zwei Jahrhunderte dauern, bis der gesamte Wortlaut des Textes bekannt und 1865 beziehungsweise 1883 von Theodor Mommsen redigiert wurde.[91] Busbecqs Abschrift wurde hingegen 1579 in einer Geschichte der römischen Kaiser abgedruckt,[92] eine andere Version der Abschrift von Anton Verantius nahm Hans Löwenklau 1596 in seine *Annales sultanorum Othmanidarum* auf.[93] Mit den Abschriften und ihren Abdrucken wurden diese Inschriften den Humanisten zugänglich gemacht; das *Monumentum Ancyranum* war für den europäischen Blick ent-deckt – ein Vorgang, der zeigt, daß die französische Erforschung der ägyptischen Altertümer 1798 nichts Neues war, sondern sich an eine ältere Tradition anschloß.

Busbecq war jedoch nicht nur an griechischen Manuskripten und römischen Inschriften (sowie den krimgotischen Sprachdenkmälern) interessiert, er sammelte Münzen, Teppiche und Waffen und ließ Zeichnungen von Pflanzen, Monumenten

---

90 Volkmann, *Monumentum Ancyranum*; Galsterer, *Monumentum Ancyranum*. Den genauen Standort der beiden Pfeiler vor dem Grab des Augustus hat unlängst nachgewiesen: Buchner, *Ein Kanal für Obelisken*, insbesondere S. 167f. Für Literaturhinweise und berichtende Informationen danke ich Jürgen von Ungern-Sternberg, Universität Basel.

91 Mommsen, *Res gestae divi Augusti*.

92 Schottus, *De vita et moribus Imperatorum Romanorum* 1579.

93 Löwenklau, *Annales sultanorum othmanidarum* 1596. Siehe insgesamt dazu Martels, *Augerius Gislenius Busbequius*.

und dem Alltagsleben im Osmanischen Reich erstellen. Er versuchte, Pferde, Kamele und Vögel mit nach Wien zu bringen. Die Verbreitung des Holunders und der Tulpe in Europa geht auf ihn zurück.[94] Einen Teil dieser Erträge brachte Busbecq Rudolf II. mit. Busbecqs Tätigkeit ist daher auch im Kontext der Bestückung der frühneuzeitlichen fürstlichen Kuriositätenkabinette zu sehen. In diesem Zusammenhang wurde das Osmanische Reich ebenso zu einem Explorationsfeld wie der gesamte Erdkreis, dessen Kuriositäten die fürstlichen Wunderkammern füllten, ungeachtet der machtpolitischen Verhältnisse in der Levante und auf dem Balkan.

Kompendien

Der Kontext der habsburgischen Diplomatie bot dem Gelehrten Hans Löwenklau, der während der Amtszeit Paul von Eytzings in Istanbul weilte, die Gelegenheit zur Erstellung einiger Kompendien über das Osmanische Reich, der *Annales Sultanorum Othmanidarum, a Turcis sua lingua scripti,* (Frankfurt: Claude de Marne/Jean Aubry 1588[95]), welche er gleichfalls (wenn auch nicht vollständig) unter dem Titel *Neuwe Chronica Türckischer Nation von Türcken selbs beschrieben* (Frankfurt: Claude de Marne/Jean Aubry 1590[96]) ins Deutsche übertrug. Weiterhin veröffentlichte Löwenklau die *Neuwer Musulmanischer Histori Türckischer Nation* (Frankfurt: Claude de Marne/Jean Aubry 1590[97]) sowie die *Historiae Musulmanae Turcorum de Monumentis ipsorum exscriptae, Libri XVIII* (Frankfurt: Claude de Marne/Jean Aubry 1591[98]). Hans Löwenklau, ein 1533 in Westfalen geborener Gelehrter, betätigte sich neben seiner Beschäftigung mit den Turcica auch als Editor griechischer Autoren – vor allem Xenophons Schriften verdanken ihm den Druck im 16. Jahrhundert.[99]

Für die *Annales Sultanorum* zog Löwenklau eine deutsche Übersetzung der Chronik des Muhje ed-Dins heran, die der habsburgische Gesandte Hieronymus Beck ins Deutsche hatte übersetzen lassen, und die zuvor im Besitz von Antonius Verantius gewesen war.[100] Die *Historiae Musulmanae* beruhten neben einer erweiterten Übersetzung dieser Chronik auf einer zweiten, anonymen osmanischen Chronik über die Geschichte des Hauses Osman. Dieser sogenannte *Codex Hanivaldanus* wurde auf Veranlassung von Eytzings Sekretär, Philipp Hannibal von Eckersdorff, 1584 beim ungarischen Renegaten Murad Beg, einem ehemaligen Dragomanen, in Auftrag

---

94 Ebd.
95 Göllner, *Turcica* Nr. 1828.
96 Göllner, *Turcica* Nr. 1867. Erweiterte Ausgabe: 1595 (Göllner, *Turcica* Nr. 2044). Siehe auch Göllner, *Turcica* Nr. 1956.
97 Göllner, *Turcica* Nr. 1868. Weitere Auflage 1595 (Göllner, *Turcica* Nr. 2046).
98 Göllner, *Turcica* Nr. 1876.
99 Jöcher, *Leunclavius, Joh.*; Horowitz, *Leunclavius, Johannes*; Babinger, *Herkunft und Jugend Hans Lewenklaus*; ders.: *J. Lewenklaus Lebensende.*
100 Göllner, *Turcica* Nr. 1876.

gegeben und ist nur in der von Löwenklau überarbeiteten Übersetzung überliefert.[101] Damit hatte Löwenklau maßgeblich dazu beigetragen, das osmanische Schrifttum als eine weitere Quelle für das europäische Wissenkorpus zu erschließen – auch wenn dies eher nach dem Zufallsprinzip als aufgrund einer systematischen Sichtung osmanischer Schriften geschah.

Die Kompendien Löwenklaus bestehen im wesentlichen aus vier Teilen, die Löwenklau in den einzelnen lateinischen und deutschen Ausgaben variierte: den aus dem Osmanischen übersetzten Chroniken, einer Fortschreibung dieser Annalen bis zum Jahr des Druckes, und einem Teil, welcher einen Kriegsbericht über die Belagerung Wiens, den Reisebericht Melchior Besolts (über die Präsentgesandtschaft Heinrichs von Liechtenstein), sowie zwei Berichte über die Beschneidung eines Sultanssohnes und über eine Wesirshochzeit enthält. Im dritten Teil, den Löwenklau die *Pandectes historiae Turcicae* nannte, präsentierte er Hintergrundwissen, das dem Leser helfen sollte, die ersten beiden Teile besser zu verstehen:

»Ebnermassen weil Türckische Sachen vor dieser Zeit durch niemand also erklärt/ daß man darauß ein gnugsamen bericht schöpfen kündt/ Und aber ich/ denselben Mangel abzuhelffen/ ein besonders Buch/ Pandectes historiae Turcicae genannt/ mit grossem unkosten/ mühe/ und arbeyt/ auch nach embsiger durchsuchung aller bißhero publicirten Griechischen/ Lateinischen/ Italienischen/ Französischen/ Teutschen/ Ungarischen/ und anderen Historien/ bestes fleisses gestelt: Hab ich auch dasselb in unser Spraach wöllen fertigen lassen: bevorab/ weil auch die Musulmanisch Histori durchauß nicht kan verstanden werden/ ohn hülff dieser erklärung gemeldts Pandectis [...].«[102]

In den *Pandectes* stellt Löwenklau eine Mischung von historischem, ethnographischem und topographischem Wissen sowie von Kriegsberichten dar. Was die Ordnung dieses Wissens – der »Türckischen Sachen« – angeht, so bleibt sie im wesentlichen auf der Ebene der *inventio* – den einzelnen Dingen ordnet Löwenklau abschnittsweise ihre Titel, das heißt ihre *loci communi,* zu. Obgleich einzelne aufeinanderfolgende Abschnitte dabei in einem inhaltlichen Zusammenhang stehen, hat Löwenklau insgesamt die einzelnen Paragraphen nicht weiter geordnet, das heißt die *loci communi* nicht ihrerseits in eine Hierarchie gesetzt, indem er etwa alle Abschnitte über religiöse Praktiken und Lehren in einem Hauptkapitel über die Religion zusammengefaßt hätte: Das Material der einzelnen Paragraphen steht relativ unverbunden miteinander. Nachdem Löwenklau »mit grossem unkosten/ mühe/ und arbeyt« dieses Material aus einer Vielzahl von Schriften zusammengetragen hatte, hielt er sich, was die ramistische Hierarchisierung der von ihm kategorisierten Dinge anging, weitgehend zurück.

Löwenklau hat von allen Kompilatoren in den *Pandectae* in die ihm vorliegenden Ausgangstexte am radikalsten interveniert. Im Vergleich zu Löwenklau gingen die Kompilatoren Francesco Sansovino und Philipp Lonicer sehr viel gemäßigter vor.

---

101 Kreutel, *Der fromme Sultan Bayezid*, S. 182.
102 Löwenklau, *Neuwe Chronica Türckischer nation* 1595, Fol. ijr.

Sansovino arrangierte in der *Historia universale dei Turchi* nur in wenigen Fällen – abgesehen von den jeweiligen Übersetzungsvorgängen – das Ausgangsmaterial der Reiseberichte neu. Philipp Lonicer griff demgegenüber schon deutlich offensiver in die innere Ordnung der Reiseberichte ein, blieb aber dennoch, was die Fragmentierung und neuerliche Zusammenstellung der ethnographischen Information anging, ebenfalls deutlich hinter Löwenklau zurück.[103]

Schlußbemerkung

Wie die Tabellen 6 und 7 zeigen, lag die Produktion von Reiseberichten, die im Kontext der diplomatischen Missionen entstanden, bei 51 Prozent der gesamten Reiseberichte aus dem Reich.

Tabelle 6: Reiseberichte aus dem Reich nach Entstehungskontext aufgeschlüsselt (Manuskripte »MS« und Drucke »D«)

	Mitglieder dipl. Missionen		In engem Zus.hang mit dipl. Missionen entstanden		Pilgerberichte		Gefangenen-berichte		Sonstige	
	MS	D	MS	D	MS	D	MS	D	MS	D
A) in abs. Zahlen Gesamt:47	9	10	4	1	10	1	./.	2	9	1
	19		5		11		2		10	
	MS	D	MS	D	MS	D	MS	D	MS	D
B) In % Gesamt 100	19,2	21,3	8,5	2,1	21,3	2,1		4,2	19,2	2,1
	40,5		10,6		23,4		4,2		21,3	

Tabelle 7: Anteil der Reiseberichte diplomatischer Provenienz am Gesamtkorpus im Reich in Prozent:

	MS insgesamt	Drucke insgesamt	MS aus dipl. Kontext	Drucke aus dipl. Kontext
	68,2	31,8	27,7	23,4
Gesamt	100,0		51,1	

---

103 Lonicer, *Chronicorum Turcorum* 1578. Siehe mehr zu diesem Neuarrangement in Kapitel 7.

Zieht man in der Gesamtzahl nur jene Berichte in Betracht, die nach dem Einsetzen kontinuierlicher diplomatischer Beziehungen 1528 entstanden sind, verschiebt sich diese Statistik zudem auf einen Anteil von 24 Reiseberichten aus dem diplomatischen Kontext versus 16 sonstige Reiseberichte, das heißt, daß nach 1528 60 Prozent aller Berichte aus dem Reich ihre Entstehung dem diplomatischen Kontext verdanken. Diese Zahl erhöht sich weiter, wenn man die Manuskripte nicht mit in die Berechnung einschließt: Betrachtet man die Zahlen für das Reich für die gedruckten Reiseberichte aus dem Gesamtzeitraum (Gesamtzahl der gedruckten Reiseberichte: 15), so ergibt sich ein Anteil von 73 Prozent gedruckter Berichte diplomatischer Provenienz im gedruckten Textkorpus aus dem Reich. Quantitativ liegt also der Anteil der Berichte aus dem diplomatischen Kontext etwas niedriger als bei Frankreich, die Zahlen für den Anteil am gedruckten Textkorpus sind gegenüber den französischen Druckwerken aus dem diplomatischen Kontext mit 80 Prozent (acht von insgesamt zehn Drucken) ebenfalls geringfügig niedriger. Wie in Frankreich hatten daher die habsburgischen diplomatischen Missionen einen großen direkten Einfluß auf das gedruckte Textkorpus.

6. Zusammenfassung

Das europäische System internationaler Politik, das sich im 15. und 16. Jahrhundert herausbildete, beruhte in entscheidendem Ausmaß auf einer systematischen Wissenserhebung. In einem elaborierten System der Nachrichtenerhebung trugen die vor Ort entsandten Diplomaten und die Kanzlisten zu Hause ein Wissenskorpus zusammen, in dem Dinge wie Nova zu einem differenzierten Bild über das andere – feindliche oder verbündete – Territorium zusammengesetzt wurden. Parallel zu dieser Wissenserhebung verlief gleichzeitig die Erfassung des eigenen Territoriums. Fürsten wie Republiken waren nicht nur auf das Wissen über andere Länder, sondern auch über den eigenen Machtbereich angewiesen. Die epistemologische Bemächtigung des eigenen Territoriums erfolgte dabei grundsätzlich nach den Regeln, die für die Informationserhebung im Rahmen der internationalen Beziehungen galten.

In der Disziplin der Statistik, wie sie sich nach dem Auftakt von Sansovinos erster Staatenbeschreibung in den folgenden zwei Jahrhunderten entwickelte, wurden die im diplomatischen Kontext entwickelten Methoden institutionalisiert. Im 16. Jahrhundert war dabei das Fachwissen der Experten für diese Form von Informationserhebung unentbehrlich geworden. Als der königliche Kartograph Nicolas de Nicolay von seiner Mission im Osmanischen Reich nach Paris zurückkehrte, wartete auf ihn die nächste Aufgabe. Bevor sich Nicolay an die Niederschrift seiner Beobachtungen im Osmanischen Reich für ein breites Leserpublikum machen konnte, wurde er 1561 von Katharina de Medici beauftragt, eine »visitation et description générale« jeder französischen Provinz zu erstellen, und zwar dergestalt, daß der König und seine Mutter

»pourront sans grande peine voir à l'oeil et toucher au doigt soit dans leurs chambre, cabinet ou conseil, l'assiette, étendue, confins et mesures dudit pays.«[104]

Für dieses monumentale Unternehmen (das Nicolay jedoch nur für einige Regionen verwirklichen konnte) wurde er von Katharina mit Patentbriefen ausgestattet, die ihm den Zugang zu Türmen jeder Art ermöglichten, »pour plus aisément considérer l'assiette des pays, mesurer et décrire les distances des lieux.«[105]

Die Dienste des königlichen Hofgeographen wurden also gebraucht, um das Königreich in seinen Ausmaßen und Grenzen für Auge und Finger faßbar zu machen. Der Geograph wurde auf Berge und Türme geschickt, mit dem Amt, zu schauen, zu messen und zu beschreiben. Der Vorgang der epistemologischen Bemächtigung eines Territoriums durch die geographische und topographische Beschreibung wird hier greifbar. Die Tätigkeit des Geographen brachte die Welt in das Kabinett des Königs, der Königin, des Rates und ersparte diesen die Schmerzen und Mühen, die die eigene direkte Anschauung vor Ort mit sich brachte. Denn Reisen war gefährlich und erschöpfend, erwies sich - neben dem Erklimmen von Bergen und dem Ersteigen von Türmen – als »moins utile et delectable, que difficile et laborieux«,[106] »autant curieu(x) que laborieu(x)«[107], »una fatica«[108], wie die Reisenden vermerken, wie es auch die Botschafter, die wie Heinrich von Liechtenstein krank in Istanbul ankamen und ebendort verstarben, am eigenen Leib erfuhren. Die epistemologische Landnahme war mit Mühsal, Schmerzen, Erschöpfung und Gefahr für Leib und Leben verbunden, was die Informationen für Fürsten und Republiken umso kostbarer machte. Einmal topographisch erfaßt und kartographiert wurde dieses Wissen – zumindest in Teilen – an exponierter Stelle am Hof zur Schau gestellt. Parallel zu den fürstlichen Kuriositätenkammern, die ebenfalls von Diplomaten und anderen Reisenden im fürstlichen Auftrag bestückt wurden, entstanden Wandkarten. Im Dogenpalast in Venedig, im Palazzo della Signoria in Florenz, in den vatikanischen Museen sind diese Karten noch zu besichtigen, als Symbole dieser epistemologischen Landnahme und damit Insignien der Macht, als Zeichen dafür, daß die Welt in »chambre, cabinet et conseil« nun domestiziert war.[109] Der Souverän konnte nun vor diesen Karten stehen und sie - »sans grande peine voir à l'oeil et toucher au doigt« – sinnlich erfassen, ohne den Gefahren und Mühen der Reise selbst ausgesetzt zu sein.

---

104 Nicolay, hg. von Gomez-Geraud/ Yerasimos, S. 26.
105 Ebd.
106 Belon, *Observations* 1554, Fol. aiijv.
107 Nicolay, hg. von Gomez-Geraud/ Yerasimos S. 52.
108 Ramberti *Libri Tre* 1539, Fol. 2r.
109 Siehe dazu auch Buisseret, *Monarchs, Ministers, and Maps.*

Wie wir gesehen haben, war die Informationserhebung über das Osmanische Reich innerhalb des europäischen Gesandtschaftswesens von beträchtlicher (wenn auch nicht ausschließlicher) Bedeutung für die Entwicklung eines Kategorienschemas, welches auch für die epistemologische Erfassung des eigenen Territoriums eines Staates dienen konnte. Gerade weil das Osmanische Reich grundsätzlich anders als die europäischen Staaten war, wurden die Berichterstatter dazu gezwungen, in ihren Beschreibungen Brücken zur einheimischen Gesellschaft zu schlagen, die wiederum das Selbstverständliche, bisher nicht Erwähnenswerte des eigenen Territoriums in den Rang von *choses mémorables* erheben konnten. Mit Nicolas de Nicolay war der königliche Experte der Wissenserhebung über das Osmanische Reich mit der Beschreibung Frankreichs beauftragt worden. Innerhalb des venezianischen Gesandtschaftswesen, in dem eine eigene Ordnung für die Erfassung der Dinge entworfen und explizit gemacht wurde, spielte die Informationserhebung am Bosporus gleichfalls eine überragende Rolle für diesen Prozeß.

Dennoch kann die diplomatische Berichterstattung nicht als der alleinige Faktor für die Entstehung des ethnographischen Wissens angesehen werden. Das diplomatische wie das gelehrte ethnographische Wissen unterlagen derselben epistemologischen Konfiguration und sind, wie wir gesehen haben, häufig auch nicht deutlich voneinander zu trennen. Bevor im nächsten Kapitel die gelehrte Tradition, die in das Wissenskorpus des 15. und 16. Jahrhunderts eingeflossen ist, sowie jene Texte, die außerhalb des diplomatischen Kontextes entstanden sind, betrachtet werden, sollen hier zum Abschluß die Ergebnisse dieses Kapitels zusammengefaßt werden.

Wie bereits erwähnt, sind die beiden Bibliographien von Carl Göllner und Stéphane Yerasimos die Ausgangspunkte dieser Arbeit. Als Gegenstück zur am Ende von Kapitel 3 aufgeführten Statistik über die Türkendrucke beruhend auf Göllners Zusammenstellung (Tabelle 1) sind in Tabelle 8 nun die Zahlen aus Yerasimos' Kompendium für die Reiseberichte aufgeführt.

Im Vergleich zu den Turcica herrscht bei den Reiseberichten eine größere Diversität vor, die zum Teil allerdings durch den unterschiedlichen räumlichen, zeitlichen und materiellen Erfassungsrahmen von Göllners und Yerasimos' Bibliographie bedingt ist.[110] Diese Gegenüberstellung ist daher nur begrenzt aussagekräftig.

Dennoch ist es bemerkenswert, daß wie bei den Türkendrucken unter den Reiseberichten für den europäischen Kontext die Texte italienischer, deutscher und franzö-

---

110 Göllners Bibliographie setzt erst 1500 ein, während das Verzeichnis Yerasimos' alle Reiseberichte seit Beginn des Osmanischen Reiches verzeichnet. Göllner hat sich auf Europa (ohne Griechenland) beschränkt, während Yerasimos auch arabische, hebräische, türkische und griechische Texte miteinbeziehen und auch das slawische Textkorpus systematisch berücksichtigt. Schließlich hat Göllner nur Drucke verzeichnet, während Yerasimos auch die handschriftliche Überlieferung in seine Bibliographie aufgenommen hat.

sischer Provenienz auf den ersten vier Plätzen liegen, wenn auch in unterschiedlicher Rangordnung: Venedig, das unter den Türkendrucken an vierter Stelle steht, rückt unter dem Aspekt der Informationserhebung an erste Stelle, gefolgt vom Reich, Restitalien und Frankreich. Für Frankreich ist das Verhältnis von Reiseberichten und Türkendrucken relativ ausgewogen. Im Reich hingegen dominiert aus den im Kapitel 3 genannten Gründen die Propagierung der *Türkengefahr*, während die Sammlung des ethnographischen Wissens demgegenüber zurücktrat.

Tabelle 8: Turcica aus Göllner (vergleiche Kapitel 3, Tabelle 1) und Reiseberichte nach Yerasimos in Prozent[111]

Turcica nach Göllner			Reiseberichte nach Yerasimos	
Reich	45,75		Venezianer	19,6
Italien ohne Venedig	18,63		Deutsche	17,8
Frankreich	13,31		Italiener ohne Venedig	10,7
Venedig	7,94		Franzosen	9,6
Niederlande	4,81		Engländer	7,6
Eidgenossenschaft	2,74		Spanier	4,0
Spanien	2,01		Schweizer	3,5
Polen	1,85		Dalmatier	3,3
England	1,73		Griechen	3,1
Sonstige	1,23		Flamen	3,1
			Türken	2,7
			Polen	2,5
			Niederländer	2,2
			Russen	2,2
			Ungarn	2,0
			Portugiesen	1,8
			Juden	1,3
			Araber	1,8
			Dänen	0,7
			Tschechen	0,5
Gesamt	**100,0**		**Gesamt**	**100,0**

---

111 Yerasimos, *Voyageurs*, S. 10.

Um die Reiseberichte aus Venedig, Frankreich und dem Reich abschließend in der von mir getroffenen Auswahl noch einmal in Bezug zueinander und zu ihrem jeweiligen Anteil diplomatischer Berichte zu stellen, sind die bisher aufgeführten Tabellen für das Gesamtkorpus der Reisebeschreibungen in Tabelle 9 und 10 zusammengefaßt.

Tabelle 9: Reiseberichte diplomatischer Provenienz im Verhältnis zu den Reiseberichten insgesamt für Venedig, das Reich und Frankreich (Manuskripte »MS« und Drucke »D«)

	Relationen		Mitglieder dipl. Missionen		In engem Zus.hang mit dipl. Missionen entstanden		Pilgerberichte		Gefangenenberichte		Sonstige	
	MS	D	MS	D	MS	D	MS	D	MS	D	MS	D
Venedig	46	1	2	2	10	./.	./.	./.	1	./.	6	3
Gesamt: 71 (51,1%)	47		4		10		./.		1		9	
Frankreich	./.	./.	3	5	1	3	1	1	1	./.	6	./.
Gesamt: 21 (15,1%)	./.		8		4		2		1		6	
Reich	./.	./.	9	10	4	1	10	1	./.	2	9	1
Gesamt: 47 (33,8%)	./.		19		5		11		2		10	
Total: 139 (100%)												

Tabelle 10: Anteil der Reiseberichte diplomatischer Provenienz am Gesamtkorpus von Venedig, Frankreich und dem Reich in Prozent:

	MS insgesamt	Drucke insgesamt	MS dipl. Provenienz	Drucke dipl. Provenienz
Venedig	46,8	4,3	41,7	2,2
Frankreich	8,6	6,5	2,9	5,7
Reich	23,0	10,8	9,4	7,9
Summe	**78,4**	**21,6**	**54,0**	**15,8**
Gesamt	**100,0**		**69,8**	

Wie die Tabellen im Anhang nachweisen, befand sich unter diesen Reisenden keine Frau – das Reisen ins Osmanische Reich war wie die Fahrten in die Neue Welt ausschließlich Männern vorbehalten. Knapp 70 Prozent aller Reisenden aus Venedig, Frankreich und dem Reich verdankten die Gelegenheit zur Reise, über die sie berichteten, dem diplomatischen Kontext. Diese Zahl ist nicht überraschend: Zum einen waren die diplomatischen Missionen aufgrund der prinzipiellen Unzugänglichkeit des Osmanischen Reiches für europäische Reisende neben der Möglichkeit, unter dem Schutz eines Handelsprivilegs zu reisen, die einzige Alternative, um den Bosporus mit der Garantie besuchen zu können, auch wieder zurückzukehren. Neben diesen beiden Möglichkeiten gab es die Fälle von Kriegsgefangenen, denen die Rückkehr nach Europa durch Freikauf oder Flucht geglückt war, welche im nächsten Kapitel zur Sprache kommen werden.

Der hohe Anteil an Reiseberichten aus dem diplomatischen Kontext erklärt sich jedoch auch durch die frühneuzeitlichen Reisebedingungen: Eine Reise ins Osmanische Reich war nicht nur finanziell aufwendig, sondern vor allem gefährlich und ohne die Einwilligung der osmanischen Autoritäten über den Landweg kaum zu bewerkstelligen. Viele Reisende nutzten daher lediglich die logistischen Möglichkeiten einer diplomatischen Mission, wenn sie sich einer Gesandtschaft anschlossen. Aber auch wenn man diese Fälle beiseite läßt, überwiegen in der Kategorie der Reiseberichte, die im diplomatischen Kontext entstanden sind, die Beschreibungen der diplomatischen Amtsträger: Für Venedig lag das Verhältnis von Diplomaten versus Nichtdiplomaten bei 5:1, für Frankreich bei 2:1, für das Reich bei 4:1.

Außerhalb des diplomatischen Kontextes reisten neben den Gefangenen, die im nächsten Kapitel zur Sprache kommen werden, vor allem Händler ins Osmanische Reich. Es ist bemerkenswert, daß von dieser großen Gruppe nur sehr wenig Reiseberichte überliefert sind: Händler in der Levante neigten nicht dazu, ihre Erfahrungen in Berichten niederzulegen.[112] Das europäische Gesandtschaftswesen, wie es im 15. und 16. Jahrhundert entworfen wurde, war hingegen genuin auf das Ziel der Informationserhebung und deren schriftliche Fixierung ausgerichtet. Es war damit vor allem der diplomatische Kontext, der Reisende dazu bewog, ihren Blick nicht nur auf die aktuellen politischen Gegebenheiten, sondern auch deren Hintergrund, auf die Dinge, die Pforte, die Organisation der Provinzen und das Militärwesen zu richten. Diese Dinge kamen in den venezianischen Relationen, die die Baili nach ihrer Rückkehr der patrizialen Öffentlichkeit der Republik vortrugen, vorrangig zur Sprache.

Die Reiseberichte, die aus der Feder von Gesandten entstanden, wandten sich jedoch nicht nur jenen Feldern zu, die für den diplomatischen Kontext relevant waren. Die Reisenden hatten über ihren Auftrag zur Ansammlung von Wissen über den

---

112 Yerasimos führt 38 »commerçants, répresentants« auf, was einem Anteil von 8,5 Prozent entspricht, wobei er offensichtlich nicht nur Kaufleute im Blick hat (Yerasimos, *Voyageurs*, S. 11). Auch in den Bereichen, die vom ethnographischen Wissenskorpus erfaßt werden (siehe die virtuelle Episteme in Kapitel 6 sowie die entsprechenden Zahlen in Anhang 3 und 4) taucht der Handel kaum auf.

Staat und das Militärwesen hinaus ein allgemeines Interesse daran, dem natürlichen Wunsch des Menschen gemäß »zu erkennen sowie erkannt zu werden.«[113] Nicolas de Nicolay präsentierte in seinen *Navigations* ein Panorama, in dem er nicht schwerpunktmäßig den Aufbau der Pforte und das Militärwesen beschrieb, sondern ausführlich Sitten und Gebräuche sowie religiöse Praktiken schilderte und diese mit einem weiten Fächer von Portraits stereotypisierter Bewohner und Bewohnerinnen des Osmanischen Reiches illustrierte. Die Sammlung von Waffen, Münzen, Teppichen und anderen Objekten sowie den Tieren und Pflanzen, die Ogier Busbecq mit nach Wien brachte, zeugt zudem vom Bedürfnis der Fürsten, ihre Kuriositätenkammern zu füllen. In dieser Hinsicht wurde die Levante mit der gleichen Methode erfaßt wie Amerika: Europa bemächtigte sich epistemologisch sowohl des Osmanischen Reiches wie auch der Neuen Welt nach dem identischen Prinzip, obgleich die machtpolitischen Voraussetzungen für beide Explorationsgebiete einander entgegengesetzt waren.

Edward Said sah 1978 in seinem Buch *Orientalism* in der französischen Erforschung Ägyptens, die mit der Eroberung 1798 einherging, einen untrennbaren Konnex zwischen europäischer machtpolitischer Überlegenheit und epistemologischer Bemächtigung des eroberten Landes. Die Entdeckung des Steines von Rosetta und seine anschließende Entzifferung unterscheidet sich jedoch nicht grundsätzlich vom Vorgang, mit dem im 16. Jahrhundert das Monumentum Ancyranum von habsburgischen Diplomaten der europäischen Gelehrsamkeit für weitere Forschungen zugänglich gemacht wurde. Das machtpolitische Motiv für die epistemologische Erfassung eines Gebietes war im 15. und 16. Jahrhundert in beiden Situationen wirksam – und erwies sich darüber hinaus für die europäische Unterlegenheit gegenüber den Osmanen deutlich als einflußreicher: Es war Venedig, das im Existenzkampf um sein Seereich sein Informationsnetz intensivierte, ausbaute und sich damit in Europa in seinem Wissenstand über das osmanische Reich an die erste Stelle setzte.

Die venezianische Wissenserhebung war zudem innovativ. Die Seerepublik war nicht nur die erste Macht, die das europäische Gesandtschaftswesen auf den Bosporus ausweitete, sondern die Venezianer führten mit den Relationen und der ersten Staatenbeschreibung zwei neue ethnographische Genres ein, die beide maßgeblich anhand der Beschreibungen des Osmanischen Reiches modelliert wurden.

Im Gegensatz dazu führten weder die französische noch die habsburgische diplomatische Wissenserhebung grundsätzlich neue Elemente ein, sondern schlossen sich dem venezianischen Vorbild an und machten das allgemeine, als anthropologisch erklärte Projekt der Wissenserfassung der Welt für die Beschreibungen der Levante, Kleinasiens und Anatoliens fruchtbar. Auch die Aufnahme osmanischen Schrifttums erwies sich nicht als grundsätzlich neu, da sie in gewisser Weise durch die Inserate osmanischer Text- und Sprachstücke in den Berichten von Georg von Ungarn (1480)

---

113 Thevet, *Cosmographie du Levant* 1556, S. 14 wie oben bereits zitiert.

und Bartholomäus Georgejevic' (1544) antizipiert worden war. Abgesehen vom venezianischen Muster der ethnographischen Wissenserhebung ist die Avantgarde-literatur für die Etablierung einer neuen epistemologischen Konfiguration unter den Turcica nicht im Wirkungsfeld des französischen und habsburgischen Gesandt-schaftswesens zu suchen.

Der diplomatische Kontext von Venedig, Frankreich und dem Reich erweist sich für die Analyse des europäischen ethnographischen Wissenskorpus über die Osma-nen damit als unabdingbar, ist jedoch nicht hinreichend. Er gab, vor allem von vene-zianischer Seite, wesentliche inhaltliche und formale Impulse und bot insgesamt einen entscheidenden institutionellen Rahmen für die Wissenserhebung, wie der Anteil von fast 70 Prozent der Reiseberichte, die ihm zuzuschreiben sind, zeigt. Für das Korpus von gedruckten Reiseberichten sinkt dieser Anteil mit dem Wegfallen der venezianischen Relationen jedoch auf rund 16 Prozent – die restlichen 84 Prozent sind Gegenstand des nächsten Kapitels.

7. Anhang: Nachweis der aufgeführten Reiseberichte

Venedig

Tabelle 11a: Venezianische Relationen, Manuskripte

Name	Titel (wenn vorhanden)	Reise-Datum	ggf. Jahr des Druckes	Seite Yeras.[114]
Sagundino, Alvise	Yerasimos S. 121	1496/97	MS	121
Zanchani, Andrea	Yerasimos S. 123f.	1499	MS	123f
Gritti, Andrea	Albèri III, S. 1	1503	MS	
Freschi, Zaccaria	Antibon S. 34	1504	MS	
Giustiniani, Antonio	Albèri III, S. 45	1514	MS	
Mocenigo, Alvise	Albèri III, S. 53	1517-1518	MS	138
Contarini, Bartolomeo	Albèri III, S. 56	1517-1518	MS	139
Minio, Marco	Albèri III, S. 69 Albèri III, S. 113 (= 2 Relationen)	1521-22, 1527	MS	149f
Bernardo, Francesco	Yerasimos S. 153	1522	MS	153
Zeno, Pietro	Albèri III, S. 93 Albèri III, S. 119 (=2 Relationen)	1523-1539	MS	154f
Bragadin, Pietro	Albèri III, S. 99	1524-1526	MS	155

114 Yerasimos, *Voyageurs*.

Ludovisi, Daniele de	Albèri I, S. 1	1534	MS	443
Zamberti, Luigi	Yerasimos S. 196	1539	MS	196
Renier, Alvise	Yerasimos S. 209	1550	MS	209
Barbarigo, Daniele	Yerasimos S. 223 Albèri II, S. 1 (= 2 Relationen)	1550-1554, 1562-1564	MS	223
Navagero, Bernardo	Albèri I, S. 33	1553	MS	
Trevisan, Domenico	Albèri I, S. 111	1554	MS	445
Barbaro, Daniele	Yerasimos S. 234 Albèri II, S. 1 (= 2 Relationen)	1553-1556; 1564	MS	234
Erizzo, Antonio	Albèri III, S. 123	1557	MS	
Cavalli, Marino	Albèri I, S. 271 Yerasimos S. 251 (= 2 Relationen)	1558-1560, 1567	MS	251
Barbarigo, Antonio	Albèri III, S. 145	1558	MS	
Dandolo, Andrea	Albèri III, S. 161	1562	MS	
Buonrizzo, Luigi	Albèri II, S. 61	1565	MS	
Ragazzoni, Jacopo	Albèri II, S. 77	1571	MS	291
Badoero, Andrea	Albèri I, S. 347	1573-1574	MS	299
Garzoni, Costantino	Albèri I, S. 369	1573-1574	MS	300
Tiepolo, Antonio	Albèri II, S. 129	1576	MS	
Soranzo, Giacomo	Albèri II, S. 193	1576	MS	
Anonymus	Albèri II, S. 309	1575	MS	
Anonmyus	Albèri II, S. 427	1579	MS	
Contarini, Paolo	Albèri III, S. 209	1580-1583	MS	334
Anonymus	Albèri II, S. 209	1582	MS	
Venier, Maffeo	Albèri I, S. 437 Albèri II, S. 295 (= 2 Relationen)	1579; 1587	MS	344
Morosini, Gianfrancesco	Albèri III, S. 251	1582-1585	MS	350
Michiel, Giovanni	Albèri III, S. 255	1587	MS	
Moro, Giovanni	Albèri III, S. 323	1587-1590	MS	392
Bernardo, Lorenzo	Albèri II, S. 321	1591	MS	407-409
Zane, Matteo	Albèri III, S. 381	1591-1594	MS	412
Nani, Agostino	Antibon S. 38	1600-1603	MS	
Donini, Marcantonio	Antibon S. 38		MS	

Tabelle 11b: Venezianische Relationen, Drucke

Name	Titel	Reise-Datum	ggf. Jahr des Druckes	Seite Yeras.
Barbaro, Marcantonio	Gedruckt in: Tesoro politico 1579	1568-1564	1579	441

Tabelle 11c: Venezianische Reiseberichte, die von Mitgliedern diplomatischer Missionen verfaßt wurden, Manuskripte

Name	Titel	Reise-Datum	ggf. Jahr des Druckes	Seite Yeras.
Caroldo, Gian Jacopo	Relazione autografa di Constantinopoli (MS in Venedig, Biblioteca Nazionale Marciana)	1503	MS	126
Gradenigo, Vincenzo	Il Viaggio di Vicenzo Gradenigo, Bailo, da Venezia a Constantinopoli	1599-1600	MS	435f

Tabelle 11d: Venezianische Reiseberichte, die von Mitgliedern diplomatischer Missionen verfaßt wurden, Drucke

Name	Titel	Reise-Datum	Ggf. Jahr des Druckes	Seite Yeras.
Sagundino, Nicolao	Liber de familia Autumanorum id est Turchorum ad Aeneam Senarum episcopum	1453, 1461	s.l. s.a.; in Kompendium 1551, 1553, 1556	109
Ramberti, Benedetto	Libri tre delle cose de Turchi	1534	1539, 1541, 1543 u.ö.	181

Tabelle 11e: Venezianische Reiseberichte, die im Kontext diplomatischer Missionen verfaßt wurden (nur Manuskripte überliefert)

Name	Titel	Reise-Datum	ggf. Jahr des Druckes	Seite Yeras.
Bernardo, Agostino	Relation, cf. Sanudo, Vol. XI, XII	1511	MS	126f
Zen, Catharin	Descrizione del viazo del Constantinopoli	1550	MS	221-223
Erizzo, Gaspare	Viaggio de Venezia a Constantinopoli	1558	MS	249f
Anonymus	Viaggio per terra da Dolcigno a Costantinopoli	1558	MS	250

Anselmi, Bonifacio	Relazione	1575-1576?	MS	312
Anonymus	Diario del viaggio da Venezia a Costantinopoli	1575-1576	MS	312f
Celini, Livio	Relazione e diario del viaggio di Jacoppo Soranzo	1582	MS	347
Di Castel Durante, Bartolomeo	Ms. Biblioteca Apostolica vat.	1591-1594?	MS	411f
Veniero, Marco	Relazione di Costantinopoli	1593-1597	MS	418
Donà, Leonardo	Dello itinerario de lla mia ambascieria di Constantinopoli libreto primo	1595-1596	MS	421

Tabelle 11f: Venezianische Gefangenenberichte (nur ein Manuskript)

Name	Titel	Reise-Datum	ggf. Jahr des Druckes	Seite Yeras.
Anselmi, Bonifacio	Relazione	1575-1576?	MS	312

Tabelle 11g: Sonstige venezianische Reiseberichte, Manuskripte

Name	Titel	Reise-Datum	ggf. Jahr des Druckes	Seite Yeras.
Anonymus	Relazione di viaggi de Venezia a Constantinopoli	1548, 1552-1553	MS	215
Anonymus	Relatione di Seraglio dove habita il Gran Turco	1580	MS	337
Anonymus	Relatione di una persona che parti di Costantinopoli...	1584	MS	360
Marcaldi, Francesco	Narratione dell'Imperio et stato della Casa Ottomana	1588?	MS	397
Berengo, Andrea	Lettres d'un marchand venetien	1533-1556?	MS	441
Anonymus	Relazione della Turchia	1549	MS	444

Tabelle 11h: Sonstige venezianische Reiseberichte, Drucke

Name	Titel	Reise-Datum	ggf. Jahr des Druckes	Seite Yeras
Gritti, Alvise	Questo sia uno libro che fu trovato dapoi la morte del Signore Alvixe Gritti		1537	187
Pigafetta, Marcantonio	Itinerario di Marc' Antonio Pigafette gentil'huomo vicentino	1567-1568	1585	276-278
Rosaccio, Giuseppe	Viaggio da Venetia a Costantino-poli	1598	1598 2x	429f

Frankreich

Tabelle 12a: Französische Reiseberichte, die von Mitgliedern diplomatischer Missionen verfaßt wurden, Manuskripte

Name	Titel	Reise-Datum	ggf. Jahr des Druckes	Seite Yeras.
Vega, Jean de	Journal de la Croisière du baron de Saint Blancart	1537-1538	MS	193
Chesneau, Jean	Le voyage de Monsieurs d'Aramon	1547 u.ö. - 1555	MS	211-214
Magius, Charles	Voyages et aventures de Charles Magius, noble Vénetien	1570-71	MS	288

Tabelle 12b: Französische Reiseberichte, die von Mitgliedern diplomatischer Missionen verfaßt wurden, Drucke

Name	Titel	Reise-Datum	ggf. Jahr des Druckes	Seite Yeras.
Richer, Christoph	De rebus Turcarum ad Franciscum Gallorum Regem Christianiss. Libri quinque	1537	1540	191
Bertrand de la Borderie	Discours du voyage de Constantinople	1537-1538	1545, 1546, 1547, 1549, 1550, 1551, 1556, 1568	191
Belon, Pierre	Les observations de plusieurs singularitez	1547-1549	1553, 1554, 1555, 1555, 1588. Lat. 1605	205-207

Gassot, Jacques	Le discours du Voyage de Vinise à Constantinople	1547-1549	1550, 1606	207-209
Nicolay, Nicolas de	Les navigations, pérégrinations et voyages faits en la Turquie	1551-1552	1568, 1576, 1586; dtsch: 1576; engl: 1585, XVIII, XX; niederl.: 1576; itl.: 1576, 1577, 1580	224f

Tabelle 12c: Französische Reiseberichte, die in engem Zusammenhang mit diplomatischen Missionen erstellt wurden, Manuskripte

Name	Titel	Reise-Datum	ggf. Jahr des Druckes	Seite Yeras.
Maurand, Jérôme	Itinéraire de Jérôme Maurand d'Antibel à Constantinople (1544)	1544	MS	202f

Tabelle 12d: Französische Reiseberichte, die in engem Zusammenhang mit diplomatischen Missionen erstellt wurden, Drucke

Name	Titel	Reise-Datum	ggf. Jahr des Druckes	Seite Yeras.
Gilles, Pierre	Petri Gyllii de Topografia de Constantinopoleos et de illius antiquitatibus libri quatuor	209f	Lyon 1561-1562, 1632	
Postel, Guillaume	De la Republique des Turcs	1535, 1549	1552, 1560.	186f
Thévet, André	Cosmographie du Levant	1549-1552	1554, 1556, 1575	219f

Tabelle 12e: Französische Gefangenenberichte (nur ein Manuskript)

Name	Titel	Reise-Datum	ggf. Jahr des Druckes	Seite Yeras.
Charcon, Anthoni	De statu Turgkeye	1468	MS	113f

Tabelle 12f: Französische Pilgerberichte, Manuskripte

Name	Titel	Reise-Datum	ggf. Jahr des Druckes	Seite Yeras.
Palerne, Jean	Peregrinations du S. Ian Palerne, Foresien, Secretaire de Fraoncois de Valois Duc d'Anjou	1581-1582	1606	339-341

Tabelle 12g: Französische Pilgerberichte, Drucke

Name	Titel	Reise-Datum	ggf. Jahr des Druckes	Seite Yeras.
Villamont	Les Voyages du Seigneur de Villamont, Chevalier de l'ordre de Hierusalem	1589-1590	1595 und vier weitere, 1600-1627: 21 Drucke	400-402

Tabelle 12h: Sonstige französische Reiseberichte (nur Manuskripte)

Name	Titel	Reise-Datum	ggf. Jahr des Druckes	Seite Yeras.
Bertandon de la Broquière	Voyage d'outremer et retour de Jérusalem en France par la voie de terre	1432-1433	MS	106f
Anonymus	Description de la ville de Constantinople et autres lieux sujets au Grand Turc	1534	MS	182
Bonnet, Chevalier de	Recueil chrestien ou sont une prophétie de Ste Brigide Royne d'Escosse	1565-1566	1611	271f
Lescalopier, Pierre	Voyage fait par moy, Pierre Lescalopier l'an 1574 à Venise à Constantinople	1574	MS	308f
Pinon, Carlier de	(Voyage en Orient)	1579	MS	326-328
Pavie, François de	Relation de Francois de Pavie	1585-1586	MS	370-372

Habsburg und das Reich

Tabelle 13a: Berichte, die von Mitgliedern habsburgischer Missionen erstellt wurden, Manuskripte

Name	Titel	Reise-Datum	ggf. Jahr des Druckes	Seite Yeras.
Anonymus	Wegrayz Kayserlicher Maiestat Legation, im 32 jar zu dem Türcken geschickt...	1532	MS	176
Wrancic, Anton	Iter Buda Hadrianopolim anno MDLIII exaratum ab Antonio Verantio	1553-1568 passim	MS	236-237

Betzek, Jacob	Verzaichnis etlicher meiner und der fürnembsten Raysen	1564-65, 1572, 1573	MS	263-267
Anonymus	Aufzaichnus des Wegs von Wienn auff Constantinopel	1567-1568	MS	276
Stadler, Maximus	(Journal de Constantinople)	1567-1568	MS	278f
Gerlach, Stephan	Stephan Gerlachs dess Aeltern Tagebuch	1573-1578	1674	302-305
Steinach, Wolf Andreas von	Beschreibung oder Verzaichnusz des Wegs, der Stätt, Orth und Fleckhen	1583	MS	354f
Lubenau, Reinhold	(Beschreibung der Reisen des Reinhold Lubenau)	1587-1588	MS	385-390
Seidel, Friedrich	Denckwürdige Gesandtschafft an die Ottomanische Pforte	1591-1596	1711	412f

Tabelle 13b: Berichte, die von Mitgliedern habsburgischer Missionen erstellt wurden, Drucke

Name	Titel	Reise-Datum	ggf. Jahr des Druckes	Seite Yeras.
Weichselberger, Sigmund	Wölcher g'stalt [...] Herr Six Weyxelberger [...] zu dem türckischen Kayser an und abkommen sind	1528-1529	1529	166
Kuripeschitz, Benedict	Iterarium Wegrayss Kün. May. potschafft gen Constantinopel	1530-31	1531	171-173
Busbecq, Ogier Ghiselin de	Itinera Constantinopolitanum et Amasianum ab Augerio Gislenio Busbequii	1554-1555. 1555-1562	1589, 1590, 1592, 1595, 1595	239-242
Anonymus	Beschreibung einer delegation und Reise von Wien aus Österreich auff Constantinopel	1572	1582	292-294
Schweiger, Salomon	Salomoni Schweigkero Sultzensi, [...] Gratulatio scripta a Martino Crusio	1577-1581	1582, 1586, XVII: 7 (in: Reyssbuch...)	317f
Budowitzk, Wencelslas	Wenceslai Budowizii Magistri Aulae Caesarei apud Turcarum Imp. Legati literae	1578-1580	1583 in Komp.	323

Porsius, Henricus	Iter Byzantinum Henrici Porsii	1579-1581	1583 in Komp.	329f
Besolt, Melchior	Dess Wolgebornen Herrn Heinrichs Herrn von Lichtenstein, Reyss auff Constantipol im 1584 Jar beschrieben	1584	1595 in Komp.	362f
Tayfel, Johann Christoph	Il viaggio del Molto illustre signor Giovanni Christophoro Taifel	1587-1591	1598	392-394
Mitrowitz, Wance-slas Wratislaw von	Des freyherrn von Wartislaw merkwürdige Gesandtschaftreise von Wien nach Konstantinopel	1591-1596	Lat. Orig. 1597	413f

Tabelle 13c: Berichte, die in engem Zusammenhang mit habsburgischen Missionen erstellt wurden, Manuskripte

Name	Titel	Reise-Datum	ggf. Jahr des Druckes	Seite Yeras.
Dernschwarm, Hans	Tagebuch einer Reise nach Konstantinopel und Kleinasien	1553-155	MS	230-233
Lorich, Melchior	Des Weitberühmbten Kunstreichen und Wolerfahrnen herrn Melchior Lorichs Flensburgensis Wolgeris-sene und Geschnittene Figuren zu Ross und Fuss	1555-1559	1626 (2 mal); 1646	189
Anonymus	Beschreibung der Statt Costantino-poli unnd der khirchen Sant Sophia	1567-1568	MS	276
Praun, Stephan	Auff adii 20 Jennar im Jar 1569 Sein wier in Gottes namen von Wien aus auff Constantinopel durch Ungarian, Serbiam Darda-niam Thraciam verrueckth	1569	MS	283

Tabelle 13d: Berichte, die in engem Zusammenhang mit habsburgischen Missionen erstellt wurden, Drucke

Name	Titel	Reise-Datum	ggf. Jahr des Druckes	Seite Yeras.
Haimendorff, Jacob Fürer von	Jacop Fürers von Haimendorff Constantinopolitanische Reise		1587	380

Tabelle 13e: Gefangenenberichte aus dem Reich (nur Drucke)

Name	Titel	Reise-Datum	ggf. Jahr des Druckes	Seite Yeras.
Jörg von Nürnberg	Geschicht von der Türkey	1460-1480	1482	111
Schiltberger, Hans	»Reisebuch«	1396-1402	1475	100f

Tabelle 13f: Pilgerberichte aus dem Reich, Manuskripte

Name	Titel	Reise-Datum	ggf. Jahr des Druckes	Seite Yeras.
Altmanshausen, Moritz von	Gründtliche Beschreibung der Walfart nach dem hailigen land	1556-1559	MS	244
Rauter, Ludwig von	(Deutsche Pilgerreisen)	1568-69	MS	280f.
Fernberger, Georg Christoph	Peregrinatio montis Synai et Terrae Sanctae	1584-1592	MS	363-366
Zülnhart, Wolf von	(Pilgerreise)	1495-96	MS	120
Nützel, Karl	(Reise des Nürnbergers K.N. ins Heilige Land)	1586-1587	MS	378
Kiechel, Samuel	Kurzer bericht unnd beschreibung meiner Samuel Kiechel von Ulm gethoven Reys	1587-1589	MS	390-391
Harff, Arnold von	Die Pilgerfahrt des Ritters Arnold von Harff	1497-1499	MS	122f
Anonymus	Neue Schiffart	1583	MS	444
Sparnau, Peter	Jerusalemfahrt	1385-1386	MS	99
Hagen, Philipp von	Hodoeporicon	1523	MS	153

Tabelle 13g: Pilgerberichte aus dem Reich, Drucke

Name	Titel	Reise-Datum	ggf. Jahr des Druckes	Seite Yeras.
Seydlitz, Melchior von	Zwo Reisen zum heiligen Grab	1556-1559	1576 u. 8 weitere im XVI, 3 im XVII	245f

Tabelle 13h: Sonstige Reiseberichte aus dem Reich, Manuskripte

Name	Titel	Reise-Datum	ggf. Jahr des Druckes	Seite Yeras.
Müntzer, Wolfgang	Reyssbeschreibung dess Gestrengen und Vesten herrn Wolfgang Müntzers von Babenberg	1556-1559	1624	244f
Oerttel, Emanuel	Warhafftige Beschreibung der Mörfart so ich Emanuel Örtel...	1561	MS	255
Meurl, Daniel	Raiss von Commorn biss gehn Constantinopel	1564-1570 passim	MS	262f
Eckersdorff, Paul Hannibal von	Reise nach Constantinopel von Wien	1570-71	MS	287f
Breuning, Hans Jacob	Orientalische Reyss	1579	1612	325f
Grüneweg, Martin	Marten grünewegs [...] ausführliche Beschreibung	1582-83	MS	344-346
Heberer von Bretten, Michael	Aegyptiaca servitus	371-373	1610	
Lichtenstein, Hans Ludwig von	Grosse Reisen und Begebenheiten	1587-1588	MS	383-385
Anonymus	Notitae geographicae	?	MS	444

Tabelle 13i: Sonstige Reiseberichte aus dem Reich, Drucke

Name	Titel	Reise-Datum	ggf. Jahr des Druckes	Seite Yeras.
Rubigalus, Paulus	Hodoeporicon itineris Constantinopolitani	1537	bei Reusner, Itinerarium totus orbis, abgedruckt.	190

Fünftes Kapitel:
Die Formierung des ethnographischen Wissenskorpus außerhalb der diplomatischen Informationserhebung

Als die Osmanen am 29. Mai 1453 Konstantinopel eroberten und die Aufrufe zum Türkenzug auf christlicher Seite kursierten, konnte ein Gelehrter, der sich in einer der Fürstenbibliotheken Informationen über diese neue Macht verschaffen wollte, kaum darauf hoffen, abgesehen von einigen verstreuten Notizen in historiographischen Werken eine geeignete Lektüre zu finden. Mehr als ein Jahrhundert später, nach der Schlacht von Lepanto 1571, hatte eine Person mit den gleichen Ambitionen hingegen sehr gute Aussichten, in einer dieser Bibliotheken nicht nur auf eine beachtliche Anzahl von Traktaten und Reiseberichten, sondern auch auf Kompendien von Kompilatoren wie Theodor Bibliander, Johannes Cuspinian, Heinrich Müller und besonders Francesco Sansovino zu stoßen: ein beeindruckendes Wissenskorpus von vielen tausend Seiten, welches durch einschlägige Passagen in allgemeinen Kosmographien oder historiographischen Werken ergänzt wurde und bis 1600, dem Ende des hier betrachteten Zeitraumes, noch weiter wachsen sollte. Erst ab 1453, zeitgleich mit der beginnenden Artikulation der *Türkengefahr*, setzte in den Turcica jener Prozeß ein, in dem eine Epistemologie entworfen wurde, die eine Methode einführte, mittels derer empirisches Wissen mit antiken und mittelalterlichen Traditionen verschmolzen und das ethnographische Wissenskorpus über die Osmanen generiert und formiert wurde.

Dabei war das Osmanische Reich kein weißer Fleck auf einer ansonsten detaillierten Karte – der Blick auf die *Dinge*, die »kunst, [welche] sich nit allein uber die Länder/ wohnungen und sitten mancherleyen Völker [erstreckt], sonder […] sich auch mit andern dingen des Erdtrichs und Meeres/ alß mit seltsamen Thieren/ Bäwmen/ Metallen und andern nützen und unnützen dingen/ so auff dem Erdtrich oder in dem Meere erfunden werden«[1] war noch nicht Gegenstand gelehrter Aufmerksamkeit, das ethnographische Projekt, beispielsweise »Italie rerum peritiam vestutioribus locis eius et populis, nominum novitatem, novis auctoritatem, deletis vitam memorie dare ac denique rerum italie obscuritatem illustrare«[2] noch nicht etabliert, die Karte des ethnographischen Wissens noch nicht entworfen. Obgleich der diplomatische Kontext für die Entstehung dieser Episteme eine wichtige Rolle

---

1 Münster, *Cosmographei* 1550, Fol. aiijv.
2 Biondo, *Italia Illustrata* 1474, (Bleistiftpaginierung im Exemplar der Marciana Inc. 234) pag. 38.

spielte, griff das ethnographische Wissen über ihn hinaus und war zudem von anderen Traditionen beeinflußt, die hier zur Sprache kommen sollen.

Die oben gemachte Feststellung, daß ein Gelehrter 1453 auf der Suche nach Spezialliteratur über die Osmanen nicht fündig wurde, gilt jedoch nur mit einer wichtigen Einschränkung: Die *Türken* wurden in der Dynamik der *Türkengefahr* als Gegenpol zu den *Christen* als Angehörige der *Sekte Mahomets* identifiziert, so daß im 15. und 16. Jahrhundert der Begriff der Türken nicht nur auf die Osmanen, sondern generell auf alle Muslime angewandt wurde. Der Islam war jedoch in Europa seit einigen Jahrhunderten eine bekannte Größe, so daß die Tradition des mittelalterlichen Islambildes in das sich formierende Wissenskorpus über die Osmanen einfließen konnte. Zudem boten auch die mittelalterlichen Notizen über die Türken, wenn sie auch nicht sehr zahlreich waren, Anknüpfungspunkte für die Autoren des 15. und 16. Jahrhunderts.

1. Das mittelalterliche Islambild[3]

Im Frühmittelalter lagen in Europa über den Islam außerhalb Spaniens nur wenig Kenntnisse vor. Die Bezeichnung Sarazenen, die ursprünglich ein Nomadenvolk in der Landschaft Sarakene nördlich des Sinais benannte, hatten die Byzantiner nach und nach für alle arabisch sprechenden Völker, schließlich für alle Muslime verwendet und den Begriff ins Abendland vermittelt.[4] Zur Zeit der Entstehung des frühmittelalterlichen Islambildes wurden im wesentlichen antike Vorstellungen über die Araber rezipiert. Dabei wirkte das alttestamentarische Bild von den heidnischen Arabern, die die Juden bedrohten, fort, das jedoch wiederum bald in Konkurrenz zur Vorstellung der Sarazenen als häretische Christen trat. Zwischen diesen beiden Polen – die Muslime als Heiden oder aber als Häretiker – entwickelte sich die mittelalterliche Islamdiskussion. Das Antichristmotiv tauchte hingegen vor allem im frühmittelalterlichen Spanien auf und blieb ansonsten marginal, bis es im Diskurs der *Türkengefahr* an zentraler Stelle propagiert wurde.

Vor allem Beda Venerabilis (673–735) prägte dann das Bild von den Sarazenen bis ins 12. Jahrhundert hinein.[5] Beda, zu dessen Lebzeiten die Araber über Gibraltar nach Spanien übersetzten und 732 bis nach Tours und Poitiers gelangten, ordnete die neue Macht in das Wissen ein, das die Bibel vermittelte, und hielt diese für Nachkommen Ismails, eine Zuordnung, die vor ihm bereits Isidor von Sevilla gemacht

---

3 Siehe zum folgenden Daniel, *Islam and the West;* Southern, *Das Islambild des Mittelalters;* Watt, *Einfluß des Islams,* (hier vor allem S. 73ff); Rodinson, *Das Bild im Westen und westliche Islamstudien;* Blanks/ Frasetto, *Western Views of Islam in Medieval and Early Modern Europe;* Cardini, *Europa und der Islam.*

4 Colpe, *Historische und theologische Gründe für die abendländische Angst vor dem Islam,* S. 35.

5 Zum Islambild während der Merowingerzeit siehe Rotter, *Abendland und Sarazenen.*

hatte und die sich mit der muslimischen Vorstellung deckte (wobei nach muslimischer Auffassung die Juden und Christen das Erstgeborenenrecht Ismails durch die Degradierung Hagars zu einer Magd zugunsten Isaaks entwertet hätten). Bedas Hauptproblem lag dabei im Widerspruch, wieso mit dem Namen Sara(h)zenen die Herkunft von Sarah und nicht von Hagar impliziert wurde.[6]

Ob und wie sich diese Vorstellung über die Sarazenen in der nachfolgenden Zeit veränderte, ist schwer abzuschätzen. Die Nachrichten über den Gesandtschaftsverkehr mit den Abbasiden unter Pippin, Karl dem Großen und Ludwig dem Frommen geben in ihrer annalistischen Form kaum Auskunft darüber, wie unter den Karolingern die Muslime im allgemeinen gesehen wurden und welche Informationen man über sie hatte. Karl sah die Abbasiden als Machtträger im weltpolitischen Gefüge, die die weltpolitische Machtstellung des Frankenreiches bestätigen konnten, wie aus dem karolingisch-abbasidischen Gesandtschaftsaustausch und der Entsendung des Elefanten durch Harun ar-Raschid deutlich wird.[7] Im Frühmittelalter scheint sich das Bild der Sarazenen in Europa außerhalb der iberischen Halbinsel wenig von dem anderer Völker unterschieden zu haben, mit denen man sich bekämpfte oder in diplomatische Beziehungen trat. Der Wissensstand in Spanien, wo sich der Bischof von Toledo Eulogius (gestorben 859) darüber beklagte, daß die dort ansässigen Christen es vorzögen, ihre Kenntnis der arabischen Sprache zu vervollkommnen anstatt sich in die Schriften des Evangeliums und der Kirchenväter zu vertiefen, scheint das übrige Europa derweil kaum beeinflußt zu haben.

Erst ab 1100, so der derzeitige Forschungsstand, formierte sich im Rahmen der Kreuzzüge in den nächsten zwei Jahrhunderten ein Bild, dessen Komponenten bis zum 15. Jahrhundert im wesentlichen konstant bleiben sollten. Von byzantinischen Autoren wurden Informationen über das Leben Muhammeds übernommen, Guibert von Nogent verfaßte eine Biographie über den Propheten, im Rolandslied wurden die Muslime als Polytheisten dargestellt, die eine absurde Dreieinigkeit verehrten. Etwas später äußerte sich Otto von Freising (gestorben 1158), der am zweiten Kreuzzug teilgenommen hatte, über einige der islamischen Glaubensdogmen und Riten wie folgt:

»[Daß Götzenbilder in einer Moschee in Palästina stehen sollten, sei unglaubwürdig] quia constat universitatem Sarracenorum unius Dei cultricem esse librosque legis necnon et circumcisionem recipere, Christum etiam et apostolos apostolicosque viros non improbare, in hoc tantum a salute longe esse, quod Iesum Christum humano generi salutem afferentem Deum vel Dei filium esse negant Mahmetque seductorem, de quo supra dictum est, tamquam prophetam magnum summi Dei venerantur et colunt.«[8]

---

6 Siehe zur Namensdiskussion auch ebd., S. 68-76.
7 Borgolte, *Der Gesandtenaustausch der Karolinger mit den Abbasiden und mit den Patriarchen von Jerusalem.*
8 Otto von Freising, *Chronica sive Historia de duabus civitatibus*, S. 510.

Darüber hinaus setzten sich im zwölften Jahrhundert einige theologische Werke mit der *lex Sarracenorum* auseinander. Pedro de Alfonso, ein vom Judentum konvertierter Christ, verfaßte im frühen zwölften Jahrhundert einen Dialog, um die Lehre der Sarazenen zu wiederlegen. Um 1142 gab Petrus Venerabilis, der Abt von Cluny, eine Übersetzung des Korans in Auftrag, die unter dem Titel *Summa totius haeresis Saracenorum* überliefert wurde und der er ein *Liber contra sectam sive haeresim Saracenorum* beifügte. Ricoldo da Monte Croce schloß sich ein gutes Jahrhundert später mit seiner *Improbatio alchorani* dieser Tradition an.[9] Wie der Titel dieses Traktats – »die Verwerfung des Korans« – bereits ankündigt, ging es Ricoldo um die theologische Entlarvung des Korans als ein Blendwerk von Lügen:

> »Nunc autem presens michi intentio est in summa veritate confidenti: capita et principalia mendacia huius iniquae legis ostendere et alijs confratribus occasionem prebere qua facilius ad deum revocare possint huius impietatis sectatores. Ut autem hoc ordine fiat: oportere cognovi totum tractatum in determinata diducere capita.
> Primum caput continet principales huius legis errores.
> Secundum quis conservandi cum eis modus est servandus.
> Tertium quod hec lex non est lex dei. quia neque vetus neque novum testamentum huic attestantur: quiaque necesse est ut Sarraceni veteris testamenti et Evangelicis pareant dictis.«[10]

Ein Blick auf die Synthese gelehrten mittelalterlichen Wissens nach der Aristoteles-rezeption im 13. Jahrhundert, dem *speculum maius* des Vincenz von Beauvais (1200-1260) zeigt, wie dieses Wissen in den Kontext der hochmittelalterlichen Scholastik eingeordnet wurde.[11] Der erste Teil dieser Enzyklopädie, das *speculum naturale,* beschreibt anhand der sechs Tage der Schöpfung Himmel, Erde, Steine, Pflanzen, Tiere und Menschen. Im *speculum doctrinale* präsentiert Vincenz von Beauvais das gelehrte Wissen der Zeit anhand von Disziplinen wie *grammatica, logica, rhetorica, scientia oeconomica, scientia politica, artes mechanicae* etc. bis hin zum »fines omnium scientiarum, id est […] Theologia.«[12] Im dritten Teil, dem *speculum historiale,* wird die Geschichte der Menschheit von Adam bis Friedrich II. geschildert.

Alle drei *specula* sind damit auf ein Ziel ausgerichtet: das *speculum naturale* gipfelt in der Erschaffung des Menschen als dem Ziel der göttlichen Schöpfung; das *speculum doctrinale* präsentiert die *Theologia* als den Höhepunkt gelehrten Wissens; das *speculum historiale* ist nach dem Modell der mittelalterlichen Heilsgeschichte in der Abfolge der Weltreiche und dem zu erwartenden Tag des Jüngsten Gerichtes ausgestaltet. Die Synthese des scholastischen Wissens präsentiert sich damit unter dem teleologischen Prinzip des göttlichen Willens.

---

9 Watt, *Einfluß des Islams.*

10 Ricoldo di Montecroce, *Libellum contra sectae Mahumetanae* 1511, Fol. 2v.

11 Beauvais, *Bibliotheca mundi seu speculi maioris* 1624. Eine moderne Edition des *speculum maius* bleibt ein Desiderat; der barocken Ausgabe wurde ein vierter Teil hinzugefügt.

12 Ebd., Bd. 2, Lib. XVII.

Jeder der drei Bände enthält Informationen über die Sarazenen. Im *speculum naturale* zählt ein kurzes Kapitel mit dem Titel *De moribus extraneis quarundam gentium* verschiedene Völker (»Arabi et Saraceni, Lybiae popolus, Phryges et Ponticus, Aegyptus, Palaestina, Scythae, Ichthyophagi, Scoti«[13]) und ihre Eßsitten auf.[14] Der zweite Band des *speculum maius* berichtet im neunten Buch *De Criminibus* in einer längeren Passage darüber, wie sich Christen gegenüber Sarazenen zu verhalten haben – beispielsweise ist eine gemeinsame Mahlzeit mit Sarazenen verboten, Handelsbeziehungen sind nur in Friedenszeiten erlaubt. Im *speculum historiale* schließlich finden sich die ausführlichsten Abschnitte: Im 23. Buch fügte Vincenz bei der Abhandlung der Regierungszeit des byzantinischen Kaisers Heraclius 30 Kapitel über die *lex Machometi* ein. Einige der Kapitelüberschriften der Ausgabe von 1624 sind denen der ethnographischen Literatur des 16. Jahrhunderts sehr ähnlich, die ihnen folgenden Passagen sind jedoch ganz im theologischen Diskurs gehalten. Im 59. Kapitel (»De Circumcisione, et prohibitione carnis porcinae, et uxoris repudio«) wird auf die Beschneidung in Form eines fingierten Dialogs mit Sarazenen wie folgt eingegangen:

»Circumcisio vero, quid ad vos pertineat scire non possum, cum nec Machomet circumcisus fuerit, nec in Alchorano inde aliquid dixerit, nisi forte Abraham in hoc vos sequi dicatis. Cum enim vos Ismahelis filios esse iactetis, et Abrahae dicatur à Deo: *Non in Ismahele sed in Isaac reputabitur tibi semen*, vos in semine Abrahae quomodo estis, quia ad Isaac nullo modo pertinetis. Si vos dicitis Christum fuisse circumcisum, quid ad vos, qui Christiani non estis, de cuius tamen circumcisione, quam rationabilis fuerit, se vel digni essetis, vel in aliquo ad eum pertineretis, plenissime responderemus. Nunc vero cum nec Iudaei nec Christiani sitis, circuncisionem [sic] invenistis, nisi certe, quod valde credibile est, hoc etiam à Iudaeis libro vestro insertum sit, ut sicut de quibusdam Paulus Apostolus dicit: *In carne vestra gloriarentur dum vos more suo circumcidi facerent, et suos in errore socios habere gaudent.*«[15]

Es handelt sich hier also nicht um die Beschreibung praktizierter Beschneidungsriten, wie sie die Reiseberichte des 16. Jahrhunderts bieten, sondern um eine theologische Diskussion der muslimischen Beschneidung in bezug auf die legitime Abstammung von Abraham, die vom christlichen Standpunkt nur ein falsches Ritual sein kann.

Die Passagen von Vincenz von Beauvais lassen sich daher mit dem folgenden Zitat zusammenfassen:

---

13 Ebd. Bd. 1, Cap. LXXXVI.

14 Die einschlägige Passage ist sehr kurz: »Quis ignorat unamquamque gentem non communi lege naturae, sed his quorum copia est apud se vesci solitam? verbi gratia, Arabes et Saraceni, et omnis eremi Barbaries camelorum lacte vivit et carnibus; quia huiuscemodi animal pro tempore et sterilitate regionum facile apud eos et gignitur et nutritur. Hi nefas arbitrantur porcorum vesci carnibus. Sues enim qui glande et castaneis et radicibus, saligine et hordeo ali solent, aut raro apud eos, aut penitus non inveniuntur, et si inventi fuerint, alimenta non habent, quae supra diximus.« Ebd.

15 Ebd. Bd. 3, S. 919, Kursivsetzungen im Original.

»Ego nescio ad quam legem pertinere videantur [= Saraceni]. Duas enim a Deo accepimus leges unam gratiae, alteram iustitiae. [...] Antequam enim ipse [= Machomet] emergeret, una a Christo, altera a Moyse data est. Cum enim istae tantummodo leges hominibus datae sint [...]: ista tertia lex a Mechometo inventa, quid erit nisi diabolica?«[16]

Vincenz von Beauvais präsentiert so weniger eine Beschreibung dieser *tertia lex* als vielmehr eine fortlaufende Argumentation, die diese *lex* als *diabolica* kennzeichnet und diese Diskursebene nicht verläßt.

Wie Ernst Feil gezeigt hat, war im Mittelalter die *fides* im theologischen Diskurs für die Bezeichnung christlicher Glaubensinhalte vorherrschend, während die Begriffe *lex* und *secta* als Oberbegriffe zur Bezeichnung der Verehrung eines oder mehrerer Götter vor allem von Roger Bacon verwendet wurden.[17] Auch Vincenz von Beauvais gebrauchte *lex* zur Bezeichnung der drei abrahimitischen Buchreligionen, wenn es darum ging, das Christentum von diesen beiden anderen Religionen abzugrenzen und sprach gleichermaßen von der *lex christianorum,* der *lex saracenorum* und der *lex iudaeorum.*

Das siebte Kapitel wird auf die Frage eingehen, wie der Übergang vom theologischen zum christlichen Diskurs im 15. und 16. Jahrhundert mit der Herausbildung der Konfiguration des ethnographischen Wissens einherging und welche Konsequenzen dieser Vorgang für die europäischen Beschreibungsmuster der *tertia et diabolica lex* hatte.

2. Mittelalterliche Notizen über die Türken[18]

Origo Turcarum: Begriffsgeschichten der »Türken«

Ein zweiter Strang der mittelalterlichen Tradition läßt sich anhand des Begriffes »Türken« nachzeichnen. Der Begriff der *Türken* ist keine Selbstbezeichnung der osmanischen Elite im 15. und 16. Jahrhundert. Die heutige osmanistische Literatur trägt diesem Tatbestand Rechnung, indem sie es weitgehend vermeidet, die Osmanen als *Türken* zu bezeichnen. Außerhalb der osmanistischen Fachliteratur wird der Begriff der *Türken* in der heutigen Geschichtswissenschaft für die Benennung der Osmanen weiterhin verwendet, wobei er jedoch, wie wir oben gesehen haben, nicht durchgängig aus dem semantischen Feld der *Türkengefahr* gelöst worden ist.

Nach heutiger Auffassung beginnt die osmanische Geschichte mit dem Aufstieg eines der türkmenischen Kleinfürstentümer, die sich beim Zerfall des Reiches der

---

16 Ebd. Bd. 3, S. 916.

17 Feil, *Religio* 1986.

18 Siehe zum folgenden: Pertusi, *I primi studi*; Göllner, *Turcica* Bd. 3, S. 229-249; Heath, *Renaissance Scholars and the Origins of the Turks*; Meserve, *Medieval Sources*.

anatolischen Seldschuken im 13. Jahrhundert gebildet hatten, welches unter seinem späteren Namensgeber Osman (ca. 1281–1326) zu einem Staatswesen ausgebaut wurde. Dementsprechend sind europäische Informationen über die Osmanen frühestens ab der zweiten Hälfte des 13. Jahrhunderts zu erwarten. Die Bezeichnung der Osmanen als Türken legte es jedoch nahe, bei ihrer Beschreibung auch jene Informationen einfließen zu lassen, die die europäische Literatur über Völker dieses Namens bereitstellte. Ein kurzer Überblick über die »Türken« betreffenden Passagen einschlägiger Autoren vor dem 14. Jahrhundert dient daher nicht nur dazu, mit dem Blick auf eine weitere mittelalterliche Traditionslinie die Eigenart dieses Wissens vor dem hier zentral behandelten Wissenskorpus herauszustellen, sondern erweist sich auch als aufschlußreich, da diese Tradition in das Türkenbild des 15. und 16. Jahrhunderts mit einfloß und unter neuen Konstellationen neu geschrieben wurde.

Aufgrund eines Schreibfehlers läßt sich die Begriffsgeschichte der Türken auf eine der herausragendsten antiken chorographischen Autoritäten zurückführen: Herodot erwähnt im 4. Buch seiner Historien nach der Beschreibung der Skythen die folgenden beiden Völker:

»Northward of the Budini the land is uninhabited for seven days' journey; after this desert, and somewhat more towards the east wind, dwell the Thyssagetae, a numerous and a separate nation, living by the chase. adjoining these and in the same country dwell the people called Iyrkae; these live by the chase, in such manner as I will show.«[19]

Pomponius Mela (1. Jh. n. Chr.) übernahm diese Passage, wobei ihm offensichtlich eine Abschrift vorlag, in welcher aus den 'Iúρκαι *Turcae* wurden.[20] Durch diese Umwandlung waren die Türken in der Nähe der Skythen angesiedelt worden, ein Tatbestand, der im 15. Jahrhundert unter den Zeichen der *Türkengefahr* neu genutzt werden konnte.

Neben dieser Generierung des Begriffes »Türken« lassen sich zwei weitere Linien verfolgen, die ins Frühmittelalter zurückreichen. Der fränkische Chronist Fredegar, der den Ursprung der Franken auf Troja zurückführte, nannte als ein zweites Volk, das an der Seite der Franken dem Untergang Trojas entkam, die Türken.[21] Damit stellte die mittelalterliche Tradition zwei Theorien über den Ursprung der Türken bereit: die Skythen- und die Trojathese.

---

19 Herodotus. hg. von A. D. Godley. Bd. 2, S. 221 (Buch IV, 22).

20 Mela, Pomponius: *De Chorographia libri tres*, S. 131: »Budini Gelonion urbem ligneam habitant. iuxta Thyssagetae Turcaequae vastas silvas occupant alunturque venando.« Siehe auch Anmerkung ebd., S. 269.

21 Fredegar, *Chronicorum quae dicuntur Fredegari Scholastici Libri IV*, S. 46: »Tertia ex eadem origine gentem Turcorum fuisse fama confirmat, ut, cum Franci Asiam pervacantis pluribus proeliis transissent, ingredientis Europam super litore Danuviae fluminis inter Oceanum et Traciam una ex eis ibidem pars resedit. Electum se utique regem nomen Torquoto, per quos gens Turquorum nomen accepit.«

Eine dritte Linie brachte neue Elemente ein. In chinesischen Quellen des 6. Jahrhunderts tauchte der Name »T'u-küe« auf, mit dem ein Volk bezeichnet wurde, das in der Mongolei und in Südsibirien siedelte und mit dem byzantinischen Reich in dieser Zeit diplomatische Beziehungen unterhielt.[22] Der byzantinische Geschichtsschreiber Menandros Protektor bezeichnete um 582 diese neuen Alliierten nach ihrem eigenen Namen als Τόυρκοι. In der byzantinischen Literatur wurde dieser Name dann auch auf die benachbarten Khazaren übertragen, womit die Verbindung zur Alexanderlegende hergestellt wurde, nach der Alexander die bewohnte Welt vor dem Einfall der Barbaren durch die Errichtung von Toren im Kaukasus bewahrt habe. In der westlichen mittelalterlichen Literatur wurden mit diesen Barbaren wechselweise die biblischen Völker Gog und Magog, die Goten, Khazaren, Magyaren und schließlich die Türken identifiziert. Der syrische Autor ps.-Methodius verband die Idee des Bollwerks, das von Alexander dem Großen errichtet worden sei, mit der apokalyptischen Vision, daß die so eingeschlossenen Völker die Vorboten des Antichrist seien, eine Legende, die in der mittelalterlichen Literatur zum weit verbreiteten Gemeinplatz wurde.[23]

In diesen Strang konnten die Skythen eingegliedert werden. Geographisch am Kaukasus angesiedelt[24] galten die Skythen als Vorfahren anderer kriegerischer Völker wie der Amazonen, Hunnen, Ungarn, Goten und schließlich der Türken. Hatte Herodot schon die skythische Sitte, erschlagene Feinde zu skalpieren und die Totenschädel als Trinkbecher zu verwenden, beschrieben,[25] wurden die Skythen nun endgültig zum Inbegriff des Barbarentums: »Scytharum natio [...] barbara enim est, quae nec iustum aliquid tenet nec rectum.«[26]

In der zweiten Hälfte des 15. Jahrhunderts rückte unter dem Einfluß der *Türkengefahr* die Frage nach dem Ursprung der Türken vom Detail chorographischer Gelehrsamkeit ins Zentrum der Türkendebatte. Da die *Türkengefahr* einen rigorosen Antagonismus zwischen Türken und Christen vorgab, war die Troja-Theorie unhaltbar geworden. Zu den Nachkommen der Trojaner, die unter Aeneas dem Untergang der Stadt entkommen waren, galten ja nicht nur die Franken, sondern Romulus und Remus selbst, so daß eine Rückführung der Türken auf die Trojaner einen in der Dichotomie der *Türkengefahr* unhaltbaren genealogischen Zusammenhang zwischen Türken und römischen Christen ergeben hätte. Enea Silvio Piccolomini wandte sich in seiner *Cosmographia* denn auch eindeutig gegen die Troja-Theorie und führte neue historische Zeugen ein, um die Skythen-These endgültig zu etablieren:

---

22 Matuz, *Das Osmanische Reich*, S. 9; Meserve, *Medieval Sources*.
23 Siehe z.B. die entsprechende Legende auf der Ebstorfer Weltkarte zu den hinter Mauern eingeschlossenen Gog und Magog: »Hic inclusit Alexander duas gentes immundas Gog et Magog, quas comites habebit Antichristus. Hii humanis carnibus vescuntur et sanguinem bibunt.« In: Miller, *Die ältesten Weltkarten*, S. 32f.
24 Ebd.
25 Herodotos, hg. von A. D. Godley, Buch IV.
26 Bergamo, *Supplementum chronicorum*. (zit. nach Meserve, *Medieval Sources*, S. 418).

»Verum quia de Turcis superius mentionem fecimus, ad quos ultimos loco imperium Asiae delatum est, haud absurdum fuerit eiusce gentis originem recensere, ut eorum confutetur error qui gentem Troianam Turcas esse affirmant, ac Teucros vocant. Turcae, ut Ethicus philosophus tradit, in Asiatica Scythia ultra Pericheos montes et Taracuntas insulas contra Aquilonis uberas sedes patrias habuere. Gens truculenta et ignominiosa in cunctis stupris et lupanaribus fornicaria, comedit quae caeteri abominantur, iumentorum, luporum ac vulturum carnes et, quod magis horreas, hominum abortiva.[27]«

Die Türken waren mit dieser Ursprungstheorie ein für allemal außerhalb der christlichen Ökumene angesiedelt, wobei die Protagonisten der Skythenthese den Mechanismus eines unaufhebbaren Antagonismus zwischen dem Eigenen und dem Fremden auf Vergangenheit, Gegenwart und Zukunft anwandten. Herodots vergleichsweise moderater Ton ließ sich bei der Schilderung der Skythen ohne nennenswerte argumentative Akrobatik zum Zeugnis antiken Barbarentums transformieren, für die Gegenwart sagte die *Türkengefahr* genug über die grausamen, die Christenheit »überflutenden« Türken aus, während der Bogenschlag zum Volk der Gog und Magog auf das Ende der Welt und das Jüngste Gericht verwies.[28] Die genealogische Linie von den Skythen über die Türken zu den Gog und Magog inskribierte daher die Türken als Feinde des Christentums in alle Epochen der Heilsgeschichte. Wie die meisten anderen Elemente der *Türkengefahr* war auch diese Art der Kennzeichnung der Türken nicht neu, sondern im 13. Jahrhundert bereits an den Tartaren erprobt worden: Als *tartarei*, so die Auffassung eines Franziskaners um 1241, kämen sie aus dem Tartaros, der Hölle, und seien Helfer des Teufels oder des Antichrist.[29]

Die »Türken« in der Literatur vor 1453

Die Informationen, die in Schriften vor 1453 über die Türken verbreitet wurden, betrafen zum größten Teil also nicht die Osmanen, sondern andere, nicht immer zu identifizierende Völker. Da im 15. und 16. Jahrhundert zwischen diesen Informationen nicht die heutige Unterscheidung getroffen wurde, sollen hier einschlägige Passagen zitiert werden. Ich habe die entsprechenden Passagen zudem nahezu vollständig wiedergegeben, um parallel zum mittelalterlichen Wissen über die Sarazenen den Hintergrund zu vervollständigen, zu dem das Wissenskorpus über die Osmanen nach 1453 in Bezug zu setzen ist.

Neben den kurzen Passagen bei Herodot und Pomponius Mela spricht Otto von Freising in einem kurzen Satz über die Türken, die 758 »a Caspiis portis« kamen und mit dem Volk der Avaren kämpften, wobei Otto von Freising damit laut Meserve die Khazaren bezeichnete und seine Informationen von einem byzantinischen Historiker

---

27 Piccolomini, *Cosmographia Pii II*, S. 383-4. (zit. nach Meserve, *Medieval Sources*, S. 420).

28 Apk. 20,7-8: »Und wenn tausend Jahre vollendet sind, wird der Satanas los werden aus seinem Gefängnis und wird ausgehen, zu verführen die Heiden an den vier Enden der Erde, den Gog und Magog, sie zu versammeln zum Streit, welcher Zahl ist wie der Sand am Meer.«

29 Schmieder, *Europa und die Fremden*, hier S. 258.

übernahm, der die Khazaren als wertvolle und ritterliche Bündnispartner der Byzantiner im Kampf gegen Persien schilderte.[30]

Im 13. Jahrhundert wurden die Informationen über die Türken ausführlicher, wenn auch die älteste abendländische Reisebeschreibung, die die Türken erwähnte, sich noch mit wenigen Sätzen begnügte. Diese Reisebeschreibung wurde 1212 von Wilbrand, Graf von Oldenburg, verfaßt. Wilbrand war von Otto IV. beauftragt worden, sich über die Befestigungen der Städte und Küsten am Mittelmeer zu informieren, und reiste daraufhin über Kleinasien nach Palästina. Wilbrands Reisebeschreibung ist seit der Edition von 1896 kaum von der historischen Reiseberichtsforschung berücksichtigt worden, obwohl sie sich von den üblichen Jerusalempilgerberichten sehr unterscheidet. Wilbrand verfällt beim Anblick Jerusalems zwar in das Entzücken, das einem Pilger zustand, dennoch ist seine Beschreibung kein typischer Pilgerbericht, der im Heiligen Land den Leidensweg Christi nachvollzieht. [31] Obgleich Wilbrand den Bezug zur christlichen Heilsgeschichte stets beibehält, nimmt er Völker, Städte, Festungen und geograpische Gegebenheiten in den Blick. Auf dem Weg nach Antiochia traf Wilbrand auch auf die Türken:

»Inde transivimus quoddam casale bonum *Gloriet* appellatum et quosdam fines ad montana a Turcis inhabitata. Isti sunt homines silvestres, habitu et moribus Boidevinis, quos nos vocamus, Arabibus similes, non habitantes sub tectis, fundas tantum pro armis habentes.«[32]

Wilbrands Text gehört mit den Berichten von Marco Polo, Johannes von Plano Carpini und Wilhelm Rubruck zum empirischen Nebenstrang der mittelalterlichen Literatur, zu jenen Reisebeschreibungen, die vorrangig empirisch gewonnene Informationen präsentierten.

Vincenz von Beauvais widmet den Türken im *Speculum historiale* mehr Raum. In seinem historischen Abriß schildert Vincenz die Eroberung des Reiches der Rum-Seldschuken durch die Mongolen 1243, geht aber vorher kurz auf die Beschaffenheit dieses *regnum Turquiae* ein:

»Erat quidem illud Turquiae regnum nobilissimum et opulentissimum, ibique civitates fere cum exceptisque castris et villis et casalibus. [...] Salvastia comitatus est magnus sive regnum, et possidet multitudo circum adiacentium castrorum. Ipsa est civitas Sebaste, ubi beatus Basilius eiusdem urbis episcopus martyrizatus est, et alij 40. similiter martyres. Ibi quoque Finemiglae regio est, ubi casalia valent civitates. Ibi etiam est fluvius sive stagnum spacij trium dietarum. Ibique plures regales sedes scilicet 25. quarum una est Savastia sive Sebaste [...] Est etiam in eodem regno locus qui dicitur sanctus Braislamus, ubi est monasteriu [sic] monachorum 300. cuius munitio siquando impugnatur ab hostibus, fertur seipsam movere machinasque iacentes in eosdem retorquere.«[33]

30 Meserve, *Medieval Sources,* S. 425ff.

31 Wilbrand von Oldenburg, *Reise nach Palaestina und Kleinasien,* S. 25: »Ubi tanto perculsi sumus gaudio et admiratione, ut eciam illam celestem Hierusalem nos videre putaremus.«

32 Ebd., S. 13, Kursivsetzung im Text.

33 Beauvais, *Speculum historiale,* S. 1281 (Liber 30, Caput 142).

Marco Polo (gestorben 1324) spricht in zwei Kapiteln sowohl von *Turcomania* (die geographisch dem Reich der Rum-Seldschuken entspricht) sowie der *Gran Turchia*, worunter Polo alle türkisch sprechenden Völker in Zentralasien versteht:

»Cap. XV
Qui divisa della provincia di Turcomania

In Turcomania ha tre generazioni di gente. L'una gente sono turcomanni, e adorano Malcometto, e sono semprice genti, e hanno sozzo linguaggio, e stanno in montagne e in valle, e vivono di bestiame, e hanno cavagli e muli grandi e di grande valore. E gli altri sono ermini e greci, che dimorano in ville e in castelli, e vivono d'arti e di mercanzia; e quivi si fanno i sovrano tappeti del mondo e di più bel colore. Favisi lavorio di seta e di tutti colori. Altre cose v'ha ch'io non vi conto.«[34]

»Cap. 176
Della Gran Turchia

Turchia si ha un re ch'ha nome Caidu, lo quale è nipote del Gran Cane, ché fu figliolo d'uno suo fratello cugino. Questi sono tarteri, valenti uomeni d'arme, perché sempre istanno in guerra e in brighe. Questa Gran Turchia è verso maestro. Quando l'uomo si parte da Curmos e passa per lo fiume di Geon, e dura di verso tramontana insino alle terre del Gran Cane, sappiate ch'e truova Caidu.«[35]

Marco Polo äußert sich über die Türken zudem in den Kapiteln 39-43.[36] So berichtet er im 43. Kapitel:

»Peym è una piccola provincia, dura cinque giornate tra levante e greco; e sono al Gran Cane, e adorano Malcometto. Havvi castella e cittadi assai, ma la più nobile è Peym. Egli hanno abbondanza di tutte cose, e vivono di mercatanzia e d'arti. E hanno cotal costume: che quando alcuno uomo ch'ha moglie si parte di sua terra per istare venti di, com'egli è partito, la moglie puote prendere altro marito, per l'usanza che v'è, e l'uomo, ove va, puote prendere altra moglie.«[37]

Eine weitere Quelle ist *La Flore des estoires de la terre d'Orient*, die der armenische Prinz Haython von Gorghios für Clemens VII. auf französisch verfaßte, die 1307 ins Lateinische übersetzt und im 16. Jahrhundert gedruckt wurde. Auch Haython kennt zwei Reiche, Turquestan (geographisch dem heutigen Afghanistan entsprechend) und Turchia (das Reich der Rum-Seldschuken), wobei das *Regno della Turquia* dem Turquestan Marco Polos entspricht, die beiden Begriffe hier also vertauscht verwendet werden (im folgenden nach der mir zugänglichen italienischen Ausgabe von 1562 zitiert):

»Ha il Regno di Turquestan dalla parte di Oriente i suoi confini col Regno di Tarsa, dalla parte di Occidente col regno di Persia, dalla parte del Settentrione col Regno di Corasina, et della parte del

---

34 Polo, *Il Milione*, S. 104f.

35 Ebd., S. 442.

36 Denn am Ende von Kapitel 43 erläutert Marco Polo das Vorangegangene wie folgt: »Altresi sappiate che tutte queste provincie, ch'io v'ho contate da Cascar infino a qui, sono della Gran Turchia.« Polo, *Il Milione*, S. 151.

37 Ebd.

mezzo giorno va fino al deserto dell'India. Vi sono in questo Regno poche buone città, ha larghißime pianure, et buoni pascoli per gli animali. Onde la maggior parte de gli habitatori di quel Regno sono Pastori, et habitano nella capanne, et ne i padiglioni, per poterli agevolmente portare da luogo a luogo. La maggior città di quel regno si chiama Ocerra, et non vi si soglie ni quel paese che poca quantità di framento et di orgio, et non hanno vino, bevono della corsia, et altre bevande che compongono, mangiano latte, riso, et mele, et certe carne chiamate Turs. Et quasi tutti tengono la peßima legge di Mahometto. Vi sono di quelli ancora che non hanno ne legge, ne fede, non hanno lettere proprie, ma usano le Arabe nelle città e ne i castelli loro.«[38]

Wie Vincenz von Beauvais schildert Haiython nach der Beschreibung des *Regno della Turchia* die mongolische Eroberung des Reiches der Rum-Seldschuken sowie des Abbasidenreiches.

Die Schriften von Vincenz von Beauvais, Marco Polo und Haython wurden alle im 15. und 16. Jahrhundert gedruckt und in humanistischen Geschichtswerken zitiert.[39] Die die Türken und Turkmenen betreffenden Passagen heben sich in ihrer Kürze vom in Kapitel 6 und 7 analysierten gedruckten Wissenskorpus, das aus zwölf Reiseberichten mit insgesamt 957 Seiten[40] besteht (und seinerseits nur eine Selektion darstellt), klar ab. Trotz dieser Kürze weisen diese Informationen eine beträchtliche inhaltliche Bandbreite auf, die die folgenden Punkte abdeckt:

---

38 Haithon, *L'Historia delle parti dell'Oriente* 1562, Fol. 245r-v. Siehe auch die folgende Passage ebd., Fol. 248r-v: »Il Regno della Turchia é molto grande, et abandante di richezze perche hà vene d'argento, di fero, di metallo, di alumi di grandißima quantità. vi si trova ancora grande abbondanza di frutti di tutte le sorti, di grani, et di vino, è ancora ricco d'animali, et spetialmente de buoni cavalli. dalla parte del Levante confina con l'Armenia maggiore, et un poco con il Regno di Georgia. dalla parte del Ponente poi si stende sin' alla città di Satalia, posta sopra il mare di Grecia. non hà dalla parte di Settentrione confine con alcuna terra, ma si stende tutto al longo de i lidi del mar maggiore. Dalla parte del mezzo giorno parte confina poi con la seconda Armenia, parte con la Cilicia et parte si spande sin' al mar di Grecia, che risguarda l'Isola di Cipro. É Chiamato questo Regno da diverse natione delle parti di Oriente, Grecia: perche anticamente gli Imperadori de Greci si servavano questo paese come per la loro propria habitatione, et residentia, et era in quei tempi dominato da i governatori, et ufficiali dell'Imperadore. Ma dapoi che i Turchi l'occuparano, et vi fecero le loro habitationi, fecero elletione di un Prencipe, che fosse loro Signore et il dimandarano Soldano, che vien a dir tanto come Re nella lingua Italiana, et da indi in poi fu chiamato Turchia, et spetialmente da gli Italiani. Hà questo Regno molte provincie, che hanno grande et principali città. [Es folgt ein Überblick über die Provinzen und dem griechischen Kaiserreich Trapezunt] [...] habitano nel Regno di Turchia quattro maniere di gente, che sono Greci, Armeni, Giacobini che sono Christiani, et vivono di mercatantia, et di lavorar la terra, et i Turchi che sono Saraceni, che tolsero gia il dominio di quel paese dalle mani de i Greci, alcuni de i quali vivono ne le città et nelle ville, et castelli di mercantia, et di lavorar la terra, altri poi vivono per sempre per i boschi, et stanno alla campagna l'estate, et il verno et sono pastori di pecore, et molto buoni Arceri.«

39 Pertusi, *I primi studi;* Meserve, *Medieval Sources.*

40 Diese Durchschnittszahl errechnet sich aus der Gesamtsumme der statistisch errechneten ungefähren Anzahl von Wörtern aller zwölf Reiseberichte (siehe Anhang 3), wobei die durchschnittliche Wortzahl pro Seite (315) zugrunde gelegt ist.

- Grenzen und geographische Lage,
- Bodenschätze, Tiere und Kulturpflanzen,
- Umfaßte Provinzen und kurze Erwähnung der herrschaftlichen Verhältnisse,
- Religion und Sprache,
- Art des Lebensunterhaltes (Landwirtschaft, Handel, Handwerk),
- Nahrungsmittel und ihre Zubereitung,
- Ehebräuche.

Diese Bereiche werden alle auch von Herodot angesprochen (wobei dieser darüber hinaus auch auf Klima, Begräbnisriten, Hausbau, Opferriten und Feste eingeht), während Plinius sich als Offizier des Römischen Reiches vor allem auf den Rechtsstatus von Städten und Bevölkerungsgruppen sowie ihre geographische Vorortung konzentriert und Religion, Sitten und Gebräuche sowie Naturschätze eher beiläufig erwähnt.

Der empirische Blick war vor dem 15. Jahrhundert also nicht undenkbar, und die rasche und weite Verbreitung des Reiseberichtes von Marco Polo zeigt, daß darüber hinaus ein großes Interesse an den neu gewonnenen und zu Papier gebrachten Informationen bestand. Zudem weisen diese Informationen einen bemerkensweit weit gefaßten Wahrnehmungshorizont auf, auch wenn sich die Berichte nicht ausführlich mit Details befaßten.

Das empirische Prinzip zur Wissensgewinnung wurde also bereits vor dem 15. Jahrhundert praktiziert. Die Frage nach Kontinuitäten und Neuheiten muß daher anders gestellt werden: Wieso wurde erst im 15. und 16. Jahrhundert der empirische Blick sichtbar gemacht – wie die entsprechenden Zitate im ersten Kapitel zeigen –, weshalb kam es erst in dieser Zeit zu jenem grundlegenden epistemologischen Umbruch, der unter anderem zum Entwurf des ethnographischen Wissens führte, wenn es bereits vorher möglich gewesen war, neue Informationen aufzunehmen und zu verarbeiten? Im vierten Kapitel habe ich versucht, bereits einige Antworten auf diese Frage zu geben; das siebte Kapitel wird weiteren Aspekten dieses Problems nachgehen. An dieser Stelle sei lediglich ausdrücklich darauf hingewiesen, daß das empirische Prinzip keine Erfindung des 15. und 16. Jahrhunderts ist, und daß wir es in diesem Punkt nicht mit einer epistemologischen Revolution zu tun haben.

3. Die Auffächerung des Spektrums im 15. Jahrhundert

Gegenüber den kurz gehaltenen Informationen über die »Türken« im 13. und 14. Jahrhundert wurden die Berichte im 15. Jahrhundert sehr viel ausführlicher, auch wenn sich diese wiederum im quantitativen Vergleich zu den Berichten aus dem 16. Jahrhundert bescheiden ausnehmen. Yerasimos verzeichnet für das 14. Jahrhundert acht, für das 15. Jahrhundert 32 und für das 16. Jahrhundert rund 460 Reiseberichte.

Einer der frühesten Reiseberichte stammt aus der Feder von Hans Schiltberger, der unten noch zur Sprache kommen wird. Unter den Reiseberichten vor 1453 sind daneben vor allem die Beschreibungen Bertrandons de la Brocquière und Jacopos Promontorio de Campis zu nennen, da sie den Türken – mit denen nun die Osmanen gemeint sind – in einem bis dahin nicht praktiziertem Ausmaß Raum einräumten.

Die Reise von Bertrandon de la Brocquière im Jahr 1432 fand unter ähnlichen Umständen wie die Fahrt Wilbrands von Oldenburg statt. Philipp der Gute von Burgund hatte Bertrandon, der in seinen Diensten stand, mit der Reise im Zusammenhang mit den burgundischen Kreuzzugsvorbereitungen beauftragt. Ebenso wie Wilbrand von Oldenburg nahm Bertrandon daher nicht die übliche Jerusalempilgerroute, die von der syrischen Küste auf dem Seeweg zurück nach Venedig führte, sondern reiste über Anatolien, Bursa, Konstantinopel nach Adrianopel/Edirne und schließlich über Sofia, Belgrad, Buda und Wien nach Dijon zurück. Wie die Reiseberichte, die unter dem Eindruck der *Türkengefahr* entstanden, stellte auch Bertrandon die von ihm präsentierten Informationen in den Dienst eines militärischen Unternehmens, welches jedoch nicht der Verteidigungs-Türkenkrieg nach 1453, sondern noch das klassische Kreuzzugsunternehmen ist:

»Pour induyre et attraire les cueurs des nobles hommes qui desirent veoir du monde [...] ainsi que je puis avoir souvencance et que rudement l'avoye mis en ung petit livret par maniere de memoire, ay faict mectre en esscript ce pou de voyaige que j'ay faict, affin que si aucun roy ou prince crestien voulloit entreprendre la conqueste de Iherusalem et y mener grosse armée par terre, au aulculn noble homme y vousist aller ou revenir, qu'il peust sçavoir les villes, cités, regions, contrées, rivyeres, montaignes, passaiges és pays et les seigneurs qui les dominent [...].«[41]

Es ist bemerkenswert, daß Bertrandon darüber hinaus die von ihm erfaßten und für den Kreuzzug nötig erachteten Informationen abstrakt benennt: Städte, Regionen, Länder, Flüsse, Berge und Wege. Es liegt hier also bereits eine Tendenz vor, die konkreten Informationen unter abstrakteren Kategorien explizit zu fassen, ohne daß sich diese Ordnung auf die Gestaltung des Textes auswirken würde. Bertrandons Bericht ist vielmehr durchgängig am Itinerar ausgerichtet, anhand dessen er Murat II. und seinen Hof in Adrianopel beschreibt, wobei er zwar keine ausführliche Liste der Hofämter, wie sie Jacopo de Promontorio wenig später aufführt, präsentiert, jedoch zentrale Punkte wie das Einkommen des Großen Türken, die Armee und Wesire erwähnt. Als Bertrandon auf seiner Reise auf eine Karawane trifft, beschreibt er ihre Zusammensetzung wie folgt:

»Et pour advertir que c'est de ceste carawane, ce sont gens Mores, Turcz, Barbares, Tartres et Persans, touttes gens tenans la secte et loy de Machommet qui ont une foy et creance [...]. Et quand viendra le jour du jugement, ledit Machommet mettra autant des gens en paradis que bon luy samblera, et auront des femmes, du lait et du miel autant qu'ilz voudront.«[42]

---

41 Brocquière, *Le Voyage d'Outremer*, S. 1.
42 Ebd., S. 56.

Auch das Weinverbot erwähnt Bertrandon anhand eines konkreten Beispiels. Wie schon der Sultan selbst werden auch die Türken in wohlwollenden Worten beschrieben, wenn auch Bertrandon ihrer Sitte, auf dem Boden zu schlafen sowie ihrem Brot nicht viel abgewinnen kann:

»Ilz sont moult charitables gens les ungs aux aultres et gens de bonne foy. J'ay veu souvent, quant nous mengions, que s'il passoit un pouvre homme auprès d'eux, ilz le faisoint venir mengier avec nous. [...] Les Turcs sont liées et joyeuls et chantent volentiers chansons de geste, et qui veult vivre avec euls, il ne fault point estre pensif ne melancolieux, ains fault faire bonne chaire. Ilz sont gens de grant peine et de petite vie et couchent à terre comme beste par là où les ay veuz en chemin. [...] Le pain que on y mengue en aulcune marche est estrange à qui ne l'a accoustumé, car il est tres mal et samble qu'il ne soit point à moitié cuit, selon nostre coustume.«[43]

Die Türken seien überdies generell den Griechen vorzuziehen:

»Car autant que j'ay honté lesditz Grecz et que m'a peu touchier et que j'ay en affaire entre eulx, j'ai plus trouvé d'amitié aux Turcz et m'y fieroye plus que aux ditz Grecz.«[44]

Gegenüber den Berichten des 14. Jahrhundert fächerte sich das Spektrum der beschriebenen Bereiche also quantitativ weiter auf: Angesprochen Sitten und Gebräuche wurden zwar im Vergleich zu späteren Reiseberichten kurz abgehandelt, aber nicht mehr auf einen kurzen Satz für das einzelne Element reduziert. Die Beschreibung von Sultan und Hof – zu dem Zeitpunkt noch nicht in Istanbul – war ein gänzlich neuer Bestandteil, der nach der osmanischen Niederlage durch Timur Leng 1402 freilich erst mit dem Wiedererstarken des Osmanischen Reiches Eingang in die Darstellungen finden konnte, nachdem Mehmed I. seinen Herrschaftssitz nach Edirne verlegt hatte.

Der Hof des Sultans wurde im 15. Jahrhundert zu einem zentralen Element in europäischen Reiseberichten. Mit den »Aufzeichnungen des Genuesen Iacopo de Promontorio de Campis über den Osmanenstaat um 1475«[45] legte ein Mitglied jener Gruppe seine Erfahrungen nieder, die unter den Christen außerhalb des Osmanischen Reiches neben den Diplomaten und gefangenen Sklaven die besten Einblicke in die osmanische Gesellschaft hatte: die Händler. Jacopo verbrachte zwei mehrjährige Aufenthalte am Hof des Sultans, 1430–1448 bei Murat II. in Edirne und weitere sieben Jahre unter Mehmed II. in Istanbul. Beide Male stand er offenbar als Händler in den Diensten des Sultans. Jacopo hat seiner Handschrift kein Vorwort vorangestellt, das darüber Auskunft geben könnte, für welchen Zweck er den Text niederschrieb. Der Titel listet auf, welche Bereiche Jacopo beschreibt:

»Recollecta nella quale è annotata tutta la entrata del gran Turcho, el suo nascimento, sue magnificentie, suo governo, suoi ordini et gesti, capitanei, armigeri, signori, sopracapitanei, provincie et terre

---

43 Ebd., S. 96f.

44 Ebd., S. 149.

45 Hg. von Franz Babinger. (Bayerische Akademie der Wissenschaften, Phil.-Hist. Klasse, Sitzungsberichte 1956, 8), München 1957.

magne con altre sue diverse excellentie infra notate: et particolarmente recollecte per lo spectabile Domino Iacobo de Promontorio de Campis. quale per spatio de anni XVIII è stato in corte del patre del presente turcho continuamente suo mercatante, da lui honorato et beneficato grandemente, et anni sette col presente Signor gran Turcho.«[46]

Jacopo de Promontorio beschreibt den osmanischen Hof, seine Amtsträger und das Militär in einzelnen Abschnitten, denen er jeweils eine Überschrift voranstellt.[47]

Dieser Text übertrifft in seiner Ausführlichkeit alle vorangegangenen Berichte. Jacobo ist zudem, abgesehen von Hans Schiltberger, der erste abendländische Berichterstatter, der das Osmanische Reich nicht auf einer Reise besuchte, sondern ganze Lebensabschnitte dort verbrachte. Jacobos Text ist daher kein Reisebericht in dem Sinne, daß der Verlauf der Reise im Zentrum des Geschilderten stände und die derweil gemachten Erfahrungen parallel zum Prozeß des Erlebens in die Struktur des Itinerars eingeordnet würden, wie es bei Wilbrand von Oldenburg und Bertrandon de la Brocquière der Fall ist. Die Itinerarstruktur eines Reiseberichts gibt bei Wilbrand und Bertrandon als Ordnungsmuster vor, das Erlebte entlang dem Itinerar zu berichten – Bertrandon trifft an einem bestimmten Punkt seiner Reise auf eine Karawane, die ihn veranlaßt, einen kurzen Exkurs über die Religion der Vorüberziehenden einzuschieben. In Jacopos Bericht wird hingegen die jeweilige konkrete Situation der Wahrnehmung unkenntlich – abgesehen von der Beschreibung seiner Teilnahme an der vergeblichen osmanischen Belagerung Belgrads 1456. Sein Text ist nicht der Erzählung einer Reise, sondern dem Osmanischen Hof gewidmet: Er ist, so Franz Babinger, die erste europäische Monographie über den osmanischen Staat.

Auch der zweite europäische Bericht, der sich im 15. Jahrhundert ausschließlich dem osmanischen Staat und seiner Geschichte widmet, ist ein Lebens-, kein Reisebericht. Giovanni Maria Angiolello aus Vicenza wurde im Alter von 18 Jahren bei der osmanischen Einnahme Negropontes 1470 gefangen genommen und nahm am Feldzug Mustafas, des Sohnes von Mehmed II., gegen Uzun Hasan in Persien teil. Nach

---

46   Iacopo de Promontorio, *Aufzeichnungen*, S. 29.

47   »Exercito di cortegiani et sua famiglia deputati per la persona sua [= des Sultans] et sua custodia; Capihibasi, id est capitanij delle due porte del primo serraglio del Signore – Jhixinighirbasi, id est Maestro di Sala – Jhaos id est Mazieri – Yemghijheri, id est nuvo exercito – Serraglio di Garzoni di Constantinopoli – Li Garzoni del Signore – Serraglio di damiselle del signore, tutte schiave propinquo a dicto serraglio del Signore – Secondo Serraglio di Damiselle – Exercito del signore andando in campo sempre a modo di città – Serraglio del Signore – Grecia – Capitani XVII della guerra [Es folgen 16 weitere Abschnitte: Capitano di Galipoli, di Adrianopoli etc.] Li Azappi – Beghlerbei di Turchia – Capitani due sive capitaneati di Tocati et Amazia – Capitaneati due di Canderone [Es folgen 7 weitere Abschnitte über die Capiteneati] Achengi sonno 8000 – Azapi 6000, huomini a piedi – Entrata ordinario del gran Turcho di tutta Graecia – Entrata ordinaria di Galipoi et Constantinopoli – Entrata di Turchia ordinaria – Ordinaria spesa del gran Turcho – Stipendio di armigeri di sua persona – Spese di Cucina [Es folgen 7 weitere Abschnitte über *spese et entrate*] – Consueto exercito del perforzo di dicto – Generatione del gran Turcho [Es folgen 6 weitere Abschnitte über die Sultane von Bayezit I. bis zu Murat II.] – Memeet octavo Signore – Diverse crudeltà di Memet gran Turcho.«

diesen Feldzügen lebte Angiolello bis 1483 am osmanischen Hof in Istanbul, nahm an weiteren Feldzügen auf osmanischer Seite teil und kehrte dann in seine Heimatstadt Vicenza zurück, wo er zum Präsidenten der Notarskammer ernannt wurde und von dort aus einige Male nach Persien zurückkehrte.[48] Angiolello verfaßte eine *Breve Narratione della vita et fatti d'Ussuncassan Rè di Persia*, die Ramusio in seinen *Navigazioni et viaggi* abdruckte.[49] Sein Bericht über das Osmanische Reich, die *Historia Turchesca*, blieb hingegen wie die Handschrift Jacopos di Promontorio ungedruckt und wurde erst 1909 von Ion Ursu herausgegeben, der diesen Text allerdings dem Venezianer Donado da Lezze zuschrieb.[50]

Angiolellos *Historia Turchesca* übertrifft an Umfang alle bisherigen Berichte, sie nimmt in der Bukarester Ausgabe von 1909 276 Seiten (gegenüber den 66 Seiten der *Recollecta* von Jacopo de Promontorio in der Babinger-Ausgabe von 1957) ein, von denen allerdings nur rund 40 Seiten dem Aufbau und den Amtsträgern des Osmanischen Reiches gewidmet sind. Wie die *Recollecta* ist die *Historia Turchesca* nicht entlang eines Itinerars strukturiert, sondern beginnt mit einem Abriß der osmanischen Kriegszüge (S. 1-123), der für die Zeit nach 1450 besonders ausführlich wird, und beschreibt dann den osmanischen Hof und seine Amtsträger sowie die Verwaltung der Provinzen (S. 123-158). Diesem Teil schließt sich eine Beschreibung Konstantinopels an (S. 158-164), bevor sich die Darstellung wieder den militärischen Ereignissen zuwendet und dabei auch die Geschehnisse auf der italienischen Halbinsel miteinbezieht. Angiolello hat damit wie schon Jacopo de Promontorio die Darstellung des osmanischen Staates mit der Beschreibung der militärischen Ereignisse in fernerer und näherer Vergangenheit verquickt.

Im 15. Jahrhundert fächerte sich die Bandbreite der Informationen über die Türken inhaltlich weiter auf und wurde gleichzeitig quantitativ vergrößert. Neben den oben genannten Punkten (Grenzen und geographische Lage, Bodenschätze, Tiere, Provinzen, Religion, Lebensunterhalt, Essen, Ehebräuche etc.) wurde ein neuer Bereich eingeführt: Mit der Übertragung der Bezeichnung »Türken« von den Rum-Seldschuken und der türkisch sprechenden Bevölkerung Anatoliens auf die Dynastie und den Herrschaftsbereich der Osmanen etablierte sich die Beschreibung des osmanischen Hofes und des Militärs als ein neuer Bestandteil des europäischen Wissens über die Osmanen. Jacopo de Promontorio und Giovanni Angiolello verfaßten die ersten längeren Texte, die sich ausschließlich mit den Osmanen befaßten, wobei sie die Historien der Kriegszüge mit der Historia über den osmanischen Staat gemeinsam darstellten und andere, im 13. und 14. Jahrhundert beschriebene Bereiche wie Eßsit-

---

48 Lenna, *Ricerche intorno allo storico Giovanni Maria Angiolello*; Haase, *Angiolello, Giovanni Maria.* Weitere Literaturangaben bei Yerasimos, *Voyageurs*, S. 114f.

49 Siehe zu diesem Text Weil, *Ein verschollener Wiegendruck von Gio. Maria Angiolelli.* Der Name Angiolello wird in der Sekundärliteratur zuweilen in der Form »(degli) Angiolelli« verwendet.

50 da Lezze, Donado (irrtümlich anstelle von Giovanni Maria Angiolello): *Historia Turchesca (1300-1514).*

ten, Religion, Lebensunterhalt und Ehebräuche ausschlossen. Ein anderer Bericht eines serbischen Kriegsgefangenen aus dieser Zeit, des Konstantin von Ostrovica[51] fügt diesen beiden Elementen Abschnitte über die Religion hinzu, die sich in die Struktur seiner Darstellung nahtlos einpassen, mit den anderen Historien also als kompatibel angesehen wurden.

Jacopo, Angiolello und Konstantin von Ostrovica präsentieren uns keine Reisebeschreibungen, sondern Lebens- oder besser: Lebensabschnittsberichte. Sie repräsentieren jene Gruppe, die bis zur Mitte des 16. Jahrhunderts abgesehen vom republikinternen Nachrichtennetz Venedigs den Hauptteil der Informationen über die Osmanen in Europa zugänglich machte: Menschen, die unter besonderen Umständen in osmanische Gefangenschaft gerieten oder aus freien Stücken in den osmanischen Dienst traten, viele Jahre im Osmanischen Reich verbrachten und dann in ihre Heimat zurückkehrten. Dieser Rückkehr verdanken wir ihre Zeugnisse, denn ihre Texte wurden erst für ein europäisches Lesepublikum verfaßt: Eine in Istanbul lebende Jüdin oder ein seit Jahren in der Levante ansässiger genuesischer Händler benötigten keine Erläuterungen über die Kleidung der Janitscharen oder eine Beschreibung osmanischer Bäder und Moscheen. Diese *Dinge* – wie diese Elemente wenig später durchgängig bezeichnet werden sollten – wurden erst in der konkreten biographischen Situation der Berichterstatter sichtbar und zugleich beschreibungswürdig. Auch auf einer Reise war dieser Standortwechsel des *Hin-und-wieder-Zurück* grundsätzlich gegeben, unterschied sich jedoch in zwei wichtigen Punkten von der Situation eines Berichterstatters, der einen ganzen Lebensabschnitt in der Fremde verbrachte. Ein Durchreisender konnte sich zum einen in der vergleichsweise kurzen Zeitspanne seines Aufenthaltes sprachlich und kulturell nicht in die osmanische Gesellschaft integrieren wie jemand, der den Weg der zahlreichen Renegaten zur Integration einschlug und ihn erst nach einer beträchtlichen Zeitspanne mit einer Rückkehr in die Heimat wieder verließ. Zum anderen war für einen Reisenden nach seiner Rückkehr die Beschreibung seines zurückgelegten Reiseweges ein der Darstellung des sozialen Lebens der besuchten Völker zumindest ebenbürtiger, wenn nicht vorrangiger Bestandteil seines Berichtes, so daß sich die Itinerarstruktur als das vorherrschende Ordnungsmuster in derartigen Texten meistens durchsetzte. Bei der Gruppe jener Berichterstatter, die ganze Lebensabschnitte im Osmanischen Reich verbrachten, fielen die konkreten Umstände des *Hin-und-wieder-Zurück* hingegen in ihrer Bedeutung zurück, so daß sie zwar erwähnt wurden, aber in der Regel nicht textgestaltend wirkten. Zudem brachte die sprachliche und kulturelle Integration in die osmanische Gesellschaft dieser Gruppe Einblicke, die Durchreisenden vorenthalten waren.

---

51 Konstantin machte nach seiner Gefangennahme 1455 als Janitschare eine bescheidene militärische Karriere, geriet 1463 in ungarische Gefangenschaft und konnte so »auf glückliche Weise aus dem Gefängnis zu den Christen [zurückkehren].« Ostrovica, *Memoiren eines Janitscharen oder türkische Chronik*, S. 140.

4. Historia und Geschichte

Wie wir gesehen haben, fächerte sich das Spektrum der Informationen über die Türken im 15. Jahrhundert inhaltlich weiter auf. Mit dieser Auffächerung wurde das ethnographische Wissen allmählich aus den überwiegend geschichtlichen Abrissen herausgelöst, auch wenn diese Verbindung nicht vollständig aufgehoben wurde. In den mittelalterlichen Texten fanden sich vor allem in Chroniken und anderen historiographischen Werken Notizen über die Türken, während die Reiseberichte Wilbrands von Oldenburg und Marco Polos in einer zweiten Traditionslinie, die im 15. Jahrhundert verstärkt wurde, neue empirische Informationen über die »Türken« präsentierten. Die zwölf Reiseberichte, die bis 1600 am häufigsten gedruckt wurden und als Quellengrundlage der Bausteinanalyse im nächsten Abschnitt vorgestellt werden, reihten sich in dieses Genre ein. Die Autoren dieser Berichte hielten die historiographischen Abschnitte über die Osmanen in der Regel sehr kurz. Allerdings erwies sich der Verweis auf den Ursprung der Sekte Mahomets meistens als unabdingbar, während die *origo Turcarum* nur gelegentlich erwähnt wurde. Diese Trennung zwischen Historia und Geschichte wurde jedoch nicht vollständig vollzogen. Unter den zwölf Reiseberichten widmeten Giovanantonio Menavino, Teodoro Spandugino und Antoine Geuffroy der Geschichte der *casa ottomana* jeweils ein eigenes Buch. Diese Überlappungen sind charakteristisch für den frühneuzeitlichen Historiabegriff, der in erster Linie das empirisch gewonnene Wissen und die gelehrte Tradition bezeichnete und daher Geschichtsschreibung wie ethnographische Abrisse umfaßte. Dennoch zeigt die Tendenz, beide Bereiche voneinander zu trennen, daß diese unterschiedlichen Gestaltungsprinzipien unterworfen waren. Wie wir im siebten Kapitel sehen werden, gestaltete sich die Form des ethnographischen Wissens offener als die Geschichtsschreibung über die Türken. Denn im ethnographischen Wissen entwickelten sich Dynamiken, die jenseits der *Türkengefahr* unmerklich einen Paradigmenwechsel initiierten.

Im Gegensatz dazu waren die Geschichtswerke über die Osmanen stärker in ihrer Ausgestaltung an die *Türkengefahr* gebunden. Als maßgebliche Autoren sind vor allem Flavio Biondo, Francesco Filelfo, der byzantinische Chronist Laonikes Chalcondyles, Nicolao Sagundino, Enea Silvio Piccolomini, Marco Antonio Coccio (genannt Sabellico), Cuspinian und Paolo Giovio zu nennen. Unter diesen Geschichtsschreibern nahm Ludovico Crijeva (genannt Tuberone) aus Ragusa eine Minderheitenposition ein, da er die Türken in weiten Teilen seiner Darstellung nicht im Sinne der *Türkengefahr* beschrieb.[52] Diese Geschichtswerke beruhten überwiegend auf nicht-osmanischen Quellen – vor allem Chalcondyles, aber auch Haython wurden in dieser Tradition immer wieder zitiert. Agostino Pertusi kommt in seiner Untersu-

---

52 Siehe dazu die ausführliche Darstellung bei Pertusi, *I primi studi.* Die am Warburg Institute von Margaret Hamilton Meserve erstellte Dissertation über *Renaissance Humanist Historians and the Ottoman Turks* war mir leider nicht zugänglich.

chung über diese Werke zum Schluß, daß erst mit den Werken Hans Löwenklaus, der osmanische Chroniken einbezog, ein neues Niveau erreicht worden sei.

Nach diesem Abriß über das ethnographische und historiographische Wissen über die Türken außerhalb des diplomatischen Kontext sollen nun im zweiten Teil dieses Kapitels jene Reiseberichte vorgestellt werden, die ich zur exemplarischen Analyse des ethnographischen Wissenskorpus herangezogen habe.

5. Die zwölf repräsentativen Reiseberichte und ihre elf Autoren

Angesichts der großen Zahl von Reiseberichten, die für die Analyse der epistemologischen Konfiguration zur Verfügung stand, war es unabdingbar, eine Gruppe von Texten zusammenzustellen, die den Anspruch erheben konnte, für das gesamte Wissenskorpus repräsentativ zu sein. Nachdem ich unterschiedliche Kriterien vergeblich erprobt hatte, erwies sich die Idee, die Quellenauswahl auf die gedruckten Berichte zu beschränken und unter diesen jene auszuwählen, die bis 1600 in mindestens fünf Auflagen gedruckt worden waren (sei es als einzelner Bericht, sei es im Rahmen eines Kompendiums)[53], nicht nur als durchführbar, sondern auch als inhaltlich adäquat. Denn wie wir gesehen haben, war der Buchdruck für die weitreichende Propagierung der *Türkengefahr* unabdingbar, so daß sich die Orientierung am Buchmarkt für die Analyse der Episteme als kohärent erwies.[54]

Aufgrund meines Auswahlkriteriums wäre es nun möglich gewesen, die konkreten Umstände der Druckproduktion in die Analyse miteinzubeziehen und dem Einfluß der Drucker und der Druckorte sowie der Mäzene auf die Gestaltung der Texte nachzugehen.[55] Auch die Frage nach der Leserschaft, der Verbreitung und das Problem der mutmaßlichen Anzahl von Drucken, die einer »Auflage« zuzurechnen sind, wären in diesem Zusammenhang von Belang.

Für diese Arbeit habe ich es aufgrund der in Kapitel 1 erläuterten Gründe für wichtiger gehalten, die Texte in den politisch-diskursiven Kontext der *Türkengefahr* und der osmanischen Expansion sowie in das allgemeine ethnographische Wissenskorpus einzuordnen, um vor diesem Hintergrund ihre epistemologische Konfiguration zu analysieren. Diese Setzung von Prioritäten soll jedoch nicht die Relevanz der Fragen nach den konkreten Umständen und Auswirkungen des Buchdruckes negieren

---

53 Wie in Kapitel 1 ausgeführt, habe ich mich darüber hinaus auf die vier Hauptsprachen der drei hier behandelten Mächte – italienisch, französisch, lateinisch und deutsch – beschränkt. Die einzelnen Auflagen der Reiseberichte sind in Anhang 5 aufgeführt.

54 Diese Methode hat bereits Anne Jacobson Schutte angewandt, um einen repräsentativen Zugriff auf den Buchmarkt zu erlangen. Siehe Schutte, *Printing, Piety, and the People in Italy*.

55 Zur Frage, wie die Buchproduktion durch die Druckerpresse die Gestaltung frühneuzeitlichen Wissens und vor allem den ihm zugemessenen Wahrheitsgehalt beeinflußte, siehe Johns, *The Nature of the Book*; Richardson, *Print Culture in Renaissance Italy*.

– eine Untersuchung, die diese Aspekte behandelte, würde ohne Zweifel lohnende Ergebnisse präsentieren können. Für diese Studie habe ich mich hingegen darauf beschränkt, die allgemeinen Auswirkungen der Drucklegung auf die Gestaltung der Texte auszumachen.

Wie ich in Kapitel 6 erläutern werde, ist die von mir dort präsentierte Quellenanalyse ein Verfahren, in welchem ich die zwölf ausgewählten Texte in Bezug zueinander setzte, auf dieser Grundlage in Einzelteile zerlegte und in einer virtuellen Ordnung wieder zusammenfügte. Für diesen Vorgang hatte ich zuvor jeden Text für sich genommen in eine Datenbank aufgenommen und bereits in vorläufige Bausteine vorstrukturiert. Für die endgültige Abgleichung der Bausteine und ihre Einweisung in eine Ordnung war es angesichts der Materialmenge jedoch erforderlich, die zwölf Texte auszudrucken, in ihre Bestandteile zu zerschneiden und die so entstandenen 2043 Schnipsel in verschiedene Fächer einzuordnen. Die Operation des Sezierens fand mithilfe eines Teppichmessers und eines Schneidebretts auf dem Küchentisch statt und nahm einen ganzen Tag in Anspruch. Bei diesem Vorgang der Dekonstruktion wurde besonders faßbar, daß ich mit dieser Methode das Narrativ jedes Textes mit einem Messer in einzelne Bestandteile zerlegte, die, nun auf Schnipseln isoliert, kein Zeugnis mehr von den Geschichten ablegen konnten, die jeder Autor erzählt hatte. In einer solchen Art und Weise mit Texten zu verfahren, erschien mir bereits während ihrer Aufnahme in die Datenbanken bedenklich. Denn mit dieser Methode sind zwölf einzelne Geschichten erst einmal verloren gegangen. Dieser Verlust war bei dem Vorhaben, die allen Texten zugrunde liegende Episteme ausfindig zu machen, unvermeidlich. Auch wenn ich bei der Auswertung der Bausteinanalyse in Kapitel 6 und 7 immer wieder auf die Struktur der einzelnen Narrative – und vor allem ihrer Ordnung – zurückkommen werde, schien es mir daher angemessen, in diesem Kapitel jeden Reisebericht einzeln vorzustellen, um Narrativ wie Person in ihrer Individualität und ihrem wechselseitigem Bezug gerecht zu werden, bevor sie als Bestandteil des ethnographischen Wissenskorpus untersucht werden.

Dieser Abschnitt ergänzt mit dem Blick auf die Autoren und ihre Biographien die Analyse der Strukturen, die den Texten zugrunde liegen. Denn ohne die »Reise« ins Osmanische Reich – sei es als Kriegsgefangener, als Diplomat, als Pilger oder als Forschungsreisender – wären diese Texte nicht geschrieben worden. Hinter jedem Wahrnehmungshorizont stand eine Person, die sich unter bestimmten Bedingungen eine bestimmte Zeitspanne im Osmanischen Reich aufhielt und wiederum unter bestimmten Umständen nach ihrer Heimkehr nach Europa ihren Bericht verfaßte. Diese biographische Situation wahrzunehmen und zu benennen, führt damit letztlich zu einem umfassenderen und tieferen Verständnis der überindividuellen Struktur, die sich in ihren Texten ausmachen läßt.

Aufgrund meines Selektionskriteriums hätte ich neben den besagten zwölf Reiseberichten die Texte dreier weiterer Autoren in die Bausteinanalyse einbeziehen müssen: Melchior von Seydlitz, Bertrand de la Borderie sowie Ogier Busbecq.[56] Melchior von Seydlitz präsentiert in seinem Pilgerbericht – im Gegensatz zu Villamont – kein ethnographisches Wissen. Beim *Discours* de la Borderies handelt es sich um ein Gedicht, das von vornherein anderen Gestaltungsmustern als die Prosatexte unterlag. Busbecq präsentierte in seinen Briefen eloquente Abhandlungen und Anekdoten über die Osmanen, in denen er die Dinge jedoch so geschickt miteinander verwob, daß bei diesem Text die Bausteinanalyse mit ihrem atomistischen Ansatz an ihre Grenzen stieß: Die Struktur dieses Textes widersetzte sich der Zerteilung, wie ich sie an den zwölf anderen Reiseberichte vollziehen konnte. Die Texte dieser drei Autoren habe ich daher nicht in die Bausteinanalyse aufgenommen.

Es ist sicherlich kein Zufall, daß sich die beiden literarisch und sprachlich anspruchsvollsten Texte der Bausteinanalyse entzogen. Typische Reiseberichte des 15. und 16. Jahrhunderts waren in einer einfacheren Sprache gehalten. Wie die diesbezüglichen Zitate in Kapitel 1 zeigen, war eine rhetorisch schmucklose Sprache für die meisten Autoren ein Nachweis für die Authentizität ihrer Berichte.

Hans Schiltberger

Die wenigen Angaben, die man heute über das Leben Hans Schiltbergers machen kann, stammen fast alle aus seinem Reisebericht.[57] Hans Schiltberger stammte aus einer adligen Familie bei Freising und ließ sich im Alter von 15 Jahren als Knappe Linhart Reychartingers im Kreuzzugsheer Sigismunds von Ungarn anwerben. Bei der Niederlage von Nikopolis 1396 wurde Schiltberger von einer Hinrichtung aufgrund seines jungen Alters, wie er angibt, verschont und kam in osmanische Gefangenschaft. Er wurde Bajezid I. als Fußsoldat der Vorläufertruppen zugeteilt, nahm an dessen verschiedenen Kriegszügen teil und befand sich offenbar auch in einem Hilfsheer, das Bajezid nach Ägypten sandte.[58] In der Schlacht von Ankara 1402 geriet Schiltberger in die Gefangenschaft Timur Lengs und nach dessen Tod in die Gewalt wechselnder Herrscher. 1427 glückte ihm sein dritter Fluchtversuch vom Schwarzen Meer nach Konstantinopel. Nach seiner Rückkehr nach Bayern wurde er 47jährig

---

56 Borderie, *Le Discours du Voyage* 1542; Seydlitz, *Gründliche Beschreibung der Wallfart* 1580. Siehe auch die folgende Ausgabe: *Zwo Reisen zum heiligen Grab* 1576; Busbecq, *Legationis Turcicae Epistolae quatuor* 1589.

57 Siehe zu Schiltberger die Artikel von Langmantel, *Schiltberger*; Brodführer, *Schiltberger, Hans*; Huschenbett, *Schiltberger, Hans;* Schiewer, *Schiltberger, Hans.* Als moderne Editionen sind zu nennen: Langmantel, *Hans Schiltbergers Reisebuch*; Neumann, *Reisen des Johannes Schiltberger aus München in Europa, Asia und Afrika von 1394 bis 1427.* Diese Ausgabe wurde kommentiert ins Englische übertragen: Telfer, *The Bondage and Travels of Johannes Schiltberger, a Native of Bavaria*; Schlemmer, *Johannes Schiltberger, Als Sklave im Osmanischen Reich und bei den Tataren 1394-1427.*

58 Langmantel, *Schiltberger*, S. 263.

Kämmerer unter Herzog Albrecht III. (1438-1460). Sein Todesdatum ist nicht bekannt. Schiltbergers Text ist in eine Einleitung und 67 Kapitel gegliedert. Kapitel 1-3 schildern die Schlacht von Nikopolis und die Gefangennahme Schiltbergers. Kapitel 4-14 berichten chronikartig über die Kriege Bajezids, unterbrochen von Kapitel 6, das einen vergeblichen Fluchtversuch Schiltbergers zum Inhalt hat. In Kapitel 15-29 werden dann die Geschehnisse unter Timur Leng und seinen verschiedenen Nachfolgern geschildert, in deren Gewalt sich Schiltberger jeweils befand. Das 30. Kapitel, in dem Schiltberger seine geglückte Flucht nach Konstantinopel beschreibt, schließt den ersten Teil des Berichts, das Itinerar, ab. Kapitel 31 bis 66 vermitteln dann Wissen über die Länder, die Schiltberger kennenlernte oder vom Hörensagen schildert; er berichtet über Religionen, Gewohnheiten, Legenden und Sprachen der Einwohner. Der Bericht schließt mit der Heimreise Schiltbergers ab (Kapitel 67).

Der Unterschied zwischen Schiltbergers Reisebuch und den Reiseberichten, die rund einhundert Jahre später verfaßt wurden, ist beträchtlich. Schiltberger inserierte in sein Reisebuch Teile der Reiseerzählung John Mandevilles, die nach heutigen Maßstäben mit ihren zahlreichen Legenden als reine Schreibtischkompilation gilt. Auch bei Schiltberger lesen wir Geschichten über einen Kampf zweier Schlangenheere in Samsun (Kapitel 15), einen Riesen namens Allankassar (Kapitel 47) sowie die vier Flüsse des Paradieses (Kapitel 44). Da Schiltberger derartige Textpassagen jedoch nicht in unmittelbaren Zusammenhang mit den Türken oder Mahomets stellte, habe ich sie von der Bausteinanalyse nicht erfaßt.

Darüber hinaus ist an Schiltbergers Bericht ersichtlich, daß er nicht den Dynamiken der *Türkengefahr*, die maßgeblich erst nach 1453 einsetzten, unterworfen ist. Zum einen gebraucht Schiltberger anstelle der nach 1453 allgemein üblich gewordenen Dichotomie von Türken und Christen das mittelalterliche Gegensatzpaar von Heiden und Christen. Zum anderen ist sein Text frei von jenen moralischen Urteilen über die Türken, die nach 1453 für alle Autoren verbindlich geworden waren. Obgleich Schiltberger die Türken als Heiden beschreibt, fehlt bei ihm der Katalog von Eigenschaften wie *schändlich, verwerflich* und *wollüstig,* mit denen die Türken später beschrieben werden.

Georg von Ungarn

Georg von Ungarn gilt als der Autor des 1480 anonym erschienenen *Tractatus de moribus, condicionibus et nequicia turcorum.*[59] Georg wurde um 1422 in Siebenbür-

---

59 Allein Carl Göllner schließt sich dieser Identifizierung nicht an: *Zum »tractatus« des Ungenannten Mühlbachers.* Plausibel dargelegt ist der Sachverhalt hingegen bei Palmer, *Fr. Georgius de Hungaria.*

gen geboren.[60] Ob seine Muttersprache ungarisch oder deutsch war, ist ungeklärt, möglicherweise wuchs er zweisprachig auf. Georg kam im Alter von 15 Jahren nach Mühlbach/Sebesch und besuchte für ein Jahr die dortige Schule des Dominikanerklosters. Im August 1438 geriet er bei der Eroberung der Stadt durch türkische Truppen unter Murat II. in osmanische Gefangenschaft und wurde siebenmal als Sklave verkauft. Er unternahm mehrere vergebliche Fluchtversuche und konnte schließlich nach 20jähriger Gefangenschaft um 1458 mit einem Freibrief versehen nach Europa zurückkehren. Zurück im Abendland schloß er sich zu einem nicht bekannten Zeitpunkt den Dominikanern in Rom an und ließ sich zum Priester weihen. In der Folgezeit werden ihm Wunder zugeschrieben. Eine Chronik verzeichnet seinen Tod am 3. Juli 1502 – er wurde drei Tage lang in der Kirche St. Maria sopra Minerva »cum maxima populi frequentia« aufgebahrt.[61]

Georgs von Ungarn *Traktat über die Sitten, Umstände und Nichtsnutzigkeit der Türken* ist ein sehr eigenwilliger und ungewöhnlicher Text, in dem wie kaum in einem anderen Reisebericht das Erleben eines *Hin-und-Zurück* in seiner Intensität, Gewalt und Verwirrung sichtbar – oder sehr eindrücklich konstruiert – wird, bevor der Autor die gelebten Konflikte in der Niederschrift seiner Biographie auflösen konnte. In Georgs Traktat tritt uns die Erfahrung eines jungen, 16jährigen Dominikanernovizen entgegen, der schon seinen Eintritt in die osmanische Gefangenschaft als ein apokalyptisches Feuer erlebte. Georg schloß sich bei der osmanischen Belagerung von Sebesch einer kleinen Gruppe um einen Adligen an, die sich nicht wie der Rest der Stadt den Osmanen kampflos ergeben wollte, sondern in einem Turm verschanzte mit der Absicht, »se prius cencies velle mori quam se [...] in manus Turcorum tradere«.[62] Die den Turm belagernden Soldaten ließen einen regelrechten Sturm von Pfeilen und Steinen auf das Mauerwerk prasseln und entfachten schließlich, als die Mauern standhielten, ein Feuer, das die Belagerten wie »Brot im Backofen buk« und fast tötete. Georg war unter den Überlebenden, wurde in Ketten zum Sklavenverkauf nach Edirne abgeführt und ging »gravissima onera et intollerabiles angustias illius durissime captivitatis«[63] entgegen. Diesen »schwersten Lasten und unerträglichen Ängsten« hätte Georg den Tod in der Schlacht vorgezogen, um der bösartigen Macht der Türken zu entgehen, die sich nicht nur auf seinen Körper, sondern auch, und vor allem, auf seine Seele zu erstrecken drohte: eine Macht, den Menschen zu töten und in die Hölle zu werfen, während die Seele noch im Körper weile.[64] Die Gefahr für Georgs Seelenheil, so der Traktat weiter, lag in den Glaubenszweifeln, die Georgs Aufenthalt und Sklavendasein im Osmanischen Reich mit sich brachten.

---

60 Siehe zum Leben Georgs: Peter Johanek, *Georg von Ungarn*; Göllner, *Turcica* Bd. 1, S. 38; Palmer, *Fr. Georgius de Hungaria,* S. 45-48 und Strachan, *Five Fifteenth Century German Reisebeschreibungen,* S. 10-15 et passim.

61 Zitiert nach Palmer, *Fr. Georgius de Hungaria,* S. 48.

62 Georg, *Tractatus* 1993, S. 152.

63 Ebd., S. 156.

64 Ebd., S. 176.

Im Alter von 16 Jahren lernte Georg eine Gesellschaft kennen, die ihm in vielem als das verwirklichte Ideal christlicher Tugendhaftigkeit erschien: schlichte Lebensweise und eine Abneigung gegen jeglichen Pomp, militärische Disziplin, Stille und ehrfürchtige Andacht in den Kirchen sowie äußere und innere Reinlichkeit in Haus und Körper. Auch die Geschlechterordnung ist in dieser Welt so, wie sie sein sollte: virile Männer, die nicht weibisch ihre Vernunft in fleischlichen Gelüsten versenken, sondern mannhaft kontrolliert ihre zwölf Ehefrauen beherrschen und Frauen, die sich von Männerversammlungen fern halten, verschleiert durch die Straßen gehen, ohne je mit einem Mann zu sprechen und selbst im Haus jeden Kontakt zu den männlichen Hausgenossen abgesehen von Ehemann und Söhnen vermeiden. Eine tief verankerte und obsessive Misogynie tritt in den Abschnitten über die Frauen zutage, nächst den Türken sind es die Frauen – »omnis mulier fornicatrix [sei sie christlich oder türkisch]«[65] –, die mit entblößtem Hals und Busen, winkenden Augen, gerade aufgerichtetem Nacken und wallendem Haar den effeminierten Mann zum Teufelswerk verführen.[66]

Der visuelle Erfahrungssinn, der wenig später so einhellig von den Reisenden in ihren Vorworten als der aktivste und damit wissensträchtigste aller natürlichen Sinne gepriesen wird, erweist sich für den jungen Georg als ebenso gefährlich wie unausweichlich, muß doch auch er feststellen, »daß die Versuchungen, die über die visuelle Erfahrung ausgelöst werden, heftiger wirken als die, die durch Mutmaßung und Hörensagen auf einen zukommen.«[67] Die Eindrücklichkeit der visuellen Erfahrungen stellt Georg vor einen unausweichlichen Konflikt:

»De ordine autem, honestate et silentio, quam habent in ecclesia, et devotione longum foret narrare per singula. Hoc tamen breviter dico, quod, quando Turcorum in ecclesia eorum silentium et Christianorum in sua ecclesia tempore orationis tumultum considero, magna michi admiratio generatur de tanta ordinis permutatione, unde scilicet in illis tanta devotio et in istis tanta indevotio esse potest, cum tamen contrarium esse debere causa et ratio ipsa requirit.«[68]

Ordnung, Ehrbarkeit, Stille und Andacht in den Gottesdiensten der Türken, Tumult hingegen in den christlichen Kirchen, obgleich Sachlage wie Vernunft doch fordern, daß es eigentlich umgekehrt sein müßte, bringen Georg in »große Verwunderung über eine derartige Verkehrung der Ordnung«.

Zu dieser *magna admiratio* gesellt sich der Zustand des *a deo derelictus*[69], als Georg nach fünf Jahren Sklavenarbeit auf seinem achten Fluchtversuch wiederum gefaßt wird und, ohne jede Hoffnung auf Befreiung, erschöpft und gebrochen, eine Antwort auf das quälende *eli, eli, lama asabthani?* findet:

---

65 Ebd., S. 246.
66 Ebd., S. 248.
67 Ebd., S. 221.
68 Ebd., S. 260ff.
69 Ebd., S. 300.

»Vere, si deo placuisset illa religio, quam hactenus tenuisti, utique te non dereliquisset isto modo, sed auxilio tibi fuisset, ut liberatus ad eam reverti potuisses. Sed quia omnem viam liberandi tibi obstruxit, forte magis sibi placet, ut illa derelicta illi secte adhereas et in ea salvus fias.«[70]

Wenn Georgs bisherige Religion gottgefällig wäre, so würde Gott Georg helfen, zu ihr zurückzukehren, da Gott aber diese Hilfe verweigere, liege der Schluß nahe, daß er Georgs Eintritt in die Sekte der Türken wünsche. Georg beginnt daher, die religiösen Bräuche und Gebete der Türken zu lernen und zu verrichten, jedoch zumeist nachts und im Verborgenen und ohne den offiziellen Ritus der Beschneidung. Daher kann Georg, als sich nach einigen Monaten mit Gottes Hilfe sein Sinn wandelt, ohne äußere Sanktionen zum christlichen Glauben zurückkehren, worauf er diesen für die restlichen fünfzehn Jahre seiner Gefangenschaft »stärker liebte, stetiger festhielt und sorgsamer hütete als je zuvor.«[71]

Georg beschreibt die Lösung dieser fundamentalen Glaubenskrise überaus kurz; zwei Sätze reichen ihm, um die Erlösung aus der furchtbaren Gefahr, in der sich seine Seele befand, zu schildern. Diese Beiläufigkeit stützt die Vermutung des Herausgebers Reinhard Klockow, daß Georg, der sich über die Riten der Derwische und nächtliche Feiern auf den Gräbern von lokalen Heiligen überaus gut informiert zeigt, länger und inbrünstiger an den Riten der türkischen Sekte teilnahm, als er es im *Tractatus* eingesteht. Zudem trat offenbar mit der Zeit sein Sklavenstatus immer mehr zurück (Georg hatte überdies nach seiner Glaubenskrise einen Freilassungsvertrag mit seinem neuen Herrn abgeschlossen). Georg hatte Zeit für seine religiösen Studien, in denen er es so weit brachte, daß ihm ein geistliches Amt angetragen wurde und hatte, wie er versichert, seine Muttersprache gänzlich vergessen. Als er seinen Herrn, der ihn mehr als seinen einzigen Sohn geliebt hatte, verließ, konnte Georg dies nur unter einem Vorwand tun.[72] Georg schildert diese letzten fünfzehn Jahre, die er im Osmanischen Reich verbrachte, sehr vage - Klockow äußert die Vermutung, daß er in dieser Zeit eine eheähnliche Verbindung eingegangen sein könnte. Georgs Schweigen über die Zeit nach seinem Übertritt zum Islam, und der Haß, den er im *Tractatus* Türken wie Frauen gegenüber äußert, legen in der Tat nahe, daß er zu beiden eine intensivere Beziehung hatte, als er offenlegen möchte.

Nach seiner Rückkehr in die Christenheit 1458 sollte es 22 Jahre dauern, bis Georg unter dem Eindruck der osmanischen Eroberung Otrantos 1480 zur Feder griff. Um seine Erfahrungen zu Papier zu bringen und sie sich selbst und seiner klerikalen Umwelt unter dem Eindruck der *Türkengefahr* plausibel zu machen, stand dem Dominikaner nicht die nüchterne Form einer geschäftsmäßigen Bestandaufnahme des osmanischen Staates zur Verfügung, wie sie Jacopo de Promontorio und Angiolello wählen konnten. Für Georg stand im Zentrum seines *Hin-und-Zurück* eine tiefgehende Glaubenskrise, und die angemessene Darstellungsform für diesen Konflikt war

---

70 Ebd.
71 Ebd., S. 302.
72 Ebd., S. 410.

der theologische Traktat. In dieser Form konnte Georg für seine Erlebnisse eine plausible Erklärung finden: Seine Bewunderung für die Türken und sein Übertritt zu ihrer Sekte seien auf die heimtückische Verführung durch den Teufel zurückzuführen, die Türken seien die Helfershelfer des Antichrist, der sich hinter ihrer trügerischen Tugendhaftigkeit verberge, die Christen zum Abfall von ihrem Glauben bewegen solle. Dies ist die Formel, nach der Georg, laut seiner Darstellung im *Tractatus*, sein Leben nach seiner Glaubenskrise gelebt habe:

»Omnia enim, que post hec [= nach seiner Rückkehr zum christlichen Glauben] audiebam vel videbam nihil aliud nisi deliramenta et illusiones dyaboli interpretatus sum.«[73]

Die so eindrücklichen visuellen Erfahrungen, die Georg zuvor an seinem Glauben zweifeln ließen, sind nun als *deliramenta et illusiones dyaboli* entlarvt. Ausgehend von diesem Motto entfaltet Georg in seinem Traktat nun ein ausgefeiltes Argumentationsschema, in welches er die von ihm gemachten *experientiae* einordnet. Kapitel 1-8 schildern die Herkunft und Expansion der Türken als Teil einer neuen Christenverfolgung, die besonders die Seelen betreffe. Als eindrucksvollstes Beispiel führt Georg die Sklaverei im Osmanischen Reich an, mit der die Türken versuchten, die Christen von ihrem Glauben abzubringen, wie seine eigenen Erfahrungen so eindrücklich zeigen (Kapitel 5-7).

Kapitel 9-15 legen dann die Gründe dar, warum diese teuflische Sekte auch gutgläubige Christen vom rechten Weg abbringen kann. Hier entfaltet Georg nun ein kunstvolles argumentatives Schema von unterschiedlichen Gründen, *Motiva,* in das er die von ihm erlebte Vorbildhaftigkeit der Türken einordnet (siehe Abbildung 2).

Die *Motiva naturalia* (A) sind detailliert unterteilt:
Die *Motiva naturalia universalia* (A 1) führt Georg nicht weiter aus, sondern geht gleich zu den

1. *Motiva naturalia universalis coniecturae* (S. 216-220) über: Darunter fällt alles, was gefährdete Christen nicht aus eigener Anschauung, sondern »solum ex auditu« über die Türken wissen. Dabei führt Georg vor allem die große Zahl der Türken auf, die Christen dazu veranlassen könne, von der Menge auf die Gottgefälligkeit und Richtigkeit ihres Glaubens zu schließen.

2. *Motiva naturalia universalis experientiae* sind jene, bei denen eigene Erlebnisse den Übertritt zum Islam veranlassen können – diese werden von Georg besonders ausführlich und differenziert dargestellt:
   2a)   *Motiva naturalia universalis experientiae universalia* (S. 220-226) sind vor allem die äußeren Sitten der Türken und Türkinnen, ihre Einfachheit in der Kleidung, ihr diszipliniertes Verhalten im Heer und der Verzicht des Sultans auf jeglichen Prunk.

---

73 Ebd., S. 302.

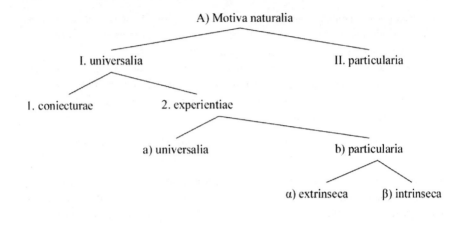

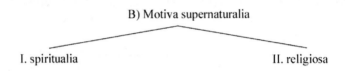

Abbildung 2: Motiva nach Georg von Ungarn

2b)   Die *Motiva naturalia universalis experientiae particularia* unterteilt Georg wiederum zweifach:

2bα)   Unter den *Motiva naturalia universalis experientiae particularia extrinseca* (S. 226-228) nennt Georg die Sauberkeit der Türken in Essenszubereitung und Körperpflege,

2bβ)   die *Motiva naturalia universalis experientiae particularia intrinseca* (S. 228-236) betreffen die Enthaltsamkeit der Türken in ihren einfachen Gebäuden, ihrer Verachtung von Bilderschmuck, ihren schlichten Tischsitten und ihrer Schamhaftigkeit beim Urinieren, das höchst unauffällig und nie in Gebetsrichtung erfolge.

A II. Die *Motiva naturalia particularia* werden von Georg nicht ausdrücklich bestimmten Erfahrungen zugeordnet[74] und wohl in Kapitel 11 und 12 beschrieben; allerdings spricht Georg nur noch von »aliqua motiva«, ohne auf sein Schema zu rekurrieren. Unter diesen nennt er den Kampfeseifer der Türken, ihre

---

74 Georg ist diesbezüglich am Beginn von Kapitel 10 widersprüchlich: Der Überschrift »De motivis experientie et particularibus« folgt als erster Satz des Kapitels: »Motiva particularia sunt duplicia, scilicet extrinseca et intrinseca« (ebd., S. 226). Da aber die danach geschilderten Dinge gleichfalls die Erfahrung betreffen, scheint mir nicht die Überschrift, sondern der erste Satz dieses Kapitels unpräzise zu sein.

dauernden Siege, die große Zahl von christlichen Renegaten und schließlich die Ehrhaftigkeit und Bescheidenheit der Türkinnen.

Die *Motiva supernaturalia* (B) teilt Georg nur in zwei Unterkategorien:

I.   Unter den *Motiva spiritualia* (Kapitel 13) führt er islamische Glaubensgrundsätze und ihre Rituale an,

II. als *Motiva religiosa* (Kapitel 14 und 15) schildert er die verschiedenen Formen religiösen Lebens, die Derwischorden, die türkischen Volksheiligen und ihre Wundertaten.

Eingeleitet durch seine persönlichen Erlebnisse von Glaubensabfall und Rettung (Kapitel 16) erfolgt dann in Kapitel 17 die Umdeutung seiner Erfahrungen (»De Interpretatione motivorum«) und die Entlarvung der Türken als Helfer des Teufels, der dieser Sekte vordergründig zu noch durchgreifenderen Siegen verhelfen werde (Kapitel 18). Der Kampf zwischen der türkischen Sekte und dem Christentum sei der Kampf zwischen dem Teufel und Gott (Kapitel 19). Kapitel 20-22 behandeln zusätzliche Gründe, die gegen den Islam sprechen, darunter nennt Georg den schändlichen Glaubensabfall der christlichen Renegaten und die Uneinigkeit der Türken untereinander (Kapitel 20), die Unwissenheit der Türken, die nicht einmal den abendländischen Wissenskanon der Artes kennten (Kapitel 21) und einige illustrierende Beispiele (Kapitel 22). Kapitel 23 bringt nach Entlarvung der türkischen Sekte sieben Hauptgründe, die für die christliche Religion sprechen.

Die Berichte Hans Schiltbergers und Georgs von Ungarn waren für die nächsten 60 Jahre die einzigen ausführlichen Berichte über das Osmanische Reich, die im Druck vorlagen: Der nächste Reisebericht dieser Gruppe wurde erst 1539 gedruckt. Erst von diesem Zeitpunkt an setzte eine Reihe von Veröffentlichungen neuer Berichte über das Osmanische Reich ein, die für die nächsten Jahrhunderte nicht mehr abbrechen sollte.

Benedetto Ramberti

Benedetto Ramberti ist der einzige Venezianer unter den hier vorgestellten elf Autoren. Über ihn selbst ist wenig bekannt. Ramberti war mit den Söhnen des erfolgreichen Druckers Aldo befreundet und nach seiner Reise nach Konstantinopel als Bibliothekar der *Nicena* in Venedig tätig. Am 4. Januar 1533 schloß er sich der diplomatischen Mission seines Vetters Daniele de'Lodovici an.[75] Sein Bericht über diese Reise, die *Libri tre delle Cose de Turchi*, erschien 1539 und 1541 bei Aldus in Vene-

---

75 Siehe Göllner, *Turcica* Bd. 1, S. 309f.

dig, ohne daß der Name des Autors aufgeführt wurde. Auch Sansovino übernahm Rambertis Schrift ohne Angabe des Verfassers in sein Kompendium *Historia universale de' Turchi* auf, allerdings nur in der ersten Auflage von 1560.

Rambertis Bericht ist im ersten Buch entlang des Itinerars strukturiert, während im zweiten und dritten Buch der osmanische Hof, die Regierungsweise und der Aufbau der Provinzen sowie »altre cose pertinenti alla compita cognitione di costumi, modo del viver e governo in generale«[76] geschildert werden. Ramberti ist der erste Berichterstatter der Zwölfer-Gruppe, der wie Jacopo de Promontorio und Angiolello ausführlich die Ämter an der Pforte schildert:

»Uno Dragoman, cioè interprete di tutti i linguaggi, ilquale ufficio è tanto riputato, quanto che la vertu et l'ingegno di colui che lo esercita: ha cinquecento ducati di provision ferma ogni anno, et ha altrettanto di timaro, piu di quattro volte tanto di estraordinario, et suol essere assai rispettato.«[77]

»Beglierbei di Amasia et Toccato che era Cappadocia, et Galatia con timaro di ducati otto mila. Sangiacchi quattro con quattro fino a sei mila ducati di timaro per uno. Spacchi quattro mila con aspri cinque fino dieci al giorno per uno et timaro.«[78]

Wie schon in Kapitel 2 kurz ausgeführt, wurde in derartigen Aufzählungen die Ämterhierarchie im Serail mit einer kurzen Charakterisierung des jeweiligen Amtes und der zugehörigen Besoldung aufgeführt. In dieser Form sind die Dinge stets nüchtern und ohne weitere Einfärbung gehalten. Geht Ramberti über diese Kurzbeschreibungen hinaus, findet er zwar zuweilen anerkennende Worte über die staatliche Organisation des Osmanischen Reiches,[79] flicht aber bei der Schilderung der osmanischen Land- und Seemächte immer wieder abwertende Urteile ein:

»Tutto costoro [= die im Arsenal von Pera arbeiten] quando è bisogno grande fanno gli uffici loro, ma s'intendono male del mestiero, et artificio di fabricar galee. per laqual cosa non riescono buone et preste come sono le nostre: et quel poco che sanno è mostro loro da qualche Christinao che vien ben pagato.«[80]

»Ma il maggior male che sia ne gli essercitij del Turco, è il mancar delle ordinanze a piedi: delle quali ne sono in tutto privi senza speranza alcuna di poterle havere. Percio che se bene il farle pare ad ogn'uno facile, et in apparenza cosa molto buona, non pero è cosa facile dar la ordinanza a genti che a cio non siano inchinate da natura, come sono gli Suizzeri è Tedeschi.«[81]

---

76 Ramberti, *Libri tre* 1539, Fol. 26v.
77 Ebd., Fol. 20v.
78 Ebd., Fol. 23v.
79 Ebd., Fol. 22v: »[...] onde verrò hora a quelle [cose] di terra: lequali in vero sono ordinate bene et utilmente.«
80 Ebd., Fol. 22r.
81 Ebd., Fol. 32v.

»Il mancamento delle fanterie fa, che oltra che hanno arteglierie non molto buone non hanno il modo di poterle guidare alle imprese loro con sicurtà.«[82]

Die osmanischen Land- und Seestreitmächte taugen laut Ramberti also nicht viel. Dieses Urteil stand in offensichtlichen Widerspruch nicht nur zu den bisherigen außerordentlichen militärischen Erfolgen der Osmanen, sondern auch zu den Geschehnissen im dritten venezianischen Krieg 1537-40, in welchem, just zu der Zeit, als Ramberti seinen Bericht verfaßte, bis auf Zypern fast alle venezianischen Besitzungen im östlichen Mittelmeer in osmanische Hände fielen. Diese paradoxe Situation erfordert wie der Widerspruch, in dem sich Georg von Ungarn befand, eine Erklärung. Denn die Siege der Türken kann Ramberti nicht leugnen, auch wenn er noch so sehr auf die Unzulänglichkeit ihres Militärs eingehen mag. Vor dem Hintergrund dieser Diskrepanz bringt Ramberti die Fortuna ins Spiel. Anders als Sansovino, der in den Erfolgen der Osmanen die unleugbare *virtù* der Türken sah, gestand Ramberti dem Feind, welcher stetig das venezianische Seereich weiter demontierte, nichts anderes als die launische Gunst Fortunas zu:

»[Die Türken sind] essempio manifesto della instabilità della fortuna nelle cose humane. laquale in tutti gli altri che pel [sic] tempo passato ha voluto essaltare, et con il corso della sua felicità portare in qualche altezza non solita a vedersi molto spesso, ha pur lasciato alla virtu sua aversaria non picciola parte della gloria di quella impresa [= der Aufstieg früherer Weltreiche]. [...] Ma nel condur questa famiglia [der Osmanen] nel luogo, ove mai piu non ha condotto alcuno huomo esterno, sola essa Fortuna come ambitiosa deprimendo la virtu, ha voluto in se il nome et tutta la fama.«[83]

Anstelle des von Georg bemühten Antichrist tritt hier bei Ramberti die Fortuna auf, die in bisher ungekanntem Ausmaß die Erfolge der Türken begünstigt hätte, während Sansovino den Grund in der türkischen *virtù* sieht. Selbst in Venedig konnten also unterschiedliche Erklärungen für die Größe des Osmanischen Reiches herangezogen werden.

Typisch venezianisch ist bei Ramberti hingegen der geringe Raum, den er der Beschreibung der türkischen Religion widmet, die in den Relationen der venezianischen Baili generell wenig Aufmerksamkeit fand. Auch der Bereich der Sitten und Gebräuche ist bei ihm im Vergleich zu den anderen Reiseberichten deutlich unterrepräsentiert.

Antoine Geuffroy

Über Antoine Geuffroy ist außer seinem Bericht, dem *Estat de la court du grant Turc*, der 1542 in zwei Ausgaben bei Jean Steels in Antwerpen und Christian Wechsel in Paris und im gleichen Jahr in englischer Übersetzung bei Richard Grafton in

---

82 Ebd., Fol. 32v.
83 Ebd., Fol. 26r-v.

London erschien, nichts bekannt. Laut der Titelangabe war er *chevalier de lordre de S. Iehan de Ierusalem.*

Obgleich Geuffroys Text in der Literatur stets als Reisebericht behandelt wird, ist diese Einstufung fragwürdig. Die Bausteinanalyse hat ergeben, daß Geuffroy in weiten Teilen Rambertis Angaben – vor allem über den Serail – wiedergibt, auch wenn er seine Darstellung anders als Ramberti aufgebaut hat und ihn auch in der Regel niemals wörtlich zitiert.[84] Diese Übereinstimmungen mit dem Text Rambertis gehen über das sonst übliche Maß intertextueller Abhängigkeiten der Reiseberichte hinaus, so daß sich mutmaßen läßt, daß es sich bei diesem Werk insgesamt um eine Kompilation handelt und diese Darstellung nicht notwendigerweise auf einem Aufenthalt Geuffroys im Osmanischen Reich beruht. Wie zu Beginn von Kapitel 4 ausgeführt, rückt dieser Verdacht den Text zwar in ein anderes Licht, desavouiert ihn jedoch nicht als Quelle für die Bausteinanalyse, da er im 16. Jahrhundert als Reisebericht gelesen wurde. Geuffroys Text ist gerade unter diesem Aspekt bemerkenswert,

---

84 Diese Abhängigkeiten gelten für die folgenden Stellen: (Ramberti, *Libri tre*, 1539 = Ramb; Geuffroy, *Briefve description* 1546 = Geuff; nach den Folioangaben folgen die Zeilenangaben nach dem in Anhang 2 erläuterten Prinzip) Geuff biv, 9-19 – Ramb 14r, 22-14v, 5; Geuff c3v, 4-8 – Ramb 14v, 5-8; Geuff bijr, 4-23 – Ramb 14v, 8-16; Geuff bijv, 20-22 – Ramb 14v, 16-18; Geuff c3v, 4-8 – Ramb 14v, 19-24; Geuff biijr, 1-25 – Ramb 14v, 24-15r, 15; Geuff biijr, 26-biijv, 13 – Ramb 15r, 15-22; Geuff b3v, 14-17 – Ramb 15r, 27-15v, 4; Geuff b4r, 1-4 – Ramb 15v, 5-7; Geuff b4r, 7-11 – Ramb 15v, 11-14; Geuff b4r, 5-6 – Ramb 15v, 15-16; Geuff b3v, 18-21 – Ramb 15v, 17-18; Geuff b3v 22-26 – Ramb 15v, 19-20; Geuff b4r 11-13 – Ramb 15v, 24-26; Geuff bijv, 13-19 – Ramb 15v, 27-16r, 5; Geuff c4v, 13-24 – Ramb 16r, 8-15; Geuff d1r, 7-9 – Ramb 16v, 3-6; Geuff d1r, 10-20 – Ramb 16v, 7-18; Geuff c3v, 16-23 – Ramb 16v, 19-17r, 6; Geuff c3v, 24- c4r 1 – Ramb 17r, 7-11; Geuff c4r, 2-3 – Ramb 17r, 12-13; Geuff c4r, 4-6 – Ramb 17r, 14-15; Geuff d1r, 21- d1v, 1 – Ramb 17r, 16-21; Geuff c4r 7-10 – Ramb 17r, 22-24; Geuff c4r 7-10 – Ramb 17r, 22-24; Geuff c4r, 11-14 – Ramb 17r, 25-28; Geuff c2v, 11-19 – Ramb 17v, 5-13; Geuff b4v 3-11 – Ramb 17v, 20-30; Geuff c1v10-12, 15-19 – Ramb 18r, 1-3; Geuff c1v, 13-14 – Ramb 18r, 4-6; Geuff b4v, 14-18 – Ramb 18r, 7-13; Geuff b4v, 18-26 – Ramb 18r, 13-21; Geuff c1r, 1-7 – Ramb 18r, 26-18v, 2; Geuff c1r 8-15 – Ramb 18v, 12-15; Geuff c2r 15-18 – Ramb 19r, 17-22; Geuff c2v, 5-10 – Ramb 19r, 28-19v, 1; Geuff c1v, 20-24 – Ramb 19v, 8-13; Geuff c2v, 26-c3r, 5 – Ramb 20r, 9-13; Geuff c3r, 6-13 – Ramb 20r, 14-16; Geuff c3r, 14-19 – Ramb 20r, 17-21; Geuff c3r, 20-23 – Ramb 20r, 22-29; Geuff d1v, 2-4 – Ramb 20r, 30-20v, 3; Geuff c1v, 25 -c2r 4 – Ramb 20v, 4-9; Geuff d2v, 22- d3r, 3 – Ramb 21r, 21-28; Geuff d1v, 9-17 – Ramb 21v, 9-16; Geuff d3v, 25- d4v, 7 – Ramb 22v, 9-19; Geuff d4v, 8-14 – Ramb 23r, 27-23v, 9; Geuff d4v, 15-18 – Ramb 23v, 9-14; Geuff d4v, 19-23 – Ramb 23v, 15-19; Geuff d4v, 24- e1r, 5 – Ramb 23v, 20-29; Geuff e1r, 20-22 – Ramb 24r, 10-14; Geuff e1r, 23 – e1v, 9 – Ramb 24r, 15-25; Geuff f2v, 18-f3v, 16 – Ramb 30r, 14-30; Geuff f2v, 18-f3v, 16 – Ramb 30r, 30-30v, 30; Geuff f3v, 22 – f4r, 16 – Ramb 31v, 1-8; Geuff f3v, 22 – f4r, 16 – Ramb 31v, 23-30; Geuff f4r, 17-21 – Ramb 34r, 8-11.
Zu weiteren Abhängigkeiten siehe Rouillard, *The Turk in French History*, S. 185, mit weiterführenden Literaturangaben. Neculae Iorga sieht in Geuffroy hingegen einen der besten Kenner des Osmanischen Reiches und der osmanischen Sprache in seiner Zeit. Iorga, *Les Voyageurs français dans l'Orient européen*, S. 33.

da er vom hohen Ausmaß möglicher Intertextualität Zeugnis ablegt und zeigt, daß das Wissenskorpus über die Osmanen in den 1540er Jahren schon so weit gediehen war, daß es möglich war, einen detaillierten Text zu komponieren, der als Reisebericht akzeptiert wurde.[85]

Antoine Geuffroys Darstellung ist in zwei Bücher eingeteilt, die ihrerseits aus zwei Teilen bestehen:

Buch 1: La court du Grant Turc
– La Court du Grant Turc
– Les Conquestes des Turcs

Buch 2: Second livre contenant autres superstitions des Turcs
– Superstitions
– Lorigines des Turcs et le commencement de quatre empires yssuz de la secte de Mehemet

Wie Spandugino gibt Geuffroy den geschichtlichen Abrissen das gleiche Gewicht wie seiner Beschreibung des Osmanischen Reiches und den *superstitions des Turcs*, hat sie aber jeweils als eigene Abschnitte voneinander deutlich abgesetzt. Die Parallelen zu Rambertis Text bestehen vor allem in der Beschreibung des Hofes, sind aber auch in den Abschnitten über die Sitten und Gebräuche zu finden, denen Geuffroy ebenso wie Ramberti eher wenig Aufmerksamkeit widmet. Ein wesentlicher Unterschied zu Ramberti besteht hingegen darin, daß Geuffroy Konstantinopel nicht beschreibt – ein weiteres Indiz dafür, daß Geuffroy nicht selbst an den Bosporus gereist ist.

Bartholomäus Georgejevic

Georgejevic'[86] Lebenslauf läßt sich dank eines erhaltenen autobiographischen Berichtes zum Teil recht gut nachzeichnen. Er wurde zwischen 1505 und 1510 geboren. Über seine Herkunft lassen sich nur Vermutungen anstellen: Als sein Geburtsort wird die Umgebung von Gran/Esztergom bei Budapest angenommen, aber eine kroatische

---

85 Die Frage, ob ein Reisender tatsächlich das Land bereist hatte, über das er berichtete, war auch im 16. Jahrhundert relevant, wie das unten zitierte Beispiel über die Diskussion um die Autorschaft von Belons *Observations* zeigt.

86 Siehe zum folgenden die zur Zeit immer noch maßgebliche Arbeit von Kidric, *Bartholomaeus Gjorgjevic*, hier bes. S. 25-33 sowie die dortige erstmalige Edition eines autobiographischen Kapitels Georgejevic': *Quomodo captivus deductus in Turciam*, S. 12-18. Kurze Erwähnungen Georgejevics finden sich auch bei Göllner, *Tractatus*, S. 631f; bei Babinger, *Die türkischen Studien in Europa bis zum Auftreten Josef von Hammer-Purgstalls*, hier S. 104-106 und die Zusammenfassung der französischen Ausgaben von *De ritu* und *De afflictione* bei Rouillard, *The Turk in French History*, S. 189-191 und 272-73.

Abstammung aufgrund Georgejevic' eigener Bemerkungen vermutet. Er scheint in seiner Kindheit keine bäuerlichen Tätigkeiten, wie er sie in der Gefangenschaft ausüben mußte, kennengelernt zu haben, sondern war wohl von adliger Herkunft. Vor seiner Gefangenschaft hatte er offenbar die lateinischen Klassiker, möglicherweise auch Rechtswissenschaften studiert. Der Erzbischof von Gran und Kanzler Ludwigs II., Ladislaus Szalkay, nahm Georgejevic unter seine Ägide. Beide nahmen an der Schlacht von Mohács 1526 teil, in der Szalkay getötet und Georgejevic gefangen genommen wurde. In der Gefangenschaft wurde Georgejevic siebenmal verkauft und mußte zunächst als Wasserverkäufer, dann in Kleinasien als Schafhirte, Acker- und Pferdeknecht arbeiten. Mit seinem letzten Herrn zog er 1532 nach Istanbul und begleitete diesen 1534 in den Krieg gegen die Perser. Im Herbst 1535 gelang ihm der vierte Fluchtversuch aus Armenien, und er kam nach Damaskus, wo er einige Zeit Griechisch unterrichtete. 1537 reiste Georgejevic nach Jerusalem, wo er ein Jahr als Nachtwächter des dortigen Franziskanerklosters blieb. 1538 kehrte er über Santiago nach Europa zurück. Damit hatte Georgejevic Teile seines in der Gefangenschaft abgelegten Gelübdes erfüllt, erst nach dem Besuch der drei großen mittelalterlichen Wallfahrtsorte, Jerusalem, Santiago de Compostella und Rom, wieder in seine Heimat zurückzukehren. 1544 war er in den Niederlanden und traf Luther und Melanchthon in Wittenberg, die ihm Empfehlungsschreiben ausstellten. Im selben Jahr begann er, seine Erfahrungen im Osmanischen Reich in lateinischer Sprache zu veröffentlichen und das Leben eines wandernden Literaten zu führen – Kidric unterstellt ihm dabei als Hauptmotiv die Erschließung von Einnahmequellen durch Widmungen. Georgejevic' Reisen, die vielfach der Betreuung von Drucklegungen seiner Schriften und ihrer Übersetzungen dienten, führten ihn nach Köln, Paris und Wien. Am 19. Mai 1547 focht er laut eigenem Bericht im siebenbürgischen Großwardein/ Oradea mit einem türkischen Derwisch einen Glaubensdisput aus. Ende 1547 ließ er diesen Bericht über das angeblich siegreich bestandene Duell in Krakau drukken. Um 1551 scheint er sich in der Nähe Maximilians II. aufgehalten zu haben, und ab 1552 kommen seine Lebenszeichen aus Italien. Als letztes vermeldet eine neue Drucklegung seiner letzten Schrift, eines Pilgerführers durch Palästina, seine Anwesenheit 1566 in Rom. Sein Todesdatum ist nicht bekannt.

Die wichtigsten seiner Schriften und ihre Erstauflagen in lateinischer Sprache sind folgende:

– *De Turcarum ritu et caeremoniis*, Antwerpen 1544,
– *De afflictione tam captivorum quam etiam sub Turcae tributo viventium christianorum*, Antwerpen 1544,
– *Exhortatio contra Turcas*, Antwerpen 1545,
– *Prognoma sive praesagium Mehemetanorum*, Antwerpen 1545,

– *Pro fide christiana cum Turca disputationis habitae* [...] *descriptio*, Krakau 1548.[87]

Ab 1553 wurden diese Texte häufig unter dem Titel *De Turcorum moribus epitome* (Lyon 1553 und weitere Auflagen) zusammengefaßt. Die Adressaten der vorangestellten Widmungen waren durchweg hohe geistliche und weltliche Würdenträger wie Kaiser Karl V., Maximilian II., die Päpste Julius II. und Pius V., Otto Truchseß Baron Waltburg, Kardinal von Augsburg, und Kardinal Innozenz del Monte.[88]

Georgejevic' Schriften wurden im 16. Jahrhundert zum unangefochtenen Bestseller unter den Turcica. Anders als Georg von Ungarn, der mehr als zwei Jahrzehnte mit der Niederschrift seiner Erfahrungen wartete, begann Georgejevic sofort nach seiner Rückkehr mit der Abfassung seiner Schriften und widmete zumindest einen Teil seines Lebens ihrer Vermarktung. Die weite Verbreitung seiner Texte liegt zum einen sicherlich an dieser Tätigkeit, zum anderen zeigen die Abdrucke seiner Texte in zahlreichen Kompendien, auf die Georgejevic keinen direkten Einfluß hatte, daß sie offenbar in Inhalt und Aufbau in hohem Maße bei der Leserschaft auf Interesse stießen. Die beiden Schriften, die ethnographisches Wissen präsentieren, *De Turcarum ritu et caeremoniis* und *De afflictione tam captivorum quam etiam sub Turcae tributo viventium christianorum* waren im Vergleich zu den anderen Berichten recht kurz gefaßt, sie umfaßten ungefähr 18 (*De ritu*) und neun (*De afflictione*) Seiten.[89]

In *De afflictione* nimmt Georgejevic ganz und gar den Standpunkt der Christen ein, die die schweren Leiden der Sklaverei erdulden – den Aufbau dieses Standardwerkes der Sklavenliteratur habe ich in Kapitel 2 bereits vorgestellt. Bezeichnenderweise informiert Georgejevic zwar über die verschiedenen möglichen Fluchtwege und über ihre Gefahren – er selbst war auf dem Versuch, zusammen mit einem Mitsklaven auf einem dürftig zusammengezimmerten Floß den Hellespont zu überqueren, gescheitert[90] –, nicht aber über die Möglichkeit, als Sklave unter Beibehaltung der christlichen Religion einen Freilassungsvertrag abzuschließen. Anders als Angiolello und Giovananton Menavino stellt Georgejevic die leidvollen Erfahrungen in seiner Zeit im Osmanischen Reich in den Vordergrund; in seinem autobiographischen Bericht spricht er lediglich von einer Zeitspanne, die er im Besitz eines Bauern verbrachte, welche ihm halbwegs erträglich erschienen, bevor er nach fünf Jahren einen Fluchtversuch wagte.[91] Diese Erfahrungen sind im gesamten Text vor-

---

87 Das oben erwähnte biographische Kapitel »Quomodo captivus deductus in Turciam« befindet sich in der Schrift *Bartholomaei Georgiji Pannoni De ritibus et differentiis Graecorum et Armenicorum*« (Antwerpen? Copenius? 1544), die offensichtlich nur in dieser Auflage erschien und von Frank Kidric als ein Werk Georgejevic' identifiziert wurde (Kidric Nr. 8).

88 Kidric, *Bartholomäus Gjorgevic*, S. 27.

89 Bei dieser Zahl gehe ich wie oben von der Summe des Wortindexes aus, die durch eine durchschnittliche Seitengröße (315 Wörter umfassend) dividiert wurde. Siehe zum Instrument des Wortindexes Kapitel 6.

90 Kidric, *Bartholomäus Gjorgevic*, S. 13f.

91 Ebd., S. 14f.

herrschend, wie beispielsweise bei der Beschreibung dessen, was jene erwachsenen Gefangenen erwartete, die wie Georgejevic kein Handwerk gelernt hatten:

»Durissima illorum sors est, qui artes mechanicas non didicere. eae enim sole ibi in honore ac precio sunt, quam obrem literati, sacerdotes, nobiles homines, qui in ocio vitam degerunt, ubi in horum manus venere, omnium miserrime habentur. Mango enim in illos utpote vix vendibiles nullos sumptus facere sustinet, hij pedibus capitibusque intectis, ac plerunque maiore parte corporis nudi inambulant: nullus enim novus cultus detritis veteribus vestimentis succedit, per nives, per saxa, aestates et hyemes detrahuntur, nec finis donec vel moriantur, vel stultum dominum qui malam mercem emat, inveniant, talis enim illorum est iudicatio.«[92]

Die 19 Kapitel, in die Georgejevic seine Darstellung einteilt, strukturieren den Text in griffige Einheiten. Ein ähnlich klares Ordnungsschema wendet Georgejevic auch in *De Turcarum ritu* an, aber mit einem deutlichen Unterschied: Seine persönliche Erfahrung, seine Meinung über jene *gens*, die ihm dieses Schicksal angetan und dreizehn Jahre lang drangalisiert hatte, wird in der Darstellung selbst in keiner Weise faßbar. Jene Bereiche, die sich in anderen Reiseberichten zuweilen als Ansatzpunkte für Schmähungen anbieten, wie die türkische Sitte, auf dem Fußboden (»wie die Tiere«) zu essen oder die wollüstige Lebensweise bestimmter religiöser Gruppen, werden von Georgejevic durchgängig kurz und neutral vermerkt: Die Dinge werden von ihm beschrieben, in eine Ordnung gebracht und als solche belassen, ohne dieser Darstellung ein weiteres Narrativ hinzuzufügen, wie es in *De afflictione* vorliegt. Dieser Text erwies sich daher für meine Bausteinanalyse als besonders griffig, er zerfiel wie von selbst in seine Bausteine, ohne daß ich einen narrativen Strang zerschneiden mußte.

Erst am Ende seiner Beschreibung gibt Georgejevic ein klares Urteil über die verwerfliche Sekte der Türken ab und verleiht damit dem Text zumindest die Andeutung eines Profiles, worauf ich am Ende von Kapitel 7 noch ausführlicher zu sprechen kommen werde.[93] Zudem ist Georgejevic der einzige Autor, der der Landarbeit ein eigenes Kapitel widmet, außer ihm streift nur Belon dieses Thema zuweilen – wie wir sehen, ist dies in biographischen Bezug zu der Sklavenarbeit zu setzen, die er bei osmanischen Bauern ableistete.

Luigi Bassano

Über Luigi Bassano ist neben seiner Schrift, *Costumi et i modi particolari della vita de'Turchi* (Rom 1545)[94] kaum etwas bekannt. Der heutige Kenntnisstand wurde im wesentlichen von Franz Babinger im Vorwort zu dem von ihm herausgegebenen

---

92 Georgejevic, *De afflictione* 1544, Fol. B1r.
93 Georgejevic, *De ritu* 1544, Fol. D3v.
94 Bassano, *I costumi* 1545 (Göllner, *Turcica* Nr. 845).

Faksimile des Werkes dargelegt.[95] Bassano stammte nach eigenen Angaben aus Zara, das Anfang des 15. Jahrhunderts im Frieden von Triest der venezianischen Republik einverleibt worden war. Dort wurde Bassano um 1510 geboren. Anspielungen auf seine unzulänglichen Sprachfertigkeiten (»ch'io rozzo, et d'Idiomo Illirico«[96]), die Bassano in der Widmung seines Reiseberichtes macht, deuten auf eine slawische Muttersprache hin. Babinger stellt die Vermutung auf, daß Bassanos Vater ein Venezianer gewesen sei, der in der venezianischen Verwaltung gearbeitet und eine Einheimische geheiratet habe. Bassano erwarb dann offenbar noch in Zara Italienisch- und Lateinkenntnisse. Die genauen Daten seiner Gefangennahme sind nicht bekannt, aus dem Text läßt sich nur mit Sicherheit schließen, daß Bassano 1537 im Osmanischen Reich war. Spätestens 1541 kehrte Bassano wieder nach Zara zurück und trat kurz darauf in Rom in die Dienste des Kardinals Pio di Carpi, und nicht, wie Sansovino berichtet, des Kardinals Niccolo Ridolfi. Bassano verfaßte seinen Bericht offenbar auf Anregung Pios di Carpi. Das Buch wurde in wenigen Exemplaren von Antonio Baldo 1545 in Rom gedruckt. Für den weiteren Lebensverlauf Bassanos machte Marcel Bataillon die interessante Entdeckung, daß Bassano um 1552 nach Istanbul zurückkehrte, wo er im Dienste des spanischen Botschafter Don Juan Hurtado de Mendoza stand, der in einem Avviso kurz darüber berichtete.[97] Bassanos Todesdatum bleibt allerdings im Dunkeln.

Bassano legt seine Erfahrungen in 59 betitelten Kapiteln dar, die jeweils für sich genommen kohärent sind, aber ohne eine auf den ersten Blick erkennbare Ordnung aneinander gereiht sind, angefangen vom ersten Kapitel, *A che hora siano soliti i Turchi di levarsi dal letto in ogni tempo*, bis zum Kapitel 59, das über die Haltung von *Lepreri*, einer Hunderasse und das für diese geltende Schönheitsideal berichtet. Bassano bietet unter den zwölf Reiseberichten eine der ausgewogensten Mischungen von Darstellungen über Bauwerke, Sitten, Gewohnheiten des Sultans, Aufbau des Staats- und Militärwesens, Religion und Sklavenmärkte.[98] Mit dem Hinweis auf andere Berichte verzichtet Bassano auf eine detaillierte Aufführung der Ämter und Löhne im Serail.[99] Seine Schilderung der Audienz des Sultans weist jedoch auf eine sehr genaue Kenntnis der osmanischen Pforte hin. Dennoch läßt sich seine Stellung im Osmanischen Reich aufgrund der großen Bandbreite seiner Informationen nicht bestimmen. Im Vergleich zum gesamten Wahrnehmungshorizont der Reiseberichte, wie er detailliert in Kapitel 6 analysiert wird, fällt lediglich auf, daß Bassano kaum über religiöse Glaubensinhalte berichtet, obgleich er religiösen Personen, Riten und Gebäuden insgesamt durchschnittlich viel Raum widmet. Eine weitere Auffälligkeit ist sein überdurchschnittliches Interesse für die osmanische Art, Jagdhunde und

---

95 Siehe die Einleitung Babingers in der Faksimileausgabe und seinen Artikel: *Bassano, Luigi.*

96 Bassano, *I costumi* 1545, S. [3].

97 Einleitung Babingers in der Faksimileausgabe, S. XI.

98 Siehe Anhang 4.

99 Bassano, *I costumi* 1545, Fol. 16r-v.

Pferde zu halten – er berichtet in einmaliger Ausführlichkeit minutiös über mehrere Seiten, wie Pferde im Sommer und im Winter versorgt und mit welcher Futtermischung sie gesund und bei Kräften gehalten werden. An dieser Stelle gibt Bassano den einzigen Hinweis auf seine Präsenz als Beobachter – er berichtet, daß er seinen Pferden auf der Reise von Istanbul nach Ragusa mit großem Erfolg eine spezielle Diät bestehend aus Kräutern, Gerste und nur wenig Wasser verabreicht habe.[100] Es ist jedoch bemerkenswert, daß Bassano diese ungewöhnlichen Passagen mit dem Satz einleitet, daß er die ihm verbliebenen letzten leeren Seiten seines Berichtes nicht ungenutzt lassen möchte.[101] Damit verweist er beim einzigen Teil seiner Beschreibung, der aus dem Rahmen fällt, gewissermaßen entschuldigend auf äußere Umstände, die ihn zur Niederschrift veranlassen. Bassano hat bereits im Vorwort respektvoll auf andere Berichte über die *türkischen Dinge* verwiesen, und in der Tat legt er, *rozzo et d'Idioma Illirico*, ein außerordentliches Gespür für den üblichen Wahrnehmungshorizont seiner Zeit, wie er uns in den zwölf meistgedruckten Reiseberichten entgegentritt, an den Tag.

Giovanantonio Menavino

Auch über Menavino ist außer den Informationen, die er in seinem Bericht preisgibt, nichts bekannt. Er wurde um 1490 in Genua geboren. Im Alter von zwölf Jahren begleitete er seinen Vater auf einer Handelsreise, als das Schiff von Türken überfallen wurde. Menavino kam an den Serail, wo ihm die übliche Erziehung eines Serailpagen zuteil wurde. Zehn Jahre später, 1513, konnte er fliehen und nach Italien zurückkehren.

   Menavino veröffentlichte seinen Bericht 1548 unter zwei verschiedenen Titeln:

- *I Cinque Libri della Legge, Religione, et Vita de Turchi*
  (Venedig: Vincenzo Valgrisi)[102]
- *Trattato de costumi et vita de Turchi* (Florenz)[103].

Die fünf genannten Bücher sind wie folgt betitelt und durch Unterkapitel weiter geordnet:

- Il primo libro della vita, et legge turchesca [23 Kapitel]
- Il secondo libro delle chiese, hospitali, et religioni de turchi, et modo di ministrar giustitia [23 Kapitel]
- Il terzo libro del vivere, et ordini del serraglio del Gran Turco [26 Kapitel]

---

100 Bassano, *I costumi* 1545, Fol. 60v.
101 Ebd., Fol. 59v.
102 Menavino, *I Cinque Libri* 1548.
103 Menavino, *Trattato de costumi et vita de Turchi* 1548 (Göllner, *Turcica* Nr. 883).

- Il quarto libro delle genti d'arme, salariate dal Gran Turco, et suoi capitani, et gentil'huomini [36 Kapitel]
- Il quinto libro, et ultimo, dell'essercito della Grecia, et Natolia, et delle battaglie fatte tra i signori della Turchia [33 Kapitel]

Es liegt also ein schon weitgehend strukturierter Bericht vor, der allerdings in seiner Ordnung nicht durchgängig konsequent ist, beispielsweise würden die Kapitel 32-35 des vierten Buches, die über das Innenleben des Serails berichten, eigentlich zu den einschlägigen Passagen im dritten Buch gehören. Das fünfte Buch fügt den Informationen über den Aufbau des osmanischen Militärwesens einen 24 Kapitel umfassenden Überblick über die Machtkämpfe der Söhne Bajazids II. hinzu. Der Hauptteil des Werkes wird vom Itinerar eingefaßt. In der Einleitung berichtet Menavino über seine Gefangennahme und Aufnahme in den Serail; das letzte Kapitel des fünften Buches schildert anschließend an die Beschreibung eines innerosmanischen Machtkampfes, wie Menavino bei dieser Gelegenheit entkommen konnte.

Menavino bietet einen breiten Überblick über die osmanische Gesellschaft. Besonders ausführlich werden das Leben im Serail und der Aufbau des türkischen Staats- und Militärwesens beschrieben. »Sklavenwissen« – Berichte über Umstände des Sklavendaseins bei gewöhnlichen Türken und Fluchtmöglichkeiten – bietet er hingegen kaum: ein Horizont, der von Menavinos privilegierter Stellung im Serail zeugt.

Teodoro Spandugino

Das Geburtsjahr Teodoro Spanduginos ist unbekannt.[104] Seine Mutter, Eudokia Cantacuzena, war väterlicherseits eine Verwandte von Georg Brancović, mütterlicherseits mit dem griechischen Kaiserhaus von Trapezunt verwandt. Teodoros Vater, Matthias Spandugino, war aus Konstantinopel geflohen und stand in militärischen Diensten der venezianischen Republik, war aber auch für Friedrich III. tätig gewesen. 1472 trat Matthias in die Dienste einer mit ihm verwandten serbischen Prinzessin, Katharina (deren Schwester Maria-Mara Murat II. zur Ehefrau gegeben worden war und nach dessen Tod als bevorzugte Stiefmutter Mehmeds II. eine privilegierte Stellung genoß), die ihm ein Schloß in Belgrad vermachte. Teodoros Schwester[105] war mit dem Venezianer Michele Trevisan verheiratet. Die Familie Spanduginos war damit mit der Führungselite Serbiens, Venedig, Trapezunts und selbst mit der Dynastie der Osmanensultane verwandt oder verschwägert; die Liste dieser genealogi-

---

104 Siehe zum Leben Spanduginos die Einleitungen seiner drei Herausgeber: Sathas, *Documents édits relatifs à l'histoire de la Grèce au moyen âge*; Schefer, *Petit traicté de l'origine des Turcqz par Th. Spandouyn Cantacasi*, S. XXXVI-LXX; Spandounes, *On origin of the Ottoman Emperors*, S. VII-XXV.

105 Die Forschungsliteratur verschweigt ihren Namen.

schen Verflechtungen ließe sich noch fortsetzen. 1503 reiste Teodoro nach Istanbul, um geschäftliche Interessen seines kurz zuvor verstorbenen Bruders Alexanders zu vertreten. Dieser war als venezianischer Händler im Osmanischen Reich durch den kurz zuvor abgeschlossenen Friedensvertrag, der den Osmanen die im Krieg von 1499-1501 beschlagnahmten venezianischen Handelsgüter endgültig zusprach, ruiniert worden. In der Zeit seines Aufenthaltes in Istanbul verfaßte Spandugino die erste Version seines Berichtes über das Osmanische Reich. Nach seiner Rückkehr von dieser erfolglosen Reise nahm Teodoro selbst Handelsgeschäfte in Venedig auf.

1508, als sich in der Liga von Cambrai eine mächtige antivenezianische Allianz formierte, wurde Spandugino seine Freundschaft zu Janus Lascaris, der als französischer Ambassador agierte, zum Verhängnis. Spandugino wurde der Frankophilie verdächtigt und exiliert. Daher begab er sich nach Frankreich, ging aber kurz darauf nach Rom, wo er Leo X. ein Kreuzzugsprojekt vorlegte und diesem seine Schrift über das Osmanische Reich widmete. Als der Beginn des geplanten Kreuzzuges auf sich warten ließ, begab sich Spandugino nach Wien, wo er auf kaiserliche Hilfe hoffte, um das inzwischen von den Venezianern konfiszierte Schloß bei Belgrad zurückzubekommen. Spandugino blieb bis 1529 in Wien, erlebte dort die osmanische Belagerung und reiste anschließend erneut nach Istanbul. Nach dieser Zeit verlieren sich seine Spuren.

Spandugino verfaßte seinen Bericht über das Osmanische Reich in verschiedenen Versionen, die er je nach Bedarf neu redigierte. Nachdem er 1509 Venedig verlassen und nach Frankreich ins Exil gegangen war, widmete er die erste Fassung Ludwig XII. Dieser italienische Text wurde von Balarin de Raconis ins Französische übersetzt[106] und 1519 in Paris bei François Fregnault anonym unter dem Titel *La geneao-logie du grant Turc a present regnant* veröffentlicht.[107] Zwei weitere Versionen waren Leo X. und Heinrich II.[108] gewidmet. Erst 1550 entstand in Lucca die erste Druckfassung einer von Spanduginos italienischen Varianten – da der französische Druck von 1519 auf einer Übersetzung beruht, liegt der Bausteinanalyse im folgenden Kapitel die Lucca-Ausgabe zugrunde. Als Francesco Sansovino Spanduginos Bericht in seine *Historia universale* aufnahm, lag ihm eine revidierte Fassung jener Version vor, die Spandugino 1519 Leo X. präsentiert hatte. Sansovino nahm in dieser Fassung auch Spanduginos Text über *La vita di Sach Ismael et Tamas Re di Persia chiamati Soffi: nella quale si vede la cagione della controversia ch'e tra il Turco e il Soffi* auf,[109] welche in den Editionen von Lucca 1550 und von Florenz 1551 nicht enthalten war.

---

106 Siehe die drei (von mir nicht eingesehenen) Manuskripte in der BN Paris: Fonds français Nr. 5588, 5640, 14681.

107 Siehe das Exemplar in der Bibliothèque Mazarine, Paris, unter der Signatur 35488 Rés.

108 BN Paris, Fonds italiens, Nr. 881.

109 Sansovino, *Historia universale* 1560, Bd. 1, Fol. 125v-134r.

Die italienische Erstausgabe in Lucca erschien 1550 bei Vincentio Busdrago unter dem folgenden Titel:

»THEODORO || SPANDVGNINO [sic] || DELLA CASA REGALE DE || Cantacusini Patritio Constantinopo- || litano, delle historie, & origine de || Principi de Turchi, ordine del- || la Corte, loro rito, & costu|| mi. Opera nuouamente || stampata, ne fin qui || missa in luce.«[110]

Der Text ist weder in Bücher noch Kapitel unterteilt. Er beginnt mit einem historischen Abriß über den Ursprung und die Geschichte der Osmanen, während sich der zweite Teil den »offitij della corte, l'intrate, modo e forma della loro militia, usanza del vivere, modo di rito, e costumi nel governare in piu e molte cose, varie de quelle che sono soliti havere li Principi nostri di Cristianità«[111] widmet. Diese beiden Teile sind in der Florentiner Ausgabe von 1551 und in der bei Sansovino abgedruckten Version als zwei verschiedene Bücher voneinander getrennt. In der Bausteinanalyse habe ich nur den ethnographischen zweiten Teil erfaßt.

Spandugino ist damit der einzige der elf Reisenden, der eine ausführliche Geschichte der *casa ottomana* verfaßt hat, nur Georg von Ungarn und Ramberti inserieren in ihre Berichte längere Abschnitte über die osmanische Geschichte. Spanduginos Interesse für die geschichtliche Dimension überträgt sich jedoch auch auf seine Darstellung der osmanischen Gesellschaft, wie beispielsweise in seiner Bilanz über die an der Pforte beschäftigten Personen zu lesen ist:

»Fu fato descrittione nel tempo di Sutam [sic] Baiazit nella corte del Imperatore si dice essere di continuo computati li schiavi delli Bascia, de Beglerbei, de Chadilescheri, de Iannzzaraga, de Morachorbasi, et di tutti li altir offitij, delli quali disopra facemo mentione [...]. Ma dapoi Sultan [sic] Selim ha cresciute molte cose, et amplianto li offitij. Et il presente Imperatore Sultann Sulaman ha ancora lui moltiplicato alcune cose, di sorte che io ho fatto il conto diligentemente et trovo la corte di detto Imperatore di Turchi essere tra piede et a cavallo li stipendiati circa trentacinque milia persone.«[112]

Spandugino verweigert sich damit dem ethnographischen Präsens, jenem Effekt, der den Augenblick einer Bestandsaufnahme einfriert und Veränderungen wie Veränderbarkeit der beschriebenen Strukturen negiert. Bei Spandugino erhalten die Dinge ihre zeitliche Dimension. Die Erwähnung der Eß- und Schlafsitten der osmanischen Oberschicht wird bei ihm zum kleinen kulturgeschichtlichen Abriß:

»I Turchi adunque seggono in terra su tapeti con qualche cuscino o di seta coperto, o di altra maniera, si come per loro si puo il meglio, e sedendo intralciano i piedi a guisa de sarti. Vero è che i gentilhuomini e i Signori usano certi seggi di legno, e vi pongono su i cuscini e i tapeti piu et meno honorati, secondo le ricchezze loro. [...] Et come che ne tempi che Sultan Baiazette cominciò a regnare, per essere stati in vari paesi vivessero un poco piu morbidamente, nondimeno soccedendo Selim nell'Imperio, il quale era austero, per haverli esercitati nelle fatiche della guerra, eßi se ne sono

---

110 BNF 19.1.3.36.
111 Spandugino, *Delle historie* 1550, Fol. G7r.
112 Ebd., Fol. K2r-v.

ritornati a quell'usanza, et strana consuetudine, laquale indusse Sultan Mahometto persona auste-rißima.«[113]

Die historische Dimension, die Spandugino den Dingen verleiht, ist unter den hier analysierten Autoren einzigartig.[114] Bei der Schilderung der Sitten und Gebräuche richtete Spandugino seinen Blick vor allem auf die Oberschicht, die ihm aufgrund seiner Abstammung besonders nahe stand.

Pierre Belon

Pierre Belon wurde in der Souletière, einem kleiner Weiler in der Grafschaft Maine in Westfrankreich, um 1517 geboren.[115] 1535 wurde er als Apotheker ausgebildet und trat in die Dienste der Bischöfe von Clermont und Mans. 1540 belegte er an der Universität von Wittenberg Vorlesungen in Botanik bei Valerius Cordus und bereiste Mitteleuropa. 1542 wurde er Apotheker in Paris beim Kardinal von Tournon, der ihn auf diplomatische Missionen nach Bremen, Augsburg und in die Schweiz sandte. Dort wurde er in Genf aufgrund konfessioneller Streitigkeiten für kurze Zeit gefangen gehalten. Weiterhin in Diensten des Kardinals von Tournon besuchte er Italien und wurde anschließend von diesem als wissenschaftlicher Berater zum französischen Botschafter Gabriel d'Aramon nach Istanbul geschickt. Im Osmanischen Reich unternahm Belon eine Reise nach Lemnos, Thasos, sowie den Mont Athos und kehrte über Saloniki auf dem Landweg nach Istanbul zurück. Eine weitere Reise in der Levante brachte ihn nach Rhodos, Ägypten, Palästina und Syrien. 1548 verließ er Istanbul und kehrte nach Frankreich zurück, wo er die Abtei von St.-Germain-des-Prés wählte, um in klösterlicher Ruhe, unterbrochen von weiteren Reisen in Europa, über seinen Aufzeichnungen zu arbeiten. Zwischen 1550 und 1555 publizierte Belon naturgeschichtliche Schriften wie die *Histoire naturelle des estranges poissons marins, De aquatibus, De arboribus coniferis* sowie die *Histoire de la nature des oyseaux*. In diese Zeit fällt auch die Niederschrift über seine Reisen in der Levante,

---

113 Spandugino in Sansovino, *Historia universale* 1560, Fol. 98v.

114 Auch Bassano und Villamont erwähnen die Sitte, auf dem Fußboden zu essen und zu schlafen nicht ohne Kommentar, auch sie reihen die Dinge nicht wortlos aneinander, sondern erzählen eine Geschichte, in diesem Fall die Geschichte der mangelnden Raffinesse und *delicatezza* der Türken. Bassano nimmt diesen Faden, der sich allerdings nicht durchgängig durch die von ihm beschriebenen Dinge wirkt, an verschiedener Stelle immer wieder auf. Georg von Ungarn hingegen bettet diesen Baustein in die Beschreibung der wunderbaren (aber zugleich irreführenden, wie wir später erfahren) Schlichtheit, die die Türken überall an den Tag legen, ein. (Bassano, *I costumi* 1545 Fol. 44v; Villamont, *Voyages* 1600 Fol. 289r; Georg, *Tractatus* 1993, S. 234)

115 Siehe zu Belon Delaunay, Pierre und Deschamps, Léon, *Belon, Pierre;* d'Amat, Roman, *Belon, Pierre;* sowie Bernard, *L'Orient du XVIè siècle à travers les récits des voyageurs français,* S. 29-31.

die er unter dem Titel *Les observations de plusieurs singularitez et choses mémorables, trouvées en Grece, Asie, Iudée, Egypte, Arabie, et autres pays estranges* veröffentlichte. 1553 wurde Belon Mitglied des Hofes. Auf weiteren Reisen in Europa setzte er seine botanischen Studien fort: 1557 studierte er Nadelbäume in der Schweiz, 1558 besuchte er die botanischen Gärten in Italien. Im gleichen Jahre legte er dem König seine Schrift über die *Remonstrances sur le défault du labour et cultures des plantes et de la cognoissance d'icelles* vor, in welcher er die Einführung und Anpflanzung der Immergrünen Eiche, Korkeiche, Fichte, Terebinthe, des Johannisbrotbaumes sowie den Anbau von Mohn vorschlug. Viele, heute in Frankreich einheimische Arten wurden von Belon eingeführt: Brachte der habsburgische Diplomat Busbecq die Tulpe an die Donau, so verdankt Frankreich die Einführung der Zypresse und anderer Bäume Belons unermüdlichem Drang, die Pflanzen und Tiere auf seinem Reiseweg aufzuspüren, zu porträtieren und zu beschreiben. Belon ist einer der ersten Botaniker, der sich an einen Versuch wagte, in seine Herbarien ein Ordnungssystem einzuführen und gilt als der herausragendste Naturhistoriker seiner Zeit. Zwei Jahrhunderte später griff Carl Linné, dessen Nomenklatur bis heute weitgehend gültig ist, bei der Klassifizierung der belebten Schöpfung auf Belons Ordnungssystem zurück.

In den französischen Religionskriegen war Belon auf Seite der Katholiken in die Kämpfe verwickelt. An einem Abend im April 1565 wurde er im Bois de Boulogne ermordet aufgefunden. Die Umstände seines Todes – Raubmord oder politisches Attentat – wurden nie geklärt.

Pierre Belon war in die Konkurrenz zwischen den Autoren des *corps aramontien* verwickelt und insbesondere den Angriffen André Thevets ausgesetzt. Vielleicht war es ein Widerhall der Intrigen Thevets, die Tinguely ausführlich geschildert hat, daß in einer Ausgabe der *Observations* von 1588 zwei Leser ihre Meinung darüber hinterließen, ob Belon tatsächlich der Verfasser dieses Buches gewesen sei.[116]

---

116 Siehe die beiden handschriftlichen Einträge in der Ausgabe der Observations Pierre Belons von 1588 in der Biblioteca Nazionale di Firenze, Sig. 6.3.4.1.: »On verra à l'histoire des oiseaux ce que j'ay dit de cet auteur; tout ce que j'ay à ajouter [folgende zwei Wörter unleserlich] [...] c'est qu'on a accusé Pierre Belon de n'avoir fait que publier les observations de Gilles Remy qui avait été envoyé par François Ier dans le Levant chargé d'y rassembler des plantes, antiquitez et curiositéz. Remy voaygeay [...?] et a son retour en France commença à mettre des observations en ordre, mais etant mort sur ces entrefaites, Pierre Belon son secretaire publica ces observations e s'en attribua tout l'honneur. C'est M. D. Thou qui dit ce fait dans son histoire.« Darunter ein weiterer Eintrag in einer anderen Handschrift: »Jon Lyron dans des singularites historique justifie Belon de cette accusation. Il est certain que Belon voyagea pendant plusieurs annees au levant avec M. devumel et d'Aramont ambassadeur de France et rapporta beaucoup de plantes et danimaux curieux. La 1ère édition de ce livre ci est de 1553 4° du vivant de lauteur il y a une autre édition de 1555. Il a ete traduit enlatin par Charles de lecluse eximprimé encette langue anvers 1589 8° et Lyon 1605.« Siehe auch Tinguely, *Ecritures du Levant*.

Belons Bericht ist entlang dem Itinerar strukturiert – Griechenland, die Ägäis, Kleinasien, Ägypten, Palästina und Syrien. Die Passagen, die das Osmanische Reich (in den Grenzen von 1481) betreffen, nehmen weite Teile von Buch 1 (Lemnos, Mont Athos und Thrakien) ein. Das zweite Buch behandelt hauptsächlich die Reise nach Ägypten und Palästina, während sich das dritte Buch wieder dem Osmanischen Reich zuwendet.

Belon kam als Naturhistoriker ins Osmanische Reich. Anders als die Gefangenen mußte er sich nicht mit den existentiellen Fragen beschäftigen, an wen ihn die Sklavenhändler verkauften, welche Arbeit er zu tun hatte, wie er behandelt wurde und welche Fluchtmöglichkeiten ihm offenstanden. Obgleich Belon der Gesandtschaft d'Aramons zugeordnet war, oblag ihm nicht die Führung diplomatischer Geschäfte – er befand sich im Osmanischen Reich dank der Protektion des Kardinals von Tournon, der die Reise für ihn bezahlte. Belon mußte sich daher auch nicht mit der Abfassung der diplomatischen Gesandtschaftsberichte befassen, sondern war für seine Forschungen freigestellt und hatte Mittel und Wege, um den Dingen so effektiv wie möglich nachzuspüren:

»Le temps pendant que ie cheminay par l'isle, ie donnay ordre par divers moyens de prendre en vie toutes les diversitez des serpens qui vivent par l'isle, lesquels ie detranchay soigneusement et anatomisay.«[117]

Während Belon selber auf der Insel Lemnos seinen Forschungen nachging, gab er also Anweisung, so viele verschiedene Schlangen wie möglich zu sammeln. Für die Zeitspanne, in welcher die von ihm Beauftragten auf der Jagd nach Schlangen waren, hatte Belon damit seine Person als Sammler vervielfältigt. Denn in diesem Moment streifte nicht nur der französische Apotheker auf der Insel umher, hier und da vom Wege abweichend, wenn es etwas Interessantes zu sehen gab, seine kleine Hacke stets bei sich, um Pflanzen ausgraben zu können, sondern weitere Personen, Einheimische, mittels derer Belon seinen Blick mit dem Auftrag, nicht möglichst viele, sondern möglichst *verschiedene* Schlangen zu sammeln, gewissermaßen vervielfältigt hatte. Die Delegierung des Forscherblickes hatte gleichwohl ihre Grenzen: das Sezieren der Schlangen bleibt dem geübten Auge des Naturhistoriker vorbehalten, der eine Ordnung im Kopf hat, die ständig erweitert wird – ein Vorgang, für welchen die Autopsie unersetzlich ist und der daher nicht wie das Sammeln der Dinge delegiert werden kann.

In Belon sehen wir auch jenen Reisenden, der, wie es später von den Apodemiken gefordert wird, ein Reisetagebuch führt:

»Toutesfois pour ce que lors que estoie sur le lieu ie n'enescripui d'avantage, außi n'en ay ie cy voulu non plus adioster. Et quelque part que me soie trouvé fault penser que i'ay escript iournellement ce que i'ay noté en ce Livre. Et lors que vouloie retenir les noms des plantes que ie veoie celle iournée, ie faisoye diligence de mettre quelque petit rameau ou fueille de chasque plante dedans un

---

117 Belon, *Observations* 1554, Fol. 31r.

sac, et lors qu'estoie arrivé au soir à repos, ou en l'ombre, ie tiroie chasque fueille hors du sac, l'une apres l'autre, et l'escrivoiye ainsi que la veioie, qui est cause que i'en ay nommé tant par cy devant comme außi feray cy apres.«[118]

Sammeln am Tage, Niederschreiben am Abend: Belon nutzt – nach seiner Darstellung – selbst jene Zeit ohne Tageslicht nach Sonnenuntergang, wenn er seine Blätter und Zweige abends aus seinem Beutel holt, examiniert und sie beschreibt. Die Beschreibung der Pflanzen, am Tage während des Sammelns von Belon vielleicht etwas oberflächlich vorgenommen, wird abends verfeinert und, dies ist besonders bemerkenswert und für unseren Zusammenhang *mémorable, vor Ort* abgeschlossen. Was Belon des Abends am Lagerplatz über eine Pflanze in sein Reisediarium eingetragen hat, ist ihre *endgültige* Beschreibung, eine nachträgliche Korrektur, vier bis fünf Jahre später in der Abtei von S.-Germain-de-Près am Schreibpult vorgenommen, hält Belon für unzulässig. Der Prozeß der *inventio* wird hier untrennbar mit dem Zeitpunkt und dem Ort, an welchem der Naturhistoriker die Dinge wahrnimmt, verknüpft. Diese rigorose zeitliche und räumliche Fixierung der *inventio* ist erstaunlich. Denn in der Generierung der Dinge im 15. und 16. Jahrhundert, der *inventio* und dem *iudicium,* war es üblich, daß Empirie wie gelehrte Tradition zusammenfließen konnten. Dieses Prinzip einer nicht nur möglichen, sondern vom Projekt der Aktualisierung des antiken Wissens ausdrücklich erwünschten Vermischung von visueller Wahrnehmung eines Dinges und, soweit verfügbar, der überlieferten gelehrten Meinung über eben dieses läßt ja geradezu die Vision erstehen, wie Belon in der klösterlichen Abgeschiedenheit seiner Studierstube seine Zeichnungen und Beschreibungen von der Reise mit den Studien anderer Autoren vergleicht.

Das Bild, daß Belon in S.-Germain-de-Près sein Reisediarium neben einer Ausgabe von Plinius' Naturgeschichte vorliegen hatte, als er die *Observations* abfaßte, wird durch den Text selbst, der mit vielfachen Verweisen auf antike Autoren durchsetzt ist, gestützt. Der Grund für Belons zeitliche und räumliche Festlegung der *inventio* auf den Moment der Wahrnehmung liegt daher nicht in einer prinzipiellen Unvereinbarkeit von Empirie und Tradition. Vielleicht, so könnte man spekulieren, manifestiert sich stattdessen hier ein frühes Ethos der Authentizität der Sinneseindrücke – die Lektüre von Reiseberichten späterer Jahrhunderte, in denen Emotionen und Sinneseindrücke zu ihrem Entstehungszeitpunkt festgehalten werden müssen, um als authentisch zu gelten, könnte zu diesem Schluß verleiten. Eine solche These wird aber durch kein anderes Element in Belons Werk gestützt. Mir erscheint es vielmehr plausibler, daß der Grund in Belons spezifischer Art und Weise liegt, die Ordnung der Dinge zu gestalten – ein Punkt, auf den ich in Kapitel 6 zurückkommen werde.

Belons großes Interesse für Pflanzen und Tiere ist in der Gruppe der hier betrachteten zwölf Reiseberichte einzigartig – alle anderen Reisenden widmen diesem Bereich entweder überhaupt keine oder nur minimale Aufmerksamkeit. Zwei Felder, die Belon seinerseits weitgehend vernachlässigte, sind der Osmanische Hof – kein

---

118 Ebd., Fol. 52v.

Reisender nach 1453 schreibt so wenig wie er über den Sultan, die Amtsträger an der Pforte und über das Militärwesen – sowie die Religion der Türken, soweit es nicht die Darstellung von Glaubensinhalten betrifft. Fasten und Bayramfest, Moscheen und Gottesdienste werden in den *Observations* weitgehend vernachlässigt. Demgegenüber beschäftigt sich Belon ausführlich mit den verschiedenen Völkern, denen er auf seinem Reiseweg begegnete. Er beschreibt Albaner, Armenier, Griechinnen und Griechen sowie Jüdinnen und Juden. Die ethnische Vielfalt im Osmanischen Reich wird bei ihm nach Nicolays eindrucksvollen Abbildungen am ausführlichsten erfaßt.

Nicolas de Nicolay

Nicolas de Nicolay, Seigneur d'Arfeuille et de Bel-Air, wurde 1517 in Grave-en-Oisans in der Dauphiné geboren.[119] Er beteiligte sich 1542 an der Belagerung von Perpignan gegen die Hugenotten und nahm 1543 am vergeblichen Versuch, im Verbund mit den Osmanen das savoyardische Nizza einzunehmen, teil. 1546 traf Nicolay den Großadmiral Englands, Lord Dudley, der für Friedensverhandlungen nach Frankreich gekommen war. Dieser erwarb von Nicolay eine »carte et description géographique de l'île et royaume d'Angleterre en laquelle [...] [Nicolay avait] observé plusieurs choses notables et non vulgaires.«[120] Nicolay begleitete Dudley nach England und Schottland, wo er strategische Informationen über schottische Festungen sammelte, die nach seiner Rückkehr nach Frankreich 1547 der französischen Flotte wertvolle Informationen für die Belagerung von Saint-Andrews in Schottland lieferten. 1549 beteiligte sich Nicolay an der französischen Belagerung von Boulogne. 1551 begleitete er Aramon auf dessen dritter Mission nach Istanbul, um als königlicher Kartograph ein Inventar aller Befestigungen des Osmanischen Reiches zu erstellen. Das Datum von Nicolays Rückkehr ist nicht bekannt, lag aber sicher vor dem 9. März 1555, an welchem er das königliche Privileg erhielt, seine Reisebeschreibung zu drucken.[121] Bevor Nicolay sich jedoch an die Niederschrift machte, wurde er 1561 von Katharina de Medici beauftragt, sich der Beschreibung des französischen Königreiches zu widmen, ein monumentales Unternehmen, von dem Nicolay nur einige Teile fertigstellen konnte.

1568 gingen schließlich die *Quatre prémiers livres des navigations, pérégrinations et voyages faits en la Turquie* in den Druck. Die Ausgaben waren von »figures au naturel tant d'hommes que de femmes selon la diversité des nations, et de leur port, maintien et habitz« illustriert, insgesamt 68 wunderschöne Kupferstiche: eine

---

119 Siehe zu Nicolay: Bernard, *L'Orient du XVIè siècle,* S. 39f, Gomez-Géraud/ Yerasimos, in der Einleitung ihrer Edition von Nicolays Reisebericht, S. 1-40.

120 Zitiert nach Gomez-Géraud/ Yerasimos, S. 10.

121 Ebd., S. 24f mit einem Zitat aus dem königlichen Privileg, welches den Inhalt der von Nicolay geplanten Schriften skizziert.

Bühne, auf welcher sich die Einwohnerschaft der bereisten Lande, »de quelque nation ou religion qu'ils soient,« der französischen Leserschaft präsentiert: sei sie türkischer, syrischer, fränkischer, griechischer, jüdischer oder karamanischer Herkunft. Die Frauen werden zumeist nach Familienstand, dörflicher oder städtischer Herkunft differenziert, die Männer nach ihrer Tätigkeit. Diese Tafeln machen den Hauptteil aller Illustrationen der hier analysierten Reiseberichte aus. Neben Nicolay wiesen nur Schiltbergers (in der Ausgabe von 1470), Georgejevic' (*De afflictione*) und Pierre Belons Berichte Abbildungen auf, wobei nur in Georgejevic' Bericht das christliche Sklavendasein systematisch mit einer Reihe von Illustrationen veranschaulicht wird.

Jacques de Villamont

Über Villamonts Leben vor seiner Reise ist nichts bekannt. Nach seiner Rückkehr aus Istanbul bekleidete er das Amt eines *écuyer* am königlichen Hof. Um 1602 heiratete er Jacqueline Bouju, die Tochter eines Rates im Parlament der Bretagne. Bei Angers bezog das Paar das Château de la Frémondière und zog fünf Kinder groß.

Villamont absolvierte die klassische adlige Pilgerreise nach Jerusalem, die ihn über den Seeweg ins Heilige Land und dann weiter nach Ägypten führte. Villamont erfüllt die drei Kriterien, die ich für die Selektion der Reiseberichte aufgestellt habe – mindestens fünf Auflagen bis 1600, Reise innerhalb des Osmanischen Reiches in den Grenzen von 1481, Präsentation von ethnographischem Wissen – denkbar knapp: Sein Reisebericht, der 1595 erschien, wurde bis 1600 in genau fünf Auflagen gedruckt, und seine Reise führte ihn nur an einen einzigen Ort (Kephalonia, erobert 1480), der 1481 bereits zum Osmanischen Reich gehörte.

Nach 1600 wurde dieser Bericht in ungefähr zwanzig Auflagen gedruckt und erwies sich damit als einer der erfolgreichsten französischen Pilgerberichte seiner Zeit. Im Gegensatz zum Pilgerbericht Melchiors von Seydlitz, der keine ethnographischen Informationen über die Türken präsentiert, inseriert Villamont immer wieder derartiges Wissen in seinem Bericht und fügt zudem itinerarunabhängige Kapitel ein. Es ist offensichtlich, daß ihm bei der Erstellung dieser Kapitel vor allem der Reisebericht Pierre Belons als Vorlage diente, auf die viele der von ihm geschilderten Details zurückgehen.

6. Zusammenfassung

Dieses Kapitel hat vor allem die Kontinuitäten, die zwischen den mittelalterlichen Texten und Notizen über Sarazenen und Türken einerseits und den Reiseberichten des 15. und 16. Jahrhunderts andererseits bestanden, herausgearbeitet. Diese Kontinuitäten sind beträchtlich. Obgleich erst die Autoren des 15. und 16. Jahrhunderts den Sehsinn und damit die dem Menschen von Gott aufgetragene Aufgabe, über bereiste Länder zu berichten, ausdrücklich betonten, war das empirische Prinzip zur Wissensgenese über geographische und chorographische Verhältnisse im Mittelalter nicht unbekannt gewesen. Derartige Informationen konnten in Chroniken Eingang finden, aber auch in Reiseberichte aufgenommen werden. Die meisten der von den Autoren des 15. und 16. Jahrhunderts beschriebenen Bereiche – die Berichte über Geschichte, Geographie, Bodenschätze, herrschaftliche Verhältnisse, Sitten und Gebräuche – waren bereits von früheren Chronisten oder Reiseberichterstattern erwähnt worden.

Insofern präsentieren die Reiseberichte des hier betrachteten ethnographischen Wissenskorpus kein grundsätzlich neues Element. Ein gravierender Unterschied besteht allerdings im quantitativen Anstieg der Informationen. Während die mittelalterlichen Notizen über die »Türken« kurzgefaßte Passagen blieben, umfaßt das Wissenskorpus, wie es sich vor allem nach 1453 über die Osmanen entwickelt, viele tausend Seiten. Eine weitere Neuheit waren die Beschreibungen des osmanischen Hofes, die in der ersten Hälfte des 15. Jahrhundert einsetzten. Zudem inskribierten sich die Autoren nach 1453 zumindest teilweise in den Diskurs der *Türkengefahr*.

In der Materialmenge des ethnographischen Wissens wurden Geschichtsschreibung und Historia allmählich als unterschiedliche Beschreibungsfelder konzipiert, obgleich sie sich weiterhin überlappten und nicht eindeutig und durchgängig voneinander zu trennen waren.

Mit den zwölf Reiseberichten der elf Autoren, die in den folgenden beiden Kapiteln auf ihre epistemologische Konfiguration hin analysiert werden sollen, liegen zwölf individuelle Narrative vor, deren Gestaltung von der jeweiligen biographischen Situation des Reiseberichterstatters abhing. Hans Schiltberger, Georg von Ungarn, Bartholomäus Georgejevic und Giovanantonio Menavino waren nicht freiwillig, sondern als Kriegsgefangene ins Osmanische Reich gekommen. Bis zur Mitte des 16. Jahrhunderts waren es – abgesehen von der venezianischen Nachrichtenerhebung – vor allem ehemalige Gefangenen gewesen, die dem von der *Türkengefahr* erschütterten Europa ausführlichere Einblicke auf das Leben am Bosporus ermöglichten.

Diese gewaltvolle Erfahrung stellten jedoch nur von Georg von Ungarn und Georgejevic ins Zentrum ihrer Texte, während sich die anderen Autoren mit kurzen Hinweisen auf ihre besondere Situation begnügten, so daß sich in dieser Hinsicht die Gefangenenberichte nicht gravierend von den übrigen Reiseberichten unterscheiden. Dennoch war dieser Umstand bedeutsam, da mit der Gefangenschaft und dem darauffolgenden Sklavendasein in der Regel ein mehrjähriger oder gar jahrzehntelanger

Aufenthalt im Osmanischen Reich verbunden war. Angesichts dieser langen Ver-
weildauer traten die Umstände der Reise selbst zurück, so daß die Gefangenen ihre
Texte nicht nach dem Itinerarschema, sondern einem anderen Ordnungsmuster gestalteten. Da die Gefangenenberichte unter den Berichten der hier betrachteten Zwöl-
fergruppe ihrerseits besonders erfolgreich waren, hatten sie innerhalb des ethnographischen Wissenskorpus über die Osmanen, das maßgeblich auf ihnen beruhte, einen
überproportionalen Einfluß. Der politische Kontext der osmanischen Expansion hatte
daher spezifische biographische Situationen geschaffen, die ihrerseits bestimmte
Gestaltungsmuster des ethnographischen Wissens gegenüber dem traditionellen
Itinerarmuster begünstigten.

Sechstes Kapitel:
Die virtuelle Episteme

1. Die Methode der Bausteinanalyse

Die Idee zur Bausteinanalyse kam mir zu einem relativ frühen Zeitpunkt des Projektes, als ich nach einer Methode der Quellenanalyse suchte, die zwei Kriterien erfüllen sollte. Zum einen sollte die Frage beantwortet werden, wie das ethnographische Wissen in einer ausgewählten Gruppe von Reiseberichten beschaffen war: welche ethnographischen Informationen in den Reiseberichten dargestellt und auf welche Weise sie geordnet wurden. Zum anderen wollte ich einen einheitlichen Zugriff auf das in den ausgewählten Reiseberichten präsentierte ethnographische Wissen erlangen, der mir erlaubte, Inhalt und Struktur der Reiseberichte miteinander zu vergleichen und gleichzeitig in Bezug zur Gesamtheit ihrer Beschreibungen zu setzen.

Die fortschreitende Lektüre der Reiseberichte ließ in mir nach und nach einen Erwartungshorizont erstehen. Ich begann, jene Dinge, über die ich in den ersten drei, vier Reiseberichten gelesen hatte – die Beschreibung einer Moschee, von Eßsitten, vom Hof des Sultans – mit dem zu vergleichen, was ein fünfter Autor berichtete. In meinem Gedächtnis kristallisierte sich damit ein Kanon von Dingen heraus, die ich mit Kategorien wie *häufig, zuweilen* oder *selten berichtet*, aber auch modernen Klassifizierungen wie *zu Religion, Sitten, Militär etc. gehörig* versah.

Diese Lesart von spätmittelalterlichen und insbesondere frühneuzeitlichen Reiseberichten ist eine Wahrnehmungsweise der Texte, die sich modernen Lesern und Leserinnen wie von selbst aufzudrängen scheint. Yvelise Bernard und Reinhold Jandesek haben in ihren Studien über frühneuzeitliche Reiseberichte aus dieser Lesart den gleichen Schluß wie ich gezogen, indem sie diese Form der Lektüre auf Papier und in den Computer übertrugen und damit den Wahrnehmungshorizont der von ihnen behandelten Reisenden für bestimmte Kategorien (»Allgemeine Sitten, Aussehen der Menschen, Gewässer, Handel, Politische Verhältnisse etc.«[1] oder »Hommes et population, Femmes, Traits de civilisation, Religion musulmane, Etat Turc«[2]) in ihrem quantitativen Anteil darstellten. Eine bloße Wiederholung dieser Art von quantitativer Textanalyse schien mir jedoch nicht angeraten, denn zum einen hätte sich die vorliegende Studie dann mit Bernards Arbeit über die französischen Reisebe-

---

1 Jandesek, *Das fremde China*, S. 413.
2 Bernard, *L'Orient du XVIe siècle*, S. 347.

richte über das Osmanische Reich zum Teil überschnitten. Zum anderen schien es geboten, als Reiseberichtsforscherin der »dritten Generation«[3] die privilegierte Situation, daß die Wahrnehmungshorizonte an sich bereits von vorangegangenen Forschungen abgesteckt worden sind, nicht ungenutzt zu lassen. Denn das Potential quantitativer Textanalysen ist noch nicht ausgeschöpft. Da diese Arbeit den Fokus von der »Wahrnehmung von Fremde« auf die »Genese und Ordnung ethnographischen Wissens« verschiebt, ergibt sich aus dieser verlagerten Fragestellung ein neuer Rahmen für eine quantitative Quellenanalyse mit dem Ziel, nicht nur den Wahrnehmungshorizont, sondern auch die in einem Text praktizierte Ordnung der Dinge zugänglich zu machen. Diese Erweiterung gab vor, die Methode der quantitativen Textanalyse in explizitem Bezug zu den zeitgenössischen Diskussionen über ethnographisches Wissen zu entwickeln, sie dementsprechend zu modifizieren und in ihren unterschiedlichen terminologischen Ebenen klar zu verorten.

Daher war es erforderlich, die Quellenlektüre im Rahmen der frühneuzeitlichen Reflexionen über ethnographisches Wissen neu zu überdenken. Bei der Memorisierung der einzelnen Informationen der Reiseberichte unter bestimmten Kategorien hatte ich im Grunde Blundevilles Anweisung über *The true order of wryting and reading hystories* von 1574 befolgt, eine gewisse Ordnung in meinem Kopf aufzustellen: die Reihe von Kategorien und Klassifizierungen, die man auch als *common places* bezeichnen könnte, fortwährend zu erweitern und bei fortschreitender Lektüre »festzustellen, unter welchem Titel jedes Beispiel eingeordnet werden soll.«[4] Dennoch bestanden grundlegende Unterschiede zwischen meiner Lektüre und Memorisierung von Gemeinplätzen aus dem 20. Jahrhundert und jener Lektüre, wie sie Blundeville für das 16. Jahrhundert entwarf: Ich verfolgte erstens nicht das unmittelbare Ziel, in der Lektüre der Historien Gottes Wirken auszumachen, durch die beschriebenen Beispiele zu lernen, um dem Guten zu folgen und das Böse zu meiden,[5] sondern las, um im Rahmen eines Dissertationsprojektes die Genese und Positionierung der Dinge als die den Historien zugrundeliegende epistemologische Struktur auszumachen. Zweitens benutzte ich bei dieser ersten Lektüre jene modernen Kategorien, die einer Leserin des ausgehenden 20. Jahrhunderts im westlichen Kontext für die Klassifizierung ethnographischen Wissens schlüssig erscheinen und legte damit eine heutige Ordnung über jene Ordnung, die in den einzelnen Texten angewandt wurde.

Die erste Diskrepanz, daß sich mein Erkenntnisinteresse von jenem Blundevilles unterscheidet, ist Voraussetzung für eine heutige geschichtswissenschaftliche Untersuchung, die die Texte einer früheren Zeit nicht nahtlos abbilden, sondern eine be-

---

3 Nach der ersten Generation, die die Reiseberichte als Quellen für die beschriebenen Regionen erschloß und der zweiten Generation, die seit rund 20 Jahren die Reiseberichte als Quellen für den Wahrnehmungshorizont der Beschreiber analysiert.

4 Blundeville, *The True Order* 1574, Fol. Hiiijr.

5 Ebd., Fol. Fijv-Fiijr.

stimmte Frage, die in der derzeitigen historischen und anthropologischen Forschung relevant erscheint, an die Quellen des 15. und 16. Jahrhunderts herantragen möchte. Die zweite Diskrepanz erwies sich hingegen als ein Anachronismus, der die im 15. und 16. Jahrhundert praktizierten Ordnungsmuster verdeckte, anstatt sie kenntlich zu machen und erst in einem zweiten Schritt vor dem Hintergrund derzeitiger Ordnungsmodi zu analysieren. Nach der Korrektur dieser zweiten Diskrepanz erschien mir die Bausteinanalyse, wie sie aus der Auseinandersetzung mit den Reiseberichten selbst erwachsen war, als eine sinnvolle Methode, um meine Frage nach der Formierung und Form des ethnographischen Wissens über die Osmanen im 15. und 16. Jahrhundert zu beantworten. Die Lektüre von zeitgenössischen Reflexionen über die Ordnung des Wissens bestätigte diesen Schluß.

Der nächstliegende Schritt war daher, das *memorium* aus meinem Kopf auf Papier und Computer zu übertragen oder vielmehr es anhand der ausgewählten Reiseberichte noch einmal sorgfältiger und vor allem nachvollziehbar zu dokumentieren und zu analysieren, wobei ich nun die Ordnungskategorien der Texte miteinbezog. Bei der nun systematisch einsetzenden Lektüre identifizierte ich in den Berichten einzelne Sachverhalte als vorläufige »ethnographische Bausteine« und nahm sie in eine Datenbank auf. Von den zwölf Reiseberichten erhielt ich so 2043 provisorische Bausteine, die ich ausdruckte und in 2043 Schnipsel zerschnitt.

Als nächster Schritt stand an, diese Schnipsel einander zuzuordnen, das heißt beispielsweise die Abschnitte über das Weinverbot bei den Türken, über das Bassano, Geuffroy, Menavino, Spandugino, Georg, Schiltberger und Villamont berichteten, unter dem Baustein »Verbot, Wein zu trinken« zusammenzufassen und einzuordnen.

Das Problem, welches sich bei diesem Schritt stellte, lag in der Frage, wie ich die einzelnen Dinge legitimerweise voneinander abgrenzen und als »Bausteine« identifizieren konnte. In den einzelnen Texten selbst gab es zwar durchgängig Hinweise, in welche Kategorien bestimmte Dinge eingeordnet wurden, aber die Abgrenzung der Dinge selbst in »erstens, zweitens, drittens«, wurde nur höchst selten vorgenommen. Um dieses Problem zu verdeutlichen, sei hier als ein Beispiel ein Abschnitt zitiert, in welchem Georgejevic unter der Kapitelüberschrift über »De Quadragesima eorum« folgende Dinge berichtet:

»Habent etiam Quadragesimam sua lingua *Oruts* appellatam, ieiunantes unum mensem, et unam hebdomadam singulis annis, at non semper eundem, sed si (videlicet hoc anno) ieiunaverint Ianuarium, sequenti Februarium, pergentes serie, ita ut duodecim annorum decursu, unum annum et duodecim hebdomadas loco decimae offerant Deo. Cum ieiunant, toto die nihil gustant, ne panem quidem, aut aquam. Deinde visa stella, licet illis omnia manducare, praeter suffocatum, et porcinas carnas. Suffocatum ab eis, *Murdar*, id est cadaver sive immundum, et porcus *Domuz* vocatur. Quadragesima peracta, Pascha celebrant, eorum lingua *Bairam* vocatum, magna cum solemnitate per triduum, oblinentes ungues manuum et pedum certo ceromate ab eis *Chna* appellato, quod ungues rutilos efficit, eadem quoque tinctura caudas equorum et pedes imbuunt. hic color tenacissime haeret, nec ablui, aut extergi potest, quamobrem nisi novi (à radicibus) ungues exierint, alioquin ungues

semper rutilantes apparent, sed de manibus frequenti lotione potest deleri. Mulieres non solum ungues, sed et manus, atque pedes illo ceromate obliniunt.«[6]

Wieviele Bausteine könnte man in diesem Abschnitt nun ausmachen? Aus der Text-
passage selbst ließe sich ein sehr detaillierter Katalog erstellen (1. Das Fasten bei den
Türken heißt Oruts. 2. Es dauert fünf Wochen. 3. Der Zeitpunkt des Fastens verschiebt sich jedes Jahr um einen Monat. 4. Sie essen und trinken beim Fasten erst,
wenn die Sterne zu sehen sind. 5. In dieser Zeitspanne dürfen sie alles essen, abgesehen von ungeschächtetem Fleisch sowie Schweinefleisch etc.). Es erschien mir jedoch nicht sinnvoll, die Bausteinanalyse auf diesem detaillierten Niveau auf das
gesamte Textkorpus anzuwenden – bei den rund 957 Seiten hätte dies pro Seite leicht
zehn bis fünfzehn Bausteine ergeben und die Zahl meiner Schnipsel, die ohnehin
schon von einer beträchtlichen Größe war, auf 9 500 oder gar 14 350 vervielfältigt –
eine Potenzierung, die den Zugriff auf das Material eher verstellt als ermöglicht hätte.
Ich mußte die Abgrenzung der einzelnen Bausteine daher weiter fassen, und das
Problem der jeweiligen Abgrenzung der Bausteine ließ sich nur lösen, indem ich die
zwölf Texte in einen wechselseitigen Bezug zueinander setzte. Bei der Zuordnung
der 2043 provisorischen Bausteine ließ ich die Texte gewissermaßen miteinander
reden, damit die Dinge in diesem Kolloquium als jene Bausteine faßbar wurden, die
mir als erster Zugriff auf die Quellen dienten. Bezüglich der eben zitierten Passage
ergab dieser Prozeß die Definierung der drei folgenden Bausteine:

1. Fasten
2. Bayramfest
3. Färben von Haaren und Körper

Es handelt sich hierbei also um Schwerpunktsetzungen: die Aspekte, daß Schwänze
und Füße der Pferde mit Henna gefärbt werden, oder der Satz über das Verbot von
Schweinefleisch (worauf Georgejevic an anderer Stelle noch einmal zu sprechen
kommt) sind in dieser Bausteinsetzung nicht mehr sichtbar. Hätte es in anderen Texten eine Diskussion über die türkische Bezeichnung des Fastens gegeben, hätte ich
den ersten Satz Georgejevic' als eigenständigen Baustein gefaßt. Es hing also vom
Gesamtkorpus ab, wie detailliert die Bausteine gefaßt wurden. Pierre Belons Interesse für die einzelnen Pflanzen und Tiere auf seinem Reiseweg beispielsweise war
einzigartig und fand keine Bezugspunkte in den anderen Texten. Seine gesamten
Ausführungen über die Vielfalt der Pflanzen und Tiere im Rahmen der Bausteinanalyse als einzelne Bausteine widerzuspiegeln, machte in diesem Prozeß keinen Sinn;
stattdessen tauchen Tiere und Pflanzen nur als jeweils ein Baustein in meiner Analyse auf.

Überdies war mit der Normierung der Bausteine die Übersetzung aus den einzelnen Sprachen – Italienisch, Französisch, Latein und Frühneuhochdeutsch – in ein

---

6 Georgejevic, *De ritu* 1544, Fol. A4v-B1r. Kursivsetzungen im Original.

modernes Deutsch verbunden, wobei ich mich so weit wie möglich am Sprachgebrauch der Quellen orientierte. Der osmanische Sultan beispielsweise wird in den
Reiseberichten überwiegend als *le grand Turc* oder *il Signor Turco* beschrieben, so
daß ich in der Bausteinanalyse die Bezeichnung »Großer Türke« verwendete. Unter
den verschiedenen Varianten, mit denen der Prophet Muhammad bezeichnet wurde,
habe ich die häufig benutzte Namensform *Mahomet* gewählt, um auch hier den Unterschied zwischen dem Konstrukt der Quellen und anderen Beschreibungsebenen zu
wahren. Auch bei diesem Schritt der Normierung gingen semantische Varianten
verloren: Das Fest am Ende der Fastenzeit wird von Schiltberger als »Osterfest der
Heiden« bezeichnet, eine Begrifflichkeit, die in der Definition der Bausteine dem
mehrheitlichen »Bayramfest der Türken« weichen mußte. Gleichwohl sind diese
Varianten für die gesamte Textanalyse, von welcher die Erstellung der Bausteine ja
nur ein Teil ist, nicht verloren gegangen, sie tauchen lediglich in den Tabellen, denen
die genormten Bausteine zugrundeliegen, nicht auf, waren mir aber weiterhin in der
Datenbank zugänglich.

Wenn ich die Texte auch miteinander reden ließ, um zu diesem Ergebnis zu
kommen, so war ich natürlich kein stummes Medium, sondern stets von einem bestimmten Interesse geleitet. Eine andere Bearbeiterin könnte mit dieser Methode zu
anderen Bausteinen kommen – alle von mir gesetzten Bausteine sind daher in Anhang 2 mit den genauen Textnachweisen aufgeführt. Bei der Definition von drei
Kategorien von Bausteinen, die ich unter die Begriffe »Der Autor und die Ordnungsindikatoren«, »Motive der *Türkengefahr*« sowie »Dinge, die weder zur Levante
noch zu den Türken gehören« subsumierte, habe ich eine anachronistische Begrifflichkeit bestehen lassen, da mir diese als Ansatzpunkte für die Quellenanalyse dien-
lich waren, als Landmarken für die Orientierung des Blickes aus dem 21. Jahrhundert.

Mit der Normierung der Bausteine hatte ich nun eine Idealfassung der Dinge aufgestellt, über die die zwölf analysierten Reisebeschreibungen berichteten. Im zweiten
Schritt, bei der Erstellung einer idealen Ordnung der Dinge, verfuhr ich nach dem
gleichen Prinzip: Ich ordnete die Bausteine »Unterfeldern« (Ehe, Hochzeit und
Liebe; Essen und Trinken etc.) zu, die ich ihrerseits in »Hauptfeldern« zusammenfaßte. Auch dabei orientierte ich mich am mehrheitlichen Usus in den Reiseberichten,
die Dinge unter bestimmte Kategorien zu fassen, und diese wiederum umfassenderen
Kategorien zuzuordnen. Bei der Benennung zweier Unterfelder (*Religiosi*: »Kleri-
ker« und *la loro fede*: »Glaube, Religion, Glaubensinhalte«) habe ich die mehrheitlich italienische Bezeichnung aus den Quellen übernommen, weil keine präzisen
deutschen Äquivalente zur Verfügung standen.

Wissenschaftshistorisch gesehen kommt diese Methode der strukturalen Textanalyse
nahe, wie sie der russische Linguist Vladimir Propp für die Untersuchung der *Mor-*

phologie des Märchens 1928 entworfen hatte.[7] Claude Lévi-Strauss hat in der *Mythologia* den strukturalistischen Ansatz konsequent weitergedacht und die Beziehungen zwischen den brasilianischen Mythen untersucht.[8] Mit diesen beiden bedeutenden Beispielen vor Augen habe ich mich gefragt, was ich mit der vollzogenen Bausteinanalyse nun vor mir liegen hatte. Anders als Lévi-Strauss ging es mir nicht um die Erforschung des objektivierten Denkens, das allen Menschen gemein war, sondern um die Ordnungen eines abgegrenzten Wissenskorpus in einem bestimmten Raum zu einer bestimmten Zeit. In diesen Wissensordnungen sehe ich keine Manifestationen eines zeitlos gültigen menschlichen Denkens. Mein Interesse richtet sich vielmehr auf die Folgen, die bestimmte Ordnungsmuster haben können. »Die Ordnung der Dinge« scheint ein harmloser Ausdruck zu sein – so, als könne es nur gut und recht sein, wenn die Dinge ihre Ordnung haben. Ordnungen gewährleisten einen effizienten Zugriff auf die Dinge. Diese Effizienz hat jedoch einen Preis: Den Dingen werden mit ihrer Positionierung bestimmte Bedeutungen zugewiesen – Bedeutungen, die von den jeweiligen Ordnungsschaffenden nicht unbedingt vorhergesehen werden können. Diese Bedeutungen und ordnungsimmanenten Dynamiken machen die Frage nach der Ordnung wieder aktuell, auch wenn sie nicht als Reproduktion des klassischen Strukturalismus verstanden wird.

Um den Folgen und Effekten der einzelnen Ordnungsmuster auf die Spur zu kommen, erwies sich das Ergebnis der Bausteinanalyse letztlich jedoch als zu grobkörnig und pauschal, auch wenn sie ein unabdingbarer Schritt gewesen ist. Die Bausteinanalyse hat sich im Nachhinein stattdessen als der Weg (und nicht das Ziel) erwiesen, auf dem ich Zugriff auf die Quellen erlangt habe. Die Bausteinanalyse ist damit ein Hilfskonstrukt, keine »wahre, objektive«, sondern eine *virtuelle* Episteme.

In der Bausteinanalyse hatte ich ein abstraktes Ideal der Ordnung der Dinge vorliegen, wie es sich als gemeinsamer Nenner der zwölf Reiseberichte präsentiert: ein virtuelles Gerüst, hier und da leicht schwankend, das ich um ein Haus aufrichtete, um von dort aus in zwölf einzelne Zimmer zu schauen, sie miteinander zu vergleichen und in ihrer Gesamtheit zu betrachten, ohne daß mir die Außenmauern des Hauses zugänglich gewesen wären. Die Einordnung der Dinge, wie sie im nächsten Abschnitt in dieser virtuellen Episteme vorgestellt wird, ist also nicht als die *Abbildung* der den einzelnen Texten zugrundeliegenden epistemologischen Struktur zu verstehen, denn so, wie ich sie konstruiert habe, hat sie nie existiert. Die virtuelle Episteme ist vielmehr das Okular – an gewissen Stellen unscharf und damit ein leicht verzerrtes Bild wiedergebend –, durch welches die einzelnen Ordnungen im Kontext der zwölf Reiseberichte betrachtet werden. Als virtuelles Gerüst um ein Haus ohne Mauern hatte diese Episteme die Aufgabe, einen Einblick in die Zimmer und die möglichen Verbindungen zwischen diesen zu gewähren. Ein vergleichsweise roher Zusammenbau der Bretter und Verstrebungen des Gerüstes schien daher ausreichend, so

---

7 Propp, *Morfologia della fiaba.*
8 Lévi-Strauss, *Mythologia Bd. 1. Das Rohe und das Gekochte.*

daß ich meine Aufmerksamkeit nicht darauf richtete, das Gerüst selbst zu verkleiden oder zu verfeinern, sondern mich vielmehr auf die Zimmer konzentrierte. Auch hier gilt, daß ein anderer Zimmermann, mit einem anderen Blick, anderen Maßstäben und größerem Geschick als ich ein anderes Gerüst als das von mir vorgestellte errichten könnte. Der Grad der möglichen Abweichung wird jedoch wie bei der Definition der Bausteine durch das Material selbst begrenzt, so daß ein derartiges Gerüst nicht in allen Details, aber in seinen großen Linien dem meinen ähnlich wäre.[9]

Obgleich diese virtuelle Episteme also nicht den Anspruch erheben kann, eine konkrete Struktur des ethnographischen Wissens des 15. und 16. Jahrhunderts in einem Eins-zu-Eins-Verhältnis abzubilden, ist sie dennoch kein anachronistisches Konstrukt, sondern eine legitime Herangehensweise, die sich aus dem Material selbst ergeben hat. Die in Kapitel 1 erwähnten zeitgenössischen Reflexionen über Wissen im allgemeinen wie ethnographisches Wissen im besonderen zeigen, daß in der zweiten Hälfte des 16. Jahrhunderts die Einordnung der Dinge in bestimmte Kategorien und deren Zusammenfassung zu nächsthöheren Einheiten ausführlich diskutiert wurden. Mit dem Ramismus und der Apodemik nördlich der Alpen fanden diese Diskussionen einen disziplinären Rahmen, und wurden, wie das eingangs abgebildete apodemische Schema *In peregrinationibus observanda* zeigt, in abstrakte Ordnungsvorgaben gefaßt. Aber auch südlich der Alpen fanden die in den Reiseberichten angewandten Ordnungsmuster ihre abstrakte Fassung, wie die im vierten Kapitel zitierten *Ricordi per ambasciatori con un epilogo breve de quelle cose che si recercano per fare una relazione* aus Venedig belegen. Die Errichtung von derartigen Gerüsten, wie ich sie mit der Aufstellung einer virtuellen Episteme praktiziert habe, war also eine Erfindung des 16. Jahrhunderts.

Wie Wolfgang Neuber in seiner Arbeit über frühneuzeitliche Amerikareiseberichte gezeigt hat, verlief über diese Gerüste der Brückenschlag zwischen den einzelnen Reiseberichten. Die Apodemiken reflektierten jene Matrix, die situationsunabhängig von der jeweiligen Reise (das heißt vom Itinerar) die Kompatibilität der ethnographischen Informationen mit dem präsentierten Wissen anderer Reiseberichte garantierte. Die Apodemiken erwiesen sich sogar als solch starke Gerüste, daß über sie die im deutschen Sprachraum als sehr tief empfundene Grenze zwischen Volkssprache und dem Lateinischen überwunden werden konnte: Mit der Übersetzung der volkssprachlichen Reiseberichte ins Lateinische wurden diese als gelehrtes Wissen akzeptiert.

Für die Analyse der Ordnungsmuster der zwölf Reiseberichte in bezug auf die virtuelle Episteme, die aus ihrem Ensemble erwuchs, ist eine klare Begrifflichkeit erfor-

---

9 Als Datenbankprogramm habe ich BISMAS (Bibliographisches Informationssystem zur Maschinellen Suche) benutzt, das von der Universität Oldenburg entwickelt wurde. Ich danke Rainer Vogt für seine stets bereitwillige Hilfe und Beratung bei der Programmierung der komplexeren Ausgabeformate.

derlich, die deutlich macht, auf welche Ebene sich diese jeweils bezieht. Die einzelnen Informationen des ethnographischen Wissens in den Reiseberichten bezeichne ich als *Dinge,* welche in bestimmte *Kategorien,* die sich ihrerseits auf eine Hierarchie verweisen, eingeordnet wurden. Die kleinsten Einheiten der virtuellen Episteme hingegen sind die aus dem Kolloquium der Dinge entstandenen genormten *Bausteine,* die ich zu *Unterfeldern* zusammengefaßt habe, welche ihrerseits in *Hauptfeldern* eingeordnet sind.

Für die Bausteinanalyse war es zudem erforderlich, einen quantitativen Zugriff auf die Bausteine zu gewährleisten, da die Information darüber, ob ein Autor über eine Sache wie beispielsweise das Fasten ausführlich oder nur sehr kurz schreibt, relevant ist. Zudem konnte nur über diese Größe ein statistischer Bezug innerhalb der virtuellen Episteme hergestellt werden. Aus Gründen der Arbeitsökonomie führte ich dafür das Instrument des Wortindexes ein. Für jeden Reisebericht errechnete ich für eine Seite jener Edition, die der Bausteinanalyse zugrunde lag, die durchschnittliche Wörterzahl pro Zeile als »Wortindex«. Bei der Aufnahme der Bausteine in die Datenbank mit der unerläßlichen Seiten- und Zeilenangabe kalkulierte ich dann die absolute Zeilenzahl des jeweiligen Bausteines und multiplizierte sie mit dem Wortindex des jeweiligen Reiseberichtes. Alle quantitativen – prozentualen wie absoluten – Aussagen der Bausteinanalyse beruhen letztlich auf dem Wortindex für die einzelnen Bausteine. Diese weitreichende Kompatibilität des Wortindexes wird allerdings dadurch leicht verzerrt, daß die lateinischen Texte (Georgejevic und Georg von Ungarn) in ihrem Informationsgehalt gegenüber den Volkssprachen etwas benachteiligt werden, da das Lateinische für eine Aussage in der Regel weniger Wörter benötigt als eine der hier betroffenen Volkssprachen. Mit Georgejevic und Georg von Ungarn sind jedoch vergleichsweise kurze Reiseberichte betroffen, so daß dieser Umstand nicht allzusehr ins Gewicht fällt, zumal die quantitative Gewichtung innerhalb dieser Reiseberichte davon nicht betroffen ist.

Die Illustrationen, die in den Reiseberichten von Nicolay, Belon und Georgejevic enthalten sind, wurden in diesem Prozeß nicht erfaßt, sondern sind lediglich in Anhang 2 aufgeführt. Auch generell beschränkt sich meine Analyse ausschließlich auf die Textpassagen, so erhellend ein Einbezug der Illustrationen auch zweifellos wäre.

2. Die virtuelle Episteme

Die virtuelle Episteme besteht aus 330 Bausteinen, welche 45 Unterfelder bilden. Von den 45 Unterfeldern lassen sich 34 zu drei großen Hauptfeldern zusammenfassen:

1. Hof, Regierung und Militär
2. Sitten und Gebräuche
3. Religion

Hauptfelder, Unterfelder und Bausteine setzen sich dabei wie folgt zusammen:

1. Hauptfeld: Hof, Regierung und Militär

Beglerbey
- Ausbreitung und Provinzen des Reiches
- Barbarossa als Beglerbey des Meeres
- Beglerbey allg.
- Beglerbey von Amasia
- Beglerbey von Anadoule
- Beglerbey von Anatolien
- Beglerbey von Griechenland
- Beglerbey von Kairo
- Beglerbey von Karaman
- Beglerbey von Mesopotamien
- Beglerbey von Syrien
- Sangiacchi der Provinzen

Großer Türke
- Abgeschiedenheit des Sultans, der dadurch von seinen Untergebenen getäuscht wird
- Essen des Großen Türken
- Kammerdiener des Großen Türken
- Kleider des Großen Türken
- Reitzug des Großen Türken zur Moschee am Freitag
- Söhne Suleymans
- Sultan Suleyman: Eigenschaften und Körper
- Philosophische und historische Schriften, die der Große Türke studiert

Hausämter
- Balthagij: bringen Holz in den Serail
- Barbiere und Ärzte im Serail
- Bostagibascia und Bostangiler: Gärtner im Serail
- Casabascia: Oberhaupt der Fleischer im Serail, der für ganz Konstantinopel sorgt
- Chiamastir: waschen Kleider im Serail
- Eneangiler: Priester, die täglich in den Serail kommen

- Macheiaazi: für ungewöhnliche Dienste des Sultans
- Mechterbaßi: Hauptmann von jenen, die Vorhänge, Teppiche und Fußböden versorgen
- Meimargiler: Schuster im Serail
- Saccabascia und Sacca: Wasserträger
- Therisler: Schneider
- Zwei Boote im Garten des Serails zur Verfügung des Großen Türken

Hofämter
- Audienz am Hof
- Bassa
- Bassas unter Suleyman
- Bilanz über die Personen am Hof
- Chiausiler und Chiausbassi: Boten
- Dragoman
- Emitalem
- Muphtaraia: Söhne von Signoren und Fürsten am Hof des Großen Türken
- Mutaferacha: Lanzenträger
- Peicler: persische Kuriere zu Fuss
- Unfähigkeit der Amtsträger
- Valachi: reitende Kuriere, die unterwegs Pferde konfiszieren können
- Vergabe von Ämtern

Infanterie (abgesehen von Janitscharen)
- Azapi
- Solachi

Janitscharen
- Aga der Janitscharen
- In eroberten Provinzen werden Jungen als künftige Janitscharen abgeführt
- Janitscharen allg.
- Janitscharen: Unterricht auf dem Land und in den Serails
- Janitscharen: Hauptleute und Einteilung in einzelne Scharen
- Janitscharen: Nachtwachen in der Stadt

- Janitscharen: Waffen und Kleidung
- Recht der Janitscharen, nach dem Tod des Kaisers, Juden und Christen in Konstantinopel auszuplündern
- Tätigkeit der Janitscharen im Alter
- Unterkunft der erwachsenen Janitscharen

Kavallerie
- Achinzi: zur Plünderung der feindlichen Länder
- Caripogliani
- Deli
- Silichtar: reiten links vom Großen Türken
- Spachi: Kämpfer zu Pferd
- Ulufegibascia und Ulufegi: reiten hinter dem Großen Türken rechts

Kriegsführung allg.
- Disziplin im Krieg
- Einberufung des Heeres
- Eingliederung der Provinzen und Festungen
- Feste und Triumpfzüge nach Siegen des Großen Türken
- Kleidung und Waffen der Soldaten
- Mond und Standarte als Symbol des Großen Türken
- Organisation der Feldzüge, Pavillons und dafür verantwortliche Ciadermecteri
- Stärke der Kriegsmacht des Großen Türken
- Türken tragen im Krieg große Papierrollen, auf denen auch Waffen dargestellt sind
- Waffentraining

Küchen im Serail
- Argibascia: Vorsteher beider Serailküchen
- Chilegibascia und Chileroglandari: Zuckerbäcker im Serail
- Chilergibassi: beaufsichtigt Lebensmittel in Serailküche
- Cisignirbascia und Cesignir: servieren Essen im Serail
- Echemcheribascia und Bäckerei
- Muptariasigi: Truchseß des Großen Türken
- Mutpachemin: für Ausgaben und Verteilen in den Serailküchen zuständig
- Serailküchen, Vorsteher und Arbeiter allg.

Rechtswesen
- Beweisführung und Zeugen vor dem Cadi

- Cadi und seine Rechtsprechung
- Cadilescher
- Mufti
- Rechtswesen allg.
- Strafen
- Subasci und die Ausübung seiner Gewalt

Schatz und Schatzämter
- Art, Briefe zu siegeln
- Baratemin: verteilt Briefe und Mandate des Großen Türken
- Casnadarbassi: Schatzmeister
- Casna: Schatz des Großen Türken in der Festung Iadicula
- Ciumgeler: Münzpräger
- Defterdar: Schatzmeister
- Defteremin, die die Timariots verwalten
- Einkommen des Großen Türken
- Iazigtsibegler: Kanzler
- Münzen
- Nisangibascia siegelt Schriftstücke des Großen Türken
- Reiche müssen nach Minen suchen und Gewinn an Großen Türken abführen
- Rosunamegi: Haupt der Schreiber beim Schatz
- Saraffieri: prüfen Gold, Silber und Münzen
- Tribute, Kriegsbeute und Timarsystem
- Vesnadar: Münzwieger

Serail allg.
- Bäder im Serail
- Capigibaßi und Capigiz: Wachen im Serail
- Eunuchentum allg.
- Frauen und Töchter des Großen Türken im Serail der Frauen
- Serail allg.

Versorgung von Tieren im Serail
- Catirbasci: Aufsicht über alle Maultiere
- Falkner u.a.: Dongaliler, Zachergibassi und Doghanzibaszi
- Jagd des Großen Türken
- Menagerie des Großen Türken in Konstantinopel
- Saravararubasci: Aufsicht über die Kamele
- Semibascia und Scimi: Jäger
- Stallmeister und -burschen im Serail und Pferde

– Zagarzibascia: Aufseher der Jagdhunde
– Zausbaßi und Zausi: für Pferde im Serail zuständig

Weitere Ämter bei Kriegszügen

– Arabagibascia und Arabagiz: Hauptmann und Wagner für den Transport bei Kriegszügen
– Arpahemin: verantwortlich für das Tierfutter bei Kriegszügen
– Gebigibascia: führt mit Waffen beladene Kamele ins Feld
– Isolac: Reitknechte bei Kriegszügen
– Massaluzzi Capizi, die den Sultan ins Feld begleiten
– Musiker und Standartenträger bei Kriegszügen: Mechterbassi und Imralem Aga
– Seemacht und Arsenale
– Toppicibascia und Toppicler: Büchsenmeister
– Voincler: griech. und bosn. Männer, die keinen Zehnten zahlen, sondern stattdessen mit dem Großen Türken in den Krieg ziehen

Sonstige Bausteine

– Alle Türken im Reich stehen im Sold des Großen Türken
– Gritti, Aloygio
– Pelviander: Ringkämpfer
– Saraemin, der Straßen in Konstantinopel in Ordnung hält

2. Hauptfeld: Sitten und Gebräuche

Ehe, Hochzeit und Liebe

– Ablauf der Hochzeit
– Anzahl der Ehefrauen und Konkubinen
– Eheschließung, Mitgift und Scheidung
– Gesetze zur Eheschließung im Koran
– Keine echten Familienbindungen unter den Türken
– Schwierigkeiten beim Liebeswerben
– Sodomie
– Türkisches Freudenmädchen
– Verlauf der Ehe

Essen und Trinken

– Essen
– Eßsitten
– Gastfreundschaft beim Essen
– Getränke
– Tisch aus zusammenfaltbarem Leder
– Verbot, Schweinefleisch zu essen
– Verbot, Wein zu trinken

Handel und Märkte

– Handel
– Märkte
– Pferdehandel

Handwerk

– Bäcker und Öfen zum Brotbacken
– Einlegearbeiten in Marmor, Elfenbein und Holz
– Goldschmiede
– Handwerk allg.
– Handwerk des Papierglättens
– Hufschmiede
– Metzger
– Schneidehandwerk
– Schuster und Sattler

Häuser und ihre Ausstattung

– Beim Betreten eines Hauses oder einer Kirche werden Schuhe ausgezogen
– Einfacher Häuserbau und wenig Möbel in Zimmern
– Nachtlager und Schlafen
– Teppiche

Hospitäler, Almosen, Ärzte und Krankheiten

– Ärzte, Drogisten und Heilmittel
– Timarahane: Hospitäler für Verrückte
– Türken und Krankheit/Pest
– Wohltätigkeit und Hospitäler

Jagd-, Reit- und Vogelwesen

– Falknerei und Vogelwesen
– Jagd und Jagdhunde
– Kleine Vögel werden freigelassen und nicht getötet
– Reitwesen

Kleidung

– Bart- und Haartracht der Männer
– Kleidung allg.

- Kleidung der Frauen
- Kleidung der Männer
- Prophetennachkommen tragen Grün
- Schuhe
- Tragen von Messern, Krummsäbeln und Äxten
- Türken schätzen Edelsteine
- Waschen der Kleider

Körper und Waschen
- Bäder der Frauen
- Bäder und Waschen
- Enthaaren und Rasieren
- Färben von Haaren und Körper
- Körper der Frauen
- Urinieren

Reisen und Karawansereien
- Art des Reisens
- Karawansereien
- Keine Gasthäuser

Schulen, gelehrte Disziplinen und Literatur
- Hochschulen
- Kein Buchdruck
- Keine Literatur neben dem Koran
- Reim- und Dichtkunst
- Schulen

Tod und Testament
- Grabmäler und Friedhöfe
- Sterben und Begräbnisse
- Testamente und Nachlaßregelungen

Türken allg.
- Aber- und Schicksalsgläubigkeit der Türken
- Eifersucht, Hochmut und Wollust der Türken
- Einfache und gesunde Lebensweise der Türken
- Friedfertigkeit der Türken untereinander
- Geiz der Türken
- Luxus und Pomp der Türken
- Türken sind aus gleichem Fleisch wie die Christen
- Untätigkeit der Reichen

Türkinnen
- Abgeschiedensein und Verschleierung der Türkinnen
- Türkinnen allg.

Unterhaltung und Spiele
- Bogenschießen als Unterhaltung
- Gaukler
- Glücksspiel in der Türkei verboten
- Musikinstrumente
- Schachspielen
- Schaukeln
- Seiltanzen
- Spiele auf dem Land

Sonstige Bausteine
- Adel wird sehr geschätzt
- Beschaffenheit der Straßen
- Eis- und Schneekonservierung
- Leventi
- Nachtwachen in der Stadt
- Nomaden
- Sauberkeit in den Städten
- Sommerlicher Landsitz

3. Hauptfeld: Religion

La loro fede
- Aufbau von Himmel und Erde
- Begleitende Engel in Leben und Tod
- Glaube der Türken an einen Gott und Mahomet, seinen Propheten
- Hölle
- Jüngstes Gericht und Weltenende
- Koran
- Koran: Verehrung für das konkrete Exemplar
- Paradies
- Propheten und Heilige
- Prophezeiung Mahomets, daß seine Sekte nach 1 000 Jahren untergehen wird
- Religion allg.
- Sieben Todsünden nach mahomedanischem Glauben: Hochmut, Geiz, Wollust, Zorn, Neid, Trägheit und Gefräßigkeit
- Strafen für Lästerung Mahomets, Jesu und Gottes
- Sunna

Religiöse Riten
- Bayramfest
- Beschneidung
- Ehrfürchtiger Umgang mit Papier als potentiellen Träger des Namen Gottes
- Fasten
- Gebetsruf
- Keine bildlichen Darstellungen
- Kleines Bayramfest
- Moscheebesuch am Freitag und Ablauf des Gottesdienstes
- Moscheen: Ausstattung
- Nefes oglu: Söhne des Atems, die von unbefleckten Frauen ohne männlichen Samen empfangen werden
- Opfer und Almosen
- Pilgerfahrt nach Mekka
- Tägliche fünf Gebete
- Waschung vor dem Gebet

Religiosi
- Calender
- Dervisi
- Eremiten
- Giomailer
- Kleidung der Religiosi, die keine Mönche sind
- Religiosi allg.
- Torlachi
- Weitere Mönchsorden

4. Sonstige Unterfelder

Christen und Juden in der Türkei
- Albaner
- Armenier
- Caloieres-Klöster auf dem Mont Athos
- Christen und Christinnen in Pera
- Christen, Juden und Sklavenhaltung
- Christliche Botschafter
- Christliche Priester in eroberten Provinzen
- Christlicher Märtyrer, der gepfählt wurde
- Griechen und Griechinnen allg.
- Griechen: la loro fede
- Griechische Meinung über lateinische Christen
- Griechische religiöse Riten
- Griechische Religiosi und Patriarchen

- Juden und Jüdinnen
- Jüdinnen dürfen unverschleiert außer Haus gehen und Ware auf Märkten verkaufen
- Lage der Christen unter türkischer Herrschaft
- Ruin und Vernichtung griechischer Bücher, da die Prälaten der griechischen Kirche alle nichttheologischen Schriften verboten haben
- Schönheit der Griechinnen und Art der Griechen, diese zu bezeichnen
- Sterbende Griechen bekommen Weizen zu essen und werden vor dem Begräbnis gewaschen
- Syrer und Syrerinnen
- Tribute der Christen an den Großen Türken
- Verkehr von Christen mit Türkinnen
- Wie Christen zu Türken werden
- Wie ein Christ eine Türkin von einer Christin unterscheidet
- Wie Juden zu Türken werden

Christliche Sklaven
- Arbeit und Los der Sklaven und Sklavinnen
- Flucht der Sklaven
- Freikauf oder Freilassen von Sklaven
- Gefangennahme und Verkauf von Sklaven und Sklavinnen
- Gier der Türken nach Sklaven
- Sklaven können Türkinnen heiraten und zu hohen Ämter aufsteigen

Der Autor und Ordnungsindikatoren
- Der Blick und die Recherche des Autors
- Ordnungsindikatoren
- Vorwortelemente

Dinge, die weder zu den Türken noch zur Levante gehören
- Dinge, die weder zu den Türken noch zur Levante gehören

Gegenseitige Bezeichnungen
- Eigennamen der Türken
- Meinung der Griechen über die Armenier
- Meinung der Perser über die Türken
- Meinung der Türken über die Christen
- Wie die Perser von den Türken genannt werden

- Wie sich die Türken selber nennen

Konstantinopel
- Bezestan: Markt in Konstantinopel
- Griechischer Kaiser und seine Paläste
- Konstantinopel: Antike Monumente
- Konstantinopel: Lage und Geschichte
- Konstantinopel: Patriarco
- Konstantinopel: Weitere Moscheen neben der Santa Sophia
- Pera
- Santa Sophia
- Schiffsverkehr zwischen Konstantinopel und Pera

Motive der Türkengefahr
- Gründe für die Grösse des türkischen Reiches
- Motive der Türkengefahr

Pflanzen, Tiere, Mineralien und Metalle
- Drogen
- Fische
- Herrenlose Hunde

- Mineralien und Metalle
- Opium
- Pflanzen
- Pflanzen im Anbau
- Tiere
- Tiere in der Landwirtschaft

Sprachen im Osmanischen Reich
- Slavonisch, Türkisch und andere Sprachen

Städte, Landstriche und Gewässer
- Bosporus
- Griechenland
- Karaman und seine Einwohner
- Landstriche und Flüsse entlang dem Itinerar
- Schiffsverkehr im Mittelmeer
- Weitere Städte neben Konstantinopel und Pera

Ursprung der Türken und Mahomets
- Mahomet: Leben und Gründung seiner Sekte
- Osman und seine Sultansabfolge
- Ursprung der Türken

3. Der Wahrnehmungshorizont im *theatrum turcarum*

Die Erstellung der virtuellen Episteme mit ihren Bausteinen erlaubt als erste Frage die Erkundung des in ihr manifesten Wahrnehmungshorizontes. Welche Bausteine sind bei allen Autoren vertreten und wo haben wir »Unikate« vorliegen, Dinge, die nur einem einzigen Berichterstatter einer Erwähnung wert waren? Gibt es Elemente, die bei der Beschreibung des Osmanischen Reiches als unab-ding-bar galten? Welches waren die Dinge, die häufig, aber nicht immer beschrieben wurden? Welche sind hingegen als *Rara* einzuschätzen, die nur wenigen Autoren auffielen? Eine Betrachtung dieser Schnittmengen von Bausteinen fördert das zutage, was die Analyse eines einzelnen Textes nicht erfassen kann, denn es kann nicht davon ausgegangen werden, daß jene Bausteine, die sich in der Betrachtung des Gesamtkorpus für die Beschreibung der Türken als omnipräsent und damit weitgehend unverzichtbar erweisen, in den Texten selbst an herausragender Stelle genannt würden.

Um dem Wahrnehmungshorizont der Reisenden aufzuspüren, stellen wir uns einen Leser, eine Leserin vor, die am Ende des 16. Jahrhunderts auf einer Reise durch Italien, Frankreich und das Reich willkürlich nacheinander Reiseberichte und Kompendien über das Osmanische Reich in die Hand nimmt und liest. Es ist wahrschein-

lich, daß ein solcher Leser[10] relativ bald einigen und schließlich allen zwölf auflagen-
starken Texte der virtuellen Episteme begegnet. Wenn wir in diesem Gedankenspiel
nun weiterhin die Lektüre dieses Lesers verbildlichen, indem wir ihn in ein Theater
setzen und die Bausteine der virtuellen Episteme zu Schauspielern werden lassen, so
haben wir ein Spektakel, ein *theatrum turcarum* auf der Bühne, die, mit der fortschreitenden Lektüre des Lesers, von immer mehr personifizierten Bausteinen bevölkert wird, die die Bühne nach den Gesetzen der Wahrscheinlichkeit betreten. Bei
einer kurzen Lektüre werden nur jene Bausteine auf die Bühne kommen können,
welche von fast allen Autoren genannt werden, während mit den fortschreitenden
Akten nach und nach jene Bausteine erscheinen, welche von einer kleineren Gruppe
von Texten erwähnt werden, bis hin zu jenen Unikaten, die für ihren Auftritt auf den
letzten Akt warten müssen.

Dieses Spektakel ist ein Gegengewicht zu den quantitativen Größen der Episteme, in denen ein numerisches Gewicht der Bausteine noch nichts über den Grad
ihrer Streuung über die einzelnen Texte aussagt. Denkbar wäre nun eine Abfolge von
zwölf Akten: Im ersten Akt kommen jene Bausteine auf die Bühne, welche in allen
zwölf Texten erwähnt werden, im zweiten jene, die in elf Berichte Aufnahme gefunden haben, im dritten die Schnittmenge der von zehn Autoren genannten Bausteine
und so fort. Die ersten zwei Akte müssen indes aus dem Spielplan herausgenommen
werden: Die virtuelle Episteme erweist sich im Horizont der Dinge als nicht so ge-
normt, daß einige Bausteine in alle oder auch nur in elf Reiseberichte Aufnahme
gefunden hätten. Der erste Akt präsentiert daher jene Bausteine, die in zehn unserer
zwölf Reiseberichte präsentiert werden.

Wie in Kapitel 2 ausgeführt, verdankt die Episteme einen ihrer entscheidenden
Impulse der *Türkengefahr*, in welcher sich vor allem die italienischen und lateini-
schen Texte verorteten. Es wäre also zu erwarten, daß die *Türkengefahr* in diesem
Spektakel einen wesentlichen Anteil der Regieführung übernähme, daß wir auf der
Bühne zuallererst etwa einen als Sultan verkleideten Antichrist sähen, der gegen die
christliche Europa kämpfte, begleitet von einem Chor von *Türkengreueln* und einem
Aufmarsch von türkischen Streitkräften. Die oben aufgeführte Liste der – so quellen-
nah wie möglich definierten – ethnographischen Bausteine zeigt bereits, daß ihr
Inventar mit den Hauptelementen der *Türkengefahr* nicht übereinstimmt, daß sich in
der ethnographischen Episteme der Blick auf die Türken auf eine andere Art und
Weise entfaltet. Obgleich sie von der *Türkengefahr* inspiriert war, ist sie in vielen
Bereichen personell ganz anders besetzt.

Das in unserem Gedankenspiel entworfene Spektakel des *theatrum turcarum* beginnt wie folgt:

---

10 Aufgrund der Lesegewohnheiten und -vorschriften des 16. Jahrhunderts ist es wahrscheinlich,
daß mehrheitlich Männer derartige Historien lasen – siehe die am Europäischen Hochschulinstitut in Florenz in Arbeit befindliche Dissertation von Xenia von Tippelskirch über das weibliche
Lesen als kultureller Praktik.

1. Akt: Von zehn Autoren genannte Bausteine
- Essen
- Religiosi
- Abgeschiedensein und Verschleierung der Türkinnen

2. Akt: Von neun Autoren genannte Bausteine
- Bayramfest

3. Akt: Von acht Autoren genannte Bausteine
- In eroberten Provinzen werden Jungen als künftige Janitscharen abgeführt
- Anzahl der Ehefrauen und Konkubinen der Türken
- Kleidung der Frauen

- Fasten
- Gebetsruf
- Moscheebesuch am Freitag und Ablauf des Gottesdienstes
- Tägliche fünf Gebete
- Waschung vor dem Gebet

- Mahomet: Leben und Gründung seiner Sekte
- Ordnungsindikatoren

4. Akt: Von sieben Autoren genannte Bausteine
- Janitscharen: Hauptleute und Einteilung in einzelne Scharen
- Janitscharen: Unterricht auf dem Land und in den Serails
- Janitscharen: Waffen und Kleidung
- Spachi: Kämpfer zu Pferd
- Cadilescher

- Frauen und Töchter des Großen Türken im Serail der Frauen
- Eßsitten
- Verbot, Wein zu trinken
- Wohltätigkeit und Hospitäler
- Sterben und Begräbnisse

- Propheten und Heilige
- Moscheen: Ausstattung

- Lage der Christen unter türkischer Herrschaft

(Fortsetzung in Anhang 6)

Die Christenheit, die von der *Türkengefahr* erschüttert wurde, sich dem Schaudern über die Türkengreuel hingab, in apokalyptischen Visionen das Ende der Welt kommen sah, sich im Angesicht der Türken ob ihrer eigenen Sünden geißelte, schaute in den Reiseberichten als erstes – auf das Essen. Der Dramatik der *Türkengefahr* wurde damit im *theatrum turcarum* eine gewisse Banalität entgegengesetzt. Anstelle von grausamen türkischen Soldaten wird über die Machart des türkischen Brotes berichtet,[11] wir erfahren, daß Wild nicht mit Speckstreifen, sondern mit zerstoßenem Knoblauch gefüllt wird und lesen über gekochte Hammelfüße,[12] die Omnipräsenz von Zwiebeln,[13] über Mangold, Kohl, Sesamöl, Hackfleisch, Patisserie, Reis und Honig.

Auch beim zweiten Baustein aus dem ersten Akt, den Religiosi, sind die Autoren in Details vertieft, auf deren Gestaltung die *Türkengefahr* nur verhalten ausgestrahlt hat. In diesem Baustein werden wir darüber aufgeklärt, daß die türkischen Priester sich von den Laien in Ausbildung wie Kleidung nicht unterscheiden, verheiratet sind, in der Regel ein Handwerk betreiben und häufig ihr Geld mit dem Abschreiben von Büchern verdienen. Erst in den Schlußpassagen der entsprechenden Abschnitte kommt es zuweilen zu Wertungen, die mit den Vorgaben der *Türkengefahr* in Einklang zu bringen sind. Die türkischen Priester gäben sich der Sodomie hin und sagten in ihrer Eigenschaft als besonders glaubwürdige und in Rechtsstreitigkeiten häufig gehörte Zeugen vorzugsweise gegen Christen aus, die sie verfolgten und zum Übertritt zum Islam bekehren wollten.[14] Überaus schändlich und den Christen gefährlich: dieses Urteil paßt sich nahtlos in die Motivgewebe der *Türkengefahr* ein.

Es wird jedoch nur von drei Autoren an dieser Stelle gefällt: Bassano (der sich bereits über das Essen – »überaus traurig, ohne Geschmack, weder raffiniert noch delikat« – abfällig geäußert hat) Ramberti und Villamont.[15] Alle anderen Autoren geben, wenn sie über die Religiosi allgemein sprechen, kein moralisches Urteil über sie ab, obgleich ausnahmslos alle an anderer Stelle die Türken als verwerfliche Sekte verurteilen. Es wäre daher zu erwarten gewesen, daß dieses Urteil bei der Schilderung der türkischen Religiosi als Amtsträger dieser verwerflichen Sekte wiederholt oder vertieft würde, aber dies ist bei drei von sieben Autoren bei diesem Baustein nicht der Fall. Wie wir sehen werden, war es auch bei den anderen Bausteinen, die die Religion betreffen, zwar möglich, aber nicht das überwiegende Prinzip, ein ähnliches Urteil zu treffen. Das moralische Urteil war für den Prozeß der *inventio* nicht

---

11 Georgejevic, *De ritu* 1544, Fol. D2r-D3r; Bassano, *I costumi* 1545, Fol. 35v; Villamont, *Voyages* 1600, Fol. 288r.

12 Belon, *Observations* 1554, Fol. 192; Bassano, *I costumi* 1545, Fol. 35v; Nicolay 1989, S. 178.

13 Belon, *Observations* 1554, Fol. 196r-196v.

14 Bassano, *I costumi* 1545, Fol. 15r; Ramberti, *Libri tre* 1539, Fol. 28r; Villamont, *Voyages* 1600, Fol. 254v.

15 Menavinos Urteil über die Wollust, Verwerflichkeit und Faulheit der »Giomailer, Calender, Dervisi und Torlachi« bezieht sich sichtlich nur auf diese Sekten und nicht auf die von ihm zuvor geschilderten »acht Orden von Priestern«. (Menavino, *I Cinque libri* 1548, S. 50.) Die Tatsache, daß nur Bassano, Ramberti und Villamont an dieser Stelle ein Urteil über die Religiosi fällen, bezieht sich jedoch nur auf diesen Baustein (»Religiosi allg.«), nicht auf die anderen Bausteine, die ich in das Unterfeld »Religiosi« eingeordnet habe.

erforderlich, es war in den Topos nicht notwendigerweise inskribiert, sondern vielmehr in der Mehrzahl der Fälle abwesend. Daraus ergibt sich zwischen der ethnographischen Episteme und dem Diskurs der *Türkengefahr* eine große Diskrepanz, die im nächsten Kapitel unter dem Aspekt der Ordnungsmuster vertiefend betrachtet werden soll.

Auch der dritte Baustein im ersten Akt, das Abgeschiedensein und die Verschleierung der Türkinnen, weicht von den Vorgaben der *Türkengefahr* ganz und gar ab. Im Diskurs der *Türkengefahr* tauchen die Türkinnen überhaupt nicht auf, die von Georg von Ungarn angedeutete Parallele zwischen der Frau als satanischer Verführerin schlechthin und den teuflischen Täuschungen der Türken blieb ein marginales Element. Daß die Frauen gleich im ersten Akt des *theatrum turcarum* die Bühne betreten, bringt uns auf einen Umstand zu sprechen, der bisher nur am Rande zur Sprache kam: Bei allen Unterschieden zwischen den Reisenden vereint sie neben ihrer Schreibkompetenz auch ihr Geschlecht. Keine einzige der Gefangenen – der einzigen Gruppe, bei der wir im Gegensatz zu Diplomaten, Pilgern und Händlern davon ausgehen können, daß sie auch weiblich besetzt war – hat über ihre Erfahrungen im Osmanischen Reich berichtet, der Blick auf die Dinge, wie er sich in den Bausteinen manifestiert, ist ausschließlich männlich.

Für die Reiseberichte über die Neue Welt, die gleichfalls ausschließlich von Männern verfaßt wurden, kam dieser Umstand besonders deutlich zum Tragen. Louis Montrose hat gezeigt, daß in der Ent-deckung *America* weiblich konnotiert wurde und daß ihre Erforschung, Eroberung und Besiedlung in sexualisierten Metaphern repräsentiert wurden. Michel de Certeau hatte bereits 1973 im *Schreiben der Geschichte* die These vertreten, daß die Welt der Wilden wie die Welt des Teufels als Frau gesehen und »weiblich dekliniert« würde. Laut de Certeau ist es der erotische Körper, der die entscheidende Figur des Anderen in der modernen abendländischen Episteme sei.[16] Louis Montrose führt aus, wie sich diese Inbesitznahme des Körpers des Anderen im Schreiben nicht als bloße Beschreibung, sondern als ein Akt symbolischer Gewalt, Beherrschung und Selbstermächtigung vollzog.[17] Dabei fand mit der Zeit ein Wandel der Konnotierung *Americas* vom jungfräulichen Land (Virginia) zum Bild des weiblichen fruchtbaren Körpers statt.[18]

Für das Osmanische Reich liegt hingegen eine ganz andere Konstellation vor. Hier waren die Türken die überlegenen Sieger, die ein Land nach dem anderen aus der christlichen Ökumene in ihren Herrschaftsbereich einverleibten. Wie der Bericht Georgs von Ungarn zeigt, war es unter diesen Umständen schon schwierig genug, dieser manifesten siegreichen Virilität gegenüber nicht in fundamentale Selbstzweifel

---

16 Certeau, *Das Schreiben der Geschichte*, S. 158-166.

17 Montrose, *The Work of Gender in the Discourse of Discovery.*

18 Siehe dazu auch Schülting, *Wilde Frauen.* Schülting wie Montrose gehen beide auch auf die Frage ein, welche Auswirkungen die Figur Elisabeths I., die als Frau dieser männlichen Besitznahme vorstand, auf diesen Diskurs hatte.

zu verfallen – eine Konstruktion der Türkei als weiblich konnotierte Welt hätte die christlichen Mächte in ihrer Unterlegenheit nur umso stärker hervortreten lassen, überdies langfristig festgeschrieben und verbot sich damit von selbst. Unter all den allegorischen Darstellungen von Kontinenten und Ländern als Frauen findet die *Europa* daher kein Gegenbild in einer *Turchia*, eine Übersetzung der Dichotomie der *Türkengefahr* in diese Metaphern war nicht möglich. Erst als *Asia*, die in der zivilisationsmessenden Kleiderordnung nach *Europa* und vor *Africa* und *America* den zweiten Platz einnahm, war es möglich, diesen Akt der Domestizierung zu vollziehen.[19]

Für die epistemologische Erfassung des Osmanischen Reiches stand es daher nicht zur Disposition, die Welt der Türken wie die Welt der Wilden vornehmlich »weiblich zu deklinieren«. In den Reiseberichten über das Osmanische Reich tritt ein solches Beschreibungsmuster nicht zutage – die hervorragende Plazierung der verschleierten Türkin im ersten Akt (sowie dreier weiterer Bausteine über die Türkinnen in den Akten 3 und 4) des hier betrachteten Spektakels ist ein überraschender Befund, der durch keine entsprechenden Markierungen in den Texten selbst angedeutet wird. So, wie uns »das Andere« im *theatrum turcarum* entgegentritt, erweist es sich zwar als weiblich konnotiert, auch wenn diese Semantik nicht die gesamte Repräsentation prägt. Anders als bei den Wilden ist es jedoch nicht der Körper der Türkin, der erotisch gezeichnet wird, sondern seine Verhüllung und die Abwesenheit der Frauen vor dem männlichen Blick im allgemeinen, welche alle zehn Autoren vermerken. Die Türkinnen sind für die Reisenden grundsätzlich unerreichbar:

»Pource qu'il y a grand difficulté de veoir les filles et femmes du pays de Turquie, d'autant est il plus difficile de parler à elles.«[20]

Zwei Reisende, Pierre Belon und Nicolas de Nicolay, deren investigatorischer Blick unter allen elf Autoren am ausgeprägtesten und aktivsten ist, versuchen, diese Unerreichbarkeit aufzuheben. Pierre Belon gerät – irrtümlicherweise, wie er uns versichert – an einem Donnerstagnachmittag in ein türkisches Bad, zu einer den Frauen vorbehaltenen Öffnungszeit, und muß für diese Grenzüberschreitung geradezu um sein Leben fürchten:

»Il y a aussi des bains en certains endroicts, ou les femmes vont seulement le ieudy apres midy: donc par erreur ainsi que ie vouloye entrer en un baing comme es autres iours, ne sçachants point tel usage, trouvant la porte ouverte comme de coustume, estant entré dedens, trouvay une grande compagnie de femmes Turques, qui s'apprestoint pour aller se laver: mais si ie n'eusse bien sçeu le gaigner de

---

19 Siehe als Beispiele für die allegorische Darstellung der vier Erdteile den Atlas Ortelius' sowie das Deckenfresco Gianbattista Tiepolos im Treppenhaus der Würzburger Bischofsresidenz für die weitere Entwicklung dieser Allegorien im 18. Jahrhundert.
20 Belon, *Observations* 1554, Fol. 184r.

vistesse, i'estois en peril de mourir: car la loy de Mahomet est si rigoureuse en ces cas là, qu'un homme n'auroit moyen de se saulver [...].«[21]

Steht die Tür zum abgeschiedenen Bereich der Türkinnen einmal offen, muß der Reisende beim Eintritt unter Todesgefahr um sein Leben rennen. Belons Strategie der Grenzüberschreitung ist daher fehlgeschlagen. Nicolas de Nicolay hat hingegen mehr Erfolg mit seiner Taktik. Er freundet sich mit einem Seraileunuchen an, der für ihn zwei Prostituierte mit kostbaren Gewändern einkleidet. Diese stehen Nicolay dann als Ersatz für echte Haremsdamen Modell:

»Et sitôt qu'il [der Eunuch] s'aperçut que je désirais voir la façon des accoutrements de ces femmes, pour me contenter, fit vêtir deux femmes turques publiques de fort riches habits qu'il envoya querir au bezestan, là où s'en trouvent et vendent des toutes sortes, sur lesquels je fis les portraits ici représentés.«[22]

Der absoluten Unzugänglichkeit der Frauen im Serail setzt Nicolay »Femmes publiques« entgegen, welche mit Kleidern vom Markt eingekleidet werden, deren Erwerb gleichfalls allen offensteht. Das Resultat sind zwei Portraits zweier reicher Türkinnen – unverschleiert.[23] Nicolay ist es damit gelungen, die Haremsdamen aus der Tabuzone des absolut Unzugänglichen zu holen und ins Zentrum der Öffentlichkeit zu stellen: öffentliche Frauen, öffentliche Kleider. Wie Belon, der auf der Insel Lemnos Einheimische mit der Jagd nach Schlangen beauftragte, bediente sich auch Nicolay eines Insiders, an den er seinen Blick delegierte. Die endgültige Inventarisierung dieses Blickes behielt sich Nicolay jedoch selbst vor, wie es auch Belon praktiziert hatte.

Trotz dieser Bemühungen der Reisenden, den Schleier der Frauen zu lüften, ihn wegzuschieben und dahinter zu schauen, weisen Unstimmigkeiten zwischen den einzelnen Berichten selbst darauf hin, daß die Verschleierung und Segregierung der Frauen weniger durchgängig war, als es die Reiseberichte suggerieren. Bassano unterscheidet zwischen einer Totalverschleierung der reichen und einer Teilverschleierung der armen Türkinnen, Belon, der den weißen Teint der Türkinnen lobt, beschreibt den Schleier als durchsichtig. Laut Geuffroy, Belon, Schiltberger und Villamont sind die Moscheen generell für Türkinnen nicht zugänglich, während Menavino die unverheirateten, Georg die reichen Frauen beim Gebet in der Moschee sehen. Behaupten Georgejevic und Georg von Ungarn, daß die Türkinnen niemals auf dem Markt zu sehen sind, so berichtet Belon das Gegenteil. Laut Georg reiten Türkinnen niemals, nach dem Bericht Bassanos tun sie es, und zwar im Männersitz mit Steigbügeln.

Obgleich alle Autoren also über das allgemeine Prinzip der Verschleierung und Abwesenheit der Türkinnen von öffentlich zugänglichen Räumen und Plätzen be-

---

21 Belon, *Observations* 1554, Fol. 198v.
22 Nicolay 1989, S. 129.
23 Ebd., S. 130f.

richten, weisen Unstimmigkeiten (welche sich auch aus den unterschiedlichen Aufenthaltsdaten der Reisenden nicht auflösen lassen) in den von ihnen berichteten Details bereits darauf hin, daß dieses Prinzip nicht durchgängig praktiziert wurde. Arbeiten über die Verschleierung von Frauen im Osmanischen Reich des 16. Jahrhunderts zeigen in der Tat, daß wir davon auszugehen haben, daß der Schleier nur für die Frauen der Oberschicht verbindlich war. Unter Mehmed II. waren die Frauen generell unverschleiert und trugen nur einen Schal um ihren Kopf, der das Gesicht unbedeckt ließ. Die Frauen der Sultane selbst waren weder abgesondert, noch durch Eunuchen bewacht. Der Brauch der Verschleierung und Segregation kam vielmehr von den Byzantinern und wurde nach 1453 für die Frauen der Oberschicht übernommen, breitete sich dann allmählich auch auf untere städtische Schichten aus, erreichte jedoch nie die ländlichen Gebiete.[24]

Der nur von einer Minderheit praktizierte Brauch, der obendrein byzantinisch-christlicher Provenienz war, wurde in den Reiseberichten prinzipiell allen Türkinnen zugeschrieben und avancierte im *theatrum turcarum* darüber hinaus zur herausragenden Repräsentation der Fremde. Dort, wo der – männliche – Blick auf eine Minderheit von Frauen verstellt war, wurde diese provozierende Un-ent-deckbarkeit generalisiert und zur allgemeinen Repräsentation dieser fremden Welt erhoben. Der Schleier, der im Brennpunkt des männlichen Blickes stand, wurde damit bereits im 16. Jahrhundert auf der europäischen Seite zu einem der herausragenden Symbole für die muslimische Kultur. Er ist es bis heute geblieben, ein Topos, in dem nach und nach vielschichtige Diskurse von Religion, Laizität und Feminismus eingeschrieben wurden.

Einmal als eine der wichtigen Repräsentationen für die Türken etabliert, tauchte in den Reiseberichten parallel zum Schleier und den für fremde Männer unzugänglichen Türen die Frage auf, wie die Welt hinter diesen beschaffen war. Neben den beiden Versuchen Belons und Nicolays, diese Absperrungen zu überschreiten, blieb als dritte Strategie die Projektion. Erotische Phantasien über die Stunden, die die Frauen unter sich in den Bädern verbrachten, sind jedoch nicht sehr verbreitet, nur Bassano und Nicolay reden von Liebesspielen »wie einst die Tribaden um Sapho von Lesbos.«[25] Bei der Schilderung des Harems – zusammen mit den Janitscharen im Serail ist dieses der erste Baustein, den wir auf der Bühne über den Serail sehen, der somit noch vor dem Sultan selbst kommt – fehlen diese Phantasien gänzlich. Die Schilderungen beschränken sich durchgängig auf die Fragen, woher die Frauen des Serails kommen, wie der Sultan die jeweilige Favoritin für die Nacht auswählt, wie sich der Status einer Haremsdame bei Schwangerschaft ändert und an wen die Frauen später verheiratet werden. Die Geschichten über Liebe, Intrigen und Mord im Harem wurden erst zu einem späteren Zeitpunkt in diesen Topos eingefügt. Die Erotisierung

---

24 Schönberger, *Gedanken zur türkischen Kleidung*; Akkent/ Franger, *Das Kopftuch – Başörtü. Ein Stückchen Stoff in Geschichte und Gegenwart.*
25 Nicolay 1989, S. 137; siehe auch Bassano, *I costumi* 1545, Fol. 5r.

des Körpers der Türkin war im Gegensatz zur Repräsentation der Wilden im 16. Jahrhundert nur in Ansätzen möglich und konnte sich erst später in einer veränderten politischen Machtkonstellation entfalten. Im hier betrachteten Zeitraum blieb die Türkin grundsätzlich verschleiert, und als solche erschien sie im ersten Akt unseres Spektakels auf der Bühne.[26]

Wenn wir nun das Spektakel des *theatrum turcarum* weiterverfolgen, so sehen wir, daß die von den drei Bausteinen des ersten Aktes eingeführten Fäden weitergesponnen werden. Akt 2 sieht als einzigen zusätzlichen Baustein das Bayramfest auf der Bühne, das dreitägige Fest, bei dem mit einem opulentem Mahl das Fasten beendet wird. Essen und religiöse Sphäre fließen hier zusammen. Im dritten Akt sind religiöse Riten gleichfalls sehr präsent. Mit den Bausteinen des dritten Aktes – Fasten, Gebetsruf, Moscheebesuch, den täglichen fünf Gebeten und der Waschung vor dem Gebet – sind die erfahrungsnahen, sichtbaren Dinge, wiederum aus der religiösen Sphäre auf der Bühne. Erst in späteren Akten kommen Bausteine aus dem Unterfeld *la loro fede* ins Spiel, die die Inhalte des muslimischen Glauben und abstrakte Dogmen beschreiben. Auch Mahomet selbst betritt die Bühne im dritten Akt – zwar zu einem relativ frühen Zeitpunkt, doch erst nach den Religiosi und der verschleierten Türkin.

Die Religion ist damit von den drei Hauptfeldern der Episteme in den ersten Akten am besten vertreten. Damit erweist sich die Episteme zwar einerseits von der *Türkengefahr*, die die Achse Christen-Türken in ihrem Zentrum hat, inspiriert (obgleich natürlich im 16. Jahrhundert die Religion generell allgegenwärtig war), in ihrer Vergabe von moralischen Urteilen weicht sie hingegen deutlich von diesem dominanten Diskurs ab. Im siebten Kapitel werde ich auf diesen zentralen Tatbestand ausführlich eingehen.

Hof, Regierung und Militär: dieses Hauptfeld muß, obgleich es in der Gesamtepisteme 26 Prozent, in der Idealepisteme sogar 45 Prozent des Gesamtkorpus aller zwölf Texte einnimmt,[27] auf den dritten Akt warten, ehe es einen seiner Bausteine auf

---

26 Es sei hier nur am Rande angemerkt, daß die europäische Leserschaft bis ins 18. Jahrhundert auf Berichte von weiblichen Reisenden, denen die Frauenserails sowie die Bäder offenstanden, warten mußte. Mary Wortley Montagu, die adlige Ehefrau des englischen Gesandten, der 1716 nach Istanbul beordert worden war, fand freien Eintritt in jene Gemächer, die Männern verschlossen waren. Sie betrat ein Hamam in Sophia und war, vollständig bekleidet, in einem heißen Dampfbad von Frauen umringt, die sie angesichts der Hitze aufforderten, ihrerseits ihre Kleider abzulegen. Dieser Aufforderung kam Mary Montagu nur zögerlich nach, behielt ihr Korsett jedoch an und wurde sogleich Objekt mitleidigen Bedauerns über einen Gemahl, der sie in eine solch aufwendige Keuschheitsapparatur gesteckt habe, aus der sie sich nicht ohne Hilfe befreien könne. Der Zutritt in diese öffentlich-intime Sphäre war für Mary Montagu also mit der eigenen Entblößung und Preisgabe ihrer Intimität verbunden. Siehe Montagu, *Briefe aus dem Orient,* S. 99. Siehe dazu auch: Melman, *Desexualizing the Orient*; Opitz-Belakhal, *Kulturvergleich und Geschlechterbeziehungen in der Aufklärung.*

27 Zu den Begriffen »Gesamt-« und »Idealepisteme« siehe Anhang 1.

die Bühne schicken kann. Auch jetzt bekommen wir noch nicht den Sultan selbst zu sehen. Vor dem Großen Türken selbst kommen erst seine Frauen, dann seine Kammerdiener (fünfter Akt), und erst im siebten Akt erfahren wir mehr über seine Person. Der erste Baustein aus dem Hauptfeld *Hof, Regierung und Militär* ist vielmehr ein kleiner christlicher Junge, der von seinen weinenden Eltern weggerissen wird, um zum Janitscharen ausgebildet zu werden. Auch hier hätte es in der Logik der *Türkengefahr* gelegen, entweder einen schon ausgebildeten Janitscharen oder einen Akinci-Verband, das heißt jene unbesoldeten Reitertruppen, die für die Plünderungen in Österreich und im venezianischen Hinterland verantwortlich waren, als erstes auf der Bühne zu präsentieren. Die Christen interessieren sich unter dem ethnographischen Blick hingegen als erstes für das Phänomen der Knabenlese. Nicolas de Nicolay faßt anschaulich zusammen, welche Bedeutung die Knabenlese für die Christen hat, und er tut dies an herausragender Stelle, am Beginn des ersten Kapitels seines dritten Buches, in welchem er von der Itinerarstruktur abweicht und zum ethnographischen Ordnungsmuster überwechselt. Die Christenkinder, qua Natur ihrer Eltern frei geboren, würden in eine feindliche Knechtschaft geführt, die mehr als bestialisch sei: von der Taufe zur Beschneidung, von der christlichen Gemeinschaft und christlichem Glauben in die Sklaverei und barbarische Ungläubigkeit, vom verwandtschaftlichen Mitgefühl zur unsterblichen Feindschaft gegen das eigene Blut. Einmal im türkischen Glauben aufgezogen, werde ihre gute und erste Natur derart pervertiert, daß sie sich schließlich als glühendere Feinde der Christen erwiesen als die »natürlichen Türken«.[28]

---

28 Nicolay 1989, S. 151: » Azamglans sont les enfants que le grand Turc envoie lever par forme de tribut de quatre ans par toute la Grèce, Albanie, Valaquie, Servie, Bossine, Trébizonde, Mingrélie, et autres provinces de sa domination sur les Chrétiens habitant en icelles, levant, par tyrannie plus que barbare, de trois enfants mâles, un pris et choisi à la volonté du commissaire. Et, combien que tous Chrétiens habitant en ces pays ne soient sujets à tels tributs d'âmes, si sont-ils surchargés de si excessifs subsides et gabelles d'argent, que le plus souvent, pour n'avoir de quoi payer, sont aussi bien contraints de bailler et livrer leurs propres enfants en servitude corporelle et en voie d'éternelle perdition d'âme. Tyrannie, dis-je derechef, trop cruelle et lamentable, qui devrait être de grande considération et compassion à tous vrais princes Chrétiens pour les émouvoir et inciter à une bonne paix et union chrétienne, et à réunir leurs forces unanimes pour délivrer les enfants de leurs frères chrétiens de la misérable servitude de ces infidèles, qui, par outrageuse impériosité ravissent les plus chers enfants et corps libres par nature du giron de leurs géniteurs et génitrices en asservissement d'hostilité plus que bestiale, de baptême à circoncision, de compagnie et foi chrétienne à servitude et barbare infidélité, de piété filiale et parentale à inimitié immortelle vers leur propre sang.« Nicolay 1989 S. 154: »De ces azamoglans, enfants, chrétiens mahométisés, la pullulante vermine en est si grande, méchante et pernicieuse que, dès incontinent qu'ils sont enlevés des mains de leurs parents et instruits en la loi des Turcs, se déclarent par paroles et par faits, ennemis de Chrétiens, tellement qu'ils ne pensent qu'à leur faire toutes les injures et opprobres à eux possibles. Et pour grands et âgés qu'ils deviennent, jamais plus ne veulent reconnaître père ni mère, ni autres parents. [...] Ces chrétiens reniés sont pires à

Die Knabenlese, die von den betroffenen Familien durchaus als Aufstiegschance für ihre Söhne betrachtet wurde, wird hier von Nicolay – ganz und gar im Kontext der *Türkengefahr* – als ungeheuerlicher Vorgang geschildert. Es sind die Söhne der Christen selbst, die von den Türken aus ihren christlichen Blutsbanden herausgelöst und zum Kampf als glühendste Feinde der Christen ausgebildet werden.

Dennoch ist auch diese Wertung nicht in allen Bausteinvarianten gegenwärtig. Nur Georgejevic und Villamont schließen sich in diesem Baustein der erschütternden Schilderung Nicolays an,[29] Georg, Geuffroy, Ramberti, Menavino und Spandugino geben hingegen kein derartiges Urteil ab.

Im vierten Akt sehen wir weitere Janitscharen: ihre Ausbildung, Waffen, Kleidung und militärische Ordnung. Ihnen gesellen sich die Spahis hinzu, ausgebildete Berufssoldaten zu Pferd, die innerhalb der Provinzialtruppen des osmanischen Heeres die Hauptstreitmacht stellten. Mit den *Cadilescher* betreten die obersten Richter des Osmanischen Reiches die Bühne, denen im fünften Akt zwei weitere Bausteine aus dem Unterfeld *Rechtswesen* folgen. Das Feld der *Sitten und Gebräuche*, von dem neben dem Essen bisher nur die Türkinnen auf der Bühne zu sehen waren, fächert sich im vierten Akt weiter auf. Mit der *Lage der Christen unter türkischer Herrschaft* setzt sich die Perspektive aus dem dritten Akt fort, ein besonderes Augenmerk auf die Auswirkungen der osmanischen Herrschaft auf die christlichen Untertanen zu haben. Auch von Konstantinopel selbst bekommen wir als erstes die Hagia Sophia zu sehen, die herausragendste, zur Moschee umgewidmete christliche Kirche.

In den übrigen Akten, die hier nicht im einzelnen betrachtet werden sollen, steigt die Anzahl der jeweils auf die Bühne hinzukommenden Bausteine kontinuierlich bis auf 91 Unikate im letzten Akt an. Das Hauptfeld *Hof, Regierung und Militär* hat dabei vom dritten Akt an einen regelmäßigen quantitativen Anstieg zu verzeichnen, *Sitten und Gebräuche* bleiben bis zum siebten Akt konstant bei einer Zahl von jeweils 5-7 neuen Bausteinen, die erst ab dem achten Akt bis zum Schluß immer weiter ansteigt. Das Hauptfeld der Religion ist hingegen am ausgewogensten ab dem dritten Akt mit jeweils 2-7 neuen Bausteinen vertreten.

Bei den Bausteinen der ersten Akte können wir davon ausgehen, daß diese nicht nur dem Leser unseres imaginierten Spektakels zu einem frühen Zeitpunkt seiner Lektüre begegneten, sondern daß sie den Berichterstattern aufgrund der Lektüre anderer Reiseberichte bereits bekannt gewesen waren, wie Tinguely es für die intertextuellen Abhängigkeiten innerhalb der Reiseberichte des *Corpus Aramontien* analysiert hat. Erst in einem derartigen Prozeß konnte die verschleierte Türkin aus den Reihen der mehrheitlich unverschleierten Osmaninnen zu einem Symbol für das Osmanische Reich erhoben werden.

---

leurs frères chrétiens, voire à ceux de leur propre sang que ne sont les turcs naturels, ainsi la méchante nourriture en eux passant et dépravant la bonne et première nature.«

29 Georgejevic, *De ritu* 1544, Fol. C2v und D2r; Villamont, *Voyages* 1600, Fol. 238r.

Wie wurden jedoch jene Dinge inveniert, für die ein Berichterstatter keine Vorgaben hatte? Unter den Unikaten des letzten Aktes können wir dies beispielhaft anhand des Bausteines *Drogen* nachvollziehen, den allein Pierre Belon erwähnt. Belon kam als Apotheker mit einem ausgeprägten Interesse für Tiere, Pflanzen und Drogen ins Osmanische Reich – ein Bereich, der noch von niemandem für den europäischen Wissensmarkt erschlossen worden war. Bei der Beschreibung von Tieren und Pflanzen war Belon, wie wir gesehen haben, bereits auf Hilfe für das Einsammeln angewiesen, auch wenn er dieses die meiste Zeit selbst bewerkstelligte. Über eine Droge – ein Gewürz, ein Mineral, ein getrocknetes Kraut – läßt sich in seiner pulverisierten Form jedoch nach dem bloßen Augenschein wenig sagen. Auch wenn Belon als Apotheker entsprechende Vorkenntnisse und vor allem das Interesse mitbrachte, reichte hier der bloße Blick nicht für den Prozeß der *inventio* aus, zumindest nicht mit dem Anspruch, den Belon in der Beschreibung der Dinge erhob. Daher löste er dieses Problem wie folgt:

»C'est quand i'arrivay à Constantinoble la premiere fois, pour ne consumer un loisir en paresse, ie passoye tous les iours le canal du port qui separe Pere de Constantinoble, afin que voyant par les boutiques les choses que les Turcs ont acoustumé vendre, ie eusse l'intelligence de ce qu'ilz ont, dont n'avons point l'usage. Et pour ce faire commodement, apres que i'eu trouvé un sçavant Turc, docte en Arabe, ie convins de pris avec luy, pour m'escrire une table de toutes les especes des marchandises, drogueries, et autres matieres qu'on vend pas [sic] les boutiques de Turquie, laquelle contenoit la table d'Avicenne, escripte en langage Arabe, contenant en somme toutes choses qui leur sont apportée d'estrange pays. *Et pour en parler sommairement, ce fut l'une des choses qui m'a le mieulx instruict et aidé à sçavoir ce que ie voulois apprendre.* Car quand ladicte table fut parachevée, le Turc me lisoit toutes les parolles l'une apres l'autre. Et ainsi qu'il me les lisoit, i'escrivois de ma lettre le mesme mot qu'il avoit escript en son vulgaire, tel qu'il m'avoit proferé en Arabe. En apres ie me faisois monstrer la chose qu'il m'avoit nommée, afin que l'ayant veue, i'escrivisse en mon langage au dessoubz de son escripture la chose que i'avois congneue: voulant par ce moyen là pouvoir demander ailleurs quand i'en auroye affaire: et quelque part que ie me soye trouvé par le pays de Turquie, ie m'en suis grandement servy entre les Turcs. Car estant appellé pour donner aide à quelque maladies quand ie vouloye avoir quelque chose d'une boutique de drogueur (car il n'y a aucuns Apoticaires) si ie ne la pouvoye bien proferer en leur langage, i'en monstroye l'escript, afin que le marchand qui la vendoit, la peust mieulx entendre. *Cela a esté un vray moyen de me faire veoir les simples qui ont ceßé d'estre en cours de marchandise,* et desquelz noz marchands qui trafiquent en Turquie, n'ont acoustumé nos envoyer.«[30]

Belon greift zu einem Klassiker – Avicenna –, der einerseits durch die europäische Tradition bereits als gelehrte Autorität anerkannt worden war und von dem er andererseits annehmen kann, daß dieser als Perser einen vertrauenswürdigen (und weiterhin gültigen) Überblick über die aus anderen Ländern importierten Drogen und sonstigen Substanzen im Orient vermittelt. Osmanische Vermittler, ein Gelehrter, der des Arabischen mächtig ist, sowie die Händler, die die entsprechenden Dinge in Konstantinopel verkaufen, dienen Belon für die Übersetzung der Liste sowie den

---

30 Belon, *Observations* 1554, Fol. 22r-v, Hervorhebungen von mir.

Abgleich dieser Namen mit den Dingen. Die Dinge erscheinen auf Belons Liste in einer dreifachen Form: in arabischer Schrift und Sprache, in der lateinischen Umschrift Belons sowie in der französischen (oder lateinischen) Benennung Belons, nachdem ihm ein Händler das Ding, das zu einem bestimmten Namen gehört, gezeigt hatte. Diese Tabelle eröffnet Belon den Zugang zur osmanischen Welt der Substanzen, wo auch immer er ist. Er kennt sie nun und kann sich ihrer Heilkraft bedienen, weil er ihnen ihre Namen zuweisen kann. Mit der dreifachen Benennung der Dinge in seiner Tabelle schlägt Belon die Brücke von Ibn Sina über die lateinische Umschrift, die ihm die Identifizierung der Substanzen in den Läden des Osmanischen Reiches mit dem Namen, der in Europa verstanden wurde, erlaubt. Mit diesem Mittel kann er überdies »mehrere einzelne Drogen und exzellente Dinge, die früher bekannt waren und nunmehr unbekannt geworden sind, wieder dem Handel zuführen«, wie er versichert:[31]

»La terre a elle cessé de produyre L'amomum, Terebinthine, Calamus odoratus, Ammi, Costus, Acacia, et autres choses semblables, qui estoient anciennement en si grand usage? Il faut assurer que non, et advouer quelles demeurent en chemin par faulte qu'elles ne trouvent qui les face passer deça la mer. Mais moy estant en levant i'en ay faict recongnoistre grand nombre aux marchant [...] qui maintenant commencent à estre communes en vente tant a Venise qu'en plusieurs autres lieux: et principalement le vray Nitre, Caradmomum maieur, la vraye Terebinthine, et autres choses semblables, dont ie parleray plus à plain au commentaire sur Dioscoride.[32]

Die wertvollen Substanzen, die in der Antike bekannt gewesen, aber in Vergessenheit geraten waren, wurden so von Belon mittels seiner Tabelle wieder in den Handel eingeführt. Darüber hinaus stellte er diese Dinge in den Kontext der antiken Schriften, indem er sie mit den Berichten (und der Systematik) Dioskurides' abglich.

Insofern handelt es sich hier nicht um eine *inventio ex nihilo*, sondern vielmehr um eine *re-inventio*. Die Einführung neuer Dinge in ein topisches Ordnungsmuster konnte nur erfolgen, wenn bereits *loci communes* zur Verfügung standen, ein Netz gespannt war, welches dann verfeinert werden konnte. Etwas grundsätzlich Neues, gänzlich Anderes, zu dem der Reisende keinerlei Bezüge in seinem eigenen Horizont herstellen konnte, fiel aus diesen Netzen heraus. Aus diesem Grund war Columbus' Annahme, einen Seeweg nach Indien entdeckt zu haben, konstituierend für die europäische Entdeckung Amerikas, da Columbus damit die Reichweite der europäischen Topik prinzipiell ausgedehnt hatte, ein erstes Netz von *loci communes* über ein Territorium gelegt hatte, welches dann von seinen Nachfolgern verdichtet und schießlich neu verortet werden konnte.

Die Verortung der Dinge in der europäischen Topik lief dabei in erster Linie über ihre Namen. Daher bemühte sich Belon generell, die türkischen Bezeichnungen vor allem von Pflanzen und Tieren, aber auch von Speisen zu verzeichnen. Der aktuelle türkische oder arabische Name ist Garant für eine effektive *inventio*, eine angemes-

---

31 Ebd.
32 Ebd.

sene Einordnung der Dinge in den gelehrten Kosmos, um sie von Dioskurides über Ibn Sina und osmanischen Kaufleuten schließlich den venezianischen Händlern zu vermitteln. Daher ist Belon besonders aufmerksam, wenn Dinge andere Namen erhalten:

»Quand i'ay dict en autre lieu, que les Grecs ne se soucient des herbes qui ne sont bonnes à manger, ie n'y ay comprins les Turcs, qui ont maintenant vaincu les Grecs, en donnant nom vulguaire aux herbes: car il n'y a herbette en Turquie, pourveu que sa fleur ait quelque beauté, à qui les Turcs n'ayent donné quelque nom en leur langage.«[33]

Die Griechen sind von den Türken besiegt worden, die sich nun das Siegerrecht herausnehmen, den Kräutern (auch jenen, welche nicht eßbar sind) neue Namen zu geben, die Belon nun notiert. Wo ein Ding einen Namen hat, ist ihm die Aufmerksamkeit von Belon sicher. In einer Karawanserei wird Suppe an Reisende ausgeschenkt, die Belon genauer als das vorher summarisch abgehandelte Fleisch und Brot beschreibt:

»Et pource que les Turcs nomment leurs potages par nom propre, i'ay bien voulu specifier quelle chose ilz baillent [= donnent] aux passants par aulmosnes.«[34]

Vier Namen, das ergibt vier Suppen (bestehend aus »Trachana, Bohourt, Afcos, Riz«) und damit vier Dinge in Belons Bericht.

Für den Prozeß der *inventio* ist also nicht alleine der Blick und das Vorwissen des Reisenden entscheidend, sondern auch die spezifische Verfaßtheit der Realitäten, auf die sein Blick trifft. Die Orientalismusdebatte und die Kritik an eurozentristischen Wahrnehmungskonzepten westlicher Anthropologie suggerieren, daß Wahrnehmung nur in einer Blickrichtung funktioniere: Der Blick des westlichen Reisenden erfaßt ein passives Objekt und schreibt es nieder.

Dieses Konzept ist jedoch zu einfach. Es mag funktionieren, um das Phänomen der verschleierten Türkin im ersten Akt unseres Spektakels zu erklären (und selbst hier haben wir im Eunuchen einen unerläßlichen Vermittler). Ich möchte deshalb auch nicht die Macht leugnen, die mit der epistemologischen Erfassung und Einordnung von Dingen verbunden ist. Gleichwohl weist das, was bei Belon zutage tritt, auf eine gewisse Interaktion im Prozeß der *inventio* hin, in welche die arabischen und türkischen Namen einfließen, deren Existenz die *inventio* erst veranlaßt. Belon ist auf den Gelehrten und die Besitzer jener Läden, die er mit diesem besuchte, um seine Tabelle zu vervollständigen, angewiesen, sie sind es, die ihm zeigen, welche Namen zu welchen Dinge gehören. Ebensowenig wie Hernan Cortéz das Aztekenreich ohne die Übersetzung Malinches hätte erobern können, wäre Belon ohne diesen Gelehrten und die Händler in der Lage gewesen, die Namen der Dinge zu erfahren und diese in seinem System zu verorten, so daß schließlich – wenn wir ihm glauben dürfen – dank seiner Vermittlung auf den Märkten Venedigs echter Salpeter verkauft wurde.

---

33 Ebd., Fol. 208r.
34 Ebd., 59v.

In den Ämterlisten, die die Hierarchie des Serails abbilden, ist dieser Bezug noch stärker – zum großen Teil scheinen sie auf osmanische Register zurückzugehen, die ihrerseits unter Süleyman eine Idealfassung des Hofes darstellten. In diesem Fall verschmolzen die Berichterstatter die osmanische Vorlage mit den okzidentalen Darstellungsmustern.[35]

Diesem Spektakel eines imaginären *theatrum turcarum* soll nun im nächsten Kapitel die in den einzelnen Texten praktizierte Ordnung der Dinge gegenüber gestellt werden. Denn in jedem Text führt der Autor nun selbst Regie, entscheidet über Prolog, Hauptspiel und Schlußvorhang, und weist den Dingen mittels ihrer Positionierung in einer Ordnung eine bestimmte Bedeutung zu. In all diesen Stücken lassen sich jedoch überindividuelle Grundregeln ausmachen, die Gegenstand der folgenden Betrachtungen sind.

---

35 Auf diesen Punkt hat mich Cornell Fleischer, Chicago University, aufmerksam gemacht.

Siebtes Kapitel:
Die Ordnung der Dinge

1. Foucaults Modell der Ähnlichkeiten

Foucaults Abriß über *Die prosaische Welt* in seiner Studie über *Die Ordnung der Dinge*, in welchem er die Ordnungsweisen des vorklassischen Zeitalters aufzeigt, schien mir lange eine brillante Skizze zu sein, die jedoch mit meinem Material und meiner Fragestellung, die auf einer anderen, enger gefaßten Ebene ausgewählt und verortet sind, nur in eine sehr lose, abstrakte Verbindung zu bringen war.[1] Die Arbeit an den Ordnungsmustern der Reiseberichte hat meine Ansicht darüber jedoch geändert. Trotz der Kritik von philosophischer und kunsthistorischer Seite[2] vermag Foucaults Entwurf einer Episteme der Renaissance – *encore et toujours* – das Selbstverständliche, Unmarkierte sichtbar zu machen. Auch wenn eingewandt wurde, daß Foucault »etwas sehr Wesentliches in der Mentalität der Renaissance richtig getroffen hat, allerdings eher traumwandlerisch als im Duktus einer überzeugenden Analyse und überdies von theoretischen Prämissen her, die einer philosophischen Kritik kaum standhalten können«[3], bleibt Foucaults Verdienst bestehen, Linien gezogen zu haben, die einen neuen Zugriff auf damalige Ordnungsmuster ermöglichen – Linien, denen er auf die Spur kam, indem er sich quer durch Texte über Philosophie, Magie, Naturgeschichte und Grammatik las. Da ich nun *Die prosaische Welt* letztlich doch als einen relevanten Text für diesen Zusammenhang jenseits einer vagen Inspirationsquelle ausgemacht habe, wird er zugleich Objekt einer kritischen Betrachtung.

Foucault geht in der *Ordnung der Dinge* von der These aus, daß »empirisches Wissen zu einer gegebenen Zeit und innerhalb einer gegebenen Kultur [...] eine wohldefinierte Regelmäßigkeit« besitze, daß »die bloße Möglichkeit, Fakten zu sammeln, sich zu erlauben, von ihnen überzeugt zu sein, sie in den Traditionen zu entstellen oder rein spekulativen Gebrauch von ihnen zu machen, [...] nicht [...] der Gnade des Zufalls überlassen« bleibe.[4] Um die Gesetze über den Aufbau des Wis-

---

1 Foucault, *Die Ordnung der Dinge*, 2. Kapitel: *Die prosaische Welt*.
2 Otto, *Wissen des Ähnlichen*; Asemissen, *Meninas von Diego Velazquez*, über Foucaults Interpretation des Bildes »Las Meninas« von Velazquez.
3 Otto, *Wissen des Ähnlichen*, S. 10.
4 Foucault, *Die Ordnung der Dinge*, S. 9.

sens, die als solche nie formuliert worden sind, in einer »Archäologie der Humanwissenschaft« ans Licht zu bringen, vergleicht Foucault die unterschiedlichen Wissensgebiete miteinander: »biologische Taxinomien werden mit linguistischen Zeichen, der Gebärdensprache, der Hierarchie der Bedürfnisse und dem Warenaustausch in einen Zusammenhang gebracht.«[5] Laut Foucault gibt es drei Ebenen des Wissens: (1) die empirischen Ordnungen, die als Ergebnis der nie formulierten Gesetze greifbar sind, (2) die wissenschaftlichen Traditionen, die diese Ordnungen reflektieren, sowie schließlich (3) eine »Mittelregion«, die zwischen dem bereits kodierten Blick und der reflektierenden Erkenntnis steht, in welcher sich die Seinsweisen der Ordnung manifestieren. Diese Mittelregion bezeichnet Foucault als das »epistemologische Feld« oder als »Episteme«.

Foucault kommt in dieser Untersuchung zum Ergebnis, daß es in der abendländischen Episteme zwei große Brüche gegeben habe: den Beginn des »klassischen Zeitalters« in der Mitte des 17. Jahrhunderts und der Anbruch der modernen Epoche mit dem Beginn des 19. Jahrhunderts. Vor dem klassischen Zeitalter, so Foucault, sei das epistemologische Feld von Figuren der Ähnlichkeiten organisiert und die Sprache eine der Gestalten der Welt gewesen. Im *âge classique* seien die Dinge hingegen nicht mehr gemäß ihren Ähnlichkeiten auseinandergerückt, sondern anhand ihrer Identitäten unterschieden und über die Zeichen dargestellt worden. Ab dem 19. Jahrhundert schließlich habe sich das Zeichen vom Bezeichneten gelöst, so daß im dabei entstandenen Spalt sich die Humanwissenschaften ansiedeln konnten.

Im Gegensatz zu Foucaults großem Entwurf hat diese Untersuchung einen sehr viel bescheideneren Anspruch. Mit den hier betrachteten zwölf Reiseberichten ist eine eng umgrenzte Auswahl getroffen, die zudem auf das 15. und 16. Jahrhundert (während Foucault überwiegend Schriften aus dem 17. Jahrhundert zitiert) beschränkt bleibt. Allein durch diesen kleineren Horizont ergeben sich Modifikationen für die von Foucault entworfenen vier Figuren (»convenientia, aemulatio, analogia und sympathia«) und Signaturen der Ähnlichkeit. Die Eingrenzung des betrachteten Textkorpus auf die ethnographische Literatur – die sich von Foucaults Anspruch, eine allgemeine Episteme zu entwerfen, grundsätzlich unterscheidet – bringt jedoch gerade durch diese Beschränkung den Vorteil, in diesem überschaubaren Rahmen in die Tiefe gehen und fragen zu können, inwieweit die von Foucault ausgemachten Ordnungsweisen in einem abgegrenzten Wissenskorpus faßbar sind. Darüber hinaus hatte Foucault mit seinem Kapitel über die Episteme der Renaissance in erster Linie einen Gegenentwurf zum klassischen Zeitalter erstellt. Sein Abschnitt über diese Zeit ist daher eher kurz gehalten.

Auf der Grundlage meiner Quellenlektüre kann ich mich Foucaults Etablierung der Ähnlichkeit als Hauptfigur des Wissens im 16. Jahrhundert nicht gänzlich anschließen. Die Ähnlichkeit ist sicherlich in dieser Zeit ein rhetorischer Begriff, auf

---

5 Ebd., S. 10.

den immer wieder rekurriert wird, aber die Texte des ethnographischen Wissenskorpus bestätigen nicht Foucaults Befund, daß allein mit den verschiedenen Figuren und Signaturen der Ähnlichkeiten die Struktur der hier betrachteten Quellengruppe erfaßt wird.

Ein wichtiger Hinweis darauf, daß mit Varianten von Ähnlichkeiten die Ordnungsweisen der hier betrachteten Texte nicht hinreichend analysiert werden können, ist die Tatsache, daß Foucault jene theoretischen Wissensentwürfe nicht erwähnt, die für unseren Zusammenhang von herausragender Bedeutung sind. Die Topik, der Ramismus und die apodemische Literatur werden von Foucault aus seiner Analyse ausgeschlossen. Vom Standpunkt seiner Methodik gesehen ist Foucault dabei konsequent, da für ihn die Funktionsweisen der Episteme vor allem in jener »Mittelregion« zu fassen sind, die zwischen den praktizierten Codes und den allgemeinen Theorien der Anordnung der Dinge stehen. Da sich mein Erkenntnisinteresse in einem sehr viel enger gefaßten Rahmen bewegt, bin ich an diese Methodik nicht gebunden. Die Einbeziehung der theoretischen Texte des 15. und 16. Jahrhunderts hat sich für die Analyse und das Verständnis der Reiseberichte vielmehr als so fruchtbar erwiesen, daß kein Grund besteht, sie außer acht zu lassen.

Wie im ersten Kapitel ausgeführt, entstanden vor allem nördlich der Alpen mit dem Ramismus und der Topik Anweisungen, wie Wissen generiert und geordnet werden sollte. In diesen Abhandlungen war der *locus communis* ein herausragender Terminus. Obgleich dieser Begriff auf antike und mittelalterliche Traditionen zurückging, ist es kein Zufall, daß mit ihm nun eine Kategorie ins Zentrum gerückt und in ihrer Bedeutung verstärkt wurde, die ihren Ursprung im semantischen Feld der Geographie hatte – jenem Gebiet, in welchem der empirische Wissenszuwachs besonders gut sichtbar war. Mit dem kosmograpischen Modell von Längen- und Breitengraden war im Rückgriff auf Ptolemäus' *Geographie* das Netz entworfen, dessen Quadrate nun mit Berichten über die partikularen Dinge gefüllt werden konnten. Die ethnographische Literatur war damit genuin an einer topographischen Semantik ausgerichtet, die ihrerseits bis in die allgemeinen Wissenstheorien wirkte. Mit dem ethnographischen Wissenskorpus haben wir also kein Randgebiet damaligen Wissens vorliegen, sondern, im Gegenteil, ein Wissensgebiet, welches für die Theoretisierung empirischen Wissens besonders bedeutsam war.

Da Foucault diese Literatur nicht berücksichtigt hat, ist ihm meines Erachtens ein wichtiges Organisationsprinzip des 15. und 16. Jahrhunderts entgangen. Die von ihm aufgeführte erste Figur der Ähnlichkeit, die *convenientia*, die die Nachbarschaft von Orten bezeichnet, kommt dem topischen Prinzip der Wissensgenerierung und Einordnung am nächsten. Aber waren zwei Dinge, die sich an einem Ort befinden, damit einander auch bereits ähnlich? Foucault selbst bemerkt bei der Definition der *convenientia*: »Tatsächlich wird durch dieses Wort die Nachbarschaft von Orten stärker bezeichnet als die Ähnlichkeit.«[6]

Die *convenientia* ist das Feld, an dem sich Foucaults Modell der Ähnlichkeiten mit dem Prinzip der Topik überlappt. Sie bezeichnet den Vorgang, durch den die Dinge den *loci communes* zugeordnet wurden. Da die *convenientia* für den Prozeß der *inventio* innerhalb des ethnographischen Schrifttums entscheidend war, ergibt sich daraus eine entscheidende Diskrepanz zu Foucaults Entwurf, der vorrangig von Ähnlichkeiten ausgeht. Wie wir sehen werden, führte die Nachbarschaft von zwei Dingen nicht zwangsläufig zu ihrer Assimilierung. In den Texten selbst wird vielmehr häufig das Attribut der *singularité* vergeben, ein Begriff, der sich ausdrücklich einer Angleichung oder auch nur einem Vergleich widersetzt. Das ethnographische Wissen des 15. und 16. Jahrhunderts ist damit in weiten Teilen nicht entlang einer Reihe von Ähnlichkeiten organisiert.

Dennoch hat Foucault mit seinem Blick eine neue Perspektive eröffnet, die den Zugriff auf die impliziten Grundtechniken ermöglicht, mit denen die Dinge zueinander gruppiert wurden. Von seinen vier Figuren der Ähnlichkeiten sind zwei für die hier betrachteten Reiseberichte relevant: die *convenientia* (die ich im folgenden ausschließlich topographisch verstehe, ohne daß sie notwendigerweise die Assimilierung der benachbarten Dinge bewirkt) sowie die *aemulatio*, jene Ähnlichkeit, die laut Foucault vom Gesetz des Ortes frei ist. Die *aemulatio* kann einerseits von einem speziellen Gegenstand – beispielsweise einer Münze – zu Ausführungen über das Münzwesen im allgemeinen führen oder andererseits die Verwendung eines Gegenstandes oder einer Technik in unterschiedlichen Zusammenhängen nebeneinander stellen.[7] Nach diesem Prinzip kommt Pierre Belon beispielsweise von der Heilmethode, Wunden auszubrennen, zu den Derwischen, die ihre rituellen Narben ebenso behandelten, oder vom Metzgerhandwerk zu einem Abriß über Musiksaiten aus Därmen und die in der Türkei gebräuchlichen Saiteninstrumente.[8] Wir werden im folgenden sehen, daß sich mit den beiden Techniken von *convenientia* und *aemulatio* die Formierung der verschiedenen Ordnungsmuster analysieren lassen können.

---

6 Ebd., S. 47.
7 Aufgrund dieser beiden Nuancen ließe sich die *aemulatio* natürlich noch weiter differenzieren. Für die Textanalyse hat sich der Begriff in dieser Form als hinreichend erwiesen. Foucault hat bei der Aufstellung seiner vier Figuren bemerkt, daß es sich dabei nur um Grundfiguren handele, die verschieden ausgeprägt sein und einander überlappen können.
8 Belon, *Observations* 1554, Buch 3, Kap. 20 sowie Kap. 46-48.

2. Ordnungsindikatoren

Die Bedeutung, die im 16. Jahrhundert der Wissensordnung zugemessen wurde, spiegelt sich in den hier analysierten Texten wider. In den von mir in der Bausteinanalyse unter dem Begriff der »Ordnungsindikatoren« kategorisierten Passagen kennzeichnen die Autoren die Stellen, an denen sie einen Abschnitt beenden und zu einem anderen Thema übergehen:

»Et perche ho detto fin qui di tutti in generale, stimo che *non sia fuori di ragione notar* le conditioni del proprio Signore.«[9]

»Essendo detto disopra (anchorche, con qualche disgressioncella) delle bestie ch'ammazano di Turchi per mangiare e dove, *non sarà fuor di proposito di dire,* quali di quelle mangino piu volentiere, e come le condiscano.«[10]

»*Reste a parler* de la nature des Turcz en general, de leurs meurs et condicions, de leur creance et maniere de vivre: ce que ie feray sommerement, et le plus brief que ie pourray.«[11]

Beide hier zitierte Autoren, Ramberti und Bassano, führen jedoch nicht aus, was sie unter der »ragione«, dem »proposito« verstehen. Auch die häufig gebrauchten Formeln »nun muß ich noch von diesem oder jenem sprechen« nehmen Bezug auf ein Regelwerk, welches verbindlich ist, jedoch nicht ausdrücklich genannt wird. Wer oder was hinter diesen Regeln steht, wird von keinem Autor erklärt. Die Ordnungsindikatoren vermitteln den Eindruck, als ob unter den Autoren eine stillschweigende Übereinkunft über verbindliche oder zumindest einsichtige Ordnungsvorgaben bestehe, die überdies nicht eigens beschrieben werden müssen, sondern schlichtweg praktiziert werden. Die Ordnungsindikatoren sind Hinweise auf eine implizite Ordnung, die die Kategorienwechsel vorgibt. Die Apodemiken und die im ersten Kapitel erwähnten Reflexionen über die Ordnungen setzten erst in der zweiten Hälfte des 16. Jahrhunderts ein – die Theorie kam erst nach der Praxis.

Bei der Betrachtung weiterer Ordnungsindikatoren fällt auf, daß gewisse Vokabeln immer wieder genannt werden. An erster Stelle steht das Kriterium der Vollständigkeit, das zuweilen erfüllt werden kann:

»Finalmente per haver hoggimai parlato *a bastanza* di questi Baßà, et de Beglierbei, dirò sol questo, che se l'Imperadore vuol dar maggior dignita al Beglierbeo…«[12]

»*Ayant assez parlé* de la façon de faire des Turcs quand ils sont en guerre ou en leurs garnisons, ne sera impertinent de dire quelques unes de leurs coustumes qu'ils ont encore en usage, presentans grandement l'antiquité.[13]

---

9 Ramberti, *Libri tre* 1539, Fol. 30r; Hervorhebungen von mir.
10 Bassano, *I costumi* 1545, Fol. 35v; Hervorhebungen von mir.
11 Geuffroy, *Briefve description* 1546, Fol. e1v; Hervorhebungen von mir.
12 Spandugino in Sansovino Bd. 1 1560, Fol. 86v; Hervorhebungen von mir.

Es ist auffallend, daß die Autoren in der Regel davon überzeugt sind, über ein Unterfeld genügend gesagt zu haben, während sich die Einschränkungen, nicht alle Dinge, die zu einer Kategorie gehören, nennen zu können, vor allem auf die Hauptfelder beziehen:

»Ie me suis beaucoup arresté a parler de Constantinople, et de la court du grant Turc, et si nay pas tout dict, aussi ne le scay ie pas, avec ce quil fauldroit ung meilleur cerveau que le myen, pour senquerir dung si grant estat.«[14]

»Qui voudroit amplement descrire toutes leurs coustumes et maniere de faire, il faudroit en faire un volume à part.«[15]

»Sarebbe longo contare tutti li loro costumi, non mi pare però lasciare di parlare della religione loro.«[16]

Das Kriterium der Vollständigkeit wiederum orientiert sich an einem Kanon von Dingen, die vom Autor als wichtig eingestuft werden, wobei damit Attribute wie *merkwürdig, singulär* oder *verwunderlich* vergeben werden können.

Die Ordnungsindikatoren, die in den meisten der hier analysierten Texten durchgängig inseriert sind, zeigen, daß sich die Autoren bewußt waren, bestimmten Regeln in ihrer Darstellung zu folgen. Es ist dabei kein Zufall, daß Hans Schiltberger, der Autor des frühesten der hier betrachteten Reiseberichte (1427), derartige Ordnungsindikatoren nicht in seinen Text einfügte und sie generell in mittelalterlichen Reiseberichten nicht in dieser Form zu finden sind. Die Ordnungsindikatoren tauchten erst dann auf, als die große Zunahme des Wissens durch die Vervielfältigungsmöglichkeiten der Druckerpresse sowie die durchgehende Etablierung der empirischen Wissensgewinnung es erforderlich machten, neue Wege zu finden, um weiterhin einen Zugriff auf das Wissen zu gewährleisten.

Im folgenden sollen nun die Ordnungsweisen betrachtet werden, die sich hinter diesen Ordnungsindikatoren ausmachen lassen.

3. Die drei Ordnungsmuster

Die Ordnungen der hier analysierten Texte lassen sich, sehen wir von den drei Sonderfällen (dem theologischen *Tractatus* Georg von Ungarns, Schiltbergers frühem Reisebuch und Georgejevic' Spezialmonographie über die Sklaven) einmal ab, in drei Kategorien einteilen: (1) das Prinzip, die ethnographischen Informationen ent-

---

13 Villamont, *Voyages* 1600, Fol. 246r.
14 Geuffroy, *Briefve description* 1546, Fol. d3v.
15 Villamont, *Voyages* 1600, Fol. 289r.
16 Spandugino, *Delle historie* 1550, Fol. M5v.

lang dem Itinerar der jeweiligen Reise zuzuordnen, (2) sie in freie Ketten von *convenientia* und *aemulatio* zu gruppieren oder (3) sie unter Sachkategorien zusammenzufassen, die von der konkreten Wahrnehmungssituation unabhängig sind:

1. **Itinerarstruktur**
   Belon (1553)
   Nicolay (1568)
   Villamont (1595)

2. **Freie Ketten von *convenientia* und *aemulatio***
   Bassano (1545)

3. **Ethnographisches Ordnungsmuster**
   Georgejevic (1544)
   Geuffroy (1542)
   Menavino (1548)
   Ramberti (1539)
   Spandugino (1550)

Diese Abgrenzung ist dabei schwerpunktmäßig vorgenommen: Belon, Nicolay und Villamont haben alle auch itinerarunabhängige Kapitel, umgekehrt ist das erste von den drei Büchern Rambertis der Beschreibung seiner Reise gewidmet. Die beiden Ordnungen schlossen also einander nicht aus (und hatten beide gemeinsame Elemente mit dem von Bassano praktiziertem Ordnungsmuster). Wie wir sehen werden, sind die Punkte, an denen Itinerarberichte zum ethnographischen Ordnungsmuster überwechselten, für das Verständnis der beiden Ordnungen besonders wichtig.

Das Itinerarprinzip

Wie in Kapitel 5 das Beispiel Bertrandons de la Brocquière illustriert, gab das Itinerarprinzip vor, die Dinge an der Stelle im Reisebericht zu schildern, die den Ort betraf, an welcher der Reisende sie gesehen hatte. Bertrandon nahm die Beschreibung einer angetroffenen Karawane zum Anlaß, über die *secte et loy de Machommet* zu berichten, ein Punkt, der im 16. Jahrhundert in der Ordnung der ethnographischen Episteme einen ungleich herausragenderen Platz zugewiesen bekam.

Das Itinerarprinzip war wie die ethnographische Ordnung ein *topisches* Verfahren, das prinzipiell die beiden Schritte von *inventio* und *iudicium* anwandte. Wie Wolfgang Neuber gezeigt hat, war der Reiseweg selbst die ideale Vorgabe für die Merkörter der topischen Memorialtechnik.[17] Oder, um es mit der Terminologie Fou-

---

17 Neuber, *Fremde Welt,* Kapitel C.

caults auszudrücken: Das Itinerarprinzip war maßgeblich durch die Zuordnungsweise der *convenientia* bestimmt, ohne daß jedoch damit eine Ähnlichkeit der zusammengestellten Dinge notwendigerweise impliziert war.

Die Itinerarstruktur der Reiseberichte gab als Topos für die *inventio* den jeweiligen Ort, an welchem sich der Reisende befand, als er die Dinge erblickte, vor. Als Belon auf die Insel Lemnos reiste, um die berühmte *terre sellée* – eine Substanz, die als Heilmittel gegen die Pest galt – zu examinieren, wurde er dort vom osmanischen Beamten, der für die Erteilung der Besuchsgenehmigung zuständig war, zum Essen eingeladen:

»Celuy qui estoit le lieutenant en l'isle de Lemnos pour le Soubachi, se nommoit vulgariement le Vaivode: duquel il me failloit avoir permißion pour aller celle part ou se prend la terre sellée: et m'ayant invité à son disner, et traicté de mesme luy, *m'a baillé [= donné] occasion d'escrire* de quelle sorte les turcs ont accoustumé de festoier leurs ostes qu'ilz ont invitez en leurs privez festins.[18]

Das entsprechende Kapitel überschreibt Belon mit dem Titel »Que les grands seigneurs de la Turquie vivans à leur mode se nourissent mechaniquement, n'ayants aucunes delices«. Wir können nun mutmaßen, daß Belon dieses Kapitel nicht geschrieben hätte, wäre ihm diese »Gelegenheit« einer privaten Abendeinladung nicht zuteil geworden.

Ein anderer Punkt illustriert die enge Abhängigkeit der beschriebenen Dinge von den Umständen der Reise noch plastischer. Als Belon über die Dinge berichtet, die auf dem Markt von Konstantinopel verkauft wurden – »plusieurs singularitez apportées d'estranges pays,«[19] worunter auch ein Gürteltier war, notiert er:

»Et pource que l'animal […], qu'on nomme un Tatou, est trouvé entre leurs mains, lequel toute fois est apporté de la Guinée, et de la terre neuve, dont les anciens n'en ont point parlé, neantmoins il m'a semblé bon d'en bailler le portraict.«[20]

Das Gürteltier, welches nicht in der Levante einheimisch ist, verdankt seine *inventio* an dieser Stelle im Bericht dem Umstand, daß ein Exemplar in Konstantinopel zu einem Zeitpunkt feilgeboten wurde, als Belon just über den Markt spazierte.[21] Eine heutige Zoologin würde es bei einem Abriß über die Tierarten in der Türkei nicht aufgenommen haben, auch wenn sie ein Gürteltier in einem Zoo in Istanbul gesehen hätte. Im 16. Jahrhundert hingegen, als es darum ging, das *inventarium mundi* neu zu erstellen, war das Kriterium einer Zugehörigkeit zu einer zoologischen Klasse, wie

---

18 Belon, *Observations* 1554, Fol. 28r; Hervorhebungen von mir.

19 Ebd., Fol. 210v.

20 Ebd., Fol. 211r.

21 Das ist natürlich nicht unbedingt wörtlich zu verstehen – entscheidend ist vielmehr, das Belon diese Vorstellung vermittelt, daß das Gürteltier während seiner Anwesenheit auf dem Markt feilgeboten wurde. Das Itinerarprinzip diente in dieser Hinsicht als Authentizitätsnachweis für die Glaubwürdigkeit des Reisenden.

sie Linné zweihundert Jahre später entwarf, noch nicht gegeben. In der Topik wurden die Dinge an jenem Ort inveniert, der dem Verzeichner dieser Dinge am geeignesten schien, und die Tatsache, daß das Gürteltier in den antiken Schriften nicht erwähnt worden war, machte es zu einer besonderen *singularité*, der Belon eine eigene Abbildung widmete. Das Gürteltier wurde durch diese örtliche Koinzidenz jedoch nicht den anderen an jenem Tag auf dem Markt von Konstantinopel angebotenen Dingen ähnlich, im Gegenteil, es blieb *singulär*.[22]

Die *inventio* beschränkte sich jedoch nicht nur auf jene Dinge, die die Reisenden vor Ort sahen. Belon nahm die Beschreibung von Gold- und Silberminen im Osmanischen Reich zum Anlaß, über Gold im allgemeinen, über den Ursprung der Fabeln über das Goldene Vlies und schließlich über das Gold Perus und Indiens im besonderen zu sprechen – hier bewirkte die Figur der *aemulatio* den Anschluß.[23]

Die drei betreffenden Kapitel überschreibt Belon wie folgt:

Kapitel 50: *Des mines d'or et d'argent du grand seigneur, et ample discours de l'origine de fin or.*
Kapitel 51: *Autre discours de l'or du Peru et des Indes, et aussi la maniere comment les metallaires rafinent l'or, dont les Ducats du grand Turc font [sic] forgez, et qu'il n'y a que d'une sorte d'or de ducat en toute Turquie.*
Kapitel 52: *Dont est venu l'occasion des fables qu'on a racontées de la toison d'or.*

Das Wort *Discours* deutet auf das Verlassen des Itinerarprinzips hin. Da Belon nun einmal das Beschreibungsmuster gewechselt hat, ergibt sich überdies die »Gelegenheit«, weitere, itinerarfremde Elemente einzufügen.[24]

Das Itinerarprinzip erwies sich als ein sehr probates Mittel, um eine große Zahl an Dingen zu präsentieren, da die Wegreise die Topoi in ihrer Reihenfolge bereits vorgab. Dennoch hatte diese Art, die Dinge zu invenieren und zu ordnen, einen Nachteil: Sie war an einen konkreten Reiseweg, eine einmalige Abfolge von Orten und Umständen gebunden. Das Itinerarprinzip war zwar als Beschreibungs- und Ordnungsmuster (sowie als Wahrheitsnachweis) für den einzelnen Text erfolgreich, aber es war nicht auf andere Zusammenhänge übertragbar. Die drei Reiseberichte, die dem Itinerarprinzip folgten, sind daher im 16. Jahrhundert nicht in ein Kompendium übernommen worden. Ihre Struktur erwies sich zwar als einsichtig und ver-

---

22 Für Belon war jedoch auch das Gürteltier nicht ganz und gar neu, denn er berichtet, »qu'on voit ceste beste ia commune en plusieurs cabinets« (ebd.) – offensichtlich war es bereits ein gängiger Bestandteil der fürstlichen Kuriositätenkabinette. Wie bei dem anscheinend neuen Feld der Tiere und Pflanzen haben wir hier also keine *inventio*, sondern eine *re-inventio* vorliegen.

23 Belon, *Observations* 1554, Buch I, Kap. 50-52.

24 Belon ist dabei in seinen Überschriften nicht konsequent. Das Gold Perus und Indiens kommt erst in Kapitel 52 zur Sprache, obwohl er es für das vorangegangene Kapitel angekündigt hat. Hier und da lassen sich solche Inkongruenzen nicht nur bei Belon beobachten. Trotz der zahlreichen Hinweise der Autoren auf eine Ordnung, die sie durchzuführen gedachten oder die sie aus bestimmten Gründen nicht praktizieren konnten, obgleich sie den von ihnen beschriebenen Dingen gerechter geworden wäre, wird eine perfekte Ordnung nirgendwo durchgehalten.

ständlich, aber nicht als kompatibel, um auf eine allgemeinere Ebene des ethnographischen Wissens übertragen zu werden.

Freie Ketten von *convenientia* und *aemulatio*

Die Bezeichnung »Freie Ketten von convenientia und aemulatio« für ein Ordnungsprinzip ist kein sonderlich prägnanter Begriff – die Umständlichkeit dieses Ausdruk-
kes ist ein Indiz dafür, daß diese Form der Wissensorganisation am weitesten von
heutigen Ordnungsmodi entfernt ist. Da diese Ordnung in den hier betrachteten Reiseberichten durchgängig allein von Bassano praktiziert worden ist – obgleich dieses
Muster häufig auch in den anderen Texten zutage tritt - bezeichne ich sie alternativ
als Bassanos Ordnungsmuster.

Bassano ordnet mit 59 Kapitelüberschriften die Dinge zwar unter einzelne Topoi
ein, bringt diese ihrerseits aber nicht in eine hierarchische Ordnung. Die 59 Kapitelüberschriften scheinen auf den ersten Blick weitgehend willkürlich aufeinander zu
folgen, beim näheren Studium der Überschriften lassen sich einige rote Fäden erah-
nen (zum Beispiel Kapitel 2-4, 5-11, 13-23, 31-32, 39-40, 50-51, 56-59 – siehe die
vollständige Auflistung in Anhang 7), die gleichwohl noch viele Lücken offenlassen.
Wie wir beim Itinerarprinzip gesehen haben, ist es meistens nachvollziehbar, weshalb bestimmte Dinge im Zusammenhang mit bestimmten Orten berichtet werden
und Belon ausgerechnet in Kapitel 51 des dritten Buches das in der Levante nicht
einheimische Gürteltier präsentiert. In Bassanos Text wirken hingegen 27 Kapitel,
also fast die Hälfte, in einer nicht nachvollziehbaren Weise plaziert, sie scheinen bunt
und willkürlich durcheinandergewürfelt. Wie erklärt sich, daß dem Kapitel über das
Essen (Kapitel 28) ein Abschnitt über die Sauberkeit der Stadt (Kapitel 29) folgt?
Welches *ragionamento* steckt hinter der Abfolge der Beschreibung von Pferdemärk-
ten (Kapitel 35) und Kriegsfestungen (Kapitel 36)? Weshalb steht Kapitel 49 über die
Ménagerie des Sultans in Konstantinopel zwischen dem Abschnitt über Fahnen und
Abzeichen des Osmanischen Reiches einerseits und der Schilderung, wie christliche
Botschafter von den Osmanen behandelt werden, andererseits? Streckenweise liest
sich diese Abfolge von Überschriften wie die Klassifizierung von Tieren in der von
Borges entworfenen chinesischen Enzyklopädie, die Foucault zu seinem Buch über
Les mots et les choses inspirierte,[25] wenn auch nicht ganz so bizarr, so doch

---

25 »a) Tiere, die dem Kaiser gehören, b) einbalsamierte Tiere, c) gezähmte, d) Milchschweine, e)
   Sirenen, f) Fabeltiere, g) herrenlose Hunde, h) in diese Gruppierung gehörige, i) die sich wie
   Tolle gebärden, k) die mit einem ganz feinen Pinsel aus Kamelhaar gezeichnet sind, l) und so
   weiter, m) die den Wasserkrug zerbrochen haben, n) die von weitem wie Fliegen aussehen.«
   (Borges, *Die analytische Sprache John Wilkins*, S. 212. Zitiert nach Foucault, *Die Ordnung der
   Dinge*, S. 17.)

unvertraut genug, ohne der Leserin mit dem Itinerar eine auf den ersten Blick nachvollziehbare Abfolge von Topoi an die Hand zu geben.

Diese augenscheinliche »Unordnung« steht dem Befund gegenüber, daß Bassano dem allgemeinen Wahrnehmungshorizont der virtuellen Episteme recht nahesteht. Sein Text entspricht in seiner quantitativen Verteilung der Bausteine auf die Unterfelder weitgehend sowohl der Idealepisteme (Platz 2 nach Menavino) als auch der Gesamtepisteme (Platz 4).[26] Anders als Pierre Belon, der mit seinem außerordentlichem Interesse für Pflanzen und Tiere erheblich vom üblichen Wahrnehmungshorizont der Episteme abweicht, bildet Bassano diesen mit seinem ungewöhnlichem Ordnungsmuster recht genau ab. Mit dem Attribut »bunt und willkürlich zusammengewürfelt« kann diese Nähe zur Episteme nicht in Einklang gebracht werden. Zudem verbirgt sich hinter dem Urteil, daß Bassanos Text zur Hälfte *unordentlich* sei, lediglich das pure Unverständnis über das Prinzip, nach dem dieser Text generiert wurde – es ist kaum anzunehmen, daß Bassano für den Druck seines Berichtes jene 27 Kapitel, für die ein inhaltlicher Zusammenhang nicht auf den ersten, heutigen Blick auszumachen ist, in einen Sack geworfen, durchmischt, blindlings wieder herausgezogen und sie dann gemäß den Ergebnissen dieser Lotterie angeordnet hat. Dennoch möchte ich damit nicht die Tatsache leugnen, dass Autoren und Autorinnen mehr oder weniger Geschick und Fleiß für die Ausgestaltung ihrer Texte legen; daß es Bassano also möglicherweise schlichtweg an Können oder Willen gemangelt hat, seinen Text nach den Maßstäben seiner Zeit klarer zu strukturieren. Aber gerade eine nicht ausgereifte Gestaltungskraft vermag unseren heutigen Blick auf zeittypische Muster zu lenken, die in stärker strukturierten Texten weniger deutlich sichtbar werden.

Um die Ordnung Bassanos nachzuvollziehen, ist die Lektüre des gesamten Textes erforderlich, die Zusammenhänge offenlegt, die von Bassanos Textkategorien nicht oder nur teilweise abgedeckt werden. Bassanos Ordnung ist für eine moderne Lesart ungewohnt und für das Verständnis frühmoderner Ordnungsmuster sehr aufschlußreich – erst über die Analyse von Bassanos Text, den ich während der Arbeit an der Bausteinanalyse lange als irrelevant für die Ordnungen des Wissens betrachtet habe, habe ich den Zugriff auf die Eigenart des ethnographischen Ordnungsmusters erlangt, das für den heutigen Blick selbstverständlich zu sein scheint. Daher möchte ich im folgenden Bassanos Ordnungsmuster ausführlich vorstellen.

Nach meiner Lesart von Bassanos Ordnung können wir seinen Text in sechs große Abschnitte oder besser sechs Ketten einteilen,[27] die mit den folgenden Sätzen beginnen:

---

26 Siehe zu den Begriffen der Ideal- und Gesamtepisteme und der Aufstellung dieser Rangliste Anhang 1.

27 Die Ketten habe ich jeweils an den Punkten enden lassen, an denen mir kein verbindendes Element zwischen zwei Kapiteln vorzuliegen schien.

1. »I Turchi si lievano la mattina in ogni stagion dell'anno«.[28]
2. »Glie Tempii, Chiese, o Moschee de Turchi, sono bellissime di grande ornamento e con buonissima cura costodite«.[29]
3. »Essendo da altri lungamente stato detto del Serraglio, e de salari ch'in quello si danno, à me resta solamente descrivere il sito del Serraglio«.[30]
4. »Tengono per cosa certa i Turchi ch'i debiti che non hanno pagato vivi, doversi domandar loro morti da creditori avanti al triunale di Dio«.[31]
5. »Gli Turchi non hanno tanti intricamenti di Grammatiche«.[32]
6. »Qualunque Christiano Maschio (che le femine sono essenti) vuole habitare in Turchia paga un' Scudo l'anno cosi grandi come piccoli.«[33]

Mit diesen sechs Dingen – Aufstehen, Kirchen, Serail, toten Gläubigern, Grammatik und dem Tribut von Christen – werden sechs Ketten eröffnet, anhand derer Bassano seine Kreise zieht, mit denen er letztlich den Wahrnehmungshorizont der Episteme recht genau umfaßt.

Bassano beginnt seinen Bericht mit einem Zeitmoment des Alltagslebens, dem Aufstehen der Türken in der Morgendämmerung, die sich kurz darauf in die Bäder begeben. Der Bericht folgt den Türken in die Bäder. Wir erfahren, wie die Gebäude der Bäder beschaffen sind und wie die Badeprozeduren in ihnen ablaufen: Waschen, Abtrocknen, Massieren und Enthaaren des Körpers. Der Preis für einen Badbesuch liegt bei einem bis vier Aspri. An diesem Punkt lesen wir, wieviel der Asper wert ist, daß 70 Aspri einen türkischen Dukaten und 50 Aspri einen *Scudo d'oro* wert sind, und daß die Türken außer dem Asper keine minderwertigen Münzen abgesehen vom *Mangur*, einer kleinen Kupfermünze kennen, welche jedoch ausschließlich für die Bezahlung der Überfahrt von Konstantinopel nach Pera im Umlauf ist. Das Fährboot für diese Überfahrt kann 15 Personen transportieren, wer Eile hat und nicht darauf warten möchte, daß sich die restlichen Passagiere einstellen, bezahlt den Fahrpreis für die freigebliebenen Plätze. Für die Überfahrt von Konstantinopel nach Pera sind auch kleinere Boote in Gebrauch, an deren Ruder jedoch nur christliche Sklaven, keine Türken sitzen. An diesem Punkt, so Bassano, könnte er nun noch einiges über Pera sagen,

»ma non voglio far si gran disgressione, bastarà di parlare di questa quando parleremo di Costantinopoli e dell'altre città, per hora torneremo à dire del modo che tengono le donne ne l'andare al Bagno: poi che à bastanza habbiamo detto de gl'huomini.«[34]

---

28 Bassano, *I costumi* 1545, Fol. 1r.
29 Ebd., Fol. 8r.
30 Ebd., Fol. 16r.
31 Ebd., Fol. 33r.
32 Ebd., Fol. 37r.
33 Ebd., Fol. 51r.
34 Ebd., Fol. 4v.

Vom Aufstehen der Türken gelangt Bassano über die Bäder, die Waschprozedur, den Preis des Badbesuches, die Münzwährung im allgemeinen sowie die Kupfermünze im besonderen schließlich bis zur Überfahrt nach Pera.

Die ersten vier Elemente dieser Kette werden durch die Figur der *convenientia* aneinandergebunden: Wir folgen den Türken am Morgen ins Bad, erleben die dort vor sich gehende Waschprozedur mit und lernen den dafür zu entrichtenden Preis kennen. Dann wechselt Bassano zur *aemulatio* über, jene Ähnlichkeit, die, laut Foucault, vom Gesetz des Ortes frei ist und uns von den zu bezahlenden Aspri zum Münzwesen im allgemeinen und zur Kupfermünze bringt. Von der Kupfermünze bis nach Pera stellt wiederum die *convenientia* die Dinge in die Kette, das Prinzip der örtlichen Nachbarschaft. Die Kette ist nun in Pera angelangt. An diesem Punkt hält Bassano inne und verspricht uns einen Abschnitt über Konstantinopel und andere Städte, bei dem er auch über Pera berichten würde, zumal er mit seinem Bericht über die Bäder noch nicht fertig sei, da noch die Bäder der Frauen auf ihre Beschreibung warteten. Es bleibt jedoch bei diesem Vorsatz - wir sehen zwar immer wieder Konstantinopel mit seinen Kirchen, Pfarreien und dem Serail im Text auftauchen, aber es wird nirgendwo zusammenhängend in einem Abschnitt zusammen mit Pera beschrieben, über das wir lediglich beiläufig im zehnten Kapitel innerhalb der nächsten Kette lesen.

Diese Kette ist weniger willkürlich, als es auf den ersten Blick scheint. Bassano weicht bei der Beschreibung der Bäder ab, als er den zu entrichtenden Preis nennt, von dem er auf das Münzwesen zu sprechen kommt. Warum, so könnte man fragen, hat ihn nicht die Beschreibung der Marmorverzierungen zu einer *disgressione* über das Marmorhandwerk, die Herkunft des Marmors und den Besonderheiten des Transportweges veranlaßt? Es wäre auch denkbar, daß Bassano bei der Beschreibung einer vielleicht besonders eindrücklichen Erscheinung eines Masseurs verweilt hätte oder auf die halbnackten Körper der Männer eingegangen wäre.

Damit hätte Bassano jedoch den Wahrnehmungshorizont der Episteme verlassen: weder das Marmorhandwerk noch die männlichen Körper (abgesehen vom Körper des Sultans, dessen Beschreibung in den venezianischen Relationen einen festen Platz hatte) waren Dinge, die in der Intertextualität der Reiseberichte über das Osmanische Reich im üblichen Wahrnehmungshorizont verankert waren. Wie wir im fünften Kapitel gesehen haben, war Bassano besonders darauf bedacht, diesen Horizont nicht zu überschreiten – die ungewöhnlich ausführliche Schilderung der türkischen Pferdehaltung rechtfertigte er mit den verbliebenen freien Seiten an Papier. Insofern ist Bassanos Text durchschnittlich. Für die Etablierung eines bis dato unüblichen Beschreibungsfeldes bedurfte es eines besonderen Interesses und einer zielgerichteten intellektuellen Energie, wie sie Belon mit der Erstellung seiner dreifachen Tabelle über Substanzen und Drogen an den Tag legte. Die Beschreibung des Münzwesens hingegen war ein bereits gängiger Bestandteil in den Reiseberichten über das Osmanische Reich.

Wir werden im folgenden sehen, daß dieses Element der Repetition von besonderer Bedeutung für die Entstehung des ethnographischen Ordnungsmusters ist. Insofern ist das oben vorgestellte *theatrum turcarum* mehr als nur die verbildlichte Lektüre eines imaginierten Lesers. Es spiegelt jenen Kanon von Dingen wider, die sich nach und nach als mehr oder weniger *memorabile* erwiesen – ein Kanon, der damit auf die Ordnungsweise der Texte Einfluß nahm.

Nach dem Kapitel über die Bäder sowie die Kleidung und das Abgeschiedensein der Frauen setzt mit dem fünften Kapitel die zweite Kette von Dingen ein, die mit den Kirchen beginnt und, wieder gemäß der *convenientia,* jene Dinge schildert, die sich um diese gruppieren lassen: Gebetsruf, Waschung vor dem Gebet, einige Glaubensinhalte, den Zug des Großen Türken zur Kirche zum Freitagsgebet, ein kurzer Abschnitt über die Verwerflichkeit der türkischen Sekte, die Christen und Juden zugestandene Möglichkeit, ihren Kult (wie beispielsweise die Franziskaner in Pera) zu praktizieren, über die türkischen Priester und schließlich über das Prinzip, daß die türkischen Städte um einzelne Kirchen herum in Sprengeln aufgeteilt sind, nach denen die Nachtwachen der Stadt eingeteilt werden.[35]

In diese Kette sind die Beschreibungen der muslimischen Glaubensinhalte nach dem Prinzip der *aemulatio* eingestreut. Wie in der ersten Kette, in der Bassano die nach dem Prinzip der *aemulatio* aneinandergereihten Dinge nachträglich als *disgressione* qualifiziert, so ist er sich auch hier bewußt, daß er von seinem Hauptprinzip, der *convenientia,* abweicht. So wie der Badepreis in der ersten Kette eine Anschlußmöglichkeit für die *aemulatio* eröffnet, ist hier die Beschreibung der türkischen Gebete der Ansatzpunkt, um auf einige der in diesen angesprochenen Glaubensinhalte zu kommen, bevor er zu seinem eigentlichen Beschreibungsgegenstand, dem Gebet, zurückkehrt:

»Avanti ch'à dire altro ci distendiamo, non sarà fuor di proposito dirvi ch'i Turchi non adorano Machometto (come molti si credono) ma solo Iddio padre, et Machometto hanno per un Profeta che sia loro stato mandato da Dio à riformare il mondo [...]. Lavati (come è gia detto) e discalzi entrano in Chiesa [...].«[36]

Der mittels der *aemulatio* eingefügte Abschnitt wird hier in seinem Anfang und Ende von Bassano deutlich gekennzeichnet.

Die dritte Kette beginnt mit einem herausragenden Topos, dem Serail. Auch hier versichert Bassano, daß er dem Prinzip der *convenientia* folgen möchte:

---

35 Die Moscheen werden in den Reiseberichten mit den Varianten von *mesgit,* Kirche oder Tempel bezeichnet, wobei die Bezeichnungen innerhalb eines Textes wechseln können. Bassano benutzt überwiegend das Wort *chiesa.*

36 Bassano, *I costumi* 1545, Fol. 10v.

»Essendo da altri lungamente stato detto del Serraglio, e de salari ch'in quello si danno, à me resta solamente descrivere il sito del Serraglio.«[37]

Auch an dieser Stelle bleibt Bassano nicht beim Prinzip der örtlichen Nachbarschaft, sondern weicht davon ab, wenn er zunächst über die »Sultanin«, das heißt die Favoritin Süleymans, und dann über ihren Sohn berichtet, der an den Grenzen zu Persien weilt. Daraufhin (»Giovami di fare qui un poco di disgressione ...«[38]) kommt Bassano auf die in Persien (und in Anatolien) ansässigen *Chesul Bas* (einer Sekte, deren Mitglieder rote Kopfbedeckungen tragen) zu sprechen, was ihn wiederum zu der Bemerkung veranlaßt, daß unter den Türken Grün als die besonders verehrte Farbe des Propheten gilt. An dieser Stelle kehrt Bassano wieder zum Prinzip der *convenientia* zurück (»Hor torniamo à quel che dobbiamo«[39]).

In dieser Weise fährt Bassano in seinen Ketten fort, immer wieder changierend zwischen *convenientia* und *aemulatio*, wobei er häufig den Wechsel zwischen diesen beiden Ordnungsmustern explizit markiert. Kette 3 führt so vom Serail der Frauen über einen allgemeinen Abschnitt über Ehebräuche zurück zum Großen Türken, seiner Audienz und den dort anwesenden Amtsträgern, den Cadilescher, dem Mufti, über die Bassano auf andere Religiosi (die wie Eremiten und Derwische nicht an eine bestimmte Kirche gebunden sind – ansonsten, so läßt sich mutmaßen, hätte Bassano diesen Abschnitt in der zweiten Kette eingefügt) zu sprechen kommt.

Die vierte Kette setzt mit dem Kapitel über die Testamente und Begräbnisse ein und leitet dann zum Sterben der Tiere über, die, wie Bassano lobend bemerkt, außerhalb der Stadtmauern geschlachtet werden, wo auch die Gerber ihr Handwerk verrichten, so daß die Stadt selbst geruchsfrei und sauber bleibt. Von den toten Tieren kommt Bassano damit auf das Essen[40].

Kette 5 setzt mit einer Beschreibung des Schulwesens ein, geht über die Beschneidung der Jungen weiter zur Beschneidung von Juden und Christen, die bei gewissen Delikten erzwungen wird, zu grausamen Strafformen im allgemeinen und einem christlichen Märtyrer gegenüber im besonderen, worauf Bassano sich dem Schicksal der Sklaven und den Sklavenhändlern zuwendet und mit der Beschreibung des Sklavenmarktes wieder auf das Prinzip der *convenientia* einschwenkt: Es folgen Bezestan, Tuch- und Pferdemarkt, dann, weniger direkt angebunden, aber immer noch bei der Beschreibung von Örtlichkeiten verweilend, die befestigten Städte, ihre Janitscharenwachen sowie die generell in der Türkei schlecht ausgestatteten Häuser, die nicht vorhandenen Gasthäuser, sowie die Karawansereien. Mit den Karawanse-

---

37 Ebd., Fol. 16r.
38 Ebd., Fol. 18v.
39 Ebd., Fol. 19r.
40 Ebd., Fol. 35v: »Essendo detto disopra (anchorche, con qualche disgressioncella) delle bestie ch'ammazano di Turchi per mangiare e dove, non sarà fuor di proposito di dire, quali di quelle mangino piu volontieri, e come le condiscano.«

reien, die häufig auf private Stiftungen zurückgingen, ist Bassano beim Thema der Wohltätigkeit angelangt und vertieft in den folgenden Kapiteln ein Thema, das vor allem in dieser Kette präsent ist: die Türken, die durch Beschneidung zu Türken geworden sind, und ihr Charakter. Während sich in den vorangegangenen Ketten Bassanos Urteile auf gewisse Sitten (das wenig delikate Essen) und der Verwerflichkeit des türkischen Glaubens beziehen, treten nun die Urteile über die Türken selbst ins Zentrum. Von der Grausamkeit in ihrem Strafwesen und ihrer Behandlung der christlichen Sklaven gelangt Bassano in den Abschnitten über ihre Wohltätigkeit zu einem wohlwollenderen Urteil:

»S'il credere et la fede de Turchi, fussi si buona, come sono alcun'opere pie che loro fanno, migliore speranza potrebbono havere della salute dell'anima loro.«[41]

Diese Wohltätigkeit erstreckt sich auch auf die Fütterung von herrenlosen Hunden und die Austeilung von Wasser und Eis um der Liebe Gottes willen. Nach dem Abschnitt über die Eis-, Schnee- und Weinkonservierung in den Kellern scheint mit dem nächsten Kapitel über das Fasten und das Bayramfest eine neue Kette einzusetzen, aber dieses wird mit dem Bericht über das absolute Weinverbot in der Fastenzeit (und dessen Überschreitung durch einen bekehrten Juden) an das vorangegangene Kapitel angeschlossen. Der Wein dient hier als das verbindende Element, als eine Signatur der Ähnlichkeit zwischen den in beiden Kapiteln geschilderten Dingen. Vom Bayramfest gelangt Bassano auf das in der Türkei verbotene Glücksspiel (welches die Türken als bescheidener als die Christen ausweist) und zu Spielen und Unterhaltung. Kapitel 43 berichtet über die Waffenlosigkeit und Friedfertigkeit der Türken untereinander. Auch hier finden wir wieder eine Signatur der Ähnlichkeit, die Kapitel 43, das sich allgemein bereits in das Thema der fünften Kette einordnet, auf seinen Platz hinter Kapitel 42 festlegt. Es ist diesmal eine Rose: In Kapitel 42 befindet sie sich in den Händen der Türken, die von den Spielen auf dem Land zurückkommen, in Kapitel 43 sehen wir die hochmütigen Spahis, die auf reich geschmückten Pferden durch die Stadt reiten und Rosen verteilen, für die sie – geizig, wie sie sind – einen *quadrino* verlangen. Kapitel 45 schließt mit einem letzten summarischen und vernichtenden Urteil über die Türken diese Kette ab.[42]

Die sechste Kette schließlich hat die Beziehungen des Sultans zur Welt zum Thema: zu seinen Untertanen sowie zu christlichen Botschaftern. Wir lesen über Sprachen, Symbole und Livreen, Kommunikationssysteme und die *ménagerie* in Konstantinopel. Eine letzte Signatur der Ähnlichkeit sei hier erwähnt, die die Kapitel 54 (über den fehlenden Buchdruck) und 55 (über die Art zu urinieren) zusammen-

---

41 Ebd., Fol. 45v.

42 Ebd., Fol. 50v: »[...] et in somma come in molta altre cose, cosi in questa, mostrano la loro incivilita et sciochezza.«

fügt: Beides, Buchdruck sowie die Berührung mit Urin, gelten, so Bassano, in der Türkei als Sünde.

Letztlich gruppieren sich damit die sechs Ketten um folgende Themen:

1. Die Körper der Türken und Türkinnen (Kapitel 1-4)
2. Kirchen (Kapitel 5-12)
3. Serail und Amtsträger (Kapitel 13-25)
4. Tod (Kapitel 26-29)
5. Die Türken und ihr Charakter (Kapitel 30-45)
6. Die Türken und die Welt (Kapitel 46-55)
Epilog: Pferde und Windhunde (Kapitel 56-59)

Bassano erhob die *convenientia* und die *aemulatio* zum impliziten Prinzip, nach dem er die Dinge aneinander anordnete, ohne sie weiteren Kategorien unterzuordnen. Zusammen mit dem ethnographischen Ordnungsmuster (das Thema des nächsten Abschnittes ist) und dem Itinerarprinzip haben wir also drei Optionen von Ordnungen der Dinge im 16. Jahrhundert vorliegen. Alle drei Ordnungen waren topisch und entsprachen damit der Art und Weise, wie in dieser Zeit Wissen generiert, geordnet und präsentiert wurde.

Weshalb, so ist an dieser Stelle zu fragen, hat sich von diesen drei Optionen das ethnographische Ordnungsmuster für die Beschreibung sozialen Lebens durchgesetzt? Das Itinerarprinzip wurde zwar weitergeführt und blieb als Modell für die Beschreibung der auf einer Reise gemachten Erfahrungen weiterhin in den folgenden Jahrhunderten maßgeblich, aber diese Ordnung der Dinge konnte aufgrund ihrer Anbindung an die jeweilige konkrete Reisesituation nicht auf andere Kontexte übertragen werden. Bassanos Ordnung hing hingegen nicht von einem Reiseweg ab. Betrachtet man diese Ordnung isoliert, so erscheint der Erfolg des ethnographischen Ordnungsmusters eigenartig und nicht selbstverständlich. Wieso haben die anderen sechs Autoren nicht wie Bassano als Darstellungsweise eine Abfolge von Ketten gewählt, in denen die Dinge durch verschiedene Figuren der Ähnlichkeiten aneinandergereiht wurden? Wieso gruppierten sich die Dinge im ethnographischen Ordnungsmuster immer wieder um bestimmte Topoi, die sie wie Magneten anzuziehen scheinen? Wenn es, wie Bassanos Text zeigt, möglich war, die Dinge in derartigen Ketten anzuordnen, was war dann der Grund, weshalb sich ein Ordnungsmuster als besonders erfolgreich erwies, das nicht nur bestimmte Topoi vorgab, sondern darüber hinaus eine Hierarchie unter den einzelnen *loci communes* entwarf?

In den folgenden Abschnitten möchte ich daher nicht nur das ethnographische Ordnungsmuster vorstellen, sondern auch diejenigen Merkmale hervorheben, die es mit den anderen beiden Ordnungsweisen gemein hat, und zu erklären versuchen, warum es sich schließlich durchsetzte.

Das ethnographische Ordnungsmuster

Dem ethnographischen Ordnungsmuster folgen Georgejevic (De ritu), Menavino, Ramberti und Spandugino. Diese vier Texte wurden auch in Kompendien abgedruckt; ihnen gesellt sich Geuffroy hinzu.

Im Gegensatz zum Itinerarprinzip und Bassanos Ordnung fällt ein großer Unterschied bei diesen Texten auf: die Hierarchisierung der Topoi, das heißt die Zusammenführung verschiedener Topoi unter umfassendere *loci communes.* Bassano verzichtet gänzlich auf die Einziehung einer zweiten Ordnungsebene – die von mir identifizierten Themen der von ihm aufgerollten sechs Ketten macht er weder explizit, noch führt er andere Ordnungskategorien auf dieser Ebene ein. Die 59 Kapitel erscheinen im Text und im Inhaltsverzeichnis als einander beigeordnete Einheiten. Belon, Nicolay und Villamont teilen ihre Beobachtungen entlang dem Reiseweg zwar in drei bis vier Bücher, führen dabei aber keine neuen Topoi damit ein: Die Titel dieser Bücher variieren lediglich in ihrer Ordinalzahl (»Le premier livre des navigations, le second livre des navigations etc.«). Im ethnographischen Ordnungsmuster führen die Autoren hingegen auf einer Ebene, die über den Kapitelüberschriften (oder den entsprechenden Markierungen innerhalb des Textes) liegt, umfassendere Topoi ein, die jene *loci communes,* die als weniger umfassend und auf einer unteren Ordnungsebene wirkend eingestuft wurden, einschließen.

Als Auszug aus den im einzelnen in Anhang 7 aufgeführten Ordnungsmustern seien diese Hauptkategorien hier aufgeführt:

Ramberti

Buchtitel
- *Libri tre delle cose de Turchi.*
- *Nel primo si descrive il viaggio da Venetia à Constantinopoli, con gli nomi de luoghi antichi et moderni;*
- *Nel secondo la Porta, cioe la Corte de Soltan Soleymano, Signor de Turchi;*
- *Nel terzo il modo del reggere il stato et imperio suo.*

Hauptkategorien im Text
- *Libro primo delle cose de turchi*
- *Delle cose de turchi libro secondo*
- *Delle cose de turchi libro terzo*

Geuffroy

Buchtitel
- *Briefve description de la court du grant Turc*
- *et ung sommaire du regne des Othmans*

- *Avec un abregé de leurs folles superstitions,*
- *ensemble Lorigine de cinq empires yssuz de la secte de Mehemet.*

Hauptkategorien im Text
- *Briefve description de la court du grant Turc*
- *Conquestes des Turcs*
- *Second livre contenant autres superstitions des Turcs*
- *Lorigine des turcs et le commencement de quatre empires yssuz de la secte de Mehemet*

Georgejevic

Buchtitel

De Turcarum ritu et caeremoniis [...] Additis quamplurimis dictionibus, etiam Numero, cum Salutationibus et Responsionibus Persarum.

Hauptkategorien im Text
- *Caput I:*   *De origine turcarum*
- *Caput II:*   *De militia*
- *Caput III:*   *De operarijs et agricolis*
- *Caput IV:*   *De vocabulis, salutationibus et responsionibus ac Numero eorum*

Menavino

Buchtitel

I cinque libri
- *della legge,*
- *religione,*
- *et vita de'Turchi*
- *et della Corte,*
- *et d'alcune guerre del Gran Turco.*

Hauptkategorien im Text
- *Il primo libro della vita, et legge turchesca*
- *Il secondo libro delle chiese, hospitali, et religioni de'Turchi, et modo di ministrar giustitia*
- *Il terzo libro del vivere, et ordini del serraglio del Gran Turco*
- *Il quarto libro delle genti d'arme, salariate dal Gran Turco*
- *Il quinto libro, et ultimo, dell'essercito della Grecia, et Natolia.*

Spandugino

Buchtitel
- *Delle historie,*

- *et origine de Principi de Turchi,*
- *ordine della Corte,*
- *loro rito,*
- *et costumi.*

Hauptkategorien im Text
- *Cose della Corte ò pertinenta alle guerra*
- *Costumi di Signori, et Turchi, e rito loro.*

Wir sehen hier, daß Ramberti, der sein erstes Buch nach dem Itinerarprinzip gestaltet, auch in der Benennung seiner drei Bücher ohne weitere inhaltliche Differenzierung dem Usus der Itinerarberichte folgt, auf dieser Ebene keine weiteren Topoi einzuführen, obgleich er sie im Buchtitel nennt.

Anders als das Itinerarprinzip und die Ordnungsketten Bassanos sind diese Topoi bis zu einem gewissen Grad miteinander kompatibel, vor allem die Kategorien, die Hof und Militär bezeichnen, also das, was ich in der virtuellen Episteme unter *Hof, Regierung und Militär* eingeordnet habe:

Hof, Regierung und Militär

- *la Porta, cioe la Corte*
- *modo del reggere il stato et imperio*
- *la court du grant Turc*
- *la Corte*
- *ordine della Corte*
- *genti d'arme*
- *essercito*
- *modo di ministrar giustitia*
- *militia*

Die anderen beiden Hauptfelder, die ich in der virtuellen Episteme aufgeführt habe – *Sitten und Gebräuche* sowie *Religion* – sind hingegen in der Begrifflichkeit etwas weniger eindeutig voneinander getrennt. Für beide Felder verwenden die Autoren die folgenden Kategorien:

Religion

- *legge*
- *vita*
- *religione*
- *rito*
- *caeremonia*
- *chiese, hospitali, et religioni*

- *modo di ministrar giustitia*
- *la loro fede*
- *superstitions*

Sitten und Gebräuche

- *vivere/modo di vivere*
- *rito*
- *costumi*
- *moeurs et conditions*
- *nature des Turcs en general*
- *Costumes et façon de vivre*

Unter diese Hauptkategorien werden in den Texten Unterkategorien eingeordnet, nach denen ich die Unterfelder der virtuellen Episteme ausgerichtet habe und die vollständig in Anhang 7 aufgeführt sind. Für deren Anordnung sei hier für jedes Hauptfeld ein Beispiel genannt:

1. Hauptfeld: Hof, Regierung und Militär
Spandugino

Cose della Corte ò pertinenta alla guerra

I. Offìtij e ministri della casa
[Beschreibung des Serails der Frauen – nicht eigens in unter eine Textkategorie eingeordnet]
II. Modo et forma che tengono questi Imperatori in governare lo stato loro (H5r)
   1. *Bascia e Beglerbei (H7v)*
   2. (nicht bezeichnet: Ämterlisten)
   3. *intrate di detto Imperator di Turchi (K2v)*
   4. *constitutione che solevano fare detti Imperatori per utilità et commodità delli suoi vasalli: acciò che la iustitia habi luoghi (K3v)*
   5. *L'ordine che tien questo Imperatore*
[Dann weitere Dinge ohne Einordnung in Textkategorien]
III. L'ordine di questi Imperatori Ottomani essendo in campo è questo nell allogiare (L3r)
   1. *Campo di terra (L5v)*
   2. *Campo di mare (L5v)*

2. Hauptfeld: Sitten und Gebräuche
Menavino

Il Terzo Libro del vivere, et ordini del serraglio del gran Turco

1 Della Circoncisione de'Turchi, et loro puerile consuetudine
2. el mangiare de i Turchi
3. el bere de' Turchi
4. Del vestire, et del calzare de gli huomini della Turchia
5. Del vestire, et del calzare delle donne della Turchia
6. Del cavalcare de'Turchi
7. Il sollazzo de i giovani della Turchia, nominati Leventi
8. Di un certo luogo chiamato Timarahane, dove si castigano i matti

3. Hauptfeld: Religion
Georgejevic

Caput 1: De Turcarum Origine
De Origine Mehemmeti
De Templis illorum
De Quadragesima eorum
De eorum Circumcisione
De Sacerdotibus eorum
De Scholis ipsorum
De Monachis illorum
De Matrimonij contractione
De Peregrinatione illorum
De Eleemosynis Hospitalium
De Victimis eorum
De Legatis et Testamentis
De Caeremonia defunctorum
De Aedificio sepulchri Tulbe dicto

Weshalb haben sich nun gerade diese Hauptkategorien in dieser Ordnung der Dinge durchgesetzt? Wie wir in Kapitel 5 gesehen haben, waren sie als Kategorien in dieser Form durch die vormalige Tradition keineswegs vorgegeben. Es war zwar möglich, daß jene Dinge, die im 16. Jahrhundert unter diesen Hauptkategorien gefaßt wurden, in früheren Reiseberichten und Historien geschildert wurden, aber dies geschah nicht im permanenten Bezug auf die später etablierten Hauptkategorien. Das ethnographische Ordnungsmuster ist in dieser Form eine neue Erscheinung des ausgehenden 15. und 16. Jahrhunderts. Die epistemologische Konfiguration des ethnographischen Wissens erweist sich damit als neu: neu in der Art und Weise, wie die nun aufgewerteten empirischen Informationen einander zugeordnet wurden.

In den Reiseberichten wird diese Ordnung jedoch keineswegs als neu gekennzeichnet. Die von mir in der Bausteinanalyse definierten Ordnungsindikatoren beziehen sich zum ganz überwiegenden Teil auf das ethnographische Ordnungsmuster –

das eine Art unsichtbarer grauer Eminenz zu sein scheint, die den Reiseberichter-stattern einflüsterte, wann über ein bestimmtes Thema genug gesagt worden sei, die Bassano zum fast schuldbewußten Abbrechen seiner *disgressione* veranlaßte und die Reisende dazu brachte, zumindest stellenweise vom Itinerarprinzip abzuweichen und sich dem ethnographischen Ordnungsmuster anzuschließen.

Diese weitreichenden Vorgaben zur Wissensordnung wurden also befolgt, ohne daß sie in den Texten selbst reflektiert wurden. Dies gilt auch für die Reiseberichte aus der zweiten Hälfte des 16. Jahrhunderts, in der sich nach und nach die Apodemik herausbildete. In den Vorworten der Reiseberichte räsonierten die Autoren über viele Themen – die *Türkengefahr* wurde beschworen, der Mäzen gelobt, das anthropologi-sche Projekt der epistemologischen Erfassung des Globus entworfen, die Relevanz und lange Tradition des Reisens hervorgehoben –, die Ordnung des dargestellten Wissens selbst wurde jedoch nicht reflektierend thematisiert. Obgleich die Autoren – insbesondere jene, die sich dem ethnographischen Ordnungsmuster anschlossen – eine erstaunlich hohe Sensibilität für die Wissensordnung an den Tag legten, redeten sie niemals explizit und allgemein über das, was sie praktizierten. Das ethnographi-sche Ordnungsmuster (ebenso wie das Itinerarprinzip und Bassanos Ordnung) war nicht durch Leittexte eingeführt worden, sondern hatte sich in der Textpraxis einge-schliffen. Dennoch lassen sich die Übereinstimmungen in den Hauptkategorien der Reiseberichte über das Osmanische Reich nicht allein auf intertextuelle Bezüge zu-rückführen – dafür ist der Grad der stillschweigenden Selbstverständlichkeit zu groß. Wie Bassanos Text zeigt, hatte sich innerhalb dieser Textgruppe ein Wahrnehmungs-horizont etabliert, der eine gewisse Verbindlichkeit hatte. Auf der Ebene der Ord-nungsmuster gab es jedoch drei Optionen. Der Erfolg des ethnographischen Ord-nungsmusters – Erfolg im Sinne der Übertragung dieser Texte auf andere Wissens-zusammenhänge, wie die ethnographischen Kompendien – läßt sich aus der Gruppe der hier betrachteten zwölf Reiseberichte allein nicht erklären.

Der Vorgang dieser umfassenden Etablierung bestimmter Topoi, die in keinem der Reiseberichte ausdrücklich als neues Ordnungsmuster bezeichnet wurden, be-ruhte auf dem Moment der Repetition, auf der Häufigkeit, mit der die Hauptkatego-rien immer wieder genannt wurden. Es war die Macht der Gewohnheit, die den oben aufgeführten *loci communes* ihre Autorität verlieh. Dieser umfassende Prozeß wurde durch zwei Strömungen flankiert: die diplomatische Wissenserhebung, die 70 Pro-zent aller Reiseberichte hervorbrachte und die gelehrte Tradition, die dem Projekt der Aktualisierung antiker Beschreibungen gewidmet war. Denn die oben aufgeführten Topoi decken sich in einem gewissen Ausmaß mit den Ordnungskategorien, die wir in den venezianischen Relationen vorfinden:

Relation Morosino

- *Della origine del Signor Turco,*
- *del numero e qualità dei suoi regni,*
- *delle forze così terrestri come marittime che trattiene,*
- *dell'abbondanza dei viveri che a il paese,*
- *della qualità dei popoli,*
- *della loro religione,*
- *della forma della giustizia con la quale son governati,*
- *dell'entrate e delle spese di quel signore.*[43]

Relation Antonio Tiepolo

- *della richezza e del modo che tiene il Gran Signore nel conseguirla,*
- *della militia di terra e di mare,*
- *la natura di quel governa,*
- *la natura di quei che governano,*
- *la natura del Gran Signore,*
- *il modo per en riuscir ne' negozij.*[44]

Weitere Übereinstimmungen ergeben sich im Vergleich der in Anhang 7 aufgeführten vollständigen ethnographischen Ordnungsmuster mit den im vierten Kapitel zitierten *Ricordi per ambasciatori con un epilogo breve de quelle cose che si recercano per fare una relazione.*

Als ein Beispiel für die gelehrte Tradition sei hier die Kosmographie Enea Silvio Piccolominis genannt, der in der italienischen Ausgabe von 1544 die folgende »copiosißima tavola di tutte le cose, che ne la seguente colonna si contengono« vorangestellt wurde:

»Il sito	Fiumi
Forma	Stagni
Distanza	Laghi
Confini	Paendi
Provincie	Monti
Cittadi	Selve
Castella	Boschi
Villagi	Pascoli
Mari	Solitudini
Fonti	

---

43 Relation Gianfrancesco Morosino 1585. In: Albèri, *Relazioni* Serie III, Bd. 3, S. 279.
44 Relation Antonio Tiepolo 1576. In: Albèri, *Relazioni,* Serie III, Bd. 2, S. 132.

Di tutto ciò, che di notabile in eßi si contiene. Il vivere, e vestire, costumi, gesti di tutti que popoli antichi et moderni«[45]

Die an letzter Stelle genannten Topoi »il vivere, vestire, costumi e gesti« sind dabei ein Zusatz aus dem 15. und 16. Jahrhundert, die den geographischen Kategorien gegenübergestellt werden. In der Terminologie des in Kapitel 1 zitierten Ptolemäus-Kommentator Giovanni Malombra gehören sie den qualitativen *loci communes* der Kosmographie an, die er als Pendant zur Geographie entworfen hat.

Wir haben also einen weitgefächerten Kanon an *loci communes* vorliegen, der im 15. und 16. Jahrhundert etabliert wurde und die Kompatibilität der unterschiedlichen Länderbeschreibungen und damit ihre Zugehörigkeit zum ethnographischen Wissenskorpus gewährleistete. Dieser Kanon etablierter Topoi war es, der Bassano in seiner ersten Kette innehalten ließ, als diese in Pera angekommen war: Pera war eine Stadt, das heißt ein gängiger *locus communis*, der Bassano offenbar die Vorstellung vermittelte, daß es opportun sei, Pera an der Stelle in seinem Reisebericht zu beschreiben, an welcher er »di Costantinopoli e dell'altre città«[46] sprechen würde. Dieser Kanon etablierter Topoi verhinderte jedoch auch die Vergabe übergreifenderer *loci communes* für Bassanos Ketten. Von den von mir ausgemachten sechs Themen, unter die sich (nach heutiger Lesart) die einzelnen Ketten einordnen lassen, fanden nur die Themen der zweiten und dritten Kette (Kirche und Serail) ihr Echo auf der allgemeinen Verhandlungsebene der Topoi. Insofern hatte Bassano mit der Anordnung seiner Ketten zwar den gängigen Wahrnehmungshorizont, nicht aber die übliche Ordnung der Dinge abgebildet. Da für die Benennung seiner Ketten keine üblichen *loci communes* zur Verfügung standen, war Bassano eine weitere Hierarchisierung des Materials nicht möglich.

Da die Etablierung dieser Topoi nicht mittels einiger Leittexte erfolgte, sondern sich im gegenseitigen Bezug der Texte herausbildete, läßt sie sich nur durch eine hohe Zirkulationsdichte erklären, die einerseits im venezianischen Nachrichtensystem und andererseits im Buchdruck gegeben war. Insbesondere der diplomatische Kontext, der mehr als zwei Drittel aller Reiseberichte hervorbrachte, war für das Moment der Repetition unabdingbar.

Die *ars memorativa*, die den neuen Wissensordnungen entscheidende Impulse gab, beruhte entscheidend auf diesem Moment der Repetition – eine gängige Anweisung zum Memorisieren lautete beispielsweise, den merkwürdigen Wissensstoff in immer größeren Abständen zu rekapitulieren. Die Herausbildung der ethnographischen Topoi läßt sich als ein kollektiver Memorisierungsprozeß betrachten. In der fortwährenden Zirkulation ethnographischer Schriften – moderner wie antiker Prove-

---

45 Piccolomini, *La descrittione del'Asia* 1544, Fol. 1v.
46 Bassano, *I costumi* 1545, Fol. 4v.

nienz – konnten sich nur jene Topoi etablieren, die nicht singulär, sondern in vielen Zusammenhängen gebraucht werden konnten. Das Itinerarprinzip war dafür ebensowenig brauchbar wie Bassanos Ordnungsmuster, für das komplexe Ketten von *aemulatio* und *convenientia* erforderlich waren, welche sich nicht für die Abstraktion und Übertragung auf andere Zusammenhänge eigneten, um den üblichen Wahrnehmungshorizont abzubilden.[47]

Überlappungen zwischen den drei Ordnungsmustern

Die drei Ordnungsmuster wurden keineswegs als gegensätzlich empfunden. In den meisten Fällen finden sich Elemente von allen drei Prinzipien, von denen jeweils nur eines die Gesamtstruktur des Textes bestimmt. Sowohl das Itinerarprinzip als auch das ethnographische Ordnungsmuster weisen Ketten von *aemulatio* und *convenientia* auf. Die Beschreibung des osmanischen Hofes war auch in den Texten, die dem ethnographischen Ordnungsmuster folgten, häufig topographisch an der Lage der einzelnen Gebäude und Serails orientiert. Wie wir sehen werden, wurde aber das ethnographische Ordnungsmuster als besonders relevant empfunden.

Die topographische Prägung des ethnographischen Ordnungsmusters läßt sich besonders gut an den Stellen ausmachen, an denen die Reiseberichte, die nach dem Itinerarprinzip geordnet sind, zum ethnographischen Ordnungsmuster übergehen. Der Merkort, an welchem ein Text der Turcica von der Itinerarstruktur zum ethnographischen Ordnungsmuster wechselte, war vorzugsweise Konstantinopel. Auch in den venezianischen Relationen wurde der Bericht der Reise häufig der Schilderung des Osmanischen Reiches nach dem ethnographischen Ordnungsmuster vorangestellt. Unter unseren Reisenden wendet Ramberti dieses Schema gleichfalls an,[48] während Belon und Nicolay es variieren. Belon und Nicolay inserieren beide ethnographische Informationen größeren Umfangs in die Schilderung ihres Reiseweges, denen sich bei der Ankunft in Konstantinopel (bei Belon ist es die zweite Ankunft nach seiner Reise nach Ägypten[49]) jeweils ein eigenes Buch anschließt, das nach dem ethnographischen Ordnungsmuster strukturiert ist. Nicolay beschreibt am Ende des zweiten Buches Konstantinopel und seine Bauwerke, denen er drei Kapitel über die türkischen Bäder und die Märkte anfügt, bevor er nach einer Beschreibung Peras und

---

47 Es ist bemerkenswert, daß die *ars memorativa* ursprünglich nicht für die schriftliche Textproduktion gedacht war. Siehe zu den Einflüssen dieser Disziplin auf die Apodemiken Neuber, *Fremde Welt*.

48 Die ethnographischen Informationen, die Ramberti im Itinerar schildert, beschränken sich jeweils auf wenige Sätze, die sich vor dem Erreichen Edirnes überdies nicht auf die Türken beziehen.

49 Belon, *Observations* 1554, ejv: »Le tiers (livre) fera entendre la maniere moderne de vivre des Turcs, comme ie l'ay descript estant resident de seiour au fin cueur de Turquie.«

seiner Einwohner und Einwohnerinnen ohne weitere Einleitung das dritte Buch – mit einem Kapitel über die Janitscharen – beginnen läßt, welches den Hauptteil seiner Informationen über die Türken enthält. Belon gestaltet den Übergang vom Itinerarprinzip zum ethnographischen Ordnungsmuster hingegen expliziter, am Ende des zweiten Buches notiert er:

»Toutesfois avant que de poursuivre le recit de telle matiere, il m'a semblé convenable mettre un discours des loix que donna Mahomet à ses supposts, *quasi en maniere de parenthese,* pour faire mieux entendre que la barbarie et bestise de ce faulx prophete a seduit tout ce pauvre peuple ignorant sa loy, qui est un vray songe phantastique: parquoy mettant fin à ce second livre, commenceray le tiers par les plus evidentes resveries de quoy s'est souvenu Mahomet.«[50]

Auch dem dritten Buch stellt Belon eine weitere allgemeine Bemerkung voran:

»Puis que i'ay trouvé nouvelle occasion en descrivant ce tiers livre, de pouvoir traicter les singularitez sur la maniere de vivre des gents en Turquie, selon que les y ay observées estant resident en Asie au fin coeur d'icelle.«[51]

Die Gelegenheit, über die Lebensweise der Türken zu schreiben, ergab sich für Belon beim Aufenthalt »im Herzen Asiens«. Für Villamont, der auf seiner Reise nicht nach Konstantinopel kam, ist hingegen die Zeit, die er beim Konsul von Tripolis verbringt, der Anlaß, einen *Discours de l'Empire du grand Turc, et de la puissance de ses armees, tant en paix qu'en guerre [...]* einzufügen.[52] Das Verweilen am Ort, das Unterbrechen des Reisewegs favorisierte also in der Niederschrift der Texte die Ablösung des Itinerarprinzips durch das ethnographische Ordnungsmuster, ein Vorgang, der sich bei jenen, die mehrere Jahre oder gar Jahrzehnte im Osmanischen Reich verbrachten, auf die gesamte Textgestaltung auswirkte.

Bei Ramberti wirkte das topographische Prinzip in seiner Beschreibung der Pforte im zweiten Buch als dem ethnographischen Ordnungsmuster untergeordnete Struktur fort. Nach der Beschreibung Konstantinopels und einem kurzen Exkurs über die Türken schildert er den Hof des Sultans entlang einer gewissen geographischen Ordnung, die sich an der Lage der einzelnen Serails und des Arsenals orientiert. Bei dieser Gelegenheit bemerkt Ramberti allerdings:

»Hora seguendo pur cosi, come ho principato, riservandomi in altro tempò et ocio a ridur questa Porta sotto ordine migliore et mettèr ciascuno a i luoghi suoi, trovo che apresso à tutte le sopradette cose vi si aggiunge un Serraglio di donne del Signore.«[53]

Das topographische Ordnungsprinzip ist für Ramberti ein erster, probater Zugriff auf sein Material, den er aber ausdrücklich als verbesserungswürdig einstuft und in be-

---

50 Belon, *Observations* 1554, Fol. 169v, Hervorhebungen von mir.
51 Belon, *Observations* 1554, Fol. 170v.
52 Villamont, *Voyages* 1600, Fol. 241r.
53 Ramberti, *Libri tre* 1539, Fol. 20v.

zug auf den er sich vorbehält, zu einem späteren Zeitpunkt die Beschreibung der Pforte zu einer besseren Ordnung zu »reduzieren«, in welcher jeder Amtsträger an seinen Ort gestellt wird. Das Wort *ridur* weist darüber hinaus darauf hin, daß diese bessere Ordnung eine *verdichtete* ist. Die Anordnung der Dinge entlang den Merk-örtern des Itinerars wird von Ramberti als eine erste, extensive Abbildung betrachtet, die vor einem besseren Ordnungsmuster, in dem jeder Amtsträger an »seinen« Ort gestellt wird, deutlich abfällt. Um das geographische Prinzip in jene bessere Topik zu überführen, sind jedoch eine andere Zeit und überdies Muße erforderlich.

Haben wir bei Belon, der abends am Lagerplatz die am Tage gesammelten Pflanzen beschrieb, die ausdrückliche Fixierung der *inventio* auf Zeit und Ort des Aktes selbst ausmachen können, so verweist Ramberti an dieser Stelle darauf, daß der Vorgang des *iudiciums* revidierbar ist und, wie Blundeville rund vierzig Jahre später ausführen wird, im Kopf stattfindet. Während für die *inventio*, welcher das Prinzip der Ähnlichkeit zugrunde liegt, der direkte Abgleich der Wörter mit den Dingen erforderlich ist, ist die Einordnung der Dinge zeitlich und räumlich davon unabhängig. In diesem zweiten Ordnungsschritt geht es vielmehr darum, in einem Denk- und Memorisierungsprozeß ein Prinzip zu ersinnen, welches allen Dingen ihren angemessenen Platz zuweist.

Das Urteil Rambertis, daß das topographische Ordnungsprinzip einer anderen, besser durchdachten Topik unterlegen sei, steht jedoch nicht für eine damalige Polemik, in welcher verschiedene Ordnungsmuster gegeneinander ausgespielt worden wären. Die Ordnung der Dinge selbst war keine ideologische, sondern vor allem eine pragmatische Frage. Bei der Fülle der Dinge ging es hauptsächlich darum, welche Ordnungsweisen für einen ersten Zugriff praktikabel waren. Itinerarprinzip und ethnographische Ordnungsmuster konnten daher ineinander übergehen, wobei das erstere vor allem von den Reisenden, nicht von denjenigen genutzt wurde, die sich über eine gewisse Lebensspanne im Osmanischen Reich aufhielten. Es ist kein Zufall, daß unter den Reiseberichten, die dem ethnographischen Ordnungsmuster folgten, alle Gefangenenberichte (außer dem Traktat Georgs) vertreten sind. Wie wir gesehen haben, zogen jene »Reisenden«, die sich über viele Jahre im Osmanen Reich aufhielten, das ethnographische Ordnungsmuster dem Itinerarprinzip vor. Unter den Gefangenenberichten waren Georgejevic und Menavino wiederum überdurchschnittlich erfolgreich, sowohl was ihre Auflagenstärke als auch was ihre Aufnahme und Veränderung in ethnographischen Kompendien betraf – ein Prozeß, von welchem die Itinerarberichte prinzipiell ausgenommen waren.

Konstantinopel war die zentrale Schnittstelle für den Übergang zwischen beiden Ordnungen, jener *locus communis*, an welchem sich ethnographische und geographische Topik trafen. Frédéric Tinguely hat in seiner Studie über die intertextuellen Abhängigkeiten zwischen den Reiseberichten des *Corpus aramontien* dargelegt, daß Konstantinopel zu jenen Topoi gehörte, die in dieser gedoppelten Struktur komplexer funktionierten als einfache geographische Topoi. In den Reiseberichten waren generell jene geographischen Orte für die Topoi der *écriture du Levant* prädisponiert, die jene Realitäten in sich vereinigten, die normalerweise auf dem Reiseweg nur verstreut zu finden waren. Der herausragendste dieser zweifach topischen Orte war, so Tinguely, die Grabeskirche in Jerusalem, in welcher der Reisende riesige Räume in wenigen Schritten abgehen konnte und allen Varianten des Christentums auf seinem Rundgang begegnete. Auch die *ménagerie* in Kairo bot mit dem Mikrokosmos der afrikanischen Fauna eine vergleichbare Dichte. Es sind vor allem diese Orte, an welchen die Autoren neues Material einfügten, obgleich dies stets in bezug auf die vorausgegangene Texttradition geschah, so daß sich an diesen Stellen das Wechselspiel zwischen direkter (»mimesis«) und indirekter, das heißt von anderen Autoren übernommener Beschreibung (»imitatio«) analysieren läßt.[54] Diese Analyse einer gedoppelten Topik erklärt für unseren Zusammenhang, weshalb sich bei der Beschreibung von Konstantinopel die Schnittstelle zwischen den beiden Ordnungsmustern auftut.

Itinerarprinzip und ethnographisches Ordnungsmuster überschnitten einander jedoch nicht nur an jenen Orten, die für eine gedoppelte Topik prädestiniert waren. Sowohl Pierre Belon als auch Jacques de Villamont stellten ihren Berichten eine kurze Zusammenfassung der »plus notables choses« voran, die entlang dem Reiseweg geschildert wurden:

»Le Catalogue contenant les plus notables choses de ce present livre

Les appellations antiques des arbres et autres plantes, des serpents, des poissons, des oiseaux, et autres bestes terrestres, conferées avec les noms Francois modernes: et plusieurs vrais portraicts d'iceux retirez du naturel, non encores veus par cy devant.

Les moeurs et facons de vivre de diverses nations en Grece et Turquie, et les vestemens d'iceulx.

Les antiquitez et ruines de plusieurs villes illustres en Asie et Grece.

La descriptions du Caire, Ierusalem, Damas, Antioche, Burse, Alexandrie, et plusieurs autres villes du Levant, avec leurs noms modernes.

La description de plusieurs monts celebrez par les anciens Poetes et Historiens.

Plusieurs discours sur les chemins en divers voyages par Egypte, Arabie, Asie et Grece, contenants diverses choses des antiques conferées avec les modernes.

Ample discours sur la vraye origine du fin or, et sur les principales mines d'or et d'argent du grand Turc.«[55]

In diesem *Catalogue* fanden ethnographische Topoi Eingang, die vom Itinerarprinzip des Textes, das an die konkreten Umstände der Reise gebunden war, eine Brücke zum ethnographischen Ordnungsmuster schlugen und die Informationen mit dem ethnographischen Wissenskorpus zumindest in Ansätzen kompatibel machten.

---

54 Tinguely, *L'écriture du Levant*, vor allem S. 186ff.

55 Belon, *Observations* 1554.

Register

Belons *Catalogue* ist nur ein Beispiel für die *tavole,* die in den Reiseberichten und Kompendien des 16. Jahrhundert häufig zu finden sind. Diese *tavole* konnten dabei unterschiedlich ausgerichtet sein. Villamont inseriert gleich drei verschiedene Arten: eine kurze Zusammenfassung der Dinge, über die er in den drei Büchern seines Berichtes und den Anhängen berichtet, das Inhaltsverzeichnis mit den Überschriften der einzelnen Kapitel und ein alphabetisches Register am Ende. Villamont präsentiert damit drei unterschiedliche Zugriffsmöglichkeiten auf die Dinge, die er im Text nach dem Itinerarprinzip aufführt. Derartige Inhaltsverzeichnisse und alphabetische Register wurden vor allem im 16. Jahrhundert verstärkt erstellt, während die Inkunabeln noch dem Usus der mittelalterlichen Handschriften folgten. Zusammen mit der deutlich vom Text unterschiedenen Titelseite (anstelle des vormaligen handschriftlichen Incipits) wurden die alphabetischen Register und Inhaltsverzeichnisse nun zum gängigen Bestandteil der Bücher, die mittels der Druckerpresse hergestellt wurden.

Unter dem Aspekt sich neu herauskristallisierender Ordnungsmuster des ethnographischen Wissens ist dieser Vorgang sehr bedeutsam. Der Kanon an Topoi, der sich in diesem Prozeß allmählich im ethnographischen Wissen herausbildete, war noch nicht endgültig fixiert, ein konkurrenzlos gültiges Ordnungsmuster noch nicht gefunden. Die Register am Ende der Reiseberichte garantierten daher, daß der Leser auch dann Zugriff auf die einzelnen Dinge erhielt, wenn er mit dem konkreten Ordnungsmuster eines Textes nicht vertraut war. Diese *tavole* konnten auch von Herausgebern und Druckern eingefügt werden, um die Lektüre zu vereinfachen. Die spezifischen Bedingungen des Buchdruckes verstärkten daher die Tendenz, einen einheitlichen Kanon von Ordnungskategorien aufzustellen.

Für die Kompilatoren bot das alphabetische Register zudem die Möglichkeit, die einzelnen versammelten Texte des Bandes in dieser gemeinsamen Auflistung zu vereinigen und sie als Bestandteile eines Wissenskorpus, dessen Summe über eine Buchbindersynthese hinausging, zu präsentieren. Das alphabetische Register ist damit Ausdruck eines höheren Grades an epistemologischer Bearbeitung und gegenseitiger Durchdringung des Materials. Die *tavole* listeten beides, Dinge wie *loci communes,* auf und trugen damit dazu bei, daß sich der Kanon der *choses mémorables* auf beiden epistemologischen Ebenen – der *inventio* und des *iudicium* – immer weiter verdichtete.

Die drei Hauptfelder

In den einzelnen Reiseberichten werden die drei Hauptfelder in der Regel nicht ganz und gar scharf voneinander abgetrennt. Da die Frage der Ordnung in erster Linie pragmatisch behandelt wurde, gab es zwar ein Bewußtsein über bessere oder

schlechtere Ordnungsweisen, aber kein explizites Bekenntnis zu einem Ordnungs-
modell. Dieser Pragmatismus, der in erster Linie darauf ausgerichtet war, Material-
mengen sinnvoll darzustellen, zeigt sich auch darin, daß die perfekte Ordnung in
keinem Text eingehalten wurde. Die auf der Grundlage meiner Bausteinanalyse
erstellte virtuelle Episteme ist daher in der Tat nur die Projektion eines Idealzustan-
des. Fast in jedem Text lassen sich in der Ordnung Inkohärenzen, nicht eingehaltene
Ankündigungen und Unklarheiten erkennen.

Der Bericht von Bartholomäus Georgejevic kommt einem Idealzustand am
nächsten. Auf drei Kapitel übersichtlich verteilt werden die Dinge entlang den drei
Hauptfeldern – *Religion, Hof, Regierung und Militär* und *Sitten und Gebräuche* –
dargestellt (siehe Anhang 7,4).[56] Bei allen anderen Autoren lassen sich hingegen
Abweichungen von etablierten Haupttendenzen erkennen. Im Anhang 7 sind die
einzelnen Ordnungsmuster aufgeführt. Im folgenden sollen die herausragenden
Merkmale der drei Hauptfelder und der ihnen zugeordneten Dinge dargestellt werden. Dabei werden auch die einschlägigen Passagen der Itinerarberichte und Bassanos einbezogen.

In den einander überlappenden Hauptfeldern stehen einige Dinge im Zentrum, die
von allen Autoren in die gleiche Kategorie eingeordnet werden. Andere Dinge wiederum bewegen sich an den Rändern und werden unter zwei oder drei verschiedenen
Kategorien gefaßt. Wie wir gesehen haben, sind die Bezeichnungen für die beiden
Hauptfelder *Religion* und *Sitten und Gebräuche* nicht durchgängig voneinander
getrennt. Für beide Felder werden die Begriffe *vivere/vita* sowie *rito* verwandt. *Religion* und *Hof, Regierung und Militär* haben wiederum die Kategorie *modo di ministrar giustitia* gemeinsam.

Was die unterschiedliche Zuordnung der Dinge zu den drei Hauptkategorien, die
den drei Hauptfeldern der virtuellen Episteme entsprechen, betrifft, finden sich für
jede mögliche Variante Beispiele. Das Weinverbot kann sowohl in dem Feld der *Religion*[57] als auch unter *Sitten und Gebräuchen*[58] eingeordnet werden. Je nach Sichtweise des Autors tauchen die *Cadilescher*, die obersten Richter des Osmanischen
Reiches, im Hauptfeld *Hof, Regierung und Militär*[59] oder in *Religion*[60] auf. Die Ehe-

---

56 Aber selbst Georgejevic gliedert das Material nicht vollständig gemäß dem ethnographischen
   Ordnungsmuster: Von den Überschriften seiner drei Kapitel stehen die erste (»De origine Turca-
   rum« und die dritte »De operarijs et agricolis«) nur für den jeweils ersten Abschnitt, anstatt die
   Abschnitte umfassend zu bezeichnen.

57 Geuffroy, *Briefve description* 1546, Fol. 13r-v; Schiltberger, *Reisebuch* 1474, S. 66.

58 Menavino, *I cinque libri* 1548, S. 84; Spandugino, *Delle historie* 1550 Fol. L7v; Nicolay 1989 S.
   178. Zuweilen wird das Weinverbot auch in beiden Zusammenhängen genannt (siehe Bassano, *I
   costumi* 1545 Fol. 36r sowie Fol. 47r.)

59 Bassano, *I costumi* 1545 Fol. 28v; Geuffroy, *Briefve description* 1546, Fol. d1r; Ramberti, *Libri
   tre* 1539, Fol. 16v; Spandugino, *Delle historie* 1550, Fol. H7v.

bräuche schließlich können gleich dreifach konnotiert werden.[61] Die Hauptfelder *Hof,*
Regierung und Militär und *Sitten und Gebräuche* können je nach Zusammenhang die
Beschreibung des Jagdwesens umfassen.[62]

Für jedes Hauptfeld sind bestimmte Dinge besonders aussagekräftig, und diese
werden daher vorzugsweise an erster Stelle genannt. Daß mit der narrativen Abfolge
auch in dieser Textgruppe bestimmte Bedeutungen vergeben werden, läßt sich daran
erkennen, daß häufig jene Felder, über die ein Autor am meisten berichtet, am Anfang seines Berichtes stehen.[63] Es ist auffallend, daß die Abweichungen von dieser
Regel ausnahmslos zugunsten der *Religion* gehen: sowohl Menavino wie auch
Georgejevic setzen die Religion vor ihre ausführlicheren (bzw. genauso ausführlichen[64]) Beschreibungen des osmanischen Hofes. Auch Belon, der der *Religion* nur
knapp acht Prozent seines Berichtes widmet, stellt sie an den Beginn seines dritten
Buches.

Innerhalb der drei einzelnen Hauptfelder eröffnet die Beschreibung des Serails
häufig das Hauptfeld des Hofes[65], während die Janitscharen, die wir im *theatrum*
turcarum als erste aus diesem Feld auf der Bühne gesehen haben, nur von Nicolay
am Beginn seiner diesbezüglichen Ausführungen genannt werden.[66]

Für die *Sitten und Gebräuche* ist es hingegen ein Baustein aus dem ersten Akt des
theatrum turcarum, der überdurchschnittlich häufig am Beginn steht: das Essen.[67]
Die Beschreibung von Nahrung und Eßsitten ist von Herodot über Marco Polo bis zu
heutigen Texten eine der Konstanten zur Kennzeichnung kultureller Diversität, die
sich im historischen Wandel als außerordentlich konstant erweist. Selbst im *Specu-*
lum naturale des Vincenz von Beauvais tauchen die Eßsitten auf – als einzige
Kennzeichen jener Völker, die Vincenz in seinem kurzen Kapitel *De moribus extra-*

---

60 Menavino, *I cinque libri* 1548, S. 50; auch Villamont ordnet sie der religiösen Sphäre zu
     (Villamont, *Voyages* 1600, Fol. 254r.).

61 Im Kontext von *Hof, Regierung und Militär*: Bassano, *I costumi* 1545 Fol. 22r; im Kontext der
     Religion: Menavino, *I cinque libri* 1548 S. 28 u. 30ff; zusammen mit anderen Sitten und
     Gebräuchen bei Villamont, *Voyages* 1600 Fol. 233v und Spandugino, *Delle historie* 1550 Fol.
     M4v.

62 Im Hauptfeld *Hof, Regierung und Militär* bei Georgejevic, *De ritu* 1544 Fol. C4v; im Zusam-
     menhang der Sitten und Gebräuche bei Villamont, *Voyages* 1600 Fol. 286v.

63 Dies trifft für Spandugino, Ramberti sowie das erste Buch Geuffroys zu, die alle drei mit der
     Darstellung des osmanischen Hofes beginnen.

64 Nach den Ergebnissen meiner Bausteinanalyse widmet Georgejevic beiden Feldern den gleichen
     Raum; siehe Anhang 4.

65 Geuffroy, *Briefve description* 1546; Bassano, *I costumi* 1545; Ramberti, *Libri tre* 1539;
     Menavino, *I cinque libri* 1548.

66 Nicolay 1989 S. 151.

67 Spandugino, *Delle historie* 1550; Geuffroy, *Briefve description* 1546; Ramberti, *Libri tre* 1539;
     in bezug auf die Kinderernährung auch bei Belon, *Observations* 1554 und Villamont, *Voyages*
     1600.

neis quarundam gentium aufführt.[68] Die Kleidung – zweifelsohne ein weiterer wichtiger Ansatzpunkt zur Kennzeichnung kultureller Andersartigkeit – wird hingegen nur von Villamont an herausragender Stelle genannt.[69]

Abgesehen von diesen Auftakten sind kaum allgemeine Tendenzen auszumachen, nach denen die übrigen Dinge in diesen beiden Hauptfeldern angeordnet werden, abgesehen von der Darstellung der *Hof- und Hausämter des Großen Türken*, die häufig entlang einer Topographie des Serails gruppiert sind. Innerhalb der Felder werden die Dinge oft in Ketten von *aemulatio* und *convenientia* angeordnet, wie es Bassano bereits praktizierte. Hin und wieder lassen sich ähnliche Formierungen beobachten. Der Baustein »Strafen« befindet sich häufig vor oder hinter der Darstellung der Bekehrung von Christen zu Türken, da vorzugsweise jene Delikte genannt werden (wie beispielsweise die Lästerung Mahomets), bei denen sich ein Christ nur retten kann, indem er seinen Glauben aufgibt.[70]

Die meisten Autoren ordnen die einzelnen Dinge innerhalb der Hauptfelder ähnlich individuell an, wie Bassano seine Ketten gestaltete. Ein Beispiel für einen Baustein, der mehreren Autoren eine Bemerkung wert war, aber in ganz unterschiedliche Zusammenhänge gestellt wurde, ist der Vermerk, daß sich die Türken nicht vor der Pest fürchten. Belon erwähnt dies im Zusammenhang mit einer allgemeinen Bemerkung über die gesunde Lebensweise der Türken,[71] während Bassano bei der Beschreibung von Märkten darauf zu sprechen kommt, da auf diesen die Kleider von Pesttoten verkauft würden, was zur weiteren Verbreitung der Krankheit führe.[72] Spandugino schließlich sieht in der Pest einen unter christlichem Blickwinkel recht glücklichen Mechanismus, der der überaus großen Fruchtbarkeit der Türkinnen entgegensteuere, die so viele Kinder bekämen, da sie lasziv seien, Parfum benützten und Konfekt aus Indien äßen – ohne die Pest, so Spandugino, würde die Zahl der Türken ins Unermeßliche steigen.[73]

Zuweilen wird die Ordnung sichtbar mit der biographischen Situation verknüpft. Menavino, der am Beginn seines Berichtes beschreibt, wie er als Serailpage im Alter von acht Jahren dort in den türkischen Gesetzen unterwiesen wurde, die er im ersten Buch schildert, leitet das zweite Buch über die *Kirchen, Hospitäler und Religionen der Türken* mit den folgenden Worten ein:

»[...] havendo io insino à qui descritti i fondamenti della lor fede, procederò piu avanti delle loro MESCHIT: che essendo io stato per anni cinque alla schola de i litterati studi, imperai à pieno tutte le

---

68 Vincenz von Beauvais, *Speculum naturale* 1624, Cap. LXXXVI.
69 Villamont, *Voyages* 1600, Fol. 286r.
70 Spandugino, *Delle historie* 1550, Fol. M4v; Belon, *Observations* 1554, Fol. 21v; Villamont, *Voyages* 1600, Fol. 257r.
71 Belon, *Observations* 1554, Fol. 182v.
72 Bassano, *I costumi* 1545, Fol. 42r.
73 Spandugino, *Delle historie* 1550, Fol. M6r.

cose necessarie della lor legge. _Et uscendo fuori_ (percio che mi missero al servitio del Gran Turco, nominato Sulthan Paiaxit) _vidi poi tutto l'ordine_, et la guisa delle loro MESCHIT, et hospitali: le quali cose hora, che DIO, la sua mercè, mi conciede tempo, tutto scriverle in questo mio secondo libro [...].«[74]

Uscendo fuori verlagert sich Menavinos Wahrnehmungshorizont auf die Dinge außerhalb des Serails, die er im zweiten und dritten Buch anschließt. Auch die bei ihm recht starke Verschränkung zwischen den Hauptfeldern _Hof, Regierung und Militär_ und _Sitten und Gebräuche_ – er stellt in seinem dritten Buch acht Kapitel über Sitten und Gebräuche seinen Ausführungen über den Serail voran, ohne die Bucheinteilungen gemäß den beiden Hauptfeldern folgen zu lassen – weist darauf hin, daß Menavino in seiner Sichtweise vom Serailleben geprägt worden war. Für den Übergang von den Sitten und Gebräuchen zum Hof innerhalb des Buches hat Menavino einen auf den ersten Blick recht eigenwilligen Anschluß gewählt. Dem Kapitel über die »Timarahane«, den Hospitälern für Verrückte, folgt ohne weitere Zäsur Kapitel 9 »Del Serraglio del Gran Turco«: Gleich nach den Verrückten kommt der Sultan. Diese Anbindung läßt sich allerdings mit dem Bassano-Schema erklären: Vor dem Kapitel über die Timarahane beschreibt Menavino die _leventi_, Gruppen von Vagabunden, die ebenso wie die Verrückten aus der sozialen Ordnung fallen. Die Timarahane werden ihrerseits an das folgende Kapitel angeschlossen, indem ihr Gründer, »Sultan Paiaxit«, genannt wird.[75] Derartige Ketten nach dem Muster Bassanos lassen sich nicht nur bei Menavino, sondern auch bei allen anderen Autoren (ausgenommen Georgejevic) finden. Ihnen nachzuspüren ist ein recht vergnügliches Unterfangen. Die einzelnen Ordnungen erweisen sich trotz der ihnen gemeinsamen Regeln als individuell, überraschend, unterhaltsam, flexibel – und pragmatisch.

Georgejevic' Ordnung in seiner Schrift _De ritu_ ist in dieser Hinsicht sehr viel blasser. Er hält sich in seiner überaus kurzen Darstellung nicht nur mit der Ausschmückung der Sachverhalte zurück, läßt (im Gegensatz zu seiner Sklavenmonographie _De afflictione_) nur höchst selten ein Urteil einfließen, sondern praktiziert auch eine geradezu minimalistische Ordnung: drei Kapitel, in denen die Dinge in weitgehender Übereinstimmung mit den drei Hauptfeldern der virtuellen Episteme angeordnet sind, die so übersichtlich geordnet sind, daß Georgejevic kaum Ordnungsindikatoren einstreuen muß.[76] In einigen Punkten folgt er gewissen üblichen Formationen (von den Tempeln zu den Gebeten, von den Testamenten zu den Begräbnisriten etc.), bietet aber keinen Raum für individuelle und eigenwillige Ketten.

---

74 Menavino, _I cinque libri_ 1548, S. 46; Kursivierungen von mir.
75 Menavino, _I cinque libri_ 1548, S. 88-90.
76 Das vierte Kapitel listet nach Sachgebieten geordnete Vokabeln in Türkisch auf und endet mit einigen türkischen Beispielsätzen und ihrer Übersetzung. In seiner Sklavenmonographie hat Georgejevic nach dem gleichen Schema slawische Sprachproben angefügt – gemäß dem hauptsächlichen Einzugsgebiet für die Knabenlese.

Im Gegensatz zu den Feldern *Hof, Regierung und Militär* und *Sitten und Gebräuche* ist das Hauptfeld der *Religion* einheitlicher organisiert. Es fängt fast durchgehend entweder mit Mahomet und dem Koran oder aber mit den Moscheen an, die, wie wir bei Bassano gesehen haben, als ein besonders geeigneter Topos eingeschätzt wurden, um die zur *Religion* gehörigen Dinge um sie herum zu gruppieren. Am Ende der entsprechenden Passagen werden meist Begräbnisriten oder die türkische Vorstellung vom Jüngsten Gericht beschrieben. Der theologische Bogen vom Anfang bis zum Ende der Heilsgeschichte wird damit auf die Darstellung der türkischen Religion übertragen.

In der Darstellung der Religion wird der Bezug auf die Herkunftskultur der Berichterstatter damit am deutlichsten. Auch in einzelnen Bausteinen tritt der christliche Hintergrund klar zutage: Bei der Darstellung des Korans fehlt selten der Hinweis, daß dieser Elemente des Alten und Neuen Testaments enthalte. Auch die Stellung Jesu Christi und Marias im Islam wird häufig erwähnt.[77] Diese Bezüge sind im Bereich der *Sitten und Gebräuche* weniger deutlich und treten im Feld von *Hof, Regierung und Militär* (das zu einem beträchtlichen Teil von osmanischen Registern geprägt war) noch weiter zurück.

Daß die An- und Einordnung der Dinge im Einzelfall nicht festgelegt war, läßt sich auch anhand der verschiedenen Ausgaben erkennen, in denen Teodoro Spandugino seinen Reisebericht veröffentlichte. Die französische Ausgabe von 1519 ist gegenüber den italienischen Ausgaben kürzer und durch abgesetzte Kapitelüberschriften gegliedert.[78] In der Ausgabe von Lucca 1550 haben wir hingegen einen durchgehenden Text vorliegen, in welchem die Ordnungsindikatoren die Rolle der Kapitelüberschriften übernehmen. Die ein Jahr später in Florenz veröffentlichte Ausgabe (die der bei Sansovino abgedruckten Version am nächsten steht und sprachlich komplett überarbeitet worden war) ist wiederum sowohl vom Druckbild her als auch mit vermehrten Ordnungsindikatoren stärker durchgliedert.

Diese skizzierten Tendenzen in der Anordnung der Dinge im ethnographischen Ordnungsmuster lassen sich auch auf der Ebene der Kompendien erkennen. In der Regel übernahmen die Kompilatoren die Texte in ihrer Anordnung und griffen allenfalls bei den Vorworten ein. Die in Kapitel 4 bereits erwähnten *Pandectae historiae Turcicae*, mit denen Hans Löwenklau einzelne »Türckische Sachen« erklären wollte, waren eine besonders radikale Darstellungsweise, in der die einzelnen Autoren nicht mehr kenntlich gemacht wurden.[79] Sansovino begnügte sich beispielsweise damit, die Texte, die er in seiner *Historia universale dei Turchi* abdruckte, gegebenenfalls ins

---

77 Diese Passagen sind von mir unter dem Baustein *Propheten und Heilige* subsumiert worden.
78 Spandugino, *La genealogie* 1519.
79 Löwenklau, *Neuwe Chronica* 1595, Fol. ijr.

Italienische zu übersetzen, sie thematisch in drei Bänden zu gruppieren und einen weiteren Zusammenhang über das gemeinsame Register herzustellen.

Philipp Lonicer griff hingegen sehr viel stärker in die Anordnung der Dinge der Ursprungstexte ein. Sein Kompendium legte für die Schilderung der *Sitten und Gebräuche* Menavinos *Cinque libri* zugrunde, die Lonicer dafür ins Lateinische übersetzte und die damit nördlich der Alpen in den gelehrten Wissenskanon übernommen wurden. Im wesentlichen gibt Lonicer Menavinos Text gemäß dem Original wieder, kürzt ihn jedoch an einigen Stellen oder fügt Zusätze ein. Das Kapitel über die Beschneidung, mit dem Menavino sein drittes Buch »del vivere, et ordini del serraglio del gran Turco« eröffnet, wird von Lonicer stillschweigend unter die Hauptkategorie eingeordnet, in welche es sich seiner Meinung nach offenbar besser einpaßt: als 24. und letztes Kapitel des zweiten Buches Menavinos, dessen Titel Lonicer als »De Caeremoniis, Templis, personis religiosis, et de iustitia, quae per religiosas personas administratur« übersetzt hat.[80] Dieses Kapitel ergänzt Lonicer zudem noch um den leicht gekürzten entsprechenden Abschnitt von Georgejevic,[81] der in seinem letzten Satz die Bedeutung dieses Vorgangs illustriert: »*Muslumanlar*, id est Circumcisi.«[82] Lonicer benutzt Georgejevic' Text auch an anderen Stellen, um Menavinos Ausführungen, die im Bereich der Sitten und Gebräuche vergleichsweise knapp gehalten sind,[83] um zusätzliche Kapitel von Georgejevic zu ergänzen.[84]

Die weitgehend knappe Darstellung Georgejevic', die überdies in klar abgegrenzte und griffig benannte Kapitel eingeteilt hatte, machte diesen Text für derartige Ergänzungen anderer Berichte besonders attraktiv. Auch in einer französischen Ausgabe von Spanduginos Bericht sind an einschlägigen Stellen Kapitel aus Georgejevic' *De ritu* eingefügt worden.[85] Georgejevic' Ordnungsmuster erwies sich damit innerhalb des gesamten ethnographischen Wissenskorpus über die Osmanen als besonders kompatibel.

---

80 Lonicer, *Chronicorum Turcorum* 1578, Fol. 64v.

81 Georgejevic, *De ritu* 1544, Fol. B1r.

82 Georgejevic, *De ritu* 1544, Fol. B2r.

83 Laut Bausteinanalyse widmet Menavino 41,6 Prozent dem Hauptfeld *Hof, Regierung und Militär*, 35,6 Prozent der Religion und nur 15,8 Prozent den Sitten und Gebräuchen (Sonstige Unterfelder: 6,5 Prozent) – siehe Anhang 4.

84 Im dritten Buch fügt Lonicer vor den Kapiteln über den Serail die folgenden drei Kapitel Georgejevic' mit leichten Änderungen ein:
Cap. VI De Venationibus
Cap. VII De Aedificibus
Cap. VIII De Agricultura.

85 Spandugino, *La genealogie* 1570.

4. Die Auswirkungen der Ordnungen

Da sich das ethnographische Ordnungsmuster unter dem Zeichen der Pragmatik und der Kompatibilität durchsetzte, wurden auch die Konsequenzen, die sich aus seiner Verwendung ergaben, nicht thematisiert, obgleich diese beträchtlich waren. Dieses Urteil ergibt sich jedoch aus dem historiographischen Standpunkt – wie wir sehen werden, war hingegen gerade die Tatsache, daß das ethnographische Ordnungsmuster nicht als neu empfunden wurde, dafür entscheidend, daß es sich mit einer unvorhergesehenen Dynamik entfalten konnte, deren Effekte in mancher Hinsicht den Diskurs der *Türkengefahr* unterliefen, ohne daß dies von den Zeitgenossen als Widerspruch empfunden worden wäre.

Türkengefahr versus Episteme

Wie in Kapitel 2 dargestellt, verorteten die Autoren ihre Darstellungen in den meisten Fällen bereits explizit in den Vorworten im Diskurs der *Türkengefahr*. Die französischen Autoren, die sich mit Rücksicht auf die offizielle Bündnispolitik Frankreichs mit der Pforte derartiger Passagen in den Vorworten enthielten, reihten sich jedoch in der Deutlichkeit, mit welcher sie die Türken als teuflische Sekte in ihren Berichten selbst verurteilten, gleichfalls in die *Türkengefahr* ein.

Als Beispiel sei auf die oben zitierten Passagen Nicolays über die Ungeheuerlichkeit der Knabenlese, mit der christliche Jungen zu glühenden Feinden des eigenen Blutes pervertiert würden, sowie die Sätze, mit denen Belon sein drittes Buch mit einem vernichtenden Urteil über die Sekte Mahomets einleitet, verwiesen. Demgegenüber hält sich der dritte der französischen Autoren, Villamont, insgesamt etwas zurück. Aber auch Villamont wird wie Nicolay bei der Schilderung der Knabenlese sehr deutlich und läßt keinen Zweifel daran, daß die Türken einem verdammenswerten Glauben folgen:

»[...] le grand Turc [...] prend tiranniquement de trois ans en trois ans le tribut des enfans masles [...] sans avoir compassion de voir le pauvre pere irrecuperable de leurs propres enfans, non tant pour la servitude où ils seront reduicts, comme pour ce qu'ils les voient laisser le baptesme et la cognoissance de Iesus-Christ, qui les eust conduicts en Paradis: pour prendre, helas! la vieille circoncision et embrasser la secte de Mahomet, qui les menera au plus profond d'enfer.«[86]

Ausnahmslos alle Autoren der hier analysierten Reiseberichte verurteilen zumindest einmal im Text die Türken auf diese Art und Weise, wenn nicht im Vorwort, so zumindest im Text selbst, häufig an exponierten Stellen (zu Beginn oder Abschluß eines Buches). Das Bekenntnis zur *Türkengefahr* war also für alle Texte verbindlich.

---

86 Villamont, *Voyages* 1600, Fol. 238r-v.

Die Urteile, die die Autoren über die Türken und Türkinnen fällen, lassen sich in drei Kategorien teilen:

a) **Verwerfliche Eigenschaften und Urteile über die Türken, die in der *Türkengefahr* genannt werden (überwiegend auf Männer bezogen):**

- grausam[87]
- barbarisch[88]
- wollüstig und Sodomie betreibend[89] (betrifft auch Frauen)
- bösartig/arglistig[90]
- bestialisch[91]
- Türken als Geißel Gottes zur Bestrafung christlicher Sünden[92]
- Türken als Botschafter des Antichrist (nur bei Georg von Ungarn)
- Türken als eifrige Verfolger der Christen[93]

b) **Verwerfliche Eigenschaften der Türken und Türkinnen, die in der *Türkengefahr* in der Regel nicht genannt werden:**

- geizig (Männer)[94]
- hochmütig (Männer)[95]

---

87 Georgejevic, *De afflictione* 1544, Fol. B1r-B1v; C1r; *De ritu* 1544, D2r; Bassano *I costumi* 1545, Fol. 39v-40v; Nicolay 1989, S. 151; Georg, *Tractatus* 1993, S. 7b-8a, 9b.

88 Dieses Adjektiv taucht jedoch nicht besonders häufig auf, es wird gelegentlich von Bassano, *I costumi* 1545, Fol. 43v-44r, 55v, und Nicolay 1989, S. 151, 157, verwendet.

89 Georgejevic, *De afflictione* 1544, Fol. A3v-A4r, B1v-b2r; Bassano *I costumi* 1545, Fol. 7v (hier auf die Türkinnen bezogen), Menavino, *I cinque libri* 1548, S. 30, 39, 50; Spandugino, *Delle historie* 1550, Fol. M2v (auch hier auf die Türkinnen bezogen), ebd., M4v; Ramberti, *Libri tre* 1539, Fol. 29v. Die Wollust findet sich in der Levante jedoch nicht nur bei den Türken; Nicolay beschreibt die griechischen und lateinischen Christinnen in Pera als wollüstig. Vergleiche Nicolay 1989, S. 149.

90 Georg, *Tractatus* 1993, S. 9b; Nicolay 1989, S. 154, 199; Menavino, *I cinque libri* 1548, S. 107. Nicolay beschreibt auch die Juden in Istanbul als bösartig (Nicolay 1989, S. 233).

91 Nicolay 1989, S. 192.

92 Nicolay 1989, S. 123f.

93 Villamont, *Voyages* 1600, Fol. 254v.

94 Bassano, *I costumi* 1545, Fol. 7r-v (hier auf die Türkinnen bezogen), 15r (türkische Priester), 52v (türkische Soldaten), 54r (Spahis); Belon, *Observations* 1554, Fol. 28r-v, 185v; Geuffroy, *Briefve description* 1546, Fol. f2r; Villamont, *Voyages* 1600, Fol. 289r; Ramberti. *Libri tre* 1539, Fol. 29v.

95 Bassano, *I costumi* 1545, Fol. 50r; Geuffroy, *Briefve description* 1546, Fol. f1v; Menavino, *I cinque libri* 1548, S. 107, 138; Ramberti, *Libri tre* 1539, Fol. 28v – diese Eigenschaft wird meistens in bezug auf die Größe des Osmanischen Reiches gesetzt.

- faul[96]
- eifersüchtig (Männer)[97]
- undiszipliniert (Männer)[98]
- schmutzige Art zu essen[99]

c) **Wohlwollend beurteilte Eigenschaften**

- friedfertig/Verbot, in Friedenszeiten Waffen zu tragen (Männer)[100]
- tapfer im Krieg (Männer)[101]
- wohltätig (Männer und Frauen)[102]
- bescheiden/schlicht (Männer und Frauen)[103]
- keinen Lärm verursachend (Männer und Frauen)[104]
- keusch (Männer und Frauen)[105]
- sauber (Männer und Frauen)[106]

---

96 Belon, *Observations* 1545, Fol. 64v; Ramberti, *Libri tre* 1539, Fol. 28v, 29v; Geuffroy, *Briefve description* 1546, Fol. f1v.

97 Nicolay 1989, S. 137; Spandugino, *Delle historie* 1550, Fol. M2v; Villamont, *Voyages* 1600, Fol. 257v.

98 Ramberti, *Libri tre* 1539, Fol. 32v.

99 Geuffroy, *Briefve description* 1546, Fol. e4r; Ramberti, *Libri tre* 1539, Fol. 28v.

100 Bassano, *I costumi* 1545, Fol. 49r; Belon, *Observations* 1554, Fol. 186r; Spandugino, *Delle historie* 1550, Fol. N3r, Villamont, *Voyages* 1600, Fol. 237r-238r.

101 Belon, *Observations* 1554, Fol. 186r-186v; Georg, *Tractatus* 1993, S. 12a; Nicolay 1989, S. 179 (allerdings hier bezogen auf die Auswirkungen des Opiums); Villamont, *Voyages* 1600, Fol. 237v-238r, 239v.

102 Bassano, *I costumi* 1545, Fol. 45v; Geuffroy, *Briefve description* 1546, Fol. e4r; Belon, *Observations* 1554, Fol. 60r (auf Türkinnen bezogen); Spandugino, *Delle historie* 1550, Fol. N1r; N2r; Georg, *Tractatus* 1993, S. 16a; Menavino, *I cinque libri* 1548, S. 49; Georgejevic, *De ritu* 1544, Fol. B4r.

103 Belon, *Observations* 1554, Fol. 186r; Georg, *Tractatus* 1993, S. 11a, 11b, 14a et passim; Ramberti, *Libri tre* 1539, Fol. 30r (in bezug auf den Sultan).

104 Georg, *Tractatus* 1993; Belon, *Observations* 1554, Fol. 67r; Villamont, *Voyages* 1600, Fol. 288r; Schiltberger, *Reisebuch* 1476, S. 62; Bassano, *I costumi* 1545, Fol. 11v, 27r; Georgejevic, *De ritu* 1544, Fol. C3r, D3r. Die Ruhe, die die Türken im Heer und in der Moschee (aber auch beim Essen) einhalten, war für europäische Christen offenbar besonders bemerkenswert.

105 Georg, *Tractatus* 1993, S. 14b; Belon, *Observations* 1554, Fol. 199v (in bezug auf die Türkinnen im Bad; hier betont Belon ausdrücklich, daß keine Liebesspiele stattfinden); Spandugino, *Delle historie* 1550, Fol. N5r; Nicolay 1989, S. 190; Menavino, *I cinque libri* 1548, S. 59; Georgejevic, *De ritu* 1544, Fol. B3r. Die Stellen bei Spandugino, Nicolay, Menavino und Georgejevic beziehen sich alle auf den Keuschheitsring eines religiösen Ordens namens Calender.

106 Bassano, *I costumi* 1545, Fol. 7v, 34v-36v, 44v-44r, 59r, Belon, *Observations* 1554, Fol. 185r, 199v; Georg, *Tractatus* 1993, S. 15b. Siehe zum ambivalenten Thema der Sauberkeit der Türken Höfert, *Ist das Böse schmutzig?*

- schön (Frauen)[107]
- nicht bösartig (Männer)[108]
- agil und geschickt (Männer)[109]
- nicht eifersüchtig aufeinander (Ehefrauen, die in Polygamie leben)[110]

Die Urteile über die Türken und Türkinnen, die die Autoren in den Reiseberichten fällen, stimmen also nur zu einem Drittel mit den Charakteristika, mit denen die Türken im Diskurs der *Türkengefahr* belegt werden, überein. Die Verve, mit der die Türken in der *Türkengefahr* als die apokalyptische Gefahr schlechthin repräsentiert wurden, die darüber hinaus von den meisten Reiseberichterstattern als Hauptmotiv für die Darstellung ihrer Erfahrungen genannt wurde, wirkte also nicht auf die gesamte Gestaltung des Textes. Dabei verteilen sich alle drei Kategorien von Eigenschaften auf alle Texte. Alle Autoren bekannten sich daher zur *Türkengefahr* und vergaben gleichzeitig Attribute aus der letzten Kategorie, die sich als ein beeindruckender Gegenkatalog zu den Motiven der *Türkengefahr* lesen. Dies schloß allerdings nicht aus, daß die bei den Türken und Türkinnen festgestellten positiven Eigenschaften zuweilen ambivalent beurteilt wurden.

Die Attribute wie »friedfertig, tapfer, wohltätig« etc. werden jedoch nicht vorrangig als ein Gegenbild zu eventuellen Mißständen bei den Christen entworfen. Allein Georg von Ungarn wendet diese Technik konsequent an, während die anderen Autoren nur gelegentlich entsprechende Vergleiche ziehen.[111] Erst in späteren Jahrhunderten verdichteten sich derartige Elemente zu konsequent durchkomponierten positiven oder negativen Gegenbildern wie der Figur des »Edlen Wilden« aus der Neuen Welt oder dem Orient als Inbegriff des Despotismus. Auch die fiktive Figur eines türkischen Reisenden, der seinerseits Europa betrachtet und kritisiert, tauchte erst im 17. Jahrhundert auf – 1684 veröffentlichte Giovanni Marana die Briefe eines gewissen Mahmut, der angeblich fast 50 Jahre in Paris gelebt habe, die den späteren *Lettres*

---

107 Belon, *Observations* 1554, Fol. 198v.

108 Villamont, *Voyages* 1600, Fol. 131r.

109 Villamont, *Voyages* 1600, Fol. 284v.

110 Belon, *Observations* 1554, Fol. 185v. Die hier genannten Nachweise für alle Eigenschaften ließen sich noch weiter ergänzen.

111 Zum Beispiel Villamont, *Voyages* 1600, Fol. 239v, über die Einigkeit unter den Janitscharen im Gegensatz zur Kampfbereitschaft, die Franzosen gegeneinander an den Tag legen: »C'est une chose fort remarquable de les voir vivre ensemble en union et concorde, sans iamais avoir dispute l'un contre l'autre, ny s'appeller au combat d'homme à homme ainsi que nous faisont. [...] C'est pourquoy en l'armee du grand Turc, qui est ordinairement composee de trois cents mille hommes, on n'entend aucunement parler de querelles, ny de combats particuliers que nous appellons duels: que pleust à Dieu qu'il n'en fust non plus parlé en France, où cest espece de combat est par trop usité, à la ruyne du corps et de l'ame de plusieurs.«

persanes Montesquieus Modell standen.[112] Derartige Kunstgriffe setzen jedoch voraus, daß das Spiel mit dem Eigenen und dem Fremden bereits etabliert und vertraut geworden ist. In den Reiseberichten des 16. Jahrhunderts finden sich Ansätze, in denen die Autoren mit verschiedenen Bildern spielen. Antoine Geuffroy vergleicht beispielsweise die Türken in ihren schlechten Eigenschaften mit den Deutschen:

»Au demeurant, ilz [= die Türken] sont fort ialoux, presumptueux, et grands venteurs: et generallement tous tant oultrecuydés, qu'il leur semble ny avoir au monde nation pareille à eulx, ne qui les vaille: et cuydent estre suffisans pour subiuguer et suppediter tout le reste des hommes. [...] Ilz sont de leur nature lourds, großiers, paresseux, nonchallans, et gens de rien, et communement tous gourmans: car ilz demeureront troys iours à table, et plus, sans eulx lever, fors pour pisser: et si le sommeils les prent, ilz se couchent la mesmes: mais ilz ne font point bonne chere, s'ilz n'ont du vin, combien qu'il leur soit defendu, et en treuvent assez, car les Chrestiens et les Iuifz leurs en vendent. *A ce que i'en ay veu et congeu, ilz approchent fort de façon aux Allemans,* mesmes en beaulté de personnes, en la prolation de leur language, et en la superbe qu'ilz tiennent à la guerre.«[113]

Im Diskurs der *Türkengefahr* konnten solche Elemente stärker ausgestaltet werden. Wie wir gesehen haben, bezeichnete Luther in einem Atemzug sowohl die Türken als auch den Papst als Antichrist. Karl der Kühne avancierte in den Burgunderkriegen zum »Türken im Okzident« schlechthin.[114] Gegenüber solchen Durchstilisierungen in der *Türkengefahr* oder Reiseberichten späterer Zeit sind die hier betrachteten Texte von einem Nebeneinander der unterschiedlichen Attribute aller der drei oben vorgestellten Kategorien bestimmt. Dennoch war auch dieses Nebeneinander nicht frei von Regeln, oder vielmehr gewissen Gewohnheiten, die in den Texten als gemeinsame Tendenz auszumachen sind. Die Vergabe der oben aufgeführten Eigenschaften der Türken hing dabei maßgeblich von zwei Faktoren ab. Zum einen spielte der Grad, in welchem die Türken in Bezug zur römischen und griechischen Antike gesetzt wurden, eine wichtige Rolle bei der Vergabe der guten Eigenschaften. Zum anderen gab das ethnographische Ordnungsmuster sowohl bestimmte Stellen im Text vor, an denen sich die Autoren in den Diskurs der *Türkengefahr* zu inskribieren hatten, als auch gewisse Punkte, in denen die *Türkengefahr* beiseite gelassen wurde.

Der Antikebezug

Jacques Villamont und Pierre Belon schreiben den Türken am ehesten gute Eigenschaften zu (abgesehen von Georgs Konstruktion der scheinbaren, vom Antichrist inspirierten Tugenden der Türken und Türkinnen). Auch hier sind es also wieder die französischen Autoren, die sich am wenigsten den Vorgaben der *Türkengefahr* ver-

---

112 Diese Briefe erschienen in mehreren Bänden auf Französisch und Englisch. Marana, *Letter Writ by a Turkish Spy.*

113 Geuffroy, *Briefve description* 1546 Fol. f1v-f2r; Hervorhebungen von mir.

114 Sieber-Lehmann, *Türkischer Sultan.*

pflichtet fühlen. Villamont und Belon sind darüber hinaus die beiden Autoren, die in ihren Berichten die meisten Bezüge von den Türken zur Antike herstellen. Vor allem Belon inskribiert sich nachdrücklich in das humanistische Projekt der Aktualisierung des antiken Wissens.[115]

Derartige Antikebezüge beschränken sich jedoch nicht nur auf die Texte Belons und Villamonts, sondern tauchen auch, in geringerem Ausmaß, bei den anderen Autoren auf. Dieser Bezug ergab sich aus den geographisch-historischen Gegebenheiten: Das Osmanische Reich umfaßte mit Kleinasien und Griechenland Kernlandschaften des Hellenismus. Die geographischen Verhältnisse, die im Diskurs der *Türkengefahr* zur Territorialisierung des Europa-Begriffes und damit zur Verstärkung des Antagonismus zwischen Christen und Türken führten, hatten hier also genau den gegenteiligen Effekt. Da die Reisenden auf der Peloponnes unterwegs waren, die Ruinen von Troja besichtigten und sich in der überwiegenden Zahl der Fälle im alten Ostrom aufhielten, war der Bezug zur Antike geradezu omnipräsent. Die Entdeckung des *Monumentum Ancryranum,* des Tatenberichtes des Augustus, durch die habsburgischen Diplomaten Ogier Busbecq und Anton Verantius zeigt, daß die Reisenden diesen Relikten geradezu nachspürten.

Die griechisch-römische Antike jedoch war – obgleich heidnisch – genuin europäisch. In der Dichotomie des Eigenen und des Fremden heißt dies, daß die Türken, die mit der *Türkengefahr* als das Fremde *par excellence* abgestempelt wurden, im Antikebezug wieder der abendländisch-europäischen Tradition zugerechnet wurden. Die von Enea Silvio und anderen Humanisten mit viel Eifer vorgenommene Einengung der mittelalterlichen Theorien über den Ursprung der Türken auf die Skythen-These wurde mit dem Vergleich zwischen Türken und antiken Griechen und Römern unmerklich konterkariert:

»Il modello de cosi fatti Bagni, à me pare (in alcune Cube massimamente) sia al modo delle Terme di Diocletiano in Roma), benche piu piccoli, senza comparazione.«[116]

Wenn die Bäder schon nach der antiken Bauart gestaltet waren, lag es nahe, auch die Sitte des Badbesuches als antiken Brauch zu bezeichnen:

»Les femmes des Turcs, par une ordinaire coutume et ancienne observation qui leur est restée de l'antique mode d'Asie et de Grèce, se délectent en tout temps d'aller aux bains [...].«[117]

---

115 Zum Beispiel erwähnt er den Antikebezug als Kriterium für die Ausführlichkeit seiner Darstellung: »La montaigne que ie descriray maintenant, est nommée en Grec Athos, en Italien Montesancto. Ie ne sçache avoir escript chose qui ait mieulx merité d'estre escripte plus par le menu que ce mont: car les anciens historiens en ont tant parlé, que leurs escripts à bon droict le rendent admirable.« (Belon, *Observations* 1554, Fol. 33v.)

116 Bassano, *I costumi* 1545, Fol. 2r.

117 Nicolay 1989, S. 137.

Neben den Bädern liegt der Antikebezug bei der Betrachtung der Größe des Osmanischen Reiches, die dem Römischen Reich gleichkam, besonders nahe. Gegenüber derartigen Anbindungen an die griechische und römische Antike wurde die Skythen-These stillschweigend desavouiert. Die Skythen-These selbst, die in der *Türkengefahr* als einer der zentralen Nachweise für das Barbarentum der Türken angeführt wurde, wird lediglich von zwei Autoren erwähnt.[118]

Belon und Villamont erweitern den Katalog der bei den Türken fortlebenden antiken Sitten noch um weitere Punkte; so kommt Belon beispielsweise auf den türkischen Kampfsport zu sprechen, in welchem sich die antike Tradition erhalten habe:

»La maniere de luicter des anciens, est encore en usage chez les Turcs, telle qu'elle estoit anciennement en Grece, et à Rome. C'est l'un des plus beaux passetemps qu'on puisse veoir en ce pays là. Car les hommes qui luictent, sont tous nuds, excepté qu'ils ont les haults de chausses de fort cuir lißé et huilé, et poli de peur qu'ils n'ayent prinse l'un à l'autre.«[119]

Belon widmet darüber hinaus den noch gebräuchlichen antiken Sitten ein eigenes Kapitel.[120] Villamonts Antikebezüge sind in der Regel in enger Abhängigkeit zur Vorlage Belons, dem er in vielem folgt, gehalten.

Im Gegensatz zu Belon und Villamont trennt Nicolay die Zugehörigkeit der osmanischen Territorien zur antiken Welt stärker von einer Projektion antiker Sitten auf die moderne Lebensweise der Türken, indem er im vierten Buch ein Kapitel über die Sitten der antiken Griechen inseriert und damit implizit die Widersprüchlichkeit von europäischer Antike und zeitgenössischer Barbarei im Osmanischen Reich in einer diachronen Linie auflöst.[121]

Amanda Wunder hat im Gegensatz zu dieser Interpretation in ihrer Studie den Schluß gezogen, daß das Antikethema in den Reiseberichten von Busbecq, Pierre Gilles, Melchior Lorich, Pieter Coeck van Alost und Nicolaus de Nicolay »mehr als alles andere« dazu diente, die westliche Auffassung des Ostens als einen »different, exotic, and backwards place« zu kennzeichnen, indem dem religiösen Antagonismus eine weitere Dichotomie, die auf der Wahrnehmung der antiken Vergangenheit und ihrer Relikte beruhte, hinzugefügt wurde.[122] In meiner Auswahl von Reiseberichten sind die Attribute »exotisch« und »zurückgeblieben« nicht die herausragenden Cha-

---

118 Georgejevic, *De ritu* 1544, Fol. A3r; Ramberti, *Libri tre* 1539, Fol. 13r. Georg von Ungarn vertritt die eigenwillige Auffassung, daß sich das Wort »Turca« von »Theorici« ableite und die christlichen Renegaten bezeichne, die sich fortan der geistigen Verfolgung ihrer ehemaligen Glaubensbrüder und -schwestern widmeten.

119 Belon, *Observations* 1554 Fol. 201r. Dies ist auch einige der wenigen Stellen, in denen der männliche Körper zur Sprache kommt.

120 Kap. III, 20: »Des Turcs qui retiennent plusieurs choses de l'antiquité.«

121 Buch IV, Kapitel 26-28, 30-35.

122 Wunder, *Western Travellers, Eastern Antiquities*, S. 117ff.

rakteristika, mit denen das Osmanische Reich beschrieben wurde.[123] Dennoch stelle ich Wunders Ergebnisse nicht in Abrede – sie zeigen vielmehr in Ergänzung zu diesem Befund, daß, wie vorhin erwähnt, in den Reiseberichten des 16. Jahrhunderts eine im Vergleich zu späteren Zeiten größere Heterogenität vorlag und wir für diese Zeit für einige Themen ambivalente Aussagen bilanzieren können.

Loci iudicii: *Orte des Urteils*

Neben dem Antikebezug, der die Zuschreibung von mehr oder weniger guten Eigenschaften indizierte, ist es auffallend, daß in allen Ordnungsmustern eine Praxis vorherrschte, nicht über die gesamte Darstellung verstreut Wertungen vorzunehmen, sondern an bestimmten Stellen Urteile über die Türken zu fällen. Zum einen verbanden sich gewisse Attribute häufig mit bestimmten Dingen. Die Grausamkeit der Türken wurde vor allem in bezug auf die Strafen und Behandlung von Christen dargestellt, während die Wollust der Türken üblicherweise zur Sprache kam, wenn die Autoren die türkische Polygamie beschrieben. Der Geiz, eine Eigenschaft, die sehr häufig vergeben wurde, bezog sich in den meisten Fällen auf die Gelder und Geschenke, die die osmanischen Amtsträger von Diplomaten oder Reisenden erwarteten.

Insbesondere im Feld der *Religion* zeichnen sich darüber hinaus jedoch noch deutlichere Tendenzen ab. In der Darstellung selbst konnten Urteile wie »verworfen, schändlich« etc. bei der Beschreibung der Religiosi abgegeben werden. Wie bereits oben geschildert, war dies jedoch kein obligatorisches Urteil. Menavino hatte in seinem Bericht eine Typologie von den vier vermeintlichen türkischen »Sekten« aufgestellt – *Giomailer, Calender, Dervisi* und *Torlachi* –, die er aus einer Vielzahl von Bruderschaften herausgegriffen hatte, wobei er im Falle der vermeintlichen *Dervisi* und *Torlachi* die Merkmale verschiedener Bruderschaften im Osmanischen Reich zu einem Konstrukt verschmolzen hatte.[124] Menavino hält sich bei seiner Beschreibung mit Urteilen weitgehend zurück, während Nicolay, der die entsprechenden Textpassagen zum großen Teil von Menavino in seinen Bericht übernahm, in dieser Hinsicht Änderungen vornahm, wie sich an den ersten Passagen der einschlägigen Kapitel erkennen läßt:

Menavino
»Della religione de 'i Dervisi Cap. XII

I DERVISI sono gente molto allegra, usano per lor vestire pelli di castrato, seccate al Sole; delle quali ne portano due sopra le spalle, coprendosi le vergogne dinanti, et di dietro, et vanno di tutto il

---

123 Zur problematischen Kategorie der Exotik siehe Neuber, *Grade der Fremdheit.*
124 Nicolay 1989, S. 292.

resto ignudi, senza alcuni peli per tutta la lor persona; et ciascuno d'eßi porta in mano un bastone et grosso, et lungo, et tutto fatto à nodi: in testa una beretta bianca [...]. Hanno assai luoghi per la Turchia, dove eßi habitano, et dove albergano i viandanti. La state non mangiano in casa loro. Vivonsi de elemosine, lequali domadano con queste parole [...].«[125]

Nicolay

»XVII
De la tierce secte des religieux turcs, appelés Dervis

Beaucoup plus étrange et bestiale est la vie et façon de faire des dervis, en tout diverse et autre que celle des géomailers et calenders. Car ceux-ci vont la tête nue, et se font raser les cheveux et la barbe [...] Ils habitent hors des villes par les faubourgs et villages en divers lieux de la Turquie. Et tout l'été, vont courant le pays d'un lieu en autre, perpétrant sous couleur de sainteté et religion infinies méchancetés et voleries. Car ils sont tous grands larrons, paillards et voleurs, ne faisant conscience de détrousser, tuer et meurtrir (s'ils se trouvent les plus forts) ceux qu'ils rencontrent en leur chemin, avec une petite hache qu'ils portent à la ceinture [...] Outre laquelle inhumanité, encore sont-ils remplis de plusieurs autres malheureux vices. Car il sont merveilleusement adonnés au détestable péché de sodomie [...].«[126]

Während sich Menavino im Kapitel über die Derwische durchgängig jeder moralischen Beurteilung enthält, werden bei Nicolay aus den almosensammelnden Religiosi bestialische, wollüstige Mörder und Diebe. Im Gegenzug hat Nicolay die ausführlicheren Beschreibungen Menavinos entsprechend gekürzt, einige Elemente hat er gänzlich beiseite gelassen.

An diesen beiden Passagen läßt sich eine generelle Tendenz der Ordnungen erkennen: Die Schilderung von Details einzelner Phänomene der osmanischen Gesellschaft bot für generelle negative Urteile wenig Ansätze. Die Bausteinanalyse zeigt, daß der Wahrnehmungshorizont der Reisenden zweifellos beschränkt und intertextuellen Abhängigkeiten unterworfen war, daß er aber dennoch eine beträchtliche Spannweite umfaßte. Die Reiseberichterstatter wählten als Darstellungsform dieser Vielfalt eine der hier vorgestellten drei Ordnungsoptionen, die vor allem pragmatisch, nicht ideologisch ausgerichtet war. Um das gesamte Material konsequent zum Nachweis der Verwerflichkeit der türkischen Sekte anzuführen, wäre jedoch eine aufwendigere Form erforderlich gewesen, wie wir sie in Georgs theologischem Trakat vorfinden. Georgs Traktat konnte sich als Darstellungsform jedoch nicht durchsetzen, auch wenn der Text selbst eine hohe Auflagenzahl erlebte. Er erfüllte ebensowenig wie Bassanos Ordnungsmuster das Kriterium der Kompatibilität mit der

---

125 Menavino, *I cinque libri* 1548, S. 60.
126 Nicolay 1989, S. 192.

etablierten Liste hierarchisierender Topoi – dafür war das theologische Konstrukt zu spezifisch und zu komplex.[127]

Damit tritt uns in den Texten zusammen mit ihrer pragmatischen Ordnung eine gewisse Offenheit und Bandbreite entgegen. Das ethnographische Wissen, das sich unmerklich und unbeabsichtigt als eine neue epistemologische Konfiguration herausgebildet hatte, welche empirisches Wissen über Gesellschaft generierte und kategorisierte, war eine neue Form von Wissen. Angesichts der großen Materialmenge, die es potentiell umfaßte, war es unmöglich – abgesehen von einigen Vorgaben, wie die auszufüllenden kosmographischen Gitter von Längen- und Breitengraden oder dem der *Türkengefahr* geschuldeten Impuls, Wissen über die bedrohliche Macht zu sammeln – umfassende Anweisungen über die Gestaltung des Materials zu geben. Erst in der zweiten Hälfte des 16. Jahrhunderts standen genügend Erfahrungswerte bereit, um in der apodemischen Literatur den Blick des Reisenden gezielt zu schulen.

Die Folgen dieser Beiläufigkeit, mit der das ethnographische Ordnungsmuster sich einschliff, bevor dieser Vorgang theoretisch reflektiert wurde, waren beträchtlich. Als eine dieser Folgen bleiben die zahlreichen Schilderungen über die Art und Weise, wie die Türken ihre Religion praktizierten, zum überwiegenden Teil frei von einem fortwährenden Urteil der Verwerflichkeit.

Als Gegenpassage zu den in Kapitel 5 zitierten Ausführungen Vincenz' von Beauvais über die muslimische Beschneidung läßt sich beispielsweise das folgende Kapitel von Luigi Bassano lesen:

»In quale eta si circoncidono i fanciulli, in che modo, e con qual cerimonia e festa. Cap. XXXI

D'ogni setta tanto Giudaica come Christiana, hanno preso i Turchi quel che è venuto in acconcio, e commodita della loro, et lasciando infinit'altre, il circoncidere l'hanno tolto da Giudei, ma dove questi circoncidono i loro fanciulli l'ottavo giorno, i Turchi fanno questo medesimo nel .xii.o.xv. Anno, et hanno per solenne il giorno che si circoncide, et lo chiamano nozze del circondiere del figiuolo. Fanno allegrezze grandissime, e vi fanno le invite con quest'ordine.«[128]

Wie Vincenz von Beauvais stellt Bassano zwar einen Zusammenhang zu der im Judentum gebräuchlichen Beschneidung her, läßt aber die Frage, ob Mahomet selbst beschnitten war, völlig beiseite und widmet sich wiederum den Details, anstatt theologische Fragen über die Legitimität des Propheten zu diskutieren.

Wie wir gesehen haben, war eine moralische Verurteilung möglich, wenn auch optional. Auch hier hatten sich gewisse Bräuche etabliert. Die türkischen Glaubensinhalte wurden häufig (wenn auch nicht immer – Menavinos gesamtes erstes Buch ist weitgehend frei davon) als lächerlich, Geschichten aus dem Leben Mahomets als

---

127 Die Rezeptionsgeschichte dieses Textes ist außerordentlich interessant. Siehe dazu: Williams, *»Türkenchronik«*; Höfert, *Vom Antichrist zum Menschen.*

128 Bassano, *I costumi* 1545, Fol. 37v.

Fabeln bezeichnet. Daneben konnten die Religiosi mit entsprechenden Urteilen gekennzeichnet werden. Die Schilderung der türkischen Moscheen und der religiösen Riten – Gebete, Fasten, Beschneidung – blieb hingegen weitgehend von solchen Wertungen frei.

Derartige Passagen wurden jedoch nicht als Widerspruch zu dem übergreifenden Urteil über die teuflische Sekte der Türken gekennzeichnet und offenbar auch nicht als solche empfunden. Denn in keinem der hier analysierten Texte fehlt eine solch grundsätzliche Verurteilung. Die Autoren fällten derartige Urteile jedoch vor allem an exponierter Stelle, als abschließende Bewertung oder einleitende Bemerkung, wie wir es bereits oben bei Belons Einführung in sein drittes Buch gesehen haben. Georgejevic, der in der Schrift *De ritu* strikt auf einer rein deskriptiven Ebene bleibt, zieht am Ende seiner Darstellung das folgende Fazit:

»Dij boni, quis posset enarrare crudelitatem et turpissimos abusus tam in rebus secularibus quam fidei Mehemmtice caeremonijs, prout legentes intellexistis de lotione et munditia eorum, in qua sola sperantes salutem suae ipsorum animae existimant se consequuturos, cum intus repleti omni spurcitia scelerum Mehemmeto caeco duce Deum irritant immortalem. Multa alia ex institutione Mehemmeti debent strictissime observare, quam studiose omittenda duxi, ne minutissima quaeque persequens, garrulitate stoachium lectori moveam.«[129]

Menavino, der ebenfalls in seiner Darstellung derartige Wertungen einfließen läßt, ist in seinem Urteil etwas weniger rigoros, aber dennoch deutlich genug. Er vergleicht die *Mahomettana gente* mit wilden Pflanzen, die bei entsprechender theologischer Unterweisung doch noch süße Früchte tragen könnten:

»[…] Hora in che altro modo, et migliore, posso io chiamare la Mahomettana gente, se non piante selvaggie, dißimili dalle fruttifere, cio è da noi altri Christiani della ragione consapevoli: lequali piante di genti Turce insalvatichite ne gli antichi vitij, et loro superstitioni, altro che silvestri frutti, et al gusto il piu delle volte amari, et alla salute rei, produrre non sogliono, nati nelle oscurita delle ombrose selve, ove s'annidano le nostre fiere.«[130]

Das Bekenntnis zur *Türkengefahr* blieb mit solchen Urteilen gewahrt. Daß eine weitreichend wertungsfreie (jedoch nicht wertfreie) Darstellung weiter Passagen über die Religion nicht als Widerspruch zu diesem generellen Bekenntnis empfunden wurde, ist der Effekt einer Ordnung, die unreflektiert und pragmatisch praktiziert wurde.

Unbeabsichtigte Folgen: Die Etablierung des Feldes der *Religion*

Eine historisch gesehen noch viel weitreichendere Folge der praktizierten Ordnungsmuster war die Etablierung der *Religion* als einer ihrer Haupttopoi. Wie wir

---

129 Georgejevic, *De ritu* 1544, Fol. D3v.
130 Menavino, *I cinque libri* 1548, S. 80.

gesehen haben, war es in den mittelalterlichen theologischen Abhandlungen wie auch in den Texten, die sich zum Diskurs der *Türkengefahr* zuordnen lassen, undenkbar, von den Sarazenen, Mauren und Türken anders als in einer theologischen Begrifflichkeit zu sprechen, die die Sekte Mahomets als häretisch, heidnisch oder teuflisch disqualifizierte. Das ethnographische Ordnungsmuster, das sich im hier analysierten Wissenskorpus etablierte und manifestierte, verwies derartige Urteile jedoch an bestimmte, exponierte Stellen der Reisebeschreibungen, während sich in denselben Texten an anderen Punkten ein Raum eröffnete, der es möglich machte, ohne diese Zuschreibungen über die *religio Turcarum* zu sprechen. Der strikte Antagonismus zwischen Christen und Türken wurde in diesem Raum unmerklich unterlaufen. Dieser Raum wurde mit dem Haupttopos *Religion* benannt, und in ihm war der Gegensatz zwischen christlich und heidnisch/häretisch nicht mehr maßgeblich, da ein entsprechendes Urteil an einer anderen Stelle im Text gefällt wurde.

Wie bereits im vorangegangenen Abschnitt angesprochen, wurden vor allem die religiösen Riten, aber auch zuweilen die Glaubensinhalte der Türken ohne eine theologische Verurteilung geschildert. Da sich in diesen Passagen eine gemeinsame Begrifflichkeit entwickelte, mit der christliche wie muslimische Praktiken bezeichnet werden konnten, seien hier weitere Textstellen zitiert, die von diesem sehr bedeutsamen Vorgang Zeugnis ablegen:

»Tutti i Mahomettani generalmente, hanno questa credenza, et pensamento, che come prima nasce un figliuolo, IDDIO gli mandi due Angeli, de' quali l'uno dimora dalla destra parte, et l'altro dalla sinistra; facendogli compagnia insino à tanto, che per divina volonta gli anni habbiano finito il correre di sua vita: et quando il figliuolo sara di quattro, ò cinque anni, lo debbono mandare alla schola, ad imparare il CURAAM; accio che pervenendo poi à gli anni della discretione, si trovi havere appresso tutte quelle cose, che *alla fede loro* si appartengono [...].«[131]

Luigi Bassano, der unter den hier betrachteten Reiseberichterstattern den Türken vergleichsweise viele negative Attribute zuschrieb, schildert einige der Grundzüge der türkischen Religion ohne jede explizite Wertung:

»Qual sia la religione de Turchi, et chi adorano. Cap. VIII

Credono i Turchi (com'habbiamo detto) in Dio e confessano Iesu Christi esser stato Profeta, non figliuolo di Dio, ma nato per voluntà sua di Maria virgine, di qui viene che tra loro non si bistemia ne Iddio, ne Iesu, ne Moise, ne David, ne san Gio. Battista [...]. Hanno il loro Alcorano, dove è scritta tutta la loro legge, con parte del Testamento nuovo [...]. Per le Chiese ne l'hora di fare orationi, ne in alcun altro tempo non si passeggia, non si parla, non v'entrano mai Donne, ne Cani, ne putti, ne alcune sorte de poveri mendicanti, e vi s'osserva un silentio si fatto, che par che non vi sia persona, non vi sepelliscano morti, ne fan depositi, o sepolchri, ne vi appendano armadure, bandiere o stendardi [...].«[132]

---

131 Menavino, *I cinque libri* 1548, S. 82, Hervorhebungen von mir.
132 Bassano, *I costumi* 1545, Fol. 11v.

Der Begriff der Religion gesellte sich damit als Oberbegriff zu den bisher gebräuchlichen *secta* und *legge* und konnte unterschiedslos auf beide, Christen wie Türken, angewandt werden, wie beispielsweise bei einer Bemerkung Geuffroys über die christliche Einnahme einer türkischen Festung zu lesen ist:

»[...] quand les galeres de nostre religion la prindrent.«[133]

Bartholomäus Georgejevic, dessen Sklavenmonographie zusammen mit den Aufrufen zum Türkenkrieg keinen Zweifel an der Grausamkeit und theologischen Verwerflichkeit der Türken ließen, ist einer der ersten, die darüber hinaus den Begriff *Musulmanus* einführen und ihn dem *Turca* zur Seite stellen:

»*Musluman* [sic], id est circumcisus.«[134]

»Musulmanus, id est, Turcarum religione initiatus«[135]

»Foeminae non patiuntur circumcisionem, sed tantummodo (iam dicta verba) confitentes, *Musluman* efficiuntur. Si autem ex Christianis quispiam sua sponte confesso Mehemmeto circumcidi se patiatur, quod saepe contingit [...], talis ducitur per omnes vicos atque plateas civitatis [...].«[136]

In den hier zitierten Textstellen treten Begriffe zutage – »Glaube, Religion, Muslime« –, die für den heutigen Blick sehr vertraut, für das 16. Jahrhundert jedoch neu waren. Über die Schilderung der osmanischen Gesellschaft wurde indirekt auf den Islam die gleiche Begrifflichkeit angewandt, die zuvor ausschließlich dem Christentum vorbehalten war, und die in den beiden Termini *fede* und *religione* kulminierte.

Wie Ernst Feil in seiner zweibändigen Begriffsgeschichte gezeigt hat, wurde die allgemeine Verwendung von *religio* als neuzeitlichen Oberbegriff erst nach 1620 allgemein gebräuchlich. In diesem neuzeitlichen okzidentalen Verständnis bezeichnet Religion »alle Vorstellungen, Einstellungen und Handlungen gegenüber jener Wirklichkeit [...], die Menschen als Mächte oder Macht, als Geister oder auch Dämonen, als Götter oder Gott, als das Heilige oder Absolute oder schließlich auch nur als Transzendentes annehmen und benennen.«[137] Vor 1620 wurde *religio* hingegen in der spätantiken Bedeutung von Gottesverehrung, Gottessorgfalt oder Gottesbeachtung in erster Linie auf das Christentum angewandt, wobei sie nicht die Stellung eines Oberbegriffs einnahm, sondern im Sinn von *ritus, cultus, pietas* und *caerimonia* verwendet wurde. Im Gegensatz dazu bezeichnete *fides*, ein Begriff, der ausschließlich der christlichen Sphäre vorbehalten war, die Gesamtheit des christlichen Glaubens. Wenn mittelalterliche Autoren von anderen Glaubenssystemen sprachen, verwandten sie durchgängig die beiden Begriffe *lex* und *secta,* ein Sprachgebrauch, den Roger

---

133 Geuffroy, *Briefve description* 1546, Fol. F2v.
134 Georgejevic, *De ritu* 1544, Fol. B1v. Kursivsetzung im Original.
135 Georgejevic, *De afflictione* 1544, Fol. C2v.
136 Georgejevic, *De ritu* 1544, Fol. B1v-B2r, Kursivsetzungen im Original.
137 Feil, *Religio* 1986, S. 29.

Bacon im 13. Jahrhundert eingeführt hatte. Unter den Theologen des 15. und 16. Jahrhunderts waren es lediglich Melanchthon, der von einer Religion bei allen Völkern sprach – »allein die namen sind geendert,«[138] sowie Nicolaus von Kues, der mit seiner Schrift *De pace fidei* 1453 auf der Suche nach der einen Religion war, die sich bei Juden, Christen und Muslimen manifestiere. Dennoch, so Feil, gebrauchte auch Nicolaus von Kues *religio* nicht im Sinne des neuzeitlichen Religionsbegriffes, sondern in der Bedeutung von »Gottesverehrung«.[139]

Im Gegensatz zu Feils Befund, daß sich Religion als Oberbegriff erst nach 1620 etablierte, sehen wir, daß dieser Gebrauch in den Reiseberichten des 16. Jahrhunderts bereits vorweggenommen wurde. Mit *religione* war keinesfalls nur eine konkrete Form von Gottesverehrung gemeint. Dieser Begriff war vielmehr auf der Ebene der Hauptkategorien angesiedelt, wo er zusammen mit den Termini, die die Autoren für die beiden anderen Hauptfelder *Hof, Regierung und Militär* und *Sitten und Gebräuche* verwendeten, eines der drei ethnographischen Felder bezeichnete. Es entsprach der Logik des Ordnungsmusters, daß unter *religione* daher auch muslimische Glaubensinhalte gefaßt werden konnten, wie das oben aufgeführte Zitat Luigi Bassanos zeigt. Darüber hinaus gebrauchten die italienischen Autoren den Ausdruck *fede* auch in bezug auf die Türken – eine Begrifflichkeit, welche außerhalb der Reiseliteratur undenkbar war. Selbst Nicolaus von Kues verwendete *fides* stets nur für den christlichen Glauben.[140]

Damit eröffnete das ethnographische Ordnungsmuster unmerklich im 16. Jahrhundert einen Raum, in dem sich die Semantik ethnographischer Begriffe im Gegensatz zum zeitgenössischen theologischen Diskurs wandelte, einen Raum, in dem der Islam mit einer Begrifflichkeit beschrieben wurde, die zuvor ausschließlich dem Christentum vorbehalten war. Mit diesem Raum wurde der Weg vom Übergang vom ausschließlich theologischen Bezugsrahmen – in welchem der Islam zwangsläufig als *tertia et diabolica lex* bezeichnet wurde – zu einem Kategoriensystem geebnet, in welchem mit der impliziten Gleichsetzung beider Religionen ein entscheidender Schritt vollzogen wurde.

Dennoch galt auch für diese Entwicklung, daß sie weder eindeutig noch ausschließlich erfolgte. Georgejevic stand mit seinem außerordentlich modern anmutenden *Musulmanus*, der bis heute die korrekte Bezeichnung für die Angehörigen der islamischen Glaubensgemeinschaft geblieben ist, innerhalb der Reiseberichte allein. Die Bewohner und Bewohnerinnen des Osmanischen Reiches wurden mit unterschiedlichen Begriffen benannt, die nach dem modernen Verständnis verschiedenen Bezugssystemen (religiös, ethnisch, national, staatlich) angehören, im 16. Jahrhun-

---

138 Feil, *Religio* 1996, S. 344.
139 Feil, *Religio* 1986, S. 147.
140 Ebd.

dert aber zu einem beträchtlichen Teil miteinander austauschbar waren.[141] Kiril Petkov hat in einem anderen Zusammenhang gezeigt, wie sich in deutschen Quellen die Bezeichnung der orthodoxen Südslaven von »Ungläubigen« im 14. Jahrhundert über »Türken« nach der osmanischen Eroberung schließlich zu den »wahren Christen« im 16. Jahrhundert wandelte.[142]

Darüber hinaus konnte der Raum, der sich im ethnographischen Ordnungsmuster als Feld der *Religion* mit der entsprechenden Begrifflichkeit eröffnet hatte, wieder eingeschränkt werden. Als Philipp Lonicer Menavinos *Cinque Libri* für sein Kompendium ins Lateinische übersetzte, machte er viele der von Menavino vorgenommenen begrifflichen Angleichungen wieder rückgängig. Aus der *chiesa* wurde bei Lonicer wieder (das auch von Georgejevic gebrauchte) *templum*[143], die *Mahomettani* übersetzte Lonicer stellenweise mit *Turchi*[144], zuweilen jedoch auch mit *Mahometani*[145]. In der Übersetzung von Menavinos *la loro fede* machte Lonicer hingegen keine Zugeständnisse an den italienischen Originaltext – der Begriff der *fides* taucht in seiner Übersetzung kein einziges Mal auf. An seiner Stelle verwendet Lonicer wahlweise *religio Mahometana*[146], *lex Mahometana*[147], *doctrina*[148] oder aber *Mahometistarum superstitio*[149]. Diese Übersetzungen zeigen, daß die implizite Gleichsetzung von Islam und Christentum zwar in den Volkssprachen möglich war, bei der Übertragung ins Lateinische jedoch wieder dem Wortgebrauch im offiziellen theologischen Diskurs angepaßt wurde. Das italienische *legge* entsprach hingegen dem Oberbegriff, der sich seit dem Hochmittelalter für den Islam durchgesetzt hatte, und wurde daher von Lonicer entsprechend als *lex* wiedergegeben.

Dieser Vorgang zeigt, daß die Reiseberichte ein neues Kategorienschema etabliert hatten, das nicht dem theologischen Diskurs des 16. Jahrhunderts entsprach, sondern erst im 17. Jahrhundert von den Theologen übernommen wurde.[150] Die

---

141 S. z. B. Belon, *Observations* 1554, Fol. 197v: » Car jeunes ou vieilles, mariées ou à marier […], de quelque nation ou loy qu'elles soient, Turques, Grecques, Armeniennes, Juifues, et Chrestiennes […] usent [un depilatoire special] pour se faire abatre le poil.«

142 Petkov, *Infidels, Turks, and Women.*.

143 Lonicer, *Chronicorum Turcorum* 1578, Fol. 55r et passim.

144 Ebd., Fol. 56r.

145 Ebd., Fol. 65r.

146 Ebd. Fol. 66v.

147 Ebd. Fol. 55v.

148 Ebd. Fol. 64r.

149 Ebd. Fol. 62v; siehe auch den Satz, den Lonicer über das Weinverbot eingefügt hat Fol. 66v: »Omnibus qui Mahometanum legem amplectuntur vini usus est prohibitus. Cuius eorum superstitionis haec traditur origo.«

150 Feil, *Religio* 1986.

Reiseberichte hatten damit eine Entwicklung antizipiert, ein Feld abgesteckt, das erst später inhaltlich mit der Entstehung der Religionsstudien etabliert wurde.[151]

Unter den Fittichen der *Türkengefahr* war mit dem ethnographischen Ordnungsmuster die Möglichkeit entstanden, das Christentum und den Islam mit den gleichen Kategorien zu beschreiben; der Wechsel vom theologischen zum christlichen Diskurs wurde damit formal vorbereitet. Dieser Prozeß, in welchem Religion als Oberbegriff – wenn auch stets in der für das 16. Jahrhundert charakteristischen Heterogenität – entworfen wurde, ist von großer Bedeutung. Denn wie Talal Asad gezeigt hat, spielt in der heutigen Anthropologie die Definition von Religion eine herausragende Rolle und erweist sich in besonders hohem Maße von europäischen Vorstellungen geprägt, die damit implizit auf andere Gesellschaften übertragen wurden und werden. Die Weichen für diese Entwicklung wurden mit dem Entwurf des ethnographischen Ordnungsmusters im 15. und 16. Jahrhundert gestellt.

Diese Zäsur war mit vielen Faktoren verknüpft und unter anderem maßgeblich mit den interkonfessionellen Auseinandersetzungen der Reformationszeit verbunden. Die ethnographischen Texte eröffneten lediglich das Feld, die Möglichkeit für eine relativierende Beschreibung verschiedener Religionen, die vom weiterhin unerläßlichen Urteil über falschen und richtigen Glauben getrennt werden konnte. Erst im 18. Jahrhundert konnte dieses Urteil gänzlich unterbleiben, Ephraim Lessing seine Ringparabel schreiben. Wie die derzeitigen Diskussionen in der *critical anthropology* zeigen, ist es ein großes und komplexes Unterfangen, die historische Genese westlicher zentraler Begriffe wie Religion und Objektivität nachzuzeichnen und die mit ihnen verbundenen Implikationen sichtbar zu machen. Die Geschichte, wie im 18. Jahrhundert der Begriff der Religion beispielsweise in der Ringparabel Lessings essentialisiert und später als Gegenbegriff zur vermeintlich säkularen Moderne entworfen wurde, ist jedoch nicht Gegenstand dieser Arbeit.

Hier geht es darum, ab wann und unter welchen Umständen es in Europa möglich wurde, den Begriff der Religion auf nichtchristliche Glaubenssysteme und Gesellschaften anzuwenden, und welche Faktoren für diesen Vorgang maßgeblich waren. Die Reiseberichte über das Osmanische Reich spielten dabei eine herausragende Rolle. Die *Türkengefahr* ließ es als eine vordringliche Aufgabe erscheinen, so viel wie möglich über die nach Europa vordringenden Türken zu erfahren. Die lange Tradition der mittelalterlichen Auseinandersetzung mit dem Islam hatte die Religion der Türken bereits zu einem vermeintlich bekannten Thema gemacht. Darüber hinaus verehrten die Türken den Gott Abrahams, weshalb ihre Religion nicht aufgrund ihres Gottes, sondern wegen der Art und Weise, wie er verehrt und wie seine Offenbarung im *Alcoran* verstellt worden war, verurteilt wurde. Die Etablierung des ethnographischen Feldes der *Religion* im ethnographischen Ordnungsmuster konnte auch deshalb

---

151 Johnson, *Origins of Religion.*

so beiläufig und unbeabsichtigt erfolgen, da der Islam dem Christentum theologisch so nahestand.

Die Völker der Neuen Welt – deren Zugehörigkeit zum Menschengeschlecht erst einmal debattiert werden mußte – wurden hingegen weiter als Heiden bezeichnet, ein Begriff, der in der *Türkengefahr* vollends im Antagonismus von Christen und Türken für den Islam aufgegangen war. Sahagún, der über Jahre hinweg an seiner (übrigens bis zur Ausgabe moderner Editionen ungedruckt gebliebenen) *Historia delle cose della nueva España* arbeitete, sprach hingegen von der *ydolatria*, die die Bewohner des neuen Spanien in Finsternis und Unglück verweilen ließ – ein Begriff, der in den hier analysierten Reiseberichten nicht auftaucht.[152] Diese unterschiedliche Begrifflichkeit wirkte bis ins 18. Jahrhundert fort. In der Enzyklopädie Diderots und d'Alemberts ist unter dem Stichwort der Religion der folgende Eintrag zu lesen:

»Les principales religions qui ont régné, ou regnent encore dans le monde, sont le Judaisme, le Christianisme, le Paganisme & le Mahométisme.«[153]

Sämtliche nichtabrahamitischen Religionen wurden also unter dem Begriff des *paganisme* subsumiert, während Judentum und Mahometismus eigens begrifflich gefaßt wurden. Der christliche Glaube konnte zunächst nur innerhalb der abrahamitischen Religionen relativiert werden. Aus diesem Grund waren die Berichte über eine muslimische Gesellschaft eher dazu geeignet, diesen Wechsel des kategorialen Bezugsrahmens zu vollziehen, als diejenigen über die gänzlich unbekannten Vielgötterglauben der Neuen Welt. Zudem hatte die *Türkengefahr* das ethnographische Wissen über das Osmanische Reich zu einer vordringlichen Angelegenheit gemacht, die prinzipiell jeden Christen anging.

5. Zusammenfassung

In den Reiseberichten des 16. Jahrhunderts finden sich zahlreiche Verweise auf eine Ordnung, auf welche sich die Autoren beziehen, die sie jedoch nicht eigens explizit machen – so als ob sich in einem Straßennetz zahlreiche Hinweis- und Ortsschilder befänden, ohne daß eine Gesamtkarte des Straßennetzes existierte. Hinter den Ordnungsverweisen lassen sich drei unterschiedliche Ordnungsmuster ausmachen, welche auf den gleichen Grundtechniken für die Gruppierung der Dinge beruhen.

Für die Analyse dieser Grundtechniken gab es in der Forschung bisher zwei Erklärungsmuster: Foucaults Modell der Ähnlichkeiten, das er allerdings in Hinblick auf einen sehr viel weiter reichenden Horizont entwickelte; sowie die Forschungen,

---

152 Sahagún, *Historia general de las cosas de Nueva España.*
153 *Encyclopédie, ou dictionnaire raisonné des sciences, des arts et des métiers.* Genf 1772, s.v.

die das ethnographische Wissen selbst untersuchen und es in Bezug zu den zeitgenössischen Reflexionen zur Wissensordnung setzen. Unter diesen Forschungen zur Topik und Apodemik des 15. und 16. Jahrhunderts sind vor allem die Arbeiten Wolfgang Neubers und Justin Stagls zu nennen. Der in der Topik zentrale Begriff des *locus communis* und seine geographische Konnotation haben in Foucaults Modell der Ähnlichkeiten meiner Ansicht nach zu wenig Echo gefunden. Für die Analyse der Ordnung der Dinge im ethnographischen Wissenskorpus habe ich im Zuge meiner Quellenarbeit Foucaults Modell zwar aufgegriffen, aber revidiert. Meiner Ansicht nach lassen sich im ethnographischen Wissenskorpus zwei Grundtechniken ausmachen, nach denen die Dinge angeordnet werden: Zum einen führt die *convenientia* zur Aneinanderreihung von jenen Dingen, die sich an einem Ort befinden, zum anderen führt die *aemulatio* jene Dinge zusammen, die einander ähnlich sind.

Das Changieren zwischen *convenientia* und *aemulatio* wird besonders anschaulich im Reisebericht Luigi Bassanos illustriert, in dem ich sechs freie Ketten ausgemacht habe, anhand derer Bassano den in der Intertextualität der Berichte über das Osmanische Reich etablierten Wahrnehmungshorizont der einschlägigen Dinge recht genau abbildet. Derartige Ketten lassen sich auch in den beiden anderen Ordnungsmustern erkennen, die diese allerdings jeweils einem höheren Ordnungsprinzip unterstellen. Im Itinerarprinzip gab der Reiseweg die Anordnung der Dinge nach dem topographischen Muster vor. Im ethnographischen Ordnungsmuster wurden die Dinge hingegen einer hierarchischen Anordnung von Topoi unterworfen, die letztlich unabhängig von der konkreten Situation war, in welcher sich der Reisende oder der über einen längeren Zeitraum im Osmanischen Reich gefangengehaltene Sklave befand. Unter diesen Haupttopoi kristallisierte sich eine Gruppe von Kategorien heraus, die die Dinge in die drei Hauptfelder einordnete, welche ich in der virtuellen Episteme als (1) *Hof, Regierung und Militär,* (2) *Sitten und Gebräuche* sowie (3) *Religion* bezeichnet habe.

Auch wenn in der konkreten Bezeichnung dieser drei Hauptfelder in den Texten unterschiedliche Varianten auftauchen, ist diese Übereinstimmung im Organisationsprinzip zwischen den verschiedenen Reiseberichten beträchtlich und verblüffend. Darüber hinaus hat sich erwiesen, daß vorzugsweise jene Texte, in denen die Dinge nach dem ethnographischen Ordnungsmuster angeordnet sind, in Spezialkompendien über die Türken abgedruckt und damit von Kompilatoren wie Francesco Sansovino und Philipp Lonicer in einen allgemeineren Wissenskontext gestellt wurden.

Wenn es aus der heutigen Perspektive auch einsichtig scheint, daß sich das uns bis heute in seinen äußeren Formen vertraute (wenn auch inhaltlich revidierte) ethnographische Ordnungsmuster für die Gliederung von Informationen über das gesellschaftliche Leben verschiedener Völker als erfolgreich erwies, ist dieser Erfolg vom Standpunkt des 15. und 16. Jahrhunderts aus nicht auf den ersten Blick zu erklären. Denn in dieser Zeit lagen drei Ordnungsoptionen vor, die, wie die Drucklegung und zahlreichen Auflagen aller hier behandelten zwölf Reiseberichte belegen, alle als gelungene Darstellungsweisen der Dinge über die Türken gelten konnten, auch wenn die Texte, die dem ethnographischen Ordnungsmuster folgten, sich mit ihrer Aufnahme in Kompendien als besonders erfolgreich erwiesen.

Die Erklärung für den Erfolg des ethnographischen Ordnungsmusters liegt im weiteren Kontext des gesamten ethnographischen Wissenskorpus über die Osmanen, aber auch über andere europäische und nichteuropäische Völker. Die Etablierung der ethnographischen Ordnung beruhte auf schlichter Gewohnheit, auf einem Kanon von Haupttopoi, die sich nach und nach als kompatibel für die Genese des Wissens im Gesamtkorpus erwiesen. In dieser Hinsicht spielte sowohl die diplomatische Informationserhebung über die Osmanen, die vor allem von den Venezianern bestimmt worden war, eine wichtige Rolle, wie auch die gelehrte Tradition, die dem ethnographischen Wissenskorpus die antiken Schriften zuführte. Das hohe Maß an Repetition, das für die nichtreflektierte Einschleifung der Haupttopoi verantwortlich war, stand darüber hinaus in engem Zusammenhang mit dem Buchdruck, der Möglichkeit, (weitgehend) identische Texte mechanisch in bisher ungekannter Zahl herzustellen.

Die Register über die Dinge, die den Drucken in der Regel beigefügt wurden, dienten dazu, einen einheitlichen Zugriff auf unterschiedlich konkretisierte Ordnungsmuster zu schaffen, hatten aber gleichzeitig auch den Effekt, zur Etablierung bestimmter Haupttopoi beizutragen. Diese Indizes führten damit zur weiteren epistemologischen Durchdringung des ethnographischen Wissens. Es ist hierbei einer weiteren Untersuchung vorbehalten herauszuarbeiten, ob und inwiefern in dieser Hinsicht die Turcica den Americana voraus sind – zumindest in den Texten, die dem Buchmarkt zugänglich gemacht wurden.

Da sich die Ordnungsmuster nicht als reflektierte Gestaltungsprinzipien etablierten, sondern sich in einer fortwährenden Repetition durchsetzten und zudem in erster Linie pragmatisch ausgerichtet waren, ergaben sich aus diesen unterschiedlichen Manifestationen der Episteme beträchtliche Diskrepanzen zum ideologisch dominierten Diskurs der *Türkengefahr*. Obgleich alle Autoren an exponierten Stellen in ihren Berichten in die Verurteilung der Türken als verwerflicher Sekte und gefährlicher Bedrohung einstimmten, traten auf den untergeordneten Textebenen alternative Wertungen und wertungsfreie Beschreibungen der türkischen Lebensweise zutage. Zudem bot der Antikebezug die Möglichkeit, die Türken als Nachfolger der Griechen und Römer zu beschreiben und damit den grundsätzlichen Antagonismus zwischen zivilisierten Christen und barbarischen Türken unmerklich zu unterlaufen.

Aus heutiger Sicht ist unter diesen unbeabsichtigten und unbemerkten Nebenwirkungen der Ordnungsmuster die Etablierung des Haupttopos der *Religion* im ethnographischen Ordnungsprinzip von besonderer Bedeutung. Im ethnographischen Feld, das diese Kategorie umfaßte, eröffnete sich ein Raum, in dem sich eine Begrifflichkeit entwickeln konnte, die für beide Glaubenssysteme, Christentum und Islam, verwendet werden konnte. In diesen Texten wurde es damit möglich, Religion als Oberbegriff zu verwenden. Da dieser Kategorienwechsel zunächst nur innerhalb der abrahamitischen Religionen vollzogen werden konnte, spielten in dieser Hinsicht die Reiseberichte über die Neue Welt eine deutlich nachgeordnete Rolle. In den theologischen und philosophischen Schriften wurde dieser Wechsel der kategorialen Bezugssysteme, der im ethnographischen Ordnungsmuster bereits im 16. Jahrhundert formal möglich gemacht wurde, erst im 17. Jahrhundert vollzogen.

Schlußfolgerung:
Orientalismus, *Türkengefahr* und ethnographisches Wissen in Europa

Die epistemologische Konfiguration des ethnographischen Wissens, die sich im 15. und 16. Jahrhundert herausbildete, beruhte auf einem abstrakten Beschreibungsmuster, welches unter bestimmten Hauptkategorien die gesellschaftlichen Realitäten erfaßte. Wie die Analyse des ethnographischen Wissenskorpus über die Osmanen ergeben hat, sind als die drei wichtigsten Hauptkategorien (1) *Hof, Regierung und Militär*, (2) *Sitten und Gebräuche* sowie (3) *Religion* zu nennen. Die drei ethnographischen Felder,[1] die mit Varianten dieser Kategorien benannt wurden, präsentierten die »Dinge« in dieser hierarchischen Ordnung, wobei die Abgrenzungen zwischen den Feldern nicht immer eindeutig gezogen waren, sondern diese einander überlappen konnten.

Dieses Ordnungsprinzip war grundsätzlich für die Beschreibung aller gesellschaftlichen Lebensformen – europäischer wie nichteuropäischer – anwendbar, die Hauptkategorien konnten dabei je nach Zusammenhang variiert werden. Mit dem ethnographischen Wissen war damit in Europa der Schlüssel für die epistemologische Bemächtigung des gesamten Erdkreises geschliffen und eine Methode gefunden worden, wie in die kosmographischen Gitter von Längen- und Breitengrad das chorographische Material eingeschrieben werden konnte.

Diese epistemologische Konfiguration des ethnographischen Wissens, die einem breit gefächerten Schrifttum unterlag, war im 15. und 16. Jahrhundert ein neues Phänomen, das mehr beinhaltete als eine bloße Aktualisierung der antiken Schriften. Obgleich gewisse Topoi in antiken Schriften – vor allem geographischer Prägung – für die Beschreibung von Gesellschaften verstärkt im 15. und 16. Jahrhundert wieder aufgenommen wurden, war ihre Anordnung nun neu. Weder Herodot noch Plinius, die in ihren Schriften das größte inhaltliche Spektrum antiker Völkerbeschreibungen darbieten, hatten ihre Darstellung nach bestimmten Haupttopoi angeordnet. In der mittelalterlichen Literatur trat das Sammeln empirischer Informationen über die Lebensweise von Völkern zurück, auch wenn sie weiterhin möglich war. Der dominante kategoriale Bezugsrahmen war in dieser Zeit jedoch theologisch geprägt, so

---

1 Ich habe den Begriff des *Feldes* in dieser Arbeit rein deskriptiv und ohne Bezug auf den von Bourdieu geprägten Begriff verwendet.

daß derartige Informationen letztlich in die christliche Heilsgeschichte eingeordnet wurden, in der der Gegensatz zwischen Christen und Heiden dominierte.

In dieser Hinsicht ist die Etablierung des ethnographischen Feldes der Religion von großer Bedeutung. Erst dadurch wurde es allmählich möglich, die Erde nicht mehr von Christen und Heiden, sondern nunmehr von Menschen bewohnt zu sehen.[2] Dieser Übergang vom theologischen zum frühneuzeitlichen christlichen Diskurs erfolgte dabei über eine längere als die hier betrachtete Zeitspanne – erst im 17. Jahrhundert fand der Oberbegriff der Religion in die theologischen und philosophischen Schriften Eingang.

Es war das ethnographische Schrifttum des 16. Jahrhunderts, welches diesen Übergang überhaupt möglich gemacht hatte. Eine der wichtigsten Erkenntnisse dieser Studie besteht darin, daß die Etablierung des ethnographischen Feldes der Religion wie des ethnographischen Ordnungsmusters nicht bewußt oder in bezug auf einen bestimmten Leittext vor sich gegangen war. Die von mir analysierten Autoren reflektierten nicht über die Ordnung, die sie anwandten, sondern praktizierten sie, indem sie die Texte entsprechend gliederten. Erst in der zweiten Hälfte des 16. Jahrhunderts wurden diese Ordnungsmuster in der apodemischen Literatur explizit gemacht. Aus heutiger Sicht ist die Etablierung des ethnographischen Ordnungsmusters und des Oberbegriffes der Religion im 16. Jahrhundert jedoch eine tiefgreifende Neuerung, obgleich dieser Vorgang in dieser Zeit keineswegs als revolutionär empfunden und gekennzeichnet wurde. Auch die Apodemiken kennzeichneten die von ihnen propagierte Ordnung nicht als neu. Das ethnographische Ordnungsmuster hatte sich vielmehr durch ein hohes Maß an Repetition eingeschliffen, im Zuge derer sich nach und nach die drei oben genannten Kategorien als Haupttopoi herauskristallisierten. Dieser Vorgang wurde durch die Vervielfältigungsmöglichkeiten des Buchdruckes begünstigt. Ein weiterer, entscheidender Faktor war die gezielte Politik der Informationsbeschaffung, mit der europäische Mächte ihre Beziehungen zum Osmanischen Reich flankierten. Rund 70 Prozent aller Reiseberichte über das Osmanische Reich (in italienischer, französischer, lateinischer und deutscher Sprache) stammten aus dem diplomatischen Kontext, der damit vor allem das ethnographische Feld über *Hof, Regierung und Militär* entscheidend prägte, aber auch das ethnographische Ordnungsmuster insgesamt in seinen Strukturen stabilisierte.

Die Etablierung des ethnographischen Wissens war also nicht – wie etwa die Deklarierung der Menschenrechte 1789 – eine bewußte und revolutionäre Setzung. Dennoch ist ein anderes Datum in diesem Zusammenhang von Bedeutung: der 29. Mai 1453, die Eroberung Konstantinopels durch die Osmanen, die im darauf einsetzenden weitgefächerten Schrifttum als ein entscheidender Schlag gegen die gesamte Christenheit beklagt wurde. Im nun einsetzenden Diskurs der *Türkengefahr* wurde die Bedrohung durch die Türken ausgemalt. Die meisten Autoren der von mir analy-

---

2 Koselleck, *Asymmetrische Gegenbegriffe.*

sierten Reiseberichte bekannten sich ausdrücklich zum Projekt des Türkenkrieges, das sie mit ihren Kenntnissen über das Osmanische Reich unterstützen wollten. Aber auch jene Autoren, die dieses Motiv nicht ausdrücklich nannten, sahen im Osmanischen Reich einen Beschreibungsgegenstand, der durch diesen Kontext relevant geworden war. Die *Türkengefahr* hatte daher der Berichterstattung über die Osmanen einen entscheidenden Impuls gegeben und war damit ein weiterer Faktor für die hohe Auflagenzahl der Schriften, der durch die Repetition der Haupttopoi verstärkt wurde.

In dieser Konstellation haben wir nun das scheinbare Paradox vorliegen, daß ausgerechnet der Diskurs, der einen theologischen Antagonismus zwischen Christen und Türken propagierte, zur Entwicklung einer Episteme beitrug, in der sich unmerklich das ethnographische Feld der Religion ausbildete, in welchem Türken und Christen mit den gleichen Kategorien beschrieben werden konnten. Dieses Paradox ist ein Produkt der Ordnung der Dinge. Das ethnographische Ordnungsmuster gab in den Texten bestimmte, exponierte Stellen vor, an denen die Türken als teuflische Sekte verurteilt wurden, eröffnete jedoch auch einen wertungsfreien Raum, der vorrangig der Beschreibung religiöser Riten ohne eine theologische Verurteilung gewidmet war. Hinter diesem Mechanismus verbarg sich jedoch keine Turcophilie, die von den Autoren auf diese Weise geäußert worden wäre und mit der der *Türkengefahr* ausdrücklich widersprochen werden sollte. Dieser wertungsfreie Raum eröffnete sich vielmehr unmerklich als eine nichtreflektierte Folge des ethnographischen Ordnungsmusters, das sich in der Praxis ohne eine bewußte Setzung entwickelte. Dieser Raum blieb zudem grundsätzlich von christlichen Vorstellungen über Glauben und Religion geprägt und war insofern zwar wertungs–, nicht aber wertfrei.

Einmal etabliert, erwies sich die epistemologische Konfiguration des ethnographischen Wissens als sehr erfolgreich. Das Prinzip, unterschiedliche Gesellschaften nach einem einheitlichen, abstrakten Schema zu beschreiben, das diese in verschiedene Bereiche segregiert, hat sich bis heute in der okzidentalen Anthropologie erhalten. Obgleich die Kategorien dieses Schemas verändert werden konnten, erwiesen sich die drei Hauptkategorien des hier analysierten Wissenskorpus trotz gewisser Transformationen als erstaunlich langlebig: Politik, Religion/Kultur und Soziales sind auch in heutigen Sozialwissenschaften drei herausragende Kategorien für die Gesellschaftsanalyse. Werden diese drei Kategorien durch das sich später ausdifferenzierende Feld der Wirtschaft ergänzt, haben wir beispielsweise die vier Subsysteme vorliegen, die Talcott Parsons im AGIL-Schema seines Funktionalismus entwickelte.

Gleichwohl kam es unter der Oberfläche dieser formalen Kontinuität zu grundlegenden Änderungen, von denen ich hier nur einige nennen möchte. Zum einen bedeutete die Etablierung eines einheitlichen Schemas zur Beschreibung von Gesellschaft nicht, daß damit der Unterschied zwischen eigener und fremder Gesellschaft aufgehoben wäre – er wurde lediglich verlagert. Eine der inhaltlichen Hauptachsen für die Trennung zwischen Eigenem und Fremden bestand seit dem 18. Jahrhundert in der Temporalisierung dieser Dichotomie: der Entwurf einer zeitlichen Achse gesellschaftlicher Entwicklung, auf der bestimmte Kriterien wie fortschrittlich, industrialisiert und rückständig vergeben wurden.[3] Auch die von Talal Asad analysierte Essentialisierung der Kategorie der *Religion* erfolgte erst im 18. Jahrhundert. Die Offenheit des ethnographischen Feldes der *Religion*, das sich im 16. Jahrhundert mit dem Feld der *Sitten und Gebräuche* überlappte, war damit aufgehoben.[4] Auf der Ebene der Disziplinen kam es ebenfalls zu entscheidenden Änderungen. Die Staatenbeschreibungen des 16. Jahrhunderts gingen im 17. Jahrhundert in der akademischen Disziplin der Statistik sowie der Polizeywissenschaft auf, die mit dem Niedergang des *Ancien Régime* endeten.[5] Im 19. Jahrhundert wurde Gesellschaft schließlich von der Soziologie unter neuen Parametern untersucht – anstelle der Dinge wurden nun die funktionalen Beziehungen Gegenstand der Betrachtungen. Im 20. Jahrhundert erhoben schließlich nach der Krise des Ersten Weltkrieges und der in dieser entstandenen Kritischen Theorie mit dem Feminismus, den *postcolonial studies* und der *critical anthropology* andere Subjekte in den okzidentalen Gesellschaftswissenschaften ihre Stimme, die das vormalige Monopol der Stimme des weißen Mannes in eine Vielzahl von Standpunkten auffächerten und es möglich machten, über die epistemologischen Grundlagen der Humanwissenschaften neu zu reflektieren.

Seit den Arbeiten von Michel Foucault, Michel de Certeau und Edward Said sind wir auf die Macht aufmerksam geworden, die mit der Definitions- und Klassifikationsgewalt von Wissen einhergeht. Michel de Certeau spricht von einem erobernden Schreiben Europas, das die Neue Welt seit dem 16. Jahrhundert als leere Seite benutzt habe, auf die der abendländische Wille eingeschrieben werden konnte. Für de Certeau setzt hier der Bruch zwischen einem Subjekt und einem Objekt der Operation ein, zwischen einem Willen zu schreiben und einem geschriebenen (oder zu schreibenden) Körper, mit welchem dieses Schreiben abendländische Geschichte fabriziert.[6]

Edward Said hat unter einer ähnlichen Problemstellung den Orientalismus des 19. und 20. Jahrhunderts analysiert, eine Wissensformation, in der die Auswirkungen epistemologischer Bemächtigung besonders hervortreten. Dabei geht es nicht nur um die Funktion des Wissens für seine Urheber, sondern um seine Auswirkungen auf die beschriebenen Objekte. Die Orientalisten beurteilten den Orient im Einklang mit den westlichen Kolonialmächten als rückständig. Es ist bemerkenswert, in welchem

---

3 Vor diesem Hintergrund scheint mir das seit einiger Zeit in Mode gekommene Schlagwort der »Ungleichzeitigkeit des Gleichzeitigen« nicht die Neutralität innezuhaben, die ihm zugeschrieben wird. Zur Temporalisierung siehe Koselleck, *Asymmetrische Gegenbegriffe* und Brenner, *Die Erfahrung der Fremde.*

4 Asad, *Religion as Anthropological Category.*

5 Stagl, *A History of Curiosity.*

6 de Certeau, *L'écriture de l'histoire.*

Ausmaß dieses Urteil von den so verurteilten Gesellschaften übernommen wurde und immer noch fortwirkt. In einer arabischen Literaturgeschichte von 1987, die vornehmlich für Schulzwecke gedacht ist, vertritt der Autor, al-Fakhuri, die folgende Auffassung über die Zeit vor der *nahda* (= »Renaissance« – ein Ausdruck, mit dem in den Gesellschaften des Nahen Ostens ab dem ausgehenden 19. Jahrhundert die Bestrebungen um die Angleichung an westliche Standards bezeichnet werden):

»Die Situation der arabischen Länder vor der *nahda* [läßt sich wie folgt zusammenfassen]: der Osten war vor der *nahda* fast gänzlich abgeriegelt und auf sich selbst bezogen und verharrte in schweigender Torheit. Erst das Licht aus der Fremde konnte seine Wege erleuchten.«[7]

Derartige Urteile hatten konkrete Folgen für das arabische, türkische und persische Schreiben der Geschichte. Für die ägyptischen Historiker waren beispielsweise die drei Jahrhunderte, in denen Ägypten unter osmanischer Herrschaft stand, eine zu vernachlässigende, in wenigen Worten abzuurteilende Periode, im Gegensatz zu der Zeit nach 1798, die sie ausführlich analysierten.[8] Darüber hinaus hatte das okzidentale Wissen einen beträchtlichen Einfluß auf die Begrifflichkeit zur Beschreibung von Gesellschaft. Bis zum 19. Jahrhundert war für muslimische Gelehrte der »Islam« kein zentraler Begriff gewesen – das Wort taucht lediglich achtmal im Koran auf und wurde erst ab den 1880er Jahren in Ägypten zunehmend in arabischen Schriften verwendet, die entweder Übersetzungen aus dem Französischen, von nichtmuslimischen Autoren verfaßt oder in bezug auf nichtmuslimische Texte geschrieben worden waren. In der gleichen Zeitspanne wurde der arabische Begriff *dîn* von seiner komplexen Bedeutung im Koran auf die bloße Übersetzung des westlichen Begriffes *Religion* reduziert.[9]

Im postkolonialen Zeitalter gehören derartige Analysen zum guten Ton, und sie bleiben jenseits aller *political correctness* relevant. Dennoch läßt sich aus ihnen nicht

---

7 Al-Fakhuri, *Tarih al-adab al-araby* (= Geschichte der arabischen Literatur), S. 884: »Hala al-bilad al-ᶜarabiyya qubila an-nahda: kana ash-sharq qubila an-nahda mughlaqan ᶜala nafsihi ighlaqan yakadu yakuna kamilan, wa kana al-jahl mukhayyiman, fa-kana la budda lahu min nurin gharibin yuniru masalikihi.«

8 Piterberg, *Orientalist Discourse and Nationalist Historical Narratives in the Middle East.*

9 Salvatore, *Islam and the Political Discourse of Modernity*, S. 76. Auf der anderen, okzidentalen Seite ist auf der Ebene der akademischen Ausbildung das Erbe des Orientalismus im Sprachunterricht gegenwärtig: Während in Deutschland der Unterricht in europäischen Sprachen selbstredend vorrangig in der jeweiligen Fremdsprache abgehalten wird, wird Arabisch (ebenso wie Türkisch und Persisch) in den überwiegenden Fällen in der jeweiligen Landessprache unterrichtet – eine Ausbildung, die die Studierenden lediglich zum Lesen, nicht aber zum Dialog mit ihren »Studienobjekten« befähigt. Die okzidentale epistemologische Bemächtigung drückt sich auch darin aus, daß in der Vermittlung des Arabischen vorrangig eine lateinische grammatikalische Terminologie verwendet und die reiche Tradition arabischer Grammatik weitgehend ignoriert wird. Soweit es eben möglich ist, werden die Sprachen des »Orients« also zum Schweigen gebracht.

der Schluß ziehen, daß mit der Dichotomie von westlichem, forschendem Subjekt gegenüber nichtwestlichen, passiven Objekten das derzeitige globale Geflecht von Machtbeziehungen und den mit diesen einhergehenden epistemologischen Definitionsgewalten vollständig erfaßt wird. Zum einen würde dies eine Festschreibung der erfaßten Objekte auf eine passive Opferrolle bedeuten und zum anderen den Blick auf jene Dynamiken und Machtkonstellationen verstellen, die sich dieser Dichotomie entziehen. Edward Said, der im Vorwort zu seiner Studie über *Orientalism* seinen Forschungsgegenstand hauptsächlich auf die britischen, französischen und amerikanischen Schriften nach 1798 einschränkt, bemerkt an dieser Stelle, daß es wünschenswert gewesen wäre, auch den Orientalismus in Italien, den Niederlanden, Deutschland und der Schweiz miteinzubeziehen:

»But then one would have to rethink the whole complex problem of knowledge and power.«[10]

Ich habe in der vorliegenden Arbeit versucht, dieses »komplexe Problem von Wissen und Macht« für die europäischen Schriften über einen Teil des späteren »Orients«, das Osmanische Reich im 15. und 16. Jahrhundert, zu überdenken. In dieser Hinsicht scheint mir, daß Saids Ansatz entscheidender Ergänzungen bedarf. Denn obgleich Said stellenweise die Studien von Norman Daniel und Richard Southern über das mittelalterliche Islambild miteinbezieht und auch Quellen des 15. und 16. Jahrhunderts zitiert, zieht er nicht in Betracht, daß dieses Schrifttum im Zusammenhang mit einer Machtkonstellation erwachsen ist, die sich grundlegend vom Kolonialismus des 19. Jahrhunderts unterschied.

Ich möchte mich an dieser Stelle nicht in jene Kritiken einreihen, die Saids Buch aufgrund methodischer Inkohärenzen gänzlich verwerfen – es bleibt sein Verdienst, daß er mit dieser Studie einen bahnbrechenden Beitrag zur Dekonstruktion des okzidentalen Mythos wissenschaftlicher Objektivität geleistet hat. Daß mit diesem Beitrag nicht das letzte Wort gesprochen worden ist, daß eine Studie, die eine These von dieser Tragweite und diesem Profil vorträgt, weiterer Differenzierungen und Kritiken bedarf, versteht sich vielmehr von selbst.

Vor diesem Hintergrund habe ich in dieser Arbeit zu zeigen versucht, daß es in der Tat erforderlich ist, die Beziehung zwischen Wissen und Macht nicht nur, wie von Said gefordert, für das 19. und 20. Jahrhundert in bezug auf andere orientalistische Schriften zu überdenken, sondern den analytischen Rahmen diachron zu erweitern. Die Einbeziehung der *Türkengefahr* des 15. und 16. Jahrhunderts – einer mächtigen diskursiven Formation, die von Said außer acht gelassen wurde – führt zu einer wichtigen Revision von Saids These, daß die epistemologische Konfiguration des Orientalismus untrennbar mit einer machtpolitischen und wirtschaftlichen Überlegenheit der Herkunftsnationen seiner Protagonisten über den Orient verbunden sei. Denn der Orientalismus des ausgehenden 18. Jahrhunderts entstand nicht auf einem

---

10 Said, *Orientalism*, S. 24.

epistemologisch weißen Tableau. Er inskribierte sich in die formalen Vorgaben des ethnographischen Wissens, die Gesellschaften des Orients in bestimmten Kategorien wie Religion, Staat, Sitten und Gebräuche zu beschreiben, die grundsätzlich auch auf die europäischen Länder angewandt wurden. Diese Vorgaben waren unter dem Einfluß der *Türkengefahr* im 15. und 16. Jahrhundert entworfen worden.

Für diese Zeit ist das komplexe Problem von Wissen und Macht anders als unter den von Edward Said entworfenen Linien zu betrachten. Europa bemächtigte sich epistemologisch der Levante und der Neuen Welt nach den gleichen Regeln, obgleich die machtpolitischen Verhältnisse in beiden Gebieten einander entgegengesetzt waren. Diese Regeln waren jedoch auch vom Schrifttum über das Osmanische Reich bestimmt worden – welches mehr als fünfzig Jahre vor den Berichten über die Neue Welt einsetzte – und erst nachrangig auf die Neue Welt übertragen worden (wo sie ihrerseits spezifische Ausformungen erfuhren und damit wieder auf das gesamte Ordnungsprinzip zurückwirken konnten). Ebenso wie der frühneuzeitliche Europa-Begriff im wesentlichen ein Produkt der *Türkengefahr* war, erwies sich auch die Etablierung des ethnographischen Ordnungsmusters in einem beträchtlichen (wenn auch nicht auschließlichen) Ausmaß als eine Folge dieses Diskurses und der Machtkonstellation, in der er entstanden war. Wie ich im siebten Kapitel gezeigt habe, war unter diesen Bedingungen die Herausbildung der ethnographischen Ordnung nur eine von (mindestens) drei Optionen, die im 16. Jahrhundert praktiziert wurden und in dem von mir analysierten Wissenskorpus zutage traten. Neben der antiken Tradition war es vor allem der diplomatische Kontext gewesen, der dazu geführt hatte, daß sich das ethnographische Ordnungsmuster in dieser Form entwickelte. Gerade die Unterlegenheit der europäischen Mächte führte zu einem gesteigerten Erkenntnisinteresse und einer gezielten Informationspolitik über den überlegenen Feind. Die machtpolitische europäische Unterlegenheit schloß daher nicht die Möglichkeit aus, sich der feindlichen und lange siegreichen Gesellschaft epistemologisch zu bemächtigen. Europäische Gesandte am Bosporus hatten sich den Spielregeln der Pforte unterzuordnen, sie mußten zuweilen wochenlang warten, bis sie zu einer Audienz beim Sultan zugelassen wurden, und es sich gefallen lassen, in Arrest genommen zu werden. Die Gefangenen, deren Berichte über das Osmanische Reich einen entscheidenden Anteil am europäischen Wissenskorpus hatten, waren ebenfalls nicht in der Lage, den Osmanen irgendwelche Bedingungen zu diktieren. Das Bild der so erfaßten Osmanen als *silent objects*, die hilflos einer okzidentalen Klassifizierung ausgeliefert waren, läßt sich mit dieser Konstellation schwerlich in Einklang bringen. Denn die Osmanen waren in dieser Zeit schlichtweg nicht darauf angewiesen, sich mit dem europäischen Blick auseinanderzusetzen – erst in den folgenden Jahrhunderten sollte sich dies ändern.

Darüber hinaus ist in der Quellenanalyse sichtbar geworden, daß das beobachtete Gegenüber – unabhängig von der jeweiligen Machtkonstellation – niemals ganz und gar stumm ist. Die Art und Weise, in der Belon sich den osmanischen Markt der

Kräuter, Drogen und anderen Substanzen erschloß, unterschied sich nicht grundsätzlich von Sahagúns systematischer Befragung von aztekischen Informanten, als dieser das Material für seine *Historia general de las cosas de Nueva España* sammelte. In der topischen Begrifflichkeit ausgedrückt, läßt sich also eine potentielle Einflußnahme der beschriebenen Objekte auf der Ebene der *inventio* ausmachen, während ihre endgültige Klassifizierung im *iudicium* in der Regel ausschließlich vom Beobachter vorgenommen wurde. Der Status des beschriebenen Objektes änderte sich demzufolge entsprechend der Ebene seiner epistemologischen Erfassung. In dieser Studie konnte ich diese Verflechtungen zwischen Subjekt und Objekt nur andeuten. Von allen Aspekten, die ich in dieser Arbeit nicht vertiefen konnte, erscheint mir dieser Verzicht am schmerzhaftesten. Eine Vertiefung einer Perspektive aus osmanischer Seite hätte jedoch von vornherein eine andere Ausrichtung der Studie erfordert, die den Rahmen dieser Arbeit gesprengt hätte.

Für diesen Zusammenhang ist vor allem das Ergebnis wichtig, daß auch in einer machtpolitisch unterlegenen Situation eine epistemologische Bemächtigung des überlegenen Gegenübers möglich ist – dem es allerdings freisteht, diesen Vorgang zu ignorieren. Insofern war die Konstellation, in der der Orientalismus entstand, gänzlich von der hier betrachteten Zeitspanne verschieden. Im 19. Jahrhundert war es dem Osmanischen Reich und den arabischen Ländern nicht mehr möglich, sich der epistemologischen Erfassung durch den Westen zu entziehen; sie mußten sich unausweichlich mit den okzidentalen Klassifizierungen auseinandersetzen. Wie oben angedeutet, führte dieser Vorgang unter anderem zu einer Angleichung des Begriffes Islam an die westliche Semantik.

Aus diesen Feststellungen läßt sich nun umgekehrt folgern, daß in den Gesellschaften des Nahen Ostens nach 1798 Entwicklungen und Klassifizierungen stattfanden, die der Westen seinerseits nicht zur Kenntnis nahm, solange die machtpolitische Überlegenheit dazu keinen Anlaß gab. Es ist kein Zufall, daß Saids Studie erst entstand, nachdem die Nahostländer ihre Unabhängigkeit erlangt hatten. Als Beispiel für die veränderte Perspektive, die es nun möglich macht, Phänomene zu analysieren, die vormals aus dem okzidentalen Raster herausgefallen sind, sei die Studie von Armando Salvatore über die Rolle, die die *shari'a* im ägyptischen Modernisierungsprozeß spielte, genannt. Salvatore hat in dieser Arbeit untersucht, in welcher Hinsicht ägyptische Traditionen und Institutionen transformiert wurden und den Modernisierungsprozeß stützten. Unter diesem Blickwinkel ist die *shari'a* nicht mehr das archaische islamische Rechtssystem, welches den europäisch geprägten Gesetzverfassungen weichen mußte, sondern ein wichtiges Element in einem normativen rationalen Diskurs einer modernen Gesellschaft.[11]

Mit einer solchen Perspektive wird der Kulturrelativismus durch eine Analyse transkultureller Beziehungen abgelöst, die ihren Blick darauf richtet, wie die Prakti-

---

11 Salvatore, *The Islamic Reform Project in the Emerging Public Sphere.*

ken verschiedener Akteure miteinander verflochten sind.[12] In einer Zeit, in der die Existenz muslimischer (und anderer) Minderheiten in Großbritannien, Frankreich und Deutschland in einer Debatte über die Definition von Staatsbürgerschaft, Identität, kulturellen und religiösen Werten zur Kenntnis genommen wird, sind solche sozialwissenschaftlichen Ansätze für eine erfolgreiche Revision der politischen Ordnung unabdingbar. In diesem Kontext sind jedoch auch die Geschichtswissenschaften gefragt, um die Entstehung von bisher als selbstverständlich angesehenen Phänomenen sichtbar zu machen und zu erklären. Insofern bedeutet die Revision des kulturrelativistischen Ansatzes auch für die westliche Anthropologie die Freiheit, über die eigenen epistemologischen Grundlagen und ihre Entstehung in transkulturellen Kontexten zu reflektieren und damit Bewertungskriterien dafür bereitzustellen, welche okzidentalen Traditionen wir im Zeitalter der Globalisierung und in einer Zeit gebotener politischer Integration ethnischer, kultureller und religiöser Minderheiten beibehalten möchten und welche einer Revision bedürfen. Mit dieser Studie habe ich versucht, einen geschichtswissenschaftlichen Beitrag zu diesen Diskussionen zu leisten.

---

12 Siehe dazu Höfert/ Salvatore, *Beyond the Clash of Civilisations.*

Anhang

Die Anhänge sollen im wesentlichen nachweisen, auf welchem Weg ich zu den Aussagen über die Ordnungen gelangt bin. Im Nachhinein haben sich die Zahlen, die ich in den folgenden Tabellen aufführe, zwar für die Analyse der Ordnungsmuster als nicht zentral erwiesen, aber sie dienten mir bei der Erstellung der Kapitel 5-7 als wichtiger Bezugsrahmen. Auch die Instrumente von Gesamt- und Idealepisteme, die ich in Anhang 1 kurz vorstelle, haben sich letztlich in der Darstellung nicht niedergeschlagen, dienten mir jedoch als Orientierung.

Anhang 2 listet die Quellennachweise für die einzelnen Bausteine auf – auf diesem Anhang beruhen alle weiteren Tabellen, die Bausteine, Unterfelder und Hauptfelder präsentieren. Wie in Kapitel 6 erläutert, habe ich für die Erfassung des Umfanges eines Bausteines das Instrument des Wortindexes eingeführt. Dieser beruht auf der durchschnittlichen Wörterzahl pro Zeile der jeweiligen Edition, die ich auf der Grundlage einer repräsentativen Seite der Edition errechnete und mit der ich in der Datenbank die absolute Zeilenzahl des Bausteines multiplizierte. Mit diesem Schritt erhielt ich für jeden Baustein die ungefähre Zahl der Wörter, die er umfaßte. Diese Zahlen werden in der Tabelle von Anhang 3 aufgeführt (Beispiel: Menavinos Baustein über »Ausbreitung und Provinzen des Reiches« umfaßt ungefähr 90 Wörter). Die jeweiligen Wortindizes für jede Edition sind in Anhang 5 beim Nachweis der Drucke aufgeführt. Die Tabelle in Anhang 4 basiert auf Anhang 3; hier habe ich für die jeweiligen Unterfelder die absoluten Zahlen aus Anhang 3 in Prozente umgerechnet. Diese Tabelle war während der Quellenanalyse mein zentrales Arbeitsinstrument (Beispiel: Menavino widmete 3,94 Prozent seines von der Bausteinanalyse erfaßten Textes dem Unterfeld des »Großen Türken« und ingesamt 41,61 Prozent seines Textes dem Hauptfeld »Hof, Regierung und Militär«). Anhang 4 habe ich wiederum die Zahlen in Anhang 1 für Gesamt- und Idealepisteme entnommen. Geringfügige Abweichungen bei der gesamten Addierung der prozentualen Zahlen, die sich auf unter ein Prozent beliefen (siehe Zeile GESAMTE UNTERFELDER in Anhang 4 sowie die leicht divergierenden Zahlen zwischen Anhang 1 und 3), habe ich toleriert, da es sich bei der virtuellen Episteme lediglich um ein Hilfskonstrukt handelt. Die Auflösung der Autorenkürzel, die ich in den Anhängen 2-4 verwendet habe, befindet sich in Anhang 2.

Mit Anhang 5 weise ich nach, daß die von mir ausgewählten Reiseberichte bis 1600 in mindestens fünf Auflagen erschienen sind und nenne dabei die jeweilige

Edition der Reiseberichte, die ich der Bausteinanalyse zugrundegelegt habe. Zudem vermittelt die Auflistung der einzelnen Drucke einen Eindruck darüber, wie dicht die Texte im Wissenskorpus miteinander verflochten waren und zeigt, daß es in der Tat von Interesse wäre, den Blick auf die Drucker zu richten. Die Anhänge 6 und 7 beziehen sich auf das sechste und siebte Kapitel. An dieser Stelle möchte ich noch einmal darauf hinweisen, daß ich in den einzelnen Reiseberichten nur jene Textpassagen in die Bausteinanalyse aufgenommen habe, die ethnographisches Wissen über das Osmanische Reich in den Grenzen von 1481 aufgenommen haben. Dieses Selektionskriterium kam insbesondere bei den Itinerarberichten zum Tragen; Anhang 7 gibt über die insgesamt aufgenommenen Passagen Aufschluß.

1. Die Synthese der Bausteinanalyse: Gesamt- und Idealepisteme

Quantitativ verteilt sich das ethnographische Material aller zwölf hier analysierten Reiseberichte gemäß Tabelle 14 auf die drei Hauptfelder (»Gesamtepisteme«):

Tabelle 14: Anteil der Hauptfelder in der Gesamtepisteme in Prozent:

Hof, Regierung und Militär	26,7
Sitten und Gebräuche	21,5
Religion	16,7
Sonstiges	35,1
Alles	**100,0**

Wie in Kapitel 7 erläutert, kann die Kompatibilität eines Ordnungsmusters mit dem gesamten ethnographischen Wissenskorpus daran gemessen werden, ob ein Reisebericht nicht nur als eigenständige Publikation gedruckt, sondern auch in einem Kompendium auf einer weiteren epistemologischen Ebene des Wissenskorpus inseriert wurde. Ein Text, der mit dem Abdruck in einem Sammelwerk die Grenzen vom Reisebericht zum ethnographischen Kompendium überschreiten konnte, zeigt an, daß die in ihm praktizierte Ordnung der Dinge in einem größeren Zusammenhang kompatibel war.

Wie in Anhang 5 nachgewiesen, wurden die folgenden Reiseberichte in ethnographischen Kompendien abgedruckt, die somit in ihren Ordnungsmustern eine besondere Nähe zur epistemologischen Konfiguration erweisen:

- Georgejevic, *De ritu*,
- Georgejevic, *De afflictione,*
- Bassano,

- Menavino,
- Ramberti,
- Spandugino.

Diese sechs Texte zeigen mit ihrer Aufnahme in ethnographische Kompendien, daß sie in besonderem Maße dem Ordnungsmuster des ethnographischen Wissens entsprachen – und in der Tat ist in diesen Berichten (abgesehen vom Sonderfall *De afflictione* von Georgejevic und Bassanos Schrift) das ethnographische Ordnungsmuster vorherrschend. Diese Berichte habe ich daher innerhalb der virtuellen Gesamtepisteme noch einmal für sich genommen als besondere Gruppe, gewissermaßen als »Idealepisteme« betrachtet.

Eine besondere Rolle nimmt der *Tractatus* Georgs von Ungarn ein, dessen Rezeptionsgeschichte überaus interessant ist. Der *Tractatus* wurde unter anderem von Theodor Bibliander 1543 neben anderen theologischen Texten zusammen mit der ersten gedruckten Koranübersetzung unter dem Titel *Machumetis Saracenorum Principis, Eiusque Successorum Vitae, Ac Doctrina, Ipseque Alcoran* publiziert. Im Gegensatz zu den anderen Kompendien handelt es sich bei dem Werk Biblianders jedoch um eine theologische Auseinandersetzung mit dem Islam und nicht vorrangig um die Präsentation ethnographischen Wissens über die Türken. Daher habe ich Georg nicht zu den Autoren der Idealepisteme gerechnet.

In der quantitativen Verteilung des ethnographischen Materials ergeben sich gravierende Unterschiede zwischen virtueller Gesamt- und Idealepisteme, wie Tabelle 15 zeigt.

Tabelle 15: Anteil der Hauptfelder in Gesamt- und Idealepisteme in Prozent:

	Gesamt-episteme	Ideal-episteme
Hof, Regierung und Militär	26,7	45,7
Sitten und Gebräuche	21,5	20,7
Religion	16,7	19,1
Sonstiges	35,1	14,5
Gesamt	**100,0**	**100,0**

Während in der Idealepisteme der Anteil der *Sitten und Gebräuche* fast, jener der Religion weitgehend der Verteilung der Gesamtepisteme entsprechen, liegt eine große Differenz für das Hauptfeld *Hof, Regierung und Militär* vor. Die Texte der Idealepisteme berichten für sich genommen fast doppelt so viel über *Hof, Regierung und Militär* wie alle Texte zusammen, während der Informationsanteil an den sonstigen Unterfeldern parallel dazu um rund 20 Prozent absinkt. Die größten Unterschiede ergeben sich hierbei in den beiden Unterfeldern *Pflanzen, Tiere, Mineralien und Metalle* sowie *Städte, Landstriche und Gewässer*.

Die in Kapitel 7 erwähnte Rangliste von Autoren, deren quantitative Verteilung von Bausteinen dem Durchschnitt in Gesamt- und Idealepisteme am nächsten kommt, ergibt sich aus Anhang 4. Danach stehen der Gesamtepisteme am nächsten: (1) Georgejevic, *De ritu*, (2) Nicolay, (3) Georg, (4) Bassano etc. Der Idealepisteme entsprechen am meisten: (1) Menavino, (2) Bassano, (3) Geuffroy, (4) Spandugino.

2. Nachweis der Bausteine

Nach der Seiten- beziehungsweise Folioangabe folgt hinter dem Komma die Zeilen-zahl des jeweiligen Bausteines. Für die Ermittlung der Zeilenzahl habe ich mich für jede Edition aufgrund der Arbeitsökonomie einer Folie bedient, auf der ich das Gitternetz mit den Zeilenzahlen gezeichnet hatte. Diese Folie habe ich jeweils an der untersten Zeile angelegt. Dies bedeutet, daß bei zwischen geschalteten Kapitelüber-schriften der Freiraum als Zeilen mitgezählt wurde. Diese Zeilen gingen natürlich nicht in die Texterfassung mit ein, sondern verschoben nur den gezählten Zeilenbe-ginn für den Baustein. Ein Baustein, der beispielsweise am Beginn eines Buches steht, beginnt damit nicht mit Zeile 1, sondern mit der jeweiligen Zeile, die mir mein Gitternetz an dieser Stelle vorgab. Zusammenhängende Textpassagen für einen Bau-stein können nach Vorgabe der Datenbankstruktur als gesplittete Zitate auftauchen.

Die jeweils diesen Angaben zugrundegelegte Edition ist in Anhang 5 aufgeführt.

Autorenkürzel

Baaf: Bartholomäus Georgejevic, *De afflictione*
Baat: Bartholomäus Georgejevic, *De ritu*
Bass: Luigi Bassano
Georg: Georg von Ungarn
Geuff: Antoine Geuffroy
Mena: Giovanantonio Menavino
Nico: Nicolas de Nicolay
Ramb: Benedetto Ramberti
Ramb Sans: Ramberti in Sansovino 1560.
Schilt: Hans Schiltberger
Spand: Teodoro Spandugino
Vill: Jacques de Villamont

Bausteine

Aber- und Schicksalsgläubigkeit der Türken
Bass 57r, 5-57v, 1
Belon 188v, 12-15
Geuff e4r, 6-14
Ramb 28r, 26-30

Ramb 29r, 6-24
Spand M5r, 23-29
Vill 130r, 16-30

Abgeschiedenheit des Sultans, der dadurch von seinen Untergebenen getäuscht wird
Ramb 34v, 7-26

Abgeschiedensein und Verschleierung der Türkinnen
Baat D2v, 14-16
Bass 7v, 23-30
Belon 184r, 24-30
Belon 184r, 4-24
Belon 200r, 21-24
Belon 182v, 20-24
Belon 184v, Illustration
Belon 184v, Illustration
Georg 14a, 20-22
Georg 14a, 30-32
Georg 14a, 32-35
Georg 14a, 36-14b, 1
Georg 14b, 6-9

Ramb 15v, 17-18
Spand H4r, 8-12

Baratemin: verteilt Briefe und Mandate des Grossen Türken
Geuff d1v, 2-4
Ramb 20r, 30-20v, 3

Barbarossa als Beglerbey des Meeres
Bass 24v, 5-7
Bass 25r, 26-29
Geuff c4v, 13-17
Geuff d3r, 20-d3v, 14
Ramb 16r, 18-20

Barbiere und Ärzte im Serail
Mena 103, 14-19
Mena 103, 19-31
Mena 103, 31-104, 1
Mena 103, 8-13
Nico 181, 16-38
Spand K2r, 13-19

Bart- und Haartracht der Männer
Belon 190v, 20-26
Schiltb 65, 21-34
Vill 240v, 5-12

Bassa
Bass 26v, 11-22
Bass 26v, 4-11
Bass 27r, 11-29
Bass 27r, 29-27v, 5
Bass 27v, 19-28
Bass 27v, 5-19
Geuff c4v, 13-24
Mena 108, 14-20
Mena 108, 9-14
Ramb 16r, 20-16v, 2
Ramb 16r, 8-15
Spand H5r, 2-H5v, 29

Bassas unter Suleyman
Geuff c4r, 20-c4v, 3
Geuff c4v, 3-13
Geuff c4v, 24-d1r, 6
Mena 110, 12-14
Mena 110, 14-16
Mena 110, 3-7
Mena 110, 7-12
Mena 111, 11-15
Mena 111, 2-10

Ramb 16r, 15-16
Ramb 16r, 16-17
Ramb 16r, 17
Ramb 17r, 29-17v, 4
Ramb 34r, 11-17

Bayramfest
Baat A4v, 25-28
Bass 46v, 20-47r, 6
Bass 47v, 18-48r, 20
Georg 16a, 16-19
Mena 25, 15-22
Schiltb 64, 15-65, 6
Spand M6v, 10-19
Vill 259r, 24-259v, 12
Vill 259v, 12-260r, 30

Begleitende Engel in Leben und Tod
Belon 174r, 20-174v, 14
Mena 73, 22-74, 3
Mena 82, 26-30
Mena 82, 3-9
Vill 204r, 4-204v, 5
Baat C1v, 7-C1v, 12
Georg 9b, 16-18
Geuff d3v, 22-24

Beglerbey allg.
Ramb 22v, 5-8
Spand H7r, 6-H7v, 23
Vill 241v, 30-242r, 19

Beglerbey von Amasia
Geuff d4v, 19-23
Ramb 23v, 15-19
Spand H6v, 14-17

Beglerbey von Anadoule
Geuff d4v, 24-e1r, 5
Ramb 23v, 20-29

Beglerbey von Anatolien
Geuff d4v, 8-14
Ramb 23r, 27-23v, 9
Spand H6v, 5-10

Beglerbey von Griechenland
Bass 24v, 1-5
Geuff d3v, 25-d4v, 7
Mena 139, 11-17
Mena 139, 17-29
Mena 139, 3-11
Mena 141, 16-21

Mena 59, 27-31
Mena 59, 5-10
Nico 190, 27-192, 9
Nico 191, Illustration
Spand N5r, 23-N5v, 4

Caloieres-Klöster auf dem Mont Athos
Belon 32v, 27-31
Belon 33v, 35-34v, 2
Belon 34v, 21-36
Belon 35r, 32-35v, 2
Belon 35v, 32-36r, 23
Belon 35v, 8-26
Belon 36r, 29-36v, 36
Belon 37r, 21-33
Belon 37r, 33-38
Belon 37r, 38-37v, 12
Belon 37v, 12-27
Belon 37v, 32-38r, 17
Belon 42r, 5-41v, 24
Belon 43r, 21-43v, 21
Belon 43v, 28-44r, 9

Capigibaßi und Capigiz: Wachen im Serail
Geuff bijv, 13-19
Geuff bijv, 20-22
Mena 104, 3-14
Mena 105, 23-30
Mena 105, 30-106, 4
Mena 106, 5-11
Ramb 14v, 16-18
Ramb 15v, 27-16r, 5
Ramb 16r, 6-7
Spand I5r, 24-I5v, 29

Caripogliani
Mena 115, 10-15
Mena 115, 16-18
Mena 115, 6-10
Ramb 19r, 23-27
Spand I7r, 9-15

Casabascia: Oberhaupt der Fleischer im Serail, der für ganz Konstantinopel sorgt
Mena 137, 13-18
Mena 137, 18-22
Spand H4r, 15-23

Casnadarbassi: Schatzmeister
Geuff c3v, 4-8
Mena 94, 19-23

Mena 94, 23-29
Mena 94, 29-95, 1
Mena 95, 1-5
Mena 95, 6-9
Ramb 14v, 19
Ramb 14v, 5-8
Ramb 17r, 22-24
Spand H1v, 5-21
Spand I6r, 5-29

Casna: Schatz des Grossen Türken in der Festung Iadicula
Geuff c3v, 1-3
Mena 135, 26-30
Mena 136, 15-21
Mena 137, 6-10
Nico 127, 12-22

Catirbasci: Aufsicht über alle Maultiere
Spand I8v, 10-12

Chiamastir: waschen Kleider im Serail
Mena 101, 3-7
Mena 101, 7-14

Chiausiler und Chiausbassi: Boten
Geuff c2v, 11-19
Mena 115, 20-23
Mena 115, 25-116, 2
Mena 116, 2-6
Ramb 17v, 5-13

Chilegibascia und Chileroglandari: Zuckerbäcker im Serail
Mena 95, 15-22
Mena 95, 22-24
Mena 95, 24-27
Mena 95, 27-96, 3
Ramb 15v, 8-10
Spand Hr4, 2-7
Spand I8v, 16-17

Chilergibassi, beaufsichtigt Lebensmittel in Serailküche
Mena 100, 11-15
Ramb 14v, 20
Spand H3v, 26-H4r, 2

Christen und Christinnen in Pera
Bass 14r, 28-14v, 17
Bass 34r, 16-20
Belon 200r, 24-35
Georg 11a, 15-25

Belon 57r, 20-27
Belon 64r, 30-64v, 13
Vill 284r, 18-21

Disziplin im Krieg
Baat C4r, 20-C4v, 6
Belon 67r, 7-17
Spand M3r, 20-M3v, 3
Vill 245r, 18-23

Dragoman
Bass 24v, 7-12
Geuff c1v, 25-c2r, 4
Ramb 20v, 4-9

Drogen
Belon 206v, 37-207r, 5
Belon 207r, 5-12
Belon 64v, 32-65r, 4
Belon 78v, 23-79r, 5
Belon 79r, 6-79v, 3

Echemcheribascia und Bäckerei
Mena 99, 2-5
Mena 99, 6-9
Mena 99, 9-15

Eheschliessung, Mitgift und Scheidung
Baat B3v, 11-22
Bass 21v, 4-14
Bass 22r, 13-23
Belon 185v, 26-30
Belon 195v, 1-6
Georg 13a, 28-32
Mena 54, 16-25
Spand M4v, 13-25
Spand M8v, 25-29
Spand N7r, 9-N8r, 24
Spand O1r, 27-O1v, 23

Ehrfürchtiger Umgang mit Papier als potentiellen Träger des Namen Gottes
Bass 37r, 25-37v, 8
Geuff e4v, 16-20

Eifersucht, Hochmut und Wollust der Türken
Geuff f1v, 11-f2r, 6
Geuff f2r, 14-15
Mena 39, 16-18
Ramb 28v, 5-13
Ramb 29v, 1-8

Eigennamen der Türken
Bass 26v, 22-30

Einberufung des Heeres
Georg 12a, 14-25
Georg 12b, 36-13a, 8
Geuff f2r, 15-17
Mena 136, 30-137, 6
Mena 142, 10-16
Mena 142, 16-19
Mena 142, 19-23
Ramb 32r, 18-29
Ramb 32r, 9-18
Ramb 32v, 8-26
Spand K8r, 28-K8v, 17

Einfache und gesunde Lebensweise der Türken
Belon 182r, 31-182v, 6
Georg 10b, 21-29
Ramb 29v, 24-29v, 1

Einfacher Häuserbau und wenig Möbel in Zimmern
Baat D2r, 26-D2v, 4
Bass 44v, 18-30
Bass 44v, 5-18
Georg 11b, 14-21
Geuff f2r, 18-f2v, 14
Vill 237v 8-18
Vill 289r, 6-21

Eingliederung der Provinzen und Festungen
Baaf C2r, 10-21
Bass 43r, 10-29
Geuff f3v, 22-f4r, 16
Ramb 31r, 1-8
Ramb 31v, 23-30
Vill 243r, 3-12
Vill 245v, 8-246r, 4

Einkommen des Grossen Türken
Geuff c4r, 15-17
Ramb 25v, 3-26
Spand K2v, 7-K3v, 20
Vill 242v, 31-243r, 3

Einlegearbeiten in Marmor, Elfenbein und Holz
Belon 206v, 14-20

Eis- und Schneekonservierung
Bass 46r, 25-46v, 6

Fasten
Baat A4v, 13-20
Baat A4v, 20-25
Bass 46v, 12-20
Bass 47r, 6-47v, 12
Georg 16a, 11-15
Georg 16a, 15-16
Geuff e3v, 11-e4r, 2
Mena 24, 15-27
Mena 24, 27-25, 14
Schiltb 64, 1-13
Spand M6v, 1-10
Vill 258v, 23-259r, 24

Feste und Triumphzüge nach Siegen des Großen Türken
Baat C4v, 8-19
Bass 23r, 13-23
Bass 23r, 23-23v, 2

Fische
Belon 30v, 5-21
Belon 32r, 31-32v, 8
Belon 44r, 9-21
Belon 52r, 1-32
Belon 69r, 12-69v, 27;32-71r, 7;14-72r, 37

Flucht der Sklaven
Baaf B3v, 27, B4r, 18-28
Baaf B4r, Illustration
Baaf B4r, 2-28
Baaf C1r, Illustration
Baaf C1r, 20-26
Baaf C1v, 1-11
Baaf C1v, 14-24
Bass 41r, 5-21
Georg 8a, 13-8b, 12
Nico 143, 9-24

Frauen und Töchter des Grossen Türken im Serail der Frauen
Bass 17v, 2-16
Bass 18r, 12-27
Bass 18r, 14-24
Bass 21r, 24-21v, 3
Bass 21r, 5-24
Geuff d2r, 20 - d2v, 16
Mena 134, 14-19
Mena 134, 19-27
Mena 134, 27-31
Mena 134, 31-135, 6

Mena 134, 6-14
Mena 135, 14-21
Mena 135, 21-136, 13
Mena 135, 6-9
Mena 135, 9-14
Nico 128, 11-13
Nico 129, 23-27
Nico 129, 27-32
Nico 129, 32-43
Nico 129, 6-23
Nico 131, Illustration
Ramb 12r, 1
Ramb 20v, 14-19
Ramb 20v, 19-30
Ramb 20v, 30-21r, 4
Ramb 21r, 4-11
Spand H4v, 4-H5r, 2
Vill 237r 25-32

Freikauf oder Freilassen von Sklaven
Bass 33r, 25-33v, 7
Bass 41r, 21-27
Bass 41r, 27-30
Bass 41r, 30-41v, 22
Belon 179r, 9-15
Belon 193r, 25-193v, 25
Georg 8b, 12-28
Georg 8b, 28-9a, 2
Spand N2r, 25-N2v, 2

Friedfertigkeit der Türken untereinander
Bass 49r, 26-49v, 26
Belon 186r, 29-186v, 1
Spand N3r, 8-22
Vill 237v, 27-238r, 14
Vill 287r, 10-287v, 22

Gastfreundschaft beim Essen
Vill 289r, 2-6

Gaukler
Belon 200v, 5-38
Vill 285r, 19-285v, 12

Gebetsruf
Baat A3v, 11-17
Bass 9v, 5-10r, 18
Belon 195v, 22-196r, 4
Georg 12a, 16-19
Geuff e2v, 11-15
Mena 21, 13-22

Schiltb 74, 34-75, 1
Schiltb 75, 25-28
Schiltb 75, 32-35
Schiltb 75, 35-76, 3
Schiltb 75, 4-9
Schiltb 76, 10-12
Schiltb 76, 21-25
Schiltb 76, 25-30
Schiltb 77, 22-29
Schiltb 77, 5
Schiltb 78, 5-6

Griechische Religiosi und Patriarchen
Belon 33v, 24-35
Belon 34v, 2-21
Schiltb 59, 18-21
Schiltb 74, Illustration
Schiltb 75, 12-25
Schiltb 75, 28-30
Schiltb 76, 20-21
Schiltb 76, 6-10
Schiltb 77, 20-22
Schiltb 77, 29-78, 1
Schiltb 78, 1-5
Schiltb 78, 6-7

Griechischer Kaiser und seine Paläste
Ramb 12r, 2-3
Schiltb 72, 29-73, 8
Schiltb 76, 32-35

Gritti, Aloygio
Ramb 34v, 27-37v, 11

Gründe für die Grösse des türkischen Reiches
Ramb 26r, 24-26v, 7
Ramb 26r, 4-24
Schiltb 70, 7-71, 8

Handel
Baat D1r, 5-8
Belon 159r, 27-32
Belon 182r, 34-182v, 2
Schiltb 68, 22-31

Handwerk allg.
Baat D1r, 22-26
Baat D1r, 2-5
Belon 169r, 32-38
Belon 182r, 31-34
Belon 74r, 9-19

Handwerk des Papierglättens
Belon 73v, 25-33
Belon 202r, 9-20
Bass 46r, 17-25

Herrenlose Hunde
Bass 46r, 17-25
Belon 202r, 9-20

Hochschulen
Georg 16b, 6-9

Hölle
Belon 176v, 25-38
Geuff m1v, 23-m2v, 5
Mena 78, 23-29
Mena 78, 29-79, 11
Mena 79, 11-27
Mena 79, 27-31
Vill 206v, 24-207v, 2

Hufschmiede
Belon 204v, 27-205r, 14
Nico 204, 29-206, 44
Vill 286r, 20-286v, 6

Iazigtsibegler: Kanzler
Baat C1v, 17-18

In eroberten Provinzen werden Jungen als künftige Janitscharen abgeführt
Baaf C3r, Illustration
Baaf C3v, 4-23
Baat D2r, 22-24
Georg 9a, 31-36
Geuff d1v, 17-d2r, 19
Mena 108, 25-109, 6
Nico 151, 15-153, 23
Ramb 18v, 2-7
Ramb 21r, 16-22
Spand 11v, 29-12v, 19
Spand K7v, 20-K8r, 23
Vill 238r, 18-238v, 18

Macheiazzi: für ungewöhnliche Dienste des Sultans
Spand K2r, 9-12

Isolac: Reitknechte bei Kriegszügen
Mena 116, 12-20
Mena 116, 20-27
Mena 116, 27-117, 3
Mena 116, 8-12
Mena 117, 6-9

Nico 182, Illustration
Nico 233, 23-134, 44
Nico 235, Illustration
Nico 254, Illustration
Nico 255, Illustration
Ramb 12v, 25-13r, 8
Vill 287v, 22-288r, 15

Jüdinnen dürfen unverschleiert außer Haus gehen und Ware auf Märkten verkaufen
Belon 182v, 17-20

Jüngstes Gericht und Weltenende
Belon 174v, 27-175r, 3
Geuff l3v, 9-m1r, 6
Geuff m1r, 7-17
Mena 74, 12-30
Mena 74, 30-75, 16
Mena 74, 6-11
Mena 75, 19-24
Mena 75, 24-76, 1
Mena 76, 10-20
Mena 76, 1-9
Mena 76, 21-77, 7
Vill 204v, 5-206r, 17

Kammerdiener des Grossen Türken
Baat C1v, 16
Bass 20r, 1-15
Geuff bijr, 4-23
Geuff biv, 9-19
Mena 133, 26-3
Mena 133, 6-26
Mena 92, 14-16
Mena 92, 17-20
Mena 92, 20-22
Mena 92, 22-23
Mena 92, 23-26
Mena 92, 26-29
Mena 92, 29-93, 3
Mena 93, 11-13
Mena 93, 13-16
Mena 93, 16-27
Mena 93, 29-94, 6
Mena 93, 5-7
Mena 93, 7-11
Mena 94, 6-17
Mena 94, 6-9
Ramb 14r, 22-14v, 5
Ramb 14v, 8-16

Spand G8v, 5-H1r, 3

Karaman und seine Einwohner
Nico 229, 14-24
Nico 229, 25-34
Nico 229, 34-40
Nico 231, 6-233, 13

Karawansereien
Bass 45r, 12-45v, 6
Belon 59r, 5-59v, 1
Belon 59v, 1-22
Belon 59v, 22-26
Georg 16a, 32-33
Georg 16a, 33-35

Kein Buchdruck
Bass 57v, 8-22

Keine bildlichen Darstellungen
Bass 50v, 13-27
Georg 12a, 2-8
Geuff e3r, 23-e3v, 2

Keine echten Familienbindungen unter den Türken
Belon 185v, 29-186r, 8
Vill 237r 2-20

Keine Gasthäuser
Baat B4r, 16-21
Baat D3r, 3-6
Bass 45r, 9-12
Belon 67v, 14-23
Vill 227v, 8-18

Keine Literatur neben dem Koran
Geuff f2r, 6-7

Kleider des Grossen Türken
Bass 20v, 12-20

Kleidung allg.
Baat D2v, 6-14
Belon 191r, 37-191v, 3
Belon 204r, 27-38
Vill 240r, 18-25

Kleidung der Frauen
Bass 6r, 25-6v, 4
Bass 7r, 7-7v, 6
Belon 184r, 30-185r, 18
Georg 14a, 22-31
Geuff f1r, 20-f1v, 5
Mena 86, 18-30

Ramb 27r, 14-27v, 3
Ramb 27r, 8-14

Koran: Verehrung für das konkrete Exemplar
Belon 172v, 35-173r, 2
Mena 16, 31-17, 12

Lage der Christen unter türkischer Herrschaft
Baat A4r, 21-25
Baaf C1v, 27-C2r, 8
Baaf C2v, 6-16
Bass 12r, 9-12v, 2
Bass 14r, 18-28
Belon 180v, 1-15
Belon 193r, 12-18
Georg 9a, 5-25
Ramb 27v, 28-28r, 7
Ramb 31v, 30-32r, 9
Spand M7v, 19-M8r, 1
Vill 130r, 3-13
Vill 131r, 13-28

Landstriche, Inseln und Flüsse entlang dem Itinerar
Belon 166v, 4-13
Belon 196r, 13-197r, 17
Belon 202v, 5-24
Belon 207r, 17-207v, 2
Belon 24v, 28-25r, 18
Belon 25v, 5-26v, 13
Belon 32v, 31-33r, 4
Belon 33r, 23-33v, 3
Belon 34v, 36-35r, 26
Belon 41v, 7-33
Belon 49v, 26-50r, 4
Belon 55v, 4-56r, 1
Belon 58v, 7-36
Belon 59v, 37-60r, 13
Belon 63r, 5-63v, 20
Belon 63v, 25-31
Belon 77v, 18-78v, 23
Belon 79v, 9-22
Belon 81v, 37-82r, 10
Belon 82r, 10-37
Nico 114, 42-116, 5
Nico 244, 30-246, 8
Ramb 12v, 10-14

Ramb 12v, 14-22

Leventi
Mena 88, 14-18
Mena 88, 18-18
Mena 88, 9-14
Nico 177, Illustration

Luxus und Pomp der Türken
Mena 138, 15-24
Spand M1v, 24-M2r, 3
Macheiazzi: für ungewöhnliche Dienste des Sultans
Spand K2r, 9-12

Macheiazzi: für ungewöhnliche Dienste des Sultans
Spand K2r, 9-12

Märkte
Belon 210v, 30-211, 8
Belon 182v, 13-16

Mahomet: Leben und Gründung seiner Sekte
Baat A3r, 18-27
Belon 171r, 29-171v, 5
Belon 171v, 15-172r, 14
Belon 171v, 5-15
Belon 172r, 22-172v, 13
Belon 179r, 15-22
Georg 2b, 6-3a, 27
Geuff o4v, 19-p2v, 12
Mena 70, 25-71, 13
Mena 71, 13-23
Nico 124, 43-125, 4
Ramb 26v, 23-27r, 8
Schiltb 59, 27-61, 3
Schiltb 61, 3-30
Schiltb 67, 11-22
Schiltb 71, 10-16

Massaluzzi: Capizi, die Sultan ins Feld begleiten
Spand I5v, 29-16r, 4

Mechterbaßi: Hauptmann von jenen, die Vorhänge, Teppiche und Fußböden versorgen
Ramb 17v, 14-19

Belon 47r, 13-17
Belon 51v, 28-38
Geuff biv, 19-bijr, 4
Geuff c4r, 7-10
Mena 122, 1-6
Mena 122, 27-30
Mena 122, 6-27
Spand G7r, 22-G8v, 12
Spand G8v, 12-20

Mufti
Bass 28v, 20-27
Bass 29r, 1-3
Geuff d1r, 7-9
Mena 50, 12
Ramb 16v, 3-6
Spand 14v, 4-15r, 2
Vill 253v, 31-254r, 12

Muphtaraia: Söhne von Signoren und Fürsten am Hof des Grossen Türken
Spand 15r, 2-14

Muptariasigi: Truchseß des Grossen Türken
Mena 100, 15-26

Musiker und Standartenträger bei Kriegszügen: Mechterbassi und Imralem Aga
Georg 12b, 25-27
Georg 12b, 28-29
Geuff c2v, 20-25
Geuff c2v, 6-c3r, 5
Geuff c3r, 6-13
Mena 120, 14-16
Mena 120, 16-23
Mena 120, 24-29
Ramb 20r, 14-16
Ramb 20r, 9-13
Ramb 20r, 9-13

Musikinstrumente
Bass 48v, 28-49r, 7
Belon 187r, 34-187v, 19
Belon 205v, 22-206r, 2
Belon 206r, 8-206v, 14
Belon 74r, 19-28
Vill 285v, 19-286r, 14

Mutaferacha: Lanzenträger
Geuff c1v, 3-6

Mutpachemin: für Ausgaben und Verteilen in den Serailküchen zuständig
Geuff b4r, 5-6
Mena 100, 7-11
Ramb 15v, 15-16
Ramb 15v, 21-23
Spand H3v, 24-26

Nachtlager und Schlafen
Bass 1r, 14-1v, 2
Belon 186r, 18-23
Spand L8v, 18-29

Nachtwachen in der Stadt
Bass 15v, 8-16r, 22

Nefes oglu: Söhne des Atems, die von unbefleckten Frauen ohne männlichen Samen empfangen werden
Baat A3v, 27-A4r, 15
Georg 17b, 17-27

Nisangibascia siegelt Schriftstücke des Grossen Türken
Geuff d1r, 21-d1v, 1
Mena 126, 10-20
Ramb 17r, 16-21
Spand 11v, 12-16

Nomaden
Georg 11b, 26-12a, 2

Opfer und Almosen
Baat B4r, 22-B4v, 8
Mena 25, 30-26, 28
Mena 26, 28-27, 11
Mena 27, 11-26
Mena 27, 28-28, 24

Opium
Belon 183r, 12-183v, 35
Nico 179, 19-36
Vill 209r, 5-209v, 15

Ordnungsindikatoren
Bass 16r, 26-16v, 2
Bass 4v, 14-25
Bass 59v, 1-5
Belon 171r, 18-29
Belon 211v, 12-20
Belon 33v, 11-24

Organisation der Feldzüge, Pavillons und dafür verantwortliche Ciadermecteri

Osman und seine Nachfolger

Paradies

Peicler: persische Kuriere zu Fuss

Pelviander: Ringkämpfer

Pera

Pferdehandel

Pflanzen

Belon 203v, 8-21
Belon 207v, 32-208r, 5
Belon 208, 21-24
Belon 208r, 24-28
Belon 208r, 28-208v, 19
Belon 208r, 5-21
Belon 209r, 13-209v, 4
Belon 210v, 19-30
Belon 26v, 19-27v, 7
Belon 30v, 33-31r, 1
Belon 38r, 32-39r, 32
Belon 38v, Illustration
Belon 39v, 5-19
Belon 40r, Illustration
Belon 41r, 6-41v, 7
Belon 50v, 10-23
Belon 51v, 12-28
Belon 52r, 32-37
Belon 52v, Illustration
Belon 66v, 7-15
Belon 79r, Illustration
Belon 79v, 31-34

Pflanzen im Anbau
Baat D1v, 18-D2r, 6
Belon 203r, 35-203v, 8

Philosophische und historische Schriften, die der Grosse Türke studiert
Geuff f2r, 7-10
Ramb 30v, 30-31r, 28

Pilgerfahrt nach Mekka
Baat B3v, 24-B4r, 6
Georg 16a, 22-29
Georg 16a, 29-32
Mena 64, 10-16
Mena 64, 16-30
Mena 64, 29-66, 19
Mena 64, 30-65, 13
Mena 65, 13-29
Mena 66, 21-24
Mena 66, 24-67, 6
Mena 67, 16-22
Mena 67, 22-26
Mena 67, 26-68, 2
Mena 67, 6-16
Mena 67, 6-9
Mena 68, 17-69, 6

Mena 68, 5-17
Nico 201, 28-204, 20
Nico 203, Illustration
Nico 205, Illustration
Spand M6v, 28-M7v, 9

Propheten und Heilige
Bass 11v, 4-14
Georg 15a, 14-26
Georg 18b, 31-20a, 19
Geuff e2v, 21- e3r, 8
Geuff e3r, 8-23
Geuff e4r, 16-21
Mena 69, 9-70, 7
Mena 70, 17-24
Mena 70, 7-17
Schiltb 69, 7-70, 5
Spand M8r, 14-20
Spand M8r, 20-M8v, 3
Vill 252r, 27-252v, 23
Vill 255v, 31-256r, 13

Prophetennachkommen tragen Grün
Bass 19r, 4-6
Bass 32r, 21-32v, 3
Bass 32r, 5-21
Belon 190v, 12-20
Nico 199, 29-201, 19
Nico 200, Illustration
Spand N2v, 2-N3r, 2
Vill 281r, 14-281v, 15

Prophezeiung Mahomets, daß seine Sekte nach 1000 Jahren untergehen wird
Mena 71, 23-27
Vill 204v 5-25

Recht der Janitscharen, nach dem Tod des Kaisers Juden und Christen in Konst. auszuplündern
Nico 157, 33-158, 37

Rechtswesen allg.
Georg 16b, 9-15
Geuff f4r, 17-21
Mena 52, 23-25
Ramb 34r, 8-11
Spand K3v, 20-K4r, 25

Reiche müssen nach Minen suchen und Gewinn an Grossen Türken abführen
Bass 34v, 25-35r, 3
Bass 35r, 3-10

Reim- und Dichtkunst
Baat B2v, 12-B3r, 11
Belon 195r, 35-38

Reitwesen
Bass 59v, 11-61v, 30
Bass 62r, 6-27
Belon 65v, 12-66r, 2
Mena 87, 18-20
Mena 87, 20-28
Mena 87, 28-88, 6
Vill 234r, 1-31

Reitzug des Grossen Türken zur Moschee am Freitag
Bass 12v, 9-13r, 5
Bass 13r, 5-13v, 26
Georg 11a, 1-15

Religion allg.
Schiltb 59, 14-25

Religiosi allg.
Baat B2r, 20-B2v, 10
Bass 15r, 5-26
Bass 21v, 14-17
Bass 29r, 30-29v, 5
Bass 29v, 5-10
Belon 195r, 20-30
Georg 16b, 15-31
Geuff e4v, 2-6
Mena 50, 20-21
Mena 50, 21-31
Ramb 28r, 14-26
Schiltb 68, 31-69, 5
Spand N5r, 18-23
Vill 144r, 22-32
Vill 254r, 19-25
Vill 254r, 25-32
Vill 254v, 6-23

Rosunamegi: Haupt der Schreiber beim Schatz
Geuff c3v, 24-c4r, 1
Ramb 17r, 7-11

Ruin und Vernichtung griechischer Bücher, da die Prälaten der griechischen Kirche alle nicht theologischen Schriften verboten haben
Belon 37r, 4-21

Saccabascia und Sacca: Wasserträger
Geuff b3v, 22-26
Mena 101, 16-24
Mena 101, 24-30
Mena 102, 29-103, 6
Ramb 15v, 19-20
Spand H4r, 12-14

Sangiacchi der Provinzen
Mena 140, 11-15
Mena 140, 15-23
Mena 140, 2-9
Mena 140, 30-141, 4
Mena 141, 6-10
Ramb 22v, 19-26
Ramb 23r, 6-11
Ramb 24v, 14-19
Ramb 24v, 19-29
Ramb 24v, 30-25r, 6
Ramb 25r, 11-14
Ramb 25r, 15-17
Ramb 25r, 18-23
Ramb 25r, 24-27
Ramb 25r, 28-25v, 2
Ramb 25r, 7-10
Spand K8v, 18-L1r, 19
Spand L1r, 20-L1v, 13

Santa Sophia
Bass 8r, 6-9r, 7
Belon 72v, 26-73r, 7
Mena 47, 18-25
Mena 47, 25-27
Mena 47, 27-31
Mena 47, 4-18
Nico 134, 7-32
Ramb 12r, 3-8
Schiltb 73, 10-36

Saraemin, der Straßen in Konst. in Ordnung hält
Geuff c3r, 20-23
Ramb 20r, 22-29s

Nico 177, 16-178, 6
Nico 180, Illustration
Spand H2v, 18-23
Spand H2v, 23-29
Spand H3r, 15-H3v3
Spand H3v, 3-24

Sieben Todsünden nach mahomedanischem
Glauben: Hochmut, Geiz, Wollust, Zorn,
Neid, Trägheit und Gefräßigkeit
Mena 36, 22-45, 25

Silichtar: reiten links vom Großen Türken
Baat C1v, 14-16
Geuff c1r, 23-c1v 2
Mena 111, 29-112, 2
Mena 112, 2-5
Mena 112, 5-9
Mena 114, 25-29
Mena 114, 29-31
Mena 114, 31-115, 4
Ramb 19r, 6-8
Ramb 19r, 9-16
Spand I5r, 15-23
Spand I6v, 20-I7r, 3

Sklaven können Türkinnen heiraten und zu
hohen Ämter aufsteigen
Belon 177r, 6-38
Spand M2v, 24-M3r, 20
Vill 235v, 21-236v, 3
Vill 237r, 20-25

Slavonisch, Türkisch und andere Sprachen
Baaf D1r, 24-30
Baaf D1r, 4-23
Baaf D1v, 25-29
Baaf D1v, 8-23
Baaf D1v, Sp.1, 16-Sp.2, 6
Baaf D1v, Sp.1, 3-14
Baaf D2r, 19-28
Baaf D2r, 3-16
Baaf D2v, 1-28
Baaf D3r, 26-28
Baaf D3r, 2-8
Baaf D3r, 9-26
Baat D3v, Sp.1, 26-D4r, Sp.1, 3
Baat D4r, Sp.1, 25-Sp.2, 12
Baat D4r, Sp.1, 4-24

Baat D4r, Sp.2, 13-D4v, Sp.2, 13
Baat D4r, Sp.2, 14-E1r, Sp.1, 10
Baat E1r, Sp.1, 11-Sp.2, 8
Baat E1r, Sp.2, 24-E1v, Sp.1, 4
Baat E1r, Sp.2, 9-23
Baat E1v, Sp.1, 5-Sp.2, 18
Baat E1v, Sp.2, 19-30
Baat E2r, 14-E2v, 22
Baat E2r, 3-12
Baat E2v, 25-E3r, 10
Baat E3r, 12-30
Baat E3r, 30-E3v, 5
Baat E3v, 7-30
Baat E4r, 4-29
Bass 51v, 4-52r, 6
Bass 57v, 22-58r, 14
Schiltb 71, 17-28
Schiltb 94, 25-29

Sodomie
Bass 22v, 1-22v, 12
Mena 39, 18-22
Spand M4v, 7-13
Spand M5r, 7-11

Söhne Suleymans
Bass 19r, 10-30
Bass 19r, 6-10

Solachi
Baat C2v, 19-21
Georg 9b, 2-10
Geuff c1r 8-15
Nico 165, 42-167, 28
Nico 166, Illustration
Ramb 18v, 12-15
Ramb 18v, 16-18

Sommerlicher Landsitz
Georg 11b, 21-26
Spand M5r, 29-M5v, 5

Spachi: Kämpfer zu Pferd
Baat C1v, 19-20
Bass 50r, 5-50v, 7
Geuff c1r, 16-22
Geuff e1v, 11-16
Mena 111, 18-23
Mena 111, 23-25
Mena 111, 25-29

Ramb 18v, 19-24
Ramb 18v, 25-19r, 5
Ramb 22r, 28-23r, 6
Spand l6v, 1-19
Vill 242r, 19-242v, 31

Spiele auf dem Land
Bass 48v, 16-28
Bass 49r, 7-21

Stärke der Kriegsmacht des Großen Türken
Belon 186v, 13-187, 34
Geuff c1v, 7-9
Geuff f4v, 5-20
Mena 142, 2-8
Ramb 32r, 29-32v, 8
Ramb 32v, 30-33r, 11
Vill 243r, 12-244v, 12
Vill 244v, 12-21
Vill 245r, 23-245v, 4
Vill 245v, 4-8

Stallmeister und -burschen im Serail und Pferde
Georg 10b, 29-11a, 1
Geuff b4r, 11-13
Geuff c2v, 5-10
Mena 112, 11-16
Mena 112, 16-21
Mena 112, 21-27
Mena 112, 27-113, 1
Mena 113, 10-14
Mena 113, 14-24
Mena 113, 2-10
Mena 123, 12-13
Mena 123, 2-5
Mena 123, 5-12
Mena 91, 18-20
Nico 128, 18-21
Ramb 15v, 24-26
Ramb 19r, 28-19v, 1
Ramb 19v, 14-16
Ramb 19v, 2-3
Ramb 19v, 3-7
Spand H4r, 24-H4v, 4
Spand l7r, 16-17v, 5

Standarte und Mond als Symbol des Großen Türken
Bass 52r, 14-52v, 6
Belon 191r, 35-37

Sterben und Begräbnisse
Baat B4v, 25-C1r, 6
Bass 33v, 14-24
Bass 34r, 20-27
Belon 195v, 6-15
Mena 71, 29-72, 11
Mena 72, 11-21
Mena 72, 21-73, 4
Mena 73, 4-10
Schiltb 63, 28-64, 1
Spand O1v, 23-O2v, 25
Vill 203r, 3-204r, 4

Sterbende Griechen bekommen Weizen zu essen und werden vor dem Begräbnis gewaschen
Schiltb 76, 17-20

Strafen
Baat D1r, 28-D1v, 16
Bass 28r, 28-28v, 2
Bass 32v, 9-17
Bass 39v, 14-40r, 14
Bass 40v, 2-29
Belon 186v, 1-5
Mena 129, 15-18
Mena 129, 8-15
Mena 52, 12-20
Mena 53, 27-29
Mena 54, 10-16
Mena 56, 26-57, 2
Spand N3v, 1-8
Spand N3v, 22-29
Vill 238r, 15-18
Vill 254r, 32-254v, 6
Vill 256v, 5-10
Vill 263v, 18-264v, 31

Strafen für Lästerung Mahomets, Jesu und Gottes
Spand M8v, 3-14
Vill 255r, 8-255v, 14
Vill 255v, 15-31

Belon 44v, 29-45r, 5
Belon 56v, 22-57r, 20
Belon 57r, 27-57v, 15
Belon 57v, 30-58r, 31
Belon 66v, 15-27
Belon 68r, 21-68v, 10
Belon 77r, 19-77v, 11
Belon 80v, 4-81v, 36
Mena 140, 25-30
Nico 246, 17-251, 6
Ramb Sans. 110r, 24-110v, 7
Ramb Sans. 110r, 8-15
Ramb Sans. 110v, 19-111r, 3

Wie Christen zu Türken werden
Baat B2r, 2-18
Baat C2v, 20-25
Bass 39r, 3-39v, 9
Belon 192v, 32-35
Georg 13a, 32-13b, 12
Georg 3a, 10-4a, 3
Schiltb 67, 24-68, 22

Wie die Perser von den Türken genannt werden
Bass 18r, 27-18v, 3

Wie ein Christ eine Türkin von einer Christin unterscheidet
Vill 283r, 13-30

Wie Juden zu Türken werden
Bass 38v, 23-39r, 3
Spand M8r, 2-13

Wie sich die Türken selber nennen
Geuff e2r, 3-12

Wohltätigkeit und Hospitäler

Baat B4r, 8-16
Bass 45v, 12-46r, 17
Belon 59v, 31-38
Belon 60r, 13-18
Georg 16a, 35-16b, 6
Geuff e4r, 21-23
Mena 48, 25-49, 1
Mena 49, 10-14
Mena 49, 14-19
Mena 49, 1-6
Mena 49, 19-21
Mena 49, 21-26
Mena 49, 26-50, 2
Mena 49, 6-10
Mena 50, 13-14
Mena 50, 2-5
Mena 89, 24-27
Spand N1r, 20-N1v, 11
Spand N1r, 9
Spand N1r, 9-20
Spand N1v, 11-N2r, 11
Spand N2r, 12-24

Zagarzibascia: Aufseher der Jagdhunde
Ramb 18r, 4-6
Spand 18r, 28-18v, 2
Geuff c1v, 13-14

Zausbaßi und Zausi: für Pferde im Serail zuständig
Spand 17v, 5-19

Zwei Boote im Garten des Serails zur Verfügung des Grossen Türken
Geuff b3v, 14-17
Ramb 15r, 27-15v, 4

3. Ausgabe der ungefähren Anzahl der Wörter pro Baustein in absoluten Zahlen nach Unterfeldern geordnet (Tabelle 16)

Tabelle 16: Ausgabe der ungefähren Anzahl der Wörter pro Baustein nach Unterfeldern geordnet

(Zur Auflösung der Autorenkürzel siehe Anhang 2; GT = Großer Türke)

I. Hof, Regierung und Miltiär

Baustein	Baaf	Baat	Bass	Geuff
Ausbreitung und Provinzen des Reiches	0	0	0	0
Beglerbey allg.	0	32.5	0	20
Barbaroßa als Beglerbey des Meeres	0	0	50	240
Beglerbey von Amasia	0	0	0	40
Beglerbey von Anadoule	0	0	0	70
Beglerbey von Anatolien	0	0	0	60
Beglerbey von Griechenland	0	0	40	345
Beglerbey von Kairo	0	0	0	120
Beglerbey von Karaman	0	0	0	30
Beglerbey von Mesopotamien	0	0	0	130
Beglerbey von Syrien	0	0	0	20
Sangiacchi der Provinzen	0	0	0	0
Gesamt Beglerbey	**0**	**32.5**	**90**	**1075**

Baustein	Baaf	Baat	Bass	Geuff
Abgeschiedenheit des Sultans, der dadurch von seinen Untergebenen getäuscht wird	0	0	0	0
Essen des GT	0	0	270	0
Kammerdiener des GT	0	6.5	140	290
Kleider des GT	0	0	80	0
Philosophische und historische Schriften, die der GT studiert	0	0	0	30
Reitzug des GT zur Moschee am Freitag	0	0	740	0
Söhne Suleymans	0	0	240	0
Sultan Suleyman: Eigenschaften und Körper	0	58.5	120	600
Gesamt Großer Türke	**0**	**65**	**1590**	**920**

Mena	Ramb	Spand	Belon	Georg	Nico	Schilt	Villa	
90	184.5	0	155	0	0	0	433.5	
0	27	414	0	25	0	0	178.5	
0	22.5	0	0	0	0	0	0	
0	40.5	27	0	0	0	0	0	
0	85.5	0	0	0	0	0	0	
0	112.5	45	0	0	0	0	0	
300	90	252	0	0	0	0	0	
0	90	0	0	0	0	0	0	
0	45	27	0	0	0	0	0	
0	90	63	0	0	0	0	0	
0	36	99	0	0	0	0		
290	508.5	468	0	0	0	0		
680	**1332**	**1395**	**155**	**25**	**0**	**0**	**612**	**5396.5**

Mena	Ramb	Spand	Belon	Georg	Nico	Schilt	Villa	
0	171	0	0	0	0	0	0	
510	0	0	0	0	0	0	0	
890	180	243	0	0	0	0	0	
0	0	0	0	0	0	0	0	
0 c	261	0	0	0	0	0	0	
0	0	0	0	187.5	0	0	0	
0	0	0	0	0	0	0	0	
0	414	0	0	0	0	0	0	
1400	**1026**	**243**	**0**	**187.5**	**0**	**0**	**0**	**5431.5**

Baustein	Baaf	Baat	Bass	Geuff
Balthagij: bringen Holz in den Serail	0	0	0	30
Barbiere und Ärzte im Serail	0	0	0	0
Bostagibascia und Bostangiler: Gärtner im Serail	0	0	0	140
Casabascia: Oberhaupt der Fleischer im Serail, der für ganz Konstantinopel sorgt	0	0	0	0
Chiamastir: waschen Kleider im Serail	0	0	0	0
Eneangiler: Priester, die täglich in den Serail kommen	0	0	0	0
Macheiazzi: für ungewöhnliche Dienste des Sultans	0	0	0	0
Mechterbaßi: Hauptmann von jenen, die Vorhänge. Teppiche und Fußböden versorgen	0	0	0	0
Meimargiler: Schuster im Serail	0	0	0	0
Saccabascia und Sacca: Wasserträger	0	0	0	40
Therisler: Schneider	0	0	45	0
Zwei Boote im Garten des Serails zur Verfügung des GT	0	0	0	30
Gesamt Hausämter	**0**	**0**	**45**	**240**

Baustein	Baaf	Baat	Bass	Geuff
Audienz am Hof	0	0	1420	0
Bassa	0	0	650	110
Bassas unter Suleyman	0	0	0	270
Bilanz über die Personen am Hof	0	0	0	0
Chiausiler und Chiausbassi: Boten	0	0	0	85
Dragoman	0	0	50	55
Emitalem	0	0	0	0
Muphtaraia: Söhne von Signoren und Fürsten am Hof des GT	0	0	0	0
Mutaferacha: Lanzenträger	0	0	0	40
Peicler: persische Kuriere zu Fuss	0	0	0	45
Unfähigkeit der Amtsträger	0	0	0	0
Valachi: reitende Kuriere, die unterwegs Pferde konfiszieren können	19.5	13	520	0
Vergabe von Ämtern	0	0	0	0
Gesamt Hofämter	**19.5**	**13**	**2640**	**605**

Mena	Ramb	Spand	Belon	Georg	Nico	Schilt	Villa	
0	13.5	36	0	0	0	0	0	
240	0	54	0	0	286	0	0	
350	99	72	0	0	0	0	0	
90	0	67.5	0	0	0	0	0	
110	0	0	0	0	0	0	0	
270	0	90	0	0	0	0	0	
0	0	27	0	0	0	0	0	
0	49.5	0	0	0	0	0	0	
70	0	0	0	0	0	0	0	
220	13.5	18	0	0	0	0	0	
100	0	36	0	0	0	0	0	
0	67.5		0	0	0			
1450	**243**	**400.5**	**0**	**0**	**286**	**0**	**0**	**2664.5**

Mena	Ramb	Spand	Belon	Georg	Nico	Schilt	Villa	
750	171	1512	0	0	0	0	0	
110	175.5	504	0	0	0	0	0	
250	130.5	0	0	0	0	0	0	
0	0	144	0	0	0	0	0	
150	76.5	0	0	0	0	0	0	
0	49.5	0	0	0	0	0	0	
0	0	324	0	0	0	0	0	
0	0	108	0	0	0	0	0	
0	0	0	0	0	0	0	0	
470	49.5	126	0	0	1430	0	0	
0	45	0	0	0	0	0	0	
0	0	261	0	0	0	0	0	
0	72	0	0	200	0	0	0	
1730	**769.5**	**2979**	**0**	**200**	**1430**	**0**	**0**	**10386**

Baustein	Baaf	Baat	Bass	Geuff
Azapi	0	240.5	0	50
Solachi		13	0	170
Gesamt Infanterie	**0**	**253.5**	**0**	**220**

Baustein	Baaf	Baat	Bass	Geuff
Aga der Janitscharen	0	0	0	80
In eroberten Provinzen werden Jungen als künftige Janitscharen abgeführt	136.5	16.3	0	280
Janitscharen allg.	0	78	0	100
Janitscharen: Hauptleute und Einteilung in einzelne Scharen	0	13	80	40
Janitscharen: Nachtwachen in der Stadt	0	0	0	0
Janitscharen: Unterricht auf dem Land und in den Serails	0	0	0	830
Janitscharen: Waffen und Kleidung	0	0	140	0
Recht der Janitscharen, nach dem Tod des Kaisers. Juden und Christen in Konst. auszuplündern	0	0	0	0
Tätigkeit der Janitscharen im Alter	0	0	0	60
Unterkunft der erwachsenen Janitscharen	0	0	0	85
Gesamt Janitscharen	**136.5**	**107.3**	**220**	**1475**

Baustein	Baaf	Baat	Bass	Geuff
Achinzi: zur Plünderung der feindlichen Länder	0	0	0	0
Caripogliani	0	0	0	0
Deli	0	0	320	0
Silichtar: reiten links vom GT	0	13	0	55
Spachi: Kämpfer zu Pferd	0	13	310	120
Ulufegibascia und Ulufegi: reiten hinter dem GT rechts	0	0	0	35
Gesamt Kavallerie	**0**	**26**	**630**	**210**

Mena	Ramb	Spand	Belon	Georg	Nico	Schilt	Villa	
60	0	189	0	0	0	0	0	
0	54	0	0	100	390	0	0	
60	**54**	**189**	**0**	**100**	**390**	**0**	**0**	**1266.5**

Mena	Ramb	Spand	Belon	Georg	Nico	Schilt	Villa	
30	94.5	207	0	0	338	0	0	
120	103.5	729	0	62.5	676	0	272	
30	76.5	0	170.5	75	741	0	272	
110	58.5	0	0	87.5	624	0	0	
0	0	0	0	0	208	0	0	
1080	571.5	315	77.5	0	234	0	212.5	
40	45	0	449.5	37.5	273	0	221	
0	0	0	0	0	624	0	0	
0	54	0	0	0	117	0	0	
30	81	333	0	0	52	0	34	
1440	**1084.5**	**1584**	**697.5**	**262.5**	**3887**	**0**	**1011.5**	**11905.8**

Mena	Ramb	Spand	Belon	Georg	Nico	Schilt	Villa	
0	36	396	0	812.5	0	0	42.5	
110	40.5	54	0	0	0	0	0	
0	0	126	0	0	0	0	204	
220	90	180	0	0	0	0	0	
110	216	171	0	0	0	0	374	
110	49.5	36	0	0	0	0	0	
550	**432**	**963**	**0**	**812.5**	**0**	**0**	**620.5**	**4244**

Baustein	Baaf	Baat	Bass	Geuff
Disziplin im Krieg	0	97.5	0	0
Einberufung des Heeres	0	0	0	20
Eingliederung der Provinzen und Festungen	71.5	0	190	200
Feste und Triumphzüge nach Siegen des GT	0	71.5	190	0
Kleidung und Waffen der Soldaten	0	0	190	0
Organisation der Feldzüge. Pavillons und dafür verantwortliche Ciadermecteri	0	338	0	0
Stärke der Kriegsmacht des GT	0	0	0	180
Standarte und Mond als Symbol des GT	0	0	200	0
Türken tragen im Krieg große Papierrollen. auf denen auch Waffen dargestellt sind	0	0	0	40
Waffentraining	0	0	0	0
Gesamt Kriegsführung allg.	**71.5**	**507**	**770**	**440**

Baustein	Baaf	Baat	Bass	Geuff
Argibascia: Vorsteher beider Serailküchen	0	0	0	30
Chilegibascia und Chileroglandari: Zuckerbäcker im Serail	0	0	0	0
Chilergibassi: beaufsichtigt Lebensmittel in Serailküche	0	0	0	0
Cisignirbascia und Cesignir: servieren Essen im Serail	0	0	0	40
Echemcheribascia und Bäckerei	0	0	0	0
Muptariasigi: Truchseß des GT	0	0	0	0
Mutpachemin: für Ausgaben und Verteilen in den Serailküchen zuständig	0	0	0	10
Serailküchen allg.	0	0	0	0
Gesamt Küchen	**0**	**0**	**0**	**80**

Baustein	Baaf	Baat	Bass	Geuff
Beweisführung und Zeugen vor dem Cadi	0	0	80	0
Cadi und seine Rechtssprechung	0	0	185	0
Cadilescher	0	0	210	100
Mufti	0	0	90	20
Rechtswesen allg.	0	0	0	40
Strafen	0	117	650	0
Subasci und die Ausführung seiner Gewalt	0	0	0	0
Gesamt Rechtswesen	**0**	**117**	**1215**	**160**

Mena	Ramb	Spand	Belon	Georg	Nico	Schilt	Villa	
0	0	108	155	0	0	0	42.5	
200	342	162	0	250	0	0	0	
0	135	0	0	0	0	0	293.3	
0	0	0	0	0	0	0	0	
0	0	0	0	0	0	0	0	
100	0	936	0	0	0	0	0	
60	193.5	0	914.5	0	0	0	799	
0	0	0	31	0	0	0	0	
0	0	0	0	0	0	0	0	
0	0	0	0	0	0	0	267.8	
360	**670.5**	**1206**	**1100.5**	**250**	**0**	**0**	**1402.6**	**6778.1**

Mena	Ramb	Spand	Belon	Georg	Nico	Schilt	Villa	
60	22.5	0	0	0	0	0	0	
190	22.5	58.5	0	0	0	0	0	
40	9	36	0	0	0	0	0	
140	31.5	63	0	0	0	0	0	
120	0	0	0	0	0	0	0	
110	0	0	0	0	0	0	0	
40	36	18	0	0	0	0	0	
120	0	441	0	0	442	0	0	
820	**121.5**	**616.5**	**0**	**0**	**442**	**0**	**0**	**2080**

Mena	Ramb	Spand	Belon	Georg	Nico	Schilt	Villa	
290	0	0	0	0	0	0	0	
230	0	234	0	0	0	0	0	
440	103.5	567	0	0	715	0	59.5	
10	31.5	243	0	0	0	0	0	
20	27	306	0	75	0	0	119	
330	0	126	62	0	0	0	612.1	
430	18	180	0	0	0	0	0	
1750	**180**	**1656**	**62**	**75**	**715**	**0**	**790.6**	**6720.6**

Baustein	Baaf	Baat	Bass	Geuff
Art, Briefe zu siegeln	0	0	185	0
Baratemin: verteilt Briefe und Mandate des GT	0	0	0	20
Casnadarbassi: Schatzmeister	0	0	0	45
Casna: Schatz des GT in der Festung Iadicula	0	0	0	25
Ciumgeler: Münzpräger	0	0	0	0
Defterdar: Schatzmeister	0	0	0	120
Defteremin, die die Timariots verwalten	0	0	0	35
Einkommen des GT	0	0	0	25
Iazigtsibegler: Kanzler	0	6.5	0	0
Münzen	0	0	140	135
Nisangibascia siegelt Schriftstücke des GT	0	0	0	40
Reiche müssen nach Minen suchen und Gewinn an GT abführen	0	0	150	0
Rosunamegi: Haupt der Schreiber beim Schatz	0	0	0	35
Saraffieri: prüfen Gold, Silber und Münzen	0	0	0	25
Tribute, Kriegsbeute und Timarsystem	0	136.5	0	115
Vesnadar: Münzwieger	0	0	0	15
Gesamt Schatz und Schatzämter	**0**	**143**	**475**	**635**

Baustein	Baaf	Baat	Bass	Geuff
Bäder im Serail	0	0	0	0
Capigibaßi und Capigiz: Wachen im Serail	0	0	0	80
Eunuchentum allg.	0	0	0	0
Frauen und Töchter des GT im Serail der Frauen	0	0	670	220
Serail allg.	0	0	920	135
Gesamt Serail allg.	**0**	**0**	**1590**	**435**

Baustein	Baaf	Baat	Bass	Geuff
Alle Türken im Reich stehen im Sold des GT	0	0	0	0
Gritti, Aloygio	0	0	0	0
Pelviander: Ringkämpfer	0	0	120	0
Saraemin, der Straßen in Konst. in Ordnung hält	0	0	0	35
Gesamt Sonstiges	**0**	**0**	**120**	**35**

Mena	Ramb	Spand	Belon	Georg	Nico	Schilt	Villa	
0	0	72	0	75	0	0	0	
0	31.5	0	0	0	0	0	0	
200	58.5	360	0	0	0	0	0	
140	0	0	0	0	130	0	0	
170	0	0	0	0	0	0	0	
70	153	369	0	0	0	0	0	
0	31.5	0	0	0	0	0	0	
0	180	639	0	0	0	0	34	
0	0	0	0	0	0	0	0	
290	0	243	866.5	0	0	0	0	
100	45	36	0	0	0	0	0	
0	0	0	0	0	0	0	0	
0	40.5	0	0	0	0	0	0	
0	18	0	0	0	0	0	0	
0	72	360	0	62.5	0	0	0	
0	13.5	18	0	0	0	0	0	
970	**643.5**	**2097**	**866.5**	**137.5**	**130**	**0**	**34**	**6131.5**

Mena	Ramb	Spand	Belon	Georg	Nico	Schilt	Villa	
250	0	0	0	0	0	0	0	
290	108	306	0	0	0	0	0	
0	13.5	513	759.5	0	0	0	0	
700	265.5	243	0	0	507	0	59.5	
570	99	0	0	0	611	0	0	
1810	**486**	**1062**	**759.5**	**0**	**1118**	**0**	**59.5**	**7320**

Mena	Ramb	Spand	Belon	Georg	Nico	Schilt	Villa	
0	0	0	0	0	0	0	51	
0	1431	0	0	0	0	0	0	
130	0	67.5	465	0	637	0	280.5	
0	67.5	0	0	0	0	0	0	
130	**1498.5**	**67.5**	**465**	**0**	**637**	**0**	**331.5**	**3284.5**

Baustein	Baaf	Baat	Bass	Geuff
Catirbasci: Aufsicht über alle Maultiere	0	0	0	0
Falkner u.a.: Dongaliler, Zachergibassi und Doghanzibaszi	0	0	0	0
Jagd des GT	0	0	140	0
Menagerie des GT in Konstantinopel	0	0	515	0
Saravararubasci: Aufsicht über die Kamele	0	0	0	0
Semibascia und Scimi: Jäger	0	0	0	75
Stallmeister und -burschen im Serail und Pferde	0	0	0	75
Zagarzibascia: Aufseher der Jagdhunde	0	0	0	20
Zausbaßi und Zausi: für Pferde im Serail zuständig	0	0	0	0
Gesamt Versorgung von Tieren im Serail	**0**	**0**	**655**	**170**

Baustein	Baaf	Baat	Bass	Geuff
Arabagibascia und Arabagiz: Hauptmann und Wagner für den Transport bei Kriegszügen	0	0	0	45
Arpahemin: verantwortlich für das Tierfutter bei Kriegszügen	0	0	0	55
Gebigibascia: führt mit Waffen beladene Kamele ins Feld	0	0	0	0
Isolac: Reitknechte bei Kriegszügen	0	0	0	0
Massaluzzi: Capizi, die Sultan ins Feld begleiten	0	0	0	0
Musiker und Standartenträger bei Kriegszügen: Mechterbassi und Imralem Aga	0	0	0	185
Seemacht und Arsenale	0	0	100	145
Toppicibascia und Toppicler: Büchsenmeister	0	0	0	55
Voincler: griech. und bosn. Männer, die keinen Zehnten zahlen, sondern stattdessen mit dem GT in den Krieg ziehen	0	39	0	0
Gesamt Weitere Ämter bei Kriegszügen	**0**	**39**	**100**	**485**

	Baaf	Baat	Bass	Geuff
GESAMT HOF, REGIERUNG UND MILITÄR	**227.5**	**1303.3**	**10140**	**7185**

Mena	Ramb	Spand	Belon	Georg	Nico	Schilt	Villa	
0	0	18	0	0	0	0	0	
50	76.5	99	0	0	0	0	0	
0	0	0	0	0	0	0	0	
130	0	0	310	0	0	0	0	
0	0	63	0	0	0	0	0	
80	22.5	81	0	0	0	0	0	
570	117	256.5	0	87.5	39	0	0	
0	22.5	27	0	0	0	0	0	
0	0	126	0	0	0	0	0	
830	**238.5**	**670.5**	**310**	**87.5**	**39**	**0**	**0**	**3000.5**

Mena	Ramb	Spand	Belon	Georg	Nico	Schilt	Villa	
0	0	81	0	0	0	0	0	
0	40.5	18	0	0	0	0	0	
150	40.5	0	0	0	0	0	0	
290	0	0	0	0	0	0	0	
0	0	45	0	0	0	0	0	
140	103.5	0	0	37.5	0	0	0	
60	612	792	0	0	0	0	0	
150	31.5	117	0	0	0	0	0	
90	0	0	0	0	455	0	0	
880	**828**	**1053**	**0**	**37.5**	**455**	**0**	**0**	**3877.5**

14860	**9607.5**	**16182**	**4416**	**2175**	**9529**	**0**	**4865.2**	**80487.5**

II. Sitten und Gebräuche

Baustein	Baaf	Baat	Bass	Geuff
Ablauf der Hochzeit	0	0	60	0
Anzahl der Ehefrauen und Konkubinen der Türken	0	0	90	100
Eheschliessung, Mitgift und Scheidung	0	71.5	200	0
Gesetze zur Eheschließung im Koran	0	0	0	0
Keine echten Familienbindungen unter den Türken	0	0	0	0
Schwierigkeiten beim Liebeswerben	0	0	0	0
Sodomie	0	0	110	0
Türkisches Freudenmädchen	0	0	0	0
Verlauf der Ehe	0	0	0	0
Gesamt Ehe, Hochzeit und Liebe	**0**	**71.5**	**460**	**100**

Baustein	Baaf	Baat	Bass	Geuff
Essen	0	71.5	550	20
Eßsitten	0	52	0	60
Gastfreundschaft beim Essen	0	0	0	0
Getränke	0	65	60	110
Tisch aus zusammenfaltbarem Leder	0	6.5	0	0
Verbot, Schweinefleisch zu essen	0	5	0	240
Verbot, Wein zu trinken	0	0	110	260
Gesamt Essen und Trinken	**0**	**200**	**720**	**690**

Baustein	Baaf	Baat	Bass	Geuff
Beim Betreten eines Hauses oder einer Kirche werden Schuhe ausgezogen.	0	0	0	0
Einfacher Häuserbau und wenig Möbel in Zimmern	0	45.5	240	220
Nachtlager und Schlafen	0	0	140	0
Teppiche	0	0	0	0
Gesamt Häuser und ihre Ausstattung	**0**	**45.5**	**380**	**220**

Baustein	Baaf	Baat	Bass	Geuff
Handel	0	19.5	0	0
Märkte	0	0	0	0
Pferdehandel	0	0	300	0
Gesamt Handel und Märkte	**0**	**19.5**	**300**	**0**

Mena	Ramb	Spand	Belon	Georg	Nico	Schilt	Villa	
1520	0	549	0	0	0	0	1292.1	
0	45	90	426	237.5	0	11.5	314.5	
90	0	765	155	50	0	0	0	
490	0	27	0	25	0	0	0	
0	0	0	263.5	0	0	0	157.3	
0	0	0	0	0	0	0	306	
40	0	90	0	0	0	0	0	
0	0	0	0	0	III	0	0	
0	0	0	0	0	0	46	72.3	
2140	**45**	**1521**	**844.5**	**312.5**	**0**	**57.5**	**2142.2**	**7694.2**

Mena	Ramb	Spand	Belon	Georg	Nico	Schilt	Villa	
180	0	99	1782.5	100	312	23	204	
110	108	0	868	87.5	0	0	204	
0	0	0	0	0	0	0	34	
60	0	0	511.5	0	429	0	42.5	
0	0	99	31	25	0	0	0	
0	0	0	0	0	0	11.5	0	
210	0	153	0	12.5	0	195.5	97.8	
560	**108**	**351**	**3193**	**225**	**741**	**230**	**582.3**	**7600.3**

Mena	Ramb	Spand	Belon	Georg	Nico	Schilt	Villa	
0	0	0	0	50	0	0	0	
0	0	0	0	87.5	0	0	212.5	
0	0	99	77.5	0	0	0	0	
0	0	54	108.5	37.5	0	0	0	
0	**0**	**153**	**186**	**175**	**0**	**0**	**212.5**	**1372**

Mena	Ramb	Spand	Belon	Georg	Nico	Schilt	Villa	
0	0	0	105	0	0	103.5	0	
0	0	0	294.5	0	0	0	0	
0	0	0	0	0	0	0	0	
0	**0**	**0**	**399.5**	**0**	**0**	**103.5**	**0**	**822.5**

Baustein	Baaf	Baat	Bass	Geuff
Bäcker und Öfen zum Brotbacken	0	0	0	0
Einlegearbeiten in Marmor, Elfenbein und Holz	0	0	0	0
Goldschmiede	0	0	0	0
Handwerk allg.	0	48.8	0	0
Handwerk des Papierglättens	0	0	0	0
Hufschmiede	0	0	0	0
Metzger	0	0	110	0
Schneidehandwerk	0	0	0	0
Schuster und Sattler	0	0	0	0
Gesamt Handwerk	**0**	**48.8**	**110**	**0**

Baustein	Baaf	Baat	Bass	Geuff
Ärzte, Drogisten und Heilmittel	0	0	0	0
Timarahane: Hospitäler für Verrückte	0	0	0	0
Türken und Krankheit/Pest	0	0	120	0
Wohltätigkeit und Hospitäler	0	52	320	20
Gesamt Hospitäler, Almosen, Ärzte und Krankheiten	**0**	**52**	**440**	**20**

Baustein	Baaf	Baat	Bass	Geuff
Falknerei und Vogelwesen	0	0	0	0
Jagd und Jagdhunde	0	52	215	0
Kleine Vögel werden freigelassen und nicht getötet	0	45.5	30	0
Reitwesen	0	0	1480	0
Gesamt Jagd-, Reit- und Vogelwesen	**0**	**97.5**	**1725**	**0**

Baustein	Baaf	Baat	Bass	Geuff
Bart- und Haartracht der Männer	0	0	0	0
Kleidung allg.	0	52	0	0
Kleidung der Frauen	0	0	370	110
Kleidung der Männer	0	0	0	60
Prophetennachkommen tragen Grün	0	0	290	0
Schuhe	0	16.3	0	0
Tragen von Messern. Krummsäbeln und Äxten	0	0	0	0
Türken schätzen Edelsteine	0	0	0	0
Waschen der Kleider	0	0	130	0
Gesamt Kleidung	**0**	**68.3**	**790**	**170**

Mena	Ramb	Spand	Belon	Georg	Nico	Schilt	Villa	
0	0	0	356.5	0	0	0	0	
0	0	0	93	0	0	0	0	
0	0	0	108.5	0	0	0	0	
0	0	0	279	0	0	0	0	
0	0	0	124	0	0	0	0	
0	0	0	356.5	0	767	0	153	
110	0	0	263.5	0	0	0	0	
0	0	0	0	0	0	0	51	
0	0	0	232.5	0	0	0	0	
110	**0**	**0**	**1813.5**	**0**	**767**	**0**	**204**	**3053.3**

Mena	Ramb	Spand	Belon	Georg	Nico	Schilt	Villa	
0	0	0	1441.5	0	130	0	153	
210	0	0	0	0	78	0	0	
0	0	0	69.8	0	0	0	0	
460	0	657	186	100	0	0	0	
670	**0**	**657**	**1697.3**	**100**	**208**	**0**	**153**	**3997.3**

Mena	Ramb	Spand	Belon	Georg	Nico	Schilt	Villa	
0	0	0	542.5	0	0	0	119	
0	0	0	170.5	0	0	0	187	
0	0	45	0	0	0	0	0	
190	0	0	418.5	0	0	0	255	
190	**0**	**45**	**1131.5**	**0**	**0**	**0**	**561**	**3750**

Mena	Ramb	Spand	Belon	Georg	Nico	Schilt	Villa	
0	0	0	93	0	0	149.5	59.5	
0	0	0	201.5	0	0	0	63.8	
260	0	486	558	112.5	III	0	204	
410	0	126	0	0	91	92	552.5	
0	0	261	93	0	442	0	263.5	
0	0	0	0	0	0	0	0	
0	0	0	821.5	0	0	0	0	
0	18	0	62	0	0	0	0	
0	0	0	0	0	0	0	0	
670	**18**	**873**	**1829**	**112.5**	**533**	**241.5**	**1143.3**	

Baustein	Baaf	Baat	Bass	Geuff
Bäder der Frauen	0	0	680	0
Bäder und Waschen	0	13	1360	0
Enthaaren und Rasieren	0	45.5	70	0
Färben von Haaren und Körper	0	65	190	80
Körper der Frauen	0	0	140	0
Urinieren	0	32.5	410	40
Gesamt Körper und Waschen	**0**	**156**	**2850**	**120**

Baustein	Baaf	Baat	Bass	Geuff
Art des Reisens	0	0	0	0
Karawansereien	0	0	240	0
Keine Gasthäuser	0	52	30	0
Gesamt Reisen und Karawansereien	**0**	**52**	**270**	**0**

Baustein	Baaf	Baat	Bass	Geuff
Hochschulen	0	0	0	0
Kein Buchdruck	0	0	140	0
Keine Literatur neben dem Koran	0	0	0	10
Reim- und Dichtkunst	0	182	0	0
Schulen	0	45.5	200	0
Gesamt Schulen, gelehrte Disziplinen und Literatur	**0**	**227.5**	**340**	**10**

Mena	Ramb	Spand	Belon	Georg	Nico	Schilt	Villa	
0	0	0	279	0	1053	0	0	
10	0	0	775	200	832	0	0	
0	0	0	976.5	0	65	0	250.8	
0	18	0	883.5	0	0	0	110.5	
0	0	0	294.5	0	0	0	0	
0	0	0	961	162.5	0	0	926.5	
10	**18**	**0**	**4169.5**	**362.5**	**1950**	**0**	**1287.8**	**10923.8**

Mena	Ramb	Spand	Belon	Georg	Nico	Schilt	Villa	
0	0	0	310	0	0	0	102	
0	0	0	906.8	37.5	0	0	0	
0	0	0	139.5	0	0	0	93.5	
0	**0**	**0**	**1356.3**	**37.5**	**0**	**0**	**195.5**	**1911.3**

Mena	Ramb	Spand	Belon	Georg	Nico	Schilt	Villa	
0	0	0	0	37.5	0	0	0	
0	0	0	0	0	0	0	0	
0	0	0	0	0	0	0	0	
0	0	0	54.3	0	0	0	0	
150	0	90	232.5	0	0	0	85	
150	**0**	**90**	**286.8**	**37.5**	**0**	**0**	**85**	**1226.8**

Baustein	Baaf	Baat	Bass	Geuff
Adel wird sehr geschätzt	0	0	0	0
Beschaffenheit der Straßen	0	0	0	0
Eis- und Schneekonservierung	0	0	110	0
Leventi	0	0	0	0
Nachtwachen in der Stadt	0	0	430	0
Nomaden	0	0	0	0
Sauberkeit in den Städten	0	0	360	0
Sommerlicher Landsitz	0	0	0	0
Gesamt Sonstiges	**0**	**0**	**900**	**0**

Baustein	Baaf	Baat	Bass	Geuff
Grabmäler und Friedhöfe	0	58.5	220	0
Sterben und Begräbnisse	0	65	135	0
Testamente und Nachlaßregelungen	0	84.5	270	0
Gesamt Tod und Testament	**0**	**208**	**625**	**0**

Baustein	Baaf	Baat	Bass	Geuff
Aber- und Schicksalsgläubigkeit der Türken	0	0	250	80
Eifersucht, Hochmut und Wollust der TürkInnen	0	0	0	220
Einfache und gesunde Lebensweise der Türken	0	0	0	0
Friedfertigkeit der Türken untereinander	0	0	260	0
Geiz der Türken	0	0	130	10
Luxus und Pomp der Türken	0	0	0	0
Türken sind aus gleichem Fleisch wie die Christen	0	0	0	0
Untätigkeit der Reichen	0	0	0	0
Gesamt Türken allg.	**0**	**0**	**640**	**310**

Baustein	Baaf	Baat	Bass	Geuff
Abgeschiedensein und Verschleierung der Türkinnen	0	13	70	100
Türkinnen allg.	0	0	220	0
Gesamt Türkinnen	**0**	**13**	**290**	**100**

Mena	Ramb	Spand	Belon	Georg	Nico	Schilt	Villa	
0	45	0	0	0	0	0	0	
0	0	0	217	0	0	0	0	
0	0	90	1007.5	0	0	0	0	
400	0	0	0	0	III	0	0	
0	0	0	0	0	0	0	0	
0	0	0	0	150	0	0	0	
0	0	0	0	0	0	0	0	
0	0	54	0	50	0	0	0	
400	**45**	**144**	**1224.5**	**200**	**0**	**0**	**0**	**2913.5**

Mena	Ramb	Spand	Belon	Georg	Nico	Schilt	Villa	
120	0	0	0	0	0	0	0	
430	0	252	139.5	0	0	92	548.3	
0	0	0	0	0	0	0	501.5	
550	**0**	**252**	**139.5**	**0**	**0**	**92**	**1049.8**	**2916.3**

Mena	Ramb	Spand	Belon	Georg	Nico	Schilt	Villa	
0	198	54	46.5	0	0	0	127.5	
20	135	0	0	0	0	0	0	
0	63	0	201.5	100	0	0	0	
0	0	126	155	0	0	0	535.5	
0	90	0	285	0	0	0	0	
90	0	72	0	0	0	0	0	
40	0	0	0	0	0	0	0	
0	270	0	0	0	0	0	0	
150	**756**	**252**	**688**	**100**	**0**	**0**	**663**	**3559**

Mena	Ramb	Spand	Belon	Georg	Nico	Schilt	Villa	
30	63	36	418.5	112.5	0	0	446.3	
0	0	144	534.8	62.5	0	0	25.5	
30	**63**	**180**	**´1015,3**	**200**	**0**	**0**	**531.3**	

Baustein	Baaf	Baat	Bass	Geuff
Bogenschießen als Unterhaltung	0	0	0	0
Gaukler	0	0	0	0
Glücksspiel in der Türkei verboten	0	0	150	0
Musikinstrumente	0	0	70	0
Schachspielen	0	0	0	0
Schaukeln	0	0	0	0
Seiltanzen	0	0	0	0
Spiele auf dem Land	0	0	250	0
Gesamt Unterhaltung und Spiele	**0**	**0**	**470**	**0**

	Baaf	Baat	Bass	Geuff
GESAMT SITTEN UND GEBRÄUCHE	**0**	**1259.6**	**11310**	**1740**

III. Religion

Baustein	Baaf	Baat	Bass	Geuff
Aufbau von Himmel und Erde	0	0	0	3680
Begleitende Engel in Leben und Tod	0	0	0	0
Glauben der Türken an einen Gott und Mahomet, seinen Propheten	0	0	100	150
Hölle	0	0	0	345
Jüngstes Gericht und Weltenende	0	0	0	860
Koran	0	0	280	1275
Koran: Verehrung für das konkrete Exemplar	0	0	0	0
Paradies	0	0	0	510
Propheten und Heilige	0	0	100	330
Prophezeiung Mahomets, daß seine Sekte nach 1000 Jahren untergehen wird	0	0	0	0
Religion allg.	0	0	0	0

Mena	Ramb	Spand	Belon	Georg	Nico	Schilt	Villa	
0	0	0	186	0	0	0	0	
0	0	0	480.5	0	0	0	212.5	
0	0	0	0	12.5	0	0	0	
0	0	0	1395	0	0	0	229.5	
0	0	0	124	0	0	0	59.5	
0	0	0	248	0	0	0	195.5	
0	0	0	372	0	0	0	191.3	
0	0	0	0	0	0	0	0	
0	**0**	**0**	**2805.5**	**12.5**	**0**	**0**	**888.3**	**4176.3**

5630	**1053**	**4518**	**22779.7**	**1875**	**4199**	**724,5**	**9699**	**64787**

Mena	Ramb	Spand	Belon	Georg	Nico	Schilt	Villa	
0	0	0	1658.5	0	0	0	0	
220	0	0	496	0	0	0	280.5	
0	45	0	62	262.5	0	0	0	
390	0	0	85.3	0	0	0	357	
880	0	0	217	0	0	0	765	
1470	225	0	1116	0	0	0	0	
130	0	0	77.5	0	0	0	0	
410	0	36	1178	0	0	46	340	
360	0	162	0	1350	0	345	357	
40	0	0	0	0	0	0	89.3	
0	0	0	0	0	0	126.5	0	

Sieben Todsünden nach mahomedanischem Glauben: Hochmut, Geiz, Wollust, Zorn, Neid, Trägheit und Gefräßigkeit	0	0	0	0
Strafen für Lästerung Mahomets, Jesu und Gottes	0	0	0	0
Sunna	0	0	0	0
Gesamt La loro fede	**0**	**0**	**480**	**7150**

Baustein	Baaf	Baat	Bass	Geuff
Bayramfest	0	19.5	470	0
Beschneidung	0	325	540	70
Ehrfürchtiger Umgang mit Papier als potentiellen Träger des Namen Gottes	0	0	130	40
Fasten	0	78	440	175
Gebetsruf	0	39	430	50
Keine bildlichen Darstellungen	0	0	110	40
Kleines Bayramfest	0	0	0	0
Moscheebesuch am Freitag und Ablauf des Gottesdienstes	0	97.5	285	40
Moscheen: Ausstattung	0	78	140	0
Nefes oglu: Söhne des Atems, die von unbefleckten Frauen ohne männlichen Samen empfangen werden	0	110.5	0	0
Opfer und Almosen	0	97.5	0	0
Pilgerfahrt nach Mekka	0	71.5	0	0
Tägliche fünf Gebete	0	39	0	110
Waschung vor dem Gebet	0	65	190	30
Gesamt Religiöse Riten	**0**	**1020.5**	**2735**	**555**

Baustein	Baaf	Baat	Bass	Geuff
Calender	0	16.3	0	0
Dervisi	0	97.5	880	0
Eremiten	0	0	190	0
Giomailer	0	0	0	0
Kleidung der Religiosi, die keine Mönche sind	0	0	190	0
Religiosi allg.	0	123.5	290	40
Torlachi	0	0	0	0
Weitere Mönchsorden	0	45.5	150	0
Gesamt Religiosi	**0**	**282.8**	**1700**	**40**

GESAMT RELIGION	**0**	**1303.3**	**4915**	**7745**

2570	0	0	0	0	0	0	0	
0	0	99	0	0	0	0	467.6	
0	0	0	713	0	0	0	0	
6470	**270**	**297**	**5603.3**	**1612.5**	**0**	**517.5**	**2656.4**	**25056.7**

Mena	Ramb	Spand	Belon	Georg	Nico	Schilt	Villa	
70	0	81	0	37.5	0	310.5	544	
10	0	0	403	0	0	23	0	
0	0	0	0	0	0	0	0	
300	0	90	0	62.5	0	138	280.5	
110	0	90	279	37.5	0	0	34	
0	0	0	0	75	0	0	0	
50	0	81	0	37.5	0	126.5	0	
530	54	0	0	137.5	0	379.5	42.5	
110	0	297	0	50	0	207	102	
0	0	0	0	125	0	0	0	
860	0	0	0	0	0	0	0	
1490	0	351	0	125	468	0	0	
160	108	72	0	237.5	0	92	391	
260	0	36	93	137.5	0	69	0	
3950	**162**	**1098**	**775**	**1062.5**	**468**	**1345.5**	**1394**	**14565.5**

Mena	Ramb	Spand	Belon	Georg	Nico	Schilt	Villa	
290	0	90	0	0	338	0	0	
720	0	0	465	1200	689	0	0	
0	0	0	217	0	442	0	0	
570	0	0	0	0	130	0	0	
0	0	144	0	0	0	0	144.5	
110	108	45	155	200	0	86.3	344.3	
550	0	648	0	0	949	0	0	
0	0	126	0	0	0	0	0	
2240	**108**	**1053**	**837**	**1400**	**2548**	**86.3**	**488.8**	**10783.9**

| **12660** | **540** | **2448** | **7215.3** | **4075** | **3016** | **1949.3** | **4539.2** | **50406.1** |

IV. Sonstige Unterfelder

Baustein	Baaf	Baat	Bass	Geuff
Albaner	0	0	0	0
Armenier	0	0	0	0
Caloieres-Klöster auf dem Mont Athos	0	0	0	0
Christen und Christinnen in Pera	0	0	230	0
Christen, Juden und Sklavenhaltung	0	0	0	0
Christliche Botschafter	0	0	890	90
Christliche Priester in eroberten Provinzen	195	0	0	0
Christlicher Märtyrer der gepfählt wurde	0	0	180	0
Griechen und Griechinnen allg.	0	0	90	0
Griechen: la loro fede	0	0	0	0
Griechische Meinung über lateinische Christen	0	0	0	0
Griechische religiöse Riten	0	0	180	0
Griechische Religiosi und Patriarchen	0	0	0	0
Juden und Jüdinnen	0	0	80	0
Jüdinnen dürfen unverschleiert außer Haus gehen und Ware auf Märkten verkaufen	0	0	0	0
Lage der Christen unter türkischer Herrschaft	130	26	330	0
Ruin und Vernichtung griechischer Bücher, da die Prälaten der griechischen Kirche alle nicht theologischen Schriften verboten haben	0	0	0	0
Schönheit der Griechinnen und Art der Griechen, diese zu bezeichnen	0	0	0	0
Sterbende Griechen bekommen Weizen zu essen und werden vor dem Begräbnis gewaschen	0	0	0	0
Syrer und Syrerinnen	0	0	0	0
Tribute der Christen an den GT	78	16.3	180	0
Verkehr von Christen mit Türkinnen	0	0	200	0
Wie Christen zu Türken werden	32.5	104	360	0
Wie ein Christ eine Türkin von einer Christin unterscheidet	0	0	0	0
Wie Juden zu Türken werden	0	0	90	0
Gesamt Christen und Juden in der Türkei	**435.5**	**146.3**	**2810**	**90**

Mena	Ramb	Spand	Belon	Georg	Nico	Schilt	Villa	
0	0	0	496	0	0	0	0	
0	0	0	434	0	637	195.5	0	
0	0	0	5146	0	0	0	0	
0	81	0	170.5	125	377	0	0	
0	0	0	682	0	0	0	0	
570	0	0	480.5	0	234	0	76.5	
0	0	0	0	0	0	0	0	
0	0	0	0	0	0	0	0	
0	0	0	108.5	0	1560	0	0	
0	0	0	0	0	0	103.5	0	
0	0	0	0	0	0	57.5	0	
0	0	0	0	0	0	552	0	
0	0	0	465	0	0	414	0	
0	117	0	1100.5	0	845	0	212.5	
0	0	0	38.8	0	0	0	0	
0	171	99	310	250	0	0	221.1	
0	0	0	248	0	0	0	0	
0	0	0	201.5	0	0	0	0	
0	0	0	0	0	0	34.5	0	
0	0	0	0	0	III	241.5	0	
0	135	0	0	0	0	0	0	
0	0	99	108.5	0	0	0	68	
0	0	0	46.5	1037.5	0	391	0	
0	0	0	0	0	0	0	144.5	
0	0	99	0	0	0	0	0	
570	504	297	10036.3	1412.5	3653	1989.5	722.6	22666.7

Baustein	Baaf	Baat	Bass	Geuff
Arbeit und Los der Sklaven und Sklavinnen	780	71.5	0	0
Flucht der Sklaven	416	0	160	0
Freikauf oder Freilassen von Sklaven	0	0	440	0
Gefangennahme und Verkauf von Sklaven und Sklavinnen	481	0	260	0
Gier der Türken nach Sklaven	0	0	0	0
Sklaven können Türkinnen heiraten und zu hohen Ämtern aufsteigen	0	0	0	0
Gesamt Christliche Sklaven	**1677**	**71.5**	**860**	**0**

Baustein	Baaf	Baat	Bass	Geuff
Der Blick und die Recherche des Autors	0	0	0	0
Ordnungsindikatoren	0	0	160	405
Vorwortelemente	0	0	0	0
Gesamt Der Autor und die Ordnungsindikatoren	**0**	**0**	**160**	**405**

Baustein	Baaf	Baat	Bass	Geuff
Dinge, die weder zu den Türken noch der Levante gehören	0	0	0	0
Gesamt Dinge, die weder zu den Türken noch der Levante gehören	**0**	**0**	**0**	**0**

Baustein	Baaf	Baat	Bass	Geuff
Eigennamen der Türken	0	0	80	0
Meinung der Griechen über die Armenier	0	0	0	0
Meinung der Perser über die Türken	0	0	0	0
Meinung der Türken über die Christen	0	0	0	10
Wie die Perser von den Türken genannt werden	0	0	60	0
Wie sich die Türken selber nennen	0	0	0	95
Gesamt Gegenseitige Bezeichnungen	**0**	**0**	**140**	**105**

Mena	Ramb	Spand	Belon	Georg	Nico	Schilt	Villa	
0	0	0	0	262.5	0	0	0	
0	0	0	0	437.5	195	0	0	
0	0	54	651	325	0	0	0	
60	0	0	0	462.5	0	0	0	
0	0	0	0	212.5	0	0	0	
0	0	225	465	0	0	0	438.8	
60	**0**	**279**	**1116**	**1700**	**195**	**0**	**438.8**	**6397.3**

Mena	Ramb	Spand	Belon	Georg	Nico	Schilt	Villa	
80	0	0	2247.5	0	0	0	0	
270	180	117	465	0	143	0	93.5	
0	0	0	139.5	0	0	0	0	
350	**180**	**117**	**2852**	**0**	**143**	**0**	**93.5**	**4300.5**

Mena	Ramb	Spand	Belon	Georg	Nico	Schilt	Villa	
0	0	0	4510.5	0	0	0	25.5	
0	**0**	**0**	**4510.5**	**0**	**0**	**0**	**25.5**	**4536**

Mena	Ramb	Spand	Belon	Georg	Nico	Schilt	Villa	
0	0	0	0	0	0	0	0	
0	0	0	0	0	0	782	0	
0	0	0	124	0	0	0	0	
0	18	0	31	0	0	0	0	
0	0	0	0	0	0	0	0	
0	0	0	0	0	0	0	0	
0	**18**	**0**	**155**	**0**	**0**	**782**	**0**	**1200**

Baustein	Baaf	Baat	Bass	Geuff
Bezestan: Markt in Konstantinopel	0	0	30	0
Griechischer Kaiser und seine Paläste	0	0	0	0
Konstantinopel: Antike Monumente	0	0	0	0
Konstantinopel: Lage und Geschichte	0	0	0	0
Konstantinopel: Patriarco	0	0	0	0
Konstantinopel: Weitere Moscheen neben der Santa Sophia	0	0	120	0
Pera	0	0	0	0
Santa Sophia	0	0	610	0
Schiffsverkehr zwischen Konstantinopel und Pera	0	0	190	0
Gesamt Konstantinopel	**0**	**0**	**950**	**0**

Baustein	Baaf	Baat	Bass	Geuff
Gründe für die Grösse des türkischen Reiches	0	0	0	0
Motive der Türkengefahr	0	65	0	100
Gesamt Motive der Türkengefahr	**0**	**65**	**0**	**100**

Baustein	Baaf	Baat	Bass	Geuff
Drogen	0	0	0	0
Fische	0	0	0	0
Herrenlose Hunde	0	0	80	0
Mineralien und Metalle	0	0	0	0
Opium	0	0	0	0
Pflanzen im Anbau	0	110.5	0	0
Pflanzen	0	0	0	0
Tiere in der Landwirtschaft	0	71.5	0	0
Tiere	0	0	0	0
Gesamt Pflanzen, Tiere, Mineralien und Metalle	**0**	**182**	**80**	**0**

Baustein	Baaf	Baat	Bass	Geuff
Slavonisch, Türkisch und andere Sprachen	564.8	1234.8	530	0
Gesamt Sprachen in der Türkei	**564.8**	**1234.8**	**530**	**0**

Mena	Ramb	Spand	Belon	Georg	Nico	Schilt	Villa	
0	0	0	0	0	299	0	0	
0	9	0	0	0	0	207	0	
0	180	0	0	0	260	0	0	
0	288	0	310	0	2314	931	0	
0	4.5	0	0	0	0	0	0	
50	108	0	0	0	403	0	0	
0	351	0	139.5	0	728	0	0	
270	45	0	294.5	0	325	299	0	
0	0	0	124	0	0	0	0	
320	**985.5**	**0**	**868**	**0**	**4329**	**1437**	**0**	

Mena	Ramb	Spand	Belon	Georg	Nico	Schilt	Villa	
0	288	0	0	0	0	0	0	
740	0	0	0	100	143	0	59.5	
740	**288**	**0**	**0**	**100**	**143**	**0**	**59.5**	

Mena	Ramb	Spand	Belon	Georg	Nico	Schilt	Villa	
0	0	0	852.5	0	0	0	0	
0	0	0	4789.5	0	0	0	0	
0	0	0	139.5	0	0	0	0	
0	0	0	8091	0	0	0	0	
0	0	0	806	0	221	0	361.3	
0	0	0	170.5	0	0	0	0	
0	0	0	5874.5	0	0	0	0	
0	0	0	604.5	0	0	0	0	
0	0	0	2526.5	0	0	0	0	
0	**0**	**0**	**23854.5**	**0**	**221**	**0**	**361.3**	**24698.8**

Mena	Ramb	Spand	Belon	Georg	Nico	Schilt	Villa	
0	0	0	0	0	0	172.5	0	
0	**0**	**0**	**0**	**0**	**0**	**172.5**	**0**	**2502.1**

Baustein	Baaf	Baat	Bass	Geuff
Bosporus	0	0	0	0
Griechenland	0	0	0	0
Karaman und seine Einwohner	0	0	0	0
Landstriche, Inseln und Flüsse entlang dem Itinerar	0	0	0	0
Schiffsverkehr im Mittelmeer	0	0	0	0
Weitere Städte neben Konstantinopel und Pera	0	0	0	0
Gesamt Städte, Landstriche und Gewässer	**0**	**0**	**0**	**0**

Baustein	Baaf	Baat	Bass	Geuff
Mahomet: Leben und Gründung seiner Sekte	0	58.5	0	720
Osman und seine Nachfolger	0	0	0	1050
Ursprung der Türken	0	91	0	0
Gesamt Ursprung der Türken und Mahomets	**0**	**149.5**	**0**	**1770**

GESAMT SONSTIGE UNTERFELDER	**2677.3**	**1849.1**	**5530**	**2470**

GESAMT ALLES	**2904.8**	**5715.3**	**31895**	**19140**

Mena	Ramb	Spand	Belon	Georg	Nico	Schilt	Villa	
0	0	0	III	0	0	0	0	
0	0	0	0	0	3575	0	0	
0	0	0	0	0	1560	0	0	
0	36	0	8098.8	0	1521	0	0	
0	0	0	449.5	0	0	0	0	
50	756	0	5634.3	0	1001	0	0	
50	**792**	**0**	**14182.6**	**0**	**7657**	**0**	**0**	**22681.6**

Mena	Ramb	Spand	Belon	Georg	Nico	Schilt	Villa	
290	135	0	1658.5	712.5	65	1046.5	0	
0	400.5	0	0	0	0	0	0	
0	135	0	0	0	0	0	0	
290	**670.5**	**0**	**1658.5**	**712.5**	**65**	**1046.5**	**0**	**6362.5**

2380	**3438**	**693**	**59233.4**	**3925**	**16406**	**5428**	**1701.2**	**105731**

35530	**14638.5**	**23841**	**93644.4**	**12050**	**33150**	**8101.8**	**2081.6**	**301412.4**

4. Prozentuale Verteilung der Bausteine für die Unterfelder (Tabelle 17)

Tabelle 17: Prozentuale Verteilung der Bausteine für die Unterfelder

Die Prozentzahlen in den Spalten Ideal- und Gesamtepisteme ergeben sich aus Anhang 3 (Idealepisteme: Summe der Wortzahl pro Unterfeld von Baaf, Baat, Bass, Mena, Ramb und Spand geteilt durch ein Hundertstel der gesamten Wortsumme dieser sechs Reiseberichte; Gesamtepisteme: entsprechendes Verfahren für alle 12 Reiseberichte).

Unterfeld	Baaf	Baat	Bass	Mena	Ramb	Spand	*Ideal-episteme*
Beglerbey		0.56	0.28	1.91	9.09	5.85	*3.00*
Großer Türke		1.13	4.90	3.94	7.00	1.01	*3.78*
Hausämter			0.14	4.08	1.65	1.67	*1.87*
Hofämter	0.67	0.22	8.27	4.86	5.25	12.40	*7.12*
Infanterie		4.43		0.16	0.36	0.79	*0.49*
Janitscharen	4.70	1.87	0.68	4.00	7.40	6.64	*3.99*
Kavallerie		0.45	1.97	1.54	2.95	4.03	*2.27*
Kriegsführung allg.	2.46	8.86	2.42	1.01	4.50	5.05	*3.13*
Küchen				2.30	0.80	2.58	*1.36*
Rechtswesen		2.04	3.80	4.92	1.22	6.94	*4.29*
Schatz und Schatzämter		2.50	1.48	2.73	4.39	8.79	*3.78*
Serail allg.			4.90	5.09	3.31	4.40	*4.32*
Sonstiges			0.37	0.30	10.20	0.28	*1.58*
Versorgung von Tieren im Serail			2.05	2.30	1.62	2.81	*2.09*
Weitere Ämter bei Kriegszügen		0.68	0.31	2.47	5.65	4.41	*2.53*
Gesamt Hof, Regierung und Militär	**7.83**	**22.74**	**31.57**	**41.61**	**65.39**	**67.65**	*45.60*

Unterfeld	Belon	Georg	Geuff	Nico	Schilt	Villa	*Gesamt-episteme*
Beglerbey	0.16	0.20	5.61			2.94	*1.79*
Großer Türke		1.55	4.80				*1.80*
Hausämter			1.25	0.86			*0.88*
Hofämter		1.60	3.16	4.31			*3.44*
Infanterie		0.82	1.14	1.17			*0.42*
Janitscharen	0.70	2.17	7.70	11.72		4.86	*3.95*

Kavallerie		6.74	1.09			2.98	*1.40*
Kriegsführung allg.	1.17	2.07	2.29			6.74	*2.24*
Küchen			0.41	1.33			*0.69*
Rechtswesen	0.00	0.62	0.83	2.15		3.80	*2.22*
Schatz und Schatzämter	0.92	1.14	3.31	0.39		0.16	*2.03*
Serail allg.	0.80		2.27	3.37		0.28	*2.42*
Sonstiges	0.49		0.18	1.92		1.59	*1.08*
Versorgung von Tieren im Serail	0.33	0.72	0.88	0.11			*0.99*
Weitere Ämter bei Kriegszügen		0.31	2.53	1.46			*1.28*
Gesamt Hof, Regierung und Militär	**4.57**	**17.94**	**37.45**	**28.79**	**0**	**23.35**	*26.63*

Unterfeld	Baaf	Baat	Bass	Mena	Ramb	Spand	*Ideal-episteme*
Ehe, Hochzeit und Liebe		1.25	1.44	6.02	0.30	6.38	*3.70*
Essen und Trinken		3.49	2.25	1.57	0.73	1.47	*1.69*
Häuser und ihre Ausstattung		0.79	1.19			0.64	*0.50*
Handel und Märkte		0.34	0.94				*0.27*
Handwerk		0.85	0.34	0.30			*0.23*
Hospitäler, Almosen, Ärzte und Krankheiten		0.90	1.37	1.88		2.75	*1.60*
Jagd-, Reit- und Vogelwesen		1.70	5.40	0.53		0.18	*1.80*
Kleidung		1.19	2.47	1.97	0.12	3.66	*2.14*
Körper und Waschen		2.72	8.93	0.02	0.12		*2.65*
Reisen und Karawansereien		0.90	0.84				*0.28*
Schulen, gelehrte Disziplinen und Literatur		3.97	1.06	0.42		0.37	*0.70*
Sonstiges			2.82	1.12	0.3	0.60	*1.30*
Tod und Testament		3.63	1.90	1.54		1.00	*1.43*
Türken allg.			2.00	0.42	5.16	1.00	*1.57*
Türkinnen		0.22	0.90		0.43	0.75	*0.48*
Unterhaltung und Spiele			1.47				*0.41*
Gesamt Sitten und Gebräuche	**0**	**21.95**	**35.32**	**15.79**	**7.16**	**18.8**	*20.75*

Unterfeld	Belon	Georg	Geuff	Nico	Schilt	Villa	*Gesamt-episteme*
Ehe, Hochzeit und Liebe	0.90	2.50	0.5		0.71	10.20	*2.55*
Essen und Trinken	3.40	1.86	3.60	2.23	2.84	2.79	*2.52*
Häuser und ihre Ausstattung	0.19	1.45	1.14			1.02	*0.45*
Handel und Märkte	0.42				1.27		*0.27*
Handwerk	1.93			2.31		0.98	*1.01*
Hospitäler, Almosen, Ärzte und Krankheiten	1.81	0.82	0.10	0.62		0.73	*1.32*
Jagd-, Reit- und Vogelwesen	1.20					2.69	*1.24*
Kleidung	2.01	1.14	0.88	1.60	2.98	5.78	*2.19*
Körper und Waschen	4.45	3.00	0.62	5.88		6.19	*3.62*
Reisen und Karawansereien	1.44	0.31				0.93	*0.63*
Schulen, gelehrte Disziplinen und Literatur	0.30	0.31	0.05			0.40	*0.40*
Sonstiges	1.30	1.60					*0.96*
Tod und Testament	0.14				1.13	5.04	*0.96*
Türken allg.	0.73	0.82	1.61			3.18	*1.18*
Türkinnen	1.01	1.45	0.50			2.26	*0.74*
Unterhaltung und Spiele	2.99	0.10				4.27	*1.38*
Gesamt Sitten und Gebräuche	**24.22**	**15.36**	**9.00**	**12.64**	**8.93**	**46.46**	*21.49*

Unterfeld	Baaf	Baat	Bass	Mena	Ramb	Spand	*Ideal-episteme*
La loro fede			1.50	18.2	1.84	1.24	*6.56*
Religiöse Riten		17.8	8.57	11.10	1.10	4.60	*7.83*
Religiosi		4.94	5.33	6.30	0.73	4.41	*4.70*
Gesamt Religion	**0**	**22.74**	**15.40**	**35.60**	**3.67**	**10.25**	*19.09*

Unterfeld	Belon	Georg	Geuff	Nico	Schilt	Villa	*Gesamt-episteme*
La loro fede	5.98	13.30	37.30		6.38	12.70	*8.31*
Religiöse Riten	0.82	8.81	2.89	1.41	16.60	6.70	*4.83*
Religiosi	0.89	11.60	0.20	7.68	1.06	2.35	*3.57*
Gesamt Religion	**7.69**	**33.71**	**40.39**	**9.09**	**24.04**	**21.75**	*16.71*

Unterfeld	Baaf	Baat	Bass	Mena	Ramb	Spand	*Ideal-epusteme*
Christen und Juden in der Türkei	15.00	2.55	8.81	1.60	3.40	1.24	*4.16*
Christliche Sklaven	57.80	1.25	2.69	0.16		1.10	*2.57*
Der Autor und die Ordnungsindikatoren			0.50	0.90	1.22	0.49	*0.70*
Dinge, die nicht zur Levante gehören							*0*
Gegenseitige Bezeichnungen			0.72		0.12	0.41	*0.14*
Konstantinopel			2.97	0.90	6.73	0	*1.97*
Motive der Türkengefahr		1.13		2.0	1.96		*0.95*
Pflanzen, Tiere, Mineralien und Metalle		3.18	0.25				*0.23*
Sprachen in der Türkei	19.40	21.50	1.60				*2.03*
Städte, Landstriche und Gewässer				0.14	5.40		*0.74*
Ursprung der Türken und Mahomets		2.61		0.81	4.58		*0.97*
Sonstige Unterfelder	**92.20**	**32.22**	**17.54**	**6.51**	**23.41**	**3.24**	*14.46*

Unterfeld	Belon	Georg	Geuff	Nico	Schilt	Villa	*Gesamt-epusteme*
Christen und Juden in der Türkei	10.70	11.70	0.47	11.0	24.56	3.47	*7.52*
Christliche Sklaven	1.19	14.10		0.58	0	2.10	*2.12*
Der Autor und die Ordnungsindikatoren	3.0		2.11	0.43		0.44	*1.42*
Dinge, die nicht zur Levante gehören	4.81					0.12	*1.50*
Gegenseitige Bezeichnungen	0.16		0.54		9.60		*0.46*
Konstantinopel	0.92			13.0	17.8		*2.80*
Motive der Türkengefahr		0.82	0.50	0.43	0	0.28	*0.63*
Pflanzen, Tiere, Mineralien und Metalle	25.47			0.66		1.73	*8.19*
Sprachen in der Türkei					2.12		*0.83*
Städte, Landstriche und Gewässer	15.10			23.00			*7.52*
Ursprung der Türken und Mahomets	1.77	5.91	9.24	0.19	12.91		*2.11*
Sonstige Unterfelder	**63.12**	**32.53**	**12.86**	**49.29**	**66.99**	**8.14**	*35.10*

	Baaf	Baat	Bass	Mena	Ramb	Spand	*Ideal-epipisteme*
Gesamt Hof, Regierung und Militär	7.83	22,74	31.57	41.61	65.39	67.65	*45.60*
Gesamt Sitten und Gebräuche	0	21.95	35.32	15.79	7.16	18.80	*20.75*
Gesamt Religion	0	22.74	15.40	35.60	3.67	10.25	*19.09*
Gesamt Sonstige Unterfelder	92.20	32.22	17.54	6.51	23.41	3.24	*14.46*
GESAMTE UNTERFELDER	**100.3**	**99.65**	**99.83**	**99.51**	**99.63**	**99.94**	*99.90*

	Belon	Georg	Geuff	Nico	Schilt	Villa	*Gesamt-epipisteme*
Gesamt Hof, Regierung und Miltiär	4.57	17.94	37.45	28.79	0	23.35	*26.63*
Gesamt Sitten und Gebräuche	24.22	15.36	9.0	12.64	8.93	46.46	*21.49*
Gesamt Religion	7.69	33.71	40.39	9.09	24.04	21.75	*16.71*
Gesamt Sonstige Unterfelder	63.12	32.53	12.86	49.29	66.99	8.14	*35.10*
GESAMTE UNTERFELDER	**99.6**	**99.54**	**99.7**	**99.81**	**99.96**	**99.7**	*99.93*

5. Nachweis der Drucke

In diesem Anhang werden die einzelnen Auflagen der zur Bausteinanalyse herangezogenen zwölf Reiseberichte nachgewiesen. Die Ausgabe, die ich der Bausteinanalyse zugrunde gelegt habe, ist jeweils vorangestellt. Generell habe ich mich bemüht, die Erstausgaben heranzuziehen, bin aber von diesem Prinzip abgewichen, wenn spätere Drucke als Mikrofilmausgaben leichter zugänglich waren und keine gravierenden Abweichungen zur Erstausgabe bestanden. Für Georg von Ungarn und Nicolas de Nicolay habe ich die modernen Editionen von Reinard Klockow und Marie-Christine Gomez-Geraud/ Stéphane Yerasimos benutzt.

Die Nachweise für die Drucke beziehen sich auf Yerasimos, *Voyageurs* sowie Göllner, *Turcica* Bd. 1-2. Bei den Exemplaren, die ich selbst eingesehen habe, ist nach einem Bibliothekskürzel die entsprechende Signatur vermerkt. Für die Auflösung dieser Kürzel siehe das Quellenverzeichnis. Bei identischen Titeln verschiedener Ausgaben habe ich das Feld in der Spalte »Titel« unter dem gleichnamigen Titel freigelassen.

Schiltberger

(I) Ch Schildtberger zoche auß von meiner heimet mit Namen auß der stat münchen gelegen in bayern. (Augsburg: Anton Sorg 1476; Faksimile hg. von Elisabeth Geck Wiesbaden 1969).
Wortindex: 11,5

Titel	Ort	Jahr	Drucker	Nachweis
Hie vahet an d Schilberger der vil wunders erfaren hatt	s. l. (Ulm)	s.a. (1473)		Yeras. S. 100f.
Ich Schildtberger zoche auss von meiner heimat	Augsburg	1475	Anton Sorg	Yeras. S. 100f
	Augsburg	1476	Anton Sorg	Yeras. S. 100f
	Augsburg	1493	Anton Sorg	Yeras. S. 100f
	Frankfurt	1494		Yeras. S. 100f
Ein wunderbarliche und kürtzweylige historie	Nürnberg	s.a.		Yeras. S. 100f
	Frankfurt	1549	Herman Guellferich	Yeras. S. 100f Göllner 885
	Nürnberg	1549	Johann vom Berg Ulrich Neuber	Yeras. S. 100f Göllner 886
	München	1551		Yeras. S. 100f
	Frankfurt	1554	Weigand Han	Yeras. S. 100f Göllner 939
	Frankfurt	1557		Yeras. S. 100f
Vom Türcken und Machomet, Ein warer gründtlicher bericht	Frankfurt	1595	Weigand Han	Yeras. S. 100f Göllner 2063a
Erzehlung eines Bürgers Sohn aus der Stadt München	Wien	1596	Hübner	Göllner 2214

Georg von Ungarn

Georg von Ungarn: Tractatus de moribus, condictionibus et nequicia Turcorum. Traktat über die Sitten, die Lebensverhältnisse und die Arglist der Türken. Nach der Erstausgabe von 1481 herausgegeben, übersetzt und eingeleitet von Reinhard Klockow (= Schriften zur Landeskunde Siebenbürgens 15). Köln, Weimar, Wien 1993.
Wortindex: 12,5

Titel	Ort	Jahr	Drucker	Nachweis
Ohne Titel	Rom	1481	Georg Herolt	Klockow 1993; Yeras. S. 107f
	Urach	1481/82	Conrad Fyner	Klockow 1993
Tractatus de ritu et moribus Turcorum	Köln	ca. 1488-90	Johan Koelhoff d. Ält.	Klockow 1993
	Köln	1508/09	Kornelius von Zierikzee	Klockow 1993
	Wittenberg	1530	Johannes Lufft (mit Vorwort Martin Luthers)	Klockow 1993 Göllner 362[1]
	Nürnberg	1530	Friedrich Peypus (mit Vorwort Martin Luthers)	Klockow 1993 Göllner 363 ÖNB 63 K 9
In: Theodor Bibliander, Machumetis, saracenorum principis, eiusque sucessorum vita ac doctrina	Basel	1543	Johann Oporin	Klockow 1993 Yeras S. 107f. Göllner 792
	Basel	1550	Johann Oporin	Klockow 1993 Yeras S. 107f. Göllner 889
Chronica unnd beschreibung der Türckey (Übersetzung Sebastian Francks)	Nürnberg	1530	Friedrich Peypus (mit Vorwort Martin Luthers)	Klockow 1993 Göllner 364 Berlin Staatsbibl. Luth 9199
Chronica, Abkonterfayung und entwerffung der Türckey	Augsburg	1530	Heinrich Steiner	Klockow 1993

---

1 Göllner führt das Tractatus unter dem Namen Captivus Septemcastrensis auf. In Bibliothekskatalogen wird dieses Werk häufig unter dem Namen Bartholomäus Georgejevic' verzeichnet.

Türckei. Chronica, Glaube, Gesatz, Siten.	Straßburg	1530	Christian Egenolph	Yeras S. 107f Göllner 366
	Zwickau	1530	Wolffgang Meierpeck	Yeras S. 107f Göllner 367
Saracenisch, Türckisch, und Mahometisch Glaub, Gesatz, Chronic, Gotsdienst...	Straßburg	1530	Christian Egenolph	Göllner 368
	Augsburg	1530		Yeras S. 107f
Cronica, Abconterfayung und entwerffung der Türckey	Augsburg	1531	Heinrich Steiner	Göllner 412
	Augsburg	1560		Yeras S. 107f
	Berlin	1596		Yeras S. 107f
In: Riccoldo de Montecroce: Contra sectam Mahumeticam libellus	Paris	1509	Heinrich Stephanus	Göllner 35
	Paris	1511	Heinrich Stephanus	Göllner 48
in: Turchice spurcitie et perfidiae Suggillatio et confutatio (mit Montecroce und Joachim de Fiore)	Paris	1514	Fratres de Marnef	Göllner 63
in: Ausz Rathschlage Herren Erasmis von Roterdam, die Türcken zu bekriegen	s. l.	1530		Göllner 369
In Auszügen: De captivis christianis	Augsburg	1498	Froschauer	Klockow 1993
In Auszügen: Sebastian Franck, Weltbuch	Tübingen	1534		Klockow 1993

Ramberti

LIBRI TRE DELLE || COSE DE TURCHI.|| Nel primi si descrive il viaggio da Venetia à Constanti=|| nopoli, con gli nomi de lughi antichi et moderni: || Nel secondo la Porta, cioe la corte de Soltan So=|| leymano, Signor de Turchi:|| Nel terzo il modo del reggere il stato et imperio suo. || ALDUS
(In fine:) IN VINEGIA, NELL'ANNO M.D.XXXIX || IN CASA DE' FIGLIUOLI || DI ALDO. (BNF Nenc. Ald. 1.3.19)[2]
Wortindex: 9

Titel	Ort	Jahr	Drucker	Nachweis.
Libri tre delle cose	Venedig	1539	Figliuoli di Aldo	Yeras. S. 181 Göllner 647 BNF Neuc. Ald. 1.3.19
	Venedig	1541	Bernadin Milanese	Yeras. S. 181 Göllner 698 Marc. Mis. 2280.10
Beschreibung der Kaiserlichen Statt Constantinopel	Augsburg	1543	Melcher Kriesstein	Yeras. S. 181 Göllner 815[3]
in: Manutio, Viaggi fatti da Vinetia alla Tana...	Venedig	1543	A. Manutio	Yeras. S. 181 frei J 5470 ÖNB 393.329-A.K.
	Venedig	1545	A. Manutio	Yeras. S. 181
in: Sansovino, Historia universale	Venedig	1560	Francesco Sansovino	Yeras. S. 181

Geuffroy

Briefue descriptiô de || LA COVRT DV GRANT TVRC || Et ung sommaire du regne des Othmans Avec || un abregé de leurs folles superstitions, en- || semble Lorigine de cinq empires yssuz || de la secte de Mehemet par .F. An- || toine Geuffroy cheualier de lor- || dre de S.Iehan de Ierusalê. || On les vend a Paris, en la maison de Chrestien We- || chel, demeurant en la rue sainct Iehan de Beauvais, au || Cheval volant. Lan M.D.XLVI. || AVEC PRIVILEGE. (BN J 3325; Maz. A 10846 4è p)
Wortindex: 10

---

2 Den Baustein »Weitere Städte neben Konstantinopel und Pera« habe ich für Ramberti nach der Edition von Sansovino von 1560 aufgenommen (Wortindex: 14).

3 Yerasimos schreibt diese Übersetzung aus dem Italienischen Ramberti zu, Göllner nennt hinge- gen Spandugino als Autor der Ämterlisten. Ich habe die Übersetzung selbst nicht eingesehen, aber in der Regel erweisen sich die Beurteilungen Yerasimos' dort, wo sie von Göllner ab- weichen, als zutreffend.

Titel	Ort	Jahr	Drucker	Nachweis.
Estat de la Court du Grant Turc	Antwerpen	1542	Jehan Steels	Yeras S. 199 Göllner 727
	Paris	1542	Chrestien Wechsel	Yeras S. 199 Göllner 728 BN RES P-J-8
Briefve description de la Court du Grant Turc	Paris	1543	Chrestien Wechel	Yeras S. 199 Göllner 795 Maz. A 14376
	Paris	1543	Chrestien Wechel	Yeras S. 199 Göllner 796
	Paris	1546	Chrestien Wechel	Yeras S. 199 Göllner 863 Maz. A 10846, 4è p.
La Genealogie du grand Turc	Lyon	1570	Benoist Rigaud	Yeras S. 199 Göllner 1259
	Lyon	1591	Benoist Rigaud	Yeras S. 199 Göllner 1875
Aulae Turcicae Othomannique Imperii Descriptio	Basel	1573	Sebastian Henricpetri	Yeras S. 199 Göllner 1620
	Basel	1577	Sebastian Henricpetri	Yeras S. 199 Göllner 1679 BNF 4.M.4.302
Hoffhaltung Des Türckischen Keisers	Basel	1573	Sebastian Henricpetri	Yeras S. 199 Göllner 1621 frei G 4605,if
	Basel	1578	Nicolaus Höniger	Yeras S. 199 Göllner 1692
	Basel	1596	Nicolaus Höniger	Yeras S. 199 Göllner 2197

Georgejevic

De Turcarum || RITV ET CAEREMONIIS, || Autore Bartholomaeo Georgievits || Hungaro Peregrino Hierosoly- || mitano, qui tredecim annos || apud eosdem seruitutem || seruiendo, omnia expe || rientia didicit. || Additis quamplurimis dictionibus, || etiam Numero, cum Salutatio- || nibus & Responsioni- bus || Persarum. || ANTVERPIAE || apud Gregorium Bontium || sub scuto Basiliensi. || 1544. (frei F 3004,d)
Wortindex: 6,5

De afflictione || TAM CAPTIVORVM || quam etiam sub Turcae tributo viuentium || Christianorum, cum figuris res clarè ex || primentibus: additis nonnullis vo || cabulis, Dominica oratione, An || gelica salutatione, Symbolo || Apostolorum lingue, Scla- || uonicae, cû interpre- || tatione Latina, libellus. || Autore Bartholomaeo Georgij Hongaro, || peregrino Hiersolymitano, qui per duos || menses catena collo vinctus, saepe venun || datus .XIII. annos apud eosdem ser || uitutem seruiens, omnia experi- || entia vidit & didicit. || ¶ Cum gratia & Priuilegio Caesareo, ad || biennium, su poena .C.Karol. & || librorum confiscatione.

(In fine:) Anuerp. typis Copenij. An.1544 (frei F 3004,d)

Wortindex: 6,5

Die mit * bezeichneten Werke enthalten sowohl *De ritu* als auch *De afflictione*.

Titel	Ort	Jahr	Drucker	Nachweis.
De Turcarum ritu et ceremoniis	Antwerpen	1544	Copenius	Yeras S. 159f Göllner 834
	Paris	1545		Yeras S. 159f
*(Sammelwerk Georgejevic') Libellus vere Christiana lectione dignus	Rom	1552	Anthonius Bladus	Göllner 924
*(Sammelwerk Georgejevic') De Turcarum moribus epitome	Lyon	1553	Ioann. Torna	Yeras S. 159f Göllner 929 BN J 11876
*	Lyon	1555	Ioann. Torna	Yeras S. 159f Göllner 942
*	Paris	1556	Hieronymus de Marnef	Yeras S. 159f Göllner 951
*	Lyon	1558	Ioann. Torna	Göllner 983
* (Sammelwerk Georgejevic') De Origine Imperii Turcorum...	Wittenberg	1560	(Mit Vorwort Ph. Melanchthons)	Yeras S. 159f Göllner 1001
*	Wittenberg	1562	(Mit Vorwort Ph. Melanchthons)	Yeras S. 159f Göllner 1031
* (Sammelwerk Georgejevic') De Turcarum Moribus Epitome	Paris	1566	De Marnef	Yeras S. 159f Göllner 1126
*	Lyon	1567	Ioan. Torna	Göllner 1217
*	Lyon	1568	De Marnef	Göllner 1240
*	Lyon	1578	Ioan. Torna	Yeras S. 159f Göllner 1691
*	Paris	1588		Yeras S. 159f
*	Lyon	1598		Yeras S. 159f

*	Genf	1598		Yeras S. 159f[4]
*	Lyon	1598	Ioannes Torna	Yeras S. 159f Göllner 2333
*In: Geuffroy, Aulae Turcicae...	Basel	1577	Sebastian Henricpetri	Yeras S. 159f Göllner 1679 BNF 4.M.4.302
Von der Türcken gebreuchen, gewonheyten und Ceremonien	Nürnberg	1545	Hans Guldenmund	Yeras S. 159f Göllner 850
*Türckey oder von yetziger Türcken kirchen gepräng, Sytem unnd leben, auch was grausmane jochs...	Basel	1545	Erben An. Cratandri	Göllner 854
* (*Sammelwerk Georgejevic'*) Türckenbüchlein	Straßburg	1558	Paul Messerschmidt	Yeras S. 159f Göllner 984
* (*Sammelwerk Georgejevic'*) Erzelung der Türckischen Keiser	Wittenberg	1560	Hans Krafft (Mit einem Vorwort Ph. Melchanthons)	Yeras S. 159f Göllner 1000
*Türcken Büchlein	Zerbst	1584	Bonauentur Schmidt	Yeras S. 159f Göllner 1771
La manière et cerémonies des Turcs	Antwerpen	1544	Gregorius Bontius	Yeras S. 159f Göllner 831
	Paris	1545	Charles Langelie	Yeras S. 159f Göllner 851
*In: Sansovino, Historia universale	Venedig	1560	Francesco Sansovino	Yeras S. 159f Göllner 1007 Dresden SLUB Hist Turc 341
*	Venedig	1564	Francesco Rampazetto	Yeras S. 159f Göllner 1052 BN RES J 3361
*	Venedig	1568	Stefano Zazzara	Yeras S. 159f Göllner 1242 BSG 4°I 276 Inv. 375
*	Venedig	1573	Michel Bonelli	Yeras S. 159f Göllner 1624 BSG 4° I 277

4 Die Existenz dieser Ausgabe wird von Göllner bestritten. Siehe Göllner *Turcica* Nr. 2333.

				Inv. 376
*	Venedig	1582	Altobello Salicato	Yeras S. 159f Göllner 1749
*	Venedig	1600	Alessandro di Vecchi	Yeras S. 159f Göllner 2450

Titel	Ort	Jahr	Drucker	Nachweis.
De afflictione	Antwerpen	1544	Gregorius Bontius	Yeras S. 159f Göllner 829
	Vangionum Vormatia	1545	Gregorius Comiander	Yeras S. 159f Göllner 847
	Rom	1555		Yeras S. 159f
In: Theodor Bibliander, Machumetis, saracenorum principis, eiusque sucessorum vita ac doctrina	Basel	1543	Johann Oporin	Yeras S. 159f Göllner 792
	Basel	1550	Johann Oporin	Yeras S. 159f Göllner 889
In: Philipp Lonicer, Chronicorum Turcorum	Frankfurt	1578	Sigismund Feyerabend	Yeras S. 159f Göllner 1695
	Frankfurt	1584	Sigismund Feyerabend	Yeras S. 159f Göllner 1773
Les misères et tribulations de chréstiens tributaires et esclaves	Antwerpen	1544	Jehan Grave	Yeras S. 159f Göllner 833
	Paris	1545		Yeras S. 159f Göllner 851
	s. l.	1594		Yeras S. 159f Göllner 1953
In: Menavino, I cinque libri	Venedig	1548	Vincenzo Valgrisi	Yeras S. 159f Göllner 882

Bassano

I COSTVMI, || ET I MODI PARTICO- || LARI DELA VITA DE || Turchi, descritti da M. Luigi Bas= || sano da Zara. || Con gratia & priuilegio di nostro Signore || Papa Paulo III. M.D.XLV. (In fine:) Stampato in Roma per Antonio || Blado Asolano. || M.D.XLV. (Faksimile hg. von Franz Babinger, München 1963. Ein Exemplar dieses sehr seltenen Druckes befindet sich in Venedig, Museo Correr.)

Wortindex: 10

Titel	Ort	Jahr	Drucker	Nachweis.
I costumi particolari de la vita de' Turchi	Rom	1545	Antonio Blado Asolano	Yeras S. 193 Göllner 845
In: Sansovino, Historia universale	Venedig	1561	Francesco Sanso-vino	Yeras S. 193 Göllner 1008
	Venedig	1564	Francesco Rampazetto	Yeras S. 193 Göllner 1052
	Venedig	1568	Stefano Zazzara	Yeras S. 193 Göllner 1242
	Venedig	1573	Michel Bonelli	Yeras S. 193 Göllner 1624
	Venedig	1582	Altobello Salicato	Yeras S. 193 Göllner 1749
	Venedig	1600	Alessandro di Vecchi	Yeras S. 193 Göllner 2450

Menavino

I CINQUE LIBRI || DELLA LEGGE, || RELIGIONE, ET VITA || DE' TVRCHI: ET DELLA || Corte, & d'alcune guerre del Gran Turco: || DI GIOVANANTONIO MENAVINO || GENOVESE DA VVLTRI. || OLTRE CIO, || VNA PROPHETIA DE' MAHOMETTANI, || et la miseria de'prigioni, et de'Christiani, che uiuono sotto'l || Gran Turco, & altre cose Turchesche, non piu uedute || TRADOTTE DA M. LODOVICO DOMENICHI. || Tutte racconcie, & non poco migliorate. || IN VINEGIA, || APPRESSO VINCENZO VALGRISI; || MDXVIII.

Wortindex: 10

Titel	Ort	Jahr	Drucker	Nachweis.
I cinque libri della legge, religione et vita de' Turchi	Venedig	1548	Vincenzo Valgrisi	Yeras S. 125f. Göllner 882
	Florenz	1548		Yeras S. 125f. Göllner 883
	Florenz	1551	Lorenzo Torrentino	Yeras S. 125f.

				Göllner 908
In: Sansovino, Historia universale	Venedig	1560	Francesco Sansovino	Yeras S. 125f Göllner 1007
	Venedig	1564	Francesco Rampazetto	Yeras S. 125f Göllner 1052
	Venedig	1568	Stefano Zazzara	Yeras S. 125f Göllner 1242
	Venedig	1573	Michel Bonelli	Yeras S. 125f Göllner 1624
	Venedig	1582	Altobello Salicato	Yeras S. 125f Göllner 1749
	Venedig	1600	Alessandro di Vecchi	Yeras S. 125f Göllner 2450
In: Philipp Lonicer, Chronicorum Turcorum	Frankfurt	1578	Sigismund Feyerabend	Yeras S. 125f Göllner 1695
	Frankfurt	1584	Sigismund Feyerabend	Yeras S. 125f Göllner 1773
Türckische Historien von den Türcken Ankunfft.. (übers. von Heinrich Müller).	Frankfurt	1563		Yeras S. 125f
Der ander buch. Von dem Machometischen glauben...	s. l.	1565		Yeras S. 125f Göllner 1077
Türckische Historien	Frankfurt	1570	Thome Rebarts und Kilian Hans	Yeras S. 125f Göllner 1264
	Frankfurt	1572		Yeras S. 125f Göllner 1591
Türckische Chronica	Frankfurt	1577		Yeras S. 125f Göllner 1681

Spandugino

THEODORO || SPANDVGNINO [sic] || DELLA CASA REGALE DE || Cantacusini Patritio Constantinopo- || litano, delle historie, & origine de || Principi de Turchi, ordine del- || la Corte, loro rito, & costu || mi. Opera nuovamente || stampata, ne fin qui || missa in luce.|| In Lucca per Vincentio Busdrago a di 17. di || Settembre M.D.L.|| (BNF 19.1.3.36)
Wortindex: 9

Titel	Ort	Jahr	Drucker	Nachweis.
La genealogie du grant Turc	Paris	1519	François Regnault	Yeras. 124f Maz. 35488 Rés
Petit traicté .. de l'origine des princes des Turcs	Paris	1519		Yeras. 124f
La généalogie du grant Turc	Paris	1559		Yeras. 124f
	Lyon	1569	Benoist Regnaud	Yeras. 124f Göllner 1259
(bei Göllner unter Geuffroy aufgeführt)	Lyon	1570		Yeras. 124f Göllner 1259 BN RES J 11896
(bei Göllner unter Geuffroy aufgeführt)	Lyon	1591		Yeras. 124f Göllner 1875
Delle historie e origine de Principe de Turchi	Lucca	1550	Vincentio Busdrago	Yeras. 124f Göllner 895 BNF 19.1.3.36
I commentarii	Florenz	1551	Lorenzo Torrentino	Yeras. 124f Göllner 912 BNF 19.1.3.35 Marc. 57.d.210 Wien UB I 184131
In: Sansovino, Historia universale	Venedig	1560	Francesco Sansovino	Yeras S. 124f Göllner 1007
	Venedig	1564	Francesco Rampazetto	Yeras S. 124f Göllner 1052
	Venedig	1568	Stefano Zazzara	Yeras S. 124f Göllner 1242
	Venedig	1573	Michel Bonelli	Yeras S. 124f Göllner 1624
	Venedig	1582	Altobello Salicato	Yeras S. 124f Göllner 1749
	Venedig	1600	Alessandro di Vecchi	Yeras S. 124f Göllner 2450
Der Türcken heymligkeyt	Bamberg	1523	Georg Erlinger	Yeras S. 124f Göllner 188

Belon

LES ‖ OBSERVATIONS ‖ DE PLVSIEURS SINGVLA- ‖ ritez & choses memorables, trouueés ‖ en Grece, Aise, Iudée, Egypte, Ara- ‖ bie, & autres pays estranges, re- ‖ digées en trois liures, Par ‖ Pierre Belon du ‖ Mans. ‖ Reueuz de nouueau & augmentez de figures. ‖ A monseigneur le Cardinal de Tournon. ‖ Le Catalogue contenant les plus notables choses de ce pre- ‖ sent liure, est en l'autre part de ce fueillet. ‖ A PARIS, ‖ En la boutique de Gilles Corrozet, en la grand salle ‖ du Palais, pres la chappelle de nossieurs les Presidens. ‖ 1554 ‖ Auec le priuilege du Roy.
Wortindex: 15,5

Titel	Ort	Jahr	Drucker	Nachweis.
Les observations	Paris	1553	Prevost	Yeras S. 205f BN M 5795
	Paris	1554	G. Cavellat	Yeras S. 205f
	Antwerpen	1555	Plantin	Yeras S. 205f
	Paris	1555	C. Cavellat	Maz. 30547
	Paris	1588		Yeras S. 205f BNF 6.3.4.1 BSG 8°704 Res inv. 1030
Plurimarum singularium *(übers. von C. Clusius)*	Antwerpen	1589		Yeras S. 205f Marc 127 D 172.2 BSG 8°558 inv. 3671 p.l.

Nicolay

Nicolas de Nicolay: Dans l'empire de Soliman le Magnifique. Presenté et annoté par Marie-Christine Gomez-Géraud et Stéphane Yerasimos. Paris 1989.
Wortindex: 13

Titel	Ort	Jahr	Drucker	Nachweis.
Les quatre premiers livres	Lyon	1568	Guillaume Rouille	Yeras S. 224 Göllner 1241 ÖNB 48.D.10 BSG G fol. 194 Inv. 240
Les navigations	Antwerpen	1576	Guillaume Silvio	Yeras S. 224 Göllner 1664 ÖNB 35.857-B BNF Neucini F 5.5.31

Discours et histoire véritable des navigations	Antwerpen	1586	Arnould Coninx	Yeras S. 224 Göllner 1798
Le navigationi et viaggi	Antwerpen	1576	Guilgielmo Silvio	Yeras S. 224 Göllner 1663 BNF 3 M 1.369 Marc. 4°26460 ÖNB 26.N.59
	Antwerpen	1577	Guiglielmo Silvio	Yeras S. 224 Göllner 1684
	Venedig	1580	Ziletti	Yeras S. 224 Göllner 1722
Der Erst Theil. Von der Schiffart	Nürnberg	1576	Dieter Gerlatz	Yeras S. 224 Göllner 1545 ÖNB +48.A.52
Vier Bücher von der Raisz	Antwerpen	1576	Wilhelm Silvius	Yeras S. 224 Göllner 1662
	Antwerpen	1577	Wilhelm Silvius	Göllner 1683

Villamont

Les ‖ VOYAGES ‖ DV SEIGNEUR DE ‖ VILLAMONT, CHEVALIER ‖ de l'ordre de Hierusalem, Gentil- ‖ homme ordinaire de la ‖ chambre du ROY. ‖ DIVISEZ EN TROIS LIVRES, COMME ‖ il se voit en la page suivante. ‖ DERNIERE EDITION. ‖ Reveuë, corrigeee, & cottee ‖ par l'autheur. ‖ A PARIS, ‖ Par CLAVDE DE MONTROEIL ‖ ET IEAN RICHER. ‖ M.D.C. ‖ AVEC PRIVILEGE DV ROY. (BN G 30010/ Microfiche M 5798)
Wortindex: 8,5

Titel	Ort	Jahr	Drucker	Nachweis.
Les Voyages	Paris	1595		Yeras S. 400 BN G 30008 Marc. Fundo Tursi Rari 137
	Paris	1596		Yeras S. 400 BN G 30009
	Arras	1598		Yeras S. 400
	Paris	1598		Yeras S. 400
	Paris	1600		Yeras S. 400 frei J 5474

6. Spektakel in zehn Akten

1. Von zehn Autoren genannt:
- Essen
- Religiosi
- Abgeschiedensein und Verschleierung der Türkinnen

2. Von neun Autoren genannt:
- Bayramfest

3. Von acht Autoren genannt:
- In eroberten Provinzen werden Jungen als künftige Janitscharen abgeführt

- Anzahl der Ehefrauen und Konkubinen der Türken
- Kleidung der Frauen

- Fasten
- Gebetsruf
- Moscheebesuch am Freitag und Ablauf des Gottesdienstes
- Tägliche fünf Gebete
- Waschung vor dem Gebet

- Mahomet: Leben und Gründung seiner Sekte
- Ordnungsindikatoren

4. Von sieben Autoren genannt:

- Janitscharen: Hauptleute und Einteilung in einzelne Scharen
- Janitscharen: Unterricht auf dem Land und in den Serails
- Janitscharen: Waffen und Kleidung
- Spachi: Kämpfer zu Pferd
- Cadilescher

- Frauen und Töchter des Großen Türken im Serail der Frauen
- Eßsitten
- Verbot, Wein zu trinken
- Wohltätigkeit und Hospitäler
- Sterben und Begräbnisse

- Propheten und Heilige
- Moscheen: Ausstattung

- Lage der Christen unter türkischer Herrschaft

5. Von sechs Autoren genannt

- Beglerbey allg.
- Kammerdiener des Großen Türken
- Unterkunft der erwachsenen Janitscharen

- Rechtswesen allg.
- Strafen
- Pelviander: Ringkämpfer
- Stallmeister und -burschen im Serail und Pferde

- Eheschließung, Mitgift und Scheidung
- Kleidung der Männer
- Bäder und Waschen
- Färben von Haaren und Körper
- Urinieren
- Schulen
- Aber- und Schicksalsgläubigkeit der Türken

- Paradies
- Beschneidung
- Dervisi

- Christliche Botschafter
- Santa Sophia
- Motive der Türkengefahr

6. **Von fünf Autoren genannt:**

- Beglerbey von Griechenland
- Bassa
- Peicler: perische Kuriere zu Fuß
- Solachi
- Aga der Janitscharen
- Silichtar: reiten links vom Großen Türken
- Einberufung des Heeres
- Stärke der Kriegsmacht des Großen Türken
- Mufti
- Münzen
- Tribute, Kriegsbeute und Timarsystem
- Serail allg.
- Seemacht und Arsenale

- Einfacher Häuserbau und wenig Möbel in Zimmern
- Prophetennachkommen tragen Grün
- Schleier der Frauen
- Enthaaren und Rasieren
- Türkinnen allg.

- Glauben der Türken an einen Gott und Mahomet, seinen Propheten
- Koran
- Pilgerfahrt nach Mekka

- Christen und Christinnen in Pera
- Juden und Jüdinnen
- Wie Christen zu Türken werden

7. Von vier Autoren genannt:

- Ausbreitung und Provinzen des Reiches
- Sultan Suleyman: Eigenschaften und Körper
- Bostagibascia und Bostangiler: Gärtner im Serail
- Saccabascia und Sacca: Wasserträger
- Audienz am Hof
- Azapi
- Achinzi: zur Plünderung der feindlichen Länder
- Disziplin im Krieg
- Cisignirascia und Cesignir: servieren Essen im Serail
- Mutpachemin: für Ausgaben und Verteilen in den Serailküchen zuständig
- Casnadarbassi: Schatzmeister
- Defterdar: Schatzmeister
- Nisangibascia siegelt Schriftstücke des Großen Türken
- Capigibaßi und Capigiz: Wachen im Serail
- Semibascia und Scimi: Jäger
- Musiker und Standartenträger
- Toppicibascia und Toppicler: Büchsenmeister

- Ablauf der Hochzeit
- Jagd- und Jagdhunde
- Reitwesen
- Keine Gasthäuser
- Friedfertigkeit der Türken untereinander
- Geiz der Türken

- Hölle
- Jüngstes Gericht und Weltenende
- Calender

- Verkehr von Christen mit Türkinnen
- Flucht der Sklaven
- Freikauf oder Freilassen von Sklaven
- Konstantinopel: Lage und Geschichte
- Konstantinopel: Weitere Moscheen neben der Santa Sophia
- Slavonisch, Türkisch und andere Sprachen
- Weitere Städte neben Konstantinopel und Pera

8. Von drei Autoren genannt:

- Barbarossa als Beglerbey des Meeres
- Beglerbey von Amasia
- Beglerbey von Anatolien
- Beglerbey von Karaman
- Beglerbey von Syrien
- Sangiacchi
- Balthagi: bringen Holz in den Serail
- Barbiere und Ärzte im Serail
- Therisler: Schneider

- Bassas unter Suleyman
- Chiasiler und Chiasbassi: Boten
- Dragoman
- Valachi: reitende Kuriere
- Caripologliani
- Deli
- Organisation der Feldzüge, Pavillons und dafür verantwortliche Ciadermechteri
- Argiabascia: Vorsteher beider Serailküchen
- Chilegiascia: Zuckerbäcker
- Chilergibassi, beaufsichtigt Lebensmittel in Serailküche
- Serailküchen allg.
- Cadi und seine Rechtssprechung
- Subascia und die Ausführung seiner Gewalt
- Art, Briefe zu siegeln
- Casna: Schatz des Großen Türken in der Festung Iadicula
- Vesnadar: Münzwieger
- Eunuchentum allg.
- Falkner u. a.
- Menagerie des Großen Türken in Konstantinopel
- Arpahemin: verantwortlich für das Tierfutter bei Kriegszügen
- Voincler

- Gesetze zur Eheschließung im Koran
- Sodomie
- Verbot, Schweinefleisch zu essen
- Nachtlager und Schlafen
- Teppiche
- Handel
- Hufschmiede
- Metzger
- Ärzte, Drogisten und Heilmittel
- Kleine Vögel werden freigelassen
- Bart- und Haartracht der Männer
- Kleidung allg.
- Bäder der Frauen
- Karawansereien
- Eis- und Schneekonservierung
- Grabmäler und Friedhöfe
- Testamente und Nachlaßregelungen
- Eifersucht, Hochmut und Wollust der Türken
- Einfache und gesunde Lebensweise der Türken
- Musikinstrumente

- Begleitende Engel in Leben und Tod
- Keine bildlichen Darstellungen
- Kleines Bayramfest
- Eremiten
- Kleidung der Religiosi, die keine Mönche sind
- Torlachi

- Weitere Mönchsorden

- Armenier
- Griechen und Griechinnen allg.
- Tribute der Christen an den Grossen Türken
- Arbeit und Los der Sklaven und Sklavinnen
- Gefangennahme und Verkauf von Sklaven und Sklavinnen
- Sklaven können Türkinnen heiraten und zu hohen Ämtern aufsteigen
- Meinung der Türken über die Christen
- Pera
- Opium
- Landstriche, Inseln und Flüsse entlang dem Itinerar

9. Von zwei Autoren genannt:

- Beglerbey von Anadoule und Kario
- Essen des Großen Türken
- Kleider des Großen Türken
- Philosophische und historischer Schriften, die der Grosse Türke studiert
- Casabascia: Oberhaupt der Fleischer
- Eneangiler: Priester, die täglich in den Serail kommen
- Zwei Boote im Garten des Serails
- Vergabe von Ämtern
- Feste und Triumphzüge nach Siegen des Großen Türken
- Standarte und Mond als Symbol des Großen Türken
- Beweisführung und Zeugen vor dem Cadi
- Baratemin, verteilt Briefe und Mandate des Großen Türken
- Defteremin, die die Timariots verwalten
- Saraffieri: prüfen Gold, Silber und Münzen
- Saraemin, der Straßen in Konst. in Ordnung hält
- Zagazibascia: Aufseher der Jagdhunde
- Arabagibascia und Arabagiz

- Verlauf der Ehe
- Handwerk allg.
- Timarahane: Hospitäler für Verrückte
- Türken und Krankheit/Pest
- Falknerei und Vogelwesen
- Türken schätzen Edelsteine
- Körper der Frauen
- Art des Reisens
- Reim- und Dichtkunst
- Leventi
- Sommerlicher Landsitz
- Luxus und Pomp der Türken
- Gaukler
- Glücksspiel in der Türkei verboten
- Schachspielen
- Schaukeln

- Seiltanzen

- Aufbau von Himmel und Erde
- Strafen für Lästerung Mohameds, Jesu und Gottes
- Ehrfürchtiger Umgang mit Papier als potentiellen Träger des Namen Gottes
- Nefes ogli: Söhne des Atems, die von unbefleckten Frauen ohne männlichen
- Opfer und Almosen
- Giomailer

- Griechische Religiöse Riten
- Griechische Religiosi und Patriarchen
- Syrer und Syrerinnen
- Wie Juden zu Türken werden
- Der Blick und die Recherche des Autors
- Dinge, die weder zu den Türken noch der Levante gehören
- Bezestan: Markt in Konstantinopel
- Griechischer Kaiser und seine Paläste
- Konstantinopel: Antike Monumente
- Schiffsverkehr zwischen Konstantinopel und Pera
- Gründe für die Grösse des türkischen Reiches
- Herrenlose Hunde
- Pflanzen im Anbau
- Tiere in der Landwirtschaft
- Osman und seine Sultansabfolge
- Ursprung der Türken

10. Unikate

- Abgeschiedenheit des Sultans, der dadurch von seinen Untergebenen getäuscht wird
- Kleider des Sultans
- Söhne Suleymans
- Chiamastir: waschen Kleider im Serail
- Macheiaazi: für ungewöhnliche Dienste des Sultans
- Mechterbaßi: Hauptmann von jenen, die Vorhänge, Teppiche und Fußböden versorgen
- Meimargiler: Schuster im Serail
- Bilanz über die Personen am Hof
- Emitalem
- Muphtaraia: Söhne von Signoren und Fürsten am Hof des Grossen Türken
- Mutaferacha: Lanzenträger
- Unfähigkeit der Amtsträger
- Janitscharen: Nachtwachen in der Stadt
- Recht der Janitscharen, nach dem Tod des Kaisers, Juden und Christen in Konst. auszuplündern
- Kleidung und Waffen der Soldaten
- Türken tragen im Krieg große Papierrollen, auf denen auch Waffen dargestellt sind
- Waffentraining
- Echemcherıbascia und Bäckerei
- Muptariasigi: Truchseß des Grossen Türken

- Ciumgeler: Münzpräger
- Iazigtsibegler: Kanzler
- Reiche müssen nach Minen suchen und Gewinn an Großen Türken abführen
- Rosunamegi: Haupt der Schreiber beim Schatz
- Bäder im Serail
- Alle Türken im Reich stehen im Sold des Großen Türken
- Gritti, Aloygio
- Catirbasci: Aufsicht über alle Maultiere
- Jagd des Grossen Türken
- Saravararubasci: Aufsicht über die Kamele
- Zagarzibascia: Aufseher der Jagdhunde
- Zausbaßi und Zausi: für Pferde im Serail zuständig
- Isolac: Reitknechte bei Kriegszügen
- Massaluzzi: Capizi, die Sultan ins Feld begleiten

- Schwierigkeiten beim Liebeswerben
- Türkisches Freudenmädchen
- Gastfreundschaft beim Essen
- Beim Betreten eines Hauses oder einer Kirche werden Schuhe ausgezogen.
- Märkte
- Pferdehandel
- Bäcker und Öfen zum Brotbacken
- Einlegearbeiten in Marmor, Elfenbein und Holz
- Goldschmiede
- Handwerk des Papierglättens
- Schneidehandwerk
- Schuster und Sattler
- Schuhe
- Tragen von Messern, Krummsäbeln und Äxten
- Hochschulen
- Kein Buchdruck
- Keine Literatur neben dem Koran
- Adel wird sehr geschätzt
- Beschaffenheit der Straßen
- Nachtwachen in der Stadt
- Nomaden
- Sauberkeit in den Städten
- Türken sind aus gleichem Fleisch wie die Christen
- Untätigkeit der Reichen
- Bogenschießen als Unterhaltung
- Spiele auf dem Land

- Religion allg.
- Sieben Todsünden nach mahomedanischem Glauben: Hochmut, Geiz, Wollust, Zorn, Neid, Trägheit und Gefräßigkeit
- Sunna

- Albaner
- Caloieres-Klöster auf dem Mont Athos

- Christen, Juden und Sklavenhaltung
- Christliche Priester in eroberten Provinzen
- Christlicher Märtyrer, der gepfählt wurde
- Griechen: la loro fede
- Griechische Meinung über lateinische Christen
- Jüdinnen dürfen unverschleiert außer Haus gehen und Ware auf Märkten verkaufen
- Ruin und Vernichtung griechischer Bücher, da die Prälaten der griechischen Kirche alle nicht theologischen Schriften verboten haben
- Schönheit der Griechinnen und Art der Griechen, diese zu bezeichnen
- Sterbende Griechen bekommen Weizen zu essen und werden vor dem Begräbnis gewaschen
- Wie ein Christ eine Türkin von einer Christin unterscheidet
- Gier der Türken nach Sklaven
- Vorwortelemente
- Eigennamen der Türken
- Meinung der Griechen über die Armenier
- Meinung der Perser über die Türken
- Wie die Perser von den Türken genannt werden
- Wie sich die Türken selber nennen
- Konstantinopel: Patriarco
- Drogen
- Fische
- Mineralien und Metalle
- Pflanzen
- Tiere
- Bosporos
- Griechenland
- Karaman und seine Einwohner
- Schiffsverkehr im Mittelmeer

7. Die Ordnungsmuster der Reiseberichte

Für die Ordnungen des *Tractatus* Georgs von Ungarn siehe das entsprechende Schema in Kapitel 5; für Georgejevic, *De afflictione* die Auflistung der Überschriften in Kapitel 2.

Die Ordnungsmuster von Ramberti, Geuffroy und Spandugino habe ich dem laufenden Text entnommen, da diese drei Texte keine Kapitelüberschriften aufweisen. Die Buchstaben und Zahlen zur Bezeichnung der unterschiedlichen Abschnitte in diesen drei Ordnungsmustern sind daher von mir eingefügt. In Klammern habe ich hinter den Textkategorien vermerkt, an welcher Stelle der Autor sie genannt hat – häufig sind hier Mehrfachnennungen am Anfang und Ende des jeweiligen Abschnittes und in allgemeineren Ordnungsverweisen zu finden. Die kursiv gesetzten Seitenangaben bezeichnen den Textteil, der der entsprechenden Textkategorie zugeordnet ist.

Generell habe ich nur die Ordnungsmuster der Textteile aufgenommen, die jenes ethnographisches Wissen enthalten, das ich in der Bausteinanalyse erfaßt habe. Die Seiten-, Folio- und Zeilenangaben beziehen sich auf die Edition, die ich der Bausteinanalyse zugrunde gelegt habe und die in Anhang 5 aufgeführt ist.

Schiltberger

45 Wie vil die heyden gelaben haben
46 Wie der Machamet und sein gelaub auffkommen sey
47 Von der heyden ostertag
48 Von dem andern ostertag
49 Von der heyden gesatzt
50 Warumb machamet den heyden den wein verpoten hat
51 Von einer gesellschafft die die heyden under in habent
53 Was die heyden von cristo und maria gelaubent
54 Was die heyden sprechent von den christen menschen
55 Wie lang das sey das der machamet gewesen sey
56 *[Mit Initiale abgesetzer Abschnitt, keine eigene Kapitelüberschrift; der Abschnitt handelt über die Sprachen, denen Schiltberger begegnete.]*
57 Von Constantinopel
58 Von den kriechen
59 Von der kriechen gelauben
60 Wie die stat constantinopel gepawt sey worden
65 Warum die kriechen den Armeniern veind sind
66 *[Kapitel 66 ohne eigene Überschrift; der Abschnitt beginnt mit einer Initiale und handelt über die Armenier]*
67 Das ist der Armenisch Paternoster

Ramberti

A. Il viaggio da Venetia a Costantinopoli [Buch 1]

B. La porta, cioe la corte de Soltan Soleymano [Buch 2]

    I. Città di Costantinopoli [11v]
      11v-13r

   II. *[nicht näher bezeichnet: Ursprung der Türken]*
      13r-14r

   III. La corte di questo Signore [14r]
      14r-25v
      – tutti i serragli [22r]
         20v-22r
      – Beglerbey di mare [22v]

22r-22v
- Beglerbey di terra [22v]
  22v-25v

C. Il Modo del reggere il stato et imperio suo [Buch 3]/Altre cose pertinenti alla compita cognitione di costumi, modo del viver e governo in generale [26v]
26v-37v

I. [*nicht besonders gekennzeichnet, Ramberti spricht unter anderem über Religion*]
II. Conditioni del Signor Turco [30r]
  30r-30v
III. Modo del reggere de Signor Turco [31r]
  31r-33v
IV. Il Modo che tengono et il governo nelle cose occorrenti per giornata [33v]
  33v-34v
V. Signore Aloygio Gritti [34v]
  34v-37v

Geuffroy

Buch 1: La Court du Grant Turc

A. La Court du Grant Turc

I. *[Serail]*
  b1r-b2r
II. la porte, en la quelle sont les officiers qui sensuyuent [bijr]/officiers principauls de la maison du Grand Turc [b4r]
  b2r-b4r
III. officiers de dehors [b4r]
  1. officiers de la garde [b4r]
    b4r-c3r
  2. officiers de des finances [c3r]
    c3r-c4r
  3. officiers de son conseil [b4r]/de son conseil [c3r]
    c4r-d1v
  Exkurs: Jannisaires [d1v]
    d1v-d2r
  Exkurs.: Constantinople: Serails - Arsenal [d3v]
    d2r-d3v
IV. Gouvernement et conduite de ses affaires [c3r]/Gouvernement des pays qui luy sont subiects, et de lordre quil tient [c4r]/comme le grant Turc gouverne ses pays, et lordre quil donne a sa gendarmerie [d3v]
  d3v-e1v

V.   La nature des Turcs en general, de leurs moeurs et condicions, de leur creance et maniere de vivre [e1v]/coustumes et facon de vivre [f2v]
e1v-f2v

VI.   Quelque chose dudict grand Turc [f2v]
f2v-f3v

VII.   Quel ordre et provision il donne aux pays qu'il conqueste, et en quel estat il les met [f3v]
f3v-f4v

B.   Les Conquestes des Turcs

[nicht von der Bausteinanalyse erfaßt]

Second Livre contenant autres superstitions des Turcs

A.   Superstitions
et lopinion quilz ont de plusieurs choses tant naturelles que divines, comme [l2r]:

I.   de la creation du monde [l2r]
l2r-l3v

II.   de la fin du monde [l2r]
l3v-m1r

III.   de paradiz [l2r]
m1r-m1v

IV.   denfer [l2r]
m1v-m2v

V.   du ciel [l2r]
m2v-m3r

VI.   dela terre [l2r]
m3r-m3v

VII et autres sembables [l2r]
m3v-o4r

B.   Lorigines des Turcs et le commencement de quatre empires yssuz de la secte de Mehemet

[nicht von der Bausteinanalyse erfaßt]

Georgejevic

Caput 1: De Turcarum Origine
De Origine Mehemmeti
De Templis illorum
De Quadragesima eorum
De eorum Circumcisione
De Sacerdotibus eorum
De Scholis ipsorum
De Monachis illorum
De Matrimonij contractione

De Peregrinatione illorum
De Eleemosynis Hospitalium
De Victimis eorum
De Legatis et Testamentis
De Caeremonia defunctorum
De Aedificio sepulchri *Tulbe* dicto

Caput 2: De Milita
De conditione Procerum
De conditione Chazilariorum
De Ordine peditum
De Tentorijs Regis Turcarum
De Vectura animalium
De Iustitia exercenda in bello
De Festo celebrando ob Victoriam Turcae
De Venatione eorum

Caput 3: De Operarijs et agricolis
De Iustitia apud cives
De Agricultura
De Diversitate animalium
De Aedificijs domorum
De Vestimentis eorum
De Cibarijs illorum
De potu illorum
De modo sedendi et comedendi

Caput 4: De Vocabulis, salutationibus et Responsibus ac Numero eorum
Primo Nomina coelestia
Nomina terrestria
Nomina hominium et ad homines pertinentia
Nomina animalium
Nomina arborum et fructuum
Nomina vestimentorum
Nomina calciamentorum
Salutatio Turcarum, Persarum, et Arabum
Dialogus Interrogationum, et Responionum Turcae cum Christiano
REGULA
Numerus eorum

Bassano

1   A che hora siano soliti i Turchi di levarsi dal letto in ogni tempo
2   De Bagni de gli huomini, detti da noi stufe, e dell'ornamento d'essi, e modo di lavarsi
3   De Bagni delle donne, e modo che tengono nel farsi lavare

4 1 Come vestono le donne, e come sieno belle et conversevoli [sic]
5 Della Chiesa di santa Sofia di Costantinopoli, e altre loro chiese fabricate a modo loro
6 Come i Preti loro gridando chiamano il popolo alla oratione, e con che modo vi vanno, e à che
    hora
7 Del modo, che usano i Turchi in fare oratione a Dio
8 Qual sia la religione de Turchi, et chi adorano
9 Che il gran Turcho va ogni Venerdi publicamente al Tempio a far oratione, et il modo ch'ei
    tiene, et la gente, che mena
10 Quello che tra Turchi si concede a Christiani intorno alle cose della religione, et quel che si
    concede à Guidei
11 Che vita tengono i Preti de Turchi, e di che vivano
12 Delle guardie che fanno la notte per cagione del fuoco, e de gl'altri inconvenienti che possono
    accadere, della pena che hanno quelli che fuor di hora sono trovati per la Città senza lume
13 Del Serraglio del Gran Turcho, et della Sultana sua moglie
14 De serragli in generale, et del modo che tiene il gran Turcho in godersi quello, dove stanno le
    fanciulle vergini
15 De l'amore che il gran Turco porta alla Sultana sua moglie, et à figliuoli c'ha di lei, e dove gli
    tiene
16 In che tempo e lecito ad ognuno entrare nel Serraglio del gran Turcho fino certi termini, et in che
    modo il gran Turcho mangia, siede, e dorme, et veste
17 Modo che osserva il gran Turcho in pigliar mogie, e tutti gl'altri Turchi, et le feste che vi si
    fanno
18 Allegrezza e pompa che si fa tornando il gran Turcho dalla guerra
19 Modo che tiene il gran Turcho nel passar nelle ripe d'Asia à caccia, del piacer ch'egli piglia de
    certi suoi lottatori, et i denari ch'ogni giorno si mettono in borsa à questo gran Turcho per donare
20 Residenza de i quattro Bassà e Secretarii, Cadilescher, et altri del gran Turcho nel dare udienza
    publica tre volte la settimana
21 Che i quattro bassa et i Cadilescher gl'altri giorni dando udienza privata alle lor case
22 Il modo che si tiene in gastigare, e bastonare chi fa rumore, o parla senza rispetto nell'udienza
    publica, o privata
23 Dell'ufficio de Cadislescher, et d'altri Religiosi loro, et come vivono, et come vestono, et di tutta
    la vita che menano
24 Della vita, costumi, et habiti d'alcuni Eremeti, et Pellerini, o Monaci, o Turchi
25 L'habito, et modo di vivere di coloro, che tra turchi sono tenuti parenti di Mehemeth
26 Modo di fare testamento tra Turchi, e morendo dove si sepelliscono, e con quai pompe
27 Che i Turchi scorticano le besti fuor della Città per non generare puzzore
28 Delle carni che si mangiano volentieri tra Turchi, et d'altre vivande e del pane e bevande
    ch'ordinariamente usano
29 Con che ordine li Turchi tengono le Città nette, per non sentire mal'odore
30 Fin a che tempo vanno i Turchi alla schuola, e l'allegrezza che fanno quando i fanciulli hanno
    finito il studio
31 In quale età circoncidono i fanciulli, et in che modo, e con qual cirimonia e festa
32 Come circoncidono coloro, che rinegano la fede voluntariamente o sforzati
33 Modo che usano d'impalare, e d'altre sorti de Morti, e torture che danno
34 Come i Turchi vendono i Christiani all'incanto, et in che modo si riscattano et usano i Schiavi
35 In che modo si vendono i Cavalli all'incanto et in che hora
36 Delle citta et luoghi che tiene fortificati il gran Turcho, e del ordine della guerra
37 Delle habitationi de Turchi e del modo che s'allogia massimamente per gl'Hospitali

38 Quali opere pie sogliono fare i Turchi per salute dell'anime loro, e de lor morti
39 In che tempo de l'anno di giunano i Turchi, e quai giorni celebrano ad honore d'Iddio
40 Allegrezza che fanno i Turchi nella festa dil Baeram finito il digiuno
41 Che sorte de giochi usino i Turchi
42 Di molt'altri trattenimenti piacevoli ch'usano i Turchi
43 I Turchi non portano armi, e come difiniscono tra loro le querelle e contese
44 Ch'i spacchi cavalcano per la Città, e della loro superbia
45 Che tra Turchi non si stimano ne dipenture, ne statue, ne medaglie, ne le conoscano
46 Gravezze ch'ordinariamente si pagano dal gran Turcho
47 Di qual linguagio si diletti il gran Turcho
48 Che i Turchi non usano imprese, n'insegne particolari, eccetto il gran Turcho c'ha la Luna, e delle bandiere, et altr'armi che portano nella guerra
49 Ch'il gran Turcho ha in Costantinopoli molt'animali Salvatichi rechiusi et ligati, e del modo in farli notrire
50 Come trattino i Turchi gl'Oratori delle Città et di Prencipi amici
51 Come i Turchi trattano gli Ambasciatori, et Oratori delle Città et de Prencipi nemici
52 Modo che tiene il gran Turcho in far correre le Poste, per sue cose importanti
53 Che i Turchi credono a gl'incanti, hanno i Salimpancha, e sono soprastitiosissimi
54 Che tra Turchi non v'e stampa, e che hanno per peccato il stampare de i libri che usano, e del modo che tengono in scrivere
55 Che i Turchi hanno per peccato bagnarsi con la propria Orina, e con quale diligentia ne difendono i fanciulli nelle fasce
56 Modo che tengono i Turchi di governare i loro Cavalli nel tempo de l'Istate
57 Come governano i cavalli nel tempo dell'Inverno
58 Che quelli che dicono che Turchi non lasciano cavare dal loro paese Cavalli enteri, si ingannano
59 Come governano i cani Lepreri

Menavino

Il primo libro della vita, et legge turchesca

1. In che è fondata la legge Mahomettana
2. De' commandamenti della legge de' Turchi
3. L'espositione del primo comandamento, che è dello amare IDDIO
4. La espositione del secondo comandamento, dello ubidire al padre, et alla madre
5. La espositione del terzo comandamento, del non fare altrui quello, che noi non vorremmo, che fusse fatto
6. L'espositione del quarto comandamento, dello andare à i Tempi
7. Come i Turchi fanno oratione nello loro meschit, ciò è Tempij
8. Di quegli, à quali non è lecito andare alle meschit
9. La espositione del quinto commandamento, del digiuno
10. La espositione del sesto comandamento, del sacrificio
11. Della elemosina
12. La espositione del settimo comandamento, che è del matrimonio
13. Del matrimonio, che usano al presente in Turchia
14. De' giuochi, che fanno, quando la sposa esce della stufa
15. Come va la sposa à casa del marito

16. La espositione dell'ottavo, et ultimo comandamento

Zwischenüberschrift:
Questi sono i comandamenti della Turchesca legge
17. Del peccato della superbia
18. Del peccato della avaritia
19. Del peccato della lussuria
20. Del peccato della ira
21. Del peccato della Gola
22. Del peccato della Invidia
23. Del peccato della Accidia

Il   Secondo Libro delle chiese, hospitali, et religioni de' Turchi, et modo di ministrar giustitia

1. Delle chiese della Turchia, nominate Meschit
2. De gli hospitali della Turchia, nominati Imareth
3. De gli ordine de'sacerdoti della Turchia
4. De i tre primi sacerdoti, i quali ministrano la giustitia
5. Del modo, che'l Chadelescher ministra la giustia in Turchia
6. Della pena de' testimoni falsi
7. Della potesta del Cadi nella giustitia
8. Della potesta del Subasci, cio è del Governatore
9. Come il Subasci fa giustitia de' pesi, che non sono giusti
10. Delle quattro religioni della Turchia, cio è Giomailer, Calender, Dervisi, et Torlachi
11. Delle religione de' i Calender
12. Delle religione de' i Dervisi
13. Delle religione de' i Torlachi
14. Come la gente della Turchia va in peregrinaggio alla Meccha
15. Delle cerimonie, che usano i peregrini
16. Della partita de i peregrini dalla Meccha, et dal sepolchro di CHRISTO
17. Come la Meccha fu edificata da Hibraim (dicono) per comandamento di DIO
18. Della sepoltura di Mahometto
19. Del modo del sepellire i morti in Turchia
20. Del giorno del divino giudicio, secondo i Mahomettani
21. Della resurrettione di tutti morti, secondo la fede de' Turchi
22. Delle anime, le quali stimano i Mahomettani dovere andare in Paradiso
23. Delle anime, le quali credono i Turchi, che debano essere condannate nello'nferno

Il Terzo Libro del vivere, et ordini del serraglio del gran Turco

1. Della Circoncisione de'Turchi, et loro puerile consuetudine
2. Del mangiare de i Turchi
3. Del bere de' Turchi
4. Del vestire, et del calzare de gli huomini della Turchia
5. Del vestire, et del calzare delle donne della Turchia
6. Del cavalcare de'Turchi
7. Il sollazzo de i giovani della Turchia, nominati Leventi

8. Di un certo luogo chiamato Timarahane, dove si castigano i matti
9. Del Serraglio del Gran Turco
10. De' i Servitori continui di palazzo
11. De' i camerieri del Gran Turco
12. De' i Guardarobba del Gran Turco
13. Della camera del thesoro del Serraglio
14. Della dispensa secreta del gran Turco
15. Della schola del Serraglio
16. De' i garzoni, che servono al giardino del Re nel Serraglio
17. De i fornari del Serraglio
18. Della cucina secreta, et publica del Serraglio
19. De gli huomini, che lavano i panni del Re, et de tutta la famiglia del Gran Turco
20. De gli aquaivoli del Serraglio
21. De i bagni del Serraglio, chiamati stufe
22. De i Medici del Serraglio, et de i Barbieri
23. De gli eunuchi, che servono nel Serraglio
24. De i giovani, che possono uscire fuori del Serraglio
25. Della guardia della porta grande del Serraglio
26. De i sacerdoti, i quali vanno à fare oratione nel Serraglio
27. De i tre primi Bascia del Gran Turco

Il Quarto Libro delle genti d'Arme, salariate dal Gran Turco

1. De i tre primi Bascia del Gran Turco
2. Del capitano, chiamato Ianizera gasi
3. Del capitano Imralem
4. Del Cesignir Bascia
5. De i gentil'huomini del Gran Turco
6. De i cavallieri, che vanno dalla banda destra, et di quei, che vanno dalla sinistra, avanti al Re
7. De i Maestri della stalla del Gran Turco
8. De i Voincler
9. De i due squadroni de gli Ulufegi, de i quali l'uno cavalca dalla banda destra, et l'altro dalla sinistra, dietro
10. Dell'ultimo squadrone del Gran Turco
11. De i Mazzieri del Gran Turco
12. Degli staffieri del Gran Turco
13. Delle staffette del Gran Turco
14. Di quei, che portano in campo le armature de i Cortigiani
15. De i bombardieri del Gran Turco
16. De i tenditori de' padiglioni
17. De i trometti, et sonatori
18. De i Sartori
19. De gli orefici, et argentieri
20. Di quei, che battono le monete
21. De i mariscalchi
22. De gli scarpellini
23. De i Gianizeri novitij, Agiami, schiavi del Gran Turco
24. De gli strozzieri, et canettieri

25. De quei, che governano gli elephanti, i leoni, i leopaordi, i gatti del zibetto, le scimie, et gli altri animali
26. De i lottatori ò pelvianderi del Gran Turco
27. De i guardiani delle galee
28. De i due thesorieri, che pagano tutte le genti soprascritte
29. Della congregatione della corte del Gran Turco nel consiglio
30. Come fa giustitia il Gran Turco, dopo il consiglio, di quei, che hanno commesso alcun grande errore
31. De gli ambasciadori de'Christiani, Mori, et Tartari, che sono mandati al Gran Turco
32. Del mangiare del Gran Turco
33. Del modo del dormire del Gran Turco
34. Del Serraglio delle donne, chiamato Eschizarai
35. Del terzo Serraglio del Gran Turco
36. Della beccaria, over chaanare, come i Turchi dicono

II. **Quinto Libro, et ultimo, dell'essercito della Grecia, et Natolia, et delle battaglie fatte tra i signori della Turchia**

1. Dello essercito della Grecia, che sta al servigio del Gran Turco
2. Del signore di Modone
3. Del signore della Bosnia
4. Del signore di Salonicchi
5. Di due altri signorotti della Grecia
6. Dell'essercito della Natolia, che sta als servigio del Gran Turco
7. De gli azappi, cio è fanti à piede

[Es folgen Berichte über die Auseinandersetzungen zwischen den Sultanssöhnen, die von der Bausteinanalyse nicht erfaßt sind.]

Spandugino

Zwischen Lucca 1550 und Florenz 1551/Sansovino 1560 bestehen in den Ordnungsindikatoren Differenzen. Zum einen weichen die Ausgaben im Vokabular voneinander ab, zum anderen sind in Florenz 1551 die Ordnungsindikatoren deutlicher als solche gekennzeichnet und insgesamt zahlreicher.

Charakteristisch für Spandugino ist, daß die Textkategorien in ihrer Reichweite nicht eindeutig festgelegt sind. In diesen Fällen habe ich sie mit einem Sternchen gekennzeichnet.

A. **Cose della corte ò pertinenta alla guerra [L7r, 26]/l'offitij della corte l'intrate, modo, e forma della loro militia [G7r]**
   G7r-L7r, 26
   [Von der Struktur böte es sich an, I-III zu den cose della corte, und ab L3v die cose della guerra einzuteilen, aber das macht Spandugino nicht explizit.]
   I. Offitij e ministri della casa [H4r]
      G7r-H4v

II. *[Serail der Frauen, ohne eigene Bezeichnung]*
   H4v-H5r

III. Modo et forma che tengono questi Imperatori in governare lo stato loro [H5r]
   H5r-L3r

    1. Bascia e Beglerbei [H7v]
       H5r-H7v

    2 *[nicht bezeichnet: Ämterlisten]*
       H7v-K2v

    3. intrate di detto Imperator di Turchi [K2v]
       K2v-K3v

    4. constitutione che solevano fare detti Imperatori per utilità et commodità delli suoi vasalli: acciò che la iustitia habi luoghi [K3v]
       K3v-K4r

    5. L'ordine che tien questo Imperatore [K4r]
       [Audienz; dann wieder weitere Bausteine ohne Abgrenzung.]
       K4r-L3r

IV. L'ordine di questi Imperatori Ottomani essendo in campo è questo nell allogiare* [L3r]
   L3r-L7r

    1. Campo di terra [L5v]
       L3r-L5v

    2. Campo di mare [L5v]
       L5v-L7r

B. Costumi di Signori, et Turchi, e rito loro [L7r] /usanza del vivere, modo rito, e costumi nel governare in piu e molte cose [G7r]
   L7r-O2v

I. I loro costumi [M5v]
   L7r-M5v

    1. *nicht besonders bezeichnet*
       L7r-L8v

    2. Modo del vestir [L8v]
       L8v-M2v

    3 *nicht besonders bezeichnet*
       M2v-M4r

    4. Per descender piu particularmente al viver et costumi loro [M4r]
       M4r-M5v

II. la loro religione [M5v]
   M5v-O2v

    darunter besonders gekennzeichnet:
       – le quattro religione [N5r]
       N5r-N7r

Dann weitere Kategorie, deren Hierarchie nicht klar ist [entweder der Religion unter- oder beigeordnet:]

– Nozze et allegrezze loro, et dapoi le esequie, et tribuli di quelli [N7r]
   N7r-O2v

Belon

Le Catalogue contenant les plus notales choses de ce present livre [*Fol. âv*]
Les appellations antiques des arbres et autres plantes, des serpens, des poissons, des oiseaux, et autres bestes terrestres, conferées avec les noms Francois modernes: et plusieurs vrais portraicts d'iceux retirez du naturel, non encores veus par cy devant.

Les moeurs et facons de vivre de diverses nations en Grece et Turquie, et les vestemens d'iceulx.

Les antiquitez et ruines de plusieurs villes illustres en Asie et Grece.

La descriptions du Caire, Ierusalem, Damas, Antioche, Burse, Alexandrie, et plusieurs autres villes du Levant, avec leurs noms modernes.

La description de plusieurs monts celebrez par les anciens Poetes et Historiens.

Plusieurs discours sur les chemins en divers voyages par Egypte, Arabie, Asie et Grece, contenans diverses choses des antiques conferées avec les modernes.

Ample discours sur la vraye origine du fin or, et sur les principales mines d'or et d'argent du grand Turc.

Le premier livre des observations de plusieurs singularitez et choses memorables de divers pays estranges

I, 22   Que les Turcs escrivent une mesme diction ou vocable de leurs lettres en plus de vingt sortes
I, 23   Description des differentes especes desdictes terres sellées, et des seaux qu'on a imprimé dessus
I, 24   Voiage de Constantinoble à Lemnos, isle en la mer Egée nommée en vulguaire Italien Stalimene
I, 25   Description des villes et ruines de Lemnos
I, 26   Les noms des plantes communes naissants en l'isle de Lemnos
I, 27   Que les grands seigneurs de la Turquie vivans à leur mode se nourrissent
I, 28   La description du lieu en Lemnos dont on prend la terre pour seller
I, 29   Que les choses viles et de petite estime, sont rendues precieuses par cerimonies: et que les choses de petite valeur prennent authorité estants anoblies de la superstition
I, 30   Les noms des poissons frequents au rivage de l'isle
I, 31   De la gomme de condrille, et autres choses singulieres, avec les noms des serpens qu'on cognoist vivre en l'isle de Lemnos
I, 32   De l'oistre qu'on pesche communement au rivage de l'isle de Lemnos
I, 33   D'une source de baings chaulds en Lemnos, et des monsteres des religieux Grecs
I, 34   Voyage de Lemnos en l'isle de Tassos
I, 35   La description du Mont Athos, et des choses memorables qu'on y trouve
I, 36   Qu'il y a pour le iourdhuy de cinq à six mille Caloieres Grecs vivant au mont Athos, espars ça et la par les monsteres
I, 37   Que touts les monasteres du mont Athos, sont forts pour resister aux pirates, et que les pirates ne leur font pas grandes violences
I, 38   Que le Mont Athos est estimé en telle reputation aux Grecs, comme Romme aux Latin
I, 39   Les noms de touts les monasteres, les nombrant par ordre, commeçant à terre ferme
I, 40   Raison pourquoy plusieurs livres ont esté runiez et perdus en Grece, et de la fondation des monasteres au mont Athos
I, 41   De quelques cerimonies en l'eglise des Grecs, et de l'ignorance qui est entre les gens

Le second livre des observations de plusieurs singularitez et choses memorables de divers pays estranges

[Vorangestellt: »Au lecteur«, Versicherung, daß Belon die Dinge so abbilde, wie er sie gesehen habe »sans rien dissimuler de ce qu'il m'en a semblé« und Dank an Monsieur de Fumet und Botschafter D'Aramon, die Belon diese Reise ermöglicht haben]

Le troisième livre des observations de plusieurs singularitez et choses memorables de divers pays estranges

Puis que i'ay trouvé nouvelle occasion en descrivant ce tiers livre, de pouvoir traicter les singularitez sur la maniere de vivre des gents en Turquie, selon que les y ay observées estant resident en Asie au fin coeur d'icelle. Il m'a semblé bon, avant tout autre chose apres avoir parlé et faict particuliers discours des moeurs de diverses nations par ou i'ay mis le dacte des iournées, mois, et années en cest oeuvre, comme plusieurs autres qui ont descript leurs voyages, toutesfois quiconques desirera le sçavoir, vueille lire la preface du premier livre, et là le pourra veoir bien au long. I'ay desia faict apparoistre par gents suffisans d'autorité et de sçavoir, que ie n'ay faulte de tesmoings à approuver mes voyages, dont est cy faicts mention.

III, 10 Du mariage des Turcs, et dont vient qu'ils ont le congé de se marier à quatre

III, 11 La maniere de nourrir les enfans en Turquie

III, 12 Des armeniens et plusieurs autres nations Chrestiennes, vivants en Turquie

III, 13 Des iuifs habitans en Turquie

III, 14 Du traffic et des marchez en Turquie

III, 15 Chose digne de grande admiration des Turcs, qui mangent l'Opion, pour se rendre plus hardis à la guerre

III, 16 Des signes que les Turcs font a leurs amoureuses, et de l'habillement des femmes

III, 17 Que les Turcs ayent plusieurs femmes espousées, qui vivent entr'elles sans discord ne ialousie avec les concubines et esclaves femelles

III, 18 Prouve evidente que le Turc peult plus facilement assemler cinq cents mille hommes en un camp, et une armée de deux cents galleres, qu'un autre prince cent mille

III, 19 D'une petite hachette propre a tout usage, tant à la guerre, comme en paix, commune aux Turcs

III, 20 Des Turcs qui retiennent plusieurs choses de l'antiquité

III, 21 Des religieux des Turquie

III, 22 La maniere de garder la neige, et la glace tout l'esté, comme font les Turcs

III, 23 La maniere de se brandiller en Turquie

III, 24 Distinction de l'honneur tant des barbes que de turban des Turcs

III, 25 Accoustremens de plumes dont les Turcs se parent

III, 26 Du grand exercice a tous ceux qui aprennent à tirer de l'arc parles villes de Turquie

III, 27 De plusieurs apprests des Turcs pour manger

III, 28 De la circoncision des Turcs

III, 29 Qu'un eclave puisse contraindre son maistre de luy

III, 30 Des prestres de Turquie et des sciences des Turcs

III, 31 Que les prestres des Turcs servent d'orloges en Turquie criant les heures à haulte voix de dessus les clochers des Eglises

III, 33 Que toutes les femmes qui vivent en Turquie, de quelque loy qu'elles soyent, se font ordinairement abatre le poil des parties honteuses par la vertu d'un depilatoire, et non pas au rasoir

III, 34 Que les femmes de Turquie sont belles par singularité, et nettes comme perles

III, 35 La recepte dont les femmes se teignent les cheveux et les sourcils en noir, et les hommes vieux la barbe

III, 36 Lovenge d'une beaulte excellente selon la mode des Grecs

III, 37 Des choses difficiles a croire, que les basteleurs de Turquie font en public

III, 38 De la luicte de Turquie

III, 39 Que les Turcs vont hardiment sur la corde

III, 40 Des chiens de Turquie, et de la chasse des Turcs

III, 41 Les noms des plantes trouvées en cheminant par dessus le mont Olympe

III, 42 De la ville de Bource, anciennement nommée Prussa qui estoit le siege des Empereurs des Turcs

III, 43 Que les ouvrages des Turcs sont fort bien faicts: et que les habillemens sont bien cousus

III, 44 Des seliers et cordonniers de Turquie

III, 45 Des marechaux de Turquie

III, 46 Des bouchers de Turquie et des pierres qui sont es fiels des boeufs

III, 47 Des cordes d'arcs et de lucs de Turquie

III, 48 Des lucs et de leurs accord en Turquie

Nicolay

Premier livre des Navigations
[nicht von der Bausteinanalyse erfaßt]

Second livre des Navigations

Troisième livre des Navigations

III, 15 Quatre diverses religions des turcs, leur manière de vivre, et portraits des religieux, et premièrement des géomailers

III, 16 Quatre diverses religions des turcs, leur manière de vivre, et portraits des religieux: la seconde secte des religieux turcs, appelés Calenders

III, 17 Quatre diverses religions des turcs, leur manière de vivre, et portraits des religieux: la tierce secte des religieux turcs, appelés dervis

III, 18 Quatre diverses religions des turcs, leur manière de vivre, et portraits des religieux: la quatrième secte des religieux turcs, appelés torlaquis

III, 19 Autres religieux turcs, démenant vie solitaire entre les bêtes

III, 20 Ceux qui se disent parents de Mahomet

III, 21 Pèlerins de la Mecque, par les turcs nommés hagislars

III, 22 Sacquas porteurs d'eau, pèlerins de la Mecque

Quatrième livre des Navigations

IV, 14 Hommes et femmes de Cilicie, à présent Caramanie

IV, 15 Cilicie, aujourd'hui Caramanie

IV, 16 Marchands juifs, habitant en Constantinople, et autres lieux de Turquie et Grèce

IV, 17 Arméniens

IV, 19 Moderne religion des arméniens

IV, 24 Description de la Thrace

IV, 25 La cité d'Andrinople

IV, 29 Description de la Grèce

IV, 36 Moderne religions des grecs

Villamont

Ce qui cest contenu aux trois Livres des Voyages de Villamont [Fol. âr]
Le premier livre contient la description des villes et forteresses de l'Italie, et des antiquitez et choses sainctes et modernes qui s'y voyent

Au second est amplement traicté de la Sclavonie, Grece, Turquie, Moree, Cephalonie, Candie, Chypre, Hierusalem, et de tous les Saincts lieux où nostres Seigneur Iesus-Christ a faict des miracles: Avec la croyance des Chrestiens Grecs, Armeniens, Syriens, Georgiens, Abyssins, et autres Chrestiens de l'Asie, et Affrique.

Et au TROISIESME est la description de Syrie, De Damas, Phenicie, AEgipte, Damiette, du grand Caire de abylone, des anciennes Pyramides, et Mommies: avec la description de l'Empire du Grand Turc.

Ensemble la valeur et changement des monnoyes qui se despendent en tous les Royaumes et Provinces sy dessus.

Plus un Abregé de la description de toute la France.

Et les Ordonnances des Grands-maistres et chefs de L'ordre des Chevaliers du Sainct Sepulchre de Hierusalem.

Quellenverzeichnis

Verwendete Abkürzungen der Bibliotheken und Archive

BN Bibliothèque Nationale Paris
BNF Biblioteca Nazionale di Firenze
BSG Bibliothèque Sainte Geneviève, Paris
frei Universitätsbibliothek Freiburg
HHStA Haus-, Hof- und Staatsarchiv Wien
Marc. Marciana – Biblioteca Nazionale di Venezia
Maz. Bibliothèque Mazarine, Paris
ÖNB Österreichische Nationalbibliothek, Wien
UB Wien Universitätsbibliothek Wien

Archivalische Quellen

- Haus-, Hof-, und Staatsarchiv Wien:
  Mandate in Kriegssachen
  Maximiliana 12
  Türkei I, 1-53

- Archivio di Stato di Venezia:
  Senato, Dispacci degli Ambasciatori al Senato, Constantinopoli

Gedruckte Quellen

Die Reiseberichte, die den Tabellen in Kapitel 4 zugrunde liegen, sind hier nicht eigens aufgeführt, sondern im Anhang des vierten Kapitels nachgewiesen. Auch die einzelnen Auflagen der zwölf Reiseberichte, auf deren Grundlage ich die Bausteinanalyse erstellt habe, sind – sofern ich nicht aus ihnen zitiert habe – nicht hier, sondern in Anhang 5 verzeichnet. Die Drucke des 15. und 16. Jahrhunderts, die ich selbst eingesehen habe, sind in der Regel in der diplomatischen Titelverzeichnung aufgenommen worden.

Adso Dervenis, *De ortu et tempore Antichristi*, Corpus Christianorum CM 45, Turnholt 1976.

Albèri, Eugenio (Hg.): *Le relazioni degli ambasciatori veneti al senato.* Serie III, Bd. 1-3, Florenz 1840-1855; sowie *Appendice* Serie III, Bd. 15, Florenz 1863.

Alberti, Leon Battista: *Opuscoli morali.* Ins Italienische übersetzt von C. Bartoli, Venedig 1568.

Angiolello, Giovanni Maria: *Historia Turchesca (1300-1514).* Hg. von Ion Ursu (unter dem Namen Donado da Lezze). Bukarest 1909.

Bassano, Luigi: I COSTVMI, ‖ ET I MODI PARTICO- ‖ LARI DELA VITA DE ‖ Turchi, descritti da M. Luigi Bas= ‖ sano da Zara. ‖ Con gratia & priuilegio di nostro Signore ‖ Papa Paulo III. M.D.XLV. [In fine:] Stampato in Roma per Antonio ‖ Blado Asolano. ‖ M.D.XLV. (Faksimile hg. von Franz Babinger, München 1963. Ein Exemplar dieses sehr seltenen Druckes befindet sich in Venedig, Museo Correr.).

Beauvais, Vincenz von: *Speculum quadruplex sive Speculum maius.* 4 Bde, Duaci: Balthazar Beller 1624 (ND 1964).

Belon, Pierre: LES ‖ OBSERVATIONS ‖ DE PLVSIEURS SINGVLA- ‖ ritez & choses memorables, trouueés ‖ en Grece, Aise, Iudée, Egypte, Ara- ‖ bie, & autres pays estranges, re- ‖ digées en trois liures, Par ‖ Pierre Belon du ‖ Mans. ‖ Reueuz de nouueau & augmentez de figures. ‖ A monseigneur le Cardinal de Tournon. ‖ Le Catalogue contenant les plus notables choses de ce pre- ‖ sent liure, est en l'autre part de ce fueillet. ‖ A PARIS, ‖ En la boutique de Gilles Corrozet, en la grand salle ‖ du Palais, pres la chappelle de nossieurs les Presidens. ‖ 1554 ‖ Auec le priuilege du Roy.

Ders.: LES ‖ OBSERVATIONS ‖ DE PLVSIEVRS ‖ SINGVLARITEZ ET CHOSES ‖ MEMORABLES, TROVVES ‖ en Grece, Asie, Judée, Egypte, Arabie, & ‖ en autres pays estranges, redigées en ‖ trois liuvres, Par Pierre Belon ‖ du Mans. ‖ A Paris, ‖ Chez Hierosme de Marnes & la veufue Guillaume Cavellat, ‖ au mont S. Hilaire, à l'enseigne du Pelican. ‖ M.C.LXXVIII.

Bergamo, Jacobo Filippo Foresti da: *Supplementum chronicorum.* Venedig 1483.

Bertrandon de la Brocquière: *Le Voyage d'Outremer.* Hg. von Ch. Schefer (Recueil de voyages et de documents pour servir à l'histoire de la géographie 12), Paris 1892.

Biondo, Flavio: *Italia Illustrata.* Rom: Iohannes Philipp de Lignamine 1474 (Marc. Inc. 234).

Blundeville, Thomas: The true order ‖ and Methode of wryting ‖ and reading Hystories, ac-‖ ording to the precepts of Franci-‖ sco Patricio, and Accontio Triden-‖ tino, two Italian vvriters, no lesse plainly ‖ than briefly, set forth in our vulgar speach,‖ to the great profite and commoditye of all ‖ those that delight in Hystories. By ‖ Thomas Blundeuill of New-‖ ton Flortman in Nor-‖ folke. ‖ Anno. 1574. ‖ Imprinted at London ‖ by VVillyam Seres. ND Amsterdam 1979 (The English Experience 908).

Boemus, Johannes: *The Fardle of Facions.* London: John Kingstone and Henry Sutton 1555 (ND Amsterdam 1970 = The English Experience Nr. 227).

Borderie, Bertrand de la: Le Discours du ‖ VOYAGE DE CON ‖ stantinoble, Enuoyé dudict ‖ lieu à une Damoy= ‖ selle Fran= ‖ coyse. ‖ On les uend à Lyon, en rue Merciere, ‖ par Pierre de Tours. ‖ 1542 (BN Paris J 12286).

Busbecq, Augier Ghislain de: *Legationis Turcicae Epistolae quatuor. Quarum Priores Duae ante aliquot annos in lucem prodierunt sub nomine Itinerium Constantinopolitani et Amasiani.*

Adieactae sunt duae alterae. Eiusdem de re militari contra Turcam instituenda consilium. Paris: Aegidius Beys 1589.

Celtis, Konrad: *Oratio in gymnasio in Ingelstadio publice recitata.* In: Rupprich, Hans: *Humanismus und Renaissance in den deutschen Städten und an den Universitäten* (Deutsche Literatur, Reihe Humanismus und Renaissance 2), Leipzig 1935, S. 226-238.

Charrière, Ernest: *Négociations de la France dans le Levant ou correspondances, mémoires et actes diplomatiques.* 4 Bde, Paris 1848-1860.

Chytraeus, Nathan: *Variorum in Europa Iternum Deliciae…* Herbonae Nassovium 1594.

Cochläus, Johannes: *Brevis Germaniae Descriptio.* Hg. von Karl Langosch, Darmstadt 1976.

Coeck van Alost, Pieter: *Les moeurs et fachons de faire de Turcz avecq les regions y appartenents, ont esté auf vif contrefaictes par Pierre Coeck d'Alost,* Antwerpen 1553.

Comisso, Giovanni (Hg.): *Gli ambasciatori veneti (1525-1792). Relazioni di viaggio e di missione.* Mailand 1992.

Das ist || ein anschlag || eins zugs wid || er die Türcken || und alle die wi || der den Christlichen glau- || ben seind (Berlin Staatsbibliothek Flugschr. 1518-2).

De Acosta, Ioseph: HISTORIA || NATURAL Y || MORAL DE LAS INDIAS || EN QUE SE TRATAN LAS || cosas notables del cielo, y elementos, metales, || plantas, y animales dellas: y los ritos, y || ceremoniis, lyes, y govierno, y || guerras de los Indias. || Compuesta par il Padre Ioseph de Acosta Religioso || de la Compañia de Iesus. || Dirigada al Illustrissimo Señor Don ENRIQUE DE || CARDOVA Governador por sa Mjestad || en el Principado de Cataluña. || En Barcelona, a costa di Lelio Marini, Vene- || ciano, als Correr de la Boqueria, 1591 (BNF 5.11.372).

Dispacci degli Ambasciatori al Senato. Indice. Archivio dello Stato di Venezia, Rom 1959.

Ebstorfer Weltkarte: Miller, Konrad (Hg.): *Die ältesten Weltkarten. V. Heft: Die Ebstorfkarte.* Stuttgart 1896.

Ein Schön New Tractetlein, Von || dem Glauben Betten und Fasten || so in der Türckey gehalten || wirt, durch das gantz || jar, hyerinn kurz- || lich begriffen in || diesem buch- || lein, || gantz kurtzweylig zu lesen [1520].

Erinnerung der verschulten || plagen / des Teutschlands / sampt ainer ge= || trewen ermanung zuo Christenlicher be || kerung / unnd schuldiger hilff / wi= || der des Türcken grausam für = || nemen unnd erschrocken= || lichen angriff / in dem || Ertzhertzogtumb || Osterreich || gethuon. [1529] (Berlin Staatsbibliothek Flugschr. 1529.10).

Eyn manung der cristenheit widder die durken. Mainz 1454. Faksimile hg. von Ferdinand Geldner, Wiesbaden 1975.

Fredegar: *Chronicorum quae dicuntur Fredegari Scholastici Libri IV.* Hg. von Bruno Krusch (MGH Scriptores rerum merovingicarum 2), Hannover 1888.

Georg von Ungarn: *Tractatus de moribus, condicionibus et nequicia Turcorum. Traktat über die Sitten, die Lebensverhältnisse und die Arglist der Türken.* Nach der Erstausgabe von 1481 herausgegeben, übersetzt und eingeleitet von Reinhard Klockow (= Schriften zur Landeskunde Siebenbürgens 15). Köln, Weimar, Wien 1993.

Georgejevic, Bartholomäus: De afflictione || TAM CAPTIVORVM || quam etiam sub Turcae tributo viuentium || Christianorum, cum figuris res clarè ex || primentibus: additis nonnullis vo || cabulis, Dominica oratione, An || gelica salutatione, Symbolo || Apostolorum lingue, Scla- || uonicae, cù

interpre- || tatione Latina, libellus. || Autore Bartholomaeo Georgij Hongaro, || peregrino Hierso-
lymitano, qui per duos || menses catena collo vinctus, saepe venun || datus .XIII. annos apud eos-
dem ser || uitutem seruiens, omnia experi- || entia vidit & didicit. || Cum gratia & Priuilegio Cae-
sareo, ad || biennium, subbpoena .C.Karol. & || librorum confiscatione. [In fine:] Anuerp. typis
Copenij. An.1544 (frei F 3004,d).

Ders.: DE ORIGINE || IMPERII TVRCO- || RUM, EORVMQUE ADMI- || nistratione & disciplina,
breuia quae-|| dam capita notationis loco || collectâ. || Cui LIBELLVS DE TVRCORVM || mori-
bus, collectus a Bartholomaeo Ge-|| orgieviz, adiectus est,|| cum praefatione reuerendi viri D.
Philippi Melanthonis. || Wittenbergae. || Anno M.D.LX (frei G 4559; Göllner Turcica Nr. 1001)

Ders.: *De ritibus et differentiis Graecorum et Armeniorum.* S. 1., s. a. [1544?]. Als Autor ist Bartholomäus Georgius Pannonius genannt; das biographische Kapitel dieses Textes (»Quomodo cap-
timus deductus in Turciam«) ist von Frank Kidric herausgegeben worden (siehe Literaturver-
zeichnis; laut Kidric befindet sich dieser Druck in der ÖNB 63 J 6 (5)).

Ders.: De Turcarum || RITV ET CAEREMONIIS, || Autore Bartholomaeo Georgievits || Hungaro
Peregrino Hierosoly- || mitano, qui tredecim annos || apud eosdem seruitutem || seruiendo, omnia
expe || rientia didicit. || Additis quamplurimis dictionibus, || etiam Numero, cum Salutatio- || ni-
bus & Responsionibus || Persarum. || ANTVERPIAE || apud Gregorium Bontium || sub scuto Ba-
siliensi. || 1544. (frei F 3004,d).

Geuffroy, Antoine: Aulae Turcicae || OTHOMANNICIQVE || IMPERII DESCRIPTIO: QVA ||
Turcarum Palatina Officia, mores, religio: sectae item || Mahometicae, Imperiorumque IIII. ex ea
prodeun: || tium status luculenter enarratur. PER N. HONIGERVM KONINGSHOF. || Basilae,
Sebst. Henricpetri, 1577. (BNF 4 M 4302).

Ders.: Briefue descriptiô de || LA COVRT DV GRANT TVRC || Et ung sommaire du regne des
Othmans Avec || un abregé de leurs folles superstitions, en- || semble Lorigine de cinq empires
yssuz || de la secte de Mehemet par .F. An- || toine Geuffroy cheualier de lor- || dre de S.Iehan de
Ierusalê. || On les vend a Paris, en la maison de Chrestien We- || chel, demeurant en la rue sainct
Iehan de Beauvais, au || Cheval volant. Lan M.D.XLVI. || AVEC PRIVILEGE. (BN J 3325;
Maz. A 10846 4è p).

Gévay, Antal (Hg.): *Legatio Ioannis Hoberdanacz et Sigismundi Weichselberger ad Suleimanum I.*
imperatorem turcarum. Bécsben 1837.

Ders. (Hg.): *Urkunden und Actenstücke zur Geschichte der Verhältnisse zwischen Österreich, Un-*
garn und der Pforte im XVI. und XVII. Jahrhunderte. Aus Archiven und Bibliotheken, 3 Bde.
Wien 1838-1842

Haithon: HISTORIA || DEGLI IMPERATORI || GRECI, || DESCRITTA DA NICETA ||
ACOMINATO DA CHONE || Gran Secretario dell'Imperio, Giudice || di Velo in XIX Libri: || Li
quali seguono, dove lascia il Zanara, dal M.CXVII fino al MCCII. || nel qual tempo si vede la
declinatione del Imperio. || A questi sono aggiunti GLI ANNALI de gli Imperatori di Constanti-
nopoli || Con l'Historia delle parti dell'Oriente scritta da HAITHONE || parente del Re
d'Armenia || Tradotti in lingua Italiana da M. Ioseppe Horologi. || Con privilegia. || In
VENETIA, Apresso Vincenzo Valgrisi. || M.D.LXII. (BNF 7.4.2.2).

Herodotus. With an English Translation by A. D. Godley. Bd. 2, London, Cambridge, Mass. 1971.

Hie nach volget die gros- || sen krieg und streit. so yn al- || ler welt kurtz verschinen und || In Chris-
ten. hayden. turcken landen pyß || auff den nechsten ver gangen handel || zwischen dem hochge-
boren fursten und || herren margrgkgraffen [sic] Kosamyrus von || Brandeburg Unnd der lobli-
chen und || Keyserlichen stat Nurmberg und sunst || ander seltzame hystori. von dem newen ||
proheten [sic] Elia – der yetz regiert. [1515]

Iacopo de Promonontorio de Campis: *Aufzeichnungen*. Hg. von Franz Babinger (Bayerische Akademie der Wissenschaften, Phil.-Hist. Klasse, Sitzungsberichte 1956, 8). München 1957.

Jacobo Filippo Foresti da Bergamo: *Supplementum chronicorum*. Venedig 1483.

Jurischitz, Nicolas: Des Türcken erschrö= ‖ ckenliche belegerung / der Stat und ‖ Schloß Günß / und des selben nach ‖ zwelff verlorn Stürmen abzug / ‖ durch den Tewren Ritter Ni= ‖ claus Jurischitz Haubtman ‖ doselbs / Römisch. Künig. ‖ Mayestat auß Günß ‖ warhafftiglich zuge ‖ schrieben. ‖ 1532. (ÖNB Wien 31.V.70/ MF 2855).

Kreutel, Richard F. (Hg.): *Der fromme Sultan Bayezid. Die Geschichte seiner Herrschaft (1481-1512) nach den altosmanischen Chroniken des Oruç und des Anonymus Hanivaldanus* (Osmanische Geschichtsschreiber 9). Graz, Wien, Köln 1978.

Kuripeschitz, Benedict: (= hier Curipeschitz, Benedikt): *Itinerarium der Botschaftsreise des Josef von Lamberg und Niclas Jurischitz durch Bosnien, Serbien, Bulgarien nach Konstantinopel 1530*. Aus einer gleichzeitigen Handschrift neu herausgegeben von Eleonore Gräfin Lamberg-Schwarzenberg. Innsbruck 1910.

Ders.: *Itinerarium der Gesandtschaft König Ferdinands I. von Ungarn nach Konstantinopel*. Faksimiledruck nach der Ausgabe von 1531, hg. von Srećko M. Džaja und Jozo Džambo (Materialia Turcica Beiheft 6), Bochum 1983.

Ders.: Ein Disputation oder Gesprech ‖ zwayer Stalbuoben / So mit Küniglicher Maye. Bot= ‖ schafft / bey dem Türckischen Keyser zuo Constantino= ‖ pel gewesen / Dieweill sy allda jn jhrer beherbergung / von ‖ dem Türcken verspert / beschehen / Darinnen alle gewon= ‖ heiten/Brauch / Glaub / Ordnung unnd Landsart der ‖ Türckey gemelt wird. Von Herrn Benedickten Cu ‖ ripeschitz vonn Obernburg obgemelter Bot= ‖ schaft Lateinischen Oratorn (wie er von ge ‖ dachten Stalbuoben alda heimlichen ge= ‖ hört) beschriben / gantz nutzlich zuo lesen. [1531] (ÖNB 20 T 325/ MF 1782).

Léry, Jean de: *Histoire d'un voyage fait en la terre du Brésil (1580)*. Hg. von Frank Lestringant, Montpellier 1992.

Liliencron, R. v.: *Die historischen Volkslieder der Deutschen vom 13. bis 16. Jahrhundert Bd. 1*. Leipzig 1865.

Lonicer, Philipp: CHRONICORVM TVRCICORVM, ‖ in quibus ‖ TVRCORVM O- ‖ RIGO, PRINCIPES, IMPE- ‖ RATORES; BELLA; PRAELIA, CAE- ‖ DES; VICTORIAE, REIQVE MILITARIS RATIO, ET CAE ‖ tera huc pertinentia, continuo ordine & perspicua breuitate exponuntur; Et Mahometicae reli-‖ gionis Institutia; Iudiciorumque processus,/ Aulae constitutio (Frankfurt a. M.: Sigmund Feyerabend 1578; Marc. 393.d.33).

Löwenklau, Hans: *Annales sultanorum othmanidarum*. Frankfurt a. M.: Sigmund Feyerabend 1596.

Ders.: Neuwe Chronica ‖ Türckischer nation / ‖ von Türcken selb beschrieben: ‖ Volgendts gemehrt, unnd in vier ‖ Bücher abgetheilt: ‖ Das Erst, ‖ Gitabi Tevarichi, Chronic oder Zeitbuch der Fürsten Osma- ‖ nischen Stammes: von ihren Ursprung, Auffnemen, Regiment, Gewalt, ‖ Kriegen, Tugend, Untugendt, succession, vom ersten Osman Chan, biß auff den ‖ Sultan Suleiman Chau, und das 1550. Jar Christi: Welches der Edel und ‖ Gestreng, Herr Jeronymus Beck von Leopoldstorff ‖ u. im nechst= ‖ folgendem 1551. Jar von Constantinopel ‖ mit sich bracht. ‖ Das Ander ‖ Von Türckischen Geschichte,‖ die nach dem 1550. Jar Christi / bis' auffs 1590. Jar zugetragen. ‖ Das Dritt ‖ Pandectes Türckischer Histori / Das ist / vollkomner Bericht allerley ‖ Türckischer Sachen / und Erklärung derselben.‖ Das Vierd ‖ Etliche Particular Beschreibungen mercklicher, und zur Türcki= ‖ schen Histori gehörigen Geschicht. ‖ Alles jetzo durch Hansen Lewenklaw von Amelbeurn ‖ unser Teutschen Nation ‖ in sonderm Nutz und Wolgefallen zusammen gefasset / gestellt / uber ‖ sehen / unnd in Truck verfertigt. ‖ 1595 ‖ Gedruckt zu Franckfurt am Mayn/ bey Andres ‖ Wechsels seligen Erben/ nemlich/ Claudius Marne ‖ und Johann Aubri. (Berlin Staatsbibliothek Bibl. Diez 111).

Lubenau, Reinhold: *Beschreibung der Reisen des Reinhold Lubenau.* Hg. von W. Sahm (Mitteilungen aus der Stadtbibliothek zu Königsberg i. Pr. IV und V), Königsberg i. Pr. 1914.

Manutio, Antonio: VIAGGI FATTI DA ‖ VINETIA, ALLA TANA, IN PER= ‖ SIA, IN INDIA; ET IN COSTANTI ‖ NOPOLI: con la descrittione particolare di città, ‖ Luoghi, Siti, Costumi, et della PORTA del ‖ gran TVRCO: & di tutte le Intr- ‖ ate, spese, & modo di governo ‖ suo, & della ultima Im- ‖ presa contra Por- ‖ toghesi. ‖ ALDVS ‖ In Vinegia M.D.XLIII. (Marc. 386.D.286).

Marana, Giovanni P.: *Letter Writ by a Turkish Spy.* Ausgewählt und herausgegeben von Arthur J. Weitzman, New York 1970.

Mela, Pomponius: *De Chorographia libri tres.* Hg. von Piergiorgio Parroni, Rom 1984

Menavino, Giovanantonio: I CINQUE LIBRI ‖ DELLA LEGGE, ‖ RELIGIONE, ET VITA ‖ DE' TVRCHI: ET DELLA ‖ Corte, & d'alcune guerre del Gran Turco: ‖ DI GIOVANANTONIO MENAVINO ‖ GENOVESE DA VVLTRI. ‖ OLTRE CIO, ‖ VNA PROPHETIA DE' MAHOMETTANI, ‖ et la miseria de' prigioni, et de'Christiani, che uiuvono sotto'l ‖ Gran Turco, & altre cose Turchesche, non piu uedute ‖ TRADOTTE DA M. LODOVICO DOMENICHI. ‖ Tutte racconcie, & non poco migliorate. ‖ IN VINEGIA, ‖ APRESSO VINCENZO VALGRISI; ‖ MDXVIII.

Ders.: Trattato de cos- ‖ tumi et vita de ‖ Turchi, Composto per Giouan ‖ Antonio Menauino Genouese ‖ da Vultri. ‖ Al Christianissimo ‖ Re di Francia. ‖ In Firenze ‖ M.D.XLVIII.

Mommsen, Theodor: *Res gestae divi Augusti. Ex monumentis Ancyrano et Apolloniensi iterum.* Berlin 1883.

Montagu, Lady Mary: *Briefe aus dem Orient.* Bearbeitet von Irma Bühler nach der Ausgabe von 1784 in der Übersetzung von Prof. Eckert. Frankfurt a. M. 1991.

Münster, Sebastian: Cosmographey Oder beschreibung Aller Länder Herschafftenn und fuernemesten Stetten des gantzen Erdbodens/sampt jhren Gelegenheiten / Eygenschafften / Religion / Gebreuchen / Geschichten unnd Handthierungen / etc. Basel 1550 (ND Amsterdam 1968).

Nehring, Karl/ Bernath, Mathias (Hgg.): *Austro-Turcica 1541-1552. Diplomatische Akten des habsburgischen Gesandtschaftsverkehrs mit der Hohen Pforte im Zeitalter Süleymans des Prächtigen* (Südosteuropäische Arbeiten 95). München 1995.

Nicolay, Nicolas de: *Dans l'empire de Soliman le Magnifique.* Presenté et annoté par Marie-Christine Gomez-Géraud et Stéphane Yerasimos. Paris 1989.

Ders.: *The Navigations into Turkie.* London: Thomas Dawson 1585 (NP Amsterdam: Da Capo Press 1968).

Ders.: LE ‖ NAVIGATIONI ‖ ET VIAGGI NELLA ‖ TURCHIA, DI NICOLAI DEL DELFINATO ‖ Signor d'Arfevilla, Cameriere & Geografo Ordi- ‖ nario del Re di Francia, con diverse singo- ‖ larità in quelle parti dall' Autore ‖ viste et osseruate. ‖ Nouamente tradoto di Francese in volgare ‖ da Francesco Flori da ‖ Lilla, Arithmetico. ‖ Con sessanta figure al naturale di d'huomini come ‖ di Donne, secondo la varietá delle nationi, i ‖ loro portamenti, gesti, habiti, leggi, riti ‖ costumi e modo di vivere, in tempo di pace ‖ et di guerra. ‖ Con varie belle & memorande historie nel ‖ nostro tempo avenute. ‖ appresso Guiglielmo Silvio ‖ Anversa 1576. (BNF Neucini F 5.5.31).

Ders.: LES ‖ QUATRE PRE- ‖ MIERS LIVRES DES ‖ NAVIGATIONS ET PEREGRI- ‖ nations Orientales, de N. de Nicolay ‖ Dauphinoys, seigneur d'Arfeuille, ‖ varlet de chambre, & Geo- ‖ graphe ordinaire du Roy. ‖ Avec les figures au naturel tant d'homm- ‖ mes que de femmes selon la diver - ‖ sité des nations, & de leur ‖ port, maintien, & habitz. ‖ A Lyon Guillaume Rouille 1568 (BSG G fol. 194 Inv. 240).

Ortelius, Abraham: *Atlas de las posesiones españoles en tiempos de Felipe II según su cartógrafo.* ND Madrid 1991 (Original 1588).

Ostrovica, Konstantin von: *Memoiren eines Janitscharen oder türkische Chronik.* Eingeleitet und übersetzt von Renate Lachmann, kommentiert von Claus-Peter Haase, Renate Lachmann und Günter Prinzing (Slavische Geschichtsschreiber 8). Graz, Wien, Köln 1975.

Otto von Freising: *Chronica sive Historia de duabus civitatibus.* Übersetzt von Adolf Schmidt. Hg. v. Walter Lammers (= Ausgewählte Quellen zur deutschen Geschichte des Mittelalters, Freiherr vom Stein-Gedächtnisausgabe 16). Darmstadt 1961.

Patrizio, Francisco: *Della historia dieci dialoghi.* Venezia 1560. (BNF Pal (14) X 9.3.9).

Piccolomini, Enea Silvio: *Cosmographia Pii papae in Asiae et Europae eleganti descriptione. Asia historias rerum ubique gestarum cum locorum descriptione complectitur. Europa temporum authoris varias continet historias.* Paris: Henr. Stephanus 1509.

Ders.: LA DESCRIT ‖ TIONE DEL'ASIA, ‖ ET EUROPA DI PAPA PIO.II. ‖ E L'HISTORIA DELE COSE MEMO- ‖ rabili fatte in quelle, con l'aggionta de l'Afri-‖ ca, secondo diuersi scrittori, con incredibile ‖ brevità e diligenza. ‖ Con una copiosißima tavola di tutte le cose, ‖ che ne la seguente colonna si contengono. ‖ Con privilegio de l'Illustrissimo Senato ‖ Veneto, per anni dieci ‖ IN VINEGIA ‖ Appresso Vincenzo Valgris a'l Segno d'Erasino. ‖ M.D.XLIIII (BNF 19.5.1.16).

Ders.: *Opera quae extant omnia: His quoque acc. Gnomologia ex omnibus Sylvii operis collecta et index.* Basel 1551 (ND Frankfurt a. M. 1967).

Ders.: *Oratio Pii Papae II. habita in conventu Mantuano, VI. Kal. Octobr. A.D. MCCCLIX.* In: Mansi, Joannes (Hg.): *Sacrorum conciliorum nova et amplissima collectio* Bd. 32, ND 1961, Sp. 207-222.

Pertusi, Agostino (Hg.): *La caduta di Costantinopoli. Bd. 1: Le testimonianze dei contemporanei. Bd. 2: L'eco nel mondo.* Mailand 1990.

Ders.: *Testi inediti e poco noti sulla caduta di Constantinopoli.* Bologna 1983.

Pico della Mirandola, Gianfrancesco: *De imaginatione.* Hg. von Eckhard Keßler. München 1984.

Polo, Marco: *Il Milione.* Hg. von Marcello Ciccuto, Mailand [4]1998.

Postel, Guillaume: DE ‖ LA REPVBLI- ‖ que des Turcs, & là ou ‖ l'occasion s'offrera, des meurs & loy de tous Muha- ‖ medistes, ‖ Par ‖ GVUILLAVME POSTEL Cosmopolite. ‖ APOITIERS ‖ Par Enguilbert de Marnef. ‖ Avec Priuilege du Roy. ‖ M.D.LX. (BN J 3382/ P 96/003451).

Ptolemäus: LA ‖ GEOGRAFIA ‖ DI CLAVDIO TOLOMEO ‖ ALESSANDRINO ‖, Già tradotta di Greco in Italiano da M. GIERO RVSCELLI: ‖ et hora ‖ in questa nuoua editione da M. GIO. MALOMBRA ‖ ricorretta, et purgarta d'infiniti errori: ‖ come facilmente nella Prefatione a' Lettori può ciascuno vedere. ‖ Con L'ESPOSITIONI del RUSCELLI, particolari di luogo in luogo, et universali, ‖ sopra tutto il libro, et sopra tutta la GEOGRAFIA, o Modo di fare la de- ‖ scrittione del Mondo. ‖ Con vna copiosa Tauola de' Nomi antichi, dichiarati co' Nomi ‖ moderni: dal MALOMBRA riuedeuta, et ampliata. ‖ Et con vn Discorso di M. GIOSEPPE MOLETO, doue si dichiarano tutti i termini ‖ appartenenti alla Geografia. Accresciuto di nuouo del modo di fare i Mappamondi, le Balle, ‖ le Tauole di Geografia, et di molte figure necessarie. ‖ AL CLARISS. Sr. GIACOMO CONTARINI. ‖ CON PRIVILEGI ‖ IN VENETIA, Appresso Giordano Ziletti MDLXXIIII (Marc. 97 D 223).

Ramberti, Benedetto: LIBRI TRE DELLE || COSE DE TURCHI.|| Nel primi si descrive il viaggio da Venetia à Constanti=|| nopoli, con gli nomi de lughi antichi et moderni:|| Nel secondo la Porta, cioe la corte de Soltan So=|| leymano, Signor de Turchi:|| Nel terzo il modo del reggere il stato et imperio suo. || ALDUS [In fine:] IN VINEGIA, NELL'ANNO M.D.XXXIX || IN CASA DE' FIGLIUOLI || DI ALDO. (BNF Nenc. Ald. 1.3.19).

Ramée, Pierre de la: *Dialectique*. Edition critique avec introduction, notes et commentaires de Michel Dassonville. Genf 1964.

Ramusio, Giovanni Battista: *Navigazioni e viaggi*. (Venedig 1563-1606). Hg. von Marica Milanesi. 6 Bde, Turin 1978-1987.

Rantzau, Heinrich: *Methodus Apodemica*. Köln: Wilhelm Lutzenkirch 1600.

Rassem, Mohammed/ Stagl, Justin (Hgg.): *Geschichte der Staatsbeschreibung. Ausgewählte Quellentexte 1456-1813*. Berlin 1994.

Reusner, Nikolas: *Hodoeporicorum sive itinerum totius fere orbis lib. VII. Opus historicum, ethicum, physicum, geographicum*. Basel: Jeremias Reusner 1580.

Ricoldo di Montecroce: *Libellum Ricoldi contra sectae Mahumetanae sceleratam impietatem*. Paris: ex officina Henrici Stephani 1511. (BN Microfilm M 10270).

Sagon, François: *Apologie en defense pour le roi*. Paris: Janot 1544.

Sahagún, Bernadino de: *Historia general de las cosas de Nueva España*. Faksimile Florenz 1979.

Sansovino, Francesco: DELL' HISTORIA || VNIVERSALE DELL' ORIGINE || ET IMPERIO DE TVRCHI || PARTE PRIMA. || NELLA QVALE SI CONTENGONO GLI || offici, le leggi, e I costumi di quella natione, cosi in tempo || di pace, come di guerra. || CON VNA TAVOLA COPIOSISSIMA || di tutte le cose piu notabili dell'opera. || RACCOLTA DA FRANCESCO SANSOVINO. IN VENETIA (Francesco Sansovino 1560).

Ders.: DELL' HISTORIA || VNIVERSALE DELL'ORIGINE ET IMPERIO DE TVRCHI || Parte seconda. || NELLA QVALE SI CONTENGONO TVTTE || LE guerre fatte da quella natione. || CON LE VITE PARTICOLARI DE I. || PRINCIPI OTTOMANI FINO AL || Tempo Presente. || Raccolta da M. Francesco Sansovino (Venedig: Francesco Sansovino 1560).

Ders.: DELL'HISTORIA || VNIVERSALE DELL'ORIGINE || ET IMPERIO DE TVRCHI || PARTE TERZA || NELLA QVALE SE CONTENGONO || l'imprese particolari fatte prima da Saracini & poi || da Principi Ottomani in molto Provincie del || Mondo fino al tempo presente. || Raccolta per FRANCESCO SANSOVINO. || In Venetia MDLXI (Francesco Sansovino).

Ders.: *Del governo de regni et delle republiche antiche et moderne*. Venedig: Francesco Sansovino 1560.

Sattler, Johann Rudolf: *Teutsche Rhetoric. Titular und Epistelbüchlein*. Basel 1610.

Schiltberger, Hans: (I)Ch Schildtberger zoche auß von meiner heimet mit Namen auß der stat münchen gelegen in bayern. (Augsburg: Anton Sorg 1476; Faksimile hg. von Elisabeth Geck Wiesbaden 1969).

Ders: *Hans Schiltbergers Reisebuch*. Nach der Nürnberger Handschrift herausgegeben von Valentin Langmantel. In: Bibliothek des litterarischen Vereins in Stuttgart 172. Tübingen 1885.

Ders.: *Johannes Schiltberger. Als Sklave im Osmanischen Reich und bei den Tataren 1394-1427*. Aus dem Mittelhochdeutschen übertragen und herausgegeben von Ulrich Schlemmer. Stuttgart 1983.

Ders.: *Reisen des Johannes Schiltberger aus München in Europa, Asia und Afrika von 1394 bis 1427*. Hg. von Karl Friedrich Neumann. München 1859.

Schottus, Andreas: *De vita et moribus Imperatorum Romanorum. Excerpta ex libris Sexti Aurelii Victoris a Caesare usque ad Theodosium Imperatorem*. Antwerpen 1579.

Seydlitz, Melchior von: Gründliche Beschreibung || Der Wallfart nach dem || heiligen Lande / neben vermeldung der jem- || merlichen und langwirigen Gefengnuß || derselben Gesellschafft / &c. ||

Gestellet durch den Edlen / Ehrnvhesten / Melchior von Seydlitz ‖ zu Nicklaßdorff in Schlesien / Welcher Persönlich solche Noth und ‖ Elendt außgestanden. ‖ Allen Christen / und insonderheit denen vom Adel zu ‖ guter Nachrichtung in Druck gefertigt. ‖ [In fine:] Gedruckt zu Görlitz / ‖ durch Ambrosium ‖ Fritsch. ‖ Im Jahr / ‖ 1580.

Ders.: *Zwo Reisen zum heiligen Grab. Die Erste dess Edlen vesten Johannsen von Ehrenberg, so er sampt andern vom Adel und etlichen Niderländern volbracht: Darinnen neben andern sachen auch meldung beschicht, wie sie zu Rhama die Edlen gefangenen Teutschen Pilger Melchior von Seydlitz […], Wolfgang Müntzer von Babenberg […] Die ander so Daniel Ecklin von Arow gethan.* Basel 1576.

(Spandugino, Teodoro) Spandounes, Theodore: *On origin of the Ottoman Emperors.* Übersetzt und hg. von Donald M. Nicol, Cambridge 1995.

Ders.: I COMMENTARI ‖ DI THEODORO SPAN- ‖ DVGINO CANTACVSCINO ‖ Gentilhuomo Costanti- ‖ nopolitano, ‖ DELL'ORIGINE DE PRINCIPI ‖ Turchi, & de' costumi de quella ‖ natione. ‖ IN FIORENZA ‖ APRESSO LORENZO ‖ Torrentino Impressor Ducale ‖ MDLI ‖ Con Privilegio. (BNF 19.1.3.35).

Ders.: LA ‖ GENEALOGIE ‖ DU GRAND TURC, ‖ & la dignité des offices, & ‖ ordre de sa court, ‖ Avec l'origine des Princes, & la ma= ‖ niere de vivre, & Cerimonie ‖ des Turcz. ‖ A LYON, ‖ Par Benoist Rigaud ‖ 1570. (BN RES J 11896).

Ders.: LA genealo= ‖ gie du grant ‖ Turc a present regnant. (Paris: François Regnault 1519; Maz. 35488 Rés).

Ders.: *Petit traicté de l'origine des Turcqz par Th. Spandouyn Cantacasi.* Hg. von Charles Schefer. Paris 1898.

Ders.: *De la origine deli Imperatori Ottomani, ordini dela corte, forma del guerregiare loro, religione, rito, et costumi de la natione.* Hg. von Sathas, C. N.: Documents inédits relatifs à l'histoire de la Grèce au moyen âge Bd. 9, Paris 1890, S. I-XXXVIII.

Ders.: THEODORO ‖ SPANDVGNINO [sic] ‖ DELLA CASA REGALE DE ‖ Cantacusini Patritio Constantinopo- ‖ litano, delle historie, & origine de ‖ Principi de Turchi, ordine del- ‖ la Corte, loro rito, & costu‖ mi. Opera nuouamente ‖ stampata, ne fin qui ‖ missa in luce.‖ In Lucca per Vincentio Busdrago a di 17. di ‖ Settembre M.D.L. (BNF 19.1.3.36).

THESORO POLITICO ‖ CIOÈ ‖ RELATIONI ‖ INSTRVTTIONI ‖ TRATTATI, DISCORSI VARII d'Amb^n. Pertinenti alla cognitione, et intelligenza delli stati, ‖ intereßi, et dipendenze de più gran Principi del ‖ Mondo. Nuouamente impresso à bene ‖ ficio di chi si diletta intendere, et perti- nentemente discorrere li nego- ‖ tij di stato. ‖ Nell' Academia Italiana di Colonia ‖ l'Anno 1589. (BNF 12.4.96.)

Thevet, André: COSMOGRA- ‖ PHIE DE ‖ LEVANT ‖ Par F. André Thevet ‖ D'ANGOVLESME. ‖ Reuue et augmentee de plu- ‖ sieurs figures. ‖ A LION, ‖ PAR IAN DE TOVRNES ‖ ET GVIUL. GAZEAV. ‖ M. D. LVI. ‖ Avec Priuilege du Roy. (Edition critique par Frank Lestrin- gant. Genf 1985 (=Travaux d'Humanisme et Renaissance 203)).

Ders.: *La Cosmographie universelle.* Paris 1575.

ULTIMI ‖ AVISI DI COSTAN- ‖ TINOPOLI DEL GRAN- ‖ DISSIMO PREPARAMEMTO [sic] ‖ dell armata Turcesca, con il ‖ numero della Cavallaria, ‖ monitione, & ‖ Fantaria. Perugia: Va- lente Panizza 1571 (BNF D.4.6.22-26).

Villamont, Jacques: Les ‖ VOYAGES ‖ DV SEIGNEUR DE ‖ VILLAMONT, CHEVALIER ‖ de l'ordre de Hierusalem, Gentil- ‖ homme ordinaire de la ‖ chambre du ROY. ‖ DIVISEZ EN TROIS LIVRES, COMME ‖ il se voit en la page suivante. ‖ DERNIERE EDITION. ‖ Reveuë, corrigeee, & cottee || par l'autheur. || A PARIS, || Par CLAVDE DE MONTROEIL || ET IEAN RICHER. || M.D.C. || AVEC PRIVILEGE DV ROY. (BN G 30010/ Microfiche M 5798).

Ders.: LES || VOYAGES DV SEIGNEUR DE VILLAMONT, || Chevalier de l'ordre de Hierusalem, Gen- || tilhomme du pays de Bretagne. || Divisez en trois livres. || A PARIS || PAR CLAVDE DE MONSTR'OEil ET || IEAN RICHER. || M.D.XCV. || AVEC PRIVILEGE DV ROY. (Marc. Fondo Tursi Rari 137).

Warhafftige Newe || Zeitung erschrecklicher dinge, || die zu Constantinopel, Handrionopel, Callio- || pol, und zwantzig meile breit jres umbkreis, dis vorgangen XLII jars, in dem Monat juniii sich || begeben haben. Mit Hewschrecken, einem Fewr || blasenden Trachen, grausamen Wetter... Solches hat ein Venecianer in eigener || Person gesehen und als ein geschworener, dem Hertzogen und gantzen Senat zu Venedig zu ge-|| schrieben [1542]. (Berlin Staatsbibliothek Flugschr. 1542-9).

Weigel, Helmut/ Grüneisen, Henny (Hgg.): *Deutsche Reichstagsakten unter Friedrich III.* Fünfte Abteilung, erste Hälfte 1453-1454 (= RTA 19,1). Göttingen 1969.

Wiesflecker-Friedhuber, Inge (Hg.): *Quellen zur Geschichte Maximilians und seiner Zeit.* Darmstadt 1996.

Wilbrands von Oldenburg Reise nach Palaestina und Kleinasien. Hg. von J. C. M. Laurent (Hamburger Gelehrtenschriften des Johanneums). Hamburg 1859.

Wolder, Simon: New Türckenbüchlin /dergleichen || vor diser zeit nie getruckt worden || Rathschlag / und || Christliches bedencken / wie || one sonderliche beschwerde der Obrig- || keit / auch der Underthanen / der Christenheit / Erbfeind / der Turck / zu wasser unnd Land / zuüberziehen / unnd mit || hilff des Almechtigen zu ueberwinden were / Gemeyner Christen|| heit also zu gutem / auff verstendiger leute verbessern / zusamen getragen und begriffen / || Durch Simon Wolder / Pommern. M.D. LVIII. (Berlin Staatsbibliothek Ui 2200).

Literaturverzeichnis

Abrahamowicz, Zygmund u. a.: *Die Türkenkriege in der historischen Forschung.* Wien 1983.

Asemissen, Hermann Ulrich: *Las Meninas von Diego Velazquez.* Kassel 1981.

Aichinger, Ingrid: *Die Darstellung außereuropäischer Landschaften und Menschen in deutschen Selbstzeugnissen des 15. und 16. Jahrhunderts.* Phil. Diss. Wien 1962.

Akkent, Meral/ Franger, Gaby (Hgg.): *Das Kopftuch – Başörtu. Ein Stückchen Stoff in Geschichte und Gegenwart.* Frankfurt a. M. 1987.

Alden, John/ Landis, Dennis C.: *European Americana. A Chronological Guide to Works Printed in Europe Relating to the Americas, Bd. 1: 1493-1600.* New York 1980.

Andermann, Ulrich: *Geschichtsdeutung und Prophetie. Krisenerfahrung und -bewältigung am Beispiel der osmanischen Expansion im Spätmittelalter und in der Reformationszeit.* In: Guthmüller/ Kühlmann, *Europa und die Türken,* S. 29-54.

Anderson, Benedict: *Imagined Communities. Reflections on the Origin and Spread of Nationalism.* London, New York [2]1991.

Antibon, Francesca: *Le relazioni a stampa degli ambasciatori veneti.* Padua 1939.

Asad, Talal: *The Construction of Religion as an Anthropological Category.* In: ders.: *Geneaologies of Religion,* S. 27-54.

Atiya, A. S.: *The Crusade in the later Middle Ages.* London 1928.

Atkins, Sinclair: *Charles V and the Turks.* In: *History Today* Bd. 30 (1980), S. 13-18.

Atkinson, Geoffroy: *Les nouveaux horizons de la renaissance française.* Paris 1935.

Aulinger, Rosemarie: *Kundschafterberichte über den Aufmarsch der Türken am Balkan 1532.* In: *Mitteilungen des Österreichischen Staatsarchivs* Bd. 34 (1981), S. 147-173.

Babinger, Franz: *Bassano, Luigi.* In: *Dizionario Biographico degli Italiani* Bd. 7. Rom 1965, S. 114f.

Ders.: *Die türkischen Studien in Europa bis zum Auftreten Josef von Hammer-Purgstalls.* In: *Die Welt des Islams* Bd. 7 (1919), S. 103-129.

Ders.: *Herkunft und Jugend Hans Lewenklaus.* In: *Westfälische Zeitschrift* Bd. 98/99 (1949), S. 112-127.

Ders.: *J. Lewenklaus Lebensende.* In: *Basler Zeitschrift für Geschichte und Altertumskunde* Bd. 50 (1951), S. 5-26.

Ders.: *Johannes Darius (1414-1494), Sachwalter Venedigs im Morgenland, und sein griechischer Umkreis.* München 1961.

Ders.: *Kaiser Maximilians I. »geheime Praktiken« mit den Osmanen (1510/11).* In: *Südostforschungen* Bd. 15 (1956), S. 201-236.

Ders.: *Le vicende veneziane nella lotta contro i turchi durante il secolo XV.* In: ders.: *Aufsätze und Abhandlungen zur Geschichte Südosteuropas und der Levante.* München 1962, S. 140-153.

Ders.: *Mehmed der Eroberer. Weltenstürmer einer Zeitenwende.* München 1953 (1987).

Ders.: *Zwei diplomatische Zwischenspiele im deutsch-osmanischen Staatsverkehr unter Bajezid II. (1497 und 1504)*. In: Meier, Fritz (Hg.): *Westöstliche Abhandlungen. Rudolf Tschudi zum 70. Geburtstag*. Wiesbaden 1954, S. 313-330.

Baker, Herschel: *The Image of Man. A Study of the Ideal of Human Dignity in Classical Antiquitiy, the Middle Ages, and the Renaissance*. Cambridge 1947.

Bastian, Adolf: *Die Vorgeschichte der Ethnologie*. Berlin 1881.

Batu, Hamit/ Bacqué-Grammont, Jean-Louis (Hgg.): *L'empire ottoman, la république de Turquie et la France*. Istanbul 1986.

Beck, Hans-Georg/ Pertusi, Agostino/ Mannoussacas, Manoussos (Hgg.): *Venezia. Centro di mediazione tra oriente e occidente* (secoli XV-XVI). Florenz 1977.

Becker, Peter/ Clark, William (Hgg.): *Little Tools of Knowledge. Historical Essay on Academic and Bureaucratic Practices*. Ann Arbor 2001.

Beckmann, J.: *Literatur der älteren Reisebeschreibungen*. Göttingen 1807.

Bendyshe, Thomas: *The history of anthropology* (Memoirs of the Anthropologian Society, London Bd. 1) London 1865.

Benedict, Barbara M.: *Curiosity. A Cultural History of Early Modern Inquiry*. Chicago 2001.

Bérenger, Jean: *La colloboration militaire franco-ottomane à l'époque de la renaissance*. In: *Revue internationale d'histoire militaire* Bd. 68 (1987), S. 51-70.

Ders.: *Les vicissitudes de l'alliance militaire franco-turque (1520-1800)*. In: *Revue internationale d'histoire militaire* Bd. 68 (1987), S. 7-50.

Bernard, Yvelise: *L'Orient du XVIᵉ siècle à travers les récits des voyageurs français: regards portés sur la société musulmane*. Paris 1988.

Bezzola, Gian Andri: *Die Mongolen in abendländischer Sicht (1220-1270). Ein Beispiel zur Frage der Völkerbegegnungen*. Bern, München 1974.

Bianchi, Ugo: *Storia dell'etnologia*. Rom 1965.

Bitterli, Urs: *Der Reisebericht als Kulturdokument*. In: *Geschichte in Wissenschaft und Unterricht* Bd. 24 (1974), S. 555-564.

Blanks, David R./ Frasetto, Michael (Hgg.): *Western Views of Islam in Medieval and Early Modern Europe: Perception of the Other*. New York 1999.

Blumenberg, Hans: *Die Legitimität der Neuzeit. Teil 1 und 2: Säkularisierung und Selbstbehauptung*. Frankfurt a. M. 1974.

Boas, Franz: *The history of anthropology*. In: *Science* Bd. 20 (1904), S. 513-524.

Bödeker, Hans Erich: *Menschheit, Humanität, Humanismus*. In: *Geschichtliche Grundbegriffe* Bd. 3. Stuttgart 1978, S. 1063-1128.

Bohlander, Richard E. (Hg.): *World Explorers and Discoverers*. New York 1992.

Bohnstedt, John. W.: *The Infidel Scourge of God. The Turkish Menace as Seen by German Pamphleteers of the Reformation Era*. In: *Transactions of the American Philosophical Society*, NS 58/9, Philadelphia 1968.

Bonnaffé, E.: *Voyages et voyageurs de la Renaissance*. Paris 1895.

Bonora, Elena: *Ricerche su Francesco Sansovino. Imprenditore Librario e Letterato* (Memorie. Classe di Scienze Morali, Lettere ed Arti 52). Venedig 1994.

Borges, Jorge Luis: *Die analytische Sprache John Wilkins'*. In: ders.: *Das Eine und die Vielen. Essays zur Literatur*. München 1966.

Borgolte, Michael: *Der Gesandtenaustausch der Karolinger mit den Abbasiden und mit den Patriarchen von Jerusalem*. München 1976.

Borst, Arno: *Der Turmbau von Babel. Geschichte der Meinungen über Ursprung und Vielfalt der Sprachen und Völker*, 4 Bde. Stuttgart 1957-1963.

Boschini, Roberto: *Gli ambasciatori veneziani da Solimano il Magnifico*. Venedig 1998.

Bourilly, V.-L.: *La première ambassade d'Antonio Rincon en Orient (1522-1523)*. In: *Revue d'histoire moderne et contemporaine* Bd. 2 (1900), S. 23-44.

Ders.: *L'ambassade de la Forest et de Marillac à Constantinople (1535-1538)*. In: *Revue historique* Bd. 76 (1901), S.297-328.

Ders.: *Les diplomates de François Ier. Antonio Rincon et la politique orientale de François Ier (1522-1541)*. In: *Revue historique* Bd. 113 (1913), S. 64-83, 268-308.

Braudel, Fernand: *La méditerranée et le monde méditerranéen à l'époque de Philippe II*. Paris 1966.

Brecht, Martin: *Luther und die Türken*. In: Guthmüller/ Kühlmann, *Europa und die Türken*, S. 9-29.

Brenner, Peter J.: *Die Erfahrung der Fremde. Zur Entwicklung einer Wahrnehmungsform in der Geschichte des Reiseberichts*. In: ders. (Hg.): *Der Reisebericht. Die Entwicklung einer Gattung in der deutschen Literatur*. Frankfurt a. M. 1989, S. 14-49.

Ders.: *Der Reisebericht in der deutschen Literatur. Ein Forschungsüberblick als Vorstudie zu einer Gattungsgeschichte* (Internationales Archiv für Sozialgeschichte der deutschen Literatur, Beiheft 2). Tübingen 1990.

Broce, Gerald: *History of Anthropology*. Minneapolis 1973.

Brodführer, Eduard: *Schiltberger, Hans*. In: *Die deutsche Literatur des Mittelalters*. Verfasserlexikon Bd. 4. Berlin 1953, Sp. 69-71.

Brown, H. F.: *Venetian Diplomacy at the Sublime Porte during the Sixteenth Century*. In: Ders.: *Studies in the History of Venice*, Bd. 2. London 1907, S. 1-38.

Brummett, Palmira: *Ottoman Seapower and Levantine Diplomacy in the Age of Discovery*. New York 1994.

Buchmann, Bertrand Michael: *Türkenlieder zu den Türkenkriegen und besonders zur zweiten Wiener Türkenbelagerung*. Wien, Köln, Graz 1983.

Buchner, Edmund: *Ein Kanal für Obelisken. Neues vom Mausoleum in Rom*. In: *Antike Welt* Bd. 27 (1996), S. 161-182.

Buisseret, David (Hg.): *Monarchs, Ministers, and Maps: the Emergence of Cartography as a Tool of Government in Early Modern Europe*. Chicago, London 1992.

Bull, Hedley/ Watson, Adam (Hgg.): *The Expansion of International Society*. Oxford 1985.

Campbell, Mary Baine: *Imagining Worlds in Early Modern Europe*. Ithaca, N. Y. 1999.

Dies.: *The Witness and the Other World. Exotic European Travel Writing, 400-1600*. Ithaca, N. Y. 1988.

Carbone, Salvatore: *Note introduttive di dispacci al senato dei rappresentanti diplomatici veneti* (Quaderni della Rasegna degli archivio di Stato). Rom 1974.

Cardini, Franco: *Europa und der Islam: Geschichte eines Mißverständnisses*. München 2000.

Cave, Terrence: *Travelers and Others: Cultural Connections in the Works of Rabelais*. Baltimore 1995.

Chew, Samuel C.: *The Crescent and the Rose: Islam and England during the Renaissance*. New York 1937.

Cirakman, Asli: *From the »Terror of the World« to the »Sick Man of Europe«. European Images of Ottoman Empire and Society from the Sixteenth Century to the Nineteenth*. Phil. Diss. Queens's University at Kingston 1996.

Classen, Albrecht: *Das Fremde und das Eigene. Neuzeit*. In: Dinzelbacher, *Europäische Mentalitäts-geschichte*, S. 429-450.

Cole-Garold, F: *Travel Literatur: Recent Articles of bibliographical Interest, 1949-1978*. In: *Bulletin of Bibliography*, Bd. 38, S. 109-116.

Coles, Paul: *The Ottoman Impact on Europe*. London 1968.

Colpe, Carsten: *Historische und theologische Gründe für die abendländische Angst vor dem Islam.* In: Kiesel, Doron (Hg.): *Fremdheit und Angst. Beiträge zum Verhältnis von Christentum und Islam.* Frankfurt a. M. 1988, S. 31-55.

Csáky, Moritz: *Karl V., Ungarn, die Türkenfrage und das Reich.* In: Lutz, Heinrich (Hg.): *Das römisch-deutsche Reich im politischen System Karls V.* (Schriften des historischen Kollegs 1). München, Wien 1982, S. 223-238.

d'Amat, Roman: *Belon, Pierre.* In: *Dictionnaire de Biographie française* Bd. 5. Paris 1951, S. 1382f.

Daniel, Norman: *Islam and the West. The Making of an Image.* Edinburg 1960 (1993).

Daniel, Ute: *Kompendium Kulturgeschichte. Theorien, Praxis, Schlüsselwörter.* Frankfurt a. M. 2000.

de Certeau, Michel: *L'écriture de l'histoire.* Paris 1973 (deutsche Ausgabe: *Das Schreiben der Geschichte.* Frankfurt a. M. 1991).

De Rosa, Luigi: *Le capitolazioni franco-ottomane tra politica ed economia nell'età di Carlo V.* In: *Nuova Rivista Storica* Bd. 85 (2001), S. 61-76.

De Waal Malefijt, Annemarie: *Images of Man: A History of Anthropological Thought.* New York 1974.

Degert, A.: *Une ambassade périlleuse de François de Noailles en Turquie.* In: *Revue historique* Bd. 159 (1928), S. 225-260.

Delaunay, Pierre und Deschamps, Léon: *Belon, Pierre.* In: *Biographie universelle* Bd. 4. Paris 1841, S. 131-134.

Demel, Walter: *Als Fremde in China. Das Reich der Mitte im Spiegel frühneuzeitlicher europäischer Reiseberichte.* München 1992.

Deny, Jean: *Les pseudo-prophéties concernant les turcs au XVIè siècle.* In: *Revue des études islamiques* Bd. 10 (1936), S. 201-220.

Detel, Wolfgang/ Zittel Claus (Hgg.): *Wissensideale und Wissenskulturen in der frühen Neuzeit. Ideals and Cultures of Knowledge in Early Modern Europe* (Wissenskultur und gesellschaftlicher Wandel 2). Berlin 2002.

Dharampal-Frick, Gita: *Indien im Spiegel deutscher Quellen der Frühen Neuzeit (1500-1750). Studien zu einer interkulturellen Konstellation.* Tübingen 1994.

Diederichs, Peter: *Kaiser Maximilian als politischer Publizist.* Phil. Diss. Heidelberg 1932.

Dietzsche, Petra: *Das Erstaunen über die Fremde. Vier literaturwissenschaftliche Studien zum Problem des Verstehens und der Darstellung fremder Kulturen.* Frankfurt a. M. 1984.

Dinzelbacher, Peter (Hg.): *Europäische Mentalitätsgeschichte. Hauptthemen in Einzeldarstellungen.* Stuttgart 1993.

Dionisotti, C.: *Lepanto nella cultura italiana del tempo.* In: Benzoni, G. (Hg.): *AA.VV. Il Mediterraneo nella seconda metà del '500 alla luce di Lepanto.* Florenz 1974, S. 127-51.

Ders.: *La guerra d'Oriente nella letteratura veneziana del Cinquecento.* In: Pertusi, *Venezia e l'Oriente*, S. 471-498.

Dooley, Brendan: *The Social History of Skepticism. Experience and Doubt in Early Modern Culture.* Baltimore 1999.

Dursteler, Eric R.: *The Bailo in Constantinople: Crisis and Career in Venice's Early Modern Diplomatic Corps.* In: *Mediterranean Historical Review* Bd. 16 (2001), S. 1-29.

Eisenstadt, Shmuel: *Antinomien der Moderne.* Frankfurt a. M. 1987.

Ders.: *Die Vielfalt der Moderne.* Weilerswist 2000.

Ders.: *Multiple Modernities.* In: *Daedalus* Bd. 129 (2000), S. 1-29.

Emmerson, Richard Kenneth: *Antichrist in the Middle Ages.* Seattle 1981.

Erfen, Irene/ Spiess, Karl-Heinz (Hgg.): *Fremdheit und Reisen im Mittelalter*. Stuttgart 1997.

Erkens, Franz-Reiner (Hg.): *Europa und die osmanische Expansion im ausgehenden Mittelalter* (= Zeitschrift für Historische Forschung Beiheft 20). Berlin 1997

Ertzdorff, Xenja v./ Neukirch, Dieter (Hgg.): *Reisen und Reiseliteratur im Mittelalter und in der Frühen Neuzeit*. Amsterdam 1992.

Fabian, Johannes: *Time and the Other. How Anthropology Makes Its Object*. New York 1983.

al-Fakhuri, Hanna: *Tarih al-adab al-araby*. [Geschichte der arabischen Literatur] Kairo 1987.

Faroqi, Suraiya: *Die Osmanen und ihre Kenntnisse über Europa im ›langen‹ 17. Jahrhundert. Ein Forschungsbericht*. In: Asch, Ronald G./ Voß, Wulf Eckart/ Wrede, Martin (Hgg.): *Frieden und Krieg in der Frühen Neuzeit. Die europäische Staatenordnung und die außereuropäische Welt*. München 2001, S. 485-502.

Faugère, Annie: *L'autre et l'ailleurs dans quelques récits de voyage allemands*. In: Niderst, Alain (Hg.): *Les Récits de voyage*. Paris 1986, S. 15-37.

Feil, Ernst: *Religio. Die Geschichte eines neuzeitlichen Grundbegriffes vom Frühchristentum bis zur Reformation*. Göttingen 1986.

Ders.: *Religio. Die Geschichte eines neuzeitlichen Grundbegriffes zwischen Reformation und Rationalismus (ca. 1540-1620)*. Göttingen 1996.

Fighiera, Jean-Philippe: *Les incursions turques dans la region niçoise en 1543*. In: *Cahiers de la Méditerranée* Bd. 28 (1984), S. 77-93.

Finlay, Robert: *Prophecy and Politics in Istanbul: Charles V., Sultan Süleyman, and the Habsburg Embassy of 1533-1534*. In: *Journal of Early Modern History* Bd. 2 (1998), S. 1-31.

Fischer, A.: *›Qyzyl elma‹, die Stadt (das Land) der Sehnsucht der Osmanen*. In: *Zeitschrift der deutschen Morgenländischen Gesellschaft* Bd. 74 (1920), S. 170-174.

Fischer, Hans: *›Völkerkunde‹, ›Ethnographie‹, ›Ethnologie‹. Kritische Kontrolle der frühesten Belege*. In: *Zeitschrift für Ethnologie* Bd. 95 (1970), S. 169-182.

Fischer-Galati, Stephen: *Ottoman Imperialism and German Protestantism 1521-1555* (Harvard Historical Monographs XLIII). Cambridge (Mass.) 1959.

Fleischer, Cornell H.: *A Mediterranean Apocalypse. Imperialism and Prophecy, 1450-1550*. Im Druck bei California University Press.

Foucault, Michel: *Die Ordnung der Dinge. Eine Archäologie der Humanwissenschaften*. Frankfurt a. M. 1993.

Ders.: *Die Ordnung des Diskurses*. Frankfurt a. M. 1991.

Fried, Johannes: *Auf der Suche nach Wirklichkeit. Die Monogolen und die abendländische Erfahrungswissenschaft im 13. Jahrhundert*. In: *Historische Zeitschrift* Bd. 243 (1986), S. 287-332.

Frigo, Daniela (Hg.): *Politics and Diplomacy in Early Modern Italy, 1450-1650*. Cambridge 2000.

Frubis, Hildegard: *Die Wirklichkeit des Fremden. Die Darstellung der Neuen Welt im 16. Jahrhundert*. Berlin 1995.

Galsterer, Helmut: *Monumentum Ancyranum*. In: *Der Neue Pauly* Bd. 8. Stuttgart, Weimar 2000, Sp. 388f.

Ganz-Blättler, Ursula: *Andacht und Abenteuer. Berichte europäischer Jerusalem- und Santiagopilger (1320-1520)*. Tübingen 1990.

Garrett, G. R., *Cultural Relativity vs. Ethnocentrism*. In: Magill, F. N. (Hg.): *International Encyclopedia of Sociology* Bd. 1. London, Chicago 1995, S. 283-91.

Geertz, Clifford: *Religion as a Cultural System*. In: ders.: *The Interpretation of Cultures: Selected Essays*. New York 1973.

Gensini, Sergio (Hg.): *Viaggiare nel medioevo*. Rom 2000.

Giesecke, Michael: *Der Buchdruck in der frühen Neuzeit. Eine historische Fallstudie über die Durchsetzung neuer Informations- und Kommunikationstechnologien.* Frankfurt a. M. 1991.

Göllner, Carl, *Turcica.* Bd. 1: *Die europäischen Türkendrucke des 16. Jahrhunderts 1501-1550.* Bukarest, Berlin 1961; Bd. 2: *Die europäischen Türkendrucke des 16. Jahrhunderts 1551-1600.* Bukarest, Baden-Baden, 1968; Bd. 3: *Die Türkenfrage in der öffentlichen Meinung Europas im 16. Jahrhundert.* Bukarest, Baden-Baden 1978.

Ders.: *Die Türkenfrage im Spannungsfeld der Reformation.* In: *Südostforschungen* Bd. 34 (1975), S. 61-78.

Ders.: *Zum »tractatus« des Ungenannten Mühlbachers.* In: *Forschungen zur Volks- und Landeskunde* Bd. 17 (1974), S. 98-102.

Gollwitzer, Heinz: *Zur Geschichte der Diplomatie im Zeitalter Maximlians I.* In: *Historisches Jahrbuch* Bd. 74 (1955), S. 189-199.

Greenblatt, Stephen: *Marvellous Possessions. The Wonder of the New World.* Oxford 1991.

Grendler, Paul F.: *Francesco Sansovino and italian popular history 1560-1600.* In: *Studies in the Renaissance* Bd. 16 (1969), S. 139-180.

Grill, Heinz: *Die ältesten »Turcica« des Haus-, Hof- und Staatsarchivs.* In: *Mitteilungen des österreichischen Staatsarchivs* Bd. 3 (1950), S. 127-142.

Gröblacher, Johann: *König Maximilians I. erste Gesandtschaft zum Sultan Baijezid II.* In: Novotny, Alexander/ Pickl, Othmar (Hgg.): *Festschrift Hermann Wiesflecker zum 60. Geburtstag.* Graz 1973, S. 73-80.

Groebner, Valentin: *Ungestalten. Die visuelle Kultur der Gewalt im Mittelalter.* München 2003.

Grothaus, Maximilian: *Studien zum Türken-Feindbild in der Kultur der Habsburger-Monarchie zwischen 16. und 18. Jahrhundert.* Phil. Diss. Graz 1986.

Guthmüller, Bodo/ Kühlmann, Wilhelm (Hgg.): *Europa und die Türken in der Renaissance.* Tübingen 2000.

Haase, C. P.: *Angiolello, Giovanni Maria.* In: *Lexikon des Mittelalters* Bd. 1. München, Zürich 1983, Sp. 635f.

Haddon, Alfred C.: *History of anthropology.* London 1949 (London 1910).

Hamilton, Alistair: *Arab Culture and Ottoman Magnificence in Antwerp's Golden Age.* Oxford 2001.

Hammer, Joseph v.: *Mémoire sur les premières relations diplomatiques entre la France et la Porte.* In: *Journal asiatique* Bd. 10 (1827), S. 19-45.

Ders.: *Verzeichnis der in Europa außer Konstantinopel erschienenen, die osmanische Geschichte betreffenden Werke.* In: *Archiv für Geschichte, Statistik und Kunst* Bd. 14-18 (1823-1829).

Hantzsch, Viktor: *Deutsche Reisende des 16. Jahrhunderts* (Leipziger Studien aus dem Gebiet der Geschichte 1, Heft 4). Leipzig 1895.

Harbsmeier, Michael: *Reisebeschreibungen als mentalitätsgeschichtliche Quellen: Überlegungen zu einer historisch-anthropologischen Untersuchung frühneuzeitlicher deutscher Reisebeschreibungen.* In: Maczak/ Teuteberg, *Reiseberichte als Quellen europäischer Kulturgeschichte,* S. 1-31.

Ders.: *Wilde Völkerkunde. Andere Welten in deutschen Reiseberichten der Frühen Neuzeit* (Historische Studien 12). Frankfurt a. M., New York 1994.

Hartog, François: *Le miroir d'Hérodote. Essai sur la représentation de l'autre.* Paris 1980.

Havens, Earle: *Commonplace Books. A History of Manuscripts and Printed Books from Antiquity to the Twentieth Century.* New Hampshire 2002.

Hay, Denis: *Europe. The Emergence of an Idea.* Edinburgh 1968.

Heath, Michael J.: *Renaissance Scholars and the Origins of the Turks.* In: *Bibliothèque d'Humanisme et Renaissance* Bd. 41 (1979), S. 49-61.

Heinrich, Ferdinand: *Die Türkenzugsbestrebungen Kaiser Maximilians I. in den Jahren 1517 und 1518.* Phil. Diss. Graz 1958.

Helmrath, Johannes: *Pius II. und die Türken.* In: Guthmüller/ Kühlmann, *Europa und die Türken,* S. 79-138.

Ders.: *Die Reichstagsreden des Enea Silvio Piccolomini 1454/55. Studien zu Reichstag und Rhetorik.* Masch. Habil. Köln 1994.

Heppner, Harald: *Die Entwicklungspolitik der Habsburger in Südosteuropa infolge der Türkenkriege.* In: *Südostdeutsches Archiv* Bd. 26-27 (1984), S. 88-99.

Herle, Wilhelmine: *Die Türken- und Ungarneinfälle im ostniederösterreichischen Grenzgebiet vorwiegend im 15. und 16. Jahrhundert.* Wien 1941.

Herrmann, Ehrenfried: *Türke und Osmanenreich in der Vorstellung der Zeitgenossen Luthers. Ein Beitrag zur Untersuchung des deutschen Türkenschrifttums.* Phil. Diss. Freiburg i. Br. 1961.

Hochedlinger, Michael: *Die französisch-osmanische »Freundschaft« 1525-1792. Element antihabsburgischer Politik, Gleichgewichtsinstrument, Prestigeunternehmung – Aufriß eines Problems.* In: *Mitteilungen des Instituts für Österreichische Geschichte* Bd. 102 (1994), S. 108-164.

Hodgen, Margaret T.: *Early Anthropology in the Sixteenth and Seventeenth Centuries.* Philadelphia 1964.

Höfert, Almut/ Salvatore, Armando (Hgg.): *Between Europe and Islam. Shaping Modernity in a Transcultural Space.* Brüssel u. a. 2000.

Dies.: *Beyond the Clash of Civilisations: Transcultural Politics between Europe and Islam.* In: Höfert/Salvatore, *Between Europe and Islam,* S. 13-37.

Höfert, Almut: *Ist das Böse schmutzig? Das Osmanische Reich in den Augen europäischer Reisender des 15. und 16. Jahrhunderts.* In: *Historische Anthropologie* Bd. 11 (2003), S. 176-192.

Dies.: *Vom Antichrist zum Menschen. Der Wandel des westeuropäischen Türkenbildes in der frühen Neuzeit anhand des Traktats über die Sitten, die Lebensverhältnisse und die Arglist der Türken des Georgs von Ungarn.* In: Jürgen Reulecke (Hg.): *Spagat mit Kopftuch. Essays zur Deutsch-Türkischen Sommerakademie der Körber-Stiftung.* Hamburg 1997, S. 47-72.

Höflechner, Walter: *Die Gesandten der europäischen Mächte, vornehmlich des Kaisers und des Reiches 1490-1500* (Archiv für österreichische Geschichte 129). Wien 1972.

Hönig, Edeltraud: *Kaiser Maximilian I. als politischer Publizist.* Graz 1970.

Horowitz, A. H.: *Leunclavius, Johannes.* In: *Allgemeine Deutsche Biographie* Bd. 18, ND Berlin 1969 (1883), S. 488-493.

Housley, Norman: *Later Crusades, 1274-1580. From Lyons to Alcazar.* Oxford 1992.

Howard, Deborah: *Venice and the East. The Impact of the Islamic World on Venetian Architecture 1100-1500.* New Haven, London 2000.

Hulme, Peter: *Colonial Encounters. Europe and the native Caribbean, 1492 – 1797.* London u. a. 1986.

Huntington, Samuel P.: *Kampf der Kulturen. Die Neugestaltung der Weltpolitik im 21. Jahrhundert.* München 1998.

Hurewitz, J. C.: *Ottoman Diplomacy and the European State System.* In: *The Middle East Journal* Bd. 15 (1961), S. 141-152.

Huschenbett, Dietrich: *Schiltberger, Hans.* In: *Literaturlexikon. Autoren und Werke deutscher Sprache* Bd. 10. München 1991, S. 243f.

Inalcik, Halil: *A Case Study in Renaissance Diplomacy. The Agreement between Innocent VIII and Bayezid II on Djem Sultan.* In: *Journal of Turkish Studies* Bd. 3 (1979), S. 209-229.

Ders.: *An outline of Ottoman-Venetian Relations.* In: Pertusi/ Beck/ Manoussacas, *Venezia come centro di mediazione,* S. 83-90.

Ders.: *Imtiyazat.* In: *Encyclopedia of Islam* Bd. 3. Leiden, London [2]1971, S. 1179-1189.

Iorga, Neculae: *Geschichte des Osmanischen Reiches,* Bd. 2. Gotha 1909.

Ders.: *Les Voyageurs français dans l'Orient européen.* Paris 1928.

Ders.: *Notes et extraits pour servir à une histoire des croisades,* 5 Bde. Bukarest, Paris 1899-1905.

Jandesek, Reinhold: *Das fremde China. Berichte europäischer Reisender des späten Mittelalters und der frühen Neuzeit.* Pfaffenweiler 1992.

Jensen, De Lamar: *The Ottoman Turks in Sixteenth Century French Diplomacy.* In: *Sixteenth Century Journal* Bd. 16 (1985), S. 451-470.

Joachimsen, Paul: *Loci Communes (1926).* In: ders.: *Gesammelte Aufsätze.* Aalen 1970, S. 387-442.

Jöcher, Christian Gottlieb: *Leunclavius, Joh.* In: ders.: *Allgemeines Gelehrtenlexikon* Bd. 2. Leipzig 1750, s. v.

Johanek, Peter: *Georg von Ungarn.* In: *Die deutsche Literatur des Mittelalters, Verfasserlexikon* Bd. 2, Berlin, New York 1980, Sp. 1204-1205.

Johns, Adrian: *The Nature of the Book. Print and Knowledge in the Making.* Chicago, London 1998.

Johnson, Roger: *The Origins of ›Religion‹: A Renaissance Concept with a Generic Meaning.* Paper presented at the AAR Annual Meeting. Chicago 1994.

Kalpagam, U.: *The Colonial State and Statistical Knowledge.* In: *History of the Human Sciences* Bd. 13 (2000), S. 37-55.

Kemper, Robert V./ Phinney, John F.: *The history of anthropology. A research bibliography* (Garland reference library of social science 31). New York 1977.

Kidric, Franz: *Bartholomaeus Gjorgejevic.* (Museion. Veröffentlichungen aus der Nationalbibliothek Wien 2). Wien u. a. 1920.

Kienning, Christian: *Ordnung der Fremde. Brasilien und die theoretische Neugierde im 16. Jahrhundert.* In: Krüger, *Curiositas,* S. 61-109.

Kissling, Hans J.: *Venedig und der islamische Orient bis 1500.* In: Pertusi, *Venezia e il Levante,* S. 361-388.

Ders.: *Venezia come centro di informazioni sui Turchi.* In: Pertusi/ Beck/ Manoussacas, *Venezia come centro,* Bd. 1, S. 97-109.

Ders.: *Die Türkenfrage als europäisches Problem.* In: *Südostdeutsches Archiv* Bd. 7 (1964), S. 39-57.

Koebner, Richard: *Despot and Despotism. Vicissitudes of a political term.* In: *Journal of the Warburg and Courtauld Institutes,* Bd. 14 (1951), S. 275-302.

König, Matthias: *Religion and the Nation-State in South-Korea: A Case of Changing Interpretations of Modernity in a Global Context.* In: *Social Compass* Bd. 24 (2000), S. 551-570.

Korte, Barbara: *Der Reisebericht aus anglistischer Sicht. Stand, Tendenzen und Desiderate seiner literaturwissenschaftlichen Erforschung.* In: *Zeitschrift für Anglistik und Amerikanistik,* Bd. 42 (1994), S. 364-372.

Koselleck, Reinhard: *Vergangene Zukunft. Zur Semantik geschichtlicher Zeiten.* Frankfurt a. M. 1989.

Ders.: *Vergangene Zukunft der frühen Neuzeit.* In: ders.: *Vergangene Zukunft,* S. 17-37.

Ders.: *Zur historisch-politischen Semantik asymmetrischer Gegenbegriff.* In: ders., *Vergangene Zukunft,* S. 211-259.

Koselleck, Reinhart/ Meier, Christian/ Günther, Horst/ Engels, Odilo: *Geschichte, Historie.* In: *Geschichtliche Grundbegriffe* Bd. 2. Stuttgart 1975, S. 593-718.

Kroeber, Alfred Louis: *History of anthropological thought.* In: Thomas, W. L. (Hg.): *Yearbook of anthropology.* New York 1955, S. 293-311.

Krüger, Klaus (Hg.): *Curiositas. Welterfahrung und ästhetische Neugierde im Mittelalter und früher Neuzeit.* Göttingen 2002.

Kuhn, Thomas: *Die Struktur wissenschaftlicher Revolutionen.* Frankfurt a. M. 1967.

Kühnel, Harry: *Das Fremde und das Eigene. Mittelalter.* In: Dinzelbacher, *Europäische Mentalitätsgeschichte,* S. 415-428.

Kula, Onur Bilge: *Alman Kültüründe Türk Imgesi,* 2 Bde. Ankara 1992, 1993.

Kunt, Metin/ Woodheard, Christine (Hgg.): *Süleyman the Magnificent and His Age. The Ottoman Empire in the Early Modern World.* London, New York 1995.

Langmantel, Valentin: *Schiltberger, Hans.* In: *Allgemeine Deutsche Biographie* Bd. 31. Berlin 1890, S. 262-264.

Lanzer, Andrea: *Das Gesandtschaftswesen im Westen zu Beginn des 16. Jahrhunderts.* In: Pferschy, *Siegmund von Herberstein,* S. 63-77.

Lazzarini, Isabella: *L'informazione politico-diplomatica nell'età de pace di Lodi: Raccolta, selezione, trasmissione. Spunti di ricerca dal carteggio Milano-Mantova nella prima età sforzesca (1450-1466).* In: *Nuova rivista storica* Bd. 83 (1999), S. 247-280.

Le Thiec, Guy: *»Et il y aura un seul troupeau...«. L'imaginaire de la confrontation entre turcs et chrétiens dans l'art figuratif en France et en Italie de 1453 aux années 1620.* Phil. Diss. Montpellier 1994.

Leaf, Jurray J.: *Man, Mind, and Science. A History of Anthropology.* New York 1979.

Lenna, Niccolo di: *Ricerche intorno allo storico Giovanni Maria Angiolello.* In: *Archivio Veneto-Tridentino* Bd. 5 (1924), S. 1-56.

Leppin, Volker: *Antichrist und Jüngster Tag. Das Profil apokalyptischer Flugschriftenpublizistik im deutschen Luthertum 1548-1618* (Quellen und Forschungen zur Reformationsgeschichte 69). Gütersloh 1999.

Les archives du ministère des relations extérieures depuis les origines. Histoire et guide, Bd. 1. Paris 1984.

Lestringant, Frank: *L'atelier du cosmographe ou l'image du monde à la Renaissance.* Paris 1991.

Ders.: *Jean de Léry ou l'invention du sauvage. Essai sur l'»Histoire d'un voyage faict en la terre du Brésil«.* Paris 1999.

Lésure, Michel: *Lépante, la crise de l'empire ottoman.* Paris 1972.

Ders.: *Les relations franco-ottomanes à l'épreuve des guerres de religion 1560-1594.* In: Batu/ Bacqué-Grammont, *L'empire ottoman, la république de Turquie et la France,* S. 37-57.

Lévi-Strauss, Claude: *Mythologia* Bd. 1. *Das Rohe und das Gekochte.* Frankfurt a. M. 1994.

Lowie, Robert H.: *The history of ethnologial theory.* New York [8]1960.

Luccetta, Giuliano: *Viaggiatori e racconti di viaggi nel cinquecento.* In: Arnaldi, Girolamo/ Stocchi, Manlio Pastore (Hgg.): *Storia della cultura veneta. Vol.3/II: Dal primo quattrocento al concilio di Trento.* Vicenza 1980, S. 433-489.

Lucchetta, Giuliano: *Il mondo ottomano.* In: *Storie di viaggiatori italiani: l'Oriente.* Milano 1985, S. 29-47.

Luciani, Vincent: *Sansovino's Concetti Politici and their Debt to Guicciardini.* In: *Publications of the Modern Language* Bd. 65 (1950), S. 1181-1195.

Ders.: *Sansovino's Concetti Politici and their Debt to Machiavelli.* In: *Publications of the Modern Language* Bd. 67 (1952), S. 823-844.

Lutter, Christina: *Politische Kommunikation an der Wende vom Mittelalter zur Neuzeit. Die Beziehungen zwischen der Republik Venedig und Maximilian I. (1495-1508)* (Veröffentlichungen des Instituts für Österreichische Geschichtsforschung 34). Wien, München 1998.

Macchi, Giuliano: *I viaggi e le scoperte dei Portoghesi. Storia e letteratura.* In: *Quaderni Portoghesi,* Bd. 4 (1978), S. 15-20.

Maczak, Antoni: *Travel in Early Modern Europe.* Cambridge, Mass. 1995.

Ders.: *Zu einigen vernachlässigten Fragen der Geschichtsschreibung über das Reisen in der frühen Neuzeit.* In: Maczak/ Teuteberg, *Reiseberichte als Quellen europäischer Kulturgeschichte,* S. 315-323.

Maczak, Antoni/ Teuteberg, Hans Jürgen (Hgg.): *Reiseberichte als Quellen europäischer Kulturgeschichte.* Wolfenbüttel 1982.

Magri, Véronique: *Le discours sur l'autre. A travers quatre récits de voyage en Orient* (Travaux de linguistique quantitative 55). Paris 1995.

Malettke, Klaus: *Die Vorstöße der Osmanen im 16. Jahrhundert aus französischer Sicht.* In: Guthmüller/ Kühlmann: *Europa und die Türken,* S. 373-394.

Manselli, Raoul: *Antichrist.* In: *Lexikon des Mittelalters* Bd. 1 München, Zürich 1980, Sp. 703-705.

Mantran, Robert: *L'impero ottomano, Venezia e la guerra (1570-1670).* In: *Venezia e la difesa del Levante,* S. 227-232.

Ders.: *Venise, centre d'informations sur les Turcs.* In: Beck/ Pertusi/ Manoussacas, *Venezia come centro,* S. 111-116.

Marazzini, Clausio: *Un editore del '500 tra Bembo ed il parlar popolare: Francesco Sansovino ed il vocabolario.* In: *Studi di lessicografia italiana* Bd. 5 (1983), S. 193-208.

Maron, Eugène: *François Ier et Soliman le Grand, premières relations de la France et de la Turquie.* Paris 1853.

Martels, Zweder van: *Augerius Gislenius Busbequius. Leven en werk van de keizerlijke gezant aan het hof van Süleyman de Grote. Een biografische, literaire en historische studie met editie van onuitgegeven teksten.* s. l. s. a. [Den Haag 1989].

Matar, Nabil I.: *Turks, Moors, and Englishmen in the Age of Discovery.* New York 1999.

Mathorez, J.: *Un apologiste de l'alliance franco-turque au XVIe siècle François Sagon.* In: *Bulletin du Bibliophile* Bd. 3 (1913), S. 105-120.

Mattingly, Garrett: *Renaissance Diplomacy.* London 1955.

Matuz, Josef: *Das Osmanische Reich. Grundlinien seiner Geschichte.* Darmstadt 1990.

Mazzoni, G.: *La battaglia di Lepanto e la poesia politica nel secolo XVI.* In: *La vita italiana nel Seicento* Bd 2. Milano 1895, S. 165-207.

Melman, Billie: *Desexualizing the Orient. The Harem in English Travel Writing by Women, 1763-1914.* In: *Mediterranean Historical Review* Bd. 4 (1989), S. 301-339.

Mercier, Paul: *Histoire de l'anthropologie.* Paris 1971.

Mertens, Dieter: *»Europa id est patria, domus propria, sedes nostra...« Zu Funktionen und Überlieferung lateinischer Türkenreden im 15. Jahrhundert.* In: Erkens, *Europa und die osmanische Expansion,* S. 39-58.

Ders.: *Claromontani passagii exemplum. Papst Urban II. und der erste Kreuzzug in der Türkenkriegspropaganda des Renaissance-Humanismus.* In: Guthmüller/ Kühlmann, *Europa und die Türken,* S. 65-78.

Ders.: *Europäischer Friede und Türkenkrieg im Spätmittelalter.* In: Duchhardt, Hans (Hg.): *Zwischenstaatliche Friedenswahrung in Mittelalter und Früher Neuzeit.* Köln, Wien 1991, S. 45-90.

Meserve, Margaret: *Medieval Sources for Renaissance Theories on the Origins of the Ottoman Turks.* In: Guthmüller/ Kühlmann, *Europa und die Türken,* S. 409-436.

Metraux, A.: *Les précurseurs de l'ethnologie en France du XVIe au XVIIIe siècle.* In: *Journal of World History* Bd. 7 (1963), S. 721-738.

Meuthen, Erich: *Der Fall von Konstantinopel und der lateinische Westen.* In: *Historische Zeitschrift* Bd. 237 (1982), S. 1-35.

Milanesi, Marica: *Giovanni Battista Ramusios Sammlung von Reiseberichten des Entdeckungszeitalters, »Delle Navigazioni e Viaggi« (1550-1559) neu betrachtet.* In: Maczak/ Teuteberg, *Reiseberichte als Quellen europäischer Kulturgeschichte*, S. 33-44.

Miller, Gregory James: *Holy War and Holy Terror. Views of Islam in German Pamphlet Literature, 1520-1545.* Phil. Diss. Boston University 1994.

Miyamoto, Yoko: *The Influence of Medieval Prophecies on Views of the Turks.* In: *Journal of Turkish Studies* Bd. 17 (1993), S. 125-145.

Montrose, Louis: *The Work of Gender in the Discourse of Discovery.* In: *Representations* Bd. 33 (1991), S. 1-41.

Moraw, Peter (Hg.): *Das geographische Weltbild um 1300. Politik im Spannungsfeld von Wissen, Mythos und Fiktion* (Zeitschrift für historische Forschung Beiheft 6), Berlin 1989.

Motta, Giovanna (Hg.): *I Turchi, il Mediterraneo et l'Europa.* Mailand 1998.

Mühlmann, Wilhelm: *Geschichte der Anthropologie.* Frankfurt a. M., Bonn [2]1968.

Münkler, Martina: *Erfahrung des Fremden. Die Beschreibung Ostasiens in den Augenzeugenberichten des 13. und 14. Jahrhunderts.* Berlin 2000.

Murphy, Rhoads: *Süleyman I and the Conquest of Hungary: Ottoman Manifest Destiny or a Delayed Reaction to Charles V's Universalist Vision.* In: *Journal of Early Modern History* Bd. 5 (2001), S. 197-221.

Necipoglu-Kafadar, Gulru: *Centralized Domed Spaces in Mediterranean Religious Architecture: Thoughts on Ottoman and Italian Renaissance Parallels.* Vortrag beim 4th Mediterranean Social and Political Research Meeting, Florenz im März 2003 im Workshop von Anthony Molho und Cemal Kafadar *The Mediterranean. A Sea that Unites/ A Sea that Divides.*

Neck, Rudolf: *Österreich und die Osmanen.* In: *Mitteilungen des Österreichischen Staatsarchivs* Bd. 10 (1975), S. 434-468.

Nehring, Karl: *Matthias Corvinus, Kaiser Friedrich III. und das Reich. Zum hunyadisch-habsburgischen Gegensatz im Donauraum* (Südosteuropäische Arbeiten 72). München 1975.

Neuber, Wolfgang: *Fremde Welt im europäischen Horizont. Zur Topik der deutschen Amerika-Reiseberichte der Frühen Neuzeit.* Berlin 1991.

Ders.: *Grade der Fremdheit. Alteritätskonstruktion und experientia-Argumentation in deutschen Turcica der Renaissance.* In: Guthmüller/ Kühlmann: *Europa und die Türken*, S. 249-266.

Neumann, Wilhelm: *Die Türkeneinfälle nach Kärnten. Wahrheit und Dichtung in der Kärtner Geschichtsschreibung von Jakob Unrest bis zur Gegenwart.* In: *Südostforschungen* Bd. 14 (1955), 84-108.

Newhauser, Richard: *Towards a History of Human Curiosity. A Prolegomenon to its Medieval Phase.* In: *Deutsche Vierteljahrsschrift für Literaturwissenschaft und Geistesgeschichte* Bd. 56 (1982), S. 559-575.

Niederkorn, Jan Paul: *Die europäischen Mächte und der »Lange Türkenkrieg« Kaiser Rudolfs II. (1593-1606)* (Archiv für österreichische Geschichte 135). Wien 1993.

North, Gottfried: *Reisen und Reiseliteratur im Mittelalter und in der frühen Neuzeit.* In: *Archiv für deutsche Postgeschichte* Bd. 2 (1993), S. 108-111.

Ong, Walter Jackson: *Ramism.* In: *Dictionnary of the History of Ideas* Bd. 4. New York 1973, S. 42-45.

Opitz-Belakhal, Claudia: *Kulturvergleich und Geschlechterbeziehungen in der Aufklärung. Lady Wortley Montagus »Briefe aus dem Orient«.* In: dies.: *Aufklärung der Geschlechter, Revolution der Geschlechterordnung. Studien zur Politik- und Kulturgeschichte des 18. Jahrhunderts.* Münster u.a. 2002, S. 92-107 (ebenfalls erschienen in Eifert, Christiane (u. a.) (Hgg.): *Was sind*

Frauen? Was sind Männer? Geschlechterkonstruktionen im historischen Wandel. Frankfurt a. M. 1996, S. 156-175).

Osterhammel, Jürgen: *Distanzerfahrung. Darstellung des Fremden im 18. Jahrhundert.* In: König, Hans-Joachim/ Reinhard, Wolfgang/ Wendt, Reinhard (Hgg.): *Der europäische Beobachter außereuropäischer Kulturen. Zur Problematik der Wirklichkeitswahrnehmung* (Zeitschrift für historische Forschung Beiheft 7). Berlin 1989, S. 9-42.

Ders.: *Die Entzauberung Asiens. Europa und die asiatischen Reiche im 18. Jahrhundert.* München 1998.

Österreich und die Osmanen. Gemeinsame Ausstellung der Österreichischen Nationalbibliothek und des Österreichischen Staatsarchivs. Wien 1983.

Otto, Stephan: *Das Wissen des Ähnlichen. Michel Foucault und die Renaissance.* Frankfurt a. M. u. a. 1992.

Özyurt, Senol: *Die Türkenlieder und das Türkenbild in der deutschen Volksüberlieferung vom 16.-20. Jahrhundert.* München 1972.

Palmer, J. A. B.: Fr. *Georgius de Hungaria, O.P., and the Tractatus de moribus, condicionibus et nequicia turcorum.* In: *Bulletin of the John Rylands Library* Bd. 34 (1951/52), S. 44-68.

Palombini, Barbara: *Bündniswerben abendländischer Mächte um Persien 1453-1600* (Freiburger Islamstudien 1). Freiburg 1968.

Paravicini, Werner (Hg.): *Europäische Reiseberichte des späten Mittelalters. Eine analytische Bibliographie. Teil 1: Deutsche Reiseberichte.* Bearbeitet von Christian Halm (Kieler Werkstücke. Reihe D: Beträge zur europäischen Geschichte des späten Mittelalters 5). Frankfurt a. M. u. a. 1994.

Pastor, Ludwig: *Geschichte der Päpste im Zeitalter der Renaissance bis zur Wahl Pius II.* Freiburg, Rom [12]1955, S. 678f.

Pasztor, Edith: *Joachim von Fiore.* In: *Lexikon des Mittelalters* Bd. 5. München, Zürich 1991, Sp. 485-48.

Paviot, Jacques: *Autour de l'ambassade de d'Aramon: érudits et voyageurs au Levant 1547-1553.* In: Ceard, Jean/ Margolin, Jean-Claude: *Voyages à la renaissance.* Paris 1987, S. 388ff.

Penrose, Boies: *Travel and Discovery in the Renaissance 1420-1620.* New York 1975.

Pertusi, Agostino: *I primi studi in occidente sull'origine e la potenza dei Turchi.* In: *Studi Veneziani* Bd. 12 (1970), S. 465-552.

Ders. (Hg.): *Venezia e il Levante fino al secolo XV,* Bd 1. Florenz 1973.

Ders. (Hg.): *Venezia e l'Oriente fra Tardo Medioevo e Rinascimento.* Florenz 1966.

Peschel, Inge: *Die Darstellung des osmanischen Reiches in der deutschsprachigen Reiseliteratur des 16. Jahrhunderts.* Phil. Diss. Wien 1978.

Petkov, Kiril: *Infidels, Turks, and Women. The South Slavs in the German Mind, 1400-1600.* New York 1997.

Petritsch, Ernst Dieter: *Regesten der osmanischen Dokumente im österreichischen Staatsarchiv* Bd. 1, 1480-1574. Wien 1991.

Ders.: *Der habsburgisch-osmanische Friedensvertrag des Jahres 1547.* In: *Mitteilungen des österreichischen Staatsarchivs* Bd. 38 (1985), S. 49-80.

Ders.: *Die diplomatischen Beziehungen Ferdinands I. mit den Osmanen. Techniken und Probleme.* In: Pferschy, *Siegmund von Herberstein,* S. 89-99.

Pferschy, Gerhard (Hg.): *Siegmund von Herberstein. Kaiserlicher Gesandter und Begründer der Rußlandkunde und die europäische Diplomatie* (Veröffentlichungen des Steiermärkischen Landesarchives 17). Graz 1989.

Picard, Bertold: *Das Gesandtschaftswesen Ostmitteleuropas in der frühen Neuzeit. Beiträge zur Geschichte der Diplomatie in der ersten Hälfte des sechzehnten Jahrhunderts nach den Aufzeichnungen des Freiherrn Sigmund von Herberstein* (Wiener Archiv für Geschichte des Slaventums und Osteuropas 6). Graz, Wien, Köln 1967.

Pieper, Renate: *Die Vermittlung einer neuen Welt. Amerika im Nachrichtennetz des habsburgischen Imperiums 1493-1598* (Veröffentlichungen des Instituts für Europäische Geschichte Mainz. Abteilung für Universalgeschichte, 163). Mainz 2000.

Pietsch, Edeltraut: *Die zeitgenössische Publizistisk über die Türken im 16. Jahrhundert.* Wien 1967.

Pinto, Olga: *Viaggiatori veneti in Oriente dal secolo XIII al XVI.* In: Pertusi, *Venezia e l'Oriente*, S. 389-402.

Pirovano, Carlo (Hg.): *Venezia e i Turchi.* Venedig 1985.

Piterberg, Gabriel: *Orientalist Discourse and Nationalist Historical Narratives in the Middle East: Egypt's Ottoman Past.* In: Höfert/ Salvatore, *Between Europe and Islam*, S. 71-85.

Poovey, Mary: *A History of Modern Fact. Problems of Knowledge in the Sciences of Wealth and Society.* Chicago, London 1998.

Preto, Paolo: *Venezia e i Turchi.* Florenz 1975.

Propp, Vladimir J.: *Morfologia della fiaba* e *Le radici storiche dei racconti di magia.* Rom 1976, 1977.

Prosperi, Adriano: *Un'Europa dal volto umano: aspetti della propaganda asburgica del '500.* In: *Critica Storia* Bd. 2 (1991), S. 335-352.

Rassem, Mohammed/ Stagl, Justin (Hgg.): *Statistik und Staatsbeschreibung in der Neuzeit, vornehmlich im 16.-18. Jahrhundert. Bericht über ein interdisziplinäres Symposion* (Quellen und Abhandlungen zur Geschichte der Staatsbeschreibung und Statistik 1). Paderborn u. a. 1980.

Reeves, Marjorie: *The Influence of Prophecy in the Later Middle Ages.* Oxford 1969.

Reichert, Folker: *Erfahrung der Welt. Reisen und Kulturbegegnung im späten Mittelalter.* Stuttgart, Berlin, Köln 2001.

Reulecke, Jürgen (Hg.): *Spagat mit Kopftuch. Essays zur Türkisch-Deutschen Sommerakademie.* Hamburg 1997.

Richardson, Brian: *Print Culture in Renaissance Italy: The Editor and the Vernacular Text.* New York 1994.

Richter Sherman, Claire: *Writing on Hands: Memory and Knowledge in Early Modern Europe.* Seattle 2001.

Rodinson, Maxime: *Das Bild im Westen und westliche Islamstudien.* In: Schacht, Joseph/ Bosworth, C. E. (Hgg.): *Das Vermächtnis des Islams*, Bd. 1. München 1983, S. 23–81.

Roig Miranda, Maria: *La transmission du savoir dans l'Europe des XVIe et XVIIe siècles.* Paris 2000.

Rossbach, H.: *Die Türkengefahr des Jahres 1541 und die Schlesier.* In: *Zeitschrift des Vereins für Geschichte und Altertum Schlesiens* Bd. 19 (1885), S. 338-353.

Rotter, Ekkehard: *Abendland und Sarazenen. Das okzidentale Araberbild und seine Entstehung im Frühmittelalter* (Studien zur Sprache, Geschichte und Kultur des islamischen Orients. Beihefte zur Zeitschrift »Der Islam«, NF 11). Berlin, New York 1986.

Rouillard, Clarence Dana: *The Turk in French History, Thought and Literature.* Paris s. a. [1940].

Rousset, Paul: *Un Huguenot propose une croisade: le projet de François de la Noue (1580-1585).* In: *Zeitschrift für Schweizer Kirchengeschichte* Bd. 72 (1978), S. 333-344.

Rowe, John Howland: *Ethnography and Ethnology in the Sixteenth Century.* In: *Kroeber Anthropology Society Papers* Bd. 30 (1964), S. 1-19.

Ders.: *The renaissance foundations of anthropology.* In: *American anthropologist* Bd. 67 (1965), S. 1-20.

Rubiés, Joan-Pau: *Instructions for Travellers: Teaching the Eye to See.* In: *History and Anthropology* Bd. 9 (1996), S. 139-190.

Ders.: *Travel and Ethnology in the Renaissance: South India through European Eyes, 1250-1625.* New York 2000.

Runciman, Steven: *Die Eroberung von Konstantinopel 1453.* München 1990.

Rupp-Eisenreich, Britta (Hg.): *Histoires de l'anthropologie: XVI-XIX siècles.* Paris 1984.

Said, Edward: *Orientalism.* London 1978.

Salimeni, Fulvio: *I Turchi in terraferma.* In: Pirovano, *Venezia e i Turchi,* S. 232-243.

Salvatore, Armando: *The Islamic Reform Project in the Emerging Public Sphere: The (Meta-) Normative Redefinition of Shari'a.* In: Höfert/ Salvatore, *Between Europa and Islam,* S. 89-108.

Ders.: *Islam and the Political Discourse of Modernity.* Reading 1999.

Schaendlinger, Anton C./ Römer, Claudia: *Die Schreiben Süleymans des Prächtigen an Karl V., Ferdinand II. und Maximilian II.* Wien 1983.

Schaendlinger, Anton C.: *Der diplomatische Verkehr zwischen Österreich und der Hohen Pforte in der Regierungszeit Süleymans des Prächtigen.* In: Mazal, Otto (Hg.): *Kultur des Islam.* Wien 1981, S. 91-104.

Schiera, Pierangelo: *»Bonum Commune« zwischen Mittelalter und Neuzeit. Überlegungen zur substanziellen Grundlage der modernen Politik.* In: *Archiv für Kulturgeschichte* Bd. 81 (1999), S. 283-304.

Schiewer, Hans-Jochen: *Schiltberger, Hans.* In: *Die deutsche Literatur des Mittelalters.* Verfasserlexikon Bd. 8. Berlin, New York 1992, Sp. 675-679.

Schmieder, Felicitas: *Europa und die Fremden. Die Mongolen im Urteil des Abendlandes vom 13. bis in das 15. Jahrhundert.* Sigmaringen 1994.

Schmugge, Ludwig: *»Pilgerfahrt macht frei.« Eine These zur Bedeutung des mittelalterlichen Pilgerwesens.* In: *Römische Quartalsschrift für christliche Altertumskunde und Kirchengeschichte* Bd. 74 (1979), S. 16-31.

Schönberger, Irene: *Gedanken zur türkischen Kleidung. Vom historischen Blickwinkel auf die Türkei zur heutigen Diskussion von TürkInnen in Deutschland.* In: Reulecke, *Spagat mit Kopftuch,* S. 120-153.

Schülting, Sabine: *Wilde Frauen, Fremde Welten. Kolonisierungsgeschichten aus Amerika.* Hamburg 1997.

Schulze, Winfried: *Reich und Türkengefahr im späten 16. Jahrhundert. Studien zu den politischen und gesellschaftlichen Auswirkungen einer äußeren Bedrohung.* München 1978.

Schutte, Anne Jacobson: *Printing, Piety, and the People in Italy: The First Thirty Years.* In: *Archiv für Reformationsgeschichte* Bd. 71 (1980), S. 5-20.

Schwoebel, Robert: *The Shadow of the Crescent. The Renaissance Image of the Turk (1453-1517).* Niewkoop 1967.

Seifert, Arno: *Cognitio Historia. Die Geschichte als Namensgeberin der frühneuzeitlichen Empirie.* Berlin, München 1976, S. 29.

Setton, Kenneth M.: *Lutheranism and the turkish peril.* In: *Balkan studies* Bd. 3 (1962), S. 133-168.

Ders..: *Western Hostility to Islam and Prophecies of Turkish Doom.* Philadelphia 1992.

Ders.: *The Papacy and the Levant (1204-1571),* 4 Bde. Philadelphia 1976-1984.

Seznec, Jean: *Ethnological legends at the Burgundian court, in France, in Italy.* In: Seznec, Jean (Hg.): *The survival of the pagan gods.* New York [2]1961, S. 24-26.

Sforza, Giovanni: F. *Sansovino e le sue opere storiche.* In: *Memorie della R. Accademia delle Scienze di Torino,* s. II, Bd. 47 (1897), S. 27-66.

Shapiro, H. L.: *Anthropology and the age of discovery*. In: Manners, R. A. (Hg.): *Process and Pattern in Culture: Essays in Honor of Julian H. Steward*. Chicago 1964, S. 337-348.

Sieber-Lehmann, Claudius: *»Teutsche Nation« und Eidgenossenschaft. Der Zusammenhang zwischen Türken- und Burgunderkriegen*. In: *Historische Zeitschrift* Bd. 253 (1991), S. 561-602.

Ders.: *Der türkische Sultan Mehmed II. und Karl der Kühne, der »Türk im Occident«*. In: Erkens, *Europa und die osmanische Expansion*, S. 13-38.

Simon, Bruno: *I rappresentanti di diplomatici veneziani a Costantinopoli*. In: Pirovano, *Venezia e i Turchi*, S. 38-55.

Skakaly, Ferenc: *Lodovico Gritti in Hungary, 1529-1534. A Historical Insight into the Beginnings of Turco-Habsburgian Rivalry*. Budapest 1995.

Skilliter, Susan A.: *Catherine de' Medici's Turkish Ladies-in-Waiting; a Dilemma in Franco-Ottoman Diplomatic Relations*. In: *Turcica* Bd. 7 (1975), S. 188-204.

Slotkin, J(ames) S(ydney): *Readings in early anthropology*. Chicago 1965.

Soykurt, Mustafa: *Image of the »Turk« in Italy. A History of the »Other« in Early Modern Europe: 1453-1683*. Berlin 2001.

Sources de l'Histoire du Proche-Orient et de l'Afrique du Nord dans les Archives et Bibliothèques françaises. Paris 1979-1996.

Southern, Richard W.: *Western Views of Islam in the Middle Ages*. Cambridge (Mass.) 1962 (deutsche Ausgabe: *Das Islambild des Mittelalters*. Stuttgart u. a. 1981).

Spuler, Bernard: *Die europäische Diplomatie in Konstantinopel bis zum Frieden von Belgrad (1739)*. In: *Jahrbücher für Kultur und Geschichte der Slawen* NF Bd. 1 (1935), S. 53-115; Bd. 2 (1935), S. 171-222, S. 313-366, Bd. 4 (1936), S. 229-262; Bd. 5 (1937), S. 383-444.

Stagl, Justin: *A History of Curiosity*. Chur 1995.

Ders.: *Apodemiken. Eine räsonnierte Bibliographie der reisetheoretischen Literatur des 16., 17. und 18. Jahrhunderts*. Paderborn u. a. 1983.

Ders.: *Der wohl unterwiesene Passagier. Reisekunst und Gesellschaftsbeschreibung vom 16. bis zum 18. Jahrhundert*. In: Krasnobaev, B.I/ Robel, Gert/ Zeman, Herbert (Hgg.): *Reisen und Reisebeschreibungen im 18. und 19. Jahrhundert*. Essen 1987.

Ders.: *Die Apodemik oder Reisekunst als Methodik der Sozialforschung vom Humanismus bis zur Aufklärung*. In: Rassem /Stagl, *Statistik und Staatsbeschreibung in der Neuzeit*, S. 131-205.

Stannek, Antje: *Reisen als Modernisierungsfaktor vom Mittelalter bis ins 19 Jahrhundert*. In: *Wolfenbüttler Barock-Nachrichten* Bd. 22 (1995), S. 45-46.

Stauth, Georg: *Islam und westlicher Rationalismus. Der Beitrag des Orientalismus zur Entstehung der Soziologie*. Frankfurt und New York 1993.

Sturminger, Walter: *Bibliographie und Ikonographie der beiden Türkenbelagerungen Wiens 1529 und 1683* (Veröffentlichungen der Kommission für neuere Geschichte Österreichs 41). Wien, Graz, Köln 1955.

Summerhays Strachan, Diane: *Five Fifteenth Century German Reisebeschreibungen. A Study in Genre*. Utah 1975.

Tenenti, Alerto: *Profilo di un conflitto secolare*. In: Pirovano, *Venezia e i Turchi*, S. 9-38.

Teply, Karl: *Kaiserliche Gesandten ans Goldene Horn*. Stuttgart 1968.

Testa, Simone: *Alcune riflessioni sul Thesoro politico (1589)*. In: *Bibliothèque d'Humanisme et Renaissance* Bd. 64 (2002), S. 679-687.

Thaller, Fr.: *Glaubensstreit und Türkennot 1519-1648*. Graz 1916.

Tinguely, Frédéric: *Ecritures du Levant. La relation intertextuelle chez les voyageurs français dans l'empire de Soliman (ca. 1545-1555)*. Phil. Diss. Baltimore 1995 (Publiziert unter dem Titel:

L'écriture du Levant à la Renaissance. Enquête sur les voyageurs français dans l'Empire de Soliman le Magnifique. Genf 2000).

Todorov, Tsvetan: *Die Eroberung Amerikas. Das Problem des Anderen.* Frankfurt a. M. 1985 (Original: *La conquête d'Amerique. La question de l'Autre.* Paris 1982.)

Toifl, Leopold/ Leitge, Hildegard: *Die Türkeneinfälle in der Steiermark und in Kärnten vom 15. bis 17. Jahrhundert* (Militärhistorische Schriftenreihe 64). Wien 1991.

Toscani, Ignazio: *Etatistisches Denken und erkenntnistheoretische Überlegungen in den venezianischen Relationen.* In: Rassem/ Stagl, *Statistik und Staatsbeschreibung,* S. 111-130.

Turetschek, Christine: *Die Türkenpolitik Ferdinands I. von 1529 bis 1532.* Wien 1968.

Ursu, Ion: *La politique orientale de François Ier (1515-1547).* Paris, Phil. Diss. 1909.

Vatin, Nicolas: *Une tentative manquée d'ouverture diplomatique: la lettre de créance d'un envoyé de Bajazet II auprès de Louis XI (1483).* In: Batu/ Bacqué-Grammont, *L'empire ottoman,* S. 1-19.

Valensi, Lucette: *Venezia e la Sublime Porta. La nascita del despota.* Bologna 1989.

Vaughan, Dorothy Margaret: *Europe and the Turk. A Pattern von Alliances.* Liverpool 1954.

Venezia e la difesa del Levante. Da Lepanto a Candia 1570-1670. Venedig 1986.

Villain-Gandossi, Christiane: *Contribution à l'etude des relations diplomatiques et commerciales entre Venise et la Porte ottomane au XVIe siècle.* In: *Südostforschungen* Bd. 26 (1967), S. 22-45; Bd. 28 (1969), S. 13-47; Bd. 29 (1970), S. 290-300.

Dies.: *Les dépêches chiffrées de Vettore Bragadin, Baile de Constantinople (12 Julliet 1564-15 Juin 1566).* In: dies.: *La Méditeranée aux XIIe-XVIe siècles.* London 1983, S. 52-106 (Erstdruck in *Turcica* Bd. 9 (1978), S. 52-106).

Vocelka, Karl: *Die inneren Auswirkungen der Auseinandersetzung Österreichs mit den Osmanen.* In: *Südostforschungen* Bd. 36 (1977), S. 13-34.

Ders.: *Die politische Propaganda unter Rudolf II.* (Veröffentlichungen der Kommission für die Geschichte Österreichs 9). Wien 1981.

Ders.: *Die Propaganda unter Rudolf II.* Wien 1980.

Voget, Fred W.: *A history of ethnology.* New York 1975.

Voglrieder, Sabine: *Abkehr der Europäischen Union von der Türkei? Zum Bedeutungszuwachs kultureller Zugehörigkeiten im Kontext der Erweiterungsdebatte.* In: Reulecke, *Spagat mit Kopftuch,* S. 245-279.

Volkmann, Hans: *Monumentum Ancyranum.* In: *Der Kleine Pauly* Bd. 3, München 1979, Sp. 1419f.

Voyages et voyageurs au moyen âge. XXVIè congrès de la S.H.M.E.S. (Limoges-Aubazine, mai 1995). Paris 1996.

Wagner, Georg: *Der letzte Kreuzzugsplan Kaiser Maximilians I. 1517.* In: *Mitteilungen des Instituts für Österreichische Geschichtsforschung* Bd. 77 (1969), S. 314-353.

Watt, W. Montgomery: *Der Einfluß des Islam auf das europäische Mittelalter.* Berlin 1987.

Weil, Gotthold: *Ein verschollener Wiegendruck von Gio. Maria Angiolelli.* In: Meier, Fritz (Hg.): *Westöstliche Abhandlungen. Rudolf Tschudi zum 70. Geburtstag.* Wiesbaden 1954, S. 304-314.

Wendelborn, Gert: *Gott und Geschichte, Joachim von Fiore und die Hoffnung der Christenheit.* Leipzig 1974.

Wertheimer, Eduard: *Zur Geschichte des Türkenkrieges Maximilians II. 1565-1566.* In: *Archiv für Österreichische Geschichte* Bd. 53 (1875), S. 43-101.

Wierlacher, Alois (Hg.): *Kulturthema Fremdheit. Leitbegriffe und Problemfelder kulturwissenschaftlicher Fremdheitsforschung.* Mit einer Forschungsbibliographie von Corinna Albrecht, Ulrich

Bauer, Sabine Krolzig und Dunja Schiller (Kulturthemen. Beiträge zur Kulturthemenforschung interkultureller Germanistik 1). München 1993.

Wiesflecker, Hermann: *Der Traum des Hans von Hermansgrün, eine Reformschrift aus dem Lager des Königs Maximilians I.* In: Mezler-Andelberg, Helmut J. (Hg.): *Festschrift Karl Eder zum 70. Geburtstag.* Innsbruck 1959, S. 13-32.

Ders.: *Kaiser Maximilian I.* 5 Bde, Wien 1971-1986.

Ders.: *Maximilians I. Türkenzug 1493/94.* In: *Ostdeutsche Wissenschaft* Bd. 5 (1958), S. 152-178.

Williams, Stephen C.: *»Türkenchronik«. Ausdeutende Übersetzung: Georgs von Ungarn »Tractatus de moribus, condicionibus et nequicia Turcorum« in der Verdeutschung Sebastian Francks.* In: Huschenbett, Dietrich/ Margetts, John (Hgg.): *Reisen und Welterfahrung in der deutschen Literatur des Mittelalters* (Würzburger Beiträge zur deutschen Philologie 7), Würzburg 1991, S. 181-195.

Wunder, Amanda: *Western Travellers, Eastern Antiquities, and the Image of the Turk in Early Modern Europe.* In: *Journal of Early Modern History* Bd. 7 (2003), S. 89-119.

Wunderli, Peter (Hg.): *Reisen in reale und mythische Ferne: Reiseliteratur in Mittelalter und Renaissance.* Düsseldorf 1993.

Yerasimos, Stéphane: *De l'arbre à la pomme. La généalogie d'un thème apocalyptique.* In: Lellouch, Benjamin/ Yerasimos, Stéphane (Hgg.): *Les traditions apocalyptiques au tournant de la chute de Constantinople.* Paris 1999, S. 153-192.

Ders.: *De la collection de voyages à l'histoire universelle: La Historia Universale de'Turchi de Francesco Sansovino.* In: *Turcica* Bd. 20 (1988), S. 19-41.

Ders.: *Konstantinopel. Istanbuls historisches Erbe.* Köln 2000.

Ders.: *La fondation de Constantinople et de Sainte Sophie dans les traditions turques.* Paris 1990

Ders.: *Les voyageurs dans l'empire ottoman (XIV-XVIème siècles). Bibliographie, itinéraire et inventaires des lieux habités.* Ankara 1991.

Zedelmaier, Helmut: *Bibliotheca universalis und Bibliotheca selecta. Das Problem der Ordnung des gelehrten Wissens in der frühen Neuzeit.* Köln, Weimar, Wien 1992.

Zele, Walter: *In laudem Iacoi Mamaluchi, ovvero vita di Jacopo da Malnisio detto il Mamelucco.* In: *Studi Venetiani* Bd. 26 (1993), S. 255-281.

Zeller, Jean: *Quae primae fuerint legationes a Francisco I in Orientem missae 1524-1538.* Paris, Phil. Diss. 1881.

Ziegler, Karl-Heinz: *Völkerrechtliche Beziehungen zwischen der Habsburgermonarchie und der Hohen Pforte.* In: *Zeitschrift für Neuere Rechtsgeschichte* Bd. 18 (1996), S. 177-195.

Žontar, J.: *Oveščevalna slubžba in diplomacija austrijskih Habsburžanov v boju proti Turkom v 16. stoletju* (Der Kundschafterdienst und die Diplomatie der österreichischen Habsburger im Kampf gegen die Türken im 16. Jahrhundert), Ljubljana 1973 (mit ausführlicher deutscher Zusammenfassung S. 191-242).

Zweig, Stefan: *Sternstunden der Menschheit. Zwölf historische Miniaturen.* Frankfurt a. M. 2002.

Namens- und Ortsregister